Johannes Beste, Ilona Giese, Andre Mankowski, Andrea Schendekehl

Personaldienstleistungskaufleute

3. Ausbildungsjahr

3. Auflage

Bestellnummer 30490

Bildungsverlag EINS
westermann

Die in diesem Produkt gemachten Angaben zu Unternehmen (Namen, Internet- und E-Mail-Adressen, Handelsregistereintragungen, Bankverbindungen, Steuer-, Telefon- und Faxnummern und alle weiteren Angaben) sind i. d. R. fiktiv, d. h., sie stehen in keinem Zusammenhang mit einem real existierenden Unternehmen in der dargestellten oder einer ähnlichen Form. Dies gilt auch für alle Kunden, Lieferanten und sonstigen Geschäftspartner der Unternehmen wie z. B. Kreditinstitute, Versicherungsunternehmen und andere Dienstleistungsunternehmen. Ausschließlich zum Zwecke der Authentizität werden die Namen real existierender Unternehmen und z. B. im Fall von Kreditinstituten auch deren IBANs und BICs verwendet.

Die in diesem Werk aufgeführten Internetadressen sind auf dem Stand zum Zeitpunkt der Drucklegung. Die ständige Aktualität der Adressen kann vonseiten des Verlages nicht gewährleistet werden. Darüber hinaus übernimmt der Verlag keine Verantwortung für die Inhalte dieser Seiten.

service@bv-1.de
www.bildungsverlag1.de

Bildungsverlag EINS GmbH
Ettore-Bugatti-Straße 6-14, 51149 Köln

ISBN 978-3-427-**30490**-6

westermann GRUPPE

Vorwort

Der vorliegende Band 3 vervollständigt die Lehrbuchreihe für Personaldienstleistungskaufleute; er ist für das dritte Lehrjahr konzipiert. In vier Kapiteln werden die Lernfelder 9 bis 12 behandelt. Wie in den anderen Bänden stellen die Autoren den Anwendungsbezug in den Vordergrund. Im Einzelnen werden für die Lernfelder folgende Schwerpunkte gesetzt:

- *Aufträge akquirieren und bearbeiten* (Lernfeld 9) setzt voraus, Kunden zu gewinnen, zu überzeugen, Einwänden sinnvoll zu begegnen und die Verträge im Interesse des Unternehmens auszuhandeln. Schwerpunkte in diesem Kapitel sind die Identifikation von potenziellen Kunden und Kundenakquisition, Grundlagen von Kommunikationsprozessen, Gesprächsführung, Fragetechniken und Einwandbehandlung. Ausführlich werden die Allgemeinen Geschäftsbedingungen sowie das Vertragsrecht und Handlungsmöglichkeiten bei Vertragsstörungen behandelt.
- *Personal führen und fördern* (Lernfeld 10) erfordert persönliche und fachliche Kompetenzen. Das Kapitel bereitet in vier Abschnitten folgende Themen auf: Personalführung, Konfliktmanagement, Personalbeurteilung und Personalentwicklung. Gerade im Bereich Personalführung stehen das „Führungswissen“ und die praktische Führungserfahrung häufig unverbunden nebeneinander. Es ist die Absicht der Autoren, durch Auswahl und Darreichung der Inhalte diesen Abstand zu verringern.
- Bei den *Rahmenbedingungen für Personaldienstleistungen* (Lernfeld 11) geht es um die gesamtwirtschaftlichen Zusammenhänge und deren Einfluss auf betriebliche Entscheidungssituationen. Bei der Darstellung wird ein handelnder Umgang mit Themen wie Volkswirtschaftliche Gesamtrechnung, Konjunkturzyklus und Arbeitsmärkte in anderen Ländern der EU gefördert. Anhand aktueller Daten des Statistischen Bundesamts wird der Anwendungsbezug hergestellt. Der Leser soll Informationen verarbeiten, darstellen, interpretieren und Schlüsse hinsichtlich strategischer Entscheidungen ziehen.
- *Projekte zu planen, durchzuführen und auszuwerten* (Lernfeld 12) gewinnt immer mehr Bedeutung in der betrieblichen Praxis. Das Kapitel stellt inhaltlich die relevanten Zusammenhänge und Techniken im Projektmanagement in anschaulicher Art und Weise dar. Die Projektphasen werden von der Auftragsübergabe bis zum Abschluss ausführlich und an Beispielen erläutert. Leitmotiv bei der Gestaltung dieses Kapitels war der Gedanke, die Inhalte so kompakt aufzubereiten, dass sie flexibel auch in anderen Unterrichtszusammenhängen und Lernfeldern verwendet werden können.

Wie in den bereits vorliegenden zwei Bänden sind den einzelnen Abschnitten Lernsituationen vorangestellt, die auch eine eigenständige Erarbeitung der Inhalte ermöglichen. Fachliche Kontextbezüge und praktische Hinweise in Form von Linklisten, Filmtiteln, Texten ermöglichen weiter gehende Recherchen. Die Aufgabensammlungen am Ende der Kapitel dienen der Sicherung sowie auch Vertiefung der gelernten Inhalte.
Auch dieser Band konnte nur durch die Unterstützung vieler entstehen. Wir bedanken uns ganz besonders bei unseren Schülerinnen und Schülern, bei Kolleginnen und Kollegen, bei den Vertretern von Ausbildungsbetrieben und noch vielen anderen, die uns unterstützt haben. Wir hoffen, dass die Bände dieser Lehrbuchreihe hilfreich und anregend sind. Und wir freuen uns auf Ihre Rückmeldung.

Die Autoren

Bundesarbeitgeberverband der Personaldienstleister

BAP

iGZ Interessenverband Deutscher Zeitarbeitsunternehmen e.V.

Geleitwort

Seit 2008 gibt es den Ausbildungsberuf der/des Personaldienstleistungskauffrau/-manns, kurz PDK. Jedes Jahr entscheiden sich rund 1000 Nachwuchskräfte dafür, die anerkannte Ausbildung zu absolvieren. Mit diesen Zahlen kann die Personaldienstleistungsbranche selbstbewusst in die Zukunft schauen, auch wenn nicht alle Auszubildenden bei Personaldienstleistern ihre Ausbildung aufgenommen haben. Die PDK-Ausbildung ist bewusst branchenübergreifend konzipiert worden, und immer mehr Unternehmen aus anderen Wirtschaftsbereichen entdecken diese anspruchsvolle Berufsausbildung für ihre Personalabteilungen.

Der Aufgabenbereich von PDKs ist abwechslungsreich, anspruchsvoll und geprägt von Verantwortung. Als ausgebildete PDK organisieren sie die Personalrekrutierung, Personalentwicklung und die Personaleinsatzplanung. Darüber hinaus kennen sie die rechtlichen Rahmenbedingungen und kümmern sich um Arbeitssicherheit. Eine weitere Facette des Berufsbildes ist der Vertrieb, der die Kundenakquise, Kundenbetreuung und Auftragsabwicklung beinhaltet.

Mit diesem dritten Band ist die Lehrbuchtrilogie komplettiert. Jedes der drei Lehrbücher widmet sich einem Ausbildungsjahr. Im dritten Ausbildungsjahr – und damit in dem vorliegenden Lehrwerk – werden die Themen Auftragsakquise und -bearbeitung, Personalführung und -entwicklung sowie Rahmenbedingungen für Personaldienstleistungen berücksichtigt und Projektplanung, -durchführung und -auswertung intensiv bearbeitet. Ein Blick in den internationalen Arbeitsmarkt komplettiert das Wissen über die Zeitarbeit.

Nach drei Jahren absolvieren die Auszubildenden ihre Abschlussprüfung und können anschließend bestens vorbereitet in den Berufsalltag starten. Das ist der Zeitpunkt, um eine Bilanz der Lehrzeit zu ziehen, aber auch um in die Zukunft zu blicken und sich neue Ziele zu setzen. Den Absolventen stehen verschiedene Karrierewege offen. Sie können sich beispielsweise für eine berufsbegleitende Weiterqualifizierung als „Personaldienstleistungsfachwirt/-in" (IHK) entscheiden. Diese Qualifizierungsmaßnahme haben die Arbeitgeberverbände der Zeitarbeit – wie schon die PDK-Ausbildung – mitgestaltet.

In Zeiten des Fachkräftemangels sind die jungen Personalexperten mehr denn je auf dem Arbeitsmarkt gefragt!

Wilhelm Oberste-Beulmann, Vizepräsident, Bundesarbeitgeberverband der Personaldienstleister e. V.

Anne Rosner, Mitglied des Vorstandes, Interessenverband Deutscher Zeitarbeitsunternehmen e. V.

Inhaltsverzeichnis

Lernfeld 11: Rahmenbedingungen für Personaldienstleistungen berücksichtigen

Lernfeld 9:

Aufträge akquirieren und bearbeiten

1 Aufträge akquirieren

Einstiegssituation ▶

Die Finke Zeitarbeit GmbH hat vor einigen Monaten eine neue Niederlassung gegründet und nach anfänglichen Erfolgen ist die Umsatzentwicklung in der neuen Niederlassung rückläufig. Susanne Jünger, die Leiterin der Niederlassung, hat die Vertriebsmitarbeiter Heike Leibner, Jens Hantke und Michael Zuske zu einem Gespräch über die derzeitige Situation gebeten.

Susanne Jünger: „In den letzten zwei Quartalen hat sich der Umsatz unserer Niederlassung negativ entwickelt. Die Zahl der Neukunden hat sich deutlich verringert. Was ist Ihrer Meinung nach die Ursache?"

Heike Leibner: „Wir haben am Anfang stark von unserer großen Zahl an Facharbeitern profitiert. Unsere Mitbewerber waren hier nicht so stark aufgestellt wie wir."

Michael Zuske: „Darüber hinaus waren unsere Marketingaktivitäten perfekt auf den neuen Markt und unser Leistungsspektrum ausgerichtet. Außerdem konnten unsere Mitbewerber die Kunden vor Ort nicht so gut mit der passenden Dienstleistung versorgen, wie wir es konnten."

Jens Hantke: „Aber unsere Mitbewerber haben schnell auf uns reagiert und ihr Leistungsspektrum an das unsere angepasst. Die Konkurrenz schläft halt nicht."

Susanne Jünger: „Wir müssen nun versuchen, eine Trendwende zu schaffen. Wir können nur weiterhin Erfolg haben und den Bestand dieser Niederlassung sichern, wenn es uns gelingt, neue Kunden zu gewinnen."

Heike Leibner: „Dabei sollten wir aber auch darauf achten, dass wir die bereits vorhandenen Kunden weiter an uns binden."

Susanne Jünger: „Vollkommen richtig, Frau Leibner! Neben der Neukundengewinnung dürfen wir uns bei unseren Bestandskunden keine Fehler erlauben. Nichtsdestotrotz: Wir benötigen Neukunden."

Jens Hantke: „Wenn das nur so einfach wäre. Unsere Mitbewerber sind auch an jedem potenziellen Kunden interessiert."

Susanne Jünger: „Deshalb müssen wir versuchen, jeden potenziellen Kunden davon zu überzeugen, dass wir der richtige Partner sind, und unseren Konkurrenten zuvorkommen. Ich möchte Sie alle bitten, bis zur kommenden Vertriebssitzung ein Konzept zu erarbeiten, mit dem wir in der Lage sind, mehr Neukunden zu akquirieren und dadurch unseren Umsatz zu steigern. Nur durch Umsatz sind wir in der Lage, Gewinn zu erzielen."

Arbeitsaufträge

Erstellen Sie ein Akquisekonzept für die Finke Zeitarbeit GmbH. Bearbeiten Sie in diesem Zusammenhang die folgenden Teilarbeitsaufträge:

1. *Analysieren Sie die Ausgangssituation und verdeutlichen Sie, welche Problematik für die Finke Zeitarbeit GmbH besteht.*

2. *Begründen Sie die Notwendigkeit einer systematischen Akquiseplanung.*

3. *Stellen Sie mithilfe einer Mindmap die verschiedenen Kommunikationsmittel dar, die von der Finke Zeitarbeit GmbH genutzt werden können, um das in der Ausgangssituation beschriebene Problem zu lösen.*

4. *Partnerinterview: Führen Sie gemeinsam mit einem Partner das folgende Partnerinterview durch. Erarbeiten Sie auf Grundlage Ihrer Antworten Verhaltensregeln für bzw. Anforderungen an erfolgreiche Verkaufsgespräche.*

Fragen	Antworten
Wann hast du als Kunde das letzte Mal eine/-n besonders fähige/-n Verkäufer/-in erlebt? Was zeichnete sie/ihn besonders aus?	
Welche Verhaltensweisen führen deiner Meinung nach in einem persönlichen Verkaufsgespräch/Telefonat zu eher negativen Ergebnissen?	
Welche/-r Kollege/-in aus deinem Ausbildungsbetrieb könnte für den Vertrieb zu deinem Vorbild werden? An welchen Eigenschaften oder Vorgehensweisen machst du das fest?	

Fragen	Antworten
Was ist deiner Meinung nach bei Akquisegesprächen besonders Erfolg versprechend?	
In welchen Bereichen siehst du eher deine Stärken oder Schwächen?	

5. *Erstellen Sie unter Berücksichtigung der Informationen aus den Kapiteln 1.1 und 1.2 einen Gesprächsleitfaden, der im Rahmen der Telefonakquisition durch die Vertriebsmitarbeiter der Finke Zeitarbeit GmbH genutzt werden kann. Berücksichtigen Sie bei der Erstellung des Gesprächsleitfadens, dass folgende Situationen auftauchen können:*

a) Der Angerufene ist nicht der richtige Ansprechpartner.

b) Der Gesprächspartner ist nicht bereit, das Gespräch an die richtige Person durchzustellen.

c) Der Gesprächspartner gibt vor, nicht an der vorgestellten Dienstleistung interessiert zu sein.

d) Der Gesprächspartner bittet um Bedenkzeit.

6. *Kleingruppenarbeit: Simulieren Sie unter Nutzung des zuvor erarbeiteten Gesprächsleitfadens ein Telefonat mit einem Unternehmen, das als Neukunde gewonnen werden soll. Reflektieren Sie anschließend den Verlauf des Telefonats und schätzen Sie ein, was gut gelungen ist und wo Verbesserungsbedarf besteht.*

1.1 Begriff der Akquisition

Die Gewinnung von Kunden und die Steigerung des Umsatzes sind für jedes Unternehmen, ob Dienstleister oder Produzent von Sachgütern, eine existenzielle Aufgabe, damit der Bestand des Unternehmens gesichert wird. Nur durch Aufträge sind Unternehmen in der Lage, den Umsatz zu erzielen, der für die Deckung der Kosten oder für die Expansion des Unternehmens benötigt wird. Darüber hinaus ist der Umsatz die Grundlage für die Erzielung eines Gewinns. Die Kundengewinnung ist dabei häufig Schwerpunktaufgabe der Vertriebskräfte.

Definition

Unter **Akquisition** (von lat.: *ad quaerere* = erwerben) werden alle Aktivitäten und Maßnahmen eines Unternehmens verstanden, die dazu dienen, **neue Kunden zu gewinnen** oder mit **bestehenden Kunden neue Geschäftsabschlüsse** zu generieren.

Von der Kundengewinnung ist die Kundenbindung zu unterscheiden. Das Ziel der Kundenbindung besteht darin, eine dauerhafte Geschäftsverbindung zu erreichen. **Bd. 2, LF 7, 10.2.2**

Bei der Akquise wird unterschieden, ob bereits bestehende Kundenbeziehungen genutzt werden (sog. **Warmakquise**) oder ob es sich um die Ansprache und Gewinnung von neuen Kunden handelt, mit denen bisher keine geschäftliche Beziehung bestanden hat (sog. **Kaltakquise**). Warm- und Kaltakquise sind mit verschiedenen Chancen und Risiken verbunden.

Kaltakquise		Warmakquise	
Chancen	**Risiken**	**Chancen**	**Risiken**
• neues Absatzpotenzial wecken • Verbreiterung der Kundenbasis und Reduzierung der Abhängigkeit von einzelnen Kunden • Steigerung des Bekanntheitsgrades • neue Impulse für das eigene Unternehmen durch Kontakt zu neuen Kunden • Steigerung des Marktanteils	• hoher Zeitaufwand • keine Kenntnis über interne Entscheidungswege des Kunden • fehlende Kenntnis über Entscheidungsträger im Kundenunternehmen • Kontaktaufnahme kann als Störung wahrgenommen werden • Gefahr der Demotivierung der Vertriebsmitarbeiter	• Adressmaterial vorhanden • Ansprechpartner bekannt • geringerer Zeitaufwand für einen Geschäftsabschluss • Erstellung konkreter Angebote auf Basis bereits vorhandener Informationen • Kenntnisse über die Preissensibilität des Kunden • Nutzung einer vorhandenen Vertrauensbasis • Motivation der Vertriebsmitarbeiter durch höhere Erfolgsquote • Kundenbindung	• unter Umständen begrenztes Umsatzpotenzial im vorhandenen Kundenstamm • Gefahr von Umsatzeinbrüchen bei Wegfall von Kundenbeziehungen • Abhängigkeit vom Kundenunternehmen

Grundsätzlich ist die Warmakquise die effizientere Methode der Akquisition. Eine Kaltakquise ist in der Praxis aber dennoch unerlässlich, da das Umsatzpotenzial mit bestehenden Kunden in der Regel begrenzt ist und immer die Gefahr besteht, dass eine Kundenbeziehung trotz Maßnahmen der Kundenbindung beendet wird.

Beispiele

Auftreten neuer Wettbewerber, Verlagerung von Produktionsstandorten, Konkurs des Kundenunternehmens

1.2 Kommunikationsprozesse in Verkaufsgesprächen

Der Verkauf von Dienstleistungen erfordert ein hohes Maß an **kommunikativen Fähigkeiten** bei den im Vertrieb eingesetzten Mitarbeitern. Im Vergleich zum Verkauf von Sachgütern kann kein greifbares Produkt zur Unterstützung der Verkaufsaktivitäten zu Hilfe genommen werden. Die Fähigkeit des Vertriebsmitarbeiters, adressaten- und situationsgerecht zu kommunizieren, ist somit entscheidend für den Erfolg der Verkaufsbemühungen.

1.2.1 Kommunikationstheoretische Grundlagen

Bei der menschlichen Kommunikation handelt es sich um einen vielschichtigen und komplexen Prozess. Um diese Vielschichtigkeit besser verstehen zu können, ist folgende Definition zu beachten:

Definition

Kommunikation ist der zwischenmenschliche Austausch von Nachrichten zum Zweck der Interaktion. Dieser Austausch erfolgt durch die Kodierung der zu übermittelnden Nachricht mit Sprache, Schrift oder Bildern. Für eine erfolgreiche Kommunikation muss eine **Interaktion zwischen mindestens zwei Menschen** erfolgen (Sender und Empfänger).

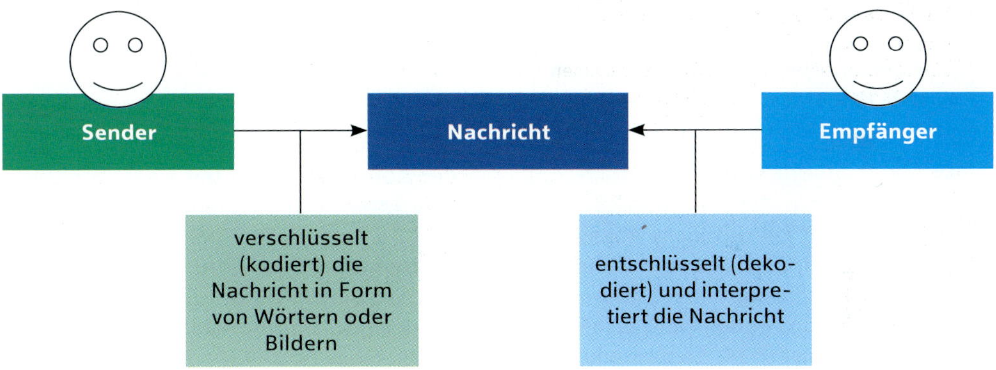

Auf die Kommunikation zwischen dem Sender und dem Empfänger einer Nachricht können Aspekte einwirken, die zu einer **Störung des Kommunikationsprozesses** führen. Dies kann zur Folge haben, dass eine Nachricht nicht so verstanden (entschlüsselt) wird, wie sie vom Sender beabsichtigt wurde.

Die Tatsache, dass der Kommunikationsprozess von situativen und zwischenmenschlichen Faktoren abhängig ist, hat der Kommunikationswissenschaftler Friedemann Schulz von Thun in seinem Kommunikationsmodell verdeutlicht. In diesem Modell unterscheidet er vier Aspekte einer Nachricht:

1. **Aspekt: Die Sachebene**
   Sie gibt Auskunft über die Information bzw. den Inhalt der Nachricht.
2. **Aspekt: Die Beziehungsebene**
   Sie gibt Auskunft über die Beziehung zwischen dem Sender und dem Empfänger einer Nachricht.

3. **Aspekt: Die Appellebene**
   Sie gibt Auskunft über das Ziel und die Absicht, die der Sender mithilfe der Nachricht erreichen will.
4. **Aspekt: Die Ebene der Selbstoffenbarung**
   Sie gibt Auskunft über das Selbstverständnis/das Selbstbild des Senders.

Kommunikationsmodell von F. Schulz von Thun

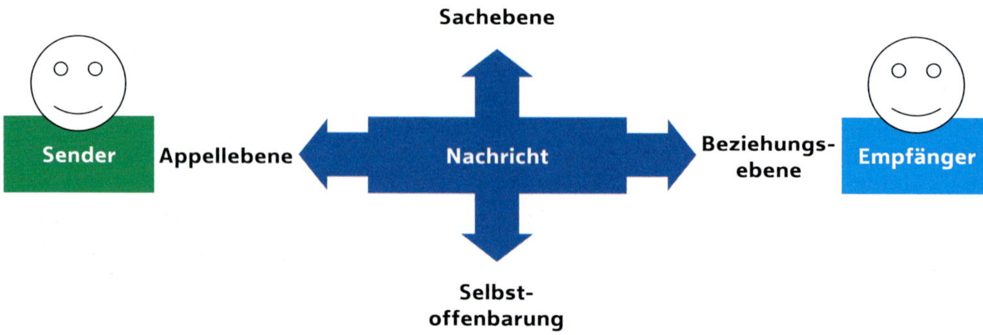

Quelle: Ettmann, Bernd/Scherer, Dorothea/Wurm, Gregor: Kompetenztraining Bankbetriebslehre, 9. Auflage, Bildungsverlag EINS, Köln, 2016, S. 311

Merksatz
In einem Kundengespräch ist zu beachten, dass nicht jede Aussage so vom Gesprächspartner aufgefasst wird, wie diese beabsichtigt ist.

Bd. 2, LF 7, 7.1.1

Diese vier Aspekte machen deutlich, dass bei der Kommunikation mit Geschäftspartnern, aber auch in der Kommunikation mit Vorgesetzten, Untergebenen und Kollegen darauf zu achten ist, mögliche Missverständnisse und Fehlinterpretationen zu vermeiden. **Eine Nachricht muss vom Sender eindeutig formuliert werden.**
Dabei ist zu beachten, dass Kommunikation nicht nur bewusst über das gesprochene Wort (verbale Kommunikation) erfolgen kann, sondern auch **unbewusst über die Körpersprache** (nonverbale Kommunikation).

Die Kommunikation erfolgt durch das **gesprochene Wort**. Die verbale Kommunikation wird stark durch die Sprache geprägt:
- Lautstärke
- Sprechgeschwindigkeit
- Betonung
- Sprachmelodie

Die Kommunikation erfolgt durch Mitteilung ohne Worte über die **Körpersprache**:
- Gestik
- Mimik
- Körperhaltung
- Blickkontakt
- Räumliches Verhalten (Distanz)

In Kommunikationsprozessen muss deshalb darauf geachtet werden, dass **verbale Kommunikation und nonverbale Kommunikation übereinstimmen.** Der bedeutende Kommunikationswissenschaftler Paul Watzlawick hat in diesem Zusammenhang festgestellt, dass *„man nicht nicht kommunizieren kann"*. Hierunter ist zu verstehen, dass auch Schweigen bereits als Nachricht verstanden werden kann. Menschen „sprechen" mit ihrem ganzen Körper und können somit eine Nachricht an den Gesprächspartner senden, ohne sich darüber bewusst zu sein.

Beispiele

- *Das Verschränken der Arme vor der Brust kann als ablehnende Botschaft interpretiert werden.*
- *Kopfnicken wird als Zustimmung gedeutet.*
- *Fehlender Blickkontakt wird als Desinteresse interpretiert.*
- *Den Oberkörper weit zurückzulehnen ist ein Zeichen der Ablehnung.*

Neben diesem 1. Axiom der Kommunikation hat P. Watzlawick vier weitere Axiome (Grundsätze) benannt, deren Nichtbeachtung zu einer Störung der zwischenmenschlichen Kommunikation führen kann.

Axiom	Praxistipps
1. Axiom: „Man kann nicht nicht kommunizieren."	Auch wenn kein Wort gesprochen wird, findet Kommunikation statt. Kommunikation erfolgt immer dann, wenn eine Person wahrgenommen wird.
2. Axiom: „Jede Kommunikation hat einen Inhalts- und einen Beziehungsaspekt."	Auch wenn mit einer Nachricht vom Sender nur eine Information weitergegeben werden soll, beeinflusst die Beziehung zum Gesprächspartner, wie dieser die Nachricht auffasst. In einem Kundengespräch ist darauf zu achten, dass sich Konflikte auf der Beziehungsebene nicht auf die Inhaltsebene auswirken. Tonfall, Gestik und Mimik können die sachliche Information überlagern und somit eine unbeabsichtigte Wirkung auf den Empfänger haben.
3. Axiom: „Kommunikation ist immer Ursache und Wirkung."	Im Kommunikationsprozess interagieren Sender und Empfänger miteinander. Die vom Sender empfangene Botschaft führt zu einer Reaktion des Empfängers, der dadurch wiederum zum Sender einer neuen Nachricht wird. Kommunikation ist somit wie ein Ursache-Wirkung-Zusammenhang zu sehen.

Axiom	Praxistipps
4. Axiom: „Menschliche Kommunikation bedient sich analoger und digitaler Modalitäten."	Unter digitaler Kommunikation werden alle Zeichen, Buchstaben, Zahlen und Symbole verstanden, deren Kombinationen zur **Vermittlung von Inhalten** genutzt werden können. Eine bestimmte Folge von Buchstaben ergibt ein Wort, die Kenntnis über die Buchstabenfolge ermöglicht es dem Gesprächspartner (Empfänger), die Nachricht des Senders zu entschlüsseln. Analoge Kommunikation beinhaltet die Elemente der nonverbalen Kommunikation sowie die Möglichkeiten der Interpretation von empfangenen Nachrichten. Mit analogen Elementen werden häufig Elemente der Beziehungsebene vermittelt.
5. Axiom: „Kommunikation ist symmetrisch oder komplementär."	Für die Kommunikation ist es entscheidend, ob sich die Gesprächspartner auf einer Ebene befinden (symmetrische Interaktion) oder ob ein Über-/Unterordnungsverhältnis (komplementäre Interaktion) besteht. Bei einer symmetrischen Interaktion können sich beide Gesprächspartner gleichberechtigt in den Kommunikationsprozess einbringen. Eine komplementäre Interaktion ist dadurch gekennzeichnet, dass ein Gesprächspartner eine übergeordnete Stellung hat und damit die Kommunikation auf unterschiedlichen Ebenen verläuft. In einem Kundengespräch sollte auf eine symmetrische Interaktion Wert gelegt werden.

Quelle: Vgl. Weiß, Joachim/Kleer, Michael/Engel, Sebastian: Ausbildung im Dialogmarketing, Band 1, 5. Auflage, Bildungsverlag EINS, Köln, 2017, S. 232–238

1.2.2 Phasen des Verkaufsgesprächs

Bei einem Verkaufsgespräch handelt es sich idealerweise um einen **planvollen und strukturierten Vorgang**, der in die folgenden Phasen unterteilt werden kann:

- Kontaktphase
- Informationsphase
- Präsentationsphase
- Abschlussphase
- Phase der Nacherfassung

Für einen reibungslosen Ablauf des Verkaufsgesprächs ist es erforderlich, dass die Reihenfolge der Phasen eingehalten wird.

Beispiel
Die Bedarfsanalyse im Rahmen der Informationsphase wurde nicht umfassend durchgeführt. In der anschließenden Präsentationsphase wird ein Angebot unterbreitet, welches die Anforderungen des Kunden nicht optimal berücksichtigt.

Die Übergänge der einzelnen Phasen sind fließend und gehen während des Gesprächs ineinander über. Jede Phase des Gesprächs ist aber für den Erfolg entscheidend und muss im Hinblick auf ein ausgewogenes Gespräch vorbereitet und geplant werden.

Das Verkaufsgespräch

Die **Kontaktphase** ist der Ausgangspunkt für das Verkaufsgespräch und dient in erster Linie dem Aufbau einer **positiven Gesprächsatmosphäre**. Die Gesprächseröffnung ist entscheidend für den weiteren Gesprächsverlauf. In dieser Phase ist es wichtig, dass zum Gesprächspartner **eine positive persönliche Beziehung aufgebaut** wird.

Beispiel
Nach einer freundlichen Begrüßung und Vorstellung der eigenen Person (Name des Personaldienstleisters, Name und Vorname der eigenen Person, Zuständigkeitsbereich/Aufgabengebiet) kann durch einfache Eröffnungsfragen ein Gesprächsfluss initialisiert werden.

Um das Gespräch erfolgreich fortführen zu können, sollte der Name des Gesprächspartners notiert und im weiteren Gesprächsverlauf verwendet werden. Hierdurch wird die

Wertschätzung des Gesprächspartners verdeutlicht. Nachdem der persönliche Kontakt zum Gesprächspartner hergestellt wurde, können bereits erste Informationen zum eigenen Unternehmen und zum Dienstleistungsspektrum eingebracht werden, um das **Interesse des Gesprächspartners zu wecken**. Der Kunde muss zu diesem Gesprächszeitpunkt davon überzeugt werden, dass es sich lohnt, Zeit für das Gespräch zu investieren. Vorteilhaft in dieser Gesprächsphase ist ein Rückgriff auf Informationen über das Kundenunternehmen, die z. B. im Rahmen einer telefonischen Kontaktaufnahme gewonnen wurden. Hierdurch wird dem potenziellen Kunden signalisiert, dass das Gespräch durch einen gut vorbereiteten Gesprächspartner geführt wird, der ein starkes Interesse an einer vertrauensvollen Zusammenarbeit hat.

Ein möglicher Gesprächseinstieg im Rahmen der Kontaktphase kann die folgende Struktur aufweisen:

Gesprächsanlass bzw. -grund	„Frau Blum, wir können Ihnen derzeit Elektrofachkräfte überlassen."
Erstinformation	„Dabei handelt es sich um Fachkräfte mit besonderen Qualifikationen, die Sie in Ihrem Unternehmen produktivitätssteigernd einsetzen können."
Offene Fragestellung	„Wie hoch ist derzeit Ihr Bedarf an Elektrofachkräften?"

Die offene Fragestellung in der Kontaktphase leitet bereits in die **Informationsphase** über. Die Informationsphase dient der Sammlung von Informationen, die für die optimale Lösung des Kundenbedürfnisses benötigt werden. Damit das Verkaufsgespräch einen erfolgreichen Abschluss finden kann, müssen in dieser Phase der **Bedarf und die Nutzenerwartung des Kunden an die Dienstleistung** ermittelt werden, damit dieser sie später auch in Anspruch nimmt.

Beispiele

- *Welche Nutzenerwartung hat der Kunde an das Produkt?*
- *Was ist der Auslöser für die Kaufentscheidung?*
- *Welche Motive beeinflussen den Kunden bei seiner Kaufentscheidung?*
- *Welche Kaufmotive haben den größten Einfluss auf die Kaufentscheidung?*
- *Wie hoch ist das Budget des Kunden?*
- *Gibt es Geschäftsbeziehungen zu anderen Personaldienstleistern?*
- *Wer entscheidet letztendlich über den Kauf?*
- *Bis wann wird die Kaufentscheidung getroffen?*
- *Gibt es einen Anforderungskatalog für Lieferanten und in Anspruch genommene Leistungen?*

Eine große Bedeutung für die Erstellung eines geeigneten Angebots hat in diesem Zusammenhang die Anwendung der richtigen Fragetechnik (siehe auch Kapitel 1.2.3).

Fragen helfen dem Kunden, seine Bedürfnisse zu äußern und in den Mittelpunkt zu rücken. Durch die Erfragung der Kundenbedürfnisse wird Interesse an den Kundenproblemen signalisiert und der Kunde hat das Gefühl, in den Problemlösungsprozess eingebunden zu sein. Hinweise auf die Kundenbedürfnisse erhält der Verkäufer darüber hinaus aus der Beobachtung des Gesprächspartners und dem genauen Hinhören bei Kundenäußerungen.

Merksatz
Verkaufsgespräche erfordern ein **aktives Zuhören** durch den Vertriebsmitarbeiter in jeder Phase des Gesprächs.

Um die optimale Lösung des Kundenproblems präsentieren zu können, sind unternehmensspezifische Besonderheiten des Kunden in Erfahrung zu bringen. Gezielte Fragen zu bisherigen Erfahrungen mit anderen Personaldienstleistungsunternehmen sind ebenfalls wichtig. So ist es möglich, dass der Kunde bisher eher negative Erfahrungen mit anderen Personaldienstleistern gemacht hat oder dass seine Bedürfnisse bisher nicht hundertprozentig erfüllt wurden. In der folgenden Präsentationsphase kann dem Kunden verdeutlicht werden, warum das eigene Unternehmen eine bessere Dienstleistung erbringt und welchen Nutzen der Kunde erzielt.

Merksatz
Eine umfangreiche Bedarfsanalyse in Kombination mit einer situativ angepassten Fragetechnik sind wichtige Bausteine für den Erfolg des Verkaufsgesprächs.

Am Ende der Informationsphase erfolgt eine Zusammenfassung der gewonnenen Informationen. Der Kunde hat in dieser Phase des Gesprächs die Möglichkeit zu überprüfen, ob die Situation vom Gesprächspartner richtig eingeschätzt wird und ob weitere Angaben nötig sind.

Nachdem der Kunde bestätigt hat, dass die Informationslage richtig ist, erfolgt der Übergang in die **Präsentationsphase**. Auf der Grundlage der erhaltenen Informationen findet nun eine ergebnisorientierte Beratung mit dem Ziel statt, dem Kunden eine auf seinen Bedarf ausgerichtete Dienstleistung anzubieten. Dabei ist eine sog. **„Win-Win-Situation“** anzustreben. Sowohl für den Kunden als auch für den Personaldienstleister soll das Ergebnis einen Nutzen bringen und zu einer Situation führen, die im Vergleich zur Situation vor dem Gespräch einen Vorteil aufweist. Voraussetzungen für den Erfolg sind neben der Kompetenz des Vertriebsmitarbeiters hinsichtlich einer bedarfsgerechten Kundenlösung auch kommunikative und methodische Kompetenzen der Gesprächsführung. Diese Kompetenzen sind oftmals Ergebnis langjähriger Praxiserfahrung und müssen ggf. durch Schulungen oder Coaching mit erfahrenen und erfolgreichen Vertriebsmitarbeitern eingeübt werden.

Die folgende Tabelle zeigt wichtige Einzelaspekte, die bei der Gesprächsführung zu berücksichtigen sind.

Sprechweise	Ausdrucksweise	Nutzenargumentation	Einwandbehandlung	Absicherung des Ergebnisses
• ruhig und deutlich • verständlich • angemessenes Sprechtempo • strukturierte Informationsweitergabe • angemessene Sprechpausen • angenehme Lautstärke und Tonfolge • Gesprächspartner ausreden lassen und nicht unterbrechen	• deutliche Aussprache • keine Umgangssprache • Fachausdrücke und Anglizismen auf ein notwendiges Minimum reduzieren • kurze und verständliche Sätze • Vermeidung von Reizwörtern (müssen, Problem, Irrtum, unmöglich usw.) • positive Formulierungen • Bestätigung des Kunden • Konjunktiv vermeiden (könnte, würde, hätte)	• Mehrwert ist für den Kunden nachvollziehbar und einsichtig • Verdeutlichung des Kundennutzens mit Argumenten • Verwendung geeigneter Verstärker (u. a. „Ihr Vorteil …", „Es wird sich positiv auswirken, dass …", Sie sparen dadurch …")	• Einwände als Zeichen des Kundeninteresses werten • Einwände des Kunden ernst nehmen und durch Argumente entkräften • standardisierte Antworten (Phrasen) vermeiden und situativ angemessen reagieren • Zur Einwandbehandlung siehe auch Informationen im Kapitel 1.2.4.	• positive Formulierungen verwenden • Zusammenfassung des Gesprächs • Präsentation des Ergebnisses • Unklarheiten des Kunden erfragen und ggf. beseitigen

Das Ziel der **Abschlussphase** besteht darin, einen Geschäftsabschluss auf Grundlage des in der Präsentationsphase vorgestellten Ergebnisses zu erreichen. Ein wichtiger Bestandteil dieser Phase ist die Nennung eines Preises bzw. die Preisverhandlung mit dem Kunden. Da der Kostenaspekt eine entscheidende Variable für jeden Unternehmer darstellt, ist es wichtig, dass der Geschäftspartner bereits vorher erkannt hat, dass

- das präsentierte Angebot ihm einen Nutzenvorteil bringt,
- sein Bedarf berücksichtigt wurde und
- keine Gründe bestehen, das Angebot grundsätzlich abzulehnen.

Der Kunde kann nun besser abschätzen, welche Leistung er für den geforderten Preis erhält. Die präsentierte Dienstleistung hat für den Kunden einen Wert, den er mit dem genannten Preis abgleichen kann. Aus diesem Grund ist der Preis immer am Ende des Gesprächs anzusprechen. Der Einwand *„Das ist mir zu teuer!"* ist ein

Hinweis darauf, dass der Gesprächspartner den Nutzen der Dienstleistung noch nicht ausreichend erkannt hat und ihm eine genaue Vorstellung über den Wert der Dienstleistung fehlt.
Fragt der Gesprächspartner bereits vorher nach einem Preis für die Dienstleistung, so muss versucht werden, die Preisverhandlung so lange wie möglich zu vermeiden.

Beispiel
Kunde: *„Bevor wir uns weiter unterhalten: Wie hoch ist denn der Stundenverrechnungspreis für einen Mitarbeiter bei Ihnen?"*
Disponent: *„Der Preis ist ein wichtiger Punkt. Allerdings möchte ich vorher von Ihnen erfahren, welche Qualifikationen in Ihrem Unternehmen erforderlich sind und welche Anforderungen Sie an die Mitarbeiter stellen."*

Im Rahmen der **Preisverhandlung** muss darauf geachtet werden, dass dem Gesprächspartner nicht einfach nur der Preis für die Dienstleistung genannt wird. Die Nennung des Preises sollte aus psychologischen Gründen direkt mit Vorteilen verknüpft werden. Außerdem sollten negative Reizworte wie „kostet" und „teuer" vermieden werden.

Beispiel
„Unsere Fachkraft für Lagerlogistik verfügt über hohe Servicebereitschaft und Kundenorientierung sowie eine abgeschlossene Berufsausbildung und versierte EDV-Kenntnisse. Sie erhalten diese zuverlässige und erfahrene Kraft bereits für x € pro Stunde. Bedenken Sie auch, dass alle Lohnnebenkosten bereits in diesem Betrag enthalten sind und die genannte Summe somit der Endbetrag ist."

Bei der Preisnennung können folgende Argumentationshilfen genutzt werden:

- Leistungsargumente
- Qualitätsargumente
- Referenzen

Merksatz
Der Kunde muss bei der Preisverhandlung das Gefühl haben, dass die aufgrund der Inanspruchnahme der Dienstleistung entstehenden Kosten durch den Nutzenvorteil gedeckt sind.

In diesem Zusammenhang ist auf eindeutige Kaufsignale des Gesprächspartners zu achten. Kaufsignale können verbal geäußert werden oder durch nonverbale Zeichen signalisiert werden (z. B. Kopfnicken, Lächeln, zustimmende Gesten). Als Kaufsignal kann auch gewertet werden, wenn der Kunde sich bereits über Situationen Gedanken macht, die erst bei bzw. nach Inanspruchnahme der Dienstleistung entstehen.

Beispiel
„In welchen Zeitabständen übermitteln Sie uns Ihre Rechnungen?"
„Wie ist der weitere Ablauf, nachdem der Mitarbeiter bei uns seine Tätigkeit aufgenommen hat?"

Weitere Kaufsignale in der Abschlussphase sind

- Detailfragen,
- direkte, zustimmende Äußerungen des Gesprächspartners,
- Identifikation mit der angebotenen Leistung,
- Frage nach Referenzen.

Sind eindeutige Kaufsignale des Kunden vorhanden und identifiziert, ist als nächstes der Geschäftsabschluss anzustreben. In einem ersten Schritt wird dabei auf die Vorteile Bezug genommen, die der Kunde durch die Leistung erhält. Im Anschluss wird die weitere Vorgehensweise vorgestellt. Die Darlegung der Vorgehensweise endet mit einer geschlossenen Frage, die vom Kunden mit „Ja" beantwortet werden muss, womit er seine Zustimmung gibt.

Beispiel
„Wir sind uns also einig, dass Ihnen zwei Fachkräfte für Lagerlogistik mit den von Ihnen beschriebenen Qualifikationen zu einem Stundenverrechnungspreis von x € pro Stunde überlassen werden. In diesem Preis ist die persönliche Einsatzbegleitung durch unser Unternehmen inbegriffen. Sie erhalten noch heute die Profile der betreffenden Mitarbeiter per E-Mail zugeschickt. Der Entwurf des Arbeitnehmerüberlassungsvertrages wird Ihnen umgehend per Post zugeschickt. Sind Sie hiermit einverstanden?"

Nach dem Geschäftsabschluss wird das Gespräch durch die Verwendung von **positiven Verstärkern** beendet. Hierzu zählen:

- Dank für die zur Verfügung gestellte Zeit,
- Freude auf die gemeinsame Zusammenarbeit,
- Dank für das entgegengebrachte Vertrauen,
- Hinweis auf die Erreichbarkeit der eigenen Person bei Fragen,
- freundliche Verabschiedung.

Nach jedem Kundengespräch muss unabhängig vom Erfolg des Gesprächs eine **Nacherfassung** der Gesprächsergebnisse erfolgen. Die wichtigsten Gesprächsinhalte sind in der Kundendatei zu erfassen. Auch Details, die im Hinblick auf eine zukünftige Kontaktaufnahme wichtig sein könnten, sollten hier vermerkt werden.

Beispiel
Ansprechpartner im Kundenunternehmen ist immer donnerstags ab 14:00 Uhr in einer Sitzung mit der Geschäftsleistung.
Ansprechpartner macht täglich zwischen 13:00 Uhr und 14:00 Uhr seine Mittagspause.
Ansprechpartner mag keine Gespräche über das Wetter.

Die Nacherfassung beinhaltet darüber hinaus Angaben zu getroffenen Absprachen, Rückrufvereinbarungen, noch zu klärenden Fragen und Sachverhalten, Folgeterminen, Wiedervorlagen usw.
Eine regelmäßige Kontaktaufnahme mit dem Gesprächspartner hilft dabei, eine dauerhafte Geschäftsbeziehung aufzubauen.

1.2.3 Fragetechniken

Das Beherrschen von Fragetechniken und ihr zielgerichteter Einsatz gehören zu den wichtigsten kommunikativen Fähigkeiten von Vertriebsmitarbeitern. Der Mitarbeiter muss in der Lage sein, die Ansprüche, Erwartungen und Ziele des Kunden in Erfahrung zu bringen.

Definition
Fragetechnik bezeichnet dabei den Einsatz verschiedener Frageformen, die zur Steuerung und Informationsbeschaffung in einem Gespräch verwendet werden.

Durch den Einsatz von Fragetechniken können Informationen in Erfahrung gebracht werden, die für die Bedarfsermittlung und die adressatenorientierte Nutzendarstellung benötigt werden. Die richtige Fragetechnik erlaubt darüber hinaus auch, das Gespräch zu lenken und es im eigenen Interesse zu gestalten. Hierbei gilt die bekannte Praxisweisheit: „Wer fragt, der führt."
Weitere Aspekte in diesem Zusammenhang:

- Fragen zeigen Interesse am Gesprächspartner.
- Fragen vermeiden Unklarheiten.
- Fragen regen den Gesprächspartner zum Mit- und Nachdenken an.

In einem Akquisegespräch können verschiedene Frageformen angewendet werden. Dabei ist zu beachten, dass nicht jede Frageform in jeder Situation des Gesprächs sinnvoll ist. Darüber hinaus haben Frageformen verschiedene Vor- und Nachteile.

Offene Fragen

Offene Fragen beginnen immer mit einem Fragewort und werden dann eingesetzt, wenn durch ausführliche Antworten Informationen gewonnen werden sollen. Der Gesprächspartner hat die Möglichkeit, umfangreicher auf die Fragestellung zu antworten.

Beispiele

- *Wie groß ist derzeit Ihr Bedarf an Fremdpersonal?*
- *Welche Angaben benötigen Sie, um über unser Angebot entscheiden zu können?*
- *Welche Qualifikationen benötigen die Mitarbeiter in Ihrem Unternehmen?*

Offene Fragen werden vor allem zu Beginn eines Gesprächs eingesetzt, um die im Rahmen der Bedarfsermittlung notwendigen Informationen zu erhalten. Sie haben einen positiven Einfluss auf die Beziehungsebene, da **dem Gesprächspartner Interesse und Wertschätzung signalisiert werden**. Der Gesprächspartner ist in seinem Antwortspielraum weniger eingeengt. Allerdings ist hierbei zu beachten, dass die Antworten des Gesprächspartners eventuell nicht eindeutig sind. Man erhält auch irrelevante Informationen und die Beantwortung einer offenen Fragestellung erfordert mehr Zeit. Im Vergleich zu anderen Frageformen kann das Gespräch bei Verwendung offener Fragestellungen weniger gesteuert werden.

Geschlossene Fragen

Das Gegenteil einer offenen Frage ist die geschlossene Frage. Ihr Einsatz ist insbesondere dann sinnvoll, wenn der Gesprächspartner zu einer Entscheidung animiert werden soll.

Beispiele

- *Haben Sie bereits Erfahrungen mit Zeitarbeit gesammelt?*
- *Möchten Sie bei Ihrer Personaleinsatzplanung flexibel sein?*
- *Legen Sie Wert auf eine umfassende Betreuung durch unsere Vertriebsmitarbeiter?*

Da die Antwortmöglichkeit bei der geschlossenen Frage immer ein Ja oder ein Nein ist, ist der Einsatz dieser Frageform optimal bei

- der Absicherung bereits erhaltener Informationen (Habe ich richtig verstanden, dass ...?),
- der Steuerung des Gesprächs in eine beabsichtigte Richtung,
- dem Abschluss des Gesprächs.

Ein weiterer Vorteil liegt in der Zeitersparnis, da der Gesprächspartner zu kurzen und präzisen Antworten aufgefordert wird.
Nachteile dieser Frageform liegen in

- den begrenzten Antwortmöglichkeiten und dem damit verbundenen geringen Informationsgehalt,
- der Möglichkeit, dass der Kunde die Frage nicht eindeutig beantworten kann,
- der Gefahr, dass der Kunde sich durch die Fragestellung unter Druck gesetzt fühlt.

Idealerweise werden geschlossene Fragen so gestellt, dass der Gesprächspartner mit einem Ja antworten muss. Die Antwortmöglichkeit „Ja" ist bei Menschen **positiv besetzt** und begünstigt damit die Einstellung gegenüber dem Gesprächspartner.

Alternativfragen

Zur Gesprächssteuerung und um den Abschluss des Gespräches einzuleiten, eignen sich Alternativfragen. Hierbei hat der Gesprächspartner zwei alternative Antwortmöglichkeiten. Mithilfe von Alternativfragen kann auch **die Informationserfassung abgesichert werden**. Bei überlegtem Einsatz dieser Frageform kann erreicht werden, dass die zuletzt genannte Alternative im Gedächtnis des Gesprächspartners haften bleibt, womit die Entscheidung **bewusst gesteuert** werden kann.

Beispiele

- *Sollen wir Ihnen Mitarbeiter x oder Mitarbeiter y für einen Zeitraum von 7 Tagen überlassen?*
- *Darf ich Montag oder Mittwoch zu einem persönlichen Gespräch bei ihnen vorbeischauen?*
- *Sehen Sie Ihren Personalbedarf eher im gewerblichen oder im kaufmännischen Bereich?*

Ein Vorteil dieser Frageform liegt darin, dass dem Gesprächspartner eine Wahlmöglichkeit gegeben wird, was zu einem positiven Gefühl und damit zu einem erfolgreichen Gesprächsverlauf beitragen kann. Bei unentschlossenen Kunden kann mithilfe von Alternativfragen eine Entscheidung herbeigeführt werden. Zu beachten ist allerdings, dass sich der Gesprächspartner durch die Vorgabe der Alternativen unter Druck gesetzt und manipuliert fühlen kann.

Reflektierende Fragen

Diese Frageform wird auch als „Echo-Frage" bezeichnet. Mithilfe der reflektierenden Frage wird versucht, Meinungen, Ansichten oder Gefühle des Gesprächspartners wiederzugeben.

Beispiele

- *Habe ich Sie richtig verstanden, dass Ihnen qualifiziertes Personal wichtiger ist als ein günstiges Angebot?*
- *Wenn ich Sie richtig verstanden habe, ist Ihnen der von uns genannte Stundenverrechnungssatz zu hoch?*

Durch die reflektierende Frage wird dem Gesprächspartner signalisiert, dass seine Bedenken ernst genommen werden. Das entgegengebrachte Verständnis für den Gesprächspartner ebnet den Weg für eine erfolgreiche Einwandbehandlung. Darüber hinaus besteht die Möglichkeit, wichtige Informationen zu erhalten oder Zeit zu gewinnen, um eine passende Lösung bzw. Antwort zu formulieren.

Suggestivfragen

Diese Frageform wird bei Akquisegesprächen eingesetzt, wenn auf ein gewisses Ziel (z.B. der Geschäftsabschluss) hingearbeitet wird. Die Suggestivfrage ist so formuliert, dass der Befragte dazu neigt, eine bestimmte Antwort zu geben. Es wird unterstellt, dass der Gesprächspartner zu dieser Frage eine bestimmte Meinung hat. Es handelt sich somit bei der Suggestivfrage um keine wirkliche Frage, sondern es geht darum den Befragten in einer bestimmten Hinsicht zu beeinflussen.

Beispiel:
„Wollen Sie nicht auch durch den Einsatz von flexiblem Personal den Ertrag ihres Unternehmens steigern?"
„Denken Sie denn nicht auch, dass durch die Arbeitnehmerüberlassung ihrem Wunsch nach Flexibilität bestmöglich entsprochen wird?"

Bei einem unentschlossenen Gesprächspartner kann durch den Einsatz einer Suggestivfrage zum richtigen Zeitpunkt erreicht werden, dass offenkundige Vorteile oder Gemeinsamkeiten im Denken hervorgehoben werden. Idealerweise gibt der Gesprächspartner die Antwort, die vorher beabsichtigt wurde und den Befragten somit in die gewünschte Richtung lenkt. Allerdings besteht auch das Risiko, dass der Befragte die Absicht der bewussten Manipulation durchschaut. Der Einsatz von Suggestivfragen sollte immer dann erfolgen, wenn der Gesprächspartner bekannt ist oder gut eingeschätzt werden kann.

1.2.4 Einwandbehandlung

In Verkaufsgesprächen kommt es häufig zu Einwänden des Kunden.

Definition
Bei einem **Einwand** handelt es sich um einen Vorbehalt des Gesprächspartners hinsichtlich einer präsentierten Lösung oder Leistung. Einwände äußern sich verbal in Gründen, die die Kaufentscheidung hinauszögern. Einwände können rationale Gründe, aber auch emotionale Befürchtungen des Kunden sein, die in Form von Gegenargumenten ausgedrückt werden.

Vom Einwand ist der Vorwand zu unterscheiden. Ein Einwand signalisiert, dass sich der Gesprächspartner mit der präsentierten Leistung auseinandergesetzt hat. Es bestehen aus Sicht des Kunden aber noch berechtigte und nachvollziehbare Gründe oder ungeklärte Fragen, die einem Geschäftsabschluss im Wege stehen.
Hat ein Kunde Bedenken, die er jedoch nicht direkt formuliert, sondern ein anderes Argument „vorschiebt", wird von einem **Vorwand** gesprochen. Vorwände entstehen häufig aus Unsicherheit, um eine Entscheidung hinauszuzögern, oder als Ausrede, um nicht Nein sagen zu müssen. Im Gegensatz zu einem Einwand sind die vorgebrachten Gründe oft nicht nachvollziehbar.
Über Fragen muss der Vertriebsmitarbeiter nun herauszufinden, ob es sich bei der ablehnenden Haltung des Gesprächspartners um einen berechtigten Einwand oder um eine Ausrede, also einen Vorwand handelt. Vorwände sind nur schwierig zu überwinden. Sie zeigen, dass der Gesprächspartner nicht wirklich an einer Zusammenarbeit oder einem Geschäftsabschluss interessiert ist. Es kann versucht werden, einen Vorwand durch die Frage „Wie meinen Sie das?" zu entkräften. Der Kunde muss in diesem Fall den Vorwand präzisieren. Handelt es sich um eine bloße Ausrede des Gesprächspartners, wird es ihm schwer fallen, auf diese Frage zu antworten. Eine weitere Möglichkeit besteht darin, Vorwände zu ignorieren oder sie zurückzustellen, um zu einem späteren Punkt darauf zurückzukommen. Eine solche Vorgehensweise kann allerdings zur Verärgerung des Gesprächspartners führen und muss deshalb gut überlegt sein. Im Zweifel ist das Gespräch bei geäußerten Vorwänden zu beenden. Bei einem persönlichen Gespräch kann die Körpersprache des Kunden Aufschluss darüber geben, ob eine Fortführung des Gespräches sinnvoll ist.

Beispiel
Ausdruck des Gesprächspartners: ernstes Gesicht, zurücklehnen und gleichzeitiges Verschränken der Arme, abwehrende Geste

Einwände hingegen sind hilfreich und sollten als feste Bestandteile des Kaufprozesses akzeptiert werden. Sie zeigen, dass der Kunde **grundsätzliches Interesse** hat, und geben Hinweise auf noch nicht ausreichend beantworteten Fragen des Kunden. Einwände können auch daraus entstehen, dass der Kunde im Verlauf des Gesprächs Probleme erkannt hat, die aus seiner Sicht der Kaufentscheidung im Wege stehen.
Da Einwände sehr oft in Verkaufsgesprächen auftreten können, ist ein professioneller und effektiver Umgang mit ihnen erforderlich. Es wird hierbei von Einwandbehandlung gesprochen. Bereits bei der Vorbereitung eines Kundengesprächs können „mögliche"

Einwände antizipiert werden. Somit kann gerade bei der Kaltakquise eine gewisse Sicherheit bei den Vertriebsmitarbeitern erzielt werden.

Merksatz
Das Ziel der Einwandbehandlung ist es, den Einwand eines Kunden in eine Zustimmung umzuwandeln. Der Kunde signalisiert durch einen Einwand grundsätzliches Interesse. Der Vertriebsmitarbeiter erhält vom Kunden Hinweise auf Aspekte, über die noch gesprochen werden muss.

Arten von Einwänden

Es ist möglich, dass ein Einwand des Kunden **aufgrund fehlenden (Fach-)Wissens** entsteht. Diese Art von Einwänden kann durch Information und Erfragen der Gründe für die Ablehnung beseitigt werden. Dabei sind Formulierungen zu vermeiden, die den Kunden bloßstellen können.

Beispiele
„Das haben Sie aber falsch verstanden."
„Da haben Sie mir nicht richtig zugehört."
„Hier unterliegen Sie aber einem Irrtum."

Ein **echter Einwand** liegt vor, wenn es objektive und rationale Gründe gibt, die gegen eine Kaufentscheidung sprechen. Diese Einwände sind z. B. durch eine Alternativlösung zu entkräften. Bei echten Einwänden darf nicht der Fehler gemacht werden, den Kunden zu überreden, die Leistung bzw. das Produkt trotzdem in Anspruch zu nehmen. Die Einwände des Kunden sind berechtigt und ein Widerspruch durch den Verkäufer führt lediglich zu unnötigem Konfliktpotenzial, da sich der Gesprächspartner nicht ernst genommen fühlt.
Bei einem **taktischen Einwand** hat der Kunde großes Interesse an einem Kaufabschluss. Allerdings wird versucht, durch einen Einwand den Preis für die Leistung zu senken oder unentgeltliche Zusatzleistungen zu erhalten. Diese Art von Einwand wird oft von erfahrenen Einkäufern benutzt, um den Gesprächspartner zu verunsichern. Eine effiziente Einwandbehandlung ist in diesem Fall schwierig. Durch schlüssige Argumente müssen diese Einwände entkräftet werden.

In der Praxis gibt es viele verschiedene Vorgehensweisen für die Behandlung von Einwänden. Die richtige Einwandbehandlung ist dabei auch davon abhängig, in welcher Phase des Gesprächs der Einwand vorgebracht wird. Bereits in der Kontaktphase kann der Vertriebsmitarbeiter mit folgenden Einwänden konfrontiert werden:

- keine Zeit,
- kein Interesse,
- es besteht bereits eine Geschäftsbeziehung zu einem anderen Personaldienstleister,
- derzeit kein Bedarf.

Damit das Gespräch nicht bereits in dieser frühen Phase scheitert, ist eine angemessene Einwandbehandlung erforderlich.

Beispiele

Einwand	Einwandbehandlung
„Ich habe im Moment keine Zeit für ein Gespräch."	„Ich kann verstehen, dass Sie derzeit stark beschäftigt sind. Wann passt es Ihnen denn besser?"
„Wir haben kein Interesse an Zeitarbeit."	„Ich würde Ihnen gerne zeigen, welche Vorteile sich Ihrem Unternehmen durch den Einsatz von Zeitarbeitskräften bieten."
„Wir arbeiten bereits mit einem anderen Personaldienstleister zusammen."	„Ich kann gut verstehen, wenn Sie mit Ihrem bisherigen Lieferanten zufrieden sind und deshalb nicht aktiv auf der Suche nach einem neuen Partner sind. Deshalb möchte ich Ihnen nur den folgenden Vorschlag unterbreiten: Schauen Sie sich bitte nach diesem Gespräch unser Angebot an und vergleichen Sie es in Ruhe mit Ihrer gegenwärtigen Lösung. Ich werde Sie in ein paar Tagen noch einmal dazu anrufen und wir können dann darüber sprechen."
„Wir haben derzeit keinen Bedarf."	„Schön, dass Sie sich derzeit keine Gedanken über fehlende Mitarbeiter machen müssen. Da sich diese Situation aber schnell ändern kann, möchte ich Ihnen gerne in einem persönlichen Gespräch darstellen, wie Sie zukünftig ohne großen Zeitverlust einen Bedarf im Personalbereich decken können."

Auch im weiteren Gesprächsverlauf ist mit Einwänden des Gesprächspartners zu rechnen. Die richtige Vorgehensweise bei der Einwandbehandlung kann hilfreich sein, das Gespräch erfolgreich abzuschließen.
Eine effektive Einwandbehandlung kann die folgende Vorgehensweise darstellen:

1. Verständnis für die geäußerten Einwände zeigen.

   Beispiele
   „Ich kann Ihre Argumentation nachvollziehen und deswegen möchte ich ..."
   „Ihr Einwand ist vollkommen verständlich. Wir haben dieses Problem dadurch gelöst, dass ..."
   „Hier haben Sie allerdings recht und deshalb sollten wir berücksichtigen, dass ..."

2. Durch offene Fragestellungen die Gründe für die Einwände bzw. noch ungeklärte Fragen des Gesprächspartners in Erfahrung bringen.

   Beispiele
   „Sie sind offensichtlich von der präsentierten Lösung noch nicht ganz überzeugt. Unter welchen Umständen wäre die dargestellte Leistung etwas für Ihr Unternehmen?"
   „Welche Änderungen müssten wir in unserem Angebot vornehmen, damit Sie einverstanden sind?"
   „Was hindert Sie im Augenblick daran, unser Angebot anzunehmen?"

3. Durch Argumente, Informationen und Nutzendarstellung die geäußerten Gründe beseitigen bzw. die Fragen des Gesprächspartners klären.

4. Nachfragen, ob die Einwände beseitigt wurden.
   Grundsätzlich gilt, dass Einwände des Kunden ernst genommen werden müssen. Ist die Beantwortung eines Kundeneinwands nicht direkt möglich, ist eine Klärung z. B. durch Rücksprache mit einem Experten im eigenen Unternehmen notwendig. Einwände des Kunden hängen in der Regel nicht mit der Person zusammen, die eine Leistung verkaufen möchte. Deshalb gilt es, bei der Einwandbehandlung ruhig, sachlich, höflich und korrekt zu bleiben.

1.3 Systematische Akquiseplanung

Unabhängig davon, ob es sich bei den Adressaten um Neu- oder Bestandskunden handelt, sollten alle Vertriebsaktivitäten **vorher geplant und systematisch durchgeführt** werden. Ziel muss es sein, **dauerhaft neue Kunden zu gewinnen** und gleichzeitig die durch die Akquisitionsbemühungen zwangsläufig entstehenden Kosten im Rahmen zu halten.

Beispiel
Arbeitszeit der an der Akquisition beteiligten Mitarbeiter, Kosten für den Druck der Werbebriefe, Portokosten, Kosten für Telekommunikation, Fahrtkosten.

Eine systematische Planung der Vertriebsaktivitäten ist deshalb unabdingbar. Spontaner Aktionismus ohne vorherige Planung kann zu einer **Verschwendung zeitlicher, finanzieller und personeller Ressourcen** führen. Weiterhin sind alle Vertriebsaktionen so aufeinander abzustimmen, dass sie sich gegenseitig unterstützen und verstärken. Im Idealfall erfolgt deshalb die Erstellung eines für einen längeren Zeitraum (z. B. auf ein Jahr) festgelegten Akquisitionsplans.
Damit die Vertriebsaktivitäten nicht dem Zufall überlassen werden, sollte der Akquisitionsplan die folgenden Teilschritte beinhalten:

- Zielsetzung
- Zeitplanung
- Zielgruppendefinition
- Vorbereitung der Akquiseaktivitäten
  - Informationssammlung und -aufbereitung
  - Festlegung der Kommunikationsmittel
  - Gestaltung von Hilfsmitteln (z. B. Gesprächsleitfaden für die Telefonakquisition, Erstellung eines Werbebriefes)
  - ggf. Arbeitsplatzgestaltung
- Durchführung der geplanten Aktivitäten
- Nachbereitung

1.3.1 Zielsetzung

Im Vorfeld des Planungsprozesses wird die Zielsetzung formuliert. Die Zielsetzung bringt **Klarheit in das Handeln** und ermöglicht eine **Orientierung** der Vertriebsmitarbeiter. Darüber hinaus helfen Ziele, überlegte Entscheidungen zu treffen. Ziele ermöglichen eine Kontrolle der durchgeführten Tätigkeiten (Soll-Ist-Vergleich) im Anschluss an die Vertriebsaktivitäten.

Mögliche Zielsetzungen können sein:

- das Interesse des Kunden für die eigenen Leistungen wecken,
- die Auffrischung eines bereits bestehenden Kontakts,
- die Generierung eines neuen Auftrags.

Die Zielbildung im Rahmen der Akquisitionsbemühungen ist dabei abhängig von den Ober- und Zwischenzielen der Unternehmung

Beispiel
Das Oberziel der Finke Zeitarbeit GmbH ist die Gewinnmaximierung. Zwischenziele hierbei könnten die Vergrößerung des Kundenstamms und eine Erhöhung des Umsatzes sein. Ein aus diesen Zwischenzielen abgeleitetes Ziel für den Akquisitionsprozess wäre eine Steigerung der Anzahl an Neukunden um 15 % (Unterziel).

Bei der Festlegung von Zielen ist zu beachten, dass zwischen den verschiedenen Unternehmenszielen Beziehungen bestehen, die im negativen Fall gegensätzlich sein können (Zielkonkurrenz). Anzustreben ist eine Zielharmonie, sodass sich die unterschiedlichen Ziele gegenseitig unterstützen. Bei der Zielbeschreibung ist die sog. SMART-Regel zu beachten.

Bd. 1, LF 2, 4.2.2.1

1.3.2 Zeitplanung

Jede Planung beinhaltet auch eine zeitliche Komponente. So ist bereits im Vorfeld der eigentlichen Akquisition ein Zeitrahmen festzulegen, der die einzelnen Akquiseschritte berücksichtigt. Die Zeitplanung sollte **realistisch sein und sich an den vorhandenen Ressourcen** (insb. Anzahl der Mitarbeiter im Vertrieb) **orientieren**. Der gesamte Zeitrahmen für die jeweilige Vertriebsaktion umfasst neben einem Anfangs- und Enddatum auch sog. **Milestones** (Zwischenschritte), mit deren Hilfe überprüft werden kann, ob die vorgegebenen (Zwischen-)Ziele in der dafür vorgesehenen Zeit erreicht wurden. Weitere Aspekte der Zeitplanung können sowohl mittelfristig als auch kurzfristig sein.
Die **mittelfristige Zeitplanung** beinhaltet Überlegungen zur Dauer einer geplanten Aktion, z. B. die Dauer einer Mailingaktion von der Auswahl der Adressaten über die Gestaltung des Anschreibens bis hin zum anschließenden Nachfassen.
Der Fokus der **kurzfristigen Zeitplanung** liegt auf der Festlegung von bestimmten Akquisezeiten. So ist im Vorfeld einer Telefonakquisition festzulegen, zu welchen Zeiten die potenziellen Kunden gut erreichbar sind oder welche Wochentage für ein Telefonat besonders geeignet sind.

Beispiel
Je nach Branche des Kunden sind Anrufe am Montag oder Freitag nicht ratsam. Anrufe in der Mittagszeit sollten unterbleiben, da die Gesprächspartner in dieser Zeit nicht erreichbar sind.

Bei der kurzfristigen Zeitplanung sollte auch die persönliche Leistungskurve des Vertriebsmitarbeiters berücksichtigt werden. Im Verlauf eines Tages schwankt die durch-

Praxistipp

Bei der Informationssammlung kann neben allgemein zugänglichen Informationsquellen (z.B. Internet, Branchenbücher, Telefonbücher) auch die Hilfe professioneller Dienstleister in Anspruch genommen werden. Hierbei handelt es sich um Wirtschaftsauskunfteien/Wirtschaftsinformationsdienste wie:

- Bisnode Firmendatenbank (www.hoppenstedt-firmendatenbank.de)
- Bürgel Wirtschaftsinformationen (www.crifbuergel.de)
- Verband der Vereine Creditreform e.V. (www.creditreform.de)

Zu beachten ist, dass die Leistungen dieser Unternehmen kostenpflichtig sind.

Datenbanken

Bei der Ansprache von Bestandskunden gehört zu einer professionellen Vorbereitung die Durchsicht der bereits im Unternehmen vorhandenen Kundeninformationen. Idealerweise sind diese Daten in Kundendatenbanken gespeichert und somit **schnell und unkompliziert für die Akquise nutzbar.**
Da Unternehmen ein großes Interesse daran haben, möglichst viele Daten über Kunden zu speichern und diese für Verkaufsaktivitäten zu nutzen, ist es sinnvoll, EDV-gestützte Kundendatenbanken einzurichten. Neben dem schnellen Zugriff bieten solche Kundendatenbanken den Vorteil, dass alle im Verlauf der Kundenbeziehung gesammelten Daten und Informationen mit bereits vorhandenen Daten verknüpft werden können.
Der Aufbau von Kundendatenbanken bietet für die Vertriebsaktivitäten große Vorteile, wie

- schneller und effizienter Zugriff auf die relevanten Daten,
- direkte Ansprache der Zielgruppe,
- Erstellung zielgenauer Angebote,
- Kundenbindung,
- Kundenzufriedenheit durch die Verwendung aktueller Informationen.

Eine Kundendatenbank bietet allerdings nur dann einen großen Nutzen, wenn über die Ersterfassung der Kundendaten auch eine laufende Erfassung aller relevanter Informationen erfolgt, die bei einer späteren Kontaktaufnahme genutzt werden können. Zu diesen Daten gehören:

- Adressdaten
- Branchendaten
- Kontaktdaten
- Ansprechpartner/Zuständigkeiten
- Anzahl von Standorten und Einsatzorten
- Qualifikation der benötigten Arbeitskräfte
- Berufsgruppen
- Daten über bisherige Preisverhandlungen
- Daten über bisherige Vertragsabwicklungen

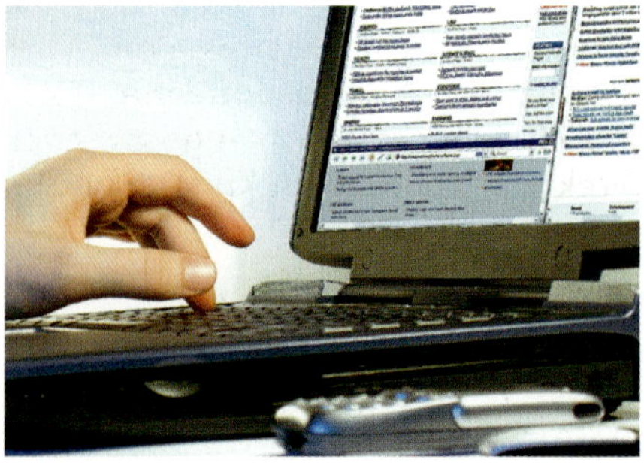

- Umsatzdaten
- Bestellhäufigkeit
- Zahlungsverhalten
- Durchschnittsumsatz pro Auftrag
- Geschäftsbeziehung zu anderen Personaldienstleistern

Bei der Erstansprache eines potenziellen Neukunden ist auf die Erfassung relevanter Informationen in die internen Datenbanken großen Wert zu legen. Neben den Gelben Seiten, Messekatalogen und Branchenverzeichnissen stellt insbesondere das Internet eine hilfreiche Informationsquelle dar. Auf der Homepage eines Unternehmens finden sich in der Regel alle für eine Erstansprache notwendigen Daten. Hierzu zählen z. B.:

- Firma
- Kontaktdaten (Adresse, Telefon-/Faxnummer, E-Mail-Adresse)
- mögliche Ansprechpartner
- Hinweise zum organisatorischen Aufbau
- Tätigkeitsfelder
- Stellenausschreibungen

Sollten die o. g. Informationen über das Internet nicht zu recherchieren sein, bietet sich eine telefonische oder persönliche Kontaktaufnahme an.

Praxistipp

Bieten diese Informationsquellen nur ungenügende oder ungeeignete Daten, besteht die Möglichkeit, Geschäftsadressen und -daten über sog. Adressbroker zu erwerben. Auf dem Markt existieren viele verschiedene Unternehmen, die sich auf diese Art von Dienstleistung spezialisiert haben. Neben den eigentlichen Kundendaten bieten Adressbroker oft auch Beratungsleistungen an. Am Markt tätige Akquise-Agenturen bieten professionelle Unterstützung bei der Kaltakquise an und im Rahmen der Neukundengewinnung zusätzliche Leistungen wie Beratung und Schulung sowie Erstansprache mit auftragsgeberspezifischen Informationen.

1.3.4.2 Festlegung der Kommunikationsmittel

Die Kontaktaufnahme mit dem Adressaten kann auf unterschiedlichen Wegen erfolgen. Bei der **Direktansprache** wird der Adressat durch den Vertriebsmitarbeiter persönlich oder schriftlich angesprochen.
Direkte Methoden der Kundengewinnung sind u. a.

- Kundenbesuche
- Ansprache auf Messen
- Telefonakquise
- Kundenanschreiben (Mailings) per Post oder E-Mail

Bei der **indirekten Ansprache** wird versucht, das Interesse des Adressaten zu wecken, ohne dass eine persönliche Kontaktaufnahme erfolgt:

- Werbung in Printmedien
- Flyer
- Sponsoring
- Mitgliedschaft in Verbänden
- Events und Vorträge
- Internetpräsentation (Homepage)
- Empfehlungen

Die Fülle von Kommunikationsmitteln kann an dieser Stelle nicht umfassend dargestellt werden. Im nachfolgenden Textabschnitt werden deshalb das **Mailing**, die **Telefonakquise**, **Kundenbesuche** und das **Empfehlungsmarketing** thematisiert.

Mailing

Die Hauptaufgaben eines Mailings liegen darin

- den Adressaten zu informieren,
- das Interesse des Adressaten zu wecken,
- die anschließende persönliche Kontaktaufnahme (Telefonat, Kundenbesuch) vorzubereiten.

Mailings können in unterschiedlichen Formen gestaltet werden, neben dem klassischen Brief-Mailing (Postversand) können auch das Telefax und das Internet (E-Mail) für den Versand des Mailings Anwendung finden.
Das Mailing bietet dabei **mehrere Vorteile**. Zum einen können Unternehmen direkt angeschrieben werden. Zum anderen können Anlass und Thema des Mailings so gewählt werden, dass sie optimal zum Verkaufserfolg beitragen (z.B. der erhöhte Personalbedarf aufgrund saisonaler Gegebenheiten oder eine neue Dienstleistung des Zeitarbeitsunternehmens). Das Mailing ist darüber hinaus sehr **effizient**, da eine große Anzahl von Adressaten mit verhältnismäßig geringem Zeit- und Kostenaufwand kontaktiert werden kann.
Allerdings sind auch die **Nachteile** zu beachten. Da es zu keinem persönlichen Kontakt mit dem Empfänger kommt, kann kein unmittelbares Feedback vom Adressaten eingeholt werden. Bei einer späteren persönlichen Kontaktaufnahme (z.B. im Rahmen einer telefonischen Nachfassaktion) ist der Inhalt des Mailings beim Adressaten unter Umständen schon nicht mehr im Gedächtnis präsent. Weiterhin werden in der Praxis täglich riesige Mengen von Mailings verschickt und die Empfänger können sich durch die zusätzliche Papierflut gestört fühlen. Bei einem Versand per E-Mail kann das

Mailing auch als unerwünschter Spam aufgefasst werden, was wiederum zu einer negativen Einstellung des Adressaten führen kann. Organisatorische Maßnahmen der Kunden können außerdem dazu führen, dass das Mailing bereits beim Eingang als unerwünschte Werbung aussortiert wird. Die Rücklauf- oder Responsequote bei Mailings ist relativ gering. In der Praxis wird davon ausgegangen, dass bei nur etwa 1–3 % der Mailings irgendeine Reaktion des Empfängers erfolgt.

Praxistipp

Da es keine Garantie dafür gibt, dass das Mailing erfolgreich verläuft, kann in einem ersten Schritt ein Pre-Test-Mailing erfolgen. Hierbei handelt es sich um eine Möglichkeit, den Erfolg des späteren Mailings auszutesten. Ein in Aufbau und Aufmachung identisches Mailing wird an eine bestimmte Anzahl von Adressaten verschickt. Anhand der darauf folgenden Reaktionen kann der Erfolg des späteren, groß angelegten Mailings abgeleitet werden.

Zu einem guten Mailing gehören die folgenden Arbeitsschritte:

- Anlass/Aufhänger festlegen
- professionellen Text verfassen
- besondere Argumente für den Adressaten herausstellen
- notwendige, organisatorische Maßnahmen absichern (Adressbeschaffung, Druck, Versand)
- Möglichkeit einer unkomplizierten Rückantwort beifügen (frankiertes Rückkuvert, Fax-Antwort mit personalisierten Kundendaten)
- Planung einer Nachfassphase
- Kriterien der Erfolgsbewertung der Aktion definieren

Gestalten eines Mailings

Unabhängig davon, ob die Werbebotschaft per Post, per E-Mail oder per Telefax an den Adressaten versandt wird, hat die **Gestaltung des Mailings großen Einfluss auf den späteren Erfolg der Bemühungen**.

Grundsätzlich sollte ein Mailing **übersichtlich** und so kurz wie möglich gestaltet sein. Ein Mailing, das mehr als eine DIN-A-4 Seite umfasst, birgt das Risiko, dass der Empfänger das Lesen des gesamten Inhalts als zu zeitaufwendig empfindet. Idealerweise werden im Anschreiben die folgenden Fragen des Kunden auf den ersten Blick beantwortet:

- Wer ist der Absender?
- Warum schreibt der Absender mir?
- Welche Vorteile/Problemlösungen werden mir geboten?

Das Anschreiben sollte **persönlich adressiert** sein, da es die Gesprächseröffnung beim persönlichen Gespräch ersetzen muss. Je persönlicher das Anschreiben auf die Situation des Adressaten ausgerichtet ist, desto größer ist die Wahrscheinlichkeit, dass der Inhalt des Schreibens auch wahrgenommen wird. Die Headline des Schreibens (der Betreff) sollte geeignet sein, das **Interesse des Adressaten zu wecken**, und bereits die

Bedürfnisse des Kunden berücksichtigen. Idealerweise beinhaltet die Headline einen konkreten, nachvollziehbaren Kundennutzen.

Praxistipp

Um das Mailing sach- und situationsgerecht zu erstellen, sollten bei der Gestaltung inhaltliche und formale Regelungen beachtet werden. Hierbei handelt es sich insbesondere um die DIN-Norm 5008 (Briefaufbau). Hinweise und Beispiele für die Gestaltung von Geschäftsbriefen und Berücksichtigung dieser DIN-Normen finden Sie in Kapitel 2.1.5 oder im Internet z. B. unter www.din-5008-richtlinien.de.

Die Formulierung **konkreter Vorteile** für den Kunden kann die Wirkung des Mailings verstärken. Dabei ist zu beachten, dass bestimmte Wörter und Formulierungen als positive oder negative **Verstärker** wirken können. Während positive Verstärker bei gezieltem und wohldosiertem Einsatz förderlich sind, sind negative Verstärker in Anschreiben zu vermeiden.

Positive Verstärker	Negative Verstärker
• mehr Geld • Ersparnis • Unterstützung • Nutzen • Vorteil • Angebot • Gewinn • bequem • einfach • flexibel	• Aufwand • Kosten • teuer • Nachteil • Rechnung • Vertrag • Unterschrift • Zeitaufwand • unflexibel • kritisch

Quelle: Reinke, Markus I.: 30 Minuten: Neukunden-Gewinnung, 2. Auflage, Gabal Verlag, Offenbach, 2011, S. 22

Weitere Möglichkeiten, mit dem Anschreiben Interesse zu wecken, sind z. B.

- Verwendung von Bildern/Symbolen (als Eyecatcher),
- Strukturierung des Anschreibens in kurze Absätze unter Verwendung von Unterstreichungen und Fettdruck,
- Beifügen von Prospekten,
- Hinweise auf Referenzen,
- angemessener Einsatz von farbiger Schrift,
- Beigabe von kleinen Werbegeschenken (sog. Give-aways).

Bei der Erstellung des Mailings ist unbedingt auf eine korrekte Rechtschreibung und Zeichensetzung zu achten. Darüber hinaus kann die Verwendung von hochwertigem Papier positiv auf den Empfänger wirken.

Nachfassen und Auswerten des Mailings

Nachdem das Mailing versandt wurde, muss **zeitnah nachgefasst werden**. In der Zeitplanung sollte das Nachfassen ungefähr **drei bis vier Werktage nach Versand** des Mailings eingeplant werden. Da das Mailing lediglich dazu beitragen kann, das Interesse des Adressaten zu wecken und einige grundlegende Informationen mitzuteilen, ist eine direkte Kontaktaufnahme durch die Vertriebsmitarbeiter erforderlich. Die Zielsetzung des Nachfassens ist bereits im Vorfeld festzulegen.
Zielsetzungen des Nachfassens nach einem Mailing:

- Entscheidungsträger in Erfahrung bringen,
- Beziehung aufbauen,
- Bedarf ermitteln,
- für die Entscheidung notwendige Informationen erfragen,
- Termin vereinbaren,
- Angebot unterbreiten,
- Geschäftsabschluss erzielen.

Das Nachfassen kann durch verschiedene Probleme oder durch ein falsches Vorgehen erschwert werden. Mögliche Probleme im Zusammenhang mit Nachfassaktionen können sich dadurch ergeben, dass der Gesprächspartner

- nicht erreichbar ist, da sich die Sekretärin oder Stellvertreter weigern, das Gespräch durchzustellen,
- sich nicht an das Mailing erinnern kann,
- Einwände erhebt,
- die Gesprächsinitiative übernimmt,
- sich nicht auf eine Entscheidung festlegen lässt.

Ein wesentlicher Aspekt beim Nachfassen liegt darin, bereits im ersten Satz des Telefonats **das Interesse des Gesprächspartners durch die Betonung des Nutzens zu wecken**. Die wichtigsten Inhalte des Mailings sollten kurz wiederholt werden, damit der Gesprächspartner die Möglichkeit hat, sich an die Inhalte zu erinnern. Durch gezielte Fragen verbleibt die Gesprächsinitiative im eigenen Handlungsbereich. Durch die Verwendung von **offenen Fragen** können darüber hinaus weitere wichtige Informationen über den Kunden gewonnen werden (siehe auch Kapitel 1.2.3).
Der Gesprächspartner sollte in diesem Ersttelefonat nicht zu einer Entscheidung gedrängt werden. Sinnvoller ist es, ein weiteres Telefonat zu vereinbaren. Auch hier gilt es, die Initiative für das Telefonat zu behalten, indem ein **konkreter Rückruftermin** vereinbart wird. Signalisiert der Gesprächspartner, dass eine Entscheidung zum gegebenen Zeitpunkt nicht möglich ist, muss durch gezielte Fragen in Erfahrung gebracht werden, wann eine Entscheidung zu erwarten ist.
Neben einem telefonischen Nachfassen ist auch ein persönlicher Kundenbesuch möglich. Im Hinblick auf den Zeitaufwand und den Kostenaspekt erfolgt in der Praxis überwiegend ein telefonisches Nachfassen.

Telefonakquise

Wie das Mailing ist die Telefonakquise (auch Telefonverkauf) ein Instrument zur direkten Ansprache von potenziellen oder bereits vorhandenen Kunden. Hauptziel der Telefonakquisition ist jedoch im Vergleich zum Mailing **das direkte Gespräch mit einem Entscheider auf der Kundenseite**. Der persönliche Kontakt ist dadurch wesentlich intensiver und erfordert ein **hohes Maß an Gesprächskompetenz der Vertriebsmitarbeiter**. Im Rahmen des Telefonats muss das Interesse des Gesprächspartners in kurzer Zeit mit nur wenigen Worten geweckt werden, um ein längeres, umfassendes Gespräch führen zu können.

Praxistipp

Professionelle Callcenter unterstützen bei der ersten Kontaktaufnahme und bereiten Folgetelefonate durch die Vertriebsmitarbeiter des Personaldienstleisters vor. Darüber hinaus können Callcenter auch weiter gehende Aufgaben übernehmen, wie z. B. eine telefonische Erstinformation über das Leistungsspektrum des Auftraggebers, eine Bedarfsermittlung oder die Terminvereinbarung für einen Kundenbesuch. Callcenter verfügen zu diesem Zweck über speziell für den Telefonverkauf geschultes Personal, was die Erfolgsaussichten der Akquisitionsmaßnahme erhöht. Allerdings ist die Beauftragung eines Callcenters mit zusätzlichen Kosten verbunden. Da es sich bei Personaldienstleistungen in der Regel um erklärungsbedürftige Dienstleistungen handelt, muss sichergestellt sein, dass das Personal im Callcenter über umfassende Informationen verfügt.

Neben der Neukundengewinnung wird die Telefonakquisition auch bei der Generierung zusätzlicher Aufträge mit Bestandskunden eingesetzt. Weitere Ziele sind

- Interessenten- und Bestandskundenbetreuung,
- Vorbesprechung und Terminvereinbarung von Kundenbesuchen,
- Angebotsnachverfolgung,
- Kundenpflege während eines laufenden Auftrags.

Genau wie bei einer Mailingaktion muss auch bei der Telefonakquise **eine umfassende Vorbereitung** erfolgen.
Arbeitsschritte im Vorfeld der Telefonakquisition sind

- Vorbereitung des Arbeitsplatzes,
- Festlegung des Gesprächsanlasses,
- Zusammenstellung der Argumente,
- Erstellung eines Gesprächsleitfadens.

Die Vorteile der Telefonakquisition liegen zum einen in der **höheren Effizienz**. Durch das Telefonat wird eine höhere Aufmerksamkeit beim Gesprächspartner erzeugt als beim Mailing. Das Gespräch zwischen dem Vertriebsmitarbeiter und dem Gesprächspartner kann ohne Ortswechsel erfolgen, was neben der Zeitersparnis auch geringere Kosten zur Folge hat. Die Telefonakquise bietet weiterhin den Vorteil, dass auf Fragen des Gesprächspartners direkt und individuell eingegangen werden kann. Einwänden des Kunden kann

durch eine wirksame Einwandbehandlung unmittelbar begegnet werden. Über die Telefonakquise kann der konkrete und absehbare Personalbedarf des Unternehmens ermittelt werden. Die im Rahmen des Telefonats in Erfahrung gebrachten Informationen können für bereits vorbereitete Angebote genutzt werden, um dem Kunden ein **individuelles**, auf seinen Bedarf ausgerichtetes **Angebot** zu erstellen.
Wie bereits erwähnt, spielt die sorgfältige Dokumentation der Kundendaten im Rahmen der Akquisition eine wesentliche Rolle. Die im Rahmen der Telefonakquise gewonnenen Daten müssen deshalb erfasst und so abgelegt werden, dass sie jederzeit für weitere Kontaktaufnahmen zur Verfügung stehen.
Neben den genannten Vorteilen existieren allerdings auch **Nachteile der Telefonakquisition**, die im Rahmen der Vorbereitung zu beachten sind. Vielfach sind mehrere Telefonate erforderlich, bis der richtige Ansprechpartner erreicht wird. Oft scheitert in der Praxis dieses Bemühen am Empfangspersonal oder dem Sekretariat des angerufenen Unternehmens. Um diese Hürden erfolgreich zu überwinden, ist eine sehr gute Kommunikationsfähigkeit der Mitarbeiter erforderlich. Im Vergleich zu einem direkten Gespräch im Rahmen eines Kundenbesuchs kann bei einem Telefonat nur die Sprache eingesetzt werden, um den gewünschten Erfolg zu erreichen. Als weiterer Nachteil ist zu werten, dass die Reichweite der Telefonakquise im Vergleich zum Mailing deutlich geringer ist. Während ein Personaldienstleister im Rahmen der Neukundenakquisition durch eine Mailingaktion mehrere hundert potenzielle Kunden in kurzer Zeit informieren kann, ist eine so umfangreiche Telefonakquisition im Hinblick auf Mitarbeiter- und Zeiteinsatz in der Praxis sehr oft nicht umsetzbar.
Bei der Kaltakquise per Telefon kommt erschwerend hinzu, dass die Kontaktaufnahme als unerwünscht und lästig empfunden wird und deshalb scheitert. Dies verlangt vom Vertriebsmitarbeiter ein hohes Maß an Frustrationstoleranz. Eine positive Einstellung zum Telefonverkauf und die Motivation der Mitarbeiter ist Voraussetzung für eine erfolgreiche Durchführung der Vertriebsbemühungen. Die richtige Gestaltung des Arbeitsplatzes kann helfen, die Voraussetzungen für eine erfolgreiche Akquise zu schaffen.

Vorbereiten des Arbeitsplatzes

Der Arbeitsplatz des Vertriebsmitarbeiters beeinflusst unmittelbar den Erfolg der Telefonakquisition. Der Arbeitsplatz sollte als angenehm empfunden werden, über die nötigen technischen und organisatorischen Hilfsmittel verfügen und frei von negativen bzw. störenden Einflüssen sein. Insbesondere bei der Telefonakquisition sollte darauf geachtet werden, dass während des Telefonats keine Störung erfolgt. Hier sind organisatorische Maßnahmen zu treffen, z. B. separate Büros, die durch eine Tür verschließbar sind, Hinweisschilder an den Bürotüren etc.

Praxistipp

Um eine angenehme Arbeitsatmosphäre zu erreichen, ist es sinnvoll, sich am privaten Umfeld zu orientieren. Hilfreich sind dabei die Fragestellungen:
„Was hilft mir, mich an meinem Arbeitsplatz wohlzufühlen?"
„Was macht mein Zuhause gemütlich?"
„An welchem Ort halte ich mich gerne auf?"
Sprechen keine betrieblichen Belange dagegen, kann der Arbeitsplatz durch Pflanzen, Farben, Düfte etc. individuell gestaltet werden. Bilder von Familie, Freunden und schönen Urlaubserlebnissen können zum Wohlbefinden beitragen.
Der Arbeitsplatz sollte über ergonomische Büromöbel verfügen, ausreichend Platz bieten, gut beleuchtet sein und die Möglichkeit von Frischluftzufuhr bieten. Vertriebsmitarbeiter, die bei einem Telefonat einen natürlichen Bewegungsdrang verspüren, sollten genügend Möglichkeit haben, diesem auch nachgehen zu können.

Festlegen des Gesprächsanlasses

Im Vorfeld der Telefonate ist festzulegen, **welches Ziel erreicht werden soll.** Geht es um eine erste Kontaktaufnahme, um sich bei einem potenziellen Kunden bekannt zu machen, oder liegt das Ziel in der Gewinnung eines neuen Auftrags? Je nach Gesprächsanlass müssen entsprechende Informationen vorliegen, um das Interesse des Kunden zu wecken und ihn von den Vorteilen einer Zusammenarbeit zu überzeugen.

Formulieren von Argumenten

Neben Informationen zum eigenen Unternehmen (u.a. Dienstleistungsspektrum, Bestehen des Unternehmens, Größe, Anzahl der Mitarbeiter) sollten bei der telefonischen Kontaktaufnahme konkrete Vorzüge für den Kunden deutlich werden. In dieser Phase ist es hilfreich, sich in die Lage des Gesprächspartners zu versetzen:

- Wo liegen die Probleme des (potenziellen) Kunden?
- Welche personellen Engpässe bestehen?
- Welche Lösung erwartet der Kunde?

Das **Herausarbeiten des Kundennutzens** ist eine zentrale Aufgabe bei der Vorbereitung des Telefonats. Der Kundenutzen ist Ausgangspunkt für die Formulierung der Argumente.

Definition

Aus Sicht des Kunden stellt der **Kundennutzen** die Summe der wirtschaftlichen Vorteile abzüglich der Kosten dar, die mit der Inanspruchnahme der Leistung verbunden sind.

Ein Unternehmen wird nur dann an einer Geschäftsbeziehung interessiert sein, wenn der Nutzen aus der neuen Geschäftsbeziehung größer ist als zuvor. Dabei ist zu beachten, dass **jedes Unternehmen unterschiedliche Bedürfnisse und Anforderungen** hat.

Das Ziel der Akquise muss darin liegen, den Kunden durch konkrete Vorteile von einer Zusammenarbeit zu überzeugen.

Beispiele

- *Nähe zum Kunden durch vorhandene Niederlassungen*
- *langjährige Branchenerfahrung*
- *Auswahlmöglichkeiten und geringe Wartezeiten durch große Anzahl externer Mitarbeiter*
- *Know-how durch Spezialisierung auf bestimmten Bereich*

Im Rahmen der strategischen Marketingplanung wird diese Tatsache durch die Bildung von Marktsegmenten und die Anwendung von Marketingstrategien berücksichtigt. **Bd. 2, LF 7, 5.2 bis 5.4**
Die Argumente sind so zu formulieren, dass das eigene Leistungsspektrum im Vergleich zur Konkurrenz deutlich attraktiver erscheint und den Ansprüchen des Kunden hinsichtlich Qualität, Leistung und Service im vollen Umfang gerecht wird.

Beispiele

- *Bei einer Deckung Ihres Personalbedarfs durch die Arbeitnehmerüberlassung erhöhen Sie Ihre Flexibilität im Vergleich zu einer Festanstellung von Arbeitnehmern.*
- *Durch die Nutzung von Zeitarbeitskräften reduzieren Sie Ihre Kosten für die Auswahl und Einstellung von Mitarbeitern.*
- *Durch die Dienstleistung „Try and Hire" können Sie von einer Verlängerung der Probezeit profitieren und Sie reduzieren die Gefahr von Fehlbesetzungen einer Stelle.*

Verfassen eines Gesprächsleitfadens

Ein Gesprächsleitfaden bietet den Vorteil, dass das beabsichtigte Telefonat zielgerichtet und strukturiert durchgeführt wird.

Definition
Ein **Gesprächsleitfaden** ist ein Hilfsmittel für die Vertriebsmitarbeiter, um ein strukturiertes Verkaufs- oder Beratungsgespräch durchführen zu können. Ein Gesprächsleitfaden gibt den Gesprächsablauf sowie Formulierungen vor und standardisiert somit die Vorgehensweise von Verkaufsgesprächen.

Der Aufbau des Gesprächsleitfadens kann sich dabei an den Phasen des Verkaufsgesprächs orientieren (siehe Kapitel 1.2.2).

Kundenbesuch

Das persönliche Gespräch im Rahmen eines Kundenbesuchs ist die **direkteste Form der Akquise**. Hier sind neben der richtigen Gesprächsführung auch das äußere Erscheinungsbild, Gestik und Mimik Faktoren, die den Erfolg des Gesprächs beeinflussen. Der erste Eindruck, der beim potenziellen Kunden erzeugt wird, kann über Erfolg und Misserfolg der Verkaufsbemühungen entscheiden. Ein pünktliches Erscheinen zum vereinbarten Termin ist dabei bereits ein wesentlicher Aspekt. Weitere Aspekte sind

- ein gepflegtes und seriöses Auftreten,
- eine offene und freundliche Begrüßung,

- eine angemessene Gestik und Mimik,
- eine natürliche Körpersprache,
- Blickkontakt zum Gesprächspartner.

Darüber hinaus kann ein kurzer Small Talk (Alltagsgespräch) helfen, letzte Hürden zum Gesprächspartner abzubauen und eine angenehme Gesprächsatmosphäre zu schaffen. Hierfür sind allgemeine und unverfängliche Themen zu wählen. Schon beinahe sprichwörtlich ist das „übers Wetter reden". Wenn möglich, sollten Komplimente für den Kunden integriert werden.

Beispiele
Geeignete Komplimente sind beispielsweise
- *die gute Verkehrsanbindung des Kunden und die damit verbundene, einfache und schnelle Anreise,*
- *die guten Parkmöglichkeiten,*
- *das ansprechende Bürogebäude,*
- *der imposante Eingangs- und Empfangsbereich,*
- *die geschmackvolle Einrichtung.*

Vorteilhaft bei einem Kundenbesuch ist ein Rückgriff auf Informationen über das Kundenunternehmen, die z. B. im Rahmen der Telefonakquisition gewonnen wurden. Hierdurch wird dem potenziellen Kunden signalisiert, dass das Gespräch durch einen gut vorbereiteten Gesprächspartner geführt wird, der an einer Zusammenarbeit ein starkes Interesse hat.
Im Rahmen eines Kundenbesuchs kann der Vertriebsmitarbeiter durch die **Beobachtung des Gesprächspartners** und genaues Hinhören bei Kundenäußerungen wertvolle und hilfreiche Informationen erhalten. Es erfolgt eine direkte und sichtbare Reaktion beim Gesprächspartner, was wiederum eine sofortige Reaktion ermöglicht.

Im fachlichen Kontext

Verkaufspsychologie
Die Verkaufspsychologie befasst sich mit den psychischen Abläufen der verbalen und nonverbalen Kommunikation im Verkaufsgespräch und dem Versuch, den Geschäftspartner in seiner Kaufentscheidung durch die Berücksichtigung seiner Gefühlswelt zu beeinflussen. Dies kann durch gezielte Motivation oder durch Wecken von Emotionen beim Kunden erfolgen. Dabei ist zu beachten, dass es sich insbesondere in größeren Organisationen um professionelle Entscheidungsträger handelt, die überwiegend rationale Entscheidungen treffen und für emotionale Ansprachen weniger empfänglich sind. Besteht beim Kunden derzeit keine konkrete Kaufabsicht, so ist es das Ziel der Verkaufspsychologie, Bedürfnisse beim Kunden zu wecken oder latente (unbewusste) Bedürfnisse bewusst zu machen.
Da in der Regel mehrere Motive auf die Kaufentscheidung des Kunden Einfluss nehmen, sind die dominierenden Kaufmotive herauszufiltern.

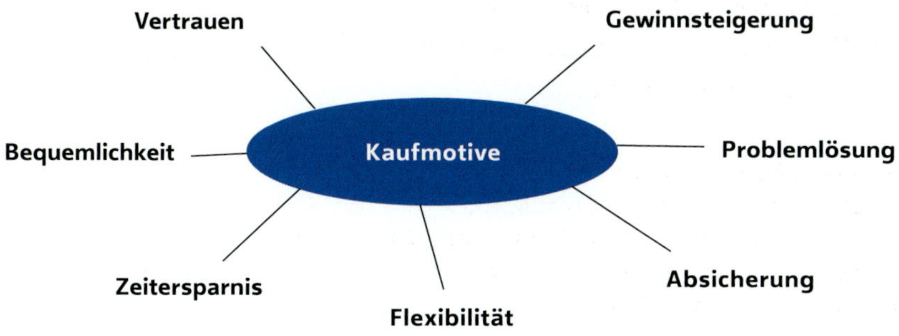

Nachdem das dominierende Kaufmotiv identifiziert wurde, ist es die Aufgabe des Vertriebsmitarbeiters, die passende Lösung zu präsentieren und diese durch überzeugende Argumente zu unterstützen.

Durch den unmittelbaren Kontakt mit dem Gesprächspartner können Entscheidungen des Kunden **direkt beeinflusst** werden. Der Einsatz geeigneter **Hilfsmittel** (Unternehmensbroschüren, Leitbild, Referenzen, Zertifikate etc.) unterstützt die Verkaufsbemühungen. Dabei ist es erforderlich, die präsentierten Argumente auf die Mentalität und die Einstellung des Gesprächspartners abzustimmen.

Beispiel
Der Gesprächspartner ist gegenüber der Zeitarbeit voreingenommen. Er ist der Meinung, dass Zeitarbeitnehmer von den Personaldienstleistungsunternehmen ausgenutzt werden. In diesem Fall sollte man gegenüber dem Gesprächspartner die Berücksichtigung der Rechte der Zeitarbeitnehmer durch die Regelungen des Arbeitnehmerüberlassungsgesetzes (AÜG) und der Anwendung von Tarifverträgen hervorheben.

Ein weiterer wichtiger Vorteil eines Kundenbesuchs liegt darin, dass **Kaufsignale des Kunden unmittelbar erfasst** und für den Geschäftsabschluss genutzt werden können.

Akquise über Empfehlungen

Eine weitere Möglichkeit der Neukundengewinnung kann über die aktive Nutzung von Empfehlungen erfolgen.

Definition
Die **Akquisition über Empfehlungen** (auch Empfehlungsmarketing) ist ein Instrument der Neukundengewinnung, das durch Bewertungen und Referenzen von Kunden erfolgt, die mit den Leistungen eines Anbieters zufrieden sind.

Empfehlungsmarketing setzt voraus, dass die Daten von Bestandskunden entsprechend gepflegt und abrufbar sind. Neben den Kunden eines Unternehmens kommen auch Mitarbeiter, Verbände oder andere Marktteilnehmer als Empfehlende in Betracht. Das Empfehlungsmarketing ist eine sehr effektive Art der Kundenakquisition. Durch eine überzeugende Empfehlung erhält der Verkäufer beim möglichen Kunden einen Vertrauensvorschuss. Gerade beim Verkauf von Dienstleistungen sind Empfehlungen hilfreich, da der Neukunde keine Möglichkeit hat, die Leistung zu testen oder anderweitig

Bd. 2, LF 7, 11.3

auszuprobieren. Die Empfehlung verhilft somit zu einem Bonus, der den Erstkontakt einleitet und vereinfacht.

Merksatz
Das Empfehlungsmarketing kann durch weitere Referenzen des eigenen Unternehmens ergänzt werden, um die Glaubwürdigkeit der Empfehlung zu unterstützen.

Darüber hinaus empfiehlt sich der Aufbau eines Empfehlungsmanagements in der Neukundenakquisition, da die Unzufriedenheit über Telefonakquise immer größer wird, die Reaktion auf Mailings sehr gering ist und die Vereinbarung von Kundenbesuchen bei Nichtkunden nur selten erfolgreich ist.
Auch für die Vertriebsmitarbeiter bietet das Empfehlungsmanagement Vorteile, da die Standardmaßnahmen im Rahmen der Neukundenakquisition (Mailing und Telefonakquise) zeitintensiv sind und meist ungern durchgeführt werden („Gefühl des Störens", Belästigung durch Anruf).
Kommt es durch Empfehlungsmanagement zu einem Geschäftsabschluss, sollte ein Feedback zum Empfehlungsgeber erfolgen. Der Empfehlungsgeber wird animiert, weitere Empfehlungen abzugeben. Das passive Empfehlungsmanagement kann auch dadurch unterstützt werden, dass Bestandskunden bei erfolgreichen Empfehlungen einen Bonus oder eine Prämie erhalten.

Beispiele
- *Einladung zu einem besonderen Event*
- *kleine Geschenke*
- *Rabatt auf Stundenverrechnungspreise in Abhängigkeit vom Wert der neuen Geschäftsbeziehung*

1.3.5 Nachbereitung

Da die Daten von Bestandskunden aufgrund ständiger Änderungen oftmals nur eine geringe Nutzungsdauer haben, gehört die **regelmäßige Aktualisierung** der Daten (Datenpflege) zu den wichtigsten Aufgaben eines Vertriebsmitarbeiters bei der Nachbereitung. Falsche oder nur unzureichend erfasste Daten sind für das Unternehmen nicht nutzbar oder bergen die **Gefahr einer falschen Kundenansprache**. Jedes Telefonat mit einem Kunden bietet dabei die Möglichkeit, die **vorhandenen Daten abzugleichen und auf ihre Aktualität hin zu überprüfen**. Zur Datenpflege gehört es auch, Kundendaten zu löschen, wenn über einen längeren Zeitraum keine geschäftliche Beziehung mehr besteht und auf Akquise-Aktivitäten keine Reaktion erfolgt (z. B. seit mehr als drei Jahren kein Geschäftsabschluss, keine Reaktion auf Mailingaktionen etc.).

Bei der Nachbereitung einer Mailingaktion muss eine **Auswertung** erfolgen. Das wesentliche Kriterium hierbei ist die Beurteilung, wie erfolgreich die Mailingaktion aus Sicht des Personaldienstleisters verlaufen ist. Dabei orientiert sich die Beurteilung daran, ob das formulierte Ziel erreicht wurde (z. B. Steigerung des Bekanntheitsgrades des Personaldienstleisters, Vereinbarung von Gesprächsterminen mit Nichtkunden, Generierung zusätzlicher Aufträge etc.).

Beispiel
Die Finke Zeitarbeit GmbH hat im Rahmen eines Neukunden-Mailings 750 Briefe an verschiedene Unternehmen im Einzugsgebiet der Niederlassung verschickt. Bei der anschließenden Nachfassaktion konnten 25 Terminvereinbarungen erreicht werden. Daraus ergibt sich als Erfolg eine Terminquote von 3,33 %:

$$\textit{Terminquote} = \frac{\textit{Anzahl von Terminvereinbarungen} \cdot 100}{\textit{Anzahl der verschickten Mailings}}$$

Ein weiterer Ansatzpunkt bei der Auswertung eines Mailings ist die Gegenüberstellung der entstandenen Kosten (u. a. Erstellung, Druck und Versand des Mailings, Anzahl der Mitarbeiterstunden für die Nachbereitung) und – soweit quantifizierbar – der erzielte „Ertrag", z. B. in Form der Anzahl von neuen Interessenten, die ein konkretes Angebot angefordert haben, der zusätzliche Umsatz durch Geschäftsabschlüsse etc.

1.4 Rechtliche Grenzen der Akquise

Im Rahmen der Akquisition werden Kundendaten erhoben, gesammelt, aufbereitet und genutzt. Dabei kann es sich zum Teil um sensible Kundendaten handeln. Um sich vor negativen Konsequenzen in Form von Kundenbeschwerden oder Klagen zu schützen, sind die gesetzlichen Regelungen zum Datenschutz und zur kommerziellen Nutzung von Daten Dritter zu beachten.

1.4.1 Gesetz gegen unlauteren Wettbewerb

In Deutschland existiert das **Gesetz gegen den unlauteren Wettbewerb** (**UWG**), das umfassende Regelungen zum Wettbewerb beinhaltet. Durch das UWG sollen Mitbewerber, Verbraucher und sonstige Marktteilnehmer vor unlauteren geschäftlichen Handlungen geschützt werden und dabei dem Interesse der Allgemeinheit an unverfälschtem Wettbewerb Rechnung getragen werden (§ 1 UWG).

Grundvoraussetzung für die Anwendung des UWG ist das Vorliegen einer geschäftlichen Handlung. Unter einer geschäftlichen Handlung wird im Sinne dieses Gesetzes jedes Verhalten einer jeden Person zugunsten des eigenen oder eines fremden Unternehmers verstanden,

- das im Zusammenhang mit einem Geschäftsabschluss,
- mit der Förderung des Absatzes oder des Bezuges von Waren oder Dienstleistungen oder
- mit dem Abschluss oder der Durchführung eines Vertrages über Waren oder Dienstleistungen

objektiv zusammenhängt.

Auch Verhaltensweisen, die nach dem Geschäftsabschluss getätigt werden, unterliegen den Regelungen des UWG.
Nach §§ 4 bis 7 UWG sind unter bestimmten Umständen die folgenden Handlungen verboten:

- die Ausnutzung einer Zwangslage von Verbrauchern,
- Schleichwerbung,
- die Herabsetzung eines Konkurrenten oder seiner Waren oder Dienstleistungen,
- die Äußerung oder Weitergabe von Unwahrheiten (Gerüchten) über den Konkurrenten oder seine Waren oder Dienstleistungen,
- die Nachahmung von Waren oder Dienstleistungen eines Konkurrenten unter bestimmten Umständen,
- die Behinderung von Konkurrenten,
- die Verletzung gesetzlicher Bestimmungen [...],
- vergleichende Werbung unter bestimmten Umständen,
- belästigende Werbung einschließlich unerwünschter E-Mail-, Telefon- und Telefaxwerbung,
- der Verrat von Geschäfts- und Betriebsgeheimnissen,
- die Ausbeutung fremder Vorlagen.

Quelle: Omsels, Dr. Hermann-Josef: Der Online-Kommentar zum UWG, Kapitel III: Verbote oder Was darf ich nicht?, unter: www.omsels.info/die-verbote-oder-was-darf-ich-nicht, zuletzt abgerufen am 19.10.2017 (verändert)

Im Zusammenhang mit der Akquise ist hier insbesondere der § 7 UWG von großer Bedeutung. In diesem Paragrafen wird die Unzulässigkeit von geschäftlichen Handlungen normiert, die für den Marktteilnehmer eine **unzumutbare Belästigung** darstellen.

Eine unzumutbare Belästigung nach § 7 UWG ist anzunehmen, bei
• Werbung und kommerzieller Kommunikation mit einem Verbraucher[1] ohne dessen vorherige ausdrückliche Einwilligung und/oder, wenn der Verbraucher die Werbung/kommerzielle Kommunikation erkennbar nicht wünscht. • Werbung unter Verwendung einer automatischen Anrufmaschine, eines Faxgeräts oder elektronischer Post (E-Mail) ohne vorherige ausdrückliche Einwilligung des Adressaten (auch bei Gewerbetreibenden). • Werbung mit einer Nachricht, bei der die Identität des Absenders nicht eindeutig zu ermitteln ist oder verschleiert bzw. verheimlicht wird.

Insbesondere bei der Telefonakquise kann gegen das Verbot der unzumutbaren Belästigung verstoßen werden (§ 7 Abs. 1 UWG). Hierbei ist zu beachten, dass die Interpretation der einzelnen Regelungen des UWG durch Gerichte erfolgt und somit Auslegungssache ist.
Bei der Telefonakquise mit anderen Unternehmen liegt kein Verstoß gegen das UWG vor, wenn von einer **mutmaßlichen Einwilligung des Gewerbetreibenden ausgegangen werden kann**. Dies ist der Fall, wenn aufgrund der Geschäftstätigkeit des Unternehmens **ein berechtigtes Interesse des Angerufenen gegenüber der Dienstleistung des Personaldienstleisters zu vermuten ist.** Besteht zu dem angerufenen Unternehmen bereits eine Geschäftsbeziehung (Warmakquise) und wird im Rahmen des Telefonats eine Leistung beworben, die in unmittelbarem Zusammenhang zur bisherigen Geschäftsbeziehung steht, so ist regelmäßig von dem Vorliegen eines berechtigten Interesses auszugehen.

Beispiel
Ein Unternehmen hat in der Vergangenheit bereits mehrfach die Dienste der Finke Zeitarbeit GmbH in Anspruch genommen. Aus diesem Grund kann von einer Einwilligung zur telefonischen Kontaktaufnahme von dem Kundenunternehmen ausgegangen werden.

Bei Mailings, die mittels elektronischer Post (z.B. Fax oder E-Mail) zugestellt werden, muss bei nicht bestehender Geschäftsbeziehung ein ausdrückliches Einverständnis des Empfängers vorliegen (§ 7 Abs. 2 Nr. 3 UWG). Liegt ein solches Einverständnis nicht vor, so ist die Zustellung dieser Mailings nicht zulässig. Bei einer bestehenden Geschäftsbeziehung kann von einem grundsätzlichen Einverständnis ausgegangen werden, wenn im Zusammenhang mit bisherigen Geschäften eine Faxnummer bzw. E-Mail-Adresse angegeben wurde. Eine ausdrückliche Genehmigung ist in diesen Fällen nicht erforderlich. Allerdings bezieht sich die Nutzung der Kommunikationsdaten nur auf Leistungen, die in einem unmittelbaren Zusammenhang mit der ursprünglichen Leistung stehen.

Quelle: Vgl. Weiß, Joachim/Kleer, Michael/Molz, Joachim: Ausbildung im Dialogmarketing, Band 2, 5. Auflage, Bildungsverlag EINS, Köln, 2017, S. 228–230

Ein Verstoß gegen den § 7 UWG kann Unterlassungsklagen und Schadensersatzansprüche der Geschädigten zur Folge haben.

[1] *Verbraucher ist jede natürliche Person, die ein Rechtsgeschäft zu einem Zwecke abschließt, der weder ihrer gewerblichen noch ihrer selbstständigen beruflichen Tätigkeit zugerechnet werden kann (§ 13 BGB).*

1.4.2 Datenschutzbestimmungen

In Deutschland und der EU wurden in den vergangenen Jahren die Datenschutzrichtlinien deutlich verschärft. Dabei ist eine Verarbeitung und Nutzung von personen- bzw. unternehmensbezogenen Daten nur in deutlich vorgegebenen Grenzen rechtlich möglich. Durch das deutsche Datenschutzrecht unterliegen personenbezogene Daten einem besonderen Schutz. Hierbei kann es sich auch um Daten von natürlichen Personen (Privatpersonen, Verbrauchern) handeln, die z. B. von Personaldienstleistern im Rahmen der Arbeits- und Personalvermittlung genutzt werden. Jegliche Nutzung, Verarbeitung, Veränderung und Übermittlung dieser Daten ist von datenschutzrechtlicher Relevanz. Da das deutsche Recht davon ausgeht, dass jegliche Datenverarbeitung die Einwilligung des Betroffenen voraussetzt, sollte eine solche Einwilligung für die Datennutzung in schriftlicher Form vorliegen.

Praxistipp

Um den eigenen Kunden zu verdeutlichen, dass die Bestimmungen des Datenschutzes einen hohen Stellenwert im Unternehmen haben, kann eine Datenschutz-Zertifizierung durchgeführt werden. Durch eine solche Zertifizierung zeigt das jeweilige Unternehmen, dass bei der Speicherung und Nutzung von sensiblen Kundendaten die höchsten Sicherheitsanforderungen berücksichtigt werden.
Informationen zu Datenschutz-Zertifizierungen finden sich im Internet:
www.datenschutz.org/zertifizierung/
www.bsi.bund.de
www.tuvit.de/de

Die rechtliche Grundlage für den Datenschutz in Deutschland stellt das **Bundesdatenschutzgesetz (BDSG)** dar. Die Bedeutung des Datenschutzes ist seit der Entwicklung der Informationstechnik stetig gestiegen, da die Datenverarbeitung, -erfassung, -analyse und -weitergabe immer unkomplizierter möglich ist. Durch die Nutzung des Internets und die Verwendung von E-Mails und Mobiltelefonen im privaten und geschäftlichen Umfeld werden immer neue Möglichkeiten geschaffen, um personenbezogene Daten zu erfassen und zu nutzen. Unternehmen verwenden die Vielzahl vorhandener Daten z. B., um Kundenprofile zu erstellen oder die Zahlungsfähigkeit der Kunden zu überprüfen.
Der Datenschutz bezieht sich in Deutschland insbesondere auf die Erhebung, die Verarbeitung und die Nutzung personenbezogener Daten. Im Sinne des BDSG wird unter Verarbeitung jegliche Veränderung, Speicherung, Übermittlung und Löschung von Daten verstanden. Unter die Nutzung von Daten fällt jede Art von Verarbeitung der erhaltenen Daten.

Zusammenfassung

- Die **Akquisition** von Kunden ist ein wichtiges Aufgabengebiet in der Personaldienstleistungsbranche. Die in diesem Zusammenhang getätigten Geschäftsabschlüsse stellen die Grundlage für den wirtschaftlichen Erfolg eines Unternehmens dar.
- In der Akquise wird zwischen der **Warmakquise** (Verkauf an Bestandskunden) und der **Kaltakquise** (Verkauf an Nicht- bzw. Neukunden) unterschieden.

- **Dienstleistungen** sind immaterielle Güter, die erklärungsbedürftig sind und deren Verkauf hohe kommunikative Anforderungen an den Vertriebsmitarbeiter stellt. Dabei ist zu beachten, dass es sich bei Verkaufsgesprächen um vielschichtige, komplexe und störanfällige Prozesse handelt.
- Das idealtypische **Verkaufsgespräch** kann in fünf Phasen unterteilt werden, die aufeinander aufbauen:
  - Kontaktphase,
  - Informationsphase,
  - Präsentationsphase,
  - Abschlussphase,
  - Nachfassen.
- In jeder Phase des Verkaufsgesprächs ist eine angemessene **Fragetechnik** anzuwenden, um die für den Geschäftsabschluss erforderlichen Informationen zu erhalten, die Nutzenerwartung des Kunden in Erfahrung zu bringen und letztlich den Geschäftsabschluss herbeizuführen.
- Eine angemessene **Einwandbehandlung** ist für den Erfolg des Verkaufsgesprächs unerlässlich. Dabei ist ein Kundeneinwand ein Zeichen dafür, dass sich der Gesprächspartner mit dem Inhalt des Verkaufsgesprächs gedanklich auseinandersetzt.
- Eine umfangreiche **Bedarfsanalyse** ist die Voraussetzung für den Verkaufserfolg. Durch **aktives Zuhören** können die notwendigen Informationen in Erfahrung gebracht werden.
- Eine **systematische Akquiseplanung** führt zu einem effizienteren Einsatz der personellen Ressourcen und hilft somit, unnötige Kosten entstehen zu lassen. Eine systematische Akquiseplanung umfasst die Zielsetzung, die Zeitplanung, eine Zielgruppendefinition, eine Vorbereitung der Akquiseaktivitäten, die Festlegung von Kommunikationsmitteln und die Nachbereitung.
- In der betrieblichen Praxis von Personaldienstleistern werden überwiegend das **Mailing**, das **Telefonat** und der **Kundenbesuch** für die Akquisition eingesetzt. Diese Kommunikationsmittel sind mit verschiedenen Vor- und Nachteilen verbunden. Je nach Zielsetzung kann der kombinierte Einsatz dieser Kommunikationsmittel sinnvoll sein.
- Die **Hauptaufgabe** des Vertriebsmitarbeiters im Rahmen der Akquisition ist es, dem Kunden den Nutzenzuwachs darzulegen, der durch den Einsatz der angebotenen Dienstleistung entsteht.
- Ein wirksames Hilfsmittel für die Vertriebsmitarbeiter stellt ein **Gesprächsleitfaden** dar. Er ermöglicht ein strukturiertes Verkaufs- oder Beratungsgespräch. Gesprächsleitfäden geben den **Gesprächsablauf** vor und helfen bei der Formulierung von Verkaufsgesprächen.
- Bei der Akquise sind die gesetzlichen Vorgaben zum Datenschutz und zum Gesetz gegen unlauteren Wettbewerb zu beachten.

- Im Rahmen der Akquise sind die dominierenden **Kaufmotive** des Kunden herauszufiltern, um durch eine auf die Motive abgestimmte Nutzenargumentation einen Geschäftsabschluss herbeizuführen.

Aufgaben

1. *Stellen Sie die Notwendigkeit der Akquise für Personaldienstleistungsunternehmen dar.*
2. *Bei der Akquise werden die Warm- und die Kaltakquise unterschieden.*
   a) *Verdeutlichen Sie anhand geeigneter Beispiele aus der Personaldienstleistung den Unterschied zwischen Warm- und Kaltakquise.*
   b) *Nennen Sie jeweils zwei Vor- und Nachteile der Warm- bzw. Kaltakquise.*

Kaltakquise		Warmakquise	
Vorteile	Nachteile	Vorteile	Nachteile

3. *Sammeln Sie verschiedene Quellen, die bei der Bildung von Zielgruppen im Rahmen einer Akquiseplanung genutzt werden können.*
4. *Bei der Telefonakquise können nonverbale Kommunikationsmittel nicht eingesetzt werden. Welche Möglichkeiten stehen dem Vertriebsmitarbeiter zur Verfügung, um diesen Nachteil auszugleichen?*
5. *Erstellen Sie passende Erwiderungen auf die folgenden Aussagen:*
   a) *„Es ist gerade nicht der passende Zeitpunkt. Sie rufen kurz vor meiner Mittagspause an."*
   b) *„Sie sind heute schon der dritte Personaldienstleister, der mir seine Leistungen anbietet."*
   c) *„Ich kann derzeit nicht erkennen, welchen Nutzen ich durch den Einsatz von Zeitarbeitnehmern haben soll."*
   d) *„Auf Grundlage eines Telefonats kann ich hier keine Entscheidung treffen."*
6. *Erstellen Sie eine Übersicht über Verhaltensweisen, die den Ablauf eines Verkaufsgesprächs fördern oder behindern können.*
7. *Welche Frageformen treffen in den folgenden Fällen zu?*
   a) *Der Gesprächspartner hat nur sehr eingeschränkte Antwortmöglichkeiten.*

b) Der Gesprächspartner soll dazu animiert werden, möglichst viele und detaillierte Informationen preiszugeben.

c) Geeignet, um eine Entscheidung des Gesprächspartners herbeizuführen.

d) Der Kunde kann viele Antworten geben.

e) Es stehen nur zwei Antwortmöglichkeiten zur Verfügung.

8. *Die PersoNow GmbH beabsichtigt, neue Kunden durch Telefonakquise zu gewinnen. Die Geschäftsleitung plant eine Aktion, die insgesamt 4 Tage dauern soll. In dieser Zeit sollen Unternehmen aus der Umgebung per Telefon kontaktiert werden, die im Vorfeld aus einschlägigen Branchenbüchern ausgewählt wurden. Die Geschäftsleitung erhofft sich, durch diese Aktion möglichst viele neue Kunden zu akquirieren.*

a) Die Auszubildende Franka Ludwig wurde mit der Vorbereitung der Aktion beauftragt. Zu ihrer Aufgabe gehört die Vorbereitung der Räumlichkeiten, die im Rahmen der Telefonakquise genutzt werden sollen. Franka beabsichtigt, den Empfangsbereich der Niederlassung zu nutzen. Ihre Kollegin Hanna ist entsetzt und rät ihr von dieser Überlegung ab. Begründen Sie **nachvollziehbar**, *warum Franka auf den Rat ihrer Kollegin Hanna hören sollte.*

b) Franka hat eingesehen, dass Hanna mit ihrer Begründung Recht hat und macht sich auf die Suche nach einer geeigneten Räumlichkeit in der Niederlassung. Nennen Sie verschiedene Aspekte, auf die Franka bei der Auswahl der passenden Räumlichkeit achten sollte.

9. *Nachdem die Telefonaktion nicht den gewünschten Erfolg gebracht hat, möchte die Geschäftsführung eine Mailingaktion durchführen.*

a) Verdeutlichen Sie durch nachvollziehbare Gründe, warum das Mailing eine gute Möglichkeit ist, um Neukunden zu akquirieren.

b) Nennen Sie positive und negative Verstärker, die bei der Erstellung des Mailings verwendet bzw. vermieden werden sollten.

10. *Bei der Telefonakquise kommt es in der Praxis häufig zum Einsatz von Gesprächsleitfäden. Beschreiben Sie stichpunktartig, warum ein Einsatz von Gesprächsleitfäden bei der telefonischen Akquise sinnvoll ist.*

11. *Die Finke Zeitarbeit GmbH plant, zur Steigerung des Marktanteils eine Akquiseaktion durchzuführen. Zu diesem Zweck wurde eine Arbeitsgruppe berufen, die sich mit der Vorbereitung, Durchführung und Auswertung der Akquisemaßnahme beschäftigen soll. Sie sind Mitglied dieser Arbeitsgruppe.*

Auf einem der ersten Meetings zur Vorbereitung der Vertriebsaktion schlägt ein Mitglied der Arbeitsgruppe vor, dass für die Telefonakquise ein professionelles Callcenter beauftragt werden soll. Beurteilen Sie, welche Vor- und Nachteile aus dem Einsatz eines Callcenters entstehen können.

12. *Im Anschluss an die Telefonakquise sollen persönliche Kundenbesuche stattfinden.*

a) Stellen Sie dar, welche Vorteile der Kundenbesuch im Vergleich zum Telefonat bietet.

b) Welche Aspekte müssen berücksichtigt werden, damit bei einem Kundenbesuch ein positiver erster Eindruck entsteht?

2 Rechtliche Grundlagen

Einstiegssituation ▶

Die Finke Zeitarbeit GmbH hat sich zum Ziel gesetzt, in der Region Ruhrgebiet zu expandieren. In diesem Zusammenhang wurden von einem Projektteam verschiedene Standortanalysen erstellt. Die Standortanalysen lassen erkennen, dass in den Orten Essen, Bochum und Castrop-Rauxel gute Chancen bestehen, Marktanteile zu gewinnen und mit dem vorhandenen Leistungsspektrum zusätzliche Umsätze zu erzielen. Die Geschäftsführung beauftragt den Leiter des Projektteams, Karsten Lohmeyer, geeignete Mietobjekte in diesen Orten zu finden und anzumieten. Herr Lohmeyer bittet Franziska Wagner aus dem Projektteam, die Immobilienanzeigen der jeweiligen Orte zu sichten und geeignete Objekte auszuwählen. Auf der Homepage eines in Bochum ansässigen Immobilienmaklers findet Franziska Wagner eine interessante Annonce:

„Bürofläche in der Bochumer Innenstadt (Nähe Hbf.) zu vermieten: 360 m² Nutzfläche, Sanitäranlagen neu, 5 Stellplätze, Kaltmiete 3 150,00 € p. M. zzgl. 4,76 % Maklercourtage“

Da Franziska Wagner kein ähnliches Angebot entdecken kann und Herr Lohmeyer ganztägig nicht erreichbar ist, ruft sie den Immobilienmakler an und mietet die Bürofläche zum angegebenen Preis. Nach seiner Rückkehr am folgenden Tag ist Herr Lohmeyer über das eigenmächtige Vorgehen von Frau Wagner entsetzt. Er ruft umgehend den Immobilienmakler in Bochum an und informiert ihn, dass die Finke Zeitarbeit GmbH an einer Anmietung der Bürofläche nicht interessiert sei. Der Immobilienmakler besteht auf einer Einhaltung des aus seiner Sicht zustande gekommenen Mietvertrages.

Arbeitsaufträge

1. *Prüfen Sie mithilfe der Informationen im vorliegenden Kapitel, ob zwischen der Finke Zeitarbeit GmbH und dem Immobilienmakler ein rechtsgültiger Mietvertrag zustande gekommen ist.*
2. *Überprüfen Sie, ob Frau Wagner und Herr Lohmeyer berechtigt sind, im Namen der Finke Zeitarbeit GmbH einen Mietvertrag abzuschließen.*

2.1 Grundlagen des Vertragsrechts

In modernen, arbeitsteiligen Volkswirtschaften werden täglich Tausende von Verträgen abgeschlossen. Es ist somit erforderlich, **dass durch rechtliche Vorschriften Rechtsicherheit geschaffen wird**. Das Rechtssystem in der Bundesrepublik Deutschland regelt das Zusammenleben der Menschen und schafft die Grundlage für den Austausch von Waren und Dienstleistungen. Im Bereich der Personaldienstleistungen kommt es ständig zu Handlungen, die grundlegende Kenntnisse über rechtliche Rahmenbedingungen erfordern.

2.1.1 Rechtssubjekte, Rechts- und Geschäftsfähigkeit

Im rechtlichen Sinne werden unter dem Oberbegriff Rechtssubjekte die Personen verstanden, die als **Träger von Rechten und Pflichten** am Wirtschaftsleben teilnehmen und rechtswirksame Erklärungen abgeben. Bei den Rechtssubjekten wird dabei zwischen natürlichen Personen und juristischen Personen unterschieden:

Natürliche Personen

Alle lebenden Menschen sind natürliche Personen, unabhängig von ihrem Alter, ihrem Geschlecht und ihrer Herkunft. Sie erhalten die Rechtsfähigkeit durch die Geburt und können nach Erlangung der Geschäftsfähigkeit rechtswirksam Geschäfte abschließen.

Definition
Geschäftsfähigkeit bezeichnet die Fähigkeit einer Person, Rechtsgeschäfte (Verträge) rechtswirksam abschließen zu können.

Die Erlangung der Geschäftsfähigkeit ist in Deutschland durch die §§ 104–113 BGB geregelt.

Juristische Personen

Hierunter werden Personenvereinigungen verstanden, die vom Gesetzgeber mit einer eigenen Rechtspersönlichkeit ausgestattet werden. Die Rechtsfähigkeit von juristischen Personen beginnt mit ihrer Eintragung in das jeweilige Register.

Beispiele
GmbHs und AGs erhalten ihre Rechtsfähigkeit durch Eintragung in das Handelsregister.
Eine eingetragene Genossenschaft (eG) erhält ihre Rechtsfähigkeit mit Eintragung in das Genossenschaftsregister.

Durch Löschung aus dem jeweiligen Register endet die Rechtsfähigkeit. Juristische Personen können **über ihre Organe** (z. B. Geschäftsführung bei einer GmbH, Vorstand bei einer AG) rechtswirksam Willenserklärungen abgeben. Neben den Organen können auch Bevollmächtigte für die juristische Person Willenserklärungen abgeben. Juristische Personen können darüber hinaus unter ihrer Firma klagen und verklagt werden.

Beispiele
- *Für die Finke Zeitarbeit GmbH können die beiden Geschäftsführer Patrick Winkelberg und Natascha Steffen Willenserklärungen abgeben.*
- *In Arbeitsverträgen ist die Finke Zeitarbeit GmbH als Arbeitgeber Vertragspartner für die Mitarbeiter.*
- *Bei Arbeitsgerichtsprozessen ist die Finke Zeitarbeit GmbH Kläger bzw. Beklagte.*

Im deutschen Recht werden Rechtssubjekte zusätzlich in Verbraucher (§ 13 BGB) und Unternehmer (§ 14 BGB) unterschieden. **Bd. 1, LF 2, 4.3**

Definition

Ein **Verbraucher** ist jede natürliche Person, die ein Rechtsgeschäft zu einem Zweck abschließt, der nicht ihrer gewerblichen oder selbstständigen beruflichen Tätigkeit zugerechnet werden kann.
Ein **Unternehmer** ist jede natürliche oder juristische Person oder rechtsfähige Personengesellschaft, die bei Abschluss eines Rechtsgeschäfts in Ausübung **ihrer gewerblichen oder selbstständigen beruflichen Tätigkeit** handelt.

2.1.2 Rechtsgeschäfte

Zum Zustandekommen eines Rechtsgeschäfts bedarf es einer oder mehrerer **Willenserklärungen.** Rechtsgeschäfte zwischen mehreren (natürlichen und/oder juristischen) Personen kommen durch mindestens zwei übereinstimmende Willenserklärungen zustande. Es gibt jedoch auch Rechtsgeschäfte, für die lediglich eine Willenserklärung erforderlich ist.

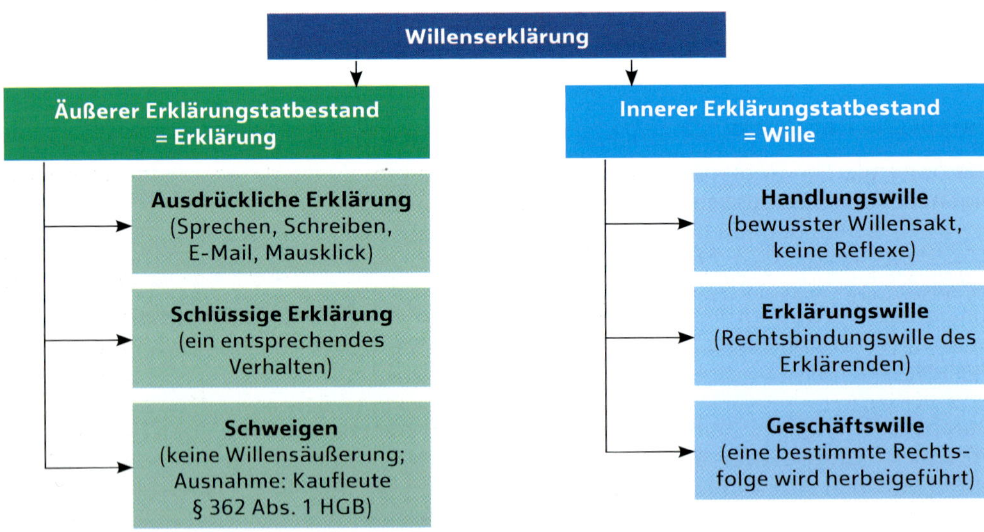

2.1.2.1 Arten von Rechtsgeschäften

Einseitige Rechtsgeschäfte	Zweiseitige Rechtsgeschäfte
Für die Rechtswirksamkeit ist die Willenserklärung **einer** Person erforderlich.	Für die Rechtswirksamkeit sind **mindestens zwei übereinstimmende** Willenserklärung erforderlich. Da die Vertragsparteien einen Konsens über den Inhalt der Vereinbarung getroffen haben, wird hier auch von einem **Konsensualvertrag** gesprochen.

Einseitige Rechtsgeschäfte		Zweiseitige Rechtsgeschäfte	
Nicht empfangsbedürftige Rechtsgeschäfte → Die Willenserklärung (WE) wird bereits bei ihrer **Abgabe** wirksam. Sie muss dem Empfänger nicht zugehen.	**Empfangsbedürftige Rechtsgeschäfte** → Die WE entfaltet ihre Rechtswirksamkeit erst dann, wenn der Empfänger sie erhalten hat.	**Einseitig verpflichtend** → Nur eine Vertragspartei ist verpflichtet, eine bestimmte Leistung zu erbringen.	**Zweiseitig/mehrseitig verpflichtend** → Beide Vertragsparteien sind verpflichtet, eine bestimmte Leistung zu erbringen.
Beispiele *Testament, Auslobung einer Belohnung*	***Beispiele*** *Mahnung, Kündigung, Anfechtung, Vertragsrücktritt*	***Beispiele*** *Schenkung, Bürgschaft*	***Beispiele*** *Kaufvertrag, Dienstvertrag, Werkvertrag, Kreditvertrag, Mietvertrag, Arbeitsvertrag, Satzung*

Vertragsarten

Die folgende Übersicht zeigt die wichtigsten Vertragsarten, die im Wirtschaftsleben von natürlichen und juristischen Personen eine wesentliche Rolle spielen.

Vertragsart	Vertragsparteien		Gegenstand des Vertrags	Gesetzliche Regelungen
Arbeitsvertrag (Sonderfall des Dienstvertrags)	Arbeitgeber	Arbeitnehmer	Durch den Arbeitsvertrag verpflichtet sich der Arbeitnehmer zur Leistung der vereinbarten Tätigkeit und der Arbeitgeber zur Zahlung des vereinbarten Arbeitsentgelts.	§§ 611–630 BGB (zusätzlich: NachwG, TzBfG, AÜG, tarifvertragliche Regelungen)
Darlehensvertrag	Darlehensgeber (Gläubiger)	Darlehensnehmer (Schuldner)	Überlassung eines Geldbetrages gegen Zahlung einer Vergütung (Zinsen). Während der vereinbarten Laufzeit ist der Darlehensnehmer zur Rückzahlung (Tilgung) des Darlehens verpflichtet (Ratendarlehn). Bei einem endfälligen Darlehn erfolgt die Tilgung am Ende der Laufzeit in einer Summe.	§§ 488–498 BGB

Vertragsart	Vertragsparteien		Gegenstand des Vertrags	Gesetzliche Regelungen
Dienst-vertrag	Dienstleister	Dienst-nehmer	Der Dienstleister ist zur Erbringung einer Tätigkeit verpflichtet. Es wird kein bestimmter Erfolg geschuldet. Der Dienstnehmer hat die Tätigkeit zu entlohnen.	§§ 611–630 BGB
Kauf-vertrag	Verkäufer	Käufer	Entgeltliche Veräußerung von Sachen oder Rechten. Der Verkäufer ist verpflichtet, dem Käufer das Eigentum an dem Kaufgegenstand zu übertragen. Der Käufer ist verpflichtet, das vereinbarte Entgelt zu zahlen.	§§ 433–479 BGB
Leihvertrag	Verleiher	Entleiher	Unentgeltliche Überlassung einer Sache zum Gebrauch. Bei Beendigung des Vertrags ist die geliehene Sache vom Entleiher an den Verleiher zurückzugeben.	§§ 598–604 BGB
Mietvertrag	Vermieter	Mieter	Überlassung eines Mietgegenstandes zum Gebrauch gegen Zahlung eines vereinbarten Entgelts (Miete).	§§ 535–580 BGB
Pacht-vertrag	Verpächter	Pächter	Überlassung des Pachtgegenstandes zum Gebrauch gegen Entgelt und Nutzung der Sache zum Zwecke der Gewinnerzielung (sog. Fruchtgenuss).	§§ 581–597 BGB
Versiche-rungsvertrag	Versicherer	Versiche-rungs-nehmer	Der Versicherer ist verpflichtet, ein vorher vereinbartes Risiko gegen Zahlung einer Risikoprämie abzusichern.	Regelungen des Versicherungsvertragsgesetzes (VVG)
Werk-vertrag	Werkunter-nehmer	Auftrag-geber	Beim Werkvertrag verpflichtet sich der Werkunternehmer zur Herstellung eines bestimmten Werkes. Der Auftraggeber ist verpflichtet, für das Werk eine Vergütung zu zahlen (Werklohn).	§§ 631–651 BGB

Informationen zu den Formvorschriften finden sich im Bd. 1, LF 2, 2.1.3.1.

2.1.2.2 Zustandekommen von mehrseitigen Rechtsgeschäften (Verträge)

Der Kaufvertrag spielt sowohl im beruflichen als auch im privaten Kontext eine wesentliche Rolle. Im folgenden Kapitel soll ein allgemeines Verständnis über das Zustandekommen von Verträgen am Beispiel des Kaufvertrages erreicht werden.

Merksatz
Ein Vertrag kommt durch **zwei übereinstimmende Willenserklärungen** (= Einigung) zustande, die in der Absicht abgegeben werden, einen bestimmten rechtlichen Erfolg zu erzielen.
1. Willenserklärung: Antrag oder Angebot
2. Willenserklärung: Annahme

Die Anfrage

Definition
Bei einer **Anfrage** handelt es sich um eine **rechtlich unverbindliche Willenserklärung**. Sie wird mit der Absicht abgegeben, von Lieferanten ein Angebot zu erhalten. Die Anfrage erfolgt z. B., um die Leistungsfähigkeit von Lieferanten zu überprüfen, sich über Konditionen zu informieren oder um neue Geschäftsbeziehungen anzubahnen.

Anfragen sind an keine Form gebunden und können somit mündlich, fernmündlich, schriftlich oder auch per E-Mail abgegeben werden. Anfragen können dabei sehr allgemein gehalten sein, wenn es lediglich darum geht, Preislisten oder Sortimentskataloge anzufordern. Werden Informationen über ganz bestimmte Produkte, Leistungen oder Bedingungen benötigt, so handelt es sich um konkrete Anfragen.

Beispiel
Die Finke Zeitarbeit GmbH benötigt einen neuen Laserdrucker. Nach Vergleich verschiedener Drucker entscheidet sich das Unternehmen für den Easyprint 1000 S. Im Anschluss werden verschiedene Lieferanten per E-Mail mit der Bitte kontaktiert, für dieses Modell einen Preis mitzuteilen.

Das Anfrageschreiben sollte neben der angefragten Ware auch **Angaben zur gewünschten Menge und Qualität** beinhalten. Sofern es für die Beurteilung eines Angebots von Interesse ist, sollten auch die Zahlungs- und Lieferbedingungen angefragt werden.

Das Angebot

Definition
Das **Angebot** ist eine Willenserklärung an eine bestimmte Person, unter den angegebenen Bedingungen ein bestimmtes Produkt zu liefern oder eine Leistung zu bewirken. Es ist rechtlich verbindlich, wenn es ohne Einschränkungen abgegeben wird.

Das Angebot ist an keine Formvorschriften gebunden, allerdings ist die Schriftform aus Beweisgründen zu empfehlen.

Bei Angeboten können **bestimmte Bindungsfristen** unterschieden werden. Die Bindungsfrist zeigt an, wie lange sich der Anbietende an den Inhalt der Willenserklärung (das Angebot) halten möchte. Es können somit **befristete** und **unbefristete** Angebote unterschieden werden:

Unbefristete Angebote (gesetzliche Regelung)

- Bei einem **Angebot unter Anwesenden** (mündlich oder fernmündlich) ist der Anbietende bis zum Ende des Gespräches an sein Angebot gebunden.
- Bei einem **Angebot unter Abwesenden** (schriftlich oder fernschriftlich) ist der Anbietende so lange an sein Angebot gebunden, bis er den Eingang der Antwort unter regelmäßigen Umständen erwarten darf. Zu berücksichtigen sind die Beförderungsdauer für das Angebot, die Überlegungsfrist sowie die Beförderungsdauer für die Antwort. Die Antwort auf ein Angebot muss auf gleich schnellem oder auf einem schnelleren Weg als das Angebot selbst erfolgen.

Merksatz
Bei einem schriftlichen Angebot kann in der Praxis von einer Annahme innerhalb von 7 Werktagen ausgegangen werden. Dieser Zeitraum setzt sich wie folgt zusammen:

Postversand zum Empfänger:	3 Werktage
Überlegungsfrist:	1 Werktag
Postversand zum Anbietenden:	3 Werktage

Befristete Angebote (vertragliche Regelung)

Diese Angebote gelten bis zum Ablauf der Befristung, z. B. bis zum 31.10.20..

Verbindlichkeit des Angebots

Angebote können in verbindliche und unverbindliche Angebote unterschieden werden.

- Angebote an die Allgemeinheit sind lediglich **Anpreisungen**. Bei einer Anpreisung handelt es sich um ein Angebot, dass **nicht an eine bestimmte Person** gerichtet ist (z. B. Werbeprospekt, Schaufensterauslage). Es handelt sich lediglich um die **Aufforderung zur Abgabe eines Angebots** an den Kaufinteressenten.
- Bei Angeboten mit Freizeichnungsklauseln handelt es sich ebenfalls nicht um ein verbindliches Angebot. Durch die Verwendung von Freizeichnungsklauseln wird die Verbindlichkeit für einzelne Inhalte oder das ganze Angebot ausgeschlossen.

Beispiele

- *„Preisänderungen vorbehalten", „Preise freibleibend" = Der Preis ist unverbindlich und kann sich ändern.*
- *„Solange der Vorrat reicht", „Menge freibleibend" = Die Menge ist unverbindlich und kann bereits nach kurzer Zeit ausverkauft sein.*
- *„freibleibend" bzw. „unverbindlich"" = das ganze Angebot ist unverbindlich und kann abgeändert oder zurückgenommen werden.*

Merksatz
Angebote sollten immer deutlich als „freibleibend" oder „unverbindlich" gekennzeichnet werden, **wenn keine Bindung an das Angebot gewünscht ist**. Angebote unter Abwesenden sollten eindeutig befristet werden, damit klar geregelt ist, bis zu welchem Zeitpunkt mit der Annahme gerechnet wird.

Da es sich bei einem Angebot um eine empfangsbedürftige Willenserklärung handelt, wird sie wirksam, sobald sie dem Empfänger zugeht. **Der Widerruf eines Angebots muss deshalb spätestens mit dem Angebot beim Empfänger eintreffen.**

Beispiel
Die Finke Zeitarbeit GmbH verschickt am 12.03.20.. per Post ein Angebot über die Überlassung eines Mitarbeiters an die Winkelbusch OHG. Am Nachmittag erhält der zuständige Disponent der Finke Zeitarbeit GmbH einen Anruf, dass der Mitarbeiter, auf den sich das Angebot bezieht, aufgrund eines Unfalls für die nächsten drei Wochen krankheitsbedingt ausfällt. Da kein gleichwertiger Ersatz im Unternehmen vorhanden ist, kann das verschickte Angebot nicht mehr eingehalten werden. Per Telefon widerruft der Disponent gegenüber der Winkelbusch OHG das sich noch auf dem Postweg befindliche Angebot.

Die Bindung an ein Angebot erlischt
- bei einem Widerruf des Angebots,
- bei einer Ablehnung des Angebots,
- bei einer Veränderung, Erweiterung oder Einschränkung des Angebots durch den Annehmenden,
- bei verspäteter Annahme,
- bei Ablauf der Annahmefrist.

Die Annahme

Wenn ein vorliegendes Angebot angenommen werden soll, so muss dies rechtzeitig erfolgen. Unter Anwesenden kann die Annahme eines Angebots **nur sofort erfolgen**.

Beispiel
Die Disponentin Svea Pfeffer der Finke Zeitarbeit GmbH telefoniert mit dem zuständigen Personalsachbearbeiter der Hübner & Hesse Glasfabrik KG und bietet eine kaufmännische Angestellte zur sofortigen Überlassung an. Nimmt der Personalsachbearbeiter das Angebot nicht während des Telefonats an, so ist nach dem Gesetz kein Vertrag zustande gekommen.

Wird ein Angebot unter Anwesenden nicht sofort angenommen, so erlischt es. Beruft sich eine Person auf ein bereits erloschenes Angebot, so liegt es im Ermessen desjenigen, der das ehemalige Angebot abgegeben hat, ob er sich noch daran gebunden fühlt. Unter rechtlichen Gesichtspunkten handelt es sich bei einer verspäteten Annahme um **ein neues Angebot**. Auch veränderte Annahmen bewirken, dass es sich um ein neues Angebot handelt.

Beispiel
Der Personalsachbearbeiter der Hübner & Hesse Glasfabrik KG ruft einen Tag später bei der Finke Zeitarbeit GmbH an, um das Angebot des Vortags anzunehmen. Da die Annahmefrist nicht eingehalten wurde, handelt es sich hierbei um ein neues Angebot an die Finke Zeitarbeit GmbH. Wurde

die Mitarbeiterin zwischenzeitlich noch nicht an ein anderes Unternehmen überlassen, so hat die Finke Zeitarbeit GmbH die Möglichkeit, das neue Angebot des Kunden anzunehmen.

Auszüge aus dem BGB

§ 130 Wirksamwerden der Willenserklärung gegenüber Abwesenden

(1) Eine Willenserklärung, die einem anderen gegenüber abzugeben ist, wird, wenn sie in dessen Abwesenheit abgegeben wird, in dem Zeitpunkt wirksam, in welchem sie ihm zugeht. Sie wird nicht wirksam, wenn dem anderen vorher oder gleichzeitig ein Widerruf zugeht.

(2) Auf die Wirksamkeit der Willenserklärung ist es ohne Einfluss, wenn der Erklärende nach der Abgabe stirbt oder geschäftsunfähig wird.

(3) Diese Vorschriften finden auch dann Anwendung, wenn die Willenserklärung einer Behörde gegenüber abzugeben ist.

§ 145 Bindung an den Antrag

Wer einem anderen die Schließung eines Vertrags anträgt, ist an den Antrag gebunden, es sei denn, dass er die Gebundenheit ausgeschlossen hat.

§ 146 Erlöschen des Antrags

Der Antrag erlischt, wenn er dem Antragenden gegenüber abgelehnt oder wenn er nicht diesem gegenüber nach den §§ 147 bis 149 rechtzeitig angenommen wird.

§ 147 Annahmefrist

(1) Der einem Anwesenden gemachte Antrag kann nur sofort angenommen werden. Dies gilt auch von einem mittels Fernsprechers oder einer sonstigen technischen Einrichtung von Person zu Person gemachten Antrag.

(2) Der einem Abwesenden gemachte Antrag kann nur bis zu dem Zeitpunkt angenommen werden, in welchem der Antragende den Eingang der Antwort unter regelmäßigen Umständen erwarten darf.

§ 148 Bestimmung einer Annahmefrist

Hat der Antragende für die Annahme des Antrags eine Frist bestimmt, so kann die Annahme nur innerhalb der Frist erfolgen.

§ 150 Verspätete und abändernde Annahme

(1) Die verspätete Annahme eines Antrags gilt als neuer Antrag.

(2) Eine Annahme unter Erweiterungen, Einschränkungen oder sonstigen Änderungen gilt als Ablehnung verbunden mit einem neuen Antrag.

Bestellung

Eine in der Praxis häufig anzutreffende Art der Angebotsannahme ist die **Bestellung**.

Merksatz

Bei einer **Bestellung** handelt es sich um die Willenserklärung, ein Produkt oder eine Dienstleistung zu den angebotenen Bedingungen zu kaufen. Wird sie ohne Einschränkungen abgegeben, so ist sie für den Besteller bindend.

Grundsätzlich können Bestellungen formlos erfolgen. Es handelt sich bei der Bestellung um eine **empfangsbedürftige Willenserklärung**, d.h., sie muss dem Empfänger zugehen. Wie das Angebot kann auch die Bestellung widerrufen werden. Dafür ist es erforderlich, dass der **Widerruf spätestens zeitgleich mit der Bestellung beim Empfänger eintrifft**.

Bei einer Bestellung handelt es sich um eine neuen Antrag, wenn sie zu spät erfolgt ist oder die Bestellung und das zugrunde liegende Angebot inhaltlich nicht übereinstimmen.

Beispiel
Auf die Anfrage der Finke Zeitarbeit GmbH hin sendet die Bürobedarf Hartmann e. K. ein Angebot über den Easyprint 1000 S. In dem Angebot wird der Drucker der Finke Zeitarbeit GmbH zu einem Preis von 199,00 € angeboten, wenn mindestens drei Drucker abgenommen werden. Die Finke Zeitarbeit GmbH bestellt daraufhin zwei neue Drucker zum Preis von je 199,00 €. Da das Angebot und die Bestellung inhaltlich nicht übereinstimmen, kommt kein Kaufvertrag zustande. Es handelt sich bei der Bestellung der Finke Zeitarbeit GmbH vielmehr um ein neues Angebot an die Bürobedarf Hartmann e. K.

Mangelnde Übereinstimmung von Angebot und Annahme

Käufer ←	Fehlende Übereinstimmung zwischen Bestellung (Antrag des Käufers) und Lieferung (Annahme des Verkäufers). Durch die abweichende Lieferung stellt der Verkäufer einen neuen Antrag, der durch den Käufer erst angenommen werden muss.	→ Verkäufer
Käufer ←	Ein freibleibendes Angebot stellt lediglich die Aufforderung zur Abgabe eines Angebots durch den Käufer dar. Das gilt auch für Zeitungsanzeigen, Postwurfsendungen oder Schaufensterauslagen. Eine Reaktion des Käufers ist als Angebot zu werten.	→ Verkäufer
Käufer ←	Auf ein verbindliches Angebot des Verkäufers folgt eine vom Angebot abweichende Bestellung des Käufers. Die Bestellung stellt ein neues Angebot dar und muss durch den Verkäufer erst angenommen werden.	→ Verkäufer
Käufer ←	Ein verbindliches Angebot des Verkäufers wird durch den Käufer verspätet angenommen. Da der Verkäufer an sein Angebot nicht mehr gebunden ist, stellt die verspätete Annahme ein neues Angebot dar.	→ Verkäufer

Die Auftragsbestätigung

Eine Auftragsbestätigung ist **rechtlich immer dann** zum Abschluss eines Kaufvertrags **notwendig**, wenn

- die Bestellung vom Angebot abweicht,
- die Bestellung aufgrund eines Angebots mit Freizeichnungsklauseln erfolgt,

- einer Bestellung kein Angebot vorausging,
- die Bestellung auf ein vorheriges Angebot zu spät erfolgt ist.

In der betrieblichen Praxis ist eine Auftragsbestätigung üblich, auch wenn durch Angebot und Bestellung bereits ein rechtsgültiger Kaufvertrag zustande gekommen ist.

Die Inhalte dieses Kapitels beziehen sich im Wesentlichen auf den Kaufvertrag. Eine Übertragung auf die branchenspezifischen Besonderheiten der Personaldienstleistung ist nicht immer eindeutig möglich. Im folgenden Kapitel wird deshalb das Zustandekommen eines Vertrages am Beispiel des Personalvermittlungsvertrages dargestellt.

2.1.2.3 Zustandekommen eines Vertrags am Beispiel des Personalvermittlungsvertrags

Bd. 1, LF 2, 2.3

Die private Personalvermittlung kann in rechtlicher Hinsicht als eine Maklertätigkeit angesehen werden. Der Personaldienstleister als Auftragnehmer wird von einem Unternehmen (Auftraggeber) beauftragt, einen geeigneten Mitarbeiter zu vermitteln. Für die erfolgreiche Vermittlung wird der Personaldienstleister vergütet.

Beispiel
Die Bauer Vertriebsgesellschaft mbH benötigt einen neuen Marketingleiter. Ein Personaldienstleister wird beauftragt, einen geeigneten Mitarbeiter zu finden und den Abschluss eines Arbeitsvertrags mit der Bauer Vertriebsgesellschaft mbH zu vermitteln.

Wie viele andere Verträge ist auch der Vermittlungsvertrag ein Konsensualvertrag, da er durch zwei übereinstimmende Willenserklärungen zustande kommt.

Abschluss eines Vermittlungsvertrages

1. Willenserklärung		**2. Willenserklärung**
Antrag	← **Übereinstimmung** →	**Annahme**
Beispiel: Die Loose Personalvermittlung e. K. erfährt von einem Personalbedarf in einem Unternehmen und übersendet ein Angebot für die Personalvermittlung.		**Beispiel:** Das Unternehmen ist mit dem erhaltenen Angebot einverstanden und unterzeichnet den vorgelegten Vermittlungsvertrag.

Bei dem Abschluss des Vermittlungsvertrages handelt es sich um das sog. Grundgeschäft oder Verpflichtungsgeschäft. Die Vertragsparteien haben die schuldrechtliche Einigung über

- die zu erbringende Dienstleistung,
- die erforderlichen Qualifikationen und Fähigkeiten des benötigten Mitarbeiters und
- die Vermittlungsvergütung getroffen.

Die aus dem Vertrag resultierenden Verpflichtungen für Auftraggeber und Auftragnehmer zeigt die folgende Tabelle.

Pflichten des Auftragnehmers	Pflichten des Auftraggebers
• **Vermittlung** eines dem Qualifikationsprofil des Auftraggebers entsprechenden, geeigneten Mitarbeiters, • **Annahme** der vereinbarten Vermittlungsvergütung.	• **Zahlung** der vereinbarten Vermittlungsvergütung, wenn mit dem vermittelten Arbeitnehmer ein Arbeitsvertrag geschlossen wird.

Aus den o.g. Pflichten des Auftragnehmers und Auftraggebers ergeben sich die folgenden **Erfüllungsgeschäfte**.

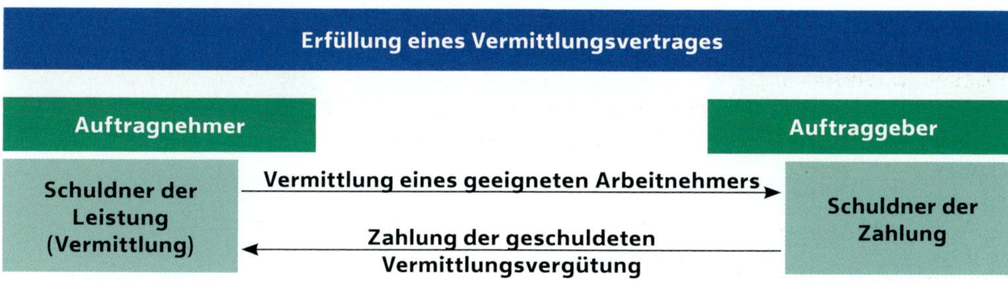

Merksatz
Durch einen **Vermittlungsvertrag** werden sowohl der Auftragnehmer (Personaldienstleister) als auch der Auftraggeber (Unternehmen) verpflichtet (Verpflichtungsgeschäft). Der Auftraggeber hat bei Abschluss eines Arbeitsvertrages mit dem vermittelten Arbeitnehmer die Vermittlungsvergütung zu zahlen.

2.1.3 Stellvertretung

Je nach Unternehmensform sind unterschiedliche Personen berechtigt, rechtsverbindliche Willenserklärungen für ein Unternehmen abzugeben.

Unternehmensform	Vertretungsberechtigte
Einzelunternehmen	Einzelunternehmer (Inhaber)
Offene Handelsgesellschaft (OHG)	Alle Gesellschafter
Kommanditgesellschaft	Komplementäre
Gesellschaft mit beschränkter Haftung (GmbH)	Geschäftsführung
Aktiengesellschaft (AG)	Vorstand

In der unternehmerischen Praxis ist es jedoch häufig unerlässlich, dass aufgrund der Vielzahl von zu treffenden Entscheidungen einzelne Mitarbeiter mit zusätzlichen Vollmachten ausgestattet werden. Durch eine Bevollmächtigung werden Mitarbeiter mit entsprechenden Entscheidungsbefugnissen ausgestattet, sodass sie nicht in jedem Entscheidungsfall den Vorgesetzten oder Geschäftsinhaber kontaktieren müssen.

Merksatz
Der Bevollmächtigte ist berechtigt, im Namen des Vollmachtgebers rechtsverbindliche Willenserklärungen abzugeben. Die aus diesen Willenserklärungen resultierenden Rechtsfolgen treffen dabei nur den Vollmachtgeber.

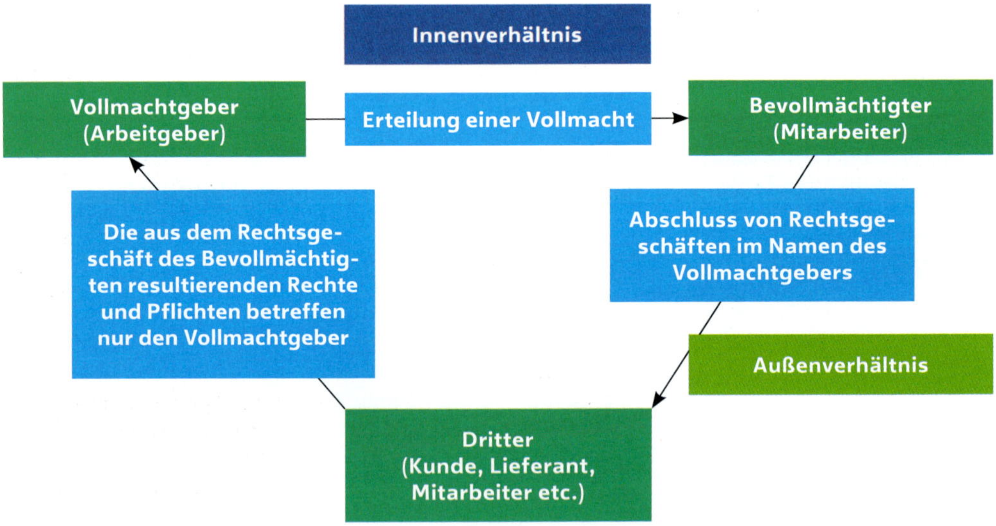

Bd. 1, LF 2, 4.3 Hinweise zum Innen- und Außenverhältnis sowie den handelsrechtlichen Rahmenbedingungen finden Sie in Band 1 dieser Reihe.
In welchem Umfang Entscheidungen ohne Rücksprache mit der Unternehmensleitung getroffen werden können, hängt von der jeweiligen Vollmachtsform ab. Es kann zwischen der **Handlungsvollmacht** und der **Prokura** unterschieden werden.

2.1.3.1 Handlungsvollmacht

Definition
Bei der **Handlungsvollmacht** (§§ 54–58 HGB) handelt es sich um eine Vollmacht für Geschäfte und Rechtshandlungen, die der **Betrieb eines Handelsgewerbes gewöhnlich mit sich bringt**.

Ein Handlungsbevollmächtigter ist somit zu allen ungewöhnlichen Geschäften und Rechtshandlungen des Handelsgewerbes nicht ermächtigt.

Beispiel
Die Mitarbeiterin eines Personaldienstleisters mit Handlungsvollmacht ist nicht bevollmächtigt, für eine Sonderaktion 10 Mountainbikes zu kaufen. Der Verkauf von Mountainbikes gehört nicht zu den gewöhnlichen Geschäften eines Personaldienstleisters.

Für einige spezielle Geschäfte benötigt der Handlungsbevollmächtigte eine **Sondervollmacht**, die ausdrücklich erteilt werden muss, z. B. für

- Veräußerung und Belastung von Grundstücken,
- Aufnahme von Krediten,
- Führung von Prozessen,
- Eingehung von Wechselverbindlichkeiten.

Der Umfang der Handlungsvollmacht kann beliebig eingeschränkt werden.

Allgemeine Handlungsvollmacht (Generalhandlungsvollmacht)	Artvollmacht (Gattungsvollmacht)	Einzelvollmacht (Spezialvollmacht)
Vollmacht für **alle gewöhnlichen Geschäfte** aus der Branche des Unternehmens	Vollmacht **für bestimmte Arten** von Geschäften ***Beispiele*** • *Personal einstellen und entlassen* • *Kontovollmacht* • *Einkauf von Waren*	Vollmacht für ein **einzelnes** Geschäft. Die Vollmacht erlischt nach Erledigung des Geschäfts. ***Beispiele*** • *einmalige Entgegennahme der Kontoauszüge bei der Bank* • *einmalige Prozessvollmacht*

Handelt es sich bei der erteilten Vollmacht um eine **Einzelvertretungsvollmacht**, so kann der Bevollmächtigte ohne Zusammenwirken mit einer anderen Person die Vollmacht rechtwirksam ausüben. Bei einer **Gesamtvertretungsvollmacht** darf die Vollmacht nur im Zusammenwirken mit einer anderen Person (z. B. einem Prokuristen) ausgeübt werden (Vier-Augen-Prinzip).
Zur Erteilung einer Handlungsvollmacht sind die folgenden Personen berechtigt:

- Inhaber von Unternehmen
- Handlungsbevollmächtigte (Erteilung von Art- und Einzelvollmacht)
- Prokuristen
- Geschäftsführer einer GmbH
- Vorstand einer AG

Eine Handlungsvollmacht kann durch den Vollmachtgeber **ausdrücklich** (mündlich/schriftlich) oder **stillschweigend (konkludent) durch Duldung** erteilt werden. Eine Vollmacht kann in der Praxis auch durch die Übernahme einer bestimmten Stelle konkludent erteilt werden. Dies ist dann der Fall, wenn in einer Stellenbeschreibung bestimmte Aufgaben und Tätigkeiten aufgeführt sind.

Beispiel

In der Stellenbeschreibung „Personaldisponent/-in" der Finke Zeitarbeit GmbH finden sich u. a. die folgenden Aufgaben:

- ...
- *Auswahl und Einstellung von geeigneten Mitarbeitern*
- *Kündigung von Mitarbeitern*
- ...

Da hier der Arbeitgeber den Mitarbeiter in eine Stelle berufen hat, die üblicherweise mit dem Recht zur Kündigung verbunden ist, wird die erforderliche Vollmacht „automatisch" erteilt.

Im fachlichen Kontext

Kündigung von Mitarbeitern durch Bevollmächtigte

Grundsätzlich können Mitarbeiter nur durch den Arbeitgeber gekündigt werden. Dabei ist gem. § 623 BGB die Erfordernis der Schriftform zu beachten.
In der Praxis ist es aber oft erforderlich, dass Kündigungen auch durch bevollmächtigte Mitarbeiter ausgesprochen werden können. Hierbei ist zu beachten, dass der gekündigte Mitarbeiter die Kündigung unverzüglich zurückweisen kann, wenn ihm die schriftliche Vollmacht im Original nicht vorgelegt wird.

§ 174 BGB Einseitiges Rechtsgeschäft eines Bevollmächtigten

Ein einseitiges Rechtsgeschäft, das ein Bevollmächtigter einem anderen gegenüber vornimmt, ist unwirksam, wenn der Bevollmächtigte eine Vollmachtsurkunde nicht vorlegt und der andere das Rechtsgeschäft aus diesem Grunde unverzüglich zurückweist. Die Zurückweisung ist ausgeschlossen, wenn der Vollmachtgeber den anderen von der Bevollmächtigung in Kenntnis gesetzt hatte.

Wie aus dem vorstehenden Text entnommen werden kann, ist die Zurückweisung der Kündigung gem. § 174 S. 2 BGB nicht möglich, wenn der Arbeitgeber den Arbeitnehmer vorher von der Bevollmächtigung zur Kündigung informiert hat. Das kann in der Praxis dadurch erfolgen, dass in einem allen Mitarbeitern zugänglichen Bereich eine Liste der Mitarbeiter ausgehangen wird, die zur Kündigung von Mitarbeitern bevollmächtigt sind.

Quelle: Vgl. Einbock, Sebastian/Einbock GmbH: Kündigung – Arbeitsrecht (Online-Lexikon), unter: www.juraforum.de/lexikon/kuendigung-arbeitsrecht, zuletzt abgerufen am 19.10.2017

Der Bevollmächtigte ist verpflichtet, bei der Zeichnung (Unterschrift) eines Dokuments einen Zusatz zu verwenden, der das Vollmachtsverhältnis andeutet.

i. V. (in Vollmacht):	Handlungsvollmacht/Artvollmacht
i. A. (im Auftrag):	Einzelvollmacht

Beispiel

...
Mit freundlichen Grüßen

Finke Zeitarbeit GmbH

Niederlassung Hamm

i. V. Heike Leibner

Eine Handlungsvollmacht erlischt, wenn sie widerrufen wird. Darüber hinaus endet die Handlungsvollmacht bei Beendigung des Arbeitsverhältnisses. Die Einzelvollmacht erlischt, wenn der Auftrag erledigt ist, zu dem sie erteilt wurde. Bedingte oder befristete Vollmachten (z. B. für die Dauer einer Urlaubsabwesenheit erteilte Vollmacht) erlöschen mit Eintritt der Bedingung bzw. Ablauf der Befristung.

2.1.3.2 Prokura

Wesentlich umfangreichere Befugnisse sind mit der Erteilung einer **Prokura** verbunden. Ein Prokurist hat die Berechtigung, eine Unternehmung in vollem Umfang zu vertreten. Die Prokura ist vom Umfang der zu tätigenden Rechtsgeschäfte unmittelbar unter dem Inhaber des Handelsgewerbes bzw. dem Vertretungsorgan einer Kapitalgesellschaft angesiedelt.

Definition
Die **Prokura** ermächtigt zu allen Arten von gerichtlichen und außergerichtlichen Geschäften und Rechtsgeschäften, die der **Betrieb irgendeines Handelsgewerbes** mit sich bringt (§ 49 Abs. 2 HGB).

Unterschiede zwischen Prokura und Handlungsvollmacht

Anders als bei der Handlungsvollmacht ist der Prokurist auch zum Abschluss von **außergewöhnlichen Rechtsgeschäften** ermächtigt, ohne dass eine zusätzliche Sondervollmacht benötigt wird. Zu diesen außergewöhnlichen Geschäften gehören z. B.

- Grundstücke erwerben,
- Eingehen von Wechselverbindlichkeiten,
- Prozesse führen,
- Darlehen aufnehmen,
- Eingehen von Bürgschaften.

Eine Sondervollmacht wird benötigt, wenn der Prokurist Grundstücke veräußern oder durch ein Grundpfandrecht belasten soll (§ 49 Abs. 2 HGB).
Im Gegensatz zur Handlungsvollmacht kann eine Prokura **nur ausdrücklich** vom Inhaber des Handelsgeschäfts oder durch die gesetzlichen Vertreter (Organe) eines Unternehmens erteilt werden.

Einzelunternehmen	Inhaber
OHG und KG	Geschäftsführende Gesellschafter
GmbH	Geschäftsführer nach vorheriger Zustimmung der Gesellschafterversammlung
AG	Vorstand

Die Übertragung einer Prokura auf eine andere Person ist nicht erlaubt.

Beispiel
Julia Knöpfler ist Prokuristin der PersoNow GmbH. Kurz vor ihrem dreiwöchigen Jahresurlaub beabsichtigt sie, den langjährigen Mitarbeiter Kurt Kröger mit einer Vollmacht auszustatten. Als Prokuristin kann sie ihm maximal die allgemeine Handlungsvollmacht erteilen. Die ihr zugestandene Prokura kann sie – auch nicht zeitlich befristet – auf andere Mitarbeiter übertragen.

Im Vergleich zur Handlungsvollmacht wird eine Prokura **in das Handelsregister eingetragen**. Wurde die Prokura bereits vor Eintragung in das Handelsregister erteilt, so hat die Handelsregistereintragung deklaratorischen (rechtsbekundenden) Charakter.

Auch wenn die Prokura zu sehr weitreichenden Entscheidungen ermächtigt, hat der Gesetzgeber für eine Reihe von Handlungen Einschränkungen vorgesehen. Die folgenden Handlungen sind **ausschließlich dem Inhaber eines Unternehmens** vorbehalten:

- Verkauf des Unternehmens,
- Aufnahme neuer Gesellschafter,
- Änderung oder Löschung der Firma,
- Anmeldungen zum Handelsregister,
- Unterschreiben von Steuererklärungen, Inventaren, Bilanzen,
- Leisten eines Eides für den Unternehmensinhaber,
- Insolvenzantrag.

Ähnlich wie die Handlungsvollmacht, kann auch die Prokura in verschiedene Arten unterteilt werden:

Einzelprokura	Gesamtprokura	Filialprokura
Der Prokurist ist zur Ausübung der Vollmacht ohne Mitwirkung einer anderen vertretungsberechtigten Person ermächtigt.	Der Prokurist ist nur im Zusammenwirken mit einer anderen vertretungsberechtigten Person zur Ausübung der Vollmacht berechtigt. ***Beispiel*** *Ein Prokurist darf nur gemeinsam mit einem anderen Prokuristen oder gemeinsam mit einem Geschäftsführer Willenserklärungen abgeben.*	Die Prokura bezieht sich nur auf den Betrieb einer einzelnen Niederlassung. ***Beispiel*** *Die Prokura der Niederlassungsleiterin Susanne Jünger ist nur auf die Niederlassung Hamm beschränkt. Für die weiteren Niederlassungen der Finke Zeitarbeit GmbH bestehen andere Filialprokura.*

Im Außenverhältnis (im Verhältnis zwischen dem Prokuristen und einem Dritten) ist eine darüber hinaus gehende **Beschränkung des Umfangs der Prokura nicht möglich**. Im Innenverhältnis (Verhältnis zwischen dem Prokuristen und dem Arbeitgeber) ist eine Beschränkung der Vertretungsmacht **durch eine vertragliche Regelung möglich**.

Verstößt der Prokurist gegen die ihm auferlegte Umfangsbeschränkung und resultiert dem Unternehmen hieraus ein Schaden, so ist der Prokurist im Innenverhältnis schadensersatzpflichtig.

Beispiel

Mit der Niederlassungsleiterin Susanne Jünger wurde schriftlich vereinbart, dass sie lediglich Kreditverträge bis zu einem Betrag von 15 000,00 € abschließen darf. Diese Regelung betrifft lediglich das Innenverhältnis. Gegenüber einem Kreditinstitut hat diese Beschränkung keine Bedeutung. Frau Jünger wäre in der Lage, Kreditverträge mit einem Kreditbetrag über 15 000,00 € rechtswirksam abzuschließen.

Ein Prokurist ist verpflichtet, bei der Zeichnung (Unterschrift) eines Dokuments einen Zusatz zu verwenden, der auf die Prokura hinweist (ppa. oder pp.).

Beispiel

...
Mit freundlichen Grüßen

Finke Zeitarbeit GmbH
Niederlassung Hamm

ppa. Susanne Jünger

Die Prokura erlischt aus denselben Gründen wie die Handlungsvollmacht (siehe oben). Das Erlöschen der Prokura muss in das Handelsregister eingetragen werden.

Zusammenfassung

- Natürliche und juristische Personen können als Rechtssubjekte Träger von Rechten und Pflichten sein.
- Die Rechtsfähigkeit natürlicher Personen beginnt mit der Geburt und endet mit dem Tod. Bei privaten juristischen Personen beginnt die Rechtsfähigkeit mit der Eintragung in das Handelsregister und endet mit der Löschung aus dem Handelsregister.
- Rechtsgeschäfte können in verschiedene Arten unterteilt werden:

Einseitige Rechtsgeschäfte		Zweiseitige Rechtsgeschäfte	
Nicht empfangsbedürftige Rechtsgeschäfte	Empfangsbedürftige Rechtsgeschäfte	Einseitig verpflichtend	Zweiseitig/ mehrseitig verpflichtend
Die Willenserklärung (WE) wird bereits bei ihrer **Abgabe** wirksam.	Rechtswirksamkeit der WE erst **bei Zugang** beim Empfänger.	Nur eine Vertragspartei ist zur Leistung verpflichtet.	Beide Vertragsparteien sind zur Leistung verpflichtet.

- Bei der **Gestaltung von Verträgen** sind die Vertragsparteien grundsätzlich frei. (Formfreiheit, Gestaltungsfreiheit und Abschlussfreiheit).
  Ausnahmen hiervon sind: Verstoß gegen gesetzliche Regelungen, Kontrahierungszwang, Formvorschriften.
  - Textform (§ 126 BGB)
  - Schriftform (§ 126 BGB)
  - Elektronische Form als Sonderfall der Schriftform (§ 126a BGB)
  - Öffentliche Beglaubigung (§ 129 HGB)
  - Notarielle Beurkundung (§ 128 BGB)
- Verträge kommen durch mindestens zwei **übereinstimmende Willenserklärungen** (Angebot und Annahme) zustande.
- Ein **Antrag/Angebot**
  - muss an eine bestimmte Person gerichtet sein **und**
  - ein rechtlicher Bindungswille muss gegeben sein (§§ 145 ff. BGB).
  - Die Gültigkeit kann durch eine Befristung oder durch Freizeichnungsklauseln eingeschränkt werden.
  - Bei einem freibleibenden Angebot handelt es sich rechtlich gesehen nicht um einen bindenden Antrag. Es stellt lediglich den Antrag auf Abgabe eines Angebots durch den Interessenten dar.
- Die **Annahme**
  - muss unter Anwesenden sofort bzw. unter Abwesenden in angemessener Zeit erfolgen.
  - Eine abgeänderte oder verspätete Annahme gilt als neuer Antrag (§§ 130, 145 ff., 150 BGB).
- **Wirksamkeit**

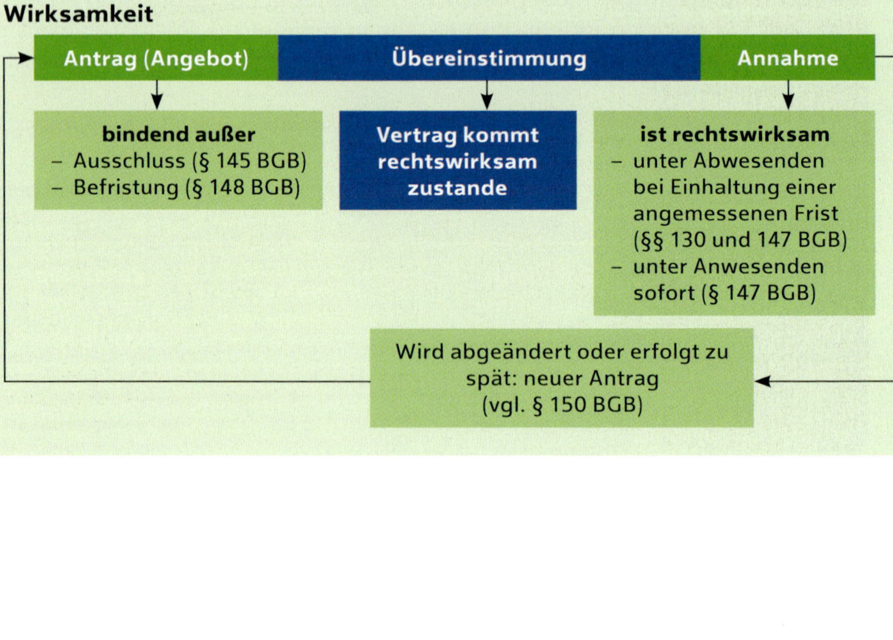

Ein Antrag/Angebot wird bei seinem Zugang wirksam. Ein Widerruf muss somit spätestens bis zum Eintreffen des Angebots erfolgen (z. B. telefonisch). Ein Antrag erlischt, wenn er abgelehnt wird oder wenn er nicht rechtzeitig angenommen wird.

Die Annahme eines Angebots muss rechtzeitig erfolgen:
- unter Anwesenden: sofort
- bei Telefonaten: sofort
- unter Abwesenden (z. B. per Brief)
  - innerhalb verkehrsüblicher Zeit
  - Annahme auf mindestens gleich schnellem Weg

Eine im Antrag genannte Frist muss eingehalten werden.

- Rechtskräftige Willenserklärungen können in Unternehmen auch durch **Bevollmächtigte** abgegeben werden:

	Handlungsvollmacht	Prokura
Erteilung	ausdrücklich (schriftlich oder mündlich) oder stillschweigend (Duldung) durch Berechtigte	nur ausdrücklich (schriftlich oder mündlich) durch • den Inhaber bei Einzelunternehmen • alle geschäftsführenden Gesellschafter bei OHG/KG • den Geschäftsführer nach vorheriger Zustimmung der Gesellschafterversammlung (GmbH) • Vorstand der AG
Eintragung in das Handelsregister	nicht eintragungsfähig	eintragungspflichtig (deklaratorische Wirkung)
Befugnisse ohne Sondervollmacht	**Allgemeine Handlungsvollmacht:** Alle Geschäfte und Rechtshandlungen, die der Betrieb eines Handelsgewerbes oder derartige Geschäfte gewöhnlich mit sich bringt.	Alle gerichtlichen und außergerichtlichen Geschäfte und Rechtshandlungen, die der Betrieb eines Gewerbes mit sich bringt.
Befugnisse mit Sondervollmacht	Veräußerung und Belastung von Grundstücken Aufnahme von Darlehen Prozessführung	Veräußerung und Belastung von Grundstücken
Beschränkungen des Umfangs	Eine Beschränkung des Umfangs ist beliebig möglich: Artvollmacht, Spezialvollmacht. Beschränkungen muss ein Dritter nur gegen sich gelten lassen, wenn er sie kannte oder kennen musste.	Im Außenverhältnis Dritten gegenüber unwirksam. Im Innenverhältnis beliebig möglich; Schadensersatzpflicht bei Nichteinhaltung. Filialprokura: Die Prokura kann auf eine Niederlassung beschränkt werden.

	Handlungsvollmacht	Prokura
Art der Vertretung	Einzelhandlungsvollmacht Gesamthandlungsvollmacht	Einzelprokura Gesamtprokura Filialprokura
Unterzeichnung	Firma, Unterschrift mit Zusatz i. V. oder i. A.	Firma, Unterschrift mit Zusatz pp. oder ppa.
Erlöschen	Widerruf, Beendigung des Dienstverhältnisses, Fristablauf, Erledigung der Aufgabe (Einzelvollmacht)	Widerruf, Beendigung des Dienstverhältnisses (Erlöschen der Prokura ist in das Handelsregister einzutragen)

Quelle: Vgl. Ettmann, Bernd/Wolf, Karl/Wurm, Gregor: Kompaktwissen Bankbetriebslehre, 25. Auflage, Bildungsverlag EINS, Köln, 2017, S. 61

Aufgaben

1. *Erläutern Sie den Begriff „Rechtsfähigkeit" und geben Sie an, wie juristische Personen und Privatpersonen die Rechtsfähigkeit erlangen.*
2. *Definieren Sie den Begriff „Willenserklärung".*
3. *Grenzen Sie einseitige und mehrseitige Willenserklärungen voneinander ab.*
4. *Erklären Sie, was unter Rechtsobjekten verstanden wird.*
5. *Ordnen Sie den folgenden Rechtsgeschäften die richtige Begriffsbestimmung zu.*
   (1) Einseitige, empfangsbedürftige Rechtsgeschäfte
   (2) Einseitige, nicht empfangsbedürftige Rechtsgeschäfte
   (3) Zweiseitige, einseitig verpflichtende Rechtsgeschäfte
   (4) Zweiseitige, mehrseitig verpflichtende Rechtsgeschäfte

	Rechtsgeschäft	Lösung
a)	Kündigung	
b)	Arbeitsvertrag	
c)	Anfechtung	
d)	Auslobung eines Finderlohns durch ein Zeitungsinserat	
e)	Kaufvertrag	
f)	Mahnung an ein Kundenunternehmen	
g)	Britta schenkt Jule eine seltene Goldmünze	

6. *Informieren Sie sich über verschiedene Vertragsarten und stellen Sie am Beispiel des Kaufvertrages exemplarisch das Zustandekommen von Verträgen dar.*

7. *Beurteilen Sie, um welche Vertragsart es sich bei den folgenden Vertragsinhalten handelt:*

a) Unentgeltliche Überlassung von Sachen zum Gebrauch.

b) Überlassung einer Sache zum Gebrauch gegen Entgelt.

c) Dem Vertragspartner wird für einen befristeten Zeitraum ein Geldbetrag in Höhe von x € überlassen. Der Vertragspartner verpflichtet sich im Gegenzug zur Zahlung von Zinsen in Höhe von y % p. a. und zur Rückzahlung bis zum TT.MM.JJJJ.

d) Erstellung eines Werkes gegen Entgelt.

e) Der eine Vertragsteil verpflichtet sich zur Leistung einer vereinbarten Tätigkeit, der andere Vertragspartner verpflichtet sich zur Zahlung einer Vergütung.

8. *Geben Sie an, durch welchen der Beteiligten in den folgenden Fällen a) bis g) ein rechtsverbindlicher Antrag auf Abschluss eines Vertrags abgegeben wird. Beurteilen Sie auch, ob der Antrag angenommen wird und durch wen der Beteiligten. Prüfen Sie in diesem Zusammenhang, ob ein Vertragsabschluss erfolgt ist.*

a) Der Personaldienstleister macht ein verbindliches Angebot, der Kunde bestellt rechtzeitig und ohne Änderungen.

b) Der Personaldienstleister macht ein verbindliches Angebot, der Kunde bestellt zu spät.

c) Der Personaldienstleister macht ein freibleibendes Angebot, der Kunde bestellt rechtzeitig und ohne Änderungen.

d) Der Personaldienstleister macht ein freibleibendes Angebot, der Kunde bestellt rechtzeitig und ohne Änderungen. Der Personaldienstleister schickt eine Auftragsbestätigung.

e) Der Personaldienstleister macht ein verbindliches Angebot, der Kunde bestellt daraufhin zu spät. Der Personaldienstleister schickt eine Auftragsbestätigung.

f) Ein Kunde bestellt neue Tintenpatronen, der Personaldienstleister schickt eine Bestellannahme.

g) Der Personaldienstleister macht ein verbindliches Angebot, der Kunde ordert zu geänderten Bedingungen. Der Personaldienstleister schickt eine Auftragsbestätigung.

9. *Justus Löwe blättert am Samstag durch die Tageszeitung. Dabei entdeckt er die folgende Anzeige des Autohauses Sawicki KG:*

Maxi Cuper Turbo 150 PS, Klimaanlage, Fensterheber, Winterpaket, Sommerpaket, Sportreifen, MP-3, Bluetooth u. v. m. Preis: 17 990,00 €* Preisvorteil: 3 333,00 € * Preis freibleibend.

Justus ist sehr an dem Pkw interessiert und geht direkt zu seiner Bank, um die Finanzierung zu klären. Nachdem er die Kreditzusage seiner Bank erhalten hat, geht er am Freitag, dem 01.04., zum Autohaus und möchte das Auto kaufen. Der Autohändler erklärt ihm: „Es tut mir sehr leid. Ich kann Ihnen das Auto nur zu einem Preis von

18 500,00 € verkaufen." Justus ist enttäuscht und nicht einverstanden. Klären Sie die Rechtslage!

Fallvariation:

Klären Sie die Rechtslage, wenn in der Anzeige des Autohauses der Hinweis „Preis freibleibend" nicht enthalten ist.

10. *Nadine Sommer, Auszubildende bei der Finke Zeitarbeit GmbH, ruft am Montag, 20.02.20.., im Rahmen einer Telefonakquise bei der Wuppertaler Maschinenbau AG an, um für einen Metallbauer (Schwerpunkt Konstruktionsbau) einen Einsatz zu akquirieren. Zufälligerweise benötigt die Wuppertaler Maschinenbau AG einen solchen Metallbauer. Nadine bespricht mit dem Personalsachbearbeiter der Maschinenbau AG das Qualifikationsprofil des Mitarbeiters und nennt einen Stundenverrechnungssatz in Höhe von 29,79 €/Std. zzgl. Umsatzsteuer für diesen Mitarbeiter. Der Personalsachbearbeiter bedankt sich für die Informationen und beendet das Telefonat mit dem Hinweis, dass er sich ggf. wieder melden wird. Am nächsten Morgen ruft der Personalsachbearbeiter der Maschinenbau AG wieder bei Nadine Sommer an und möchte den Metallbauer überlassen bekommen. Nadine teilt dem Personalsachbearbeiter mit, dass der Mitarbeiter zwischenzeitlich an einen anderen Kunden überlassen wurde. Der Personalsacharbeiter der Maschinenbau AG besteht auf eine Überlassung des Mitarbeiters.*

a) Beurteilen Sie die Situation und begründen Sie, ob die Finke Zeitarbeit GmbH noch an ihr telefonisches Angebot gebunden ist.

b) ***Fallvariation 1:***

Der Mitarbeiter ist noch verfügbar, allerdings verlangt die Finke Zeitarbeit GmbH nun einen Stundenverrechnungssatz in Höhe von 30,39 €/Std. zzgl. USt.

Beurteilen Sie, ob die Finke Zeitarbeit GmbH berechtigt ist, einen höheren Stundenverrechnungssatz zu verlangen.

c) ***Fallvariation 2:***

Gehen Sie davon aus, dass die Finke Zeitarbeit GmbH im Anschluss an das Telefonat ein schriftliches Angebot an die Wuppertaler Maschinenbau AG versendet. Das Angebot wird noch am gleichen Tag mit der Post verschickt.

Beurteilen Sie, bis wann die Annahme des Angebots durch die Wuppertaler Maschinenbau AG erfolgen muss.

11. *Bei einem Arbeitsvertrag handelt es sich um a) ein zweiseitiges Rechtsgeschäft, das b) zweiseitig verpflichtend ist.*
Vervollständigen Sie die folgende Tabelle:

Zweiseitiges Rechtsgeschäft bedeutet ...	
Zweiseitig verpflichtend bedeutet ...	

12. *Stellen Sie die wesentlichen Unterschiede zwischen der Handlungsvollmacht und der Prokura dar.*

13. *Zu den vertretungsberechtigten Personen der PersoNow GmbH gehören ein Prokurist und ein Handlungsbevollmächtigter (jeweils Einzelvertretungsberechtigung/ohne besondere Befugnisse). Welche der untenstehenden Rechtshandlungen darf gemäß den Bestimmungen des HGB*

(1) nur vom Prokuristen,
(2) sowohl vom Prokuristen als auch vom Handlungsbevollmächtigten,
(3) weder vom Prokuristen noch vom Handlungsbevollmächtigten

vorgenommen werden?

Rechtshandlungen

a) Abschluss eines Kaufvertrags über einen neuen Laptop für den Außendienst.

b) Kauf eines Grundstücks zum Aufbau einer neuen Niederlassung.

d) Aufnahme eines neuen Gesellschafters in die GmbH.

e) Unterschreiben der Bilanz der PersoNow GmbH.

f) Vertretung der Gesellschaft bei einem Termin vor dem Arbeitsgericht.

g) Anmeldung der Eintragung ins Handelsregister, dass sich die Firma geändert hat.

14. *Sabine Gernhardt ist Mitarbeiterin der Finke Zeitarbeit GmbH. Sie hatte bisher allgemeine Handlungsvollmacht. Nun soll ihr als Anerkennung für ihre bisherige verantwortungsvolle und umsichtige Tätigkeit eine Prokura erteilt werden.*

Ermitteln Sie das Datum, an dem die Prokura an Frau Gernhardt rechtswirksam erteilt wurde.

Am ...
26.04. wird beschlossen, sie zur Prokuristin der Finke Zeitarbeit GmbH zu ernennen.
03.05. wird ihr die Prokuraerteilung mündlich mitgeteilt.
04.05. erhält sie die schriftliche Bestätigung der Prokuraerteilung.
11.05. wird die Erteilung der Prokura beim zuständigen Handelsregister angemeldet.
26.05. erfolgt die Eintragung im Handelsregister.
06.06. erfolgt die Veröffentlichung der Handelsregistereintragung.

15. *Dem langjährigen Mitarbeiter Wolfgang Flinkmann wird am 31.03.20.. Einzelprokura erteilt.*
Welche der folgenden Rechtshandlungen darf Herr Flinkmann nur mit einer Sondervollmacht vornehmen?

a) Das Unterzeichnen des Kaufvertrags für das neue Grundstück in Bochum zum Bau einer neuen Filiale der Finke Zeitarbeit GmbH.

b) Das Belasten des Grundstücks für die neue Filiale in Bochum mit einer Grundschuld über 200 000,00 €.

c) Die fristlose Kündigung des Mitarbeiters Kevin Kleinkreutz.

d) Das Erteilen einer Prokura an die Disponentin Lina Uhlenbrock.

e) Das Unterzeichnen der Steuererklärung der Finke Zeitarbeit GmbH.

f) Das Veräußern des Grundstücks mit dem Gebäude der ehemaligen Filiale in Bielefeld.

16. *Welche Aussagen sind im Zusammenhang mit der Erteilung einer Prokura zutreffend?*

a) Eine Beschränkung der Prokura gegenüber Dritten ist zulässig. Die Wirkung der Beschränkungen beginnt jedoch erst nach Eintragung ins Handelsregister und anschließender Bekanntmachung.

b) Eine Prokura kann zeitlich begrenzt erteilt werden.

c) Eine Prokura kann auf den Betrieb einer Niederlassung beschränkt werden.

d) Eine Beschränkung des Umfangs der Prokura ist Dritten gegenüber nicht wirksam.

e) Eine Prokura darf weder im Innen- noch im Außenverhältnis beschränkt werden.

f) Eine Beschränkung der Prokura auf Geschäfte im Inland ist Dritten gegenüber jederzeit möglich.

3 Auftragsbearbeitung bei der Arbeitnehmerüberlassung

Die folgende Prozesskette zeigt einen typischen Ablauf bei der Auftragsbearbeitung in der Arbeitnehmerüberlassung. Dabei ist zu beachten, dass in der Praxis die Abfolge der einzelnen Prozessschritte eine andere sein kann. In den folgenden Kapiteln werden die einzelnen Prozessschritte beginnend mit der Angebotserstellung genauer dargestellt.

Prozesskette der Auftragsbearbeitung bei der Arbeitnehmerüberlassung

Kundenanfrage bzw. Auftragsgewinnung mittels Akquise

↓

Angebotserstellung und Angebotskalkulation[1]

↓

Überprüfung der Bonität des Kundenunternehmens

↓

Auftragseingang, Vertragsverhandlungen, -erstellung und -abschluss

↓

Erfüllung des Auftrags (Überlassungsphase)

↓

Rechnungserstellung und Überprüfung des Zahlungseingangs

---

[1] *In der Praxis wird häufig bereits im Rahmen der Angebotserstellung eine Bonitätsüberprüfung des (potentiellen) Kunden durchgeführt.*

3.1 Erstellung von Angeboten

Einstiegssituation ▶

Durch die Realisierung des neuen Akquisekonzepts konnte die Finke Zeitarbeit GmbH mit der Zahnradfabrik Schlüter & Sohn KG einen neuen Interessenten akquirieren. Die Zahnradfabrik Schlüter & Sohn KG ist ein mittelständisches Unternehmen, das bereits seit über 50 Jahren Zahnräder produziert. Vor kurzer Zeit konnte die Zahnradfabrik neue Geschäftskontakte mit ausländischen Kunden knüpfen und für die nun deutlich steigende Produktion werden zusätzliche Mitarbeiter benötigt. Für die Inhaber der Zahnradfabrik ist allerdings noch nicht absehbar, ob es sich hierbei um langfristige Geschäftsbeziehungen oder lediglich um einen einmaligen Auftrag handelt. Das Management der Zahnradfabrik möchte im Hinblick auf diese Unsicherheit ungern zusätzliche Mitarbeiter fest einstellen. Darüber hinaus handelt es sich bei dem Bedarf an neuen Mitarbeitern überwiegend um Facharbeiter aus Metallberufen. Die Erfahrung der letzten Jahre hat gezeigt, dass die Besetzung von Facharbeiterstellen nicht ohne Weiteres möglich ist. Die Kontaktaufnahme durch die Finke Zeitarbeit GmbH kam somit genau zum richtigen Zeitpunkt. Nachdem durch ein Mailing das Interesse der Zahnradfabrik geweckt wurde, konnte die Disponentin der Finke Zeitarbeit GmbH, Frau Steffen, im Rahmen der Nacherfassung ein interessantes Gespräch mit dem Leiter der Produktion, Carsten Schlüter, führen. In diesem Telefonat bat Herr Schlüter um die Zusendung eines konkreten Angebots für die Deckung des aktuellen Personalbedarfs.

Arbeitsaufträge

1. *Analysieren Sie die Ausgangssituation.*
   a) *Beschreiben Sie, welche Ziele die Finke Zeitarbeit GmbH mit der Übersendung des Angebots an die Schlüter & Sohn KG verfolgt.*
   b) *Welche Erwartungen werden die Verantwortlichen der Schlüter & Sohn KG an das Angebot der Finke Zeitarbeit GmbH haben?*
2. *Erarbeiten Sie mithilfe des folgenden Kapitels die Grundlagen des Vertragsrechts und erstellen Sie eine Liste mit den Inhalten, die in dem Angebot enthalten sein sollten.*
3. *Formulieren Sie ein Angebot an die Schlüter & Sohn KG unter Berücksichtigung der DIN 5008.*
4. *Überlegen Sie, welche weiteren Dokumente dem Angebot zusätzlich beigelegt werden sollten.*

Die Angebotserstellung gehört bei vielen Personaldienstleistern zu einer ständig wiederkehrenden Tätigkeit. Dabei erfolgt diese entweder aus Eigeninitiative des Personaldienstleisters (z. B. im Rahmen der Kalt- bzw. Warmakquise) oder als Reaktion auf eine Anfrage des Kunden. Bei der Gestaltung von Angebotsschreiben sind Unternehmen an keine gesetzlichen Formvorschriften gebunden. Allerdings sollten sie schriftlich erfolgen, da sie als verbindliche Willenserklärung zum Abschluss eines Vertrags führen können. Die folgende Tabelle zeigt typische Inhalte für Angebotsschreiben in der Praxis.

Angebotsbestandteil (Hinweise)	Beispiel
Betreff (Der Begriff „Betreff" wird in der Betreffzeile nicht mehr verwendet.)	• Angebot • Freibleibendes Angebot • Angebot zur Überlassung von Arbeitnehmern • Angebot über die Durchführung eines Mitarbeitercoachings
Anrede (Ist der Name des Ansprechpartners bekannt, so erfolgt eine direkte Ansprache.)	• Sehr geehrte Damen und Herren, ... • Sehr geehrte Frau ... / Sehr geehrter Herr ...
Einleitungssätze	• „... wie telefonisch vereinbart, erhalten Sie unser Angebot zur Arbeitnehmerüberlassung gemäß Ihrem Anforderungsprofil." • „... vielen Dank für Ihre Anfrage und das entgegengebrachte Vertrauen." • „... wie telefonisch besprochen, haben wir ein attraktives Angebot für Sie zusammengestellt." • „... vielen Dank für Ihr Interesse an unserem Leistungsangebot." • „... vielen Dank für Ihre Anfrage vom ... Wie telefonisch besprochen, erhalten Sie unser Angebot zur Überlassung von ..."
Leistung	• Tätigkeitsmerkmale • Qualifikationen • Personalschutzausrüstung/Sicherheitsausstattung • Einsatzort/Einsatzgebiet • Arbeitszeitregelungen • ggf. Arbeitszeiten (Beginn/Ende)
Zusatzleistungen	• Zeiterfassungssystem • jederzeitige Erreichbarkeit (24-Stunden-Servicehotline) • Nachqualifizierung (z. B. Staplerschein) • Fahrdienst
Preis	• Stundenverrechnungssatz in Euro • Vermittlungsprovision in Euro

Angebotsbestandteil (Hinweise)	Beispiel
Preisangaben Preisnachlässe: Mengenrabatt, Treuerabatt, Bonus (bei Erreichung bestimmter Mindestumsätze in einem vorgegebenen Zeitraum)	• Unsere Preise verstehen sich als Nettopreis zzgl. der jeweils gesetzlichen Umsatzsteuer. Alle Lohnnebenkosten (Fahrgelder, Verpflegungsmehraufwendungen, ...) sind enthalten. • Der Stundenverrechnungssatz basiert auf einer 38-Stundenwoche (Mo–Fr) und gilt für den Einsatzort xy. • Jede geleistete Arbeitsstunde zzgl. tariflicher Zulagen und Zuschläge wird in Rechnung gestellt. Unsere Preise sind Nettopreise zuzüglich der gesetzlichen Umsatzsteuer. • Die Finke Zeitarbeit GmbH wendet das Tarifwerk xy an. • In den o. g. Verrechnungssätzen sind sämtliche Kosten für Lohn- und Sozialabgaben enthalten. • Eventuelle anfallende Überstunden berechnen wir wie folgt: ...
Befristung (Die Bindung an das Angebot endet, wenn die Annahme nicht innerhalb der vorgegebenen Frist erfolgt.)	• Das Angebot gilt bis zum .... • Wir binden uns an das vorliegende Angebot bis zum ...
Zahlungsbedingungen	• Die Rechnungserstellung erfolgt wöchentlich auf Basis der von Ihnen gegengezeichneten Stundennachweise. Der Rechnungsbetrag ist ohne Abzug innerhalb von 8 Tagen zu leisten. • Die Rechnungserstellung erfolgt 14-tägig auf Basis der von Ihnen abzuzeichnenden Stundennachweise. Sie sind ohne Abzug innerhalb von 8 Tagen nach Rechnungserhalt fällig. • Zahlungsbedingungen wie in unseren Allgemeinen Geschäftsbedingungen angegeben.
Freizeichnungsklauseln	• Unser Angebot ist freibleibend. • Der angegebene Verrechnungssatz bleibt bis zum Abschluss des Arbeitnehmerüberlassungsvertrags frei.
Hinweis auf AGB	• Das Angebot gilt unter Zugrundelegung unserer allgemeinen Geschäftsbedingungen. • Bestandteil dieses Angebots sind unsere jeweils gültigen Allgemeinen Geschäftsbedingungen.
Schlussformel	• Wir hoffen, dass Ihnen unser Angebot zusagt, und freuen uns auf Ihren Auftrag. Für Rückfragen stehen wir Ihnen gerne jederzeit zur Verfügung. • Auf Wunsch vereinbaren wir gerne einen persönlichen Gesprächstermin mit Ihnen. • Fragen zum Angebot beantworten wir gerne telefonisch oder in einem persönlichen Gespräch in Ihrem Unternehmen. • Gerne besprechen wir Einzelheiten mit Ihnen persönlich.

Praxistipp

Bei der Gestaltung von Geschäftsbriefen ist die Norm DIN 5008 zu beachten. In dieser Norm sind die Schreib- und Gestaltungsregeln für Geschäftskorrespondenz verbindlich festgelegt.

Die wichtigsten Regelungen zur DIN 5008 werden hier nur verkürzt dargestellt:

Schriftart:	Arial oder Times New Roman
Schriftgröße:	12 pt
Zeilenabstand:	1 bis 1,5 Zeilen
Anschriftenfeld:	9 Zeilen
1.–3. Zeile:	Zusatz- und Vermerkzone (z. B. Einschreiben, Werbesendung, Drucksache)
4. Zeile:	Empfängerbezeichnung/Anrede (z. B. Firma, Herr, Frau)
5. Zeile:	Vor- und Nachname des Empfängers (ggf. mit Titel oder akademischem Grad)
6. Zeile:	Postfach mit Nummer oder Straße mit Hausnummer
7. Zeile:	Postleitzahl und Ort (Postleitzahl ohne Leerzeichen)
8. Zeile:	Bestimmungsland
9. Zeile:	Leerzeile
Bezugszeile:	Dient zur Orientierung des Adressaten und des Absenders: Ihr Zeichen/Ihre Nachricht vom:, Unser Zeichen/Unsere Nachricht vom:, Telefon/Name, Datum (mögliche Schreibweisen des Datums: JJJJ-MM-TT oder TT.MM.JJJJ) Zwei Leerzeilen
Betreff:	Dient dem Adressaten, um auf den ersten Blick zu erkennen, worum es in dem Schreiben inhaltlich geht, und wird stichpunktartig verfasst. Der Betreff kann durch Fettdruck hervorgehoben werden und endet ohne Schlusspunkt. Zwei Leerzeilen
Anrede:	Ist der Empfänger bekannt, so erfolgt eine namentliche Anrede. Ansonsten wird eine allgemeine Anrede verwendet (z. B. Sehr geehrte Damen und Herren, ...). Eine Leerzeile
(Brief-)Text:	Möglichst kurzer, prägnanter Text ohne überflüssige Füllworte übersichtliche Gliederung des Textes in Absätze Eine Leerzeile
Gruß:	Der Brief endet mit einem Gruß (z. B. „Mit freundlichen Grüßen“, „Freundliche Grüße“ oder „Mit freundlichem Gruß“). Eine Leerzeile
Wiederholung der eigenen Firma (z. B. Finke Zeitarbeit GmbH)	
	Eine Leerzeile
Unterschrift:	3 Zeilen Ist der Unterzeichner ein Bevollmächtigter, so werden die folgenden Kürzel vor der Unterschrift verwendet: ppa. = per Prokura (§ 51 HGB) i. V. = in Vollmacht (Handlungsvollmacht; § 57 HGB) i. A. = im Auftrag (Einzelvollmacht; § 57 HGB)

Maschinenschriftliche Wiederholung des Namens des Verfassers	
	Eine Leerzeile
Anlagenvermerk:	Wird dem Brief ein Dokument als Anlage beigefügt, so wird hier ein Anlagevermerk gemacht. Alle beigefügten Dokumente werden aufgeführt.

Quelle: von den Bergen, Hans-Peter/Fritz, Christian/Lang, Claudia/Lange, Susanne/Morgenstern, Ute/Piek, Michael/Walenciak, Petra: W plus V – Höhere Berufsfachschule NRW: Bd.1 – BWL mit ReWe. 1. Auflage. Berlin: Cornelsen Verlag 2013, S. 324–325.

3.2 Angebotskalkulation

Die Angebotskalkulation ist eine zentrale Aufgabe bei allen in der Arbeitnehmerüberlassung tätigen Personaldienstleistern. Basis für die Angebotskalkulation stellen dabei die Werte des internen Rechnungswesens dar.

Merksatz
Die Aufgabe der **Angebotskalkulation** liegt darin, den für den Einsatz der Zeitarbeitnehmer im Kundenunternehmen notwendigen Stundenverrechnungssatz zu ermitteln. Grundlage für die Berechnung sind die Werte der Kosten- und Leistungsrechnung, die im internen Rechnungswesen ermittelt werden.

Die Höhe der Stundenverrechnungssätze ist von vielen Faktoren abhängig und zwischen einzelnen Personaldienstleistern bestehen mitunter deutliche Unterschiede.
In diesem Kapitel wird lediglich ein Kurzüberblick über grundlegende Sachverhalte zur Kalkulation von Angeboten gegeben. Ausführliche Informationen zu den Grundlagen der Kalkulation finden Sie in Band 2 dieser Reihe. **Bd. 2, LF 8, 3**

3.2.1 Verrechnungssatzkalkulation

Bei der Kalkulation sind verschiedene preisbeeinflussende Faktoren zu berücksichtigen. Sie können in monetäre Faktoren und nicht monetäre Faktoren unterschieden werden.

Preisbeeinflussende Faktoren bei der Kalkulation des Stundenverrechnungssatzes	
Monetäre Faktoren	**Nicht monetäre Faktoren**
• Lohnkosten • Lohnnebenkosten • auftragsbezogene Kosten • Overhead-Kosten (Verwaltungskosten) • Gewinnzuschlag	• Marktsituation • Konjunkturdaten • strategische Überlegungen (z. B. Steigerung des Marktanteils, Gewinnung von Großkunden) • Macht des Kunden

Lohnkosten

Die Lohnkosten ergeben sich aufgrund der überwiegenden Tarifbindung der Zeitarbeitsunternehmen aus dem jeweiligen Tarifvertrag. Grundsätzlich muss das Zeitarbeitsunternehmen an seinen Zeitarbeitnehmer das Arbeitsentgelt entrichten, das im Betrieb des Kunden für einen vergleichbaren Arbeitnehmer gezahlt wird („Equal-Pay"). Hiervon kann abgewichen werden, wenn sich der Personaldienstleister auf einen gültigen Tarifvertrag bezieht. Werden übertarifliche Zulagen gewährt, so sind diese ebenfalls zu berücksichtigen.

Lohnnebenkosten

Bei den zu berücksichtigenden Lohnnebenkosten handelt es sich um die folgenden Werte (Stand: Juni 2017):

Beispiel:
(Männlicher Arbeitnehmer, Entgelttarifvertrag der BAP, Entgelttabelle West vom 01.04.2018, Entgeltgruppe 3, gewerblich-technisch)

Stundensatz (brutto)		**11,83 €**
Art der Lohnnebenkosten (vorgegebene Werte)	**Wert (in Prozent)**	**Werte in € (gerundet)**
Rentenversicherung	9,30 %	1,10
Gesetzliche Krankenversicherung	7,30 %	0,86
Arbeitslosenversicherung	1,50 %	0,18
Pflegeversicherung	1,275 %	0,15
Unfallversicherung (Berufsgenossenschaft)[1]	gewerblich ca. 3,5 % kaufmännisch ca. 0,5 %	0,41
Umlagen U1–U3	0,25 %	0,03
Summe vorgegebene Lohnnebenkosten		2,73
Art der Lohnnebenkosten (durch das Zeitarbeitsunternehmen zu kalkulierende Werte)	**Wert (in Prozent)**	**Werte in € (gerundet)**
Zuschlag für einsatzfreie Zeiten	20,00 %	2,37
Urlaubs- und Weihnachtsgeld, Zulagen	5,00 %	0,59
Sonstige Arbeitgeberkosten	4,00 %	0,47
Summe zu kalkulierende Lohnnebenkosten		3,43
Summe der Lohnnebenkosten		**6,16**
Zwischensumme Kalkulation		**17,99**

[1] *Die Höhe der an die Berufsgenossenschaft zu zahlenden Abgaben ist für jedes Mitgliedsunternehmen individuell.*

Auftragsbezogene Kosten

Die sonstigen Kosten sind für jeden Mitarbeiter und jeden Einsatz beim Kunden individuell zu kalkulieren. Sie sind abhängig von der Qualifikation des Mitarbeiters, seiner Betriebszugehörigkeit und den Einsatzbedingungen vor Ort. Zu den sonstigen Kosten gehören z. B.:

- Fahrtkosten
- Verpflegungsmehraufwand
- Übernachtungskosten
- Arbeitskleidung
- Arbeitsschutzausrüstung
- Werkzeug
- Schulungen

Zwischensumme Kalkulation (nach Lohnnebenkosten)		17,99
zzgl. auftragsbezogene Kosten Mitarbeiter	**Wert (in Prozent)**	**Werte in € (gerundet)**
Fahrtkosten	1,50 %	0,27
Arbeitskleidung	1,00 %	0,18
Werkzeug	1,00 %	0,18
Summe der sonstigen Kosten		0,63
Personalkosten des Zeitarbeitnehmers		**18,62**

Overhead-Kosten (Verwaltungsumlage)

Hierbei handelt es sich um die Kosten, die überwiegend im Verwaltungsbereich eines Personaldienstleisters anfallen. Sie entstehen auch im Zusammenhang mit dem Einsatz der Zeitarbeitnehmer und sind deshalb in den Stundenverrechnungssatz einzukalkulieren. Die Personalkosten für den Zeitarbeitnehmer zuzüglich der Overhead-Kosten werden in der Praxis auch als Selbstkosten bezeichnet. Zu den Overhead-Kosten gehören beispielsweise:

- Gehälter interne Mitarbeiter
- Versicherungen
- Miete
- Kosten für Telekommunikation
- EDV-Kosten
- Bürobedarf
- Werbung/Marketing
- Kosten für den Fuhrpark
- Kredit- bzw. Leasingraten

Gewinnzuschlag

Bei einem Gewinnzuschlag (Gewinnmarge) handelt es sich um einen in Euro oder als Prozentsatz angegebenen Wert, der auf die Selbstkosten aufgeschlagen wird. Die Höhe des Gewinnzuschlags kann je nach Marktlage und Macht des Kunden variieren. Preiszugeständnisse im Rahmen der Vertragsverhandlungen können dazu führen, dass der Gewinnzuschlag geringer ausfällt, als in der ursprünglichen Kalkulation geplant.

Art des Zuschlags	Werte in %	Werte in €
Personalkosten des Zeitarbeitnehmers		**18,62**
Overhead-Kosten (Verwaltungskosten)	30,00 %	5,59
Gewinnzuschlag	10,00 %	1,86
Stundenverrechnungssatz		**26,07**
Faktor (Summe aller in der Kalkulation verwendeten Einzelzuschläge)	$\frac{26{,}07\ €}{11{,}83\ €} = 2{,}20$	Der dem Kundenunternehmen angebotene Stundenverrechnungssatz stellt das 2,2-fache des Bruttostundenlohns des Mitarbeiters dar.

Wie aus der obigen Beispielberechnung ersichtlich, ist die Höhe des Kalkulationsfaktors von vielen Faktoren abhängig. So kann bei Personaldienstleistern mit hohen Fixkosten (insbesondere Overhead-Kosten) ein deutlich höherer Kalkulationsfaktor zustande kommen.

Beispiel
Die Finke Zeitarbeit GmbH hat im Vorfeld der Niederlassungsgründung hohe Ausgaben für Werbemaßnahmen getätigt. Neben Radiospots und Plakatwerbung wurde auch das Sommerfest einer ansässigen Schule gesponsert. Die Werbeausgaben (Teil der Verwaltungskosten) erhöhten sich hierdurch um 15 000,00 €. Die Overhead-Kosten stiegen um 2,00 % im Vergleich zum Vorjahr. Bezogen auf das Bruttoentgelt des Mitarbeiters (11,83 €) entspricht dies 0,24 € pro Stunde.

3.2.2 Mischkalkulation

Bei einer Mischkalkulation erhält das Kundenunternehmen vom Zeitarbeitsunternehmen einen Einheitstarif für Zeitarbeitnehmer mit verschiedenem Tätigkeitsprofil bzw. Einsatzgebiet.

Vorgehensweise

Die Bruttostundenlöhne der einzelnen Zeitarbeitnehmer werden mit der Anzahl der zu überlassenden Mitarbeiter multipliziert. Dabei ist es unerheblich, ob die Mitarbeiter nach unterschiedlichen Entgeltgruppen entlohnt werden. Die Lohnsumme pro Stunde wird anschließend durch die Anzahl der Mitarbeiter dividiert.

Beispiel
Die Druckguss AG in Hamm-Bönen benötigt vier Produktionshelfer und zwei Konstruktionsmechaniker. Die Druckguss AG bittet die Finke Zeitarbeit GmbH um ein Angebot unter Angabe eines Einheitstarifes für alle angeforderten Mitarbeiter.

Entgeltdaten für die benötigten Mitarbeiter:
Produktionshelfer: Entgeltgruppe (EG) 1 = 9,49 €/Stunde.
Konstruktionsmechaniker: EG 6 = 15,90 €/Stunde.

Bei der Kalkulation verwendet die Finke Zeitarbeit GmbH die folgenden Werte:
Lohnnebenkosten: 68,00 % Gewinnmarge: 20,00 %

Mitarbeiter	Anzahl	Bruttoentgelt in € pro Stunde	Summe in €
Produktionshelfer	4	9,49	37,96
Konstruktionsmechaniker	2	15,90	31,80
			69,76
	Durchschnittslohn pro Mitarbeiter		11,63 (69,76 : 6)
Lohnnebenkosten	(68,00 % vom Durchschnittslohn)		7,91
Gewinnmarge	(20,00 % vom Durchschnittslohn)		2,33
Einheitstarif			21,87

Im Angebot wird dem Kunden für die benötigten Mitarbeiter ein Einheitstarif in Höhe von 21,87 € pro Stunde zzgl. Umsatzsteuer mitgeteilt.

3.2.3 Branchenzuschläge

Zum 01.11.2012 traten in der Zeitarbeit erstmalig Vereinbarungen zu Branchenzuschlägen für die Metall- und Elektroindustrie sowie für die Chemieindustrie in Kraft. Diese Branchenzuschlagstarife für die Zeitarbeit (BZ-TV) wurden von den beiden Arbeitgeberverbänden der Zeitarbeit BAP und iGZ mit der IG-Metall und der IG-BCE vereinbart.

Definition
Bei einem Branchenzuschlag handelt es sich um einen
- tariflich vereinbarten,
- nach Einsatzzeit gestaffelten,
- prozentualen

Aufschlag auf den Stundenlohn eines Zeitarbeitnehmers (ZAN).

Voraussetzungen sind, dass
- der Einsatzbetrieb des Zeitarbeitnehmers in den Regelungsbereich eines sog. Branchenzuschlagstarifvertrags fällt und
- dass der Verleiher Mitglied in einem der beiden Tarifverbände BAP oder iGZ ist oder die Tarifverträge dieser Verbände per Einzelvertrag anwendet.

Der Grund für die Einführung von Branchenzuschlägen liegt darin, dass es teilweise deutliche Unterschiede in der Entlohnung zwischen den Mitarbeitern der Zeitarbeit und den festangestellten Mitarbeitern (der „Stammbelegschaft") im jeweiligen Einsatzbetrieb gibt. Durch die Branchenzuschläge nähert sich das Entgelt der Zeitarbeitnehmer stufenweise an das Entgeltniveau der Stammbelegschaft im Einsatzbetrieb an. Die sog. „Tariflücke" wird geschlossen und der Grundsatz des Equal Pay umgesetzt.

Merksatz

Durch die Branchenzuschläge sollen Tarifangleichungen für die Zeitarbeitnehmer erreicht werden, die im Geltungsbereich der jeweiligen Branchen eingesetzt sind. Zeitarbeitnehmer erhalten somit für die Dauer ihres **ununterbrochenen Einsatzes** in einem entsprechenden Kundenbetrieb einen Branchenzuschlag. Dabei gilt das folgende Prinzip: Je länger der Einsatz im Kundenbetrieb andauert, desto höher sind die an den Zeitarbeitnehmer zu zahlenden Branchenzuschläge.

Damit die Regelungen zu den Branchenzuschlägen richtig angewendet und bei den Vertragsverhandlungen berücksichtigt werden, bedarf es vor der Angebotserstellung bzw. dem Vertragsabschluss mit dem Kundenunternehmen eines genauen Informationsaustausches. Nur so ist es dem Personaldienstleiter möglich, dem Kunden auf der Basis einer Kalkulation nach Einsatzdauer gestaffelte Verrechnungssätze zu nennen.

Geltungsbereich

(am Beispiel des Tarifvertrags über Branchenzuschläge für Arbeitnehmerüberlassungen in der Metall - und Elektroindustrie):

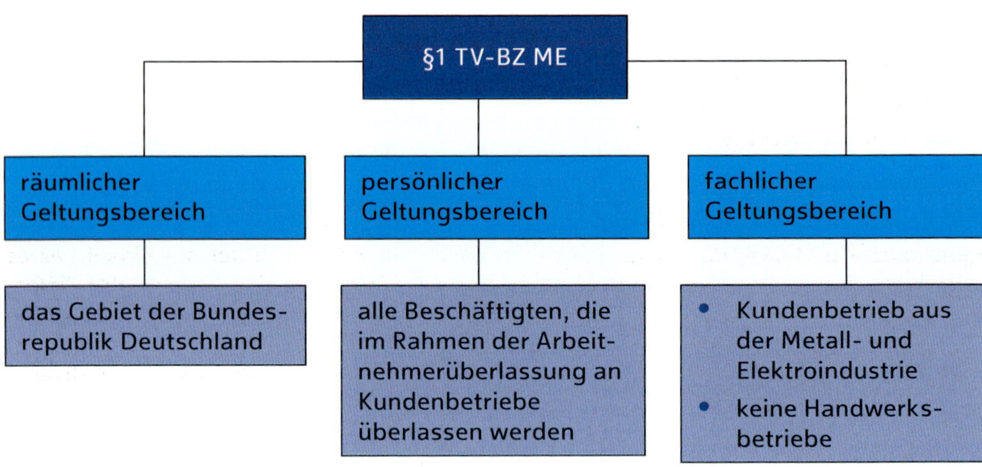

Was unter der Zugehörigkeit zur Metall- und Elektroindustrie zu verstehen ist, wird im Tarifvertrag durch eine Aufzählung der entsprechenden Branchenteile bestimmt. Erfasst sind auch die zu den Metall- und Elektrobetrieben gehörenden Hilfs- und Nebenbetriebe sowie die Betriebe artverwandter Industrien. Auf die Zugehörigkeit zu einem Tarifträger- oder Arbeitgeberverband kommt es nicht an, da Branchenzuschläge in jedem Fall bei einem entsprechenden Einsatz in der einschlägigen Branche zu zahlen sind.

Eine Besonderheit liegt in sog. „Huckepack"-Einsätzen. Liegt der Einsatzbetrieb in Deutschland und wird der Zeitarbeitnehmer vom Kunden im Ausland eingesetzt, so muss an den Zeitarbeitnehmer ein Branchenzuschlag gezahlt werden.

Beispiel
Der Kundenbetrieb liegt in Mönchengladbach (D), der Einsatzort ist in Venlo (NL). Der Einsatz unterliegt dem Branchenzuschlagstarif.

Der Branchenzuschlag ist **Teil des festen tariflichen Zeitarbeitsentgelts** bzw. **Teil der Grundvergütung**. Er kann somit nicht durch arbeitsvertragliche Regelungen mit den Zeitarbeitnehmern unterlaufen werden und ist Bemessungsgrundlage für die Fortzahlung des Entgelts bei Krankheit, im Urlaub und an Feiertagen. Der Branchenzuschlag darf nicht mit anderen tariflichen Leistungen wie z. B. Jahressonderzahlungen verrechnet werden. Der Branchenzuschlag ist jedoch anrechenbar auf gezahlte übertarifliche Leistungen.

Branchenzuschlagstarifverträge wurden für verschiedene Branchen geschlossen. Hierzu gehören (Stand 2017):

- die Metall- und Elektroindustrie,
- die Chemieindustrie,
- die Kautschuk- und Kunststoffindustrie,
- die Holz und Kunststoff verarbeitende Industrie,
- die Textil- und Bekleidungsindustrie,
- der Schienenverkehr,
- die Papier, Pappe und Kunststoff verarbeitende Industrie,
- die Druckereiindustrie,
- die Kali- und Salzbergbauindustrie,
- die Papier erzeugende Industrie,
- der Kali- und Steinsalzbergbau,
- die Tapetenindustrie

Bei Branchenzuschlägen gilt ein **strenger Betriebsbezug**. Das heißt, dass nur der Einsatz beim jeweiligen Kunden maßgeblich ist. Mit einem Wechsel des Einsatzbetriebes endet auch der Anwendungsbereich des Branchenzuschlags. Endet der Einsatz eines Zeitarbeitnehmers in einem Kundenbetrieb und es erfolgt eine Überlassung des Zeitarbeitnehmers an einen anderen Kunden in der gleichen Branche, so ist kein Branchenzuschlag zu zahlen. Die jeweiligen Einsatzfristen aus dem Branchenzuschlagstarifvertrag beginnen von neuem. Ändert sich die Tätigkeit des Zeitarbeitnehmers im Kundenbetrieb, so bleibt der Zuschlag erhalten.

Beispiel

- *Jan Henkel ist in einem Kundenbetrieb zunächst als Kommissionierer eingesetzt. Nach fünf Wochen wechselt er in die Produktionsabteilung. Jan Henkel hat trotz des Wechsels innerhalb des Kundenbetriebs weiterhin einen Anspruch auf den Branchenzuschlag.*
- *Tim Hille ist zunächst für drei Monate im Produktionsstandort Dortmund der H & S Metalltechnik AG eingesetzt. Im Anschluss wechselt er zum Produktionsstandort in Duisburg. Da es zu einem Betriebswechsel gekommen ist, beginnt die Frist für die Berechnung der Einsatzdauer erneut.*

Merksatz

Die Branchenzuschläge richten sich immer nach der Einsatzdauer in einem Kundenbetrieb. Wechselt ein Zeitarbeitnehmer innerhalb des Kundenbetriebs, ist dies für die Berechnung des Branchenzuschlags unerheblich. Es ist bei den Branchenzuschlägen keine unternehmens- oder konzernbezogene, sondern **ausschließlich eine betriebsbezogene Betrachtung** vorzunehmen. Handwerksbetriebe sind von den Branchenzuschlägen ausgenommen.

Recherchetipp

War ein Zeitarbeitnehmer bereits vorher über einen anderen Personaldienstleister im gleichen Kundenbetrieb eingesetzt, so wird diese Zeit bei der Ermittlung der Branchenzuschlagsstufen angerechnet. Bei Neueinstellungen ist deshalb auf einen vollständig ausgefüllten Personalfragebogen zu achten.

Höhe der Branchenzuschläge

Die Branchenzuschläge unterscheiden sich zum Teil deutlich. In einigen Branchen werden die Zuschläge unabhängig von der Eingruppierung des Zeitarbeitnehmers einheitlich gezahlt. In anderen Branchen erfolgt eine unterschiedliche Staffelung je nach Eingruppierung.

Vergleich der Branchenzuschläge zwischen der Chemieindustrie und der Metall- und Elektroindustrie (Stand: 2017)

Chemieindustrie (ab dem 01.01.2018):

Nach einer ununterbrochenen Einsatzzeit von	Zuschläge Entgeltgruppe EG 1 und 2	Zuschläge Entgeltgruppe EG 3 bis 5	Zuschläge Entgeltgruppe EG 6 bis 9
6 Wochen	15 %	10 %	4 %
3 Monaten	20 %	14 %	6 %
5 Monaten	30 %	21 %	8 %
7 Monaten	45 %	31 %	16 %
9 Monaten	53 %	35 %	20 %
15 Monaten	67 %	45 %	24 %

Metall- und Elektroindustrie (ab 01.01.2018):

Nach einer ununterbrochenen Einsatzzeit von	Höhe der Zuschläge
6 Wochen	15 %
3 Monaten	20 %
5 Monaten	30 %
7 Monaten	45 %
9 Monaten	50 %
15 Monaten	65 %[1]

Die Höhe der Branchenzuschläge ist in vielen Branchenzuschlagstarifverträgen auf einen bestimmten Höchstbetrag des Lohns eines fest angestellten Mitarbeiters im Kundenbetrieb festgesetzt.

Auszüge aus dem BGB

Auszug aus dem Tarifvertrag über Branchenzuschläge für Arbeitnehmerüberlassungen (TV BZ ME)

§ 2 [...]

(4) Der Branchenzuschlag ist auf die Differenz zum laufenden regelmäßig gezahlten Stundenentgelt eines vergleichbaren Arbeitnehmers des Kundenbetriebs beschränkt. Bei der Feststellung des Vergleichsentgelts im Kundenbetrieb bleibt das Äquivalent einer durchschnittlichen Leistungszulage der Branche unberücksichtigt [Hinweis: Das Äquivalent beträgt 10 %]. Der Kundenbetrieb hat das regelmäßig gezahlte Stundenentgelt eines vergleichbaren Arbeitnehmers nachzuweisen.

[...]

Gibt es im Kundenbetrieb keinen vergleichbaren Mitarbeiter, so ist der Branchenzuschlag trotzdem zu zahlen. Das Risiko falscher Kundenangaben trägt der Personaldienstleister.

Beispiel

Ein Facharbeiter erhält im Kundenbetrieb (Metall- & Elektroindustrie) einen Stundenlohn in Höhe von 31,30 €. Dem Zeitarbeitnehmer ist maximal ein Stundenlohn in Höhe von 28,17 € zu zahlen.

Zu beachten ist, dass bestehende übertarifliche Leistungen entfallen, wenn der Zeitarbeitnehmer einen Branchenzuschlag erhält.

Auszüge aus dem BGB

Auszug aus dem Tarifvertrag über Branchenzuschläge für Arbeitnehmerüberlassungen (TV BZ ME)

§ 2 [...]

[1] *Der Anspruch auf die neue sechste Zuschlagsstufe greift erstmalig zum 01.01.2018.*

(5) Der Branchenzuschlag ist nicht verrechenbar mit sonstigen Leistungen jedweder Art. Der Branchenzuschlag ist jedoch anrechenbar auf gezahlte übertarifliche Leistungen. Bestehende einzelvertragliche Regelungen, aus denen sich für die Beschäftigten günstigere Arbeits- und Entgeltbedingungen ergeben als aus diesem Tarifvertrag und den Tarifverträgen für BZA und iGZ, werden durch diesen Tarifvertrag nicht berührt. [...]

Bei den Branchenzuschlagstarifverträgen für die Metall- und Elektroindustrie (TV BZ ME) und der Chemieindustrie (TV BZ Chemie) bleibt es bis zum 15. vollendeten Einsatzmonat bei der bisherigen „Deckelungsregelung", wonach der Branchenzuschlag auf 90 % des laufenden regelmäßigen Stundenentgelts eines vergleichbaren Mitarbeiters im Kundenbetrieb „gedeckelt" werden kann. Nach dem 15. Monat ist der Branchenzuschlag auf das Arbeitsentgelt eines vergleichbaren Arbeitnehmers im Kundenbetrieb beschränkt.

Berechnung der Wochen- und Monatsfristen

Grundsätzlich wird für die Bemessung der Höhe des Branchenzuschlages auf den ununterbrochenen Einsatz im Kundenbetrieb abgestellt. Wird der Einsatz für einen Zeitraum von unter drei Monaten unterbrochen, so hat dies keine Auswirkung auf die Bestimmung der Einsatzdauer (Urlaub, Arbeitsunfähigkeit, Feiertage usw.). Voraussetzung hierbei ist allerdings, dass der Arbeitnehmerüberlassungsvertrag zwischen dem Zeitarbeitsunternehmen und dem Kundenbetrieb während der Unterbrechung weiterbesteht.

Beispiel

Der Zeitarbeitnehmer Horst Frankmann ist als Elektriker in einem Unternehmen der Elektroindustrie eingesetzt. Krankheitsbedingt wird sein Einsatz um vier Wochen unterbrochen. Der Arbeitnehmerüberlassungsvertrag bleibt in dieser Zeit bestehen. Da die Unterbrechung des Einsatzes weniger als drei Monate beträgt, bleibt der Anspruch auf den Branchenzuschlag bestehen.

Unterbrechungszeit von weniger als drei Monaten am Beispiel Metall/Elektro

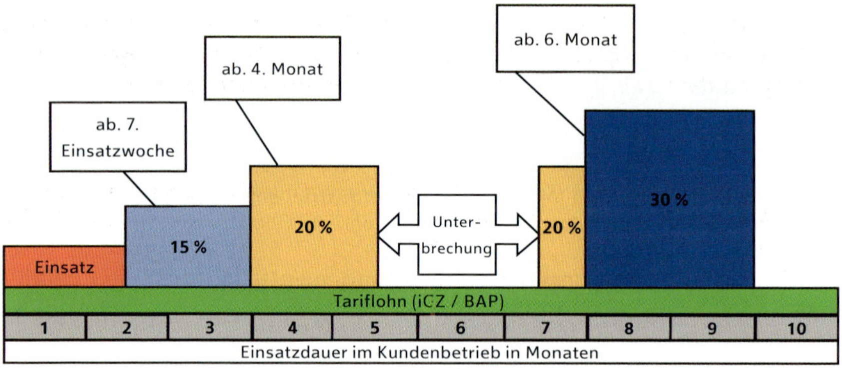

Wird der Einsatz des Zeitarbeitnehmers für länger als drei Monate unterbrochen, so beginnt die Frist für die Branchenzuschläge neu.

Unterbrechungszeit ab drei Monaten am Beispiel Metall/Elektro

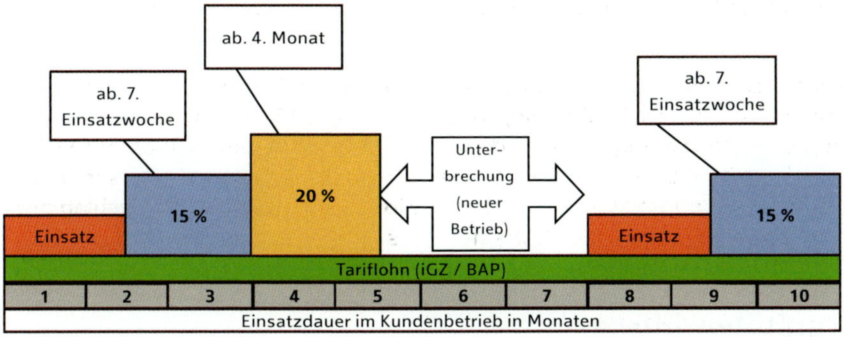

Merksatz

Der Beginn eines Einsatzes wird bestimmt durch den ersten Einsatztag in einem Kundenbetrieb. Alle weiteren Erhöhungstermine (Staffelung) stehen damit im Vorhinein fest. Ein ganz neuer Einsatz liegt nur vor, wenn die Unterbrechung mindestens drei Monate beträgt. Kommt es zu Unterbrechungen des Einsatzes von weniger als drei Monaten, so verschieben sich die Staffeltermine um die festgestellten Unterbrechungstage.

Berechnung der Wochen- und Monatsfristen (am Beispiel des BZ-TV für die Metall- und Elektroindustrie)

Der erste Einsatztag des Zeitarbeitnehmers in einem Betrieb, der dem BZ-TV unterliegt, wird bei der Berechnung mitgerechnet. Somit ist der Branchenzuschlag am gleichen Wochentag fällig, an dem auch der Einsatz des Zeitarbeitnehmers beginnt:

Beispiel

Der Einsatz eines Zeitarbeitnehmers in einem Metall-Industrie-Betrieb beginnt am 01.08.2017 (Dienstag). Die 6-Wochen-Frist für das Erreichen der ersten Zuschlagsstufe endet am 11.09.2017 (Montag). Der Branchenzuschlag wird ab dem 12.09.2017 (Dienstag) gezahlt.

Einsatzbeginn	01.08.2017		
Beginn 1. Stufe	12.09.2017	Ende 1. Stufe	31.10.2017
Beginn 2. Stufe	01.11.2017	Ende 2. Stufe	31.12.2017
Beginn 3. Stufe	01.01.2018	Ende 3. Stufe	28.02.2018
Beginn 4. Stufe	01.03.2018	Ende 4. Stufe	30.04.2018
Beginn 5. Stufe	01.05.2018	Ende 5. Stufe	31.10.2018
Beginn 6. Stufe	01.11.2018		

3.3 Bonitätsprüfung

Einstiegssituation ▸

Das Angebot an die Zahnradfabrik Schlüter & Sohn KG war erfolgreich. Der Personalleiter, Hubert Schlüter, hat die Disponentin Nadine Steffen zu einem persönlichen Gespräch in die Unternehmenszentrale gebeten. Bei der Arbeitnehmerüberlassung handelt es sich für die Zahnradfabrik um völliges Neuland, sodass sich der Personalleiter intensiv über vertragliche Regelungen unterhalten möchte. Da es sich um einen interessanten Neukunden handelt, sprechen sich die Niederlassungsleiterin, Susanne Jünger, und Nadine Steffen im Vorfeld zu den Vertragsverhandlungen ab.

Susanne Jünger: „Damit haben wir, glaube ich, alle wichtigen Details besprochen. Es wäre für unsere Niederlassung ein toller Erfolg, wenn wir mit der Zahnradfabrik Schlüter & Sohn KG eine langfristige Zusammenarbeit aufbauen könnten. Welche Informationen haben Sie denn sonst noch über die Zahnradfabrik Schlüter gesammelt?"

Nadine Steffen: „Das Unternehmen ist schon in zweiter Generation tätig und seit über 50 Jahren am Markt. Die Geschäfte werden von der Familie Schlüter geführt. Ich denke, es handelt sich um ein gut geführtes und seriöses Unternehmen."

Susanne Jünger: „Wie sieht es mit der Bonität des Kunden aus?"

Nadine Steffen: „Hier habe ich meine Recherchen noch nicht abgeschlossen. Im Hinblick auf meine bisherigen Erfahrungen mit den Verantwortlichen bin ich aber sehr positiv gestimmt."

Susanne Jünger: „Der erste Eindruck ist oft der richtige. Aber wir müssen hier sehr vorsichtig sein. Denken Sie nur an die Probleme mit der Firma Reinhardt Fensterbau GmbH. Die Insolvenz dieses Kunden hat uns selber fast das Genick gebrochen. Das darf sich auf keinen Fall wiederholen!"

Nadine Steffen: „Sie haben vollkommen Recht. Ich werde noch vor den Vertragsverhandlungen die entsprechende Bonitätsprüfung durchführen."

Arbeitsaufträge

1. *Analysieren Sie das Gespräch zwischen Frau Jünger und Frau Steffen. Welche Problematik wird daraus deutlich?*
2. *Sammeln Sie in einem Brainstorming mögliche Informationen, die für die Lösung des Problems aus Sicht der Finke Zeitarbeit GmbH hilfreich sein können.*
3. *Überlegen Sie, welche internen und externen Informationsquellen für die Problemlösung zur Verfügung stehen, und diskutieren Sie mit Ihren Mitschülern, welche Informationsquellen in der Praxis genutzt werden.*
4. *Erstellen Sie einen Maßnahmenkatalog für die Bonitätsbewertung von Kundenunternehmen.*
5. *Präsentieren Sie Ihre Ergebnisse im Plenum.*

3.3.1 Bedeutung

Definition
Bei der **Bonität** einer Person oder eines Unternehmens handelt es sich um die Fähigkeit eines Schuldners, zukünftige Zahlungsverpflichtungen vollständig und fristgerecht erfüllen zu können und zu wollen (Kreditwürdigkeit).

Um sich vor Zahlungsausfällen zu schützen, die aus nicht vertragsgemäßem Verhalten der Vertragspartner resultieren, wird vor einem Vertragsabschluss üblicherweise eine **Bonitätsprüfung** durchgeführt. Eine solche Bonitätsprüfung vor Vertragsabschluss ist für Personaldienstleister überaus wichtig, da diese mit ihren Dienstleistungen in Vorleistung gehen.

Beispiel
Bei einer Personalberatung wird der Personaldienstleister mit seiner Tätigkeit beginnen, bevor er vom Kunden eine Vergütung erhalten hat.
Bei der Arbeitnehmerüberlassung erbringen die Zeitarbeitnehmer des Personaldienstleisters im Kundenunternehmen ihre Arbeitsleistung. Der Personaldienstleister ist unabhängig von einer Zahlung des Kundenunternehmens verpflichtet, seine Zeitarbeitnehmer zu entlohnen. Dabei kommt es in der Praxis vor, dass ein Kundenunternehmen erst nach einem längeren Zeitraum (wöchentlich, alle zwei Wochen oder monatlich) eine Rechnung erhält.

Im fachlichen Kontext

Deutsche Unternehmen zahlen immer schlechter - Bisnode Zahlungsindex im Juli weiter gesunken

Die Zahlungsmoral deutscher Unternehmen verschlechtert sich weiter. Der Bisnode Zahlungsindex, der das Zahlungsverhalten der deutschen Wirtschaft widerspiegelt, erreicht im Juli einen Wert von 85,98 Prozent. Der Index ist somit im Vergleich zum Vormonat weiter gesunken. Damit erreicht das Zahlungsverhalten in der deutschen Wirtschaft ein neues Mehr-Jahres-Tief. So schlecht war die Zahlungsmoral zuletzt im Januar 2011 (85,60 %), zudem verzeichnet der Index seit Jahresbeginn (Januar 2014: 88 %) einen kontinuierlichen Rückgang um über zwei Prozentpunkte. [...]

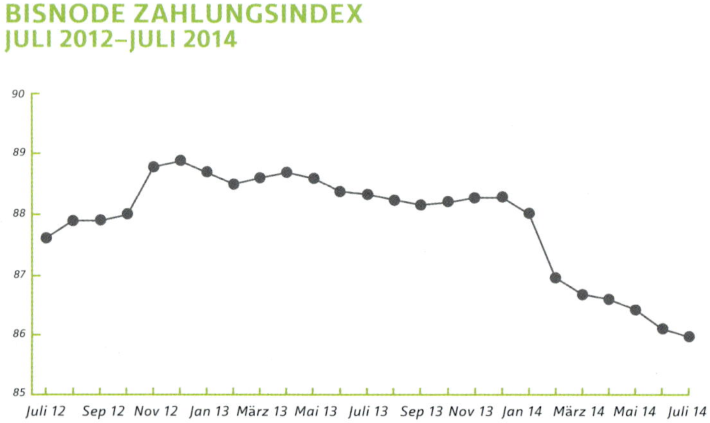

Quelle: Bisnode Deutschland GmbH: Deutsche Unternehmen zahlen immer schlechter. Veröff. am 07.08.14 unter https://www.pressebox.de/pressemitteilung/bisnode-deutschland-gmbh/Deutsche-Unternehmen-zahlen-immer-schlechter-Bisnode-Zahlungsindex-im-Juli-weiter-gesunken/boxid/694842, zuletzt abgerufen am 11.06.2018. (verändert)

Ein Personaldienstleister sollte also **vor der Überlassung bzw. Erbringung der Dienstleistung** sicherstellen, dass der Kunde auch in der Lage ist, die vertragsgemäße Zahlung zu erbringen. Auch im Hinblick auf die Gewährung von Zahlungszielen ist die Kreditwürdigkeit bzw. Bonität des Kunden von großer Bedeutung.

Definition
Bei der Gewährung eines **Zahlungsziels** handelt es sich um die Kreditgewährung des Gläubigers (Personaldienstleister) an den Schuldner (Kunden).

Bereits bei der Anbahnung der Geschäftsbeziehung ist deshalb zu prüfen, ob die finanzielle Situation des Kunden einen ordnungsgemäßen Ablauf der Geschäftsbeziehung ermöglicht.

Merksatz
Die **Kreditwürdigkeit** einer Person oder eines Unternehmens ist gegeben, wenn von ihr eine vertragsgemäße Zahlung erwartet werden kann. Eine positive Bonitätsprüfung ist Voraussetzung für die Gewährung von Zahlungszielen. Je besser die Bonität, desto wahrscheinlicher wird die ordnungsgemäße Vertragserfüllung eingeschätzt.

3.3.2 Arten

Bei der Bonitätsprüfung wird zwischen der **persönlichen Bonität** (persönliche Kreditwürdigkeit) und der **materiellen Bonität** (wirtschaftliche Kreditwürdigkeit) unterschieden.

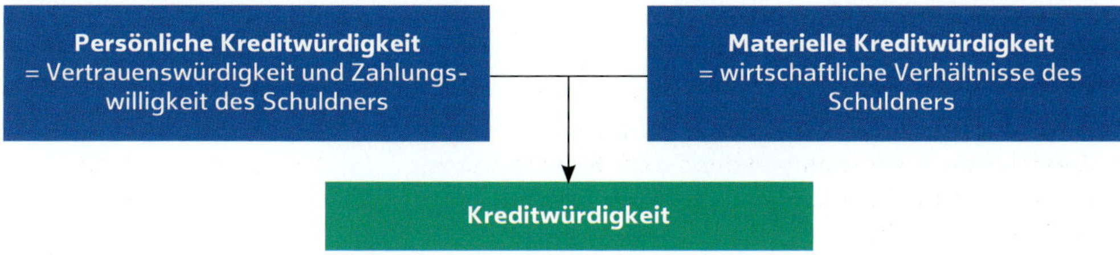

Bei der **persönlichen Kreditwürdigkeitsprüfung** wird ermittelt, ob der Kunde **den Willen hat, die von ihm eingegangenen Zahlungsverpflichtungen auch vertragsgemäß zu erfüllen**. Hier ist häufig der erste Eindruck, der vom Vertragspartner gewonnen wird, entscheidend. Darüber hinaus können auch Auskünfte über die Zahlungsmoral wichtige Hinweise über die persönliche Kreditwürdigkeit geben (z. B. Zahlungsziele werden regelmäßig überschritten, Zahlung erst nach erfolgter Mahnung).

Bei der **materiellen Kreditwürdigkeitsprüfung** steht die Frage im Vordergrund, ob der Schuldner die materiellen **Voraussetzungen erfüllt**, seine finanziellen Verpflichtungen zu erfüllen (z. B. Bezahlen von Rechnungen). Bei der Prüfung der materiellen Kreditwürdigkeit wird häufig auf externe Informationsquellen zurückgegriffen.

Die Überprüfung der Bonität sollte in regelmäßigen Abständen wiederholt werden. Verschlechtert sich die Bonität des Kunden, so sind entsprechende Maßnahmen zu ergreifen (siehe auch Kapitel 3.3.4).

3.3.3 Informationsquellen

Um die Bonität eines Kunden zu überprüfen, kann auf interne und externe Quellen zurückgegriffen werden. **Interne Quellen** sind insbesondere bei Bestandskunden hilfreich, während bei Neukunden oftmals nur **externe Quellen** die nötigen Informationen liefern.

Als interne Informationsquelle kann beispielsweise die Debitorenbuchhaltung dienen (Debitoren = Kunden mit offener Forderung). Aber auch Daten und Informationen anderer Abteilungen oder Mitarbeiter (z. B. Außendienst, Disponenten) können als Quelle zur Informationssammlung herangezogen werden. Ein intensiver Austausch zwischen einzelnen Abteilungen, Niederlassungen und Filialen ist hierbei hilfreich und sollte systematisch genutzt werden (z. B. Zugriff auf gemeinsame Datenbanken).

Als externe Informationsquellen kommen in Betracht:

- Auskünfte von Wirtschaftsauskunfteien (z. B. Verein Creditreform, Bürgel Wirtschaftsinformationen)
- Bundesanzeiger
- Auskünfte von Banken
- Veröffentlichungen der Kundenunternehmen (z. B. Jahresabschlüsse, Bilanzen, Lageberichte, Geschäftsberichte)
- Presseberichte

- Internetrecherchen (z. B. Insolvenz-Portal)
- Informationen von anderen Kundenunternehmen

3.3.4 Sicherungsinstrumente

Um sich vor dem Zahlungsausfall und den daraus resultierenden finanziellen Schwierigkeiten zu schützen, sind verschiedene Maßnahmen möglich:

- zeitnahe und regelmäßige Rechnungsstellung,
- Beobachtung und Analyse des Zahlungsverhaltens,
- konsequente Überwachung des Zahlungseingangs,
- kurze Zahlungsziele,
- stringentes Mahnwesen,
- Auftragslimits,
- Vereinbarung von Anzahlungen und Teilzahlungen (Zug-um-Zug-Geschäfte),
- Vorauskasse (bei schlechter Bonität bzw. negativem Zahlungsverhalten),
- Sicherheiten (z. B. Bürgschaften),
- Factoring (Forderungsverkauf).

3.3.5 Bonitätsbewertung

Die Bewertung der Kundenbonität ist aufgrund der Vielzahl von Informationen ein komplexer und umfangreicher Vorgang. Daher ist es sinnvoll, mithilfe eines Scoring-Systems eine Bonitätsbewertung des Kunden durchzuführen.

Definition
Bei einem **Scoring-System (Rating)** handelt es sich um ein Punktbewertungssystem, mit dessen Hilfe die Kreditwürdigkeit von Kunden systematisch beurteilt werden kann.

In einem Scoring-System werden Aspekte betrachtet, die Rückschlüsse sowohl auf die persönliche als auch auf die materielle Kreditwürdigkeit eines Kunden zulassen. In einem Rating-Beurteilungsbogen kann das Ergebnis der Bewertung dokumentiert werden. Dabei ist es möglich, einzelne Beurteilungsaspekte stärker zu gewichten, wenn sie aus Sicht des bewertenden Unternehmens einen besonders großen Stellenwert im Rahmen der Beurteilung einnehmen. Die erreichte Punktzahl bestimmt das Risiko und damit auch gleichzeitig die Bonitätsklasse.

Beispiel
Ermittlung Bonitätsklasse:

Zahlenwert:	*Beurteilung:*
10–14:	*sehr gute Bonität, nahezu risikolose Kundenbeziehung*
15–19:	*gute Bonität, minimales Risiko*
20–25:	*noch gute Bonität, geringes Risiko*
26–30:	*durchschnittliche Bonität, noch überschaubares Risiko*
30–35:	*unterdurchschnittliche Bonität, erhöhtes Risiko, Einsatz von Sicherungsinstrumenten nötig*
über 35:	*hohes Risiko, keine Geschäftsbeziehung zulässig*

Rating-Beurteilungsbogen der Finke Zeitarbeit GmbH

Kundenname:	Zahnradfabrik Schlüter & Sohn KG				
	Punktebewertung: (1 = sehr gut, 2 = gut, 3 = durchschnittlich, 4 = schlecht/nicht vorhanden)				Summe
Beurteilungsaspekte	1	2	3	4	
1. Persönliche Kreditwürdigkeit					
Management des Unternehmens (persönlicher Eindruck des Vertriebsmitarbeiters)		X			**2**
Dauer der Geschäftstätigkeit	X				**1**
Bisheriges Zahlungsverhalten (bei Neukunden: Ergebnis der externen Auskunft)		X			**2**
Einhaltung von Absprachen und Terminen		X			**2**
Summe persönliche Kreditwürdigkeit					**7**
2. Materielle Kreditwürdigkeit					
Finanzielle und wirtschaftliche Verhältnisse (insbesondere: Haftungskapital, Vermögen)	X				**1**
Dauer der Geschäftsverbindung				X	**4**
Umsatzsituation/Gewinn		X			**2**
Marktanteil (relative Größe zu Mitbewerbern)		X			**2**
Stellung der Produkte am Markt	X				**1**
Abhängigkeit von konjunktureller Entwicklung/ Zukunftsaussichten			X		**3**
Summe materielle Kreditwürdigkeit					**13**
Gesamtsumme Rating					**20**
Fazit (Stellungnahme):	Aufgrund der bisher geführten Gespräche und der Ergebnisse der externen Auskünfte über das Unternehmen scheint eine unproblematische Geschäftsbeziehung möglich.				
Datum, Name und Unterschrift	25.03.20.. (Steffen, Disponentin) *Steffen*				

3.4 Möglichkeiten der Vertragsgestaltung

Die gesetzlichen Regelungen zum Vertragsrecht (z. B. BGB und AÜG) stellen nur ein Mindestmaß an Rechtssicherheit her. Aus diesem Grund sind die verschiedenen Interessen der Vertragspartner durch vertragliche Vereinbarungen individuell zu konkretisieren. Im Folgenden werden Hinweise auf Gestaltungsmöglichkeiten im Arbeitnehmeüberlassungsvertrag (ANÜV) dargestellt.

Der ANÜV stellt die wesentliche rechtliche Verbindung zwischen dem Personaldienstleister und dem Kundenunternehmen dar. Sein Inhalt unterliegt teilweise den gesetzlichen Bestimmungen des AÜG. Darüber hinaus kann der ANÜV frei gestaltet werden. Daraus ergibt sich in der Praxis weitreichender Regelungsbedarf, um eine reibungslose Zusammenarbeit zu gewährleisten und um die Vertragspartner vor Schadensersatzansprüchen zu schützen.

Bd. 1, LF 2, 2.1.3.1

Weitere Informationen zu den gesetzlichen Anforderungen an den ANÜV finden Sie in Band 1.

Mindestangaben im ANÜV

Der Verleiher hat im Vertrag zu erklären, dass er über eine gültige Erlaubnis zur Arbeitnehmerüberlassung verfügt.
Der Entleiher hat anzugeben, welche Qualifikationen der ZAN für die vorgesehene Tätigkeit aufweisen müssen. Grundsätzlich muss der Entleiher auch angeben, welche wesentlichen Arbeitsbedingungen für vergleichbare Stammmitarbeiter in seinem Betrieb vorherrschen. Diese Pflicht ist entbehrlich, wenn durch den Verleiher ein Zeitarbeitstarifvertrag angewendet wird, was in der Praxis fast ausschließlich der Fall ist.

Bd. 1, LF 2

Regelungsbedarf im Arbeitnehmerüberlassungsvertrag

Kündigungsregelungen	Zurückweisungsrecht des Entleihers	Haftungsregelungen
Überlassungsvergütung	Austauschmöglichkeit des Verleihers	Regelungen zum Arbeitsschutz
Anordnung von Überstunden	Zahlungs- und Abrechnungsmodalitäten	Vermittlungsgebühr

Mögliche vertragliche Regelungen

Neben den Pflichtangaben kann die Aufnahme weiterer Regelungen die Durchführung des ANÜV erleichtern. Es ist Sache der Vertragsparteien, ob dabei auch Bestimmungen aufgenommen werden sollen, die lediglich die geltende Rechtslage wiedergeben oder ob individuelle Vereinbarungen getroffen werden sollen.

Kündigungsregelungen

Neben dem Beginn und der Dauer der Überlassung sollte eine Vereinbarung über Kündigungsfristen getroffen werden. Dabei sind die unterschiedlichen Interessen der

Vertragsparteien zu beachten. Während der Verleiher ein Interesse an möglichst langen Kündigungsfristen hat, ist für den Entleiher aus Sicht der Flexibilität eine kurze Kündigungsfrist interessant.

Beispiel
Auszug aus den AGB der Finke Zeitarbeit GmbH:
6. Beendigung des Arbeitnehmerüberlassungsvertrages
Ein Arbeitnehmerüberlassungsvertrag kann von beiden Seiten mit einer Frist von 14 Kalendertagen zum Ende eines Werktages ordentlich gekündigt werden. Das Recht, einen Arbeitnehmerüberlassungsvertrag jederzeit aus wichtigem Grund und ohne Einhaltung einer Frist zu kündigen, bleibt unberührt.

Es ist zu regeln, unter welchen Voraussetzungen eine außerordentliche Kündigung erfolgen kann (z. B. bei Zahlungsverzug des Entleihers, Eröffnung des Insolvenzverfahrens über das Vermögen des Entleihers, Pflichtverletzung des Verleihers trotz Mahnung und Fristsetzung).

Überlassungsvergütung

Hinsichtlich der Überlassungsvergütung sollte neben der Höhe auch vereinbart werden, unter welchen Voraussetzungen sich die Vergütungsverpflichtung ändert. Dies kann z. B. der Fall sein, wenn sich die Vergütung vergleichbarer Stammarbeitnehmer des Entleihers ändert oder sich die Vergütung durch Tarifänderungen erhöht. Im Hinblick auf die Einführung von Branchenzuschlägen in der Zeitarbeit sind Hinweise über den nach Einsatzdauer gestaffelten Prozentsatz von hoher Bedeutung.

Anordnung von Überstunden

Im Rahmen des Weisungsrechts sollte auch das Recht auf Anordnung von Überstunden vertraglich geregelt werden. Soweit die Erbringung von Überstunden durch den ZAN zwischen den Parteien vereinbart wird, ist auch die Vergütung der Überstunden zu regeln.

Beispiel
Auszug aus dem Arbeitnehmerüberlassungsvertrag der Finke Zeitarbeit GmbH:
Der Entleiher ist berechtigt, die Arbeitszeit des überlassenen Mitarbeiters in zeitlichem Umfang festzulegen. Grundsätzlich gilt eine kalenderwöchentliche Arbeitszeit von 35 Arbeitsstunden als vereinbart. Die werktägliche Arbeitsleistung beträgt grundsätzlich 7 Arbeitsstunden.
[...]
Soweit nicht ausdrücklich etwas anderes bestimmt ist, werden durch die Finke Zeitarbeit GmbH die folgenden Zuschläge auf den vereinbarten Stundenverrechnungssatz erhoben:
25 % für jede Mehrarbeitsstunde,
50 % für jede an einem Sonntag geleistete Arbeitsstunde (0:00 Uhr – 24:00 Uhr),
100 % für jede an einem gesetzlichen Feiertag geleistete Arbeitsstunde (0:00 Uhr – 24:00 Uhr),
25 % für Arbeitsstunden, die zwischen 23:00 Uhr und 06:00 Uhr geleistet werden.
Es gelten die gesetzlichen Feiertage am Einsatzort des überlassenen Mitarbeiters.

Zahlungs- und Abrechnungsmodalitäten

Die Zahlungs- und Abrechnungsmodalitäten sollen zur Vermeidung von Streitigkeiten vertraglich festgelegt werden. Hinsichtlich der regulären Abrechnung machen Verleiher im Überlassungsvertrag regelmäßig die Fälligkeit der Vergütung nicht am Zugang der Rechnung, sondern an der tatsächlichen Erbringung der Leistung fest.

Beispiel
Auszug aus dem Arbeitnehmerüberlassungsvertrag der Finke Zeitarbeit GmbH:
4. Rechnungslegung/Zahlungsziel
Es erfolgt eine wöchentliche Rechnungsstellung. Die Zahlungen sind ohne Abzug innerhalb von 14 Tagen zu leisten.

Sind die Zahlungsbedingungen nicht vertraglich geregelt, so treten die gesetzlichen Regelungen in Kraft. Das Gesetz sieht vor, dass der Verkäufer/Lieferer **ohne anders lautende Vereinbarung die sofortige Zahlung der Leistung nach Erbringung verlangen kann**. Dabei ist es ausreichend, dass der Schuldner den Geldbetrag am Fälligkeitstag an den Zahlungsempfänger überweist.
Bei Vereinbarung eines Zahlungsziels (z. B. „Zahlung innerhalb von 14 Tagen ab Rechnungsdatum") wird dem Abnehmer der Leistung ein Kredit gewährt. Die Gewährung von Zahlungszielen sollte somit nur bei Kunden mit einwandfreier Bonität angewendet werden.
Bei Kunden mit eingeschränkter Bonität und bei Großaufträgen kann auch eine Vorauszahlung oder Anzahlung vereinbart werden. Bei einer vertraglich vereinbarten Anzahlung wird der fehlende Restbetrag nach Rechnungserstellung beglichen. In der Praxis
LF 9, 3 können Zahlungsziele mit einem Skonto kombiniert werden.

Merksatz
Bei einem **Skonto** handelt es sich um einen vertraglichen Preisnachlass, der für eine vorzeitige Zahlung vereinbart wird. Es ist ein Prozentwert, der vom Rechnungsbetrag in Abzug gebracht werden kann, wenn die Zahlung innerhalb der vorgegebenen Skontofrist erfolgt. Die Gewährung von Skonto stellt einen Anreiz für den Schuldner dar, möglichst früh die fällige Zahlung zu bewirken.

Werden Preisnachlässe in Form von Skonto oder Rabatt gewährt, so sind diese bei der Kalkulation des Stundenverrechnungssatzes zu berücksichtigen.

Im fachlichen Kontext

Die Ausnutzung einer Skontovereinbarung kann auch bei Inanspruchnahme eines Kredits bei der Bank für den Schuldner sehr vorteilhaft sein.

Beispiel
Die Finke Zeitarbeit GmbH hat für die neue Niederlassung eine Telefonanlage bei der Interfon Communication GmbH bestellt. Am 30. April wird die Telefonanlage geliefert. Der Rechnungsbetrag beläuft sich auf 12 277,00 €. Auf der Rechnung ist die folgende Zahlungsbedingung vermerkt:

„Zahlbar innerhalb von 30 Tagen nach Rechnungserhalt ohne Abzug oder innerhalb von 14 Tagen abzüglich 3 % Skonto."

Die Finke Zeitarbeit GmbH verfügt derzeit nicht über ein ausreichendes Kontoguthaben. Für die Begleichung der Rechnung muss somit der auf dem Geschäftskonto zur Verfügung stehende Betriebsmittelkredit in Anspruch genommen werden. Die Bank berechnet für die Inanspruchnahme des Kredites einen Zinssatz in Höhe von 10,5 % p. a.
Die Finke Zeitarbeit GmbH muss den Rechnungsbetrag erst zum 14. Mai zahlen, um das Skonto auszunutzen. Der Bankkredit wird somit erst am 14. Tag in Anspruch genommen.
Von dem Rechnungsbetrag werden 3 % in Abzug gebracht (= 368,31 €). Der Restbetrag in Höhe von 11 908,69 € wird an die Interfon Communication GmbH überwiesen, und das Konto der Finke Zeitarbeit GmbH wird in gleicher Höhe belastet (Kreditinanspruchnahme).
Für die Inanspruchnahme entstehen folgende Kreditkosten:

$$\frac{11\,908{,}69\text{ €} \cdot 10{,}5\,\% \cdot 16\text{ Tage}}{100 \cdot 360\text{ Tage}} = 55{,}57\text{ €}$$

Durch die Ausnutzung des Skonto ergibt sich für die Finke Zeitarbeit GmbH die folgende Ersparnis:

368,31 € – 55,57 € = 312,74 €

Zurückweisungsrecht des Entleihers

Es empfiehlt sich, vertraglich eine Frist zu vereinbaren, in der der Entleiher die Eignung des ZAN überprüfen kann. Diese Frist sollte für beide Vertragspartner angemessen sein, d. h. sie sollte dem Entleiher zur Erprobung ausreichend Zeit geben. Hierbei sind die Aspekte *benötigte* **Qualifikation** und **Einarbeitungsaufwand** zu berücksichtigen.

Beispiel
Auszug aus dem Arbeitnehmerüberlassungsvertrag der Finke Zeitarbeit GmbH:
§ 6 Pflichten des Verleihers
a) Der Verleiher haftet gegenüber dem Entleiher nur, wenn er bei der Auswahl der überlassenen Leiharbeitnehmer nicht die im Verkehr erforderliche Sorgfalt beachtet hat. Dem Entleiher wird die Möglichkeit der Eignungsprüfung im Laufe der ersten 4 Arbeitsstunden ausdrücklich eingeräumt.
b) Der Entleiher kann die Abberufung eines Arbeitnehmers für den nächsten Arbeitstag verlangen.

Beispiel
Auszug aus den AGB der Finke Zeitarbeit GmbH:

8. Zurückweisung, Mitteilung und Austausch
Es wird eine 4-stündige Probezeit vereinbart. Sofern der Mitarbeiter den Ansprüchen des Kunden nicht genügt und seine Arbeitskraft aus diesem Grund innerhalb des zuvor bezeichneten Zeitraums der Finke Zeitarbeit GmbH gegenüber zurückgewiesen wird, ist der Kunde von der Vergütungsverpflichtung für diesen Zeitraum und bezogen auf diesen Mitarbeiter frei.
Dies gilt nur dann, wenn die Zurückweisung der Finke Zeitarbeit GmbH gegenüber geschieht. Die Finke Zeitarbeit GmbH ist in solchen Fällen unverzüglich zu informieren und zum Ersatz berechtigt und um denselben bemüht, jedoch nicht rechtsverbindlich dazu verpflichtet. [...]

Austauschmöglichkeit des Verleihers

Bei der ANÜ stellt der Verleiher dem Entleiher üblicherweise eine geeignete Arbeitskraft für einen bestimmten Zeitraum zur Verfügung. Nun kann sich der Fall ergeben, dass z. B. ein bereits in einem anderen Kundenunternehmen eingesetzter ZAN von einem anderen Kunden namentlich angefordert wird. Hier stellt sich für den Verleiher

die Frage, ob er in einer solchen Situation den einmal überlassenen Arbeitnehmer zwischenzeitlich abberufen und durch einen Arbeitnehmer mit vergleichbaren Qualifikationen ersetzen darf.
Dabei hat der Verleiher aber auf die Interessen des Entleihers, insbesondere auf ggf. lange Einarbeitungszeiten, Rücksicht zu nehmen. Um die Austauschmöglichkeiten für beide Seiten transparent zu machen, empfiehlt es sich, eine entsprechende Regelung in den ANÜV aufzunehmen. Es ist zu fixieren, ob und inwieweit der Verleiher das überlassene Personal austauschen darf.

Haftung des Verleihers für den Ausfall des Zeitarbeitnehmers (ZAN)

Von besonderem Interesse sind regelmäßig Haftungsklauseln im Überlassungsvertrag. Der Verleiher schuldet aus dem Überlassungsvertrag die Bereitstellung eines leistungsfähigen und leistungsbereiten Arbeitnehmers für die gesamte Dauer des vereinbarten Überlassungszeitraums. Das Krankheitsrisiko oder das Risiko anderweitiger Ausfallzeiten trägt der Verleiher.
Bei der Arbeitnehmerüberlassung muss der Verleiher in der Regel dafür sorgen, dass bei Ausfall eines ZAN umgehend ein geeigneter Ersatz zur Verfügung steht (Ersatzgestellungspflicht). Ob und inwieweit der Verleiher stets die Pflicht hat, Fehlzeiten des Arbeitnehmers durch Überlassung eines anderen Arbeitnehmers auszugleichen, hängt **von der Vertragsgestaltung** ab (ausführlich beschrieben in Kapitel 4). Es kann z. B. im ANÜV geregelt werden, dass der Verleiher nur zur Stellung einer Ersatzkraft verpflichtet ist, sofern ihn ein Verschulden an dem Ausfall des ZAN trifft.

Beispiel
Auszug aus den AGB der Finke Zeitarbeit GmbH:
8. Zurückweisung, Mitteilung und Austausch
[...]
Gleiches gilt, wenn ein überlassener Mitarbeiter verspätet oder gar nicht am Arbeitsplatz erscheint; auch hier muss die Mitteilung der Finke Zeitarbeit GmbH gegenüber von Seiten des Kunden unverzüglich erfolgen. Im letztgenannten Fall ist die Finke Zeitarbeit GmbH ebenfalls um Ersatzgestellung bemüht, zu derselben jedoch nicht rechtsverbindlich verpflichtet.

Ob es im Interesse des Kunden ist, bei einem Ausfall des ZAN einen Ersatz gestellt zu bekommen, ist von verschiedenen Faktoren abhängig. Wird vom Kunden hoch qualifiziertes Personal benötigt (z. B. Facharbeiter mit besonderen Qualifikationen) oder wurde auf Basis bisheriger positiver Erfahrungen ein bestimmter ZAN angefordert, so wird das Kundenunternehmen auf den Ersatz des ZAN nicht bestehen. Ist zur Einarbeitung eine längere Zeit erforderlich, so kann eine Ersatzgestellung aus Sicht des Kunden ebenfalls nicht sinnvoll sein.
Handelt es sich bei der auszuführenden Arbeit allerdings um eine Tätigkeit mit geringen Anforderungen an die Qualifikationen und Fähigkeiten des ZAN und sind darüber hinaus nur kurze Einarbeitungszeiten nötig (z. B. Helfertätigkeiten), so wird die Ersatzgestellung irgendeines geeigneten Zeitarbeitnehmers regelmäßig möglich sein.

Quelle: Vgl. Hamann, Wolfgang: Fremdpersonaleinsatz in Unternehmen, Richard Boorberg Verlag, Stuttgart, 2011, S. 87

Regelungen zum Arbeitsschutz

Gemäß den Regelungen des AÜG obliegt die Einhaltung des Arbeitsschutzes dem Entleiher und dem Verleiher (§ 11 Abs. 6 AÜG). Deshalb muss diese Bestimmung nicht explizit in den Vertrag aufgenommen werden. Regelungsbedarf besteht darin, wer die Kosten einer erforderlichen Schutzausrüstung des ZAN zu tragen hat. Insbesondere bei spezieller Ausrüstung, die nur für diesen Kunden benötigt wird, ist eine vertragliche Regelung sinnvoll.

Vermittlungsgebühr

Zweckmäßig ist auch die Regelung einer Vermittlungsgebühr bei Übernahme des Zeitarbeitnehmers. Die Höhe der Vermittlungsgebühr ist zwischen den Vertragsparteien auszuhandeln. Der Rechtsprechung zufolge ist die Höhe in Abhängigkeit von der Tätigkeit des übernommenen Arbeitnehmers und der Länge der Überlassungsdauer zu bestimmen. Handelt es sich um einfache Tätigkeiten, so ist im Allgemeinen eine Vermittlungsprovision von einem Monatsgehalt angemessen. Bei hochqualifizierten Fachkräften wird in der Praxis oft eine Vermittlungsprovision von drei Monatsgehältern vereinbart.

Quelle: Vgl. Töpler, Torsten/Data Projekt GmbH: Gestaltungsmöglichkeiten des Arbeitnehmerüberlassungsvertrags, unter: www.personalorder.de/index.php?load=3,12&art_id=24030, zuletzt abgerufen am 19.10.2017

3.4.1 Allgemeine Geschäftsbedingungen (AGB)

In der Praxis werden beim Abschluss von Rechtsgeschäften oft vorformulierte Verträge verwendet, die nicht mit dem Kunden individuell ausgehandelt werden. Es handelt sich in diesen Fällen um sog. Formularverträge, die einer AGB-Kontrolle nach §§ 305 ff. BGB unterliegen.

Definition
Bei den **Allgemeinen Geschäftsbedingungen** (kurz AGB) handelt es sich um eine Vielzahl von vorformulierten (standardisierten) Vertragsbedingungen, die vom Verwender einseitig vorgegeben werden. Sie regeln bestimmte Rechte bzw. Pflichten zwischen den beiden Vertragsparteien, die mit dem Vertrag zusammenhängen.

Die Verwendung von AGB hat den Vorteil, dass verschiedene Bedingungen nicht für jeden Vertragsabschluss einzeln vereinbart werden müssen. Die daraus resultierende **Vereinfachung des Vertragsabschlusses** führt neben einer **Arbeitserleichterung** auch zu einer **Zeit- und Kostenersparnis**.

Grundsätze für die Gestaltung der AGB (§§ 305–309 BGB)

Grundsatz 1:
AGB sind vorformulierte Vertragsbedingungen. Bei individuell ausgehandelten Vertragsbedingungen handelt es sich nicht um AGB. Individuelle Vertragsabreden haben Vorrang vor den AGB.

Grundsatz 2:
Da die AGB Vertragsbestandteile darstellen, sind sie nur anwendbar, wenn sie wirksam in den betreffenden Vertrag einbezogen wurden. Bei Vertragsabschluss ist **ausdrücklich auf sie hinzuweisen** und die andere Vertragspartei muss in zumutbarer Weise von ihrem Inhalt Kenntnis erlangen können.
Grundsatz 3:
Die AGB kommen nur zur Geltung, wenn der Vertragspartner sein Einverständnis gibt.
Grundsatz 4:
Überraschende bzw. ungewöhnliche Klauseln sind unwirksam und werden nicht Vertragsbestandteil. Das Gleiche gilt für AGB, die den Vertragspartner des Verwenders entgegen Treu und Glauben unangemessen benachteiligen.

Beispiel
In den AGB des Personaldienstleisters Slow-Personal e. K. findet sich die folgende Formulierung: „Der Vertragspartner ist verpflichtet, bei zukünftigem Personalbedarf grundsätzlich zuerst die Leistungen der Slow-Personal e. K. in Anspruch zu nehmen."

Eine Benachteiligung ergibt sich auch daraus, dass die AGB nicht klar und verständlich sind.
Grundsatz 5:
Eine unangemessene Benachteiligung führt zur Unwirksamkeit der AGB.

Einbeziehung von AGB in Verträgen zwischen zwei Unternehmen

Bei zweiseitigen Handelsgeschäften (beide Vertragspartner sind Unternehmer) erfolgt eine eingeschränkte Inhaltskontrolle nach § 307 HGB. Es ist zu überprüfen, ob durch die Verwendung der AGB-Klauseln wesentliche Rechte oder Pflichten so eingeschränkt werden, dass die Erreichung des Vertragszwecks gefährdet ist.
Während bei Vertragsabschlüssen mit Verbrauchern strenge Maßstäbe für die Wirksamkeit von AGB gelten, ist die Einbeziehung von AGB in Verträgen unter Unternehmern wesentlich einfacher. Dies gilt auch hinsichtlich der Wirksamkeit der AGB. So ist es unter Kaufleuten ausreichend, dass bei jedem Angebot bzw. Bestätigungsschreiben **auf die Einbeziehung der Allgemeinen Geschäftsbedingungen in den Vertrag hingewiesen wird**. Eine Unterschrift der AGB ist nicht erforderlich. Die Kenntnisnahme der AGB ist ausreichend. Allerdings ergibt sich aufgrund des Schriftformgebots des ANÜV folgende Besonderheit: Die AGB gelten als Nebenabrede zum Vertrag und werden deshalb vom Schriftformgebot erfasst. Sie sind also schriftlich einzubeziehen.
Besteht eine ständige Geschäftsbeziehung zum Vertragspartner, so erfolgt die Einbeziehung der AGB ebenfalls automatisch, wenn die AGB des Verwenders bisher regelmäßig Vertragsbestandteil wurden und der Vertragspartner nicht widerspricht. Um Rechtstreitigkeiten zu vermeiden, ist es ratsam, dass in jedem Vertragsangebot auf die AGB hingewiesen wird, und der Vertragspartner so die Möglichkeit hat, Einsicht zu nehmen.
Stellt sich nach einem Vertragsabschluss heraus, dass einander widersprechende AGB der Vertragspartner zum Vertragsinhalt gemacht worden sind, so werden sie nur Vertragsbestandteil, insofern sie übereinstimmen. Sich widersprechende AGB können sich in der Praxis beispielsweise bei der Verwendung von sog. Einkaufsbedingungen ergeben. Für nicht übereinstimmende AGB gelten die gesetzlichen Regelungen.

[illegible]B in der Personaldienstleistung am Beispiel der Arbeitnehmerüberlassung [illegible]ng

[illegible]ungsbranche wird eine Vielzahl unterschiedlicher AGB ver- [illegible]au und Formulierung finden sich unterschiedliche Klauseln, [illegible]lich des Inhalts in vielen Punkten decken.

Bedingungen zur Arbeitnehmerüberlassung (ANÜ)	Bedingungen zur Personalvermittlung	Allgemeine Bestimmungen
• Erlaubnis zur ANÜ • Pflichten des Personaldienstleisters • Pflichten des Kunden • Rechte des Kunden (z. B. Rücktritt, Zurückweisung von Mitarbeitern) • Tarifzugehörigkeit • Anpassungsklausel • Vergütung, Abrechnung • Arbeitsschutz	• Durchführung des Vertrags • Vermittlungsvergütung, Honorarbedingungen • Weitergabe von Daten an Dritte (z. B. Bewerberprofile) • Sonderleistungen • Vertragsbedingungen	• Geltungsbereich • Zahlungsbedingungen • Lieferbedingungen • Gerichtsstand • Haftung, Haftungsbegrenzungen • Geheimhaltung und Datenschutz • Schlussbestimmungen

Praxistipp

Nehmen Sie eine Ausfertigung der AGB Ihres Ausbildungsbetriebs in Ihre Unterlagen auf.

3.4.2 Rahmenverträge

Ein Rahmenvertrag steht meist am **Beginn einer auf Dauer angelegten Geschäftsverbindung.** Er enthält die Bedingungen für zukünftig abzuschließende Verträge. Beabsichtigt das Kundenunternehmen, über einen längeren Zeitraum eine größere Anzahl von Zeitarbeitnehmern zu entleihen, können über einen Rahmenvertrag wesentliche Vertragsinhalte für alle zukünftigen Überlassungen festgelegt werden. In solchen Fällen bietet es sich an, die wesentlichen und immer gleichen Inhalte des Arbeitnehmerüberlassungsvertrags in einen grundlegenden Rahmenvertrag aufzunehmen. Hierbei handelt es sich u. a. um Regelungen zu Leistungsstörungen, Haftungsfragen, Qualitätsanforderungen oder zur Beendigung des Vertragsverhältnisses.

Merksatz

Durch Rahmenverträge werden von den Vertragsparteien verbindliche Konditionen für eine **dauerhafte Geschäftsverbindung** festgelegt. Einzelvertragliche Regelungen können auf Grundlage des Rahmenvertrags beschleunigt und vereinfacht erfolgen, indem auf die im Rahmenvertrag getroffene Vereinbarungen Bezug genommen werden kann. Die Einzelverträge müssen dabei auf den Rahmenvertrag abgestimmt sein.

Üblicherweise werden Rahmenverträge vereinbart, um **grundsätzliche Aspekte der Zusammenarbeit zu regeln**. Dabei sollte jedoch darauf geachtet werden, dass weiterhin Freiräume für konkrete Einzelfälle vorhanden sind. In der Arbeitnehmerüberlassung kommen Rahmenverträge immer dann zum Einsatz, wenn ein Kunde eine umfassende Lösung benötigt, in der seine individuelle Situation berücksichtigt wird.

Beispiele

- *Im Kundenunternehmen sind verschiedene Abteilungen mit der Anforderung von Zeitarbeitnehmern betraut.*
- *Beim Kundenunternehmen existieren mehrere Niederlassungen an verschiedenen Standorten.*
- *Der Kunde hat einen großen Anteil von Zeitarbeitnehmern mit gleichem Qualifikationsprofil.*

Aus der Verwendung von Rahmenverträgen ergeben sich verschiedene **Vorteile für die Beteiligten:**

- Verringerung des Verwaltungsaufwands und damit Zeit- und Kostenersparnis.
- Entlastung durch Vereinheitlichung und Vereinfachung der Prozesse.
- Sichere Kalkulationsbasis auch bei unterschiedlichen Regionen bzw. Niederlassungen.
- Bonusvereinbarungen (Rabatte) bei Inanspruchnahme einer größeren Anzahl von Zeitarbeitnehmern und damit verbundene indirekte Preisreduzierungen.
- Aus Sicht des Personaldienstleisters sind Rahmenverträge geeignet, um eine langfristige Kundenbeziehung aufzubauen und den Kunden an das eigene Unternehmen zu binden.
- Sicherheit im täglichen Geschäft durch langfristige und grundlegende Vereinbarungen im Rahmenvertrag.

Beim Einsatz von Rahmenverträgen in der Arbeitnehmerüberlassung ist zu beachten, dass für jede Überlassung eines Mitarbeiters ein separater Arbeitnehmerüberlassungsvertrag geschlossen werden muss. Die Erfordernis der Schriftform gemäß § 12 AÜG ist hierbei zu beachten.

Rahmenvertrag und einzelvertragliche Vereinbarung bei der Arbeitnehmerüberlassung

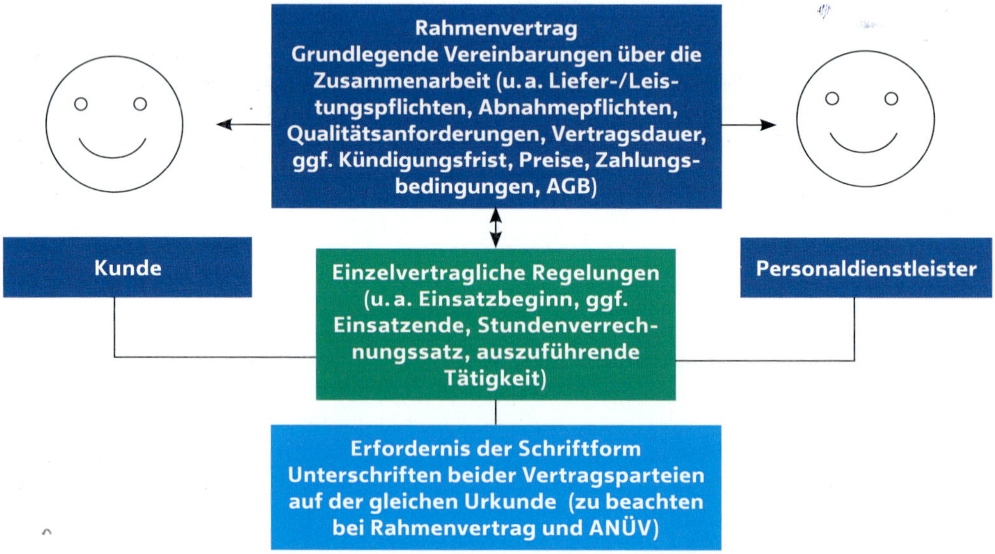

Vereinbarungen beim Einsatz von Rahmenverträgen in der Arbeitnehmerüberlassung

Regelungsbedarf

Vertragsbeginn und Laufzeit des Rahmenvertrages
Neben der Vereinbarung eines genau beschriebenen Anfangszeitpunkts ist die Festlegung einer bestimmten Laufzeit eher unüblich, da durch den Rahmenvertrag eine langfristige Zusammenarbeit auf Dauer angestrebt wird. Sinnvoll sind allerdings Vereinbarungen zur Kündigung (z.B. Kündigungsfristen). In diesem Zusammenhang ist die Vereinbarung aufzunehmen, dass eine Kündigung des Rahmenvertrages nicht automatisch zur Beendigung von laufenden ANÜV führt.

Abwicklung der Einzelüberlassungen
Zu regeln ist, wie die Anforderung der ZAN erfolgen soll. In der Praxis werden die folgenden Unterlagen benötigt:

- Beschreibung der Art der zu leistenden Tätigkeiten,
- erforderliche Qualifikationen (Qualifikationsprofil),
- Anzahl der benötigten ZAN,
- Vergleichsentgelte bei Branchenzuschlagstarifen,
- konkrete Einsatzdauer.

Weiterhin ist zu regeln, in welchem Zeitraum der Verleiher dem Kunden Profile geeigneter ZAN übersendet, auf welchem Übermittlungsweg (z. B. E-Mail, Fax, Post), ob eine separate Bestellbestätigung erfolgen muss usw.
Sinnvoll ist auch eine Regelung für den Fall, dass der Verleiher innerhalb einer vorgegebenen Frist nicht in der Lage ist, den Personalbedarf des Entleihers zu decken.

Beispiel
Auszug aus dem Rahmenvertrag der Finke Zeitarbeit GmbH

2. Regelungen zur Abwicklung von Einzelüberlassungen
[...]
2.2 Kann die Finke Zeitarbeit GmbH die angefragten Qualifikationen des Kunden nicht innerhalb von drei Werktagen erfüllen, so erfolgt die Kontaktaufnahme zu externen Lieferanten.
[...]
2.4 Für jede Überlassung ist eine separate Abrufbestellung des Kunden anzufertigen und per E-Mail an die Finke Zeitarbeit GmbH zu übermitteln (personalanfrage@finke-zeitarbeit.info). Zu jeder Überlassung erfolgt eine separate Bestellbestätigung durch die Finke Zeitarbeit GmbH.

Zum weiteren Regelungsbedarf in Rahmenverträgen siehe auch die Ausführungen zum ANÜV.

3.5 Erfüllung des Auftrags (Überlassungsphase)

Die Rechtsbeziehungen zwischen dem Personaldienstleister und dem Kundenunternehmen ergeben sich aus dem **Arbeitnehmerüberlassungsvertrag (ANÜV)**. Der ANÜV ist erst ordnungsgemäß erfüllt, wenn beide Vertragsparteien ihren Verpflichtungen nachgekommen sind. Der ANÜV begründet die nachfolgenden Pflichten.

Bd. 1, LF 2, 2.1

Pflichten der Vertragspartner aus dem Arbeitnehmerüberlassungsvertrag

Pflichten des Verleihers
Hauptpflicht: Überlassung eines geeigneten, leistungsfähigen und leistungsbereiten Zeitarbeitnehmers (ZAN) für die gesamte Vertragsdauer. **Wichtig:** Der Verleiher schuldet nicht die ordnungsgemäße Arbeitsleistung, da der ZAN nicht der Erfüllungsgehilfe des Verleihers ist. Er hat lediglich dafür zu sorgen, dass dem Entleiher eine geeignete Arbeitskraft zur Verfügung gestellt wird.
Nebenpflichten: • Unverzügliche Unterrichtung des Entleihers über den Wegfall der Erlaubnis zur Arbeitnehmerüberlassung. • Rücksichtnahme auf die Interessen und Rechte des Entleihers (z. B. durch Anwendung gültiger Tarifverträge, Zahlung der Sozialversicherungsbeiträge → Stichwort: Subsidiärhaftung).
Pflichten des Entleihers
Hauptpflicht: Zahlung der vereinbarten Vergütung für die Arbeitnehmerüberlassung.
Nebenpflichten: • Bereitstellung eines im Hinblick auf die Arbeitsschutzbestimmungen sicheren Arbeitsplatzes. • Fürsorgepflicht für den ZAN (u. a. Einhaltung von Pausenzeiten, Entgegennahme von Beschwerden). • Unterrichtungspflicht gegenüber dem Verleiher über Arbeitspflichtverletzungen des ZAN.

Quelle: Vgl. Boemke, Burkhard/Lembke, Mark (Hrsg.): AÜG – Arbeitnehmerüberlassungsgesetz: Kommentar, 3. überarb. Auflage, Deutscher Fachverlag GmbH, Frankfurt, 2013, S. 751

Die ordnungsgemäße Vertragserfüllung liegt vor, wenn beide Vertragsparteien ihre Pflichten erbracht haben. Werden die gegenseitigen Verpflichtungen nicht vertragsgemäß erbracht, so spricht man von Vertragsstörungen (siehe Kapitel 4).

3.6 Erstellung von Rechnungen und Überprüfung des Zahlungseingangs

Rechnungserstellung

Die erfolgte Lieferung oder Leistung eines Unternehmers an den Kunden wird in Form einer **Rechnung** dokumentiert. Eine Rechnung ist keine Willenserklärung, sondern dokumentiert lediglich, welches Entgelt für eine erbrachte Leistung zu zahlen ist.

Definition

Eine **Rechnung** ist jedes Dokument, mit dem eine Lieferung oder sonstige Leistung abgerechnet wird. Die Echtheit der Herkunft der Rechnung, die Unversehrtheit ihres Inhalts und ihre Lesbarkeit müssen gewährleistet werden (§ 14 Abs. 1 UStG).

Aus umsatzsteuerlicher Sicht sind auf einer Rechnung Angaben zu machen, welche den Rechnungsaussteller sowie den Rechnungsempfänger zu steuerlichen Pflichten bzw. Rechten befähigen. Der Umfang der Angaben ist dabei vom Gesamtbetrag der Rechnung abhängig.

Im fachlichen Kontext

Kleinbetragsrechnungen

In Rechnungen, deren Gesamtbetrag 250,00 € (seit 01.01.2018) nicht übersteigt, müssen lediglich die folgenden Angaben enthalten sein:

- Name und Anschrift des leistenden Unternehmers,
- Menge und handelsübliche Bezeichnung des Gegenstandes oder Art und Umfang der Leistung,
- Entgelt und Steuerbetrag in einer Summe,
- Steuersatz für die Umsatzsteuer oder Hinweis auf Steuerbefreiung,
- Ausstellungsdatum der Rechnung.

Ein gesonderter Umsatzsteuerausweis ist nicht erforderlich. Werden für eine Leistung mehrere Rechnungen erstellt, die jeweils unter 250,00 € liegen, so handelt es sich nicht um Kleinbetragsrechnungen.

Der Vorsteuerabzug eines Rechnungsempfängers wird vom Vorhandensein der Pflichtbestandteile auf der Rechnung abhängig gemacht. Auf einer Rechnung mit einem Gesamtbetrag von **über 250,00 €** müssen die folgenden Bestandteile enthalten sein (§ 14 Abs. 4 UStG):

- vollständiger Name und vollständige Anschrift sowohl des leistenden Unternehmers als auch des Leistungsempfängers,
- die Menge und die handelsübliche Bezeichnung der gelieferten Gegenstände oder der Umfang und die Art der sonstigen Leistung,
- der Zeitpunkt der Lieferung oder der sonstigen Leistung,
- das Entgelt für die Lieferung oder die sonstige Leistung,
- die vom zuständigen Finanzamt erteilte Steuernummer oder die Umsatzsteuer-Identifikationsnummer,
- das Ausstellungsdatum der Rechnung,
- eine einmalig vergebene und fortlaufende Nummer mit einer oder mehreren Zahlenreihen (Rechnungsnummer),
- der anzuwendende Steuersatz sowie der auf das Entgelt entfallende Steuerbetrag (ggf. Hinweis auf Steuerbefreiung).

Quittungen

Definition
Eine **Quittung** ist ein Beleg über eine geleistete Zahlung.

Um eine Zahlung zu quittieren, können im Handel erhältliche Vordrucke verwendet werden.
Eine Quittung umfasst,

- wer für welchen Zweck eine Zahlung geleistet hat,
- die Währung,
- den Gesamtbetrag in Zahlen sowie in Worten,
- den Nettowert der Leistung,
- den anzuwendenden Mehrwertsteuersatz,
- den Ort, an dem die Zahlung geleistet wurde,
- das Datum der Zahlung,
- die Unterschrift des Empfängers der Zahlung (ggf. mit Firmenstempel).

Bei einer Rechnung handelt es sich dann um eine Quittung, wenn sie eine Zahlungsbestätigung beinhaltet.

Beispiel
Für einen Besprechungsraum in der neuen Niederlassung der Finke Zeitarbeit GmbH wurde ein neuer Kaffeevollautomat angeschafft. Der Rechnungsbetrag wird bei Lieferung direkt vor Ort bezahlt. Auf der Rechnung wird der Erhalt der Zahlung handschriftlich quittiert:

Rechnungsbetrag dankend erhalten,

Ort, Datum, Unterschrift

Überwachung des Zahlungseingangs

Die Überwachung des Zahlungseingangs nach erfolgter Rechnungszustellung gehört zu den wichtigsten Maßnahmen innerhalb von Unternehmen. Sie ist deshalb unumgänglich, da die Einhaltung von Zahlungsterminen durch die Kunden nicht einfach vorausgesetzt werden kann. Durch geeignete organisatorische Maßnahmen muss erreicht werden, dass die Überwachung von Zahlungsterminen **lückenlos und geordnet** erfolgt. In der Praxis bestehen verschiedene Möglichkeiten, den Zahlungseingang von Kunden zu überwachen. Eine Möglichkeit ist der Einsatz von sog. **Offene-Posten-Listen.** Diese überwiegend EDV-gestützten Listen ermöglichen den taggenauen Abgleich von Zahlungsterminen. Bei einer Überschreitung von Zahlungsterminen kann direkt das kaufmännische Mahnverfahren eingeleitet werden.
Ausführliche Informationen zum kaufmännischen und gerichtlichen Mahnverfahren finden Sie in den Kapiteln 3.6.1 und 3.6.2.

Beispiel
Offene-Posten-Liste

Rech-nungs-Nr.	Kun-den-Nr.	Name des Kun-den	Rech-nungs-betrag	Rech-nungsda-tum	Zah-lungs-ziel/ Skonto	Fälligkeits-datum	Zahlungs-eingang (Datum/ Betrag)	Zahlungser-innerung	Mahnung		
									1.	2.	3.
1201-12	16012	Becker OHG	8233,00 €	19.12.2016	30 Tage / ohne	19.01.2017	---	ja (20.01.2017)	ja	ja	ja
0377-13	01848	Timm KG	10078,00 €	12.02.2017	30 Tage / ohne	12.03.2017	12.03.17 10078,00 €	nein	X	X	X
0411-13	24220	Uh-land GmbH	2588,00 €	25.02.2017	14 Tage / 2%	11.03.2017	11.03.17 2536,24 €	nein	X	X	X

Zahlungserinnerung:	*1 Tag nach Fälligkeit*
1. Mahnung:	*14 Tage nach Zahlungserinnerung*
2. Mahnung:	*14 Tage nach 1. Mahnung*
3. Mahnung:	*14 Tage nach 2. Mahnung*

Mithilfe der Offene-Posten-Liste kann auch überprüft werden, ob es zu einem unberechtigten Abzug von Skonto gekommen ist. Das ist der Fall, wenn

- der Kunde eine Rechnung unter Abrechnung von Skonto begleicht, nachdem die Skontierungsfrist abgelaufen ist,
- ein Skonto vertraglich nicht vereinbart wurde (Regelfall bei der Arbeitnehmerüberlassung),
- ein höherer Skontoabzug als vertraglich vereinbart vorgenommen wurde.

Bedeutung für den Gläubiger

Wenn ein Kunde seinen Zahlungsverpflichtungen nicht rechtzeitig nachkommt, kann dies für das eigene Unternehmen unter Umständen Konsequenzen nach sich ziehen. Die **eigene Zahlungsfähigkeit** kann durch den verspäteten Zahlungseingang **eingeschränkt** sein. Das kann wiederum dazu führen, dass Bankkredite in Anspruch genommen werden müssen, für die unter Umständen hohe Zinsen zu zahlen sind. Durch die fehlende Liquidität ist es eventuell auch nicht möglich, selber einen Skonto in Anspruch zu nehmen (zum Zahlungsverzug siehe Kapitel 4.2.1).

3.6.1 Kaufmännisches (außergerichtliches) Mahnverfahren

Wird bei der Überwachung der Zahlungseingänge festgestellt, dass eine fällige Zahlung des Kunden nicht eingegangen ist, so sollte eine Mahnung verschickt werden.

Definition
Bei einer **Mahnung** handelt es sich um die Aufforderung des Gläubigers an den Schuldner, seine Leistung zu erbringen.

Für das kaufmännische Mahnverfahren existieren keine gesetzlichen Vorgaben. In der Praxis hat sich allerdings die folgende Vorgehensweise herausgebildet:
Ein erster Schritt vor Einleitung des kaufmännischen Mahnverfahrens liegt darin, den Kunden durch eine **Zahlungserinnerung** sehr vorsichtig und durch Verwendung einer freundlichen Sprachwahl an die Fälligkeit der Zahlung zu erinnern. Erfolgt auf diese Erinnerung keine Zahlung, so wird die **erste Mahnung** verschickt. Neben einer erneuten Aufforderung zur Zahlung wird hierbei auch ein genauer Termin (Nachfrist) für den Eingang der Zahlung angegeben. Im Text dieses Schreibens wird deutlich darauf hingewiesen, dass es sich um eine **Mahnung** handelt. Nach Ablauf der in der ersten Mahnung gesetzten Nachfrist gerät der Schuldner in Zahlungsverzug. Von diesem Zeitpunkt an ist der Gläubiger berechtigt, Verzugszinsen zu berechnen. Hierauf wird in der zweiten Mahnung explizit hingewiesen, ebenso auf die Kosten, die im Rahmen eines gerichtlichen Mahnverfahrens entstehen können. Generell ist der Tonfall der **zweiten Mahnung** schärfer und der Schuldner wird auf mögliche Konsequenzen hingewiesen. Durch die **dritte Mahnung** wird letztmalig ein Termin für die Leistung der fälligen Zahlung gesetzt. Der Schuldner wird darauf hingewiesen, dass nach Ablauf der gesetzten Frist das gerichtliche Mahnverfahren eingeleitet wird.

Merksatz
Auch wenn für die Mahnung keine gesetzlichen Formvorschriften existieren, sollte aus Beweisgründen immer eine schriftliche Mahnung erfolgen.

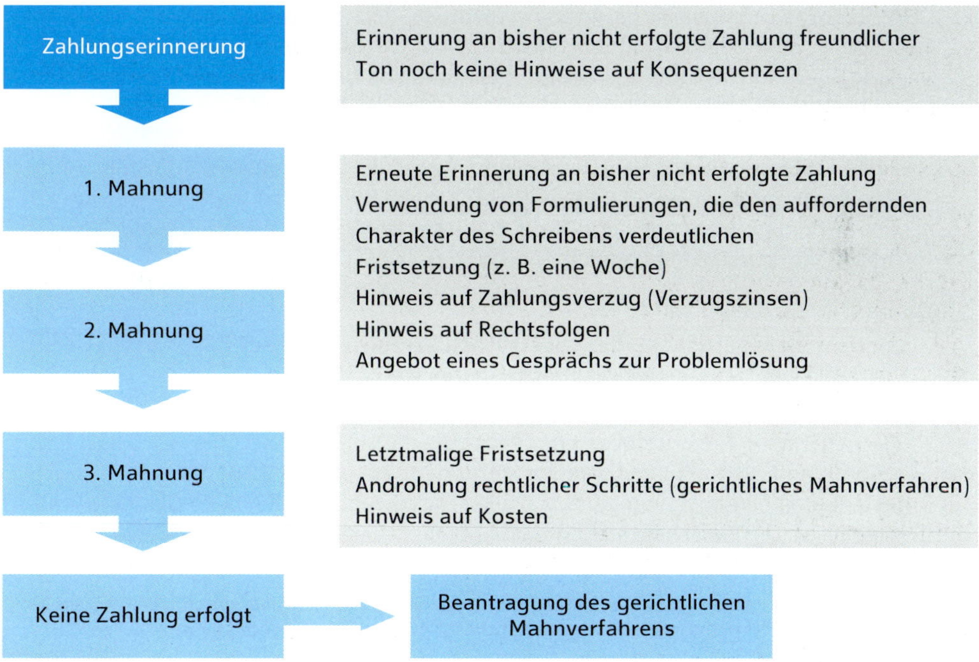

Die Entscheidung, wie viele Mahnungen ein Unternehmen im Rahmen des kaufmännischen Mahnverfahrens an den Schuldner verschickt (Anzahl der Mahnstufen), ist individuell zu treffen. Darüber hinaus sind die Zeitabstände zwischen dem Versand der einzelnen Mahnschreiben frei zu wählen. In der Praxis liegen oft 14 Tage zwischen den einzelnen Mahnschreiben.

Im fachlichen Kontext

Neuregelungen zum Zahlungsverzug

Seit dem 25. März 2014 gelten neue Regelungen zum Zahlungsverzug im Geschäftsverkehr. Die Neuregelungen betreffen nur Fälle, bei denen kein (End-)Verbraucher beteiligt ist.

Recherchetipp

Informationen zur Neuregelung der Zahlungsfristen finden Sie im Dokumentations- und Informationssystem des Deutschen Bundestags unter http://dipbt.bundestag.de/dip21/btd/17/104/1710491.pdf..

Durch die Neuregelungen im BGB wurden Höchstfristen für Zahlungsziele erstmals gesetzlich bestimmt. Vertragsparteien sollen zukünftig nur noch eingeschränkt die Möglichkeit haben, Zahlungsfristen frei zu vereinbaren. Nach Ablauf der im Gesetz genannten Zahlungsfristen ist die Voraussetzung für einen Anspruch auf Verzugszinsen gegeben.

Merksatz

Der Begriff **Zahlungsfrist** bringt zum Ausdruck, dass vor Ablauf dieser Frist der Schuldner nicht zu leisten braucht und der Gläubiger keine Zahlung verlangen kann.

- Die Lieferung von Gütern oder die Erbringung von Dienstleistungen zugunsten öffentlicher Auftraggeber (u. a. Behörden, Gemeinden) sind innerhalb von 30 Tagen zu zahlen.
- Bei Rechnungen zwischen Unternehmen darf die Zahlungsfrist maximal 60 Tage betragen. Längere Fristen können nur noch in Ausnahmefällen vertraglich vereinbart werden. Bei diesen Vereinbarungen darf allerdings kein Vertragspartner benachteiligt werden.

Wesentliche Änderungen

- Es erfolgte eine Erhöhung der gesetzlichen Verzugszinsen auf 9 % p. a. über dem von der Deutschen Bundesbank festgelegten Basiszinssatz.
- Handelt es sich bei dem Schuldner um ein Unternehmen, so ist der Gläubiger berechtigt, neben den Verzugszinsen eine Pauschale in Höhe von 40,00 € als Entschädigung für sog. Beitreibungskosten[1] zu fordern (§ 288 Abs. 5 BGB). Dieser Anspruch besteht unabhängig davon, ob tatsächlich ein Verzugsschaden beim Gläubiger entstanden ist. Die Pauschale steht dem Gläubiger bereits bei Eintritt des Zahlungsverzugs zu und darf beispielsweise in einer Mahnung geltend gemacht werden.

Quelle: Vgl. hierzu: www.pfalz.ihk24.de/recht/Zwangsvollstreckung/Rechtsgrundlagen/Bekaempfung_des_Zahlungsverzugs_im_Geschaeftsverkehr/1274160, zuletzt abgerufen am 25.03.2018

[1] *Kosten für die Beitreibung eines geschuldeten Betrags, z. B. Kosten für Mahnungen, Gerichtskosten, Kosten der Zwangsvollstreckung.*

3.6.2 Das gerichtliche Mahnverfahren

Zahlt der Schuldner einen fälligen Rechnungsbetrag nicht, so kann der Gläubiger das gerichtliche Mahnverfahren einleiten.

Definition
Bei dem **gerichtlichen Mahnverfahren** handelt es sich um einen formularmäßig durchgeführten Zivilprozess. Der Antragsteller (= Gläubiger) erlangt auf diesem Wege einen Vollstreckungstitel. Dieser berechtigt ihn, die Forderung durch eine Zwangsvollstreckung in das Vermögen des Schuldners zu befriedigen.

Der Mahnbescheid

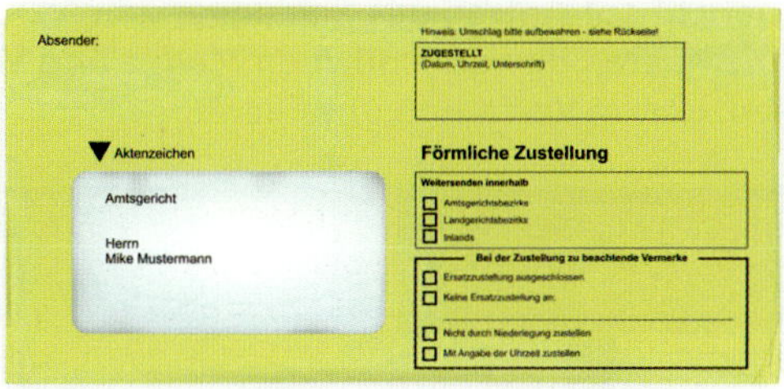

Der Mahnbescheid wird beim zuständigen Mahngericht des Gläubigers beantragt. Dabei ist die Höhe der Forderung unerheblich. Für das gerichtliche Mahnverfahren gilt ein Formularzwang. Das entsprechende Formular muss vom Antragsteller ausgefüllt und unterschrieben werden. Der Gläubiger kann seine Ansprüche auch online im automatisierten gerichtlichen Mahnverfahren geltend machen.
Das Gericht stellt dem Schuldner (sog. Antragsgegner) den Mahnbescheid per Post zu, sobald der Antragsteller vorab die fälligen Gerichtskosten zahlt. Diese Kosten können dem Schuldner in Rechnung gestellt werden. Eine Prüfung durch das Gericht, ob die Forderung rechtmäßig besteht, erfolgt nicht.
Nach der Zustellung des Mahnbescheides hat der Antragsgegner folgende Möglichkeiten:

- Er bezahlt den angemahnten Geldbetrag.
- Er schweigt.
- Er legt Widerspruch gegen den Mahnbescheid ein.

Der Vollstreckungsbescheid

Definition
Der **Vollstreckungsbescheid** ist ein vollstreckbarer Titel mit dem Recht, gegen den Schuldner die Zwangsvollstreckung einzuleiten.

Der Vollstreckungsbescheid stellt die letzte Zahlungsaufforderung des Gerichts dar. Ein Schweigen des Schuldners hierauf hat zur Folge, dass der Vollstreckungsbescheid rechtskräftig wird. Er hat die Wirkung eines gerichtlichen Urteils. Der Gläubiger hat auf Grundlage des Vollstreckungsbescheids die Möglichkeit, die Zwangsvollstreckung in das Vermögen des Schuldners zu betreiben (z. B. durch Einschaltung eines Gerichtsvollziehers).

Der Schuldner kann allerdings innerhalb von zwei Wochen nach Zustellung des Vollstreckungsbescheids Einspruch einlegen. Der Einspruch muss an das zuständige Amtsgericht gerichtet werden. Der Einspruch bewirkt, dass der Rechtsstreit von Amts wegen an das zuständige Gericht zur Prüfung gegeben wird.

Im fachlichen Kontext

Zuständig für die Klärung des Rechtsstreits ist bei einem Streitwert bis 5000,00 € das Amtsgericht am Wohn- oder Geschäftssitz des Beklagten. Bei einem Streitwert über 5000,00 € ist das jeweilige Landgericht, ebenfalls am Wohn- oder Geschäftssitz des Beklagten, zuständig.

Durch den Einspruch gegen den Vollstreckungsbescheid wird die Zwangsvollstreckung nicht verhindert. Der Gläubiger hat das Recht, gegen den Schuldner die Zwangsvollstreckung zu betreiben, bis eine Klärung herbeigeführt worden ist. Allerdings kann das Gericht auf Antrag des Schuldners die Vollstreckung vorerst einstellen.
Die Kosten des gerichtlichen Mahn- und Vollstreckungsverfahren muss derjenige zahlen, der im Verfahren unterliegt.

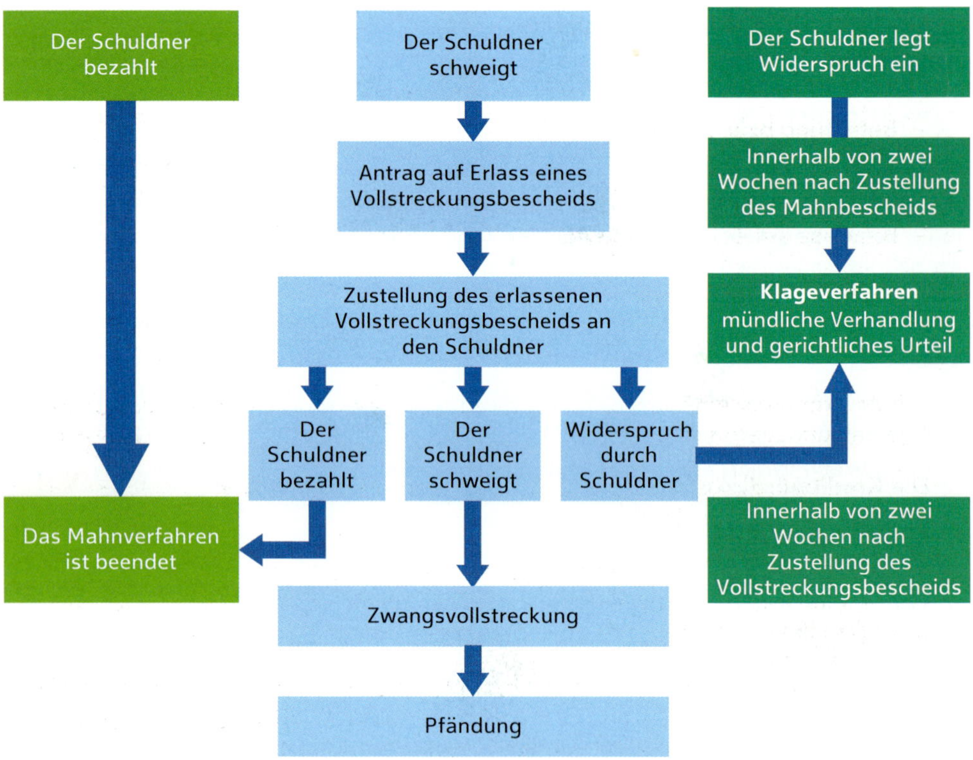

Zusammenfassung

- Bei **Angeboten** handelt es sich um Dokumente, die einen Vertragsabschluss mit einem Kunden oder Interessenten vorbereiten. Bei der Erstellung von Angeboten sind die Vorgaben der Norm DIN 5008 zu beachten.

  Angebotsbestandteile sind in der Regel:

  - Anschrift
  - Bezugszeile
  - Betreff
  - Anrede
  - Einleitungssätze
  - Leistungsbeschreibung
  - Zusatzleistungen
  - Preis und Preisangaben
  - Befristung bzw. Freizeichnungsklauseln
  - Zahlungsbedingungen
  - Hinweise auf einbezogene AGB
  - Schlussformel
  - Unterschrift

- Die **Bonität** einer Person oder eines Unternehmens zeigt die Fähigkeit, zukünftige Zahlungsverpflichtungen vollständig und fristgerecht erfüllen zu können.

- Die **Kreditwürdigkeit** ist gegeben, wenn eine vertragsgerechte Zahlung vom Kunden erwartet werden kann.

- Bei der **persönlichen Kreditwürdigkeit** wird beurteilt, ob der Schuldner den Willen hat, die von ihm eingegangenen Zahlungsverpflichtungen auch vertragsgemäß zu erfüllen.

- Bei der **wirtschaftlichen Kreditwürdigkeit** steht die Frage im Vordergrund, ob der Schuldner die materiellen Voraussetzungen erfüllt, die ihn in die Lage versetzen, seine finanziellen Verpflichtungen zu erfüllen.

- Bei der Bewertung der Kreditwürdigkeit **(Bonitätsprüfung)** kann auf interne und externe Quellen zurückgegriffen werden. Bei den sog. **Ratingverfahren** erfolgt eine standardisierte Beurteilung der Kreditwürdigkeit.

- Der **ANÜV** stellt die wesentliche rechtliche Verbindung zwischen dem Personaldienstleister und dem Kundenunternehmen dar. Sein Inhalt unterliegt den gesetzlichen Bestimmungen des AÜG, allerdings sind darüber hinausgehende Regelungen sinnvoll.
  Individuelle Regelungen sollten insbesondere über die folgenden Vertragsbestandteile getroffen werden:
  - Regelungen zum Gleichstellungsgrundsatz
  - Kündigungsregelungen
  - Änderungen der Überlassungsvergütung
  - Regelungen zu Überstunden und ihrer Vergütung
  - Zahlungs- und Abrechnungsmodalitäten
  - Zurückweisungsrecht des Entleihers (inkl. Fristen)
  - Recht des Verleihers auf Austausch des ZAN
  - Regelungen zur Haftung
  - Aus dem ANÜV ergeben sich für beide Vertragsparteien Haupt- und Nebenpflichten. Die Hauptpflicht des Verleihers besteht darin, geeignetes und einsatzbereites Personal an den Entleiher zu überlassen. Der Entleiher hat die Pflicht, die Leistung zu vergüten.
  - Arbeitsschutzregelungen
  - Vermittlungsgebühr
- Die Kalkulation von Verrechnungssätzen kann mithilfe der **Zuschlagskalkulation** erfolgen. Es werden u. a. die Personalkosten des ZAN, auftragsbezogene Kosten, Verwaltungskosten sowie ein Gewinnzuschlag berücksichtigt.
- Bei den **AGB** handelt es sich um für eine Vielzahl von Verträgen vorformulierte (standardisierte) Vertragsbedingungen, die vom Verwender einseitig vorgegeben werden.
  Sie regeln bestimmte Rechte bzw. Pflichten zwischen den beiden Vertragsparteien, die mit dem Vertrag zusammenhängen. AGB werden nur Bestandteil eines Vertrags, wenn ausdrücklich darauf hingewiesen wird.
- Je nach Branche des Kundenunternehmens sind Branchenzuschläge bei der Kalkulation zu berücksichtigen.
- Bei Branchenzuschlägen handelt es sich um prozentuale Aufschläge auf das Stundenentgelt des ZAN. Die Branchenzuschläge erhöhen sich in Abhängigkeit von der Einsatzdauer.
- Außertarifliche Zulagen des ZAN können mit den Branchenzuschlägen verrechnet werden.

- Durch **Rahmenverträge** werden von den Vertragsparteien verbindliche Konditionen für eine dauerhafte Geschäftsverbindung festgelegt.
- Durch **einzelvertragliche Regelungen** werden die Bestimmungen des Rahmenvertrags konkretisiert.
- Auch bei dem Einsatz von Rahmenverträgen in der Arbeitsnehmerüberlassung muss nach § 12 AÜG ein schriftlicher **Arbeitnehmerüberlassungsvertrag** geschlossen werden.
- Die Verwendung von **Offene-Posten-Listen** ist hilfreich, um Forderungsausfälle durch einen Zahlungsverzug des Schuldners zu vermeiden.
- Werden fällige Rechnungsbeträge vom Kunden (= Schuldner) nicht fristgerecht bezahlt, so ist das kaufmännische Mahnverfahren einzuleiten.
- Ist das kaufmännische Mahnverfahren erfolglos verlaufen, so kann das gerichtliche Mahnverfahren durchgeführt werden.
- Bei der **Rechnungsstellung** sind die Anforderungen an Rechnungen aus § 14 Abs. 1 UStG zu beachten.
- Bei der **Vernichtung von Dokumenten** sind die Regelungen des HGB zu Aufbewahrungsfristen zu beachten.

Aufgaben

1. *Beurteilen Sie die folgende Aussage: „Angebote sind schriftlich geführte Verkaufsgespräche."*
2. *Begründen Sie, warum der Einsatz von Allgemeinen Geschäftsbedingungen (AGB) bei Abschluss von Verträgen sinnvoll ist.*
3. *Geben Sie an, wie AGB Bestandteile eines Vertrags werden.*
4. *Begründen Sie, warum der Gesetzgeber die Inhaltskontrolle bei der Verwendung von AGB geschaffen hat.*
5. *Die Finke Zeitarbeit GmbH erhält am 04.03.20.. eine Rechnung über 10 000,00 € zzgl. Mehrwertsteuer. In den Zahlungsbedingungen findet sich der folgende Passus: „Der Rechnungsbetrag ist zahlbar innerhalb von 30 Tagen. Bei Zahlung innerhalb von 10 Tagen mit 2 % Skonto."*
   Die Finke Zeitarbeit GmbH hat die Möglichkeit, über einen Betriebsmittelkredit zu verfügen, der zu einem Zinssatz von 8,75 % p. a. gewährt wurde.
   Ermitteln Sie die Ersparnis der Finke Zeitarbeit GmbH bei Inanspruchnahme des Skonto.
6. *Erklären Sie, warum und unter welchen Bedingungen der Einsatz von Rahmenverträgen in der Zeitarbeit für beide Vertragsparteien sinnvoll sein kann.*

7. *Ihre Aufgabe als Auszubildender der Finke Zeitarbeit GmbH besteht darin, den Arbeitnehmerüberlassungsvertrag mit der Firma COOLPARTS Kühltechnik GmbH & Co. KG vorzubereiten.*
Geben Sie an, wie die Allgemeinen Geschäftsbedingungen Vertragsbestandteil werden und welche Besonderheiten Sie beachten müssen.

8. *Verdeutlichen Sie die Notwendigkeit einer Bonitätsbeurteilung aus Sicht eines Personaldienstleisters.*

9. *Begründen Sie, zu welchem Zeitpunkt und in welchen Zeiträumen eine Bonitätsbewertung von Kundenunternehmen erfolgen sollte.*

10. *Beurteilen Sie die folgenden Aussagen und geben Sie die jeweilige Lösungsziffer ein.*
(1) Nur Aussage A ist richtig *(2) Nur Aussage B ist richtig*
(3) Beide Aussagen sind richtig *(4) Beide Aussagen sind falsch*

Aussage A	Aussage B	Lösungsziffer
Bei der Bonität eines Schuldners handelt es sich um die Fähigkeit, Zahlungsverpflichtungen vollständig erfüllen zu können und zu wollen.	Bei der Gewährung eines Zahlungsziels handelt es sich um eine Kreditgewährung des Schuldners an den Gläubiger.	
Auf eine Bonitätsprüfung bei einem langjährigen Kunden kann verzichtet werden, da das Zahlungsverhalten bekannt ist.	Zur Beurteilung der Bonität eines Neukunden erfolgt in der Praxis die Nutzung externer Informationsquellen.	
Der Vorteil eines standardisierten Scoring-Systems liegt in der individuellen Berücksichtigung von Kriterien, die auf die Bonität des Kunden Einfluss haben.	Unter einer materiellen Kreditfähigkeitsprüfung wird die Beurteilung der Vertrauenswürdigkeit und Zahlungswilligkeit eines Kunden verstanden.	

11. *Unterscheiden Sie die Begriffe persönliche und materielle Kreditwürdigkeit.*

12. *Für die Bonitätsbewertung eines Neukunden liegen Ihnen die folgenden Angaben vor:*

Beurteilungskriterium	H. Peters Drahtfabrik OHG
Dauer der Geschäftstätigkeit	1985
Beurteilung bisheriges Zahlungsverhalten	Zahlungsziele werden überwiegend eingehalten
Marktanteil in % (Vergleich: größter Konkurrent am Markt)	14 % (21 %)
Umsatz im abgelaufenen Geschäftsjahr	6388000,00 € (+2,1 %)
Gewinn im abgelaufenen Geschäftsjahr	625000,00 € (–1,5 %)
Dauer der Geschäftsverbindung	Neukunde
Eigenkapital lt. Bilanz vom 31.12.20..	240000,00 €

a) Beurteilen eine Zusammenarbeit mit der H. Peters Drahtfabrik OHG auf Grundlage der obigen Daten.

b) Erstellen Sie eine schriftliche Stellungnahme, in der Sie positive und negative Aspekte für die Bonität des Kunden gegenüberstellen.

c) Begründen Sie, ob und ggf. welcher Einsatz von Sicherungsinstrumenten sinnvoll ist.

13. *Ein Kundenunternehmen benötigt einen Mitarbeiter. Ihre Aufgabe besteht darin, das Angebot an das Kundenunternehmen zu erstellen.*

a) Kalkulieren Sie auf Grundlage der folgenden Daten den Stundenverrechnungssatz.

Bruttoarbeitslohn des Mitarbeiters (EG 6):	*15,90 €/Std.*
Lohnnebenkosten (Sozialversicherung):	*21,12 %*
Kalkulierte Lohnnebenkosten:	*5,90 %*
Sonstige Kosten:	*1,60 €/Std.*
Verwaltungskostenumlage:	*3,79 €/Std.*
Gewinnmarge:	*18,00 % (bezogen auf die Personalkosten des ZAN)*

b) Ermitteln Sie den Kalkulationsfaktor (auf zwei Stellen kaufmännisch gerundet).

c) Zwei Tage, nachdem Sie das Angebot verschickt haben, werden Sie vom zuständigen Mitarbeiter kontaktiert. Er informiert Sie darüber, dass ein anderer Personaldienstleister einen vergleichbaren ZAN zu einem deutlich niedrigeren Stundenverrechnungssatz angeboten hat. Begründen Sie, warum in der Praxis für vergleichbare ZAN unterschiedliche Stundenverrechnungssätze bestehen.

14. *Sie bieten einem Kundenunternehmen folgende Mitarbeiter an:*

- *fünf Helfer,*
- *drei Elektroinstallateure (Facharbeiter),*
- *eine kaufmännische Kraft.*

Helfer sind in die Entgeltgruppe 1, Facharbeiter in die Entgeltgruppe 5 und die kaufmännische Kraft in die Entgeltgruppe 3 eingruppiert.
Die gesamten Lohnnebenkosten betragen 69,00,00 %. Die monatliche Arbeitszeit beträgt 151,67 Stunden. Die Gewinnmarge kalkulieren Sie mit 25,50 %.

Entgeltgruppe	Stundensatz
1	9,49
2	10,13
3	11,83
4	12,52
5	14,13

a) Berechnen Sie unter Angabe des Rechenweges den Einheitstarif für die genannten Mitarbeiter.

b) Ermitteln Sie den Kalkulationsfaktor.

15. *Prüfen Sie die folgende Rechnung hinsichtlich der Anforderungen des § 14 UStG und geben Sie an, welche Fehler bei der Rechnungserstellung erfolgt sind.*

Finke Zeitarbeit GmbH – Niederlassung Hamm –
Im Industriegebiet 16 – 50063 Hamm – Tel. 02381/12 34 56-7 · Fax 02381/12 34 56-8

Firma
Druckguss AG
Finanzbuchhaltung
Untere Industriestr. 166
59069 Hamm-Bönen

Ihr Zeichen/Ihre Nachricht vom	Unser Zeichen:	Tel./Name:	Datum:
	leib/DG	-16 Leibner	März 2018

Rechnung

Sehr geehrte Damen und Herren,

wir bedanken uns für die Inanspruchnahme unserer Leistungen und berechnen wie folgt:

Zeitraum:	Art der Leistung:	Geleistete Arbeitsstunden:	Gesamtpreis in €:
Februar	ANÜ (kaufm.)	470	7 214,50
Februar	ANÜ (gewerblich)	1 200	21 588,00
			28 802,50
		Umsatzsteuer:	5 472,48
		Rechnungsbetrag (brutto)	34 274,98

Bitte überweisen Sie den Rechnungsbetrag bis zum 30.03.2018 ohne Abzug von Skonto auf unser Konto (IBAN: DE59555444220411225981) bei der Westbank in Hamm.

Mit freundlichen Grüßen

Finke Zeitarbeit GmbH

i. A. Leibner
Leibner

Internet: www.finke-zeitarbeit.de
Bankverbindung:
IBAN: DE59555444220411225981
BIC: WEBADEHA

Geschäftsführer: Richard Lehmann

16. *Die Finke Zeitarbeit GmbH überlässt im Rahmen einer Arbeitnehmerüberlassung eine Chemielaborantin an die Farbenwerke Leverkusen AG, ein Unternehmen aus der Chemieindustrie. Die Chemielaborantin erhält ein tarifliches Entgelt in Höhe von 12,18 € pro Stunde (EG 4). Der Einsatz beginnt am 01.11.2017.*

a) Geben Sie an, zu welchen Zeitpunkten jeweils die verschiedenen Zuschlagsstufen erreicht werden.

b) Welchen Stundenlohn würde die Chemielaborantin am 01.05.2018 erhalten?

4 Vertragsstörungen bei der Arbeitnehmerüberlassung

Bedeutung

Definition
Eine **Störung bei der Vertragserfüllung** liegt immer dann vor, wenn eine der Vertragsparteien ihre Verpflichtungen nicht wie im Vertrag vereinbart erfüllt.

Bei der Vertragsabwicklung kann es zu verschiedenen Störungen kommen. Im Folgenden werden mögliche Vertragsstörungen bei der Arbeitnehmerüberlassung thematisiert. Die gesetzlichen Regelungen des BGB haben im Hinblick auf die Störung von Vertragsverhältnissen eine besondere Bedeutung. Es handelt sich bei den gesetzlichen Regelungen um grundlegende Bestimmungen, die für unterschiedliche Vertragsarten und unabhängig von den Anforderungen einzelner Branchen festgelegt sind.

Merksatz
In der Praxis ist es sinnvoll, die allgemeinen gesetzlichen Bestimmungen durch eindeutige vertragliche Vereinbarungen zu konkretisieren. Hierdurch können Streitigkeiten mit dem Vertragspartner vermieden werden (siehe auch Kapitel 3.4).

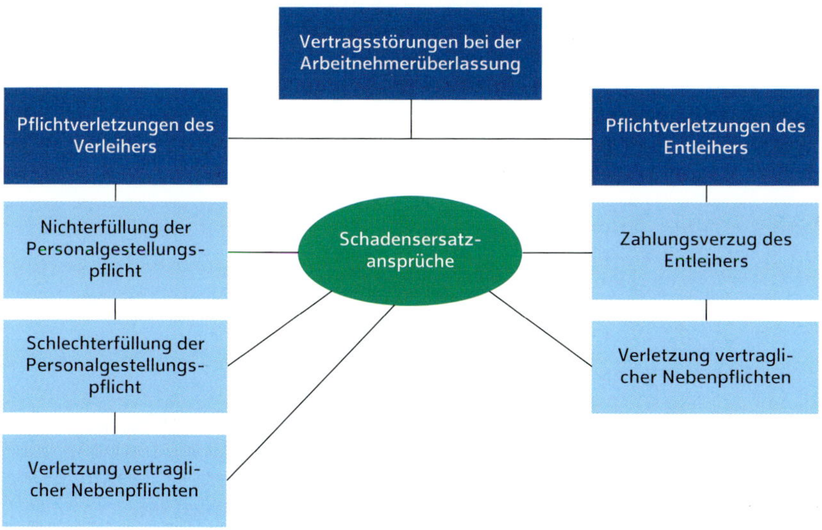

4.1 Pflichtverletzungen des Verleihers

Zu Störungen in der Vertragserfüllung kommt es immer dann, wenn der Verleiher seiner Verpflichtung aus dem ANÜV nicht oder nicht ausreichend nachkommt (Leistungsstörung).

Pflichtverletzungen des Verleihers bei der Arbeitnehmerüberlassung

Nichterfüllung der Personalgestellungspflicht

Der Verleiher überlässt zum vereinbarten Zeitpunkt keinen oder zu wenig Arbeitnehmer. Er erfüllt die Überlassungspflicht nicht.

Schlechterfüllung der Personalgestellungspflicht (Auswahlverschulden)

Der Verleiher erfüllt seine Überlassungspflicht schlecht (z. B. Überlassung eines nicht ausreichend qualifizierten Arbeitnehmers).

Verletzung von Nebenpflichten

- Der Verleiher unterrichtet den Entleiher nicht unverzüglich über den Wegfall der Erlaubnis.
- Der Verleiher nimmt auf die Interessen und Rechte des Entleihers keine ausreichende Rücksicht.

4.1.1 Nichterfüllung der Personalgestellungspflicht

Einstiegssituation ▶

Die Finke Zeitarbeit GmbH hat mit dem Logistikunternehmen TransLogistik GmbH einen Arbeitnehmerüberlassungsvertrag geschlossen. Die Finke Zeitarbeit GmbH verpflichtet sich, für die Dauer von drei Wochen eine Fachkraft für Lagerlogistik zu überlassen.
Der Arbeitsbeginn im Kundenunternehmen ist um 7.00 Uhr. Der Zeitarbeitnehmer wurde vom zuständigen Disponenten über den Arbeitsbeginn rechtzeitig informiert.
Um 7.30 Uhr erhält der Disponent einen Anruf des Logistikunternehmens auf seinem Handy. Ihm wird mitgeteilt, dass der avisierte Zeitarbeitnehmer nicht zur Arbeit erschienen ist. Ein sofortiger Anruf des Disponenten in der Niederlassung ergibt, dass sich der Zeitarbeitnehmer für den Tag krank gemeldet hat.

Arbeitsauftrag

Überprüfen Sie, ob die Finke Zeitarbeit GmbH verpflichtet ist, für den ausgefallenen Mitarbeiter einen Ersatz zu stellen.

Beschreibung der Leistungsverpflichtung des Verleihers

Im Überlassungsvertrag verpflichtet sich der Verleiher zur Auswahl und zur Zurverfügungstellung eines arbeitsbereiten und für die vorgesehene Tätigkeit ausreichend qualifizierten Arbeitnehmers für die **vereinbarte Überlassungsdauer. Er erfüllt seine Pflicht erst, wenn die Überlassung tatsächlich wie vereinbart erfolgt ist.**

Bei der Erfüllung des Überlassungsvertrags sind dabei folgende Besonderheiten zu berücksichtigen: Bei der Überlassungsverpflichtung handelt es sich im Regelfall

- um ein **Dauerschuldverhältnis**,
- um eine **Stückschuld** sowie
- um ein **absolutes Fixgeschäft**.

Dies trifft nicht zu, soweit im Einzelfall spezielle vertragliche Regelungen getroffen wurden. Die o. g. rechtlichen Tatbestände werden im nachfolgenden Text erläutert, da sie für die Beurteilung der Leistungserfüllung und für Haftungsfragen relevant sind.

Dauerschuldverhältnis

Definition
Einem **Dauerschuldverhältnis** liegt in der Regel ein Vertrag zugrunde, in dem der fortlaufende Austausch von Leistung und Gegenleistung vereinbart wird. Es kann nicht durch eine einmalige Handlung erfüllt werden.

Im **Arbeitnehmerüberlassungsvertrag** verpflichtet sich der Verleiher, zur **kontinuierlichen Besetzung des Arbeitsplatzes** für die **gesamte Vertragsdauer**. Er muss für die **gesamte Überlassungsdauer** einen geeigneten Mitarbeiter überlassen. Durch die einmalige Überlassung ist seine Leistungspflicht noch nicht erfüllt, sondern der Erfüllungsanspruch des Entleihers besteht für die gesamte Vertragslaufzeit.

Merksatz
Der ANÜV stellt ein **Dauerschuldverhältnis** dar, dass Zug um Zug erfüllt wird.

Beispiel
Die Finke Zeitarbeit GmbH schließt am 1. Juni für die Dauer von zwei Wochen einen ANÜV mit einem Kundenunternehmen. Die Leistungspflicht beginnt somit am 1. Juni und endet erst am 14. Juni. Die Leistungspflicht der Finke Zeitarbeit GmbH wird immer nur für den jeweils erbrachten Teil erfüllt, in dem ein geeigneter ZAN an jedem Tag im Überlassungszeitraum eine ordnungsgemäße Arbeitsleistung im Kundenunternehmen erbringt.

Stückschuld

Zum 1. April 2017 kam es zu Änderungen im Arbeitnehmerüberlassungsgesetz (AÜG), die zu wesentlichen Änderungen bei der Arbeitnehmerüberlassung geführt haben. Durch die Pflicht zur Konkretisierung des Zeitarbeitnehmers im ANÜ, hat eine Unterscheidung zwischen Gattungsschuld und Stückschuld in der Arbeitnehmerüberlassung praktisch keine Bedeutung mehr.

Die wesentlichen Änderungen im Überblick:

Festlegung einer arbeitnehmerbezogenen Höchstüberlassungsdauer von 18 Monaten
Ein ZAN darf nur noch für maximal 18 Monate an denselben Kunden überlassen werden. Vorherige Einsatzzeiten beim selben Kundenbetrieb werden unabhängig vom Zeitarbeitsunternehmen angerechnet, sofern nicht eine Einsatzunterbrechung von mehr als 3 Monaten vorliegt (sog. „Unterbrechungsregel").

Beispiel
Ein ZAN war als Mitarbeiter der Persotrans GmbH für 8 Monate bei der Interlogistik GmbH als Fachkraft für Lagerlogistik eingesetzt. Nach einem Arbeitgeberwechsel zur Finke Zeitarbeit GmbH wird er unmittelbar wieder bei der Interlogistik GmbH als ZAN eingesetzt. Nach weiteren 10 Monaten ist die Höchstüberlassungsdauer erreicht.

Von der Höchstüberlassungsdauer kann unter folgenden Voraussetzungen abgewichen werden:

1. Regelungen zu einer abweichenden Höchstüberlassungsdauer in einem Tarifvertrag (TV) der Einsatzbranche des Kunden oder in einer Betriebsvereinbarung zwischen Kundenbetrieb und Kunden-Betriebsrat.
2. ein tarifungebundenes Kundenunternehmen übernimmt eine entsprechende tarifvertragliche Regelung durch eine Betriebsvereinbarung.

Wird die Höchstüberlassungsdauer nicht eingehalten, so wird der Arbeitsvertrag zwischen dem ZAN und dem Personaldienstleister unwirksam. Weiterhin wird ein Arbeitsverhältnis zwischen dem Kundenunternehmen und dem ZAN fingiert, sofern dieser nicht innerhalb von einem Monat widerspricht. Dieser Widerspruch muss schriftlich erklärt werden und auch der Bundesagentur für Arbeit vorgelegt werden. Ein bereits im Vorfeld erklärter Widerspruch ist unwirksam.

Verstöße gegen die Höchstüberlassungsdauer können mit Bußgeldern geahndet werden oder führen zu erlaubnisrechtlichen Konsequenzen (z. B. Widerruf einer Erlaubnis zur ANÜ bzw. Nichtverlängerung der befristeten Erlaubnis).

Equal Pay nach 9 Monaten

Auch bei Anwendung eines Zeitarbeitstarifvertrags ist der Grundsatz des Equal Pay nach 9 Monaten ununterbrochenen Einsatzes des ZAN an einen Kunden anzuwenden. Auch hier gilt die Unterbrechungsregel von 3 Monaten. Abweichende Vergütungsvereinbarungen im Arbeitsvertrag des ZAN und/oder im ANÜV sind unwirksam.
Von der Equal Pay Regelung kann nur abgewichen werden, wenn in einem Branchenzuschlagstarifvertrag der Zeitarbeit eine Stufe zur Angleichung an das Entgelt der Stammbelegschaft des Kundenbetriebs nach 15 Monaten vorgesehen ist. Eine entsprechende Änderung des Branchenzuschlagstarifvertrags wurde z. B. für die Metall- und Elektroindustrie vorgenommen (sechste Zuschlagsstufe erstmalig zum 01. Januar 2018).

Verstöße gegen die Equal Pay Regelung können mit hohen Bußgeldern geahndet werden oder führen zu erlaubnisrechtlichen Konsequenzen (z. B. Widerruf einer Erlaubnis zur ANÜ bzw. Nichtverlängerung der befristeten Erlaubnis).

Kennzeichnungspflicht des ANÜV

Der Überlassungsvertrag zwischen dem Personaldienstleister und dem Kundenbetrieb muss ausdrücklich als Arbeitnehmerüberlassungsvertrag bezeichnet werden. Darüber hinaus muss jeder ZAN namentlich im ANÜV benannt werden. Wird gegen diese Regelungen verstoßen, so wird ein Arbeitsverhältnis zwischen dem Kundenunternehmen und dem ZAN fingiert. Auch hier besteht die Möglichkeit eines Widerrufs (siehe Ausführungen zum Equal Pay). Der Personaldienstleister hat dafür Sorge zu tragen, dass vor dem Einsatz des ZAN im Kundenbetrieb das Schriftformerfordernis zum ANÜV eingehalten wird.

Vor jedem Einsatz ist dem Mitarbeiter mitzuteilen, dass er im Kundenunternehmen als Zeitarbeitnehmer tätig wird. Verstöße gegen die Kennzeichnungspflicht können sowohl für das Kundenunternehmen als auch für den Personaldienstleister Bußgelder zur Folge haben.
Streikeinsatzverbot für ZAN
ZAN sollen nicht als Streikbrecher eingesetzt werden. Somit können ZAN keine Tätigkeiten von Streikenden übernehmen. Zum Streikeinsatzverbot existierten im Vorfeld bereits tarifvertragliche Regelungen in der Zeitarbeit.

Wird in einem ANÜV die Überlassung eines bestimmten, namentlich genannten Arbeitnehmers ausdrücklich vereinbart, so handelt es sich um eine sog. **Stückschuld**.

Definition
Eine **Stückschuld** liegt vor, wenn der Leistungsgegenstand von vornherein durch die Parteien individuell bestimmt wird.

Beispiel
Im ANÜV verpflichtet sich der Verleiher, Tabea Ludwig für drei Wochen als Bürokraft zu überlassen.

Ist eine solche Vereinbarung getroffen worden, so beschränkt sich die Leistungspflicht des Verleihers auf diesen Mitarbeiter. Bei einer Stückschuld haftet der Verleiher nur für **eigenes Verschulden**.

Beispiel
- *Der Disponent versäumt es, den Mitarbeiter Peter Müller über seinen neuen Einsatzort zu unterrichten.*
- *Der Disponent teilt Tabea Ludwig einen falschen Einsatzbetrieb mit.*

Absolutes Fixgeschäft

Die Überlassungsverpflichtung wird üblicherweise als absolutes Fixgeschäft gesehen.

Definition
Bei einem **Fixgeschäft** ist die vereinbarte Leistungszeit von derart großer Bedeutung, dass die Leistungserbringung zu einem späteren Zeitpunkt für den Vertragspartner nicht mehr sinnvoll ist und die verspätete Leistung keine Erfüllung der Leistungspflicht mehr darstellt.

Ein praktisches Beispiel für eine Fixschuld ist die Erbringung einer Arbeitsleistung (**absolute Fixschuld**). Nach herrschender Meinung tritt bei Nichtleistung des Arbeitnehmers innerhalb der vereinbarten Arbeitszeit grundsätzlich **Unmöglichkeit** ein. Der Arbeitnehmer kann die Arbeitsleistung bei einem typischen Arbeitsvertrag nicht nach Ende der Arbeitszeit erbringen. Auch am nächsten Arbeitstag kann die Leistung nicht nachgeholt werden, da dann die für diesen Tag geschuldete Arbeitsleistung erbracht werden muss.

Quelle: Vgl. Rüßmann, Helmut: Bürgerliches Vermögensrecht I und II – Befreiende Unmöglichkeit (Vorlesungsdokumentation), unter: http://ruessmann.jura.uni-sb.de/bvr2003/Vorlesung/unmoebefrei.htm, zuletzt abgerufen am 19.10.2017

Praxistipp

Da es sich bei der Arbeitnehmerüberlassung um die Bereitstellung von Arbeitsleistung handelt, spielt die Leistungszeit eine wesentliche Rolle. Die Nichtleistung des Arbeitnehmers kann Schadensersatzansprüche des Entleihers begründen. Deshalb sollte im ANÜV vereinbart werden, in welchen Fällen eine Ersatzgestellungspflicht greift. Erfordert die auszuübende Tätigkeit eine hohe Qualifikation des Arbeitnehmers und ist eine umgehende Ersatzbeschaffung unrealistisch, so sollte im ANÜV die Ersatzgestellungspflicht des Verleihers ausgeschlossen werden. Handelt es sich um eine komplexe Arbeitsleistung, die mit einer langen Einarbeitungszeit verbunden ist, kann auf Seiten des Entleihers ggf. kein Interesse an einer Ersatzstellung durch den Verleiher bestehen.

Nichtleistung des Verleihers – Abgrenzung zwischen Unmöglichkeit und Verzug

Bei der Nichterfüllung der Personalgestellungspflicht muss zwischen **Unmöglichkeit** und **Verzug** unterschieden werden. Das entscheidende Abgrenzungskriterium ist dabei, ob die nicht erbrachte Leistung noch nachholbar ist oder nicht. Im Zweifel entscheidet hierüber der sog. **Parteilwille**.

Beispiel
Verleiher und Entleiher vereinbaren, dass eine nicht erbrachte Leistung noch nachholbar ist.

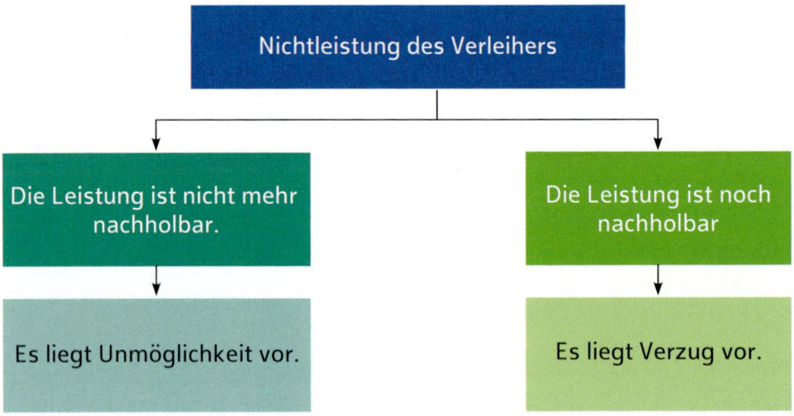

Unmöglichkeit (§ 275 BGB)

Definition
Unmöglichkeit liegt vor, wenn die Leistung von dem Schuldner nicht bzw. nicht mehr erbracht werden kann.

Beispiel
Max Müller (Verkäufer eines Autos) zerstört fahrlässig den Wagen. Er muss den Wagen nicht mehr an den Verkäufer übergeben, da es ihm nicht möglich ist.

Bezogen auf die Arbeitnehmerüberlassung kann Unmöglichkeit beim Vorliegen einer absoluten Fixschuld eintreten. In diesem Fall stellt die Überlassung von Mitarbeitern zu einem späteren Zeitpunkt keine Erfüllung des Vertrags mehr dar, da der Kunde die Arbeitskräfte zu einem ganz bestimmten Zeitpunkt benötigt. Die Leistung ist somit **für die bereits verstrichene Zeit nicht mehr nachholbar**.

Rechtsfolgen der Unmöglichkeit

Laut Paragraf § 275 Abs. 1 BGB ist bei Unmöglichkeit der Anspruch auf die Leistung grundsätzlich ausgeschlossen.

Merksatz
Eine Rechtsfolge der Unmöglichkeit ist, dass der Schuldner von seiner Verpflichtung zur Leistung frei wird. Der Schuldner muss also die geschuldete Leistung nicht (mehr) erbringen.

Dies gilt unabhängig davon, ob der Schuldner die Verantwortung für den Vorfall trägt oder nicht. Unmögliches kann vom Schuldner auch dann nicht verlangt werden, wenn er für die Unmöglichkeit verantwortlich ist.
Der Verleiher wird aber nur für den nicht mehr nachholbaren Teil der Überlassung von seiner Leistungspflicht befreit. Die Leistungsbefreiung hat auf der anderen Seite zur Folge, dass der Schuldner (hier: Personaldienstleister) seinen Anspruch auf Gegenleistung (hier: Überlassungsvergütung) verliert.[1] Zu beachten ist, dass ein künftiger Erfüllungsanspruch des Entleihers bestehen bleibt, da es sich bei einem ANÜV um ein Dauerschuldverhältnis handelt.

Bei Verschulden hat der Verleiher den durch den Ausfall des Mitarbeiters entstandenen **Schaden zu ersetzen**. Mehr Informationen zum Thema Schadensersatz finden Sie in Kapitel 5.

Leistungsverzug (§ 286 BGB)

Definition
Der Schuldner gerät in Leistungsverzug, wenn er nach Fälligkeit trotz Mahnung nicht leistet.

Der Verzug des Verleihers setzt voraus, dass die Leistung die Überlassung eines ZAN noch nachholbar ist und somit keine Unmöglichkeit durch Zeitablauf vorliegt.

Beispiel
Lehnt der Entleiher die Beschäftigung eines ungeeigneten ZAN berechtigterweise ab, und ist der Verleiher nicht rechtzeitig in der Lage einen geeigneten Ersatz zu stellen, gerät der Verleiher aufgrund des von ihm übernommenen Beschaffungsrisikos in Verzug.
Eine Mahnung des Entleihers ist in der Regel entbehrlich, da im Überlassungsvertrag üblicherweise der Überlassungszeitpunkt genau bestimmt ist.

---

[1] *Ausnahme: Der Verleiher hat die Unmöglichkeit zu verschulden.*

Merksatz
Der Verzug des Verleihers dauert so lange an, wie die Arbeit des ZAN noch nachholbar ist.

Beim Leistungsverzug haftet der Verleiher für den entstandenen Verzögerungsschaden (siehe auch Kapitel 5)

Praxistipp

Da es sich in der Praxis der Arbeitnehmerüberlassung überwiegend um das Vorliegen einer absoluten Fixschuld handelt, spielt der Verzug nur eine untergeordnete Rolle in der Arbeitsnehmerüberlassung.

Quelle: Vgl. Schüren, Peter/Hamann, Wolfgang: Arbeitnehmerüberlassungsgesetz, Beck'sche Kommentare zum Arbeitsrecht, 4. Auflage, Verlag C.H. Beck, München, 2010, S. 92

4.1.2 Schlechterfüllung der Personalgestellungspflicht

Einstiegssituation ▶

Die Finke Zeitarbeit GmbH überlässt einen ZAN an einen Elektrofachbetrieb. Im Anforderungsprofil des Kunden wurde die Fachqualifikation *Elektropneumatik* ausdrücklich erwähnt. Der von der Finke Zeitarbeit für diesen Einsatz beim Kunden ausgewählte Mitarbeiter tritt zur vereinbarten Zeit seine Tätigkeit im Kundenunternehmen an. Aufgrund fehlender Qualifikation kommt es durch einen Bedienungsfehler an einer Produktionsmaschine zu einem erheblichen Schaden.

Arbeitsauftrag

Prüfen Sie, ob die Finke Zeitarbeit GmbH zu einer Übernahme des Schadens verpflichtet ist. Gehen Sie davon aus, dass im ANÜV keine Regelung zum Schadensersatz getroffen wurden. Informationen zum Schadensersatz finden Sie in Kapitel 5.

Zu den Pflichten des Verleihers in der Arbeitnehmerüberlassung gehört die Auswahl eines ZAN, der den Anforderungen des Kunden entspricht.

Merksatz
Der Verleiher hat **die Pflicht,** den ausgewählten Arbeitnehmer tätigkeitsspezifisch **auf seine Tauglichkeit hin zu überprüfen**. Kann der ZAN nicht vertragsgemäß eingesetzt werden, so liegt ein Fehler bei der Auswahl durch den Verleiher vor.

Zu beachten ist, dass der Verleiher nur für die ordnungsgemäße Auswahl seiner Arbeitnehmer haftet, jedoch nicht für die ordnungsgemäße Aufgabenerfüllung im Kundenbetrieb (Urteil des BGH – 09.03.1971 – VI ZR 138/69).

Bei der Auswahl des ZAN hat der Verleiher je nach vorgesehener Tätigkeit eine **besondere Sorgfaltspflicht**. Eine gesteigerte Sorgfaltspflicht besteht aufgrund einer mit dem Arbeitsplatz des ZAN verbundenen besonderen Vertrauensstellung. Je nach Tätigkeit kann es erforderlich sein, dass der Verleiher neben der Qualifikation des ZAN auch dessen **charakterliche Eigenschaften überprüfen** muss, indem er sich ein polizeiliches Führungszeugnis vorlegen lässt.

Beispiel
Ein Kreditinstitut benötigt für einen Zeitraum von zwei Wochen einen Kassierer. Der Verleiher hat die Pflicht, sich im Vorfeld der Überlassung von der Zuverlässigkeit des eigenen Mitarbeiters zu überzeugen. Auch wenn der ausgewählte Mitarbeiter alle angeforderten Merkmale aufweist, die zur vertragsgemäßen Erfüllung des Vertrages erforderlich sind, kann eine Schadensersatzpflicht in Betracht kommen. Dies ist dann der Fall, wenn sich herausstellt, dass der ZAN bereits wegen Vermögensdelikten (z. B. Diebstahl, Unterschlagung, Veruntreuung) einschlägig vorbestraft ist.

Quelle: Vgl. Boemke, Burkhard/Lembke, Mark (Hrsg.): AÜG – Arbeitnehmerüberlassungsgesetz: Kommentar, 3. überarb. Auflage, Deutscher Fachverlag GmbH, Frankfurt, 2013, S. 751

Für den Verleiher stellt das Anforderungsprofil bzw. die Tätigkeitsbeschreibung des Kunden die Grundlage für die Auswahl des geeigneten ZAN dar.

Merksatz
Um beurteilen zu können, ob ein ZAN den Anforderungen des Kunden entspricht, wird ein detailliertes Anforderungsprofil sowie eine eindeutige Tätigkeitsbeschreibung benötigt. Es empfiehlt sich, das Anforderungsprofil in den ANÜV aufzunehmen

Im fachlichen Kontext

Beweislast
Der Nachweis, dass der überlassene Arbeitnehmer über die geforderten Qualifikationen verfügt, ist grundsätzlich durch den Verleiher zu erbringen. Es ist die Aufgabe des Schuldners (Verleihers), sich vom Vorwurf des Verschuldens zu entlasten (§ 280 Abs. 1 Satz 2 BGB). Wird der ZAN im Kundenbetrieb tatsächlich eingesetzt, so hat der Entleiher nunmehr den Nachweis darüber zu erbringen, dass der ZAN nicht qualifiziert ist. Wurde im ANÜV keine Erprobungszeit vereinbart, so ist dem Entleiher eine angemessene Zeit für die Erprobung des überlassenen Arbeitnehmers zuzustehen. Ist die Nichtqualifizierung des eingesetzten ZAN offensichtlich, so hat der Entleiher dem Verleiher dies **umgehend mitzuteilen** (unverzügliche Rügepflicht). Verletzt der Entleiher seine unverzügliche Rügepflicht und teilt dem Verleiher die fehlende Eignung des ZAN nicht oder zu spät mit, so hat er und nicht mehr der Verleiher die Pflicht, die Ungeeignetheit nachzuweisen.

Das Zurückweisungsrecht des Entleihers im Falle einer Schlechtleistung durch den Verleiher (z. B. der ZAN verfügt nicht über die angeforderten Qualifikationen) sollte im ANÜV geregelt werden. Zur Vertragsgestaltung in der Arbeitnehmerüberlassung siehe auch Kapitel 3.4.

4.1.3 Schlechtleistung des Zeitarbeitnehmers

Einstiegssituation ▶

Die Finke Zeitarbeit GmbH überlässt einen ZAN an einen Elektrofachbetrieb. Der Mitarbeiter verfügt über die vertraglich festgelegten Qualifikationen und kann vom Kunden vertragsgemäß eingesetzt werden. Allerdings stellt sich heraus, dass der ZAN nur unterdurchschnittliche Leistungen erbringt. Er arbeitet nicht sorgfältig und durch einen daraus resultierenden Kurzschluss kommt es zu einem Schaden im Kundenbetrieb. Der Entleiher weigert sich, den überlassenen Mitarbeiter weiter einzusetzen, und verweigert die Vergütung. Weiterhin kommt es zu einer Schadensersatzforderung durch den Entleiher.

Arbeitsauftrag

Prüfen Sie, ob die Finke Zeitarbeit GmbH für die schlechte Arbeitsleistung ihres ZAN haftbar zu machen ist. Informationen zum Schadensersatz finden Sie in Kapitel 5.

Die vertragliche Hauptpflicht des Verleihers besteht darin, **einen geeigneten, leistungsfähigen und leistungsbereiten Zeitarbeitnehmer an den Entleiher zu überlassen.** Mit der Auswahl und Bereitstellung eines an sich geeigneten ZAN erfüllt der Verleiher seine Leistungspflicht. Der Entleiher trägt somit das Risiko fehlerhafter Arbeitsleistung, genau wie bei den eigenen, festangestellten Arbeitnehmern.

Verstößt der ZAN dermaßen gegen seine Pflichten aus dem Arbeitsvertrag, dass eine fristlose Kündigung gerechtfertigt ist, so kann der Entleiher das Arbeitsangebot des ZAN **sofort zurückweisen** (z. B. Arbeitsverweigerung, Vollrausch).

Der Verleiher ist je nach Vereinbarungen im ANÜV bzw. den AGB dazu verpflichtet, einen geeigneten Ersatz zu stellen.

4.1.4 Verletzung vertraglicher Nebenpflichten durch den Verleiher

Unverzügliche Unterrichtung des Entleihers über den Wegfall der Erlaubnis zur Arbeitnehmerüberlassung

Bd. 1, LF 2, 2.1.3.1

Der Verleiher hat den Entleiher umgehend darüber zu informieren, wenn ihm die Erlaubnis zur Arbeitnehmerüberlassung entzogen wird. Entsteht dem Entleiher ein Schaden daraus, dass er auf die Gültigkeit des ANÜV vertraut hat, so hat der Verleiher ihm hieraus entstehende Schäden zu ersetzen.

Rücksichtnahme der Interessen und Rechte des Entleihers

Entsteht dem Entleiher ein Schaden daraus, dass der Verleiher die Zahlung der Sozialversicherungsbeiträge unterlässt (Stichwort Subsidiärhaftung) oder nicht die gültigen Tarifverträge anwendet, so hat er einen Anspruch auf Schadensersatz.

4.2 Pflichtverletzungen des Entleihers

Durch den Entleiher zu vertretende Vertragsstörungen bei der Arbeitnehmerüberlassung	
Der Entleiher kommt seiner Pflicht zur Zahlung der Überlassungsvergütung nicht oder nicht rechtzeitig nach **Zahlungsverzug des Entleihers**	Der Entleiher kommt seinen vertraglichen Nebenpflichten nicht nach, insbesondere durch. – Nichtannahme der Arbeitsleistung – Verletzung von Fürsorgepflichten – fehlende Informationsweitergabe – Verstoß gegen den Gleichbehandlungsgrundsatz **Verletzung vertraglicher Nebenpflichten**

4.2.1 Zahlungsverzug des Entleihers

Die Hauptpflicht des Entleihers besteht darin, die in Anspruch genommene Leistung des Verleihers **rechtzeitig** zu vergüten. Kommt der Entleiher dieser Pflicht nicht rechtzeitig nach, so spricht man vom **Zahlungsverzug**. Zu einem Zahlungsverzug des Schuldners kommt es, wenn ein in Rechnung gestellter Betrag (z. B. Überlassungsentgelte, Vermittlungshonorar)

- nicht rechtzeitig,
- nicht in voller Höhe oder
- gar nicht bezahlt wird.

Ursachen für den Zahlungsverzug

Die Gründe für die Nichteinhaltung von Zahlungsterminen sind vielfältig:

- ineffiziente Buchhaltung im Kundenunternehmen (z. B. Nichtbeachtung von Zahlungsterminen, langsame Bearbeitung von Rechnungen, Vergessen von Rechnungen),
- vorübergehende Illiquidität des Kunden,
- Zahlungsunwilligkeit,
- dauerhafte Zahlungsunfähigkeit (Insolvenz).

Voraussetzungen für den Zahlungsverzug

- Pflichtverletzung des Schuldners
- Fälligkeit der Leistung
- eventuell Mahnung (entbehrlich bei kalendermäßig bestimmbarem Leistungszeitpunkt)
- Verschulden des Schuldners

Pflichtverletzung des Schuldners

Der Schuldner verletzt seine vertraglichen Pflichten, wenn er einen geschuldeten Betrag nicht zahlt.

Fälligkeit der Leistung

Zunächst ist zu überprüfen, ob sich der Schuldner tatsächlich in Zahlungsverzug befindet. Wurde in der Rechnung ein Zahlungstermin angegeben, der **kalendermäßig bestimmt** werden kann, so ist die Zahlung nach Ablauf dieses Datums fällig. Zahlt der Schuldner zum vereinbarten Termin nicht, so befindet er sich **sofort im Zahlungsverzug.** Eine Mahnung ist dann **nicht erforderlich**. Das Gleiche gilt für den Fall, dass der Schuldner gegenüber dem Gläubiger erklärt, dass er nicht zahlen kann (Zahlungsunfähigkeit des Schuldners).

Beispiel
Kalendermäßig bestimmbare Zahlungstermine
- *Zahlung bis zum 13.03.20..*
- *Zahlung fünf Werktage nach Rechnungsdatum*

Wurde kein kalendermäßig bestimmbarer Zahlungstermin vereinbart, so tritt der Zahlungsverzug automatisch **30 Tage nach Zugang der Rechnung** ein (§ 286 Abs. 3 BGB). Der Gläubiger hat allerdings die Möglichkeit, diese Frist zu verkürzen. Der Gläubiger muss dann die ausstehende Zahlung anmahnen, damit der Schuldner in Zahlungsverzug kommt. Handelt es sich bei dem Schuldner um einen Verbraucher, so muss auf die 30 Tage Frist ausdrücklich hingewiesen werden.

LF 9, 3.6.1

§ 286 BGB Verzug des Schuldners

(1) Leistet der Schuldner auf eine Mahnung des Gläubigers nicht, die nach dem Eintritt der Fälligkeit erfolgt, so kommt er durch die Mahnung in Verzug. Der Mahnung stehen die Erhebung der Klage auf die Leistung sowie die Zustellung eines Mahnbescheids im Mahnverfahren gleich.

(2) Der Mahnung bedarf es nicht, wenn
1. für die Leistung eine Zeit nach dem Kalender bestimmt ist,
2. der Leistung ein Ereignis vorauszugehen hat und eine angemessene Zeit für die Leistung in der Weise bestimmt ist, dass sie sich von dem Ereignis an nach dem Kalender berechnen lässt,
3. der Schuldner die Leistung ernsthaft und endgültig verweigert,
4. aus besonderen Gründen unter Abwägung der beiderseitigen Interessen der sofortige Eintritt des Verzugs gerechtfertigt ist.

(3) Der Schuldner einer Entgeltforderung kommt spätestens in Verzug, wenn er nicht innerhalb von 30 Tagen nach Fälligkeit und Zugang einer Rechnung oder gleichwertigen Zahlungsaufstellung leistet; dies gilt gegenüber einem Schuldner, der Verbraucher ist, nur, wenn auf diese Folgen in der Rechnung oder Zahlungsaufstellung besonders hingewiesen worden ist. Wenn der Zeitpunkt des Zugangs der Rechnung oder Zahlungsaufstellung unsicher ist, kommt der Schuldner, der nicht Verbraucher ist, spätestens 30 Tage nach Fälligkeit und Empfang der Gegenleistung in Verzug.

(4) Der Schuldner kommt nicht in Verzug, solange die Leistung infolge eines Umstands unterbleibt, den er nicht zu vertreten hat.

Verschulden (Vertretenmüssen)

Bei Abschluss eines Vertrages geht der Empfänger einer Leistung die Verpflichtung ein, den Erbringer der Leistung zu entlohnen. Bei Geldforderungen kann sich der Schuldner nicht darauf berufen, dass er nicht über die notwendigen finanziellen Mittel verfügt. Bei Geldforderungen gilt der allgemeine Grundsatz, dass der Schuldner bei Abschluss des Vertrages seine finanzielle Leistungsfähigkeit garantiert („Geld hat man zu haben").

Rechtsfolgen beim Schuldnerverzug

Der Gläubiger kann folgende vorrangige Rechte geltend machen:

- Verzugszinsen verlangen (§ 288 Abs. 1 BGB),
- auf die Leistung bestehen und Ersatz des Verzugsschadens fordern (§ 288 Abs. 4 BGB),

Der Gläubiger kann nach erfolglosem Ablauf einer Nachfrist folgende nachrangige Rechte geltend machen:

- auf die Leistung verzichten und statt ihrer Anspruch auf Schadensersatz wegen Nichterfüllung geltend machen (§ 281 BGB),
- den Vertrag durch Rücktritt aufheben (§ 323 BGB).

Schadensersatz bei Zahlungsverzug

Der Gläubiger hat das Recht, sofort auf die (verspätete) Zahlung zu bestehen, wenn sich der Gläubiger in Zahlungsverzug befindet. Darüber hinaus kann der Gläubiger Verzugsschaden (Schadensersatz) verlangen. Dieser Ersatz des Verzugsschadens kann **entgangene Zinsen** (z. B. nachweislich entgangene Bankzinsen) und **den Kostenersatz** (z. B. Mahnentgelte sowie eine Pauschale von 40,00 €) umfassen. Grundlage für die Berechnung eines Verzugsschadens ist der Anspruch auf Verzugszinsen. LF 9, 3.6.1

§ 288 BGB Verzugszinsen und Pauschale

(1) Eine Geldschuld ist während des Verzugs zu verzinsen. Der Verzugszinssatz beträgt für das Jahr fünf Prozentpunkte über dem Basiszinssatz.

(2) Bei Rechtsgeschäften, an denen ein Verbraucher nicht beteiligt ist, beträgt der Zinssatz für Entgeltforderungen neun Prozentpunkte über dem Basiszinssatz; der Ausschluss des Anspruchs ist unwirksam.

[...]

(5) Bei Rechtsgeschäften, an denen ein Verbraucher nicht beteiligt ist, hat der Gläubiger einer Entgeltforderung bei Verzug des Schuldners außerdem einen Anspruch auf Zahlung eines Betrags in Höhe von 40,00 €. Soweit eine Vereinbarung diesen Anspruch ausschließt, wird vermutet, dass sie gegen die guten Sitten verstößt. Die Pauschale nach Satz 1 ist auf einen geschuldeten Schadensersatz anzurechnen, soweit der Schaden in Kosten der Rechtsverfolgung begründet ist.

Im fachlichen Kontext

Basiszinssatz
Die Deutsche Bundesbank berechnet nach den gesetzlichen Bestimmungen des § 247 Abs. 1 BGB den Basiszinssatz, der für die Berechnung von Verzugszinsen benötigt wird. Der Basiszinssatz verändert sich immer zum 1. Januar und 1. Juli eines Jahres. Bezugsgröße für den Basiszinssatz ist der sog. Leitzins der Europäischen Zentralbank.
Basiszinssatz (ab 01.01.2018): – 0,88 % p. a.
Den aktuellen Basiszinssatz können Sie abrufen unter: www.basiszinssatz.info.

Bei einem entsprechenden Nachweis kann der Gläubiger auch einen höheren Verzugsschaden geltend machen (§ 288 Abs. 3 BGB).

Nach Ablauf einer angemessenen Nachfrist hat der Gläubiger das Recht, **auf die Zahlung zu verzichten** und **vom Vertrag zurücktreten**. Liegt ein Verschulden des Schuldners vor (bei Geldschulden regelmäßig der Fall) und kann ein Schaden nachgewiesen werden, so kann der Geschädigte **Schadensersatz statt der Leistung** verlangen. Darüber hinaus kann ein Ersatz vergeblicher Aufwendungen geltend gemacht werden (§ 284 BGB).

Berechnung der Verzugszinsen

Ab dem Zeitpunkt des Zahlungsverzugs (nicht der Fälligkeit!) bis zur Zahlung ist die Geldschuld zu verzinsen. Dabei liegt der Zinssatz bei einem zweiseitigen Handelskauf (beide Vertragspartner sind Unternehmen) 9 % über dem aktuell gültigen Basiszins.

Merksatz

Bei einem **Verzugsschaden** handelt sich um einen Schaden, der, ohne dass ein konkreter Schaden nachgewiesen werden muss, geltend gemacht werden kann.

Durch diese Regelung soll erreicht werden, dass ein Schuldner die ausstehende Zahlung möglichst schnell nachholt und ihm aus der verspäteten Zahlung kein finanzieller Vorteil entsteht.

Im fachlichen Kontext

Ermittlung des Zeitraums für die Verzugszinsberechnung
Eine Frist beginnt mit Beginn eines Tages (0:00 Uhr). Der Tag, in dessen Verlauf das für den Fristbeginn maßgebliche Ereignis fällt, wird nicht mitgerechnet. Der darauf folgende Tag ist der erste Tag der Frist (Ausnahmen hierzu sind im § 187 Abs. 2 BGB geregelt). Geht also dem Schuldner eine Mahnung zu, durch die er in Verzug kommt, beginnt der Zinslauf an dem Tag, der dem Tag des Zugangs der Mahnung folgt (§ 187 Abs. 1 BGB). Eine Frist endet mit Ablauf des letzten Tages (23:59 Uhr) der Frist (§ 188 Abs. 1 BGB). Fällt das Ende einer Frist auf einen Samstag, Sonntag oder gesetzlichen Feiertag, so tritt an seine Stelle der folgende Werktag (§ 193 BGB). Die Frist für die Berechnung der Verzugszinsen endet mit Ablauf des Tages der Vornahme der Zahlung durch den Schuldner. Der Zahlungstag ist also noch vollständig in den Zinszeitraum einzubeziehen.

Beispiel
Die Finke Zeitarbeit GmbH hat die folgende Forderung gegen die Becker OHG.

Rechnungs-Nr.	Kunden-Nr.	Name des Kunden	Rechnungsbetrag	Rechnungsdatum	Zahlungsziel/ Skonto	Fälligkeitsdatum
1201-12	16012	Becker OHG	8 233,00 €	19.12.2016	30 Tage/ ohne	19.01.2017

Der fällige Rechnungsbetrag hätte bis zum 19.01.2017 gezahlt werden müssen. Die Becker OHG befindet sich somit ab dem 20.01.2017 im Zahlungsverzug. Am 05.04.2017 wird der fällige Rechnungsbetrag erneut angemahnt. Die Finke Zeitarbeit darf zusätzlich zum Rechnungsbetrag Verzugszinsen in Höhe von 9 % über dem derzeit gültigen Basiszinssatz (zum genannten Zeitpunkt: - 0,88 %) verlangen:

Rechnungsbetrag:	*8 233,00 €*
Zeitraum für die Berechnung der Verzugszinsen:	*20.01.2017 – 05.04.2017 (76 Tage)*
Verzugszinssatz:	*9,00 % p. a. – 0,88 % p. a. = 8,12 % p. a.*
Zinsbetrag:	$\frac{\text{Rechnungsbetrag} \cdot \text{Tage} \cdot \text{Zinssatz}}{365 \cdot 100}$ ***= 139,20 €***
Gesamtforderung:	*8 372,20 €*

Im Gegensatz zum z. B. Konsumentenkredit ist die Zinsmethode bei Verzugszinsen gesetzlich nicht vorgeschrieben; auch die Rechtsprechung hat sich auf keine bestimmte Zinsmethode festgelegt. Da es sich nicht um einen Zeitraumzins, sondern um einen Tageszins für jeden Tag des Verzugs handelt, setzt sich bei der Berechnung des Verzugszinses in der Praxis zunehmend die kalendergenaue 365/365(Act/Act)-Methode durch.

Recherchetipp

Die Höhe der Verzugszinsen kann auch mithilfe geeigneter Internetseiten ermittelt werden:
www.zinsen-berechnen.de/verzugszinsrechner.php

4.2.2 Verletzung vertraglicher Nebenpflichten durch den Entleiher

Nichtannahme der Arbeitsleistung

Wird die Annahme der Arbeitsleistung verweigert, weil der Entleiher keine Verwendungsmöglichkeit mehr für die Arbeitsleistung des ZAN hat, wird der Verleiher **von seiner Personalgestellungspflicht befreit** (§ 275 Abs. 1 BGB). Der Vergütungsanspruch bleibt erhalten, sofern der ausgewählte ZAN den Anforderungen des Überlassungsvertrages entsprochen hat. Der Entleiher trägt das Risiko, die vertragsgemäß erbrachte Leistung auch tatsächlich für sich nutzbringend einsetzen zu können.

Verletzung von Fürsorgepflichten

Der Verleiher ist auf die Arbeitsfähigkeit seiner Arbeitnehmer angewiesen, da ihre Arbeitsleistung in Kundenunternehmen die Grundlage für die Ausübung seiner gewerblichen Tätigkeit darstellt. Er hat ein wirtschaftliches Interesse am Erhalt der Gesundheit seiner Arbeitnehmer.

Merksatz
Wird ein ZAN durch eine Verletzung von **Hinweis- oder Fürsorgepflichten** des Entleihers arbeitsunfähig, so hat der Entleiher den durch den Ausfall des ZAN entgangenen Gewinn des Verleihers zu ersetzen.

Fehlende Informationsweitergabe

Den Entleiher treffen zahlreiche Informationspflichten gegenüber dem Verleiher, bei deren Verletzung er sich gegenüber dem Verleiher schadensersatzpflichtig macht. Hierbei handelt es sich z. B. um Informationspflichten hinsichtlich der wesentlichen Arbeitsbedingungen im Betrieb des Entleihers (vgl. § 9 AÜG).

Verstoß gegen den Gleichbehandlungsgrundsatz

Grundsätzlich hat der ZAN gegen den Verleiher einen **Anspruch auf Gleichbehandlung** (§§ 9 Nr. 2, § 10 Abs. 4 AÜG). Hierbei handelt es sich üblicherweise um wesentliche Arbeitsbedingungen, die vom Entleiher gesteuert werden und außerhalb der Gestaltungsmöglichkeiten des Verleihers liegen (z.B. Arbeitszeiten, Schichteinteilungen). Wird ein ZAN im Betrieb des Entleihers schlechter gestellt als die Stammbelegschaft und entsteht dem Verleiher hieraus ein Schaden, so haftet der Entleiher gegenüber dem Verleiher auf Schadensersatz auf Grundlage der §§ 280 Abs. 1 und 241 Abs. 2 BGB.

Quelle: Vgl. Hamann, Wolfgang: Fremdpersonaleinsatz in Unternehmen, Richard Boorberg Verlag, Stuttgart, 2011, S. 90–92

Zusammenfassung

Haftung des Personaldienstleisters bei der Arbeitnehmerüberlassung

- Bei der Überlassungspflicht handelt es sich in der Regel um
  - ein Dauerschuldverhältnis,
  - eine Gattungsschuld,
  - ein absolutes Fixgeschäft.
- Dauerschuldverhältnis bedeutet, dass der Verleiher für die gesamte Überlassungsdauer einen geeigneten ZAN überlassen muss.
- Bei der Leistungspflicht handelt es sich um eine Stückschuld, da seit der Änderung des AÜG zum 01.04.2017 immer ein, namentlich genannter ZAN überlassen werden muss. Der Verleiher haftet bei einem Schaden nur für eigenes Verschulden.
- Das Vertretenmüssen des Verleihers nach § 276 BGB bezieht sich nur auf die Auswahl des konkreten, im ANÜV namentlich benannten ZAN. Der Verleiher haftet für Vorsatz und Fahrlässigkeit. Der Verleiher haftet nur verschuldensabhängig.

- Bei einer Arbeitsleistung handelt es sich um eine Fixschuld, da sie in der Regel nicht nachholbar ist.
- Bei einer Nichterfüllung muss zwischen Unmöglichkeit und Verzug unterschieden werden.

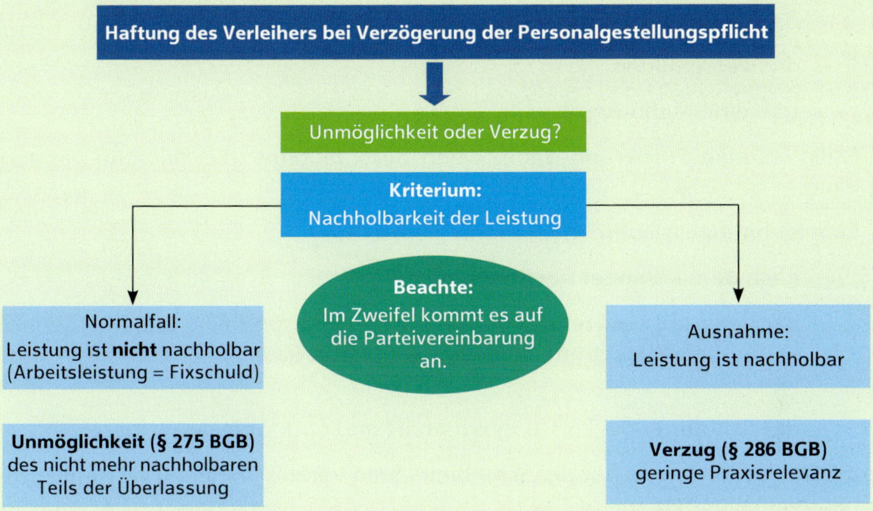

- Der Verleiher haftet nur für eine Nichterfüllung der Personalgestellungspflicht und für ein Auswahlverschulden. Bei einer Schlechtleistung des ZAN haftet der Verleiher nicht, da der ZAN kein Erfüllungsgehilfe des Verleihers ist. Es kann sich allerdings eine Ersatzgestellungspflicht ergeben, je nachdem, was vertraglich vereinbart wurde.
- Bei einer Stückschuld kommt es zum Ausschluss der Leistungspflicht (Unmöglichkeit), wenn die Leistung vom Schuldner nicht mehr erbracht werden kann. Bezogen auf die Arbeitnehmerüberlassung hat dies zur Folge, dass der Verleiher aus seiner Pflicht zur Leistung im Hinblick auf den ausgewählten Mitarbeiter befreit wird. Je nach vertraglicher Vereinbarung kann es allerdings zu einer Ersatzgestellungspflicht des Verleihers kommen.
- Zur Vermeidung von Auswahlfehlern bei der Überlassung sind eine ausführliche Tätigkeitsbeschreibung und ein Anforderungsprofil erforderlich. Die Anforderungen an den ZAN sind aus Beweisgründen ausführlich in den ANÜV aufzunehmen.
- Eine Austauschmöglichkeit des Verleihers von Zeitarbeitnehmern ist vertraglich zu vereinbaren. Das Gleiche gilt für das Zurückweisungsrecht des Entleihers.

Zahlungsverzug

- Zu den **Voraussetzungen des Schuldnerverzugs** bei Geldforderungen gehören nach § 271 und § 286 BGB
  - die Nichtleistung,
  - die Fälligkeit,
  - das Verschulden,
  - ggf. eine Mahnung.
- Fällig ist eine Forderung dann, wenn der Gläubiger die Leistung verlangen kann.
- Eine Mahnung ist entbehrlich, wenn die Leistung
  - nach dem Kalender bestimmbar ist,
  - der Leistung ein Ereignis vorauszugehen hat und eine angemessene Zeit in der Weise bestimmt ist, dass sie sich von da an kalendermäßig berechnen lässt,
  - der Schuldner die Leistung ernsthaft und endgültig verweigert.
- Bei Geldforderungen hat der Schuldner einen Verzug immer zu vertreten („Geld hat man zu haben“).

Ansprüche des Gläubigers bei Zahlungsverzug des Schuldners

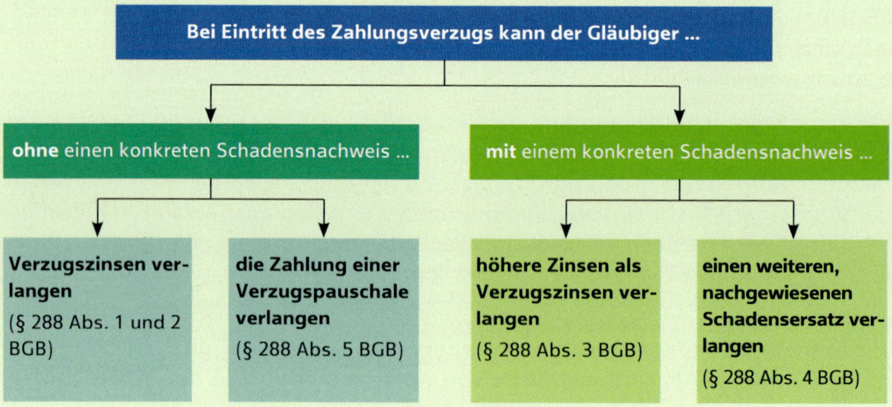

Höhe der Verzugszinsen

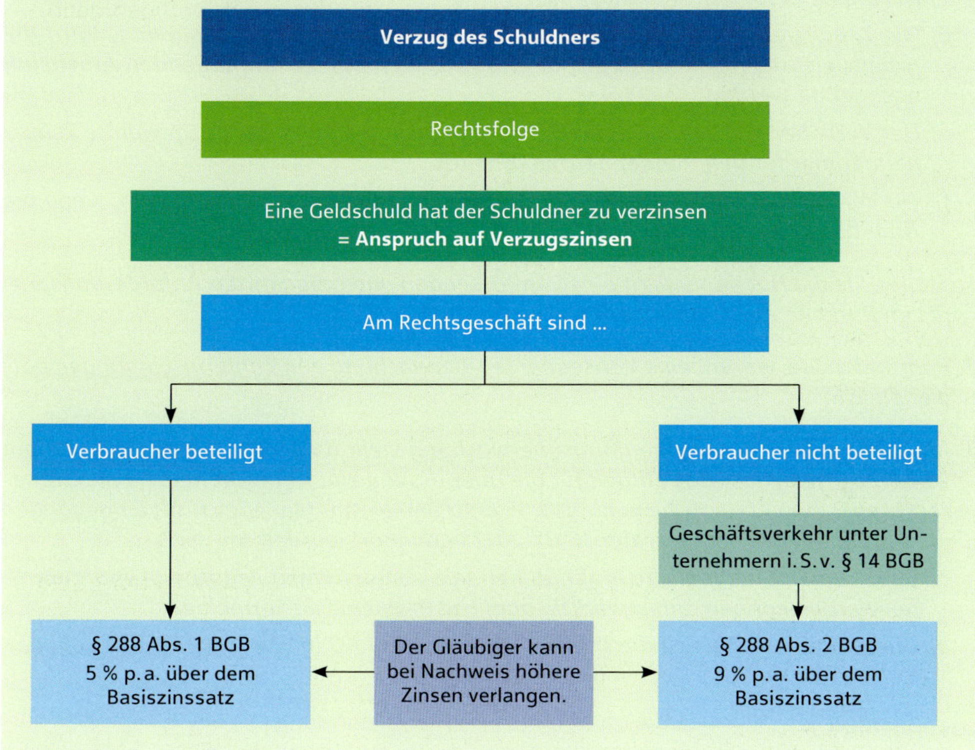

Aufgaben

1. *Begründen Sie, warum ein Personaldienstleister ein grundsätzliches Interesse an einer Konkretisierung der Leistungspflicht aus dem Arbeitnehmerüberlassungsvertrag haben muss.*

2. *Stellen Sie den Unterschied zwischen der Nichterfüllung und der Schlechterfüllung der Personalgestellungspflicht dar.*

3. *Prüfen Sie, welche der folgenden Aussagen falsch sind. Verbessern Sie falsche Aussagen so, dass sie zutreffen:*
   a) Die gesetzlichen Regelungen zum Vertragsrecht regeln wesentliche Rechte und Pflichten der Vertragsparteien. Individuelle vertragliche Vereinbarungen sollten aus diesem Grund unterbleiben.
   b) Der ZAN wird bei der Arbeitnehmerüberlassung als Erfüllungsgehilfe des Verleihers tätig. Der Verleiher schuldet dem Entleiher somit auch die ordnungsgemäße Arbeitsleistung seiner ZAN.

c) *Durch den ANÜV verpflichtet sich der Personaldienstleister zur Auswahl und Überlassung eines oder mehrerer qualifizierter Zeitarbeitnehmer an das Kundenunternehmen (Personalgestellungspflicht).*

d) *Die Arbeitsleistung eines Arbeitnehmers ist grundsätzlich nachholbar. Wird die Arbeitsleistung nicht oder zu spät erbracht, so muss sie am folgenden Arbeitstag nachgeholt werden.*

e) *Der Verleiher hat keine weitere Leistungspflicht, solange der ausgewählte Zeitarbeitnehmer für den Kundenbetrieb arbeitet.*

f) *Ein Verzug der Leistungspflicht durch den Verleiher kann nur vorliegen, wenn die Arbeit des ZAN nachholbar ist.*

4. *Stellen Sie die Notwendigkeit eines umfassenden und detaillierten Anforderungsprofils im Rahmen einer Arbeitnehmerüberlassung dar.*

5. *Begründen Sie, warum eine konsequente Überwachung von Zahlungseingängen notwendig ist.*

6. *Im Rahmen der Zahlungseingangsüberwachung stellt die Finke Zeitarbeit GmbH am 23.06.2017 fest, dass das Entgelt für die Überlassung eines Mitarbeiters an die Dreherei Frank Lubau KG in Höhe von 2 919,55 € für den Monat Mai noch nicht eingegangen ist. Als Zahlungstermin war der 15.05.2017 vereinbart worden.*

a) *Beschreiben Sie mögliche Maßnahmen, die von der Finke Zeitarbeit GmbH ergriffen werden können, um zukünftig ähnliche Probleme zu vermeiden.*

b) *Überprüfen Sie, ob sich die Dreherei Frank Lubau KG im Zahlungsverzug befindet. Nennen Sie ggf. das Datum des Verzugseintritts.*

Lösungshilfe

Voraussetzungen, damit die Finke Zeitarbeit GmbH die Zahlung von Verzugszinsen verlangen kann	Voraussetzungen erfüllt (ja/nein)?	Begründung

c) Berechnen Sie die Verzugszinsen für den Fall, dass die Dreherei Frank Lubau KG die Rechnung bis zum 28.06.2017 nicht beglichen hat. Gehen Sie von einem Basiszinssatz i. H. v. – 0,88 % aus. Runden Sie das Ergebnis auf zwei volle Stellen nach dem Komma.

d) Formulieren Sie ein Mahnschreiben an den Kunden, in dem Sie ihn über die Höhe der Forderung inkl. der Verzugszinsen informieren. Stellen Sie dem Kunden dar, welche rechtlichen Folgen sich ergeben können, wenn er den fälligen Geldbetrag nicht begleicht.

7. Bestimmen Sie die Fälligkeit und den Beginn des Verzugs bei folgenden Vereinbarungen:

a) „zahlbar sofort“

b) „zahlbar 10 Tage nach Erhalt der Rechnung“ (Hinweis: Die Rechnung ist am 17. Juli zugegangen)

c) „zahlbar am 20. September“

8. Die Finke Zeitarbeit GmbH übersendet dem Kundenunternehmen PeDeKa GmbH am 25. Mai eine Rechnung über in Anspruch genommene Leistungen im Rahmen der ANÜ. Als Zahlungsziel wird der 25. Juni vereinbart. Geben Sie an, zu welchem Zeitpunkt die Zahlung fällig ist.

9. Die PersoNow GmbH übersendet am 6. März eine Rechnung an ein Kundenunternehmen. Der Rechnungsbetrag beträgt 50 575,00 € (brutto). Über den Zeitpunkt der Zahlung wurde keine Vereinbarung getroffen. Am 20. April stellt die PersoNow GmbH fest, dass die Forderung noch nicht beglichen wurde.

a) Prüfen Sie, ob sich das Kundenunternehmen im Zahlungsverzug befindet.

b) Welche Rechte hat die PersoNow GmbH?

c) In welcher Höhe können Verzugszinsen verlangt werden (Akt. Basiszinssatz: – 0,88 %)?

März							April							Mai						
MO	DI	MI	DO	FR	SA	SO	MO	DI	MI	DO	FR	SA	SO	MO	DI	MI	DO	FR	SA	SO
		1	2	3	4	5						1	2	1	2	3	4	5	6	7
6	7	8	9	10	11	12	3	4	5	6	7	8	9	8	9	10	11	12	13	14
13	14	15	16	17	18	19	10	11	12	13	14	15	16	15	16	17	18	19	20	21
20	21	22	23	24	25	26	17	18	19	20	21	22	23	22	23	24	25	26	27	28
27	28	29	30	31			24	25	26	27	28	29	30	29	30					

10. Die Office Möbel OHG hat am 04.06.20.. der Finke Zeitarbeit GmbH Schreibtische und Bürostühle für die Einrichtung der neuen Niederlassung geliefert. Die von der Office Möbel OHG erstellte Rechnung enthält folgende Angaben:

Rechnungsdatum/Zahlungstermin
06.06.20.. zahlbar spätestens am 30.06.20..

Rechnungsbetrag in Euro
16000,00 (zzgl. 19% Umsatzsteuer)

Die Office Möbel OHG stellt fest, dass der Rechnungsbetrag erst am 11.08.20.. (Wertstellung) auf ihrem Konto eingegangen ist. Eine Mahnung an die Finke Zeitarbeit GmbH wegen der verspäteten Zahlung ist zwischenzeitlich nicht erfolgt. Der Kaufvertrag enthält keine Vereinbarung hinsichtlich eventueller Verzugszinsen bei verspäteter Zahlung.

a) Beurteilen Sie, ob trotz der unterbliebenen Mahnung ein Zahlungsverzug der Finke Zeitarbeit GmbH vorliegt.

b) Berechnen Sie für den Fall, dass ein Anspruch auf Verzugszinsen besteht, die Höhe der Verzugszinsen.

c) Ermitteln Sie den gesamten Forderungsbetrag der Office Möbel OHG inkl. Umsatzsteuer.

5 Schadensersatz

Einstiegssituation ▶

Die Finke Zeitarbeit GmbH hat mit dem Logistikunternehmen TransLogistik GmbH einen Arbeitnehmerüberlassungsvertrag geschlossen. Die Finke Zeitarbeit GmbH verpflichtet sich, für die Dauer von drei Wochen eine Fachkraft für Lagerlogistik zu überlassen. Der avisierte Zeitarbeitnehmer erscheint nicht zur Arbeit, die Finke Zeitarbeit GmbH war nicht in der Lage einen Ersatz zu stellen.
Der TransLogistik GmbH ist ein Schaden in Höhe von 750,00 € entstanden. Drei Tage später erreicht die Finke Zeitarbeit GmbH ein Schreiben der TransLogistik GmbH mit der Aufforderung, den entstandenen Schaden zu begleichen. Die Schadensersatzansprüche begründen sich nach den gesetzlichen Regelungen.

Arbeitsauftrag

Prüfen Sie, ob die Finke Zeitarbeit GmbH verpflichtet ist, den Schaden zu ersetzen.

5.1 Begriff

Im BGB und in weiteren Vorschriften wird geregelt, dass derjenige, der vorsätzlich oder fahrlässig das Leben, den Körper, die Freiheit, das Eigentum oder ein sonstiges Recht eines anderen widerrechtlich verletzt, verpflichtet ist, den entstandenen Schaden zu ersetzen.

Definition

Unter **Schadensersatz** wird der Ausgleich eines Schadens verstanden, der einer Person durch eine andere unfreiwillig entstanden ist.

Beispiele

Rechtsverletzungen, die zum Schadensersatz berechtigen: Sach- und Personenschäden (z. B. Körperverletzungen, Krankheiten, Behinderungen), Persönlichkeitsrechtsverletzung (z. B. Verletzung der Privat- und Intimsphäre, Beleidigung, Verleumdung), Beeinträchtigungen des eingerichteten und ausgeübten Gewerbebetriebs (z. B. durch wettbewerbswidriges Verhalten der Konkurrenz, Zerstörung der Gewerberäume), ***Verletzung vertraglicher Rechte, insbesondere Nichterfüllung des Vertrages und Verletzung von Schutz- und Nebenpflichten, Nicht- und Schlechtleistung,*** *Verletzung vorvertraglicher Sorgfaltspflichten etc.*

Damit ein Anspruch auf Schadensersatz geltend gemacht werden kann, ist zunächst zu klären, ob und aus welchem Grund jemand überhaupt einen Anspruch gegen eine andere Person haben könnte. Dazu müssen in der Regel bestimmte gesetzliche Voraussetzungen vorliegen, die zum Schadensersatz berechtigen.
Weiterhin ist die Frage des Verschuldens entscheidend. Damit ist gemeint, ob ein Vertragspartner durch sein Handeln den Schaden verursacht hat und ob er hierfür auch die Verantwortung trägt (Fachbegriffe: Verschulden, Vertretenmüssen).

5.2 Haftung des Verleihers auf Schadensersatz

In der Arbeitnehmerüberlassung kann ein Anspruch des Entleihers auf Schadensersatz gegenüber dem Verleiher auf Grundlage unterschiedlicher Anspruchsgrundlagen vorliegen.

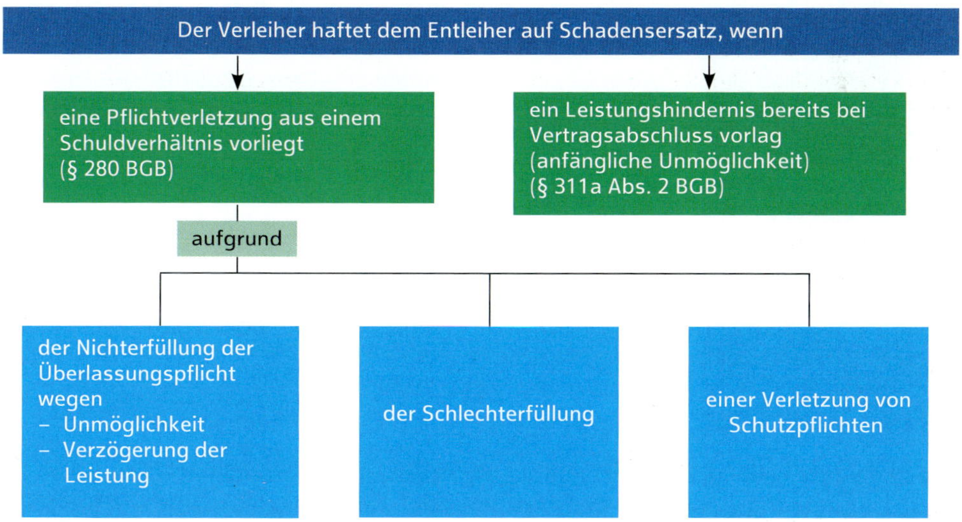

5.2.1 Schadensersatz wegen Pflichtverletzung

Bei der Pflichtverletzung eines Schuldverhältnisses kann der Gläubiger vom Schuldner Schadensersatz verlangen. Die Ansprüche richten sich nach § 280 BGB.

Merksatz
Bei Pflichtverletzungen aus Schuldverhältnissen ist der § 280 BGB die **zentrale Anspruchsgrundlage**.

Abgrenzung der Schadensarten

Nach § 280 BGB werden die folgenden Schadensersatzarten unterschieden:

§ 280 Schadensersatz wegen Pflichtverletzung

(1) Verletzt der Schuldner eine Pflicht aus dem Schuldverhältnis, so kann der Gläubiger Ersatz des hierdurch entstehenden Schadens verlangen. Dies gilt nicht, wenn der Schuldner die Pflichtverletzung nicht zu vertreten hat.

(2) Schadensersatz wegen Verzögerung der Leistung kann der Gläubiger nur unter der zusätzlichen Voraussetzung des § 286 verlangen.

(3) Schadensersatz statt der Leistung kann der Gläubiger nur unter den zusätzlichen Voraussetzungen des § 281, des § 282 oder des § 283 verlangen.

Bezeichnung	Anspruchsgrundlage	Allgemeine Erläuterung
Schadensersatz wegen Pflichtverletzung (Schadensersatz neben der Leistung)	§ 280 Abs. 1 BGB	Grundsätzlich erfasst der § 280 Abs. 1 alle Schadenspositionen, die keinen Schadensersatz statt der Leistung oder keinen Verzögerungsschaden darstellen.
Schadensersatz wegen Verzögerung der Leistung (Verzugsschaden)	§ 280 Abs. 1, 2 BGB, § 286 BGB	Verzögerungsschäden sind solche Schäden, die durch eine verspätete Leistung entstehen. Verzögerungsschäden können nur bei noch nachholbaren Leistungen vorliegen.
Schadensersatz statt der Leistung	§ 280 Abs. 1, 3 BGB, §§ 281, 282, 283 BGB	Der Schadensersatzanspruch tritt an die Stelle der ursprünglich geschuldeten Leistung. Die ursprüngliche Leistung wird nicht mehr erbracht, stattdessen hat der Schuldner Schadensersatz zu leisten.

Für die konkrete Fallbeurteilung kommt es darauf an, ob der Gläubiger Schadensersatz wegen Verzögerung bzw. statt der Leistung oder „einfachen" Schadensersatz nach § 280 Abs. 1 BGB verlangt.

Voraussetzung für Schadensersatzansprüche

Nach § 280 ff. BGB müssen für einen Schadensersatzanspruch die folgenden Voraussetzungen vorliegen:

Voraussetzungen für Schadensersatzansprüche

- Vorliegen eines vertraglichen oder gesetzlichen Schuldverhältnisses (z. B. Arbeitnehmerüberlassungsvertrag)
- Pflichtverletzung des Schuldners (z. B. Nichtleistung des Verleihers)
- Vertretenmüssen der Pflichtverletzung durch den Schuldner
- Eintritt eines nachweisbaren Schadens

Je nach Art des Schadensersatzanspruchs können weitere Voraussetzungen hinzukommen. Der Begriff „Vertretenmüssen" wird am Ende dieses Kapitels erläutert.

Schadensersatzansprüche bei nachträglicher Unmöglichkeit

Der Verleiher stellt vertragswidrig keinen Arbeitnehmer zur Verfügung. Die Leistung ist nicht mehr nachholbar. In einem solchen Fall kann der Entleiher Schadensersatz **statt** der Leistung einfordern.

Beispiele
Mehrarbeitsvergütungen, Entlohnung von selbstbeschafftem Ersatzpersonal, Konventionalstrafen gegenüber dem Auftraggeber, nutzlose Maßnahmen der Arbeitsvorbereitung, Schadensersatzansprüche der Kunden des Entleihers, entgangener Gewinn

Anspruchsgrundlagen

Die Ansprüche auf Schadensersatz begründen sich aus § 280 Abs. 1, 3 BGB i. V. m. § 283 BGB.

Voraussetzungen

Neben den Voraussetzungen des § 280 BGB Abs. 1 ist es erforderlich, dass dem Schuldner die Leistung nach § 275 BGB nicht mehr möglich ist.

Vorliegen einer Teilunmöglichkeit

Liegt eine Teilunmöglichkeit vor, kann der Entleiher nur Schadensersatz statt der Leistung geltend machen, wenn er auf den zukünftigen Erfüllungsanspruch verzichtet. Wenn dies nicht der Fall ist, braucht der Verleiher nur den Schaden zu ersetzen, der durch Teilunmöglichkeit entstanden ist.

Schadensersatz wegen Verzögerung der Leistung

Der Schuldner haftet dem Vertragspartner auf Ersatz eines Schadens, wenn dieser durch die verzögerte Leistung des Schuldners entstanden ist.

Beispiel
Ein ZAN der Finke Zeitarbeit GmbH ist aufgrund einer Erkrankung arbeitsunfähig. Im ANÜV wurde eine Ersatzgestellungspflicht für diesen Fall vereinbart. Die Ersatzgestellung hat laut ANÜV innerhalb von zwei Werktagen zu erfolgen. Die Finke Zeitarbeit GmbH kommt ihrer Ersatzgestellungspflicht nicht rechtzeitig nach. Durch den Einsatz eines anderen Mitarbeiters ist dem Kundenunternehmen ein nachweisbarer Schaden in Höhe von 120,00 € entstanden. Die Finke Zeitarbeit GmbH ist dem Kundenunternehmen schadensersatzpflichtig, da die vertraglich vereinbarte Pflicht zur Ersatzgestellung nicht erfüllt wurde (Verschulden der Finke Zeitarbeit GmbH).

Anspruchsgrundlagen

Die Ansprüche auf Schadensersatz begründen sich auf § 280 Abs. 2 i. V. m § 286 BGB.

Voraussetzungen

Neben den in § 280 Abs. 1 genannten Voraussetzungen kann ein Verzögerungsschaden nur unter folgenden zusätzlichen Voraussetzungen geltend gemacht werden:

- Leistungsanspruch besteht noch und ist fällig,
- Leistung muss noch möglich sein (z. B. Geldforderung),
- ggf. Mahnung; diese ist entbehrlich, wenn ein bestimmter Leistungszeitpunkt im ANÜV vereinbart war.

Dieser Anspruch auf Schadensersatz ist nur dann relevant, wenn die Leistung nachholbar ist.

Schadensersatz bei Schlechterfüllung (Auswahlverschulden)

Im Falle einer **Schlechtleistung** haftet der Verleiher dem Entleiher auf Schadensersatz, wenn er einen Arbeitnehmer überlässt, der vom Entleiher nicht vertragsgemäß eingesetzt werden kann (Auswahlverschulden).
Der Schadensersatz kann sich dabei auf unbrauchbare Arbeitserzeugnisse, Beschädigung des Betriebseigentums oder auch Verletzung von Personen sowie auf die Verletzung von Rechtsgütern des Verleihers erstrecken.

Beispiel
Ein überlassener Mitarbeiter (Elektriker) wurde schuldhaft nicht ordnungsgemäß ausgewählt. Er verursacht beim Kunden einen Kurzschluss, durch den verschiedene technische Geräte beschädigt werden.

Erbringt der Verleiher die Leistung nicht wie geschuldet, so kann der Entleiher ggf. auch Schadensersatz statt der Leistung verlangen. Die Schlechtleistung ist der Nichtleistung insoweit gleichgestellt.

Anspruchsgrundlagen

Die Anspruchsgrundlagen können sich aus § 280 Abs. 1, ggf. § 281 BGB und § 241 BGB ergeben.

Voraussetzungen

Je nach Sachlage müssen neben den Voraussetzungen, die in § 280 Abs. 1 BGB genannt werden, weitere Voraussetzungen beachtet werden. Möchte der Entleiher beispielsweise Schadensersatz statt der Leistung geltend machen, kann u. a. das Verstreichen einer erfolglosen Nachfrist Voraussetzung für den Schadensersatzanspruch sein.

Beweislast

Die Beweislast für die ordnungsgemäße Auswahl trägt der Verleiher. Sofern der Mitarbeiter bereits längere Zeit für den Entleiher tätig ist, kehrt sich die Beweislast um. Der Entleiher muss nun beweisen, dass ein Auswahlverschulden vorliegt. Um Streitigkeiten zu vermeiden, sollte im ANÜV ein Austauschrecht oder Zurückweisungsrecht vereinbart werden.

Schadensersatz wegen Verletzung von Nebenpflichten

Zu den vertraglichen Nebenpflichten gehören u. a. Aufklärungs- und Auskunftspflichten und Mitwirkungspflichten, aber auch die Schutzpflichten wie Rücksicht auf die Rechte, Rechtsgüter und Interessen des Vertragspartners (siehe § 241, Abs. 2 BGB). Verletzt der Verleiher die von ihm zu beachtenden Nebenpflichten, macht er sich ggf. nach § 280 Abs. 1 BGB schadensersatzpflichtig.

Beispiel
Erleidet ein Stammmitarbeiter des Entleihers einen Personenschaden, der durch einen ZAN verursacht wurde, so ist dieser Schaden in der Regel auf ein Fehlverhalten des ZAN zurückzuführen. In diesem Fall ist der Verleiher nur dann schadensersatzpflichtig, wenn ihm das Fehlverhalten zugerechnet werden kann (Auswahlverschulden). Liegt kein Auswahlverschulden vor, so ist nicht von einer Schadensersatzpflicht der Verleihers auszugehen, da der ZAN nicht als Erfüllungsgehilfe tätig ist.

Darüber hinaus kann der Entleiher aber auch Schadensersatz statt der Leistung nach § 282 BGB, i. V. m. § 241 Abs. 2 BGB geltend machen, wenn ihm die Leistung durch den Verleiher nicht mehr zugemutet werden kann. Davon ist in der Regel nur dann auszugehen, wenn der Schuldner trotz Aufforderung zur Unterlassung der Pflichtverletzung (Abmahnung) weiterhin die Nebenpflichten erheblich verletzt.

§ 282 BGB

Verletzt der Schuldner eine Pflicht nach § 241 Abs. 2, kann der Gläubiger unter den Voraussetzungen des § 280 Abs. 1 Schadensersatz statt der Leistung verlangen, wenn ihm die Leistung durch den Schuldner nicht mehr zuzumuten ist.

5.2.2 Schadensersatz wegen Leistungshindernis vor Vertragsabschluss

Ein Leistungshindernis liegt bereits bei Vertragsabschluss vor (anfängliche Unmöglichkeit).

Beispiel
Im Anschluss an einen Kundenbesuch schließt Nadine Steffen mit dem Personalleiter der Krämer & Ludwig KG einen ANÜV in den Räumlichkeiten des Kunden. Aufgrund der bisheriger guten Erfahrungen besteht das Kundenunternehmen auf die Überlassung von Lisa Kunze als Lohnbuchhalterin. Als Arbeitsbeginn wird der folgende Montag schriftlich vereinbart. Als Nicole Steffen in die Niederlassung der Finke Zeitarbeit GmbH zurückkehrt, erfährt sie, dass sich Lisa Kunze bei einem Sturz vom Fahrrad einen komplizierten Beinbruch zugezogen hat und mindestens sechs Wochen arbeitsunfähig ist.

Anspruchsgrundlagen

Die Regelungen zum Schadensersatz bei anfänglichem Leistungshindernis begründen sich auf § 311a Abs. 2, i. V. m. § 280 Abs. 1 BGB, § 241 Abs. 2 BGB.

Voraussetzungen

Voraussetzungen für die Geltendmachung von Schadensersatz sind, dass dem Schuldner die Leistung bereits bei Vertragsabschluss[1] nachweislich unmöglich war und er hierüber Kenntnis hatte.

Beispiel
Im obigen Beispiel entstehen keine Schadensersatzansprüche, weil Nadine Steffen zum Zeitpunkt des Vertragsabschlusses nicht wusste, dass Lisa Kunze für sechs Wochen arbeitsunfähig ist.

5.2.3 Umfang des Schadensersatzes bei der Arbeitnehmerüberlassung

Der Umfang des Schadensersatzes richtet sich nach § 249 ff. BGB auf den Ersatz des sog. **Erfüllungsinteresses**.

Definition
Das **Erfüllungsinteresse** ist das Interesse der geschädigten Vertragspartei so gestellt zu werden, als wenn der Vertrag ordnungsgemäß erfüllt worden wäre (sog. **positives Interesse**).

§ 249 BGB Art und Umfang des Schadensersatzes

(1) Wer zum Schadensersatz verpflichtet ist, hat den Zustand herzustellen, der bestehen würde, wenn der zum Ersatz verpflichtende Umstand nicht eingetreten wäre.

[...]

[1] *Die tatsächliche Anbahnung von Vertragsbeziehungen und der vorbereitende Geschäftskontakt begründen bereits Schutz- und Obhutspflichten zwischen den Vertragsparteien (§ 241 Abs. 2 BGB). Die Verletzung dieser Pflichten wegen Verschuldens bei Vertragsverhandlungen (culpa in contrahendo) können einen Schadensersatzanspruch begründen.*

Im Zusammenhang mit dem ANÜV kann das Erfüllungsinteresse des Entleihers beispielsweise darin bestehen, dass ein entgangener Gewinn eingefordert wird oder dass die Kosten für eine Ersatzkraft ersetzt werden.

Beispiel
Durch die Nichtüberlassung eines Arbeitnehmers konnte die Rosenberger KG einen Auftrag nicht abwickeln. Der Verleiher hat neben den aufgewendeten Produktionskosten des Entleihers auch den Gewinn zu ersetzen, der diesem durch die Nichtausführung des Auftrags entgangen ist.

Ob und in welcher Höhe ein Schaden eingetreten ist, bestimmt sich in der Praxis nach der sog. **Differenzmethode**.
Von diesem Schaden ist die Überlassungsvergütung abzuziehen, die der Entleiher eingespart hat.
Hat der Entleiher zur Sicherung seiner Produktion einen anderen Personaldienstleister mit der Überlassung geeigneter Zeitarbeitnehmer beauftragt und muss er hier höhere Kosten aufwenden, so hat der Verleiher die Differenz als Schaden zu tragen.

Beispiel
Die PersoNow GmbH ist ihrer Pflicht zur Überlassung von zwei Fachlogistikern nicht nachgekommen. Die Rosenberger KG war gezwungen, über die Finke Zeitarbeit GmbH Ersatz zu beschaffen. Zwischen der PersoNow GmbH und der Rosenberger KG wurde ein Stundenverrechnungssatz in Höhe von 19,36 € vereinbart. Die Finke Zeitarbeit GmbH verlangt für die Überlassung einen Stundenverrechnungssatz in Höhe von 21,00 € pro Stunde. Die PersoNow GmbH muss der Rosenberger KG die Differenz in Höhe von 1,64 € pro Stunde ersetzen.

Unabhängig von der Haftung des Verleihers hat der Entleiher die Verpflichtung, die Auswirkungen des Schadens im Rahmen seiner Möglichkeiten zu mindern. Unterlässt es der Entleiher beispielsweise bei einem anderen Personaldienstleister Personal anzufordern, so kann er den Verleiher nicht auf den gesamten Schaden in Anspruch nehmen. Als zu ersetzender Schaden kommt der Betrag in Betracht, der bei Inanspruchnahme eines anderen Zeitarbeitsunternehmens entstanden wäre. Hat sich der Entleiher vergeblich um Ersatzkräfte bemüht, kann ihm hier kein Mitverschulden vorgehalten werden.

Im fachlichen Kontext

Das Vertretenmüssen
Für das Entstehen einer Rechtsfolge (z. B. Haftung) kommt es oft entscheidend darauf an, ob jemand die Leistungsstörung zu vertreten hat.

Merksatz
Der Begriff des **Vertretenmüssens** bedeutet, dass der Schuldner dem Gläubiger gegenüber verantwortlich ist, er also die Folgen aus seinem Verhalten zu tragen hat.

Grundsätzlich haftet der Schuldner für jedes Risiko, das er vertraglich übernommen hat, z. B. die Übernahme einer Garantie oder eines Beschaffungsrisikos. Auf ein Verschulden kommt es insoweit nicht mehr an. Deshalb haftet der Verleiher bei Gattungsschulden verschuldensunabhängig (siehe Kapitel 4.1).

Nach § 276 Abs. 1, Satz 1 BGB gilt hierbei das Verschuldensprinzip. Danach hat ein Schuldner

- Fahrlässigkeit und
- Vorsatz

zu vertreten.

Vorsatz

Um **Vorsatz** handelt es sich, wenn eine Person durch ihr Verhalten bewusst (mit Wissen und Wollen) ein **rechts- oder pflichtwidriges** Ergebnis herbeiführt. Es reicht dabei aus, dass die handelnde Person das Ergebnis nicht bewusst erreichen will, es aber billigend in Kauf nimmt.

Beispiel

Annika sieht den herannahenden Zug und überquert trotzdem mit dem Pkw den Bahnübergang. Durch die Vollbremsung kommt es zu einem erheblichen Schaden an der Lokomotive.

Fahrlässigkeit

Im Zivilrecht wird bei der Fahrlässigkeit zwischen

- leichter Fahrlässigkeit und
- grober Fahrlässigkeit

unterschieden.

Eine **leichte Fahrlässigkeit** liegt vor, wenn durch eine Person die im Verkehr erforderliche Sorgfalt in einem normalen Maß außer Acht gelassen wird.

Beispiel

Julian Schnabel hat einen neuen Fahrradträger für sein Auto gekauft. Bei der ersten Montage vergisst er eine Schraubverbindung. Ein Fahrrad fällt bei der Fahrt vom Dach und beschädigt ein hinter ihm fahrendes Auto.

Eine **grobe Fahrlässigkeit** wird angenommen, wenn die im rechtlichen Verkehr erforderliche Sorgfalt in ungewöhnlich hohem Maße verletzt wird oder wenn naheliegende Überlegungen nicht angestellt werden. Ein Verhalten führt offensichtlich zu einer Schädigung.

Beispiel

Trotz einer langen Trockenperiode und eindeutigen Hinweisen auf die Gefahr von Waldbränden, entfacht ein Wanderer im Wald eines Naherholungsgebietes ein Feuer, um Würstchen zu grillen. Das Feuer breitet sich unkontrolliert aus und vernichtet große Flächen des Waldes.

Quelle: Vgl. Heinrich, Stefan: Leistungsstörungsrecht (Vorlesung), unter: http://tu-dresden.de/die_tu_dresden/fakultaeten/juristische_fakultaet/jfzivil3/lv_pdf_dateien/Leistungsstrungsrecht.pdf, zuletzt abgerufen am 02.11.2017

Zusammenfassung

- Unter **Schadensersatz** wird der Ausgleich eines unfreiwillig entstandenen Schadens verstanden, der durch eine andere Person verursacht wurde.
- Die zentrale Anspruchsgrundlage für Schadensersatzansprüche ist der § 280 BGB.
- Voraussetzungen für Schadensersatzansprüche sind
  - das Vorliegen eines vertraglichen oder gesetzlichen Schuldverhältnisses,
  - eine Pflichtverletzung des Schuldners,
  - das Vertretenmüssen der Pflichtverletzung durch den Schuldner,
  - der Eintritt eines nachweisbaren Schadens.
- Für einen Schadensersatzanspruch bei nachträglicher Unmöglichkeit ist neben den Voraussetzungen des § 280 BGB Abs. 1 erforderlich, dass dem Schuldner die Leistung nach § 275 BGB nicht mehr möglich ist.
- Ein Anspruch auf Schadensersatz wegen Verzögerung der Leistung (Verzögerungsschaden) kann nur unter folgenden zusätzlichen Voraussetzungen zu § 280 BGB geltend gemacht werden:
  - ein bestehender und fälliger Leistungsanspruch,
  - die Leistung muss nachholbar sein (z. B. Gattungsschuld),
  - ggf. Mahnung.
- Ein Verzögerungsschaden ist nur dann relevant, wenn die Leistung nachholbar ist.
- Bei einem Auswahlverschulden (**Schlechtleistung**) haftet der Verleiher dem Entleiher auf Schadensersatz, wenn er einen Arbeitnehmer überlässt, der vom Entleiher nicht vertragsgemäß eingesetzt werden kann.
- In der Arbeitnehmerüberlassung kann ein Anspruch des Entleihers auf Schadensersatz gegenüber dem Verleiher auf Grundlage einer Pflichtverletzung aus dem ANÜV vorliegen oder aus einem Leistungshindernis, dass bereits vor Vertragsabschluss vorlag (anfängliche Unmöglichkeit).
- Ein Schadensersatzanspruch wegen eines Leistungshindernisses vor Vertragsabschluss kann nur bei einer Stückschuld entstehen (bestimmter, namentlich genannter ZAN) und wenn über das Leistungshindernis bereits im Vorfeld Kenntnis bestand.
- Der Umfang des Schadensersatzes richtet sich nach § 249 ff. BGB auf den Ersatz des sog. Erfüllungsinteresses, d. h. die geschädigte Vertragspartei muss so gestellt werden, als wenn der Vertrag ordnungsgemäß erfüllt worden wäre.

- Ob und in welcher Höhe ein Schaden eingetreten ist, bestimmt sich in der Praxis nach der sog. Differenzmethode.

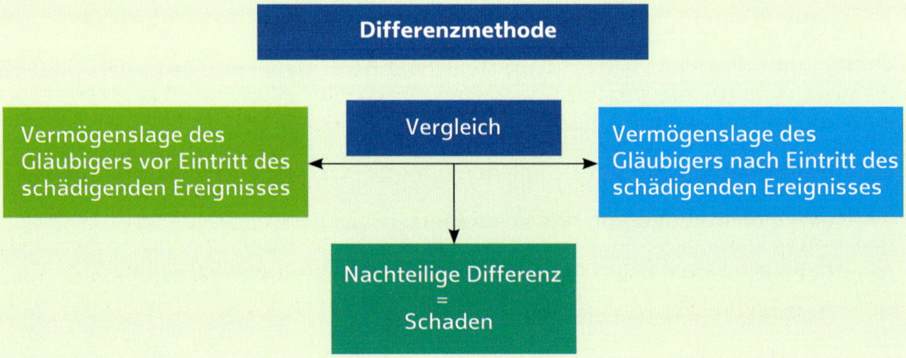

Aufgaben

1. *Formulieren Sie eine Definition des Begriffs „Schadensersatz" in eigenen Worten.*

2. *Stellen Sie dar, welche Gründe dazu führen können, dass der Verleiher gegenüber dem Kunden schadensersatzpflichtig wird. Verdeutlichen Sie Ihre Antwort durch geeignete Beispiele.*

3. *Die Differenzmethode wird für die Bemessung eines Schadensersatzanspruches angewendet. Erläutern Sie, was unter der Differenzmethode verstanden wird, und verdeutlichen Sie Ihre Antwort durch ein geeignetes Beispiel.*

4. *Sie sind Mitarbeiter der Finke Zeitarbeit GmbH. Ihr Unternehmen hat mit der LIPEX AG in Hamm einen Arbeitnehmerüberlassungsvertrag geschlossen. Es wurde vertraglich vereinbart, dass die Finke Zeitarbeit GmbH an die LIPEX AG die folgenden Mitarbeiter überlässt:*
   - *eine Fachlageristin,*
   - *zwei Staplerfahrer,*
   - *einen Produktionshelfer.*

Die Zeitarbeitnehmer wurden von Ihnen rechtzeitig über Arbeitsort und Arbeitsbeginn informiert.
Am Morgen des ersten Einsatztages erhalten Sie einen Anruf der Fachlageristin, dass sie durch eine Verspätung der Bahn nicht rechtzeitig bei der LIPEX AG eintreffen kann.

a) *Beschreiben Sie, welche Maßnahmen Sie in diesem Fall ergreifen können.*

b) *Durch die Verspätung der Fachlageristin ist es in den Arbeitsabläufen der LIPEX AG zu umfangreichen Störungen gekommen. Die Verladung terminierter Aufträge konnte nicht rechtzeitig erfolgen, sodass der LIPEX AG ein nachweisbarer Schaden in Höhe von 1 200,00 € entstanden ist. Die LIPEX AG fordert von der Finke Zeitarbeit GmbH nun den Ersatz dieses Schadens.*
Prüfen Sie, ob die Schadensersatzansprüche berechtigt sind.

6 Vertragsstörungen beim Werkvertrag

Einstiegssituation ▶

Durch die positive Geschäftsentwicklung der vergangenen Monate hat sich die Anzahl der internen Mitarbeiter bei der Finke Zeitarbeit GmbH ständig erhöht. Um mehr Platz für die neuen Mitarbeiter zu schaffen, müssen verschiedene Umbaumaßnahmen vorgenommen werden. Aus zwei Großraumbüros sollen mehrere kleinere Büros geschaffen werden, in denen auch Kundengespräche erfolgen können. Aus zwei wenig genutzten Lager- und Abstellräumen sollen zusätzliche Büroräume entstehen. Da die vorhandenen Sanitäranlagen nicht ausreichen und für Besucher keine separaten Sanitärräume vorhanden sind, sollen auch hier umfangreiche Baumaßnahmen erfolgen. Die Finke Zeitarbeit GmbH beauftragt die B & G Innenausbau und Sanitär GmbH mit der Durchführung der Umbaumaßnahmen.

Arbeitsaufträge

1. *Erläutern Sie situationsbezogen die typischen Leistungspflichten der Vertragspartner beim Werkvertrag.*
2. *Stellen Sie am Beispiel der o. g. Situation dar, welche Mängel bei der Ausführung der Arbeiten auftreten können.*
3. *Erläutern Sie, welche unterschiedlichen Gewährleistungsansprüche die Finke Zeitarbeit GmbH gegenüber der B & G Innenausbau und Sanitär GmbH im Falle einer nicht vertragsgemäß erbrachten Leistung hat.*

Bedeutung

In der Personaldienstleistungsbranche gibt es für den Einsatz von Werkverträgen unterschiedliche Anlässe:

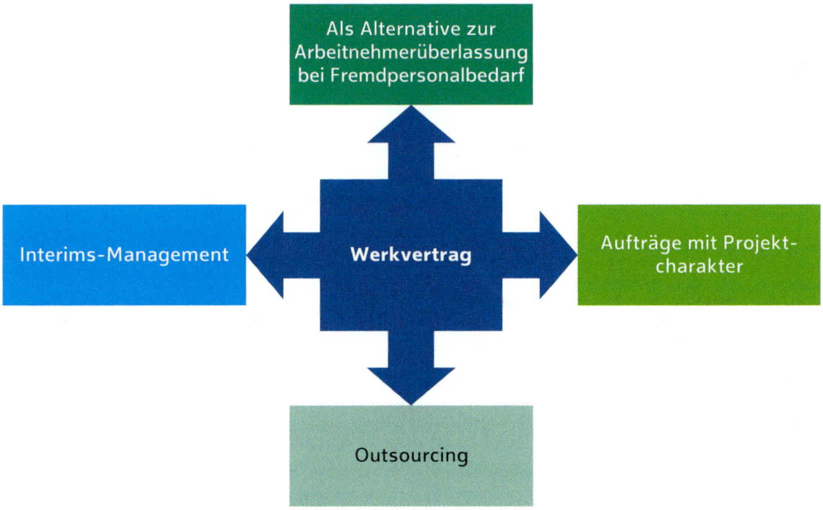

Beispiel
Die Rosenberger KG ist ein metallverarbeitender Betrieb mit 115 Arbeitnehmern. Bisher bestand mit der Finke Zeitarbeit GmbH eine Geschäftsbeziehung durch die Überlassung von ZAN. Die Geschäftsführung der Rosenberger KG beabsichtigt, einzelne Teilaufgaben, die nicht zu den Kernbereichen des Unternehmens gehören, an einen externen Dienstleister auszugliedern. Hierbei handelt es sich u. a. um die Reinigung der Produktions- und Lagerflächen. Die Finke Zeitarbeit GmbH macht der Rosenberger KG ein Angebot auf Basis eines Werkvertrages. Dabei verpflichtet sich die Finke Zeitarbeit GmbH, die im Werkvertrag bezeichneten Flächen auf dem Betriebsgelände der Rosenberger KG entsprechend der Leistungsbeschreibung des Kunden zu reinigen. Für diesen Zweck werden Arbeitnehmer der Finke Zeitarbeit GmbH eingesetzt.

Bd. 1, LF 2, 2.1.8 Ausführliche Informationen zum Fremdpersonaleinsatz im Rahmen von Werk- und Dienstverträgen finden sich im Band 1 dieser Reihe.

6.1 Vertragliche Pflichten beim Werkvertrag

Auftragnehmer (Werkunternehmer)	Auftraggeber
Hauptpflichten	
Rechtzeitige, mangelfreie **Herstellung** und Ablieferung **des Werkes** (§§ 631 Abs. 1, 633 BGB). Bei dem Werk kann es sich • um die Herstellung bzw. Veränderung einer Sache oder • um einen Erfolg durch Arbeit bzw. Dienstleistung handeln (§ 631 Abs. 2 BGB).	• Abnahme des bestellten Werkes • Bezahlung der vereinbarten Vergütung (§§ 631, 640, 641 BGB)
Nebenpflichten	
• Aufklärungspflichten • Prüfungspflichten • Beratungspflichten • Fürsorgepflichten	• Mitwirkungspflichten (z. B. Bereitstellung von Räumen, Stromanschlüssen etc.) • Informationspflichten (z. B. Hinweis auf mögliche Gefährdungsquellen
Im BGB sind im Wesentlichen die Fragen zu Gegenstand des Werkvertrages, Annahme, Vergütung und Gewährleistung geregelt. Weitere Pflichten können vertraglich vereinbart werden.	

Merksatz
Die **Herstellung des versprochenen Werkes** muss nicht eigenhändig durch den Werkunternehmer erfolgen. Er darf sich hier eigener Mitarbeiter bedienen (sog. Erfüllungsgehilfen).

6.2 Gestaltungsmöglichkeiten im Werkvertrag

Im Gegensatz zum ANÜV unterliegt der Werkvertrag **grundsätzlich keiner Formvorschrift**. Ein juristisch wirksamer Werkvertrag kommt somit auch durch mündliche Absprachen zustande. Da sich in einem Streitfall mündliche Absprachen vor Gericht nur schwer beweisen lassen, sollte **unbedingt** ein **schriftlicher Werkvertrag** abgeschlossen werden, in dem alle relevanten Absprachen und Vereinbarungen klar und eindeutig festgelegt sind. Der Werkvertrag ist im Wesentlichen in den §§ 631 ff. BGB geregelt. Die hier bereits festgelegten Regelungen müssen somit grundsätzlich nicht noch einmal in den Werkvertrag übernommen werden. Darüber hinaus können natürlich individuelle Absprachen getroffen werden. Das betrifft insbesondere Regelungen darüber, was zur Erfüllung des Vertragszwecks erforderlich ist.

Praxistipp

Im Internet und in der Fachliteratur wird eine Vielzahl von Musterwerkverträgen angeboten. Ein Nachteil dieser Verträge liegt darin, dass sie nicht auf die Besonderheiten des konkreten Einzelfalls zugeschnitten sind. Hier empfiehlt es sich, zu überprüfen, ob die Interessen des Auftragnehmers ausreichend berücksichtigt sind. Das Gleiche gilt auch für Verträge, die einem Auftragnehmer vom Auftraggeber angeboten werden.

Regelungsbedarf im Werkvertrag

Zu den im Werkvertrag zu regelnden Teilaspekten gehören insbesondere

- der Vertragsgegenstand und die konkrete Beschreibung des Werkes,
- inhaltliche Beschreibung bei umfangreichen Projekten,
- technische Beschreibung des zu erstellenden Werkes,
- Qualitätskriterien,
- Vor- und Nebenleistungen von Auftraggeber und Auftragnehmer (z. B. Umfang von Informationspflichten, Mitwirkungspflichten hinsichtlich technischer und/oder personeller Hilfen),
- Termin der Fertigstellung und Abnahme (insbesondere Abgabetermin des Auftragnehmers, Abgabetermin des Auftraggebers bei Erbringung von Nebenleistungen),
- Höhe und Fälligkeit der Vergütung,
- Umfang der Sachmängelhaftung/Gewährleistungsansprüche,
- Kündigungsregelungen.

Da sich trotz aller Vorüberlegungen und Planungen die Situation ergeben kann, dass die Herstellung des Werkes objektiv nicht möglich ist, sollte für diesen Fall ein entsprechender Passus in den Werkvertrag aufgenommen werden.

Beispiel

„Sollte sich herausstellen, dass die Herstellung des beschriebenen Werkes für jedermann unmöglich ist, so verpflichten sich die Vertragsparteien zur Vertragsanpassung in der Weise, dass der Besteller das Werk möglichst unter Einbeziehung bereits vorliegender Teilergebnisse neu bestimmt und der Auftragnehmer/Werkunternehmer das Werk neu erstellt. Der Auftraggeber hat dem Besteller unverzüglich mitzuteilen, wenn Anhaltspunkte dafür vorliegen, dass im Hinblick auf die

Herstellung des Werkes objektive Unmöglichkeit vorliegt. Die Vertragsbestimmungen des zuvor/ursprünglich beschlossenen Vertrags gelten auch für den angepassten Vertrag. Sollte der Arbeitsumfang für die Erstellung des neu bestimmten Werkes im Vergleich zur Erstellung des ursprünglich geplanten Werkes überschritten werden, so erhält der Auftragnehmer für die Mehrarbeit eine zusätzliche angemessene Vergütung."

Quelle: Bundesverband freiberuflicher Kulturwissenschaftler e. V.: Information zu Werkverträgen, unter: http://www.b-f-k.de/service/info-werkvertrag.php, zuletzt abgerufen am 25.03.2018.

Der Werkvertrag sollte einen genauen Abgabetermin des Werkes enthalten. Bei einem größeren Auftrag mit einem langen Erstellungsprozess sollten Abschlagszahlungen vereinbart werden, da der Auftragnehmer in Vorleistung tritt. Höhe und Fälligkeit der Abschlagszahlungen sollten genau festgelegt werden. Dabei kann die Zahlungspflicht auch an die Erstellung von Teilergebnissen geknüpft werden.

6.3 Pflichtverletzungen durch den Auftragnehmer

6.3.1 Verletzung von Hauptpflichten

Die Gewährleistung im Werkvertrag ist den allgemeinen Leistungsstörungen im BGB sehr ähnlich. Zentrale Vorschrift in diesem Zusammenhang ist § 633 BGB.

Merksatz
Der Auftragnehmer ist verpflichtet, dem Auftraggeber das Werk **frei von Sach- und Rechtsmängeln zu verschaffen** (§ 633 BGB).

Das Werk ist mangelhaft, wenn es

- nicht die vertraglich vereinbarte Beschaffenheit aufweist,
- sich nicht für die übliche Verwendung eignet.

Um einen Rechtsmangel handelt es sich, wenn ein Dritter in Bezug auf das Werk ein Recht gegenüber dem Auftraggeber geltend machen kann (z. B. Eigentumsvorbehalt eines Lieferanten).

Bei der Gewährleistung wird zwischen primären und sekundären Ansprüchen unterschieden:

Gewährleistungsansprüche im Werkvertragsrecht
(bei Fehlen anders lautender vertraglicher Vereinbarungen)

Primäre Gewährleistungsansprüche

- Recht auf Neuherstellung des Werkes (§ 631 BGB)
- Recht auf Nacherfüllung (§ 634 Nr. 1 BGB i. V. m. § 635 Abs. 1 BGB)

Sekundäre Gewährleistungsansprüche

- Selbstvornahme (§ 637 BGB)
- Rücktritt (§ 634 Nr. 3 BGB, § 636 BGB, § 323 BGB)
- Minderung des vereinbarten Werklohns (§ 638 BGB)
- Anspruch auf Schadensersatz (§ 634 Nr. 4 BGB, § 636 BGB, § 280 ff. BGB)

Primäre Gewährleistungsansprüche

Neuherstellung des Werkes (§ 631 BGB)

Eine Neuherstellung kann vom Auftraggeber verlangt werden, wenn das Werk **mangelhaft ist und nicht zur Erfüllung des beabsichtigten Zweckes taugt**. Zu beachten ist, dass die Neuherstellung nur verlangt werden kann, wenn eine Beseitigung des Mangels **nicht möglich** ist und die Neuherstellung dem Werkunternehmer zugemutet werden kann. Ist die Abnahme des Werkes erfolgt, so erlischt der Anspruch auf Neuherstellung.

Recht auf Nacherfüllung (§ 634 Nr. 1 BGB i. V. m. § 635 Abs. 1 BGB)

Hierbei handelt es sich um das grundlegende Gewährleistungsrecht des Auftraggebers. Die **Voraussetzungen** für das Recht auf Nacherfüllung sind:

- Zwischen Auftraggeber und Auftragnehmer muss ein wirksamer Werkvertrag bestehen.
- Es liegt ein Sach- oder Rechtsmangel nach § 633 BGB vor.
- Kein Ausschluss der Gewährleistung nach § 635 Abs. 3 BGB.
- Kein vertraglicher Gewährleistungsausschluss.

Sind diese Voraussetzungen erfüllt, so hat der Werkunternehmer die Pflicht, auf eigene Kosten die vorhandenen Mängel zu beseitigen. Dabei kann er wählen, ob die Nacherfüllung durch Nachbesserung oder Neuherstellung erfolgt.

Beispiel
Im Rahmen einer routinemäßigen Überprüfung einer Lagerhalle wird festgestellt, dass Teile der Halle nicht ordnungsgemäß gereinigt wurden. Die Geschäftsführung der Rosenberger KG informiert die Finke Zeitarbeit GmbH über den Sachverhalt und fordert die umgehende Beseitigung der festgestellten Mängel. Die Finke Zeitarbeit GmbH hat auf eigene Kosten die nicht gereinigten Flächen zu säubern.

Sekundäre Gewährleistungsansprüche

Selbstvornahme (§ 637 BGB)

Der Auftraggeber kann nach Ablauf einer Frist den Mangel am Werk selbst beseitigen. Die weiteren **Voraussetzungen** für das Recht auf Selbstvornahme sind:

- Der Besteller muss dem Unternehmer eine angemessene Frist zur Nacherfüllung gesetzt haben (eine Fristsetzung ist entbehrlich, wenn zwei erfolglose Versuche der Nacherfüllung fehlgeschlagen sind oder die Nacherfüllung unzumutbar ist).
- Die Frist muss verstrichen sein.
- Kein Recht zur Verweigerung der Nacherfüllung nach § 635 BGB wegen Unmöglichkeit oder Unverhältnismäßigkeit.
- Es wurde kein vertraglicher Gewährleistungsausschluss vereinbart.

Sind diese Voraussetzungen erfüllt, kann der Auftraggeber den Mangel selbst beheben oder von einem Dritten beheben lassen. Er kann von dem Werkunternehmer die dafür erforderlichen Aufwendungen verlangen.

Beispiel

Die Beseitigung der festgestellten Mängel in der Lagerhalle wurde durch die Finke Zeitarbeit GmbH nicht nachgeholt. Die Rosenberger KG mahnt schriftlich bei der Finke Zeitarbeit die Beseitigung der festgestellten Mängel an. Für die Beseitigung wird eine Frist von 3 Werktagen gesetzt, da die betroffene Fläche für die Lagerung neuer Waren benötigt wird. Nachdem die gesetzte Frist verstrichen ist, ohne dass die Finke Zeitarbeit GmbH den Mangel beseitigt hat, beauftragt die Rosenberger KG ein anderes Unternehmen mit der Reinigung. Die daraus entstehenden Kosten in Höhe von 750,00 € werden der Finke Zeitarbeit GmbH in Rechnung gestellt.

Rücktritt (§ 634 Nr. 3 BGB, § 636 BGB, § 323 BGB)

Diese Vorschriften gewähren dem Besteller das Recht, vom Vertrag zurückzutreten.
Die **Voraussetzungen** für das Recht auf Rücktritt sind:

- Es liegt eine nicht vertragsgemäße Leistung vor und es wurde eine angemessene Frist zu Nacherfüllung gesetzt.
- Die Frist muss verstrichen sein.
- Das Recht zum Rücktritt ist wegen einer unerheblicher Pflichtverletzung (§ 323 BGB) nicht ausgeschlossen.
- Der Rücktritt vom Vertrag wurde nach § 349 BGB ausdrücklich erklärt.

Sind diese Voraussetzungen erfüllt, müssen die Vertragsparteien die empfangenen Leistungen gegeneinander nach den Regelungen der §§ 346 und 348 BGB Zug um Zug zurückerstatten.

Minderung des vereinbarten Werklohns (§ 638 BGB)

Bei der Minderung wird der vereinbarte Werklohn auf Grundlage der §§ 633, 634 Nr. 3, 638 BGB vermindert. Durch die Minderung verliert der Auftraggeber das Recht auf Rücktritt.
Die Voraussetzungen der Minderung entsprechen denen des Rücktritts. Der einzige erhebliche Unterschied besteht darin, dass nach § 638 Abs. 1 Satz 2 BGB eine Minderung bereits bei einer unerheblichen Pflichtverletzung möglich ist. Die Minderung im strengen Sinn des Wortes ist dabei die Differenz zwischen dem bezahlten und dem geminderten Werklohn.

Anspruch auf Schadensersatz (§ 634 Nr. 4 BGB, § 636 BGB, § 280 ff. BGB)

Nach § 634 Nr. 4 BGB steht dem Auftraggeber grundsätzlich ein Recht auf Schadensersatz zu. Dieses Recht kann **neben der Leistung** gewährt werden, wenn der Auftraggeber nach wie vor ein Interesse an dem mangelfreien Werk hat und lediglich die für den Ersatz des Mangelfolgeschadens erforderlichen Aufwendungen ersetzt haben möchte. Der Schadensersatz kann aber auch **an Stelle der Leistung** gewährt werden. In diesem Fall umfasst der Schadensersatz den Wert des Werkes und Schäden, die über die eigentlichen Mangelfolgeschäden hinausgehen (z.B. entgangener Gewinn). Beim Schadensersatz statt der Leistung entfällt das Recht auf Nacherfüllung. Der Werkunternehmer kann das Werk zurückverlangen.

Quelle: Vgl. Rellensmann, Peter/Jura Individuell: Anspruchsgrundlagen im Werkvertragsrecht, unter: www.juraindividuell.de/artikel/agl-werkvertrag/, zuletzt abgerufen am 20.10.2017

6.3.2 Verletzung von Nebenpflichten

Verletzt der Auftragnehmer aus dem Vertrag entstehende Nebenpflichten, so haftet er dem Auftraggeber dafür gemäß § 241 Abs. 2 BGB, § 282 BGB, § 280 Abs. 1 BGB auf Schadensersatz.

6.4 Pflichtverletzungen durch den Auftraggeber

Die Pflichtverletzungen des Auftraggebers (Kundenunternehmen) decken sich überwiegend mit den Regelungen des BGB zum Schuldrecht.

6.4.1 Verletzung von Hauptpflichten

Eine Besonderheit beim Werkvertrag stellt die Abnahme des Werkes dar. Es handelt sich hierbei um eine Hauptleistungspflicht des Auftraggebers aus dem Vertrag.

Merksatz
Hat der Werkunternehmer das Werk vertragsgemäß hergestellt, so ist der Auftraggeber **verpflichtet, es abzunehmen**. Der Werkunternehmer hat einen Anspruch auf die Abnahme des Werkes auch dann, wenn das Werk unwesentliche (geringfügige) Mängel aufweist.

Abnahme bedeutet dabei allgemein eine Erklärung des Auftraggebers, dass das erstellte Werk den vereinbarten Bedingungen bzw. Anforderungen entspricht. Die Abnahme ist vom Auftraggeber ausdrücklich zu erklären, allerdings erfolgt in der Praxis häufig nur eine stillschweigende (konkludente) Abnahme (z. B. durch vollständige Zahlung der Vergütung). Darüber hinaus tritt die Abnahme ohne Erklärung des Auftraggebers ein, wenn der Besteller zur Abnahme verpflichtet ist und die Abnahme trotz Fristsetzung des Unternehmers nicht erklärt (§ 640 Abs. 1 Satz 3 BGB).
Die Abnahme hat insbesondere folgende Wirkungen:

- Die Vergütung wird fällig (§ 641 Abs. 1 BGB).
- Übergang der Haftung für den unverschuldeten Untergang oder die Beschädigung der Sache auf den Besteller (Gefahrübergang, § 644 Absatz 1 Satz 1 BGB).
- Nimmt der Besteller ein mangelhaftes Werk vorbehaltlos ab, verliert er seine Gewährleistungsrechte (Sachmängelhaftung). Bei einem Mangel muss er also die Abnahme verweigern oder sich die Rechte ausdrücklich vorbehalten. Die Beweislast für das Vorhandensein eines Mangels liegt somit nach der Abnahme beim Auftraggeber.
- Die Verjährungsfrist für bestimmte Mängelansprüche beginnt zu laufen (§ 634a Abs. 2 BGB).
- Der Werkvertrag kann nicht mehr gekündigt werden.

Sofern nach der Beschaffenheit des Werkes eine Abnahme nicht möglich ist (z. B. bei unkörperlichen Werken wie eine Arbeitsleistung), treten die Wirkungen der Abnahme mit der Vollendung ein (§ 646 BGB).

Merksatz
Der Zeitpunkt der Abnahme ist von besonderer Bedeutung, da erst durch die Abnahme der Anspruch auf Vergütung entsteht. Zudem beginnt mit der Abnahme die Frist für die **Gewährleistungsansprüche** sowie für die Verjährung von Ansprüchen.

Grundsätzlich kann der Werkunternehmer also erst sein Geld verlangen, wenn er seine Leistung **vollständig erbracht hat** und der Besteller die Arbeit **auch abgenommen hat**. Man spricht hier von einer sog. Vorleistungspflicht des Unternehmers. Da dem Werkunternehmer somit vor Beginn der eigentlichen Vergütungspflicht Kosten entstehen (z. B. Lohnkosten für eingesetzte Mitarbeiter, Materialkosten), billigt der Gesetzgeber dem Werkunternehmer für solche Fälle die Möglichkeit zu, Abschlagsrechnungen zu stellen.
Falls der Besteller das Werk nicht wie vereinbart abnimmt, gerät er sowohl in Annahme- als auch in Schuldnerverzug (§ 280 BGB, § 286 BGB). Hieraus entsteht dem Auftraggeber ein Anspruch auf Schadensersatz (Verzögerungsschaden).
Zum Umfang der Schadensersatzansprüche aus dem Annahme- bzw. Schuldnerverzug siehe Kapitel 5.

6.4.2 Verletzung von Nebenpflichten

Verletzt der Besteller aus dem Vertrag entstehende Nebenpflichten, so haftet er dem Auftragnehmer dafür gemäß § 241 Abs. 2 BGB, § 282 BGB, § 280 Abs. 1 BGB auf Schadensersatz.
Soweit für die Erstellung des Werkes eine Mitwirkungspflicht des Auftraggebers erforderlich ist und dieser es versäumt, dieser Pflicht nachzukommen, ist er nach § 642 Abs. 1 BGB zur Entschädigung verpflichtet.

6.5 Kündigung des Werkvertrages

Kündigung durch den Auftraggeber (§ 649 BGB)

Der Werkvertrag kann neben der Erfüllung auch durch Kündigung des Auftraggebers beendet werden. Dabei ist zu beachten, dass das Gesetz ein **jederzeitiges Kündigungsrecht** vorsieht. Im Fall der Kündigung hat der Auftraggeber nach § 649 BGB dem Werkunternehmer den vollen Werklohn zu entrichten. Im Gegenzug muss dieser sich die Ersparnis durch nicht mehr auszuführende Arbeiten anrechnen lassen.

Kündigung durch den Auftragnehmer (§ 642 BGB)

Verstößt der Auftraggeber gegen seine Mitwirkungspflicht aus dem Werkvertrag, so kann der Auftragnehmer den Werkvertrag unter folgenden Voraussetzungen kündigen:

- Setzung einer angemessenen Frist,
- Hinweis auf Vornahme der Kündigung bei erfolglosem Fristablauf,
- erfolgloser Ablauf der Frist.

Wird die unterlassene Mitwirkung nicht bis zum Ablauf der Frist nachgeholt, so gilt der Vertrag durch die Kündigung als aufgehoben. Die Rechtsfolge der Nichtmitwirkung hat einen Anspruch des Auftragnehmers auf Entschädigung zur Folge (§ 642 Abs. 1 BGB). Die Höhe der Entschädigung ist abhängig von der Dauer des Verzugs und der Höhe der vereinbarten Vergütung (§ 642 Abs. 2 BGB). Zusätzlich hat der Auftragnehmer einen Anspruch auf Teilvergütung gemäß § 645 Abs. 1 BGB.

6.6 Gestaltungsmöglichkeiten im On-Site-Management

Beim On-Site-Management handelt es sich um eine besondere Form der Arbeitnehmerüberlassung, bei der ein Personaldienstleister zusätzliche Dienstleistungen zur Organisation, Betreuung und Verwaltung des Zeitarbeitspersonals erbringt. Eine Besonderheit liegt darin, dass neben dem federführenden Personaldienstleister (Master) weitere Personaldienstleister an einem On-Site-Projekt beteiligt sein können.
Ausführliche Informationen zum On-Site-Management finden Sie in Band 1.

Bd. 1, LF 2, 2.2

Vertragliche Beziehungen beim On-Site-Management

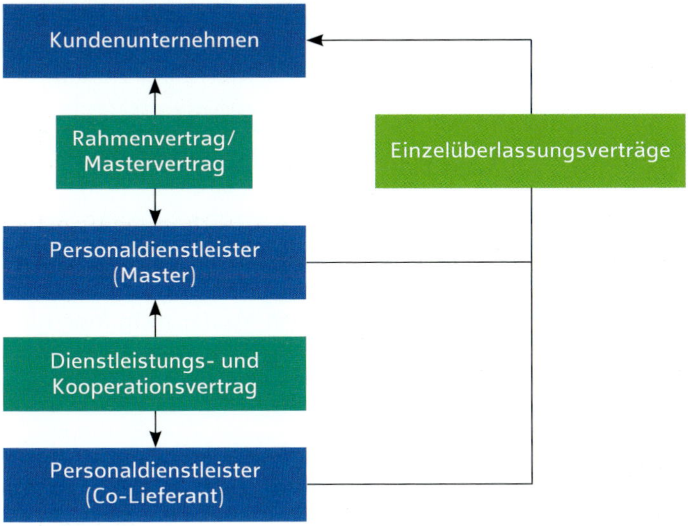

Regelungsbedarf zwischen Master und Kundenunternehmen

Bei einem Mastervertrag handelt es sich um ein komplexes und umfangreiches Vertragswerk. Masterverträge werden dabei **individuell** auf die Bedürfnisse der Kundenunternehmen abgestimmt. Ein Mastervertrag „von der Stange" ist deshalb in der Praxis nicht zu finden. Vielmehr ist der Mastervertrag das Ergebnis umfangreicher Planungen und Gespräche im Vorfeld zwischen den Beteiligten. Je nach Umfang der Regelungen und der Bedeutung für die Beteiligten ist eine Prüfung bzw. Einschaltung eines Experten für Vertragsrecht sinnvoll. Die folgenden Regelungen stellen somit lediglich Anhaltspunkte für die Inhalte dar.

Umfang der Dienstleistungen neben der eigentlichen Arbeitnehmerüberlassung

Zum Umfang der vertraglichen Leistungen des Masters und deren Entlohnung bzw. Abrechnung gehören die Regelung von

- Beratungsleistungen,
- Betreuung der ZAN vor Ort,
- Einsatz technischer Einrichtungen (z. B. Zeiterfassungssysteme des PDL)
- Organisation und Abwicklung des Personalbedarf (Disposition/Einsatzplanung),
- allgemeine Regelungen zur Zusammenarbeit (z. B. Nennung des Ansprechpartners, Festlegung verbindlicher Servicezeiten)

Im Mastervertrag zwischen Personaldienstleister und Kundenunternehmen ist zu vereinbaren, in welchen Zeiträumen und an welchen Tagen der On-Site-Manager im Kundenunternehmen anwesend sein muss. Darüber hinaus ist zu regeln, ob für die durch den On-Site-Manager zu nutzenden Räumlichkeiten eine Mietgebühr an das Kundenunternehmen zu zahlen ist. Hieraus ergibt sich weiterer Regelungsbedarf, z. B.:

- Wer kommt für die Strom- und Reinigungskosten auf?
- Können die Telekommunikationsmittel des Kunden genutzt werden?
- Welche Nutzungsgebühren sind hierfür zu entrichten?

Regelungen über die Art der Auftragsabwicklung, die Form der abzuschließenden Einzelüberlassungsverträge und Reaktionszeiten sind in den Mastervertrag aufzunehmen.

Einbindung von Co-Lieferanten

Da das On-Site-Management in der Praxis grundsätzlich immer bei ständig wiederkehrendem, hohem Personalbedarf des Kunden erfolgt, ist der Einsatz von sog. Co-Lieferanten sinnvoll. Co-Lieferanten stellen Personal, welches durch den Master nicht innerhalb der vorgesehenen Fristen gestellt werden kann. Im Mastervertrag ist zu regeln, inwieweit das Kundenunternehmen Einfluss auf die Auswahl der Co-Lieferanten nehmen darf.

Beispiel
Auszug aus dem Mastervertrag der Finke Zeitarbeit GmbH:
2. Regelungen zur Arbeitnehmerüberlassung durch Co-Lieferanten
Soweit die Finke Zeitarbeit GmbH (Master) den Auftrag des Kunden nicht selbst erfüllen kann, erfolgt die Auftragsabwicklung über einen Co-Lieferanten. Auf ausdrücklichen Wunsch des Kunden kann die Erfüllung eines Einzelauftrages auch durch einen speziellen Co-Lieferanten erfolgen.
Die Finke Zeitarbeit GmbH wird in diesen Fällen entsprechende Regelungen mit dem Co-Lieferanten treffen.
[...]

Die Abwicklung der Vertragsgestaltung zwischen Kundenunternehmen und Co-Lieferanten erfolgt überwiegend durch den Master, sodass auch hier eindeutige Regelungen hinsichtlich der Abläufe und Fristen notwendig sind. Auch die Abrechnungsmodalitäten und die Rechnungsstellung muss im Mastervertrag geregelt werden, sofern der Master für die Co-Lieferanten diese Aufgabe mit übernimmt. Weiterhin ist eine Regelung hinsichtlich der Reaktionszeiten des Masters zu vereinbaren.

Allgemeine Regelungen zur Arbeitnehmerüberlassung

Neben den speziellen Regelungen des Mastervertrages sind die weiteren Vertragsinhalte ähnlich der klassischen Zeitarbeit. **Bd. 1, LF 2, 2.2.2**

Regelungsbedarf zwischen Master und Co-Lieferanten

In den Dienstleistungs- bzw. Kooperationsvertrag zwischen Master und Co-Lieferanten sind die folgenden Vereinbarungen aufzunehmen:

- Umfang und Ablauf der Auftrags- bzw. Vermittlungstätigkeit des Masters,
- ausschließliche Organisation und Vertragsabwicklung über den Master,

Beispiel
Auszug aus dem Kooperationsvertrag zwischen der Finke Zeitarbeit GmbH und Co-Lieferanten:
1. Grundsätzliche Vereinbarungen
Die Abwicklung aller Einzelverträge zwischen dem Kundenunternehmen und dem Co-Lieferanten, Auftragsbestätigungen und sonstiger Schriftverkehr erfolgen ausschließlich über den Master. Der Master verpflichtet sich, alle für die Abwicklung der Geschäftsbeziehung zwischen Kundenunternehmen und Co-Lieferanten notwendigen Dokumente, Schriftstücke usw. an das Kundenunternehmen weiterzuleiten.
Dem Co-Lieferanten ist es untersagt, Geschäfte direkt mit dem Kundenunternehmen durchzuführen, abzuwickeln und selbstständig zu vereinbaren.

- Höhe etwaiger Vertragsstrafen für die Nichteinhaltung der vorstehenden Vereinbarung,
- Höhe der Servicegebühren für vom Master übernommene Tätigkeiten,
- Höhe der durch den Kunden zu zahlenden Stundenverrechnungssätze (eine gesonderte Aufstellung über die Höhe der Verrechnungssätze je nach Tätigkeit ist hierbei sinnvoll),
- Reaktionszeiten auf Personalanfragen des Masters,
- Geheimhaltungsklausel.

In den Kooperationsvertrag ist der Hinweis aufzunehmen, dass der Kooperationsvertrag nicht die Einzelüberlassungsverträge zwischen dem Kundenunternehmen und dem Co-Lieferanten ersetzt. Die Einzelüberlassungsverträge sind grundsätzlich zwischen dem Co-Lieferanten als Verleiher und dem Kundenunternehmen als Entleiher abzuschließen.

Zusammenfassung

- Zu einem Einsatz von Werkverträgen in der Personaldienstleistungsbranche kommt es
  - bei einem Fremdpersonalbedarf von Unternehmen,
  - bei Aufträgen mit Projektcharakter,
  - im Interims-Management,
  - beim Outsourcing.

- Die Hauptpflicht des Auftragnehmers (Personaldienstleister) liegt in der rechtzeitigen und mangelfreien Erstellung des Werkes.
- Die Hauptpflichten des Auftraggebers (Kundenunternehmen) sind die Abnahme und Bezahlung des Werkes.
- Bei Werkverträgen im Bereich der Personaldienstleistungen erfolgt die Leistungserstellung beim Kunden durch Erfüllungsgehilfen des Personaldienstleisters.
- Die Abnahme des Werkes durch den Auftraggeber muss auch erfolgen, wenn geringe Mängel vorliegen.
- Im Werkvertragsrecht muss zwischen primären und sekundären Gewährleistungsansprüchen unterschieden werden.

Im **Werkvertrag** ist es sinnvoll, die gesetzlichen Regelungen durch individuelle vertragliche Regelungen zu konkretisieren. Dies gilt insbesondere hinsichtlich:

- der genauen Beschreibung des zu erstellenden Werkes,
- der Nebenpflichten der Vertragsparteien,
- des Termins der Fertigstellung und Abnahme,
- der Höhe und Fälligkeit der Vergütung,
- Beim On-Site-Management sind kundenspezifische Besonderheiten zu beachten. Deshalb sind für jedes On-Site-Projekt individuelle Verträge abzuschließen.
- Sofern auch Co-Lieferanten bei der Personalgestellung eingebunden werden sollen, so entsteht zusätzlich ein Regelungsbedarf zwischen dem Master und den Co-Lieferanten.
- der Gewährleistungsansprüche und der daraus entstehenden Schadensersatzansprüche,
- der Kündigungsregelungen.

Aufgaben

1. *Erläutern Sie die wesentlichen Merkmale eines Arbeitnehmerüberlassungsvertrages und eines Werkvertrages.*
2. *Begründen Sie die Notwendigkeit individueller vertraglicher Regelungen bei Werkverträgen.*
3. *Beschreiben Sie Ursachen, die zu einer Anpassung der vertraglich vereinbarten Vergütung bei einem Werkvertrag führen können.*
4. *Begründen Sie, warum es sinnvoll ist, das Zahlungsziel für die Vergütung bei einem Werkvertrag schriftlich zu vereinbaren.*

5. *Begründen Sie, warum im On-Site-Management der Einsatz von Musterverträgen nicht sinnvoll ist.*

6. *Begründen Sie, warum auch bei der Anwendung von Werkverträgen eine Bonitätsprüfung des Kunden sinnvoll ist.*

7 Verjährung von Ansprüchen

Einstiegssituation ▶

Die Finke Zeitarbeit GmbH beauftragte am 3. Februar 2014 ein Bauunternehmen mit der Sanierung der Sanitäranlagen im Gebäude der Niederlassung. Anfang März 2017 wird eine Schimmelbildung in einem Büroraum neben den Sanitärräumen bemerkt. Eine Sachverständige ermittelt als Ursache für die Schimmelbildung eine unsachgemäß installierte Wasserleitung. Die Sanierungskosten schätzt die Sachverständige auf ca. 3 500,00 €. Das Bauunternehmen verweigert eine Übernehme der Reparaturkosten und beruft sich darauf, dass der Anspruch der Finke Zeitarbeit GmbH verjährt sei.

Arbeitsauftrag

Überprüfen Sie, ob der Anspruch der Finke Zeitarbeit GmbH gegenüber dem Bauunternehmen verjährt ist.

7.1 Begriff der Verjährung

Ein Anspruch aus einem Vertrag (z. B. auf Zahlung einer Vergütung) besteht nicht für einen unendlich langen Zeitraum. Für die Geltendmachung von Ansprüchen aus Verträgen bestehen in Deutschland bestimmte zeitliche Fristen (Verjährungsfristen). Nach Ablauf dieser Fristen besteht beispielsweise für den Schuldner keine Verpflichtung, die Zahlung zu leisten, obwohl der Anspruch des Gläubigers weiterhin besteht. Der Schuldner kann die Einrede der Verjährung geltend machen und die Leistung an den Gläubiger verweigern (Leistungsverweigerungsrecht). Leistet ein Schuldner in Unkenntnis der Verjährung, so kann er nach § 214 Abs. 2 BGB die erbrachte Leistung nicht zurückfordern. Es liegt keine ungerechtfertigte Bereicherung des Gläubigers vor.

§ 214 BGB Wirkung der Verjährung

(1) Nach Eintritt der Verjährung ist der Schuldner berechtigt, die Leistung zu verweigern.

(2) Das zur Befriedigung eines verjährten Anspruchs Geleistete kann nicht zurückgefordert werden, auch wenn in Unkenntnis der Verjährung geleistet worden ist. Das Gleiche gilt von einem vertragsmäßigen Anerkenntnis sowie einer Sicherheitsleistung des Schuldners.

Merksatz

Da bei der Geltendmachung von Ansprüchen die **Verjährungsfristen zu beachten** sind, muss regelmäßig überprüft werden, ob noch ausstehende Forderungen bestehen.

7.2 Verjährungsfristen

Regelverjährung

Das Gesetz sieht eine Regelverjährungsfrist von drei Jahren vor. Sie gilt für alle Ansprüche, für die es keine eigenen besonderen Verjährungsfristen gibt.

Beispiele
Kaufpreisforderungen, Arbeitslohn, Rückzahlung von Darlehen, Entgelte für Dienstleistungen, Handwerkerlohn, Leasingraten, Telefonrechnungen, Forderungen aus Zeitungsabonnements, Schadensersatzansprüche, Miete, Mitgliedsbeiträge, Notar- und Rechtsanwaltskosten

Die Verjährungsfrist beginnt mit dem Schluss des Jahres, in dem der Anspruch entstanden ist (z. B. Ausstellung der Rechnung), oder mit dem Schluss des Jahres, in dem der Gläubiger von den Umständen erfährt, die den Anspruch begründen bzw. der Gläubiger von der Person des Schuldners Kenntnis erlangt.

Beispiele

- *Eine Forderung der Finke Zeitarbeit GmbH gegenüber der Timm KG ist am 14. März 2014 fällig. Die Verjährungsfrist beginnt am 31. Dezember 2014 und endet am 31. Dezember 2017 (24:00 Uhr).*
- *Das Auto von Nadine Steffen wird durch einen Autounfall am 8. August 2013 stark beschädigt. Der Unfallfahrer flüchtet von der Unfallstelle. Am 1. Februar 2014 wird der Unfallverursacher ermittelt. Die Verjährung des Schadensersatzanspruches von Nadine Steffen verjährt am 31.Dezember 2017.*

Bei Kaufverträgen zwischen zwei Unternehmen (sog. Handelskauf) kann die Verjährung vertraglich auf ein Jahr verkürzt werden.

Besondere Verjährungsfristen

Ergänzend zur Regelverjährung hat der Gesetzgeber für weitere Fallgruppen besondere Verjährungsfristen bestimmt.

Verjährungsfrist	Beispiele
2 Jahre	Mängel bei Kauf- und Werkverträgen (Gewährleistung)
4 Jahre	Ansprüche der Sozialversicherung
5 Jahre	Mängel bei Bauwerken
10 Jahre	Rechte aus Grundstücken
30 Jahre	• Herausgabe von Eigentum • familien- und erbrechtliche Ansprüche • rechtskräftig festgestellte Ansprüche[1] und Ansprüche aus Urteilen • rechtskräftig festgestellte Ansprüche im Rahmen von Insolvenzverfahren • Schadensersatzansprüche, z. B. wegen Verletzung an Leben, Körper usw.

[1] *Ein Anspruch erlangt Rechtskraft, wenn er durch Rechtmittel, z. B. Berufung oder Revision, nicht mehr angefochten werden kann oder die Rechtsmittelfrist abgelaufen ist.*

Die Verjährung beginnt mit Entstehung des Anspruches (Lieferung der mangelhaften Ware bzw. Erstellung des mangelhaften Werkes) bzw. mit Entstehen der Forderung.

Beispiel
Die Finke Zeitarbeit GmbH hat gegen einen säumigen Schuldner das gerichtliche Mahnverfahren eingeleitet. Am 16. April 2014 erhält sie den Vollstreckungsbescheid (Urteil). Die Verjährungsfrist beginnt am 16. April 2014 und endet am 16. April 2044 (0:00 Uhr).

Verjährung von Ansprüchen aus der Sozialversicherung

Beitragsansprüche aus der Sozialversicherung verjähren vier Jahre nach Ablauf des Kalenderjahres, in dem sie fällig geworden sind. Ansprüche auf **vorsätzlich** vorenthaltene Beiträge verjähren dreißig Jahre nach Ablauf des Kalenderjahrs, in dem sie fällig geworden sind.

Beispiel
Sozialversicherungsbeiträge, die 2014 fällig waren, verjähren am 31. Dezember 2018.

Höchstfristen für die Verjährung

Um nach einer gewissen Zeit Rechtsklarheit zu schaffen, hat der Gesetzgeber absolute Verjährungsfristen (Höchstfristen) geregelt, nach deren Ablauf die Verjährung ohne Rücksicht auf die Entstehung der Ansprüche und der Kenntnis davon eintritt. Bei der regelmäßigen Frist von drei Jahren beträgt diese absolute Verjährungsfrist zehn Jahre, im Falle von Schadensersatzansprüchen aufgrund von Verletzungen des Körpers, der Gesundheit oder der Freiheit beträgt sie dreißig Jahre.

Verjährungsfristen bei Werkverträgen

Sonderverjährungsregeln gelten für Ansprüche, die im Rahmen der Haftung für Werkmängel (§ 634 a BGB) festgelegt sind:

- Die grundsätzliche Verjährungsfrist beträgt zwei Jahre ab Abnahme des Werkes.
- Bei arglistig verschwiegenen Mängeln gilt die Regelverjährungsfrist von drei Jahren. Die Verjährungsfrist beginnt erst mit dem Schluss des Jahres, in dem der Gläubiger Kenntnis von Anspruch und Schuldner erlangt.
- Die Verjährungsfrist beträgt bei Bauwerken fünf Jahre ab Abnahme des Bauwerks, wenn die Mangelhaftigkeit des Bauwerks durch die Mangelhaftigkeit des Baumaterials hervorgerufen wurde. Ist die mangelhafte Sache mit dem Gebäude nicht fest verbunden (z. B. mangelhafte Überdachung der Pkw-Stellplätze), gilt aber die zweijährige Verjährungsfrist. Die zweijährige Verjährungsfrist gilt auch, wenn der Mangel durch fehlerhaften Einbau entstanden ist und nicht in der Mangelhaftigkeit des Materials liegt.
- Die Verjährungsfrist beträgt drei Jahre bei unkörperlichen Arbeitsergebnissen, z. B. Baupläne oder Gutachten.

7.3 Hemmung und Neubeginn der Verjährung

Während einer Hemmung läuft die Verjährungsfrist nicht weiter. Der Ablauf setzt sich fort, wenn die Gründe für eine Hemmung wegfallen.

Gründe für die Hemmung der Verjährung

- Stundungsvereinbarung[1] zwischen Gläubiger und Schuldner,
- Zustellung eines gerichtlichen Mahnbescheids,
- durch die Rechtsverfolgung (z. B. Klageerhebung, Aufrechnung von Ansprüchen in einem Prozess, Anmeldung des Anspruchs im Insolvenzverfahren),
- der Gläubiger wird durch höhere Gewalt an der Rechtsverfolgung gehindert.

Beispiel
Aufgrund von vorübergehenden Liquiditätsproblemen vereinbart die Finke Zeitarbeit GmbH mit ihrem Kunden, der Timm OHG, eine Stundung der noch ausstehenden Restzahlungen. Der Stundungszeitraum beträgt drei Monate (1. Mai 2014 bis 31. Juli 2014). Die Verjährungsfrist des Anspruches verlängert sich um diese drei Monate.

Neubeginn der Verjährung

Es gibt bestimmte Ereignisse, die die Verjährung erneut in gesetzlicher Länge laufen lassen. Nach § 212 BGB beginnt die Verjährung erneut, wenn

- der Schuldner dem Gläubiger gegenüber den Anspruch durch Abschlagszahlung, Zinszahlung, Sicherheitsleistung oder in anderer Weise anerkennt (z. B. schriftliches Schuldanerkenntnis) oder
- eine gerichtliche oder behördliche Vollstreckungshandlung vorgenommen oder beantragt wird.

Beispiel
Die Finke Zeitarbeit GmbH hat einen Anspruch auf Zahlung von Überlassungsentgelten gegenüber der F & H Möbellogistik GmbH in Höhe von 1 848,00 €. Die ursprüngliche Verjährungsfrist begann am 31. Dezember 2014 und hätte am 31. Dezember 2017 geendet. Nachdem trotz Mahnung keine Zahlung des Kunden eingegangen ist, erfolgte am 28. Juni 2015 eine Abschlagszahlung in Höhe von 620,00 € auf den fälligen Rechnungsbetrag. Die Verjährungsfrist begann erneut am 28. Juni 2015 und endet am 28. Juni 2018.

Merksatz
Der Neubeginn der Verjährung hat zur Folge, dass die bis zum Neubeginn der Verjährung verstrichene Zeit unberücksichtigt bleibt. Die Verjährungsfrist beginnt von Neuem zu laufen.

[1] *Stundung = zeitlich begrenzter Zahlungsaufschub*

Zusammenfassung

- Aus Verträgen entstehende Verpflichtungen (z. B. die Bezahlung des Kaufpreises) sind zeitlich befristet. Nach Ablauf dieser Frist muss der Schuldner nicht mehr leisten, da der Anspruch des Gläubigers verjährt ist.
- Um einen Anspruch durchsetzen zu können, muss er innerhalb der Verjährungsfrist geltend gemacht werden.
- Neben den gesetzlichen Verjährungsfristen können auch vertragliche Verjährungsfristen bestehen.
- Die regelmäßige Verjährungsfrist ist in § 195 BGB geregelt. Sie beträgt drei Jahre.
- Die dreijährige Verjährungsfrist beginnt mit dem Ende des Jahres, in dem der Anspruch entstanden ist. Sie endet drei Jahre später am 31. Dezember um 23:59 Uhr.

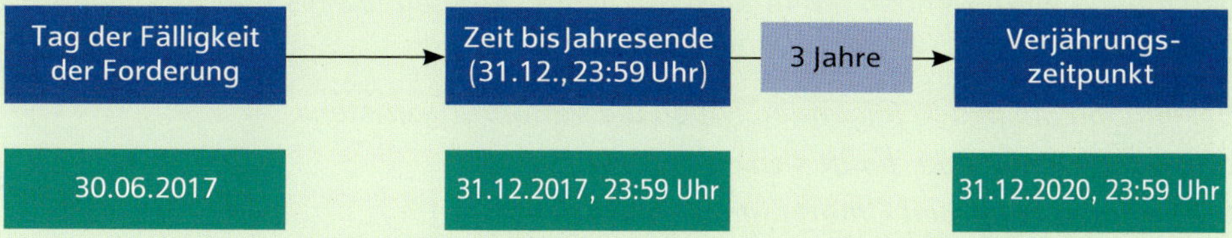

- Besondere Verjährungsfristen werden vom Gesetzgeber immer dann bestimmt, wenn besondere Sachverhalte die Abweichung erfordern. Diese besonderen Verjährungsfristen sind im Vergleich zur „regelmäßigen Verjährung“ in der Regel länger oder kürzer und können für den Lauf oder die Beendigung der Frist zusätzliche besondere Voraussetzungen oder Ausnahmen enthalten.

Verjährungsfrist	Beispiele
2 Jahre	Ansprüche aufgrund von **Mängeln an einer Kaufsache** (Beginn der Verjährung mit Übergabe der Sache)
4 Jahre	**Beitragsansprüche aus der Sozialversicherung** verjähren in vier Jahren nach Ablauf des Kalenderjahres, in dem sie fällig geworden sind
5 Jahre	Ansprüche aufgrund von **Sachmängeln**, die zur Mangelhaftigkeit eines Bauwerks geführt haben (Beginn der Verjährung mit Abnahme des Werkes)
10 Jahre	**Rechte an einem Grundstück**, z. B. Anspruch auf den Kaufpreis
30 Jahre	• Herausgabeanspruch aus Eigentum • Ansprüche aus Familien- und Erbrecht • rechtskräftig festgestellte Ansprüche und Ansprüche aus Urteilen • rechtskräftig festgestellte Ansprüche im Rahmen von Insolvenzverfahren • Schadensersatzansprüche, z. B. wegen Verletzung an Leben, Körper usw.

- Bei den besonderen Verjährungsfristen beginnt die Verjährungsfrist mit der Entstehung des Anspruchs bzw. Ablieferung der Sache oder Abnahme des Werkes. Sie verjährt auf den Tag genau, also nicht zum Jahresende.
- Die Verjährung einer Forderung tritt nicht ein, wenn sie gehemmt ist oder neu beginnt. Bei der Verjährungshemmung wird der Zeitraum, in dem die Verjährung gehemmt war, nicht in die Verjährungsfrist eingerechnet. Die Verjährungsfrist läuft nach der Hemmung aber weiter.

Aufgaben

1. *Beschreiben Sie, was unter der Verjährung einer Forderung verstanden wird.*
2. *Erläutern Sie jeweils, was unter einer Hemmung und einem Neubeginn einer Verjährung verstanden wird. Nennen Sie in diesem Zusammenhang jeweils drei Beispiele für die Hemmung und den Neubeginn einer Verjährung.*
3. *Bestimmen Sie in den folgenden Fällen die Verjährungsfristen:*
   a) Ein Auszubildender kauft sich einen Pkw.
   b) Die Finke Zeitarbeit GmbH nimmt ein Darlehen auf.
   c) Eine Autowerkstatt repariert die defekte Bremsanlage am Firmen-Pkw.
   d) Ein Kläger erhält im Anschluss an das gerichtliche Mahnverfahren einen vollstreckbaren Titel.
   e) Ein Glaser ersetzt im Bürogebäude der Finke Zeitarbeit GmbH eine defekte Scheibe.
4. *Lea kauft am 30. Juni 2014 das Auto ihres Nachbarn, um die tägliche Fahrt zur Arbeit leichter bewältigen zu können. Geben Sie an, wann die Verjährungsfrist beginnt und ab welchem Zeitpunkt der Anspruch des Nachbarn auf Zahlung des Kaufpreises verjährt.*

Lernfeld 10:

Personal führen und fördern

1 Personal führen

Einstiegssituation ▶

Jasmin Keller und Lukas Gerber sind Auszubildende bei der Hannibal Personal GmbH. Die Hannibal Personal GmbH ist ein landesweit tätiges Personaldienstleistungsunternehmen mit insgesamt 2700 Beschäftigten (davon 2400 als Zeitarbeitnehmer). Das Angebotsspektrum umfasst Arbeitnehmerüberlassung, Personalvermittlung und Personalberatung. Den Niederlassungen übergeordnet sind sechs Regionalleiter.

Die Unternehmensentwicklung war in den vergangenen Jahren durchaus erfolgreich. Zunehmend wird jedoch das Unternehmenswachstum durch den sog. Fachkräftemangel begrenzt. Praktisch bedeutet dies, dass zwar Kundenanfragen vorliegen, das notwendige Personal jedoch nicht rekrutiert werden kann. Das betrifft insbesondere den wirtschaftlich attraktiven Bereich der gewerblichen Fachkräfte sowie der Fachkräfte im Gesundheitsbereich. Hinzu kommt, dass in mehreren Niederlassungen häufig die Niederlassungsleiter wechseln. Auch die beiden Auszubildenden hatten in ihrer bisherigen Ausbildungszeit bereits mit drei Niederlassungsleitern zu tun. Daneben haben auch Disponenten häufiger gewechselt, sodass Jasmin Keller und Lukas Gerber das Gefühl haben, dass mit dem Unternehmen irgendetwas nicht in Ordnung ist.

Bei der wöchentlich stattfindenden Besprechung legt der neue Niederlassungsleiter Thomas Hesse eine E-Mail der Unternehmensleitung vor:

Information 6 an alle Niederlassungen

Von:	KKaiser@hannibalpersonal.de
An:	NL-2489pld@hannibal-personal.de
Betreff:	Information 6 an alle Niederlassungen

Sehr geehrte Mitarbeiterinnen und Mitarbeiter,

die Hannibal Personal GmbH hat sich erfolgreich im Markt für Personaldienstleistungen positioniert. Wir können alle stolz auf das Erreichte sein. Und doch: Auch bei uns gibt es noch Verbesserungspotenziale, die wir mit Ihnen gemeinsam entwickeln wollen. Die erweiterte Geschäftsleistung hat entschieden, dass der Schwerpunkt unserer Entwicklung in diesem Jahr nach innen gerichtet sein soll. Wir wollen einen Platz für alle Mitarbeiterinnen und Mitarbeiter schaffen, an dem sie sich wohlfühlen; an dem sie ihr Leistungsvermögen gern und voll einbringen; an dem sie Entwicklungsmöglichkeiten für sich selbst entdecken und diese auch nutzen können. Wir haben in den letzten Monaten mit vielen Mitarbeiterinnen und Mitarbeitern gesprochen und wir haben zu unserem Bedauern festgestellt, dass nicht alle Mitarbeiterinnen und Mitarbeiter zufrieden sind; wir haben die Kritik gesammelt und sind zu dem Schluss gekommen, dass wir uns alle bewegen müssen. Wir wollen ein neues Konzept für unser Unternehmen auf den Weg bringen: Ein Konzept „guter Führung".

Wir rufen Sie auf, ernsthaft daran mitzuarbeiten. Wir bitten Sie, sich in Ihren Niederlassungen gemeinsam an die Arbeit zu machen und Ihre Vorschläge bei uns innerhalb von zwei Monaten einzureichen.

Mit freundlichen Grüßen

Karl Kaiser
Geschäftsführer

Thomas Hesse: „Da werden wir uns also etwas einfallen lassen müssen."
Ein Disponent fragt: „Was soll das denn sein? Gute Führung?"
Ein anderer: „Als hätten wir nicht genug zu tun."
Die Sekretärin sagt: „Das wird aber auch mal Zeit."

Thomas Hesse, der seit etwa vier Monaten bei der Hannibal Personal GmbH arbeitet, reagiert etwas ungehalten. „Wenn dies der Wunsch der Geschäftsleitung ist, dann machen wir das auch."
Ein Disponent wirft ein: „Führung ist doch Ihr Job. Was haben wir damit zu tun?"
Thomas Hesse: „Als Disponent führen Sie doch auch. Oder als was bezeichnen Sie den Umgang mit Ihren Zeitarbeitnehmern?"
Der Disponent antwortet: „Wir müssen ja wohl anders geführt werden als ein Lagerhelfer! Und im Übrigen: Geführt werden Zeitarbeitnehmer doch im Entleihbetrieb. Gegängelt werden doch nur wir Disponenten!"
Ein weiterer Disponent sagt: „Ob wir da nun einen Vorschlag machen oder nicht – bislang hat doch auch keiner auf uns gehört." Er fügt provozierend an: „Die beste Führungskraft ist doch die, die nicht da ist."
Thomas Hesse: „Bevor wir nun persönlich werden, schlage ich vor, dass wir uns alle Gedanken über ‚gute Führung' machen. Wir reden in der kommenden Woche weiter und ich freue mich auf Ihre Vorschläge."

Arbeitsaufträge

1. *Analysieren Sie die Situationsbeschreibung:*
   - *Die Geschäftsleitung erbittet Vorschläge für ein Konzept „guter Führung"; stellen Sie die Hintergründe für diesen Auftrag zusammen.*
   - *Bei der Besprechung äußern sich verschiedene Disponenten. Was sagen die Wortbeiträge über die Situation in der Niederlassung aus?*
   - *Beschreiben Sie die Situation des Niederlassungsleiters Hesse und gehen Sie auf mögliche Probleme ein.*
2. *Beschreiben Sie spontan, was Sie unter „guter Führung" verstehen.*
3. *Informieren Sie sich in Kapitel 1.1 über die Grundlagen der Personalführung.*
4. *Legen Sie fest, welche Inhalte ein Konzept „guter Führung" in einem Personaldienstleistungsunternehmen enthalten sollte. Gehen Sie dabei auf die Situationen ein, in denen „geführt" wird. Vergleichen Sie dies mit Ihrer Antwort aus Arbeitsauftrag 2.*
5. *Erarbeiten Sie die Grundlagen der Personalführung und ihrer Beteiligten:*
   - *Mitarbeiter und Leistungsmotivation (Kapitel 1.2)*
   - *Führungskraft und Führungsstile (Kapitel 1.3)*
   - *Führungsinstrumente und Führungstechniken (Kapitel 1.4)*
6. *Formulieren Sie auf der Grundlage der Ergebnisse in Arbeitsauftrag 5 Richtlinien für die „gute Führung" bei der Hannibal Personal GmbH.*
7. *Prüfen Sie kritisch Ihre Richtlinien hinsichtlich der Chancen und Risiken für das Personaldienstleistungsunternehmen Hannibal Personal GmbH.*

1.1 Grundlagen der Personalführung

Führung findet in sehr unterschiedlichen Zusammenhängen statt: Der Fremdenführer zeigt einer Touristengruppe die interessanten Plätze in einer Stadt; der Spielführer einer Fußballmannschaft führt die Mannschaft auf das Feld und handelt den Anstoß aus; der Vorgesetzte weist dem Mitarbeiter bestimmte Arbeitsaufgaben zu.
Führung hat etwas mit (An-)Leitung zu tun, der Anführer gibt die Richtung oder das Thema vor und die anderen folgen. Gemeinsam ist den genannten Beispielen, dass Personen oder Gruppen geführt bzw. geleitet werden. Personalführung findet zwischen Personen statt.
Eingebettet ist diese Personalführung in einen Rahmen, der die Beteiligten zusammenbringt: ein Unternehmen, ein Sportverein, eine Behörde oder Ähnliches. Auch diese Einheiten müssen geführt werden; im Unterschied zur Personalführung bezeichnet man die Führung dieser Einheiten als Unternehmensführung (oder Vereins- oder Behördenführung).

<table>
<tr><th colspan="2">Führung im Unternehmen</th></tr>
<tr><th>Unternehmensführung
(indirekte Personalführung)</th><th>Personalführung im Unternehmen
(direkte Personalführung,
Mitarbeiterführung)</th></tr>
<tr><td>Kennzeichen:
• Gestaltung der Organisation durch Definition der Unternehmensziele
• Gestaltung der Rahmenbedingungen für die Personalführung (z. B. Organisation des hierarchischen Aufbaus, Zuweisung von Kompetenzen und Verantwortungsbereichen, Organisation, Organisation der Abläufe, Leitlinien für das Führungsverhalten etc.)</td><td>Kennzeichen:
• direkter Kontakt zwischen den Beteiligten (Führungskraft, Mitarbeiter)
• persönliche Einflussnahme auf die Mitarbeiter zur (gemeinsamen) Erfüllung der Unternehmensziele</td></tr>
<tr><td colspan="2">Ziel:
• Sicherung des Erfolgs und des Bestands des Unternehmens</td></tr>
</table>

Definition

„**Unternehmensführung** hat die Aufgabe, den Prozess der betrieblichen Leistungserstellung und -verwertung so zu gestalten, dass das (die) Unternehmensziel(e) auf höchstmöglichem Niveau erreicht wird (werden)."

Quelle: Wöhe, Günter: Einführung in die Allgemeine Betriebswirtschaftslehre. 22. Auflage. München: Verlag Franz Vahlen 2005, S. 62.

Definition
„Unter **Personalführung** versteht man die planmäßige Leitung der Mitarbeiter in einem Betrieb. Die Personalführung (auch Mitarbeiterführung) versucht, auf das Verhalten anderer Einzelpersonen oder Personengruppen Einfluss zu nehmen.“[1] Mit Personalführung soll das Verhalten der Mitarbeiter im Sinne des Unternehmens **gesteuert** werden.

Zu den Führungsaufgaben in einem Unternehmen gehören:
- Ziele setzen,
- Pläne erstellen,
- Maßnahmen umsetzen und Aufgaben delegieren,
- Erfolg kontrollieren sowie
- Repräsentation des Unternehmens bei Kunden und in der Öffentlichkeit.

Führung erfolgt durch (verbale und nonverbale) Information und Kommunikation. Die Gestaltung der Führungsaufgaben wirkt sich auf die Motivation der Mitarbeiter aus.

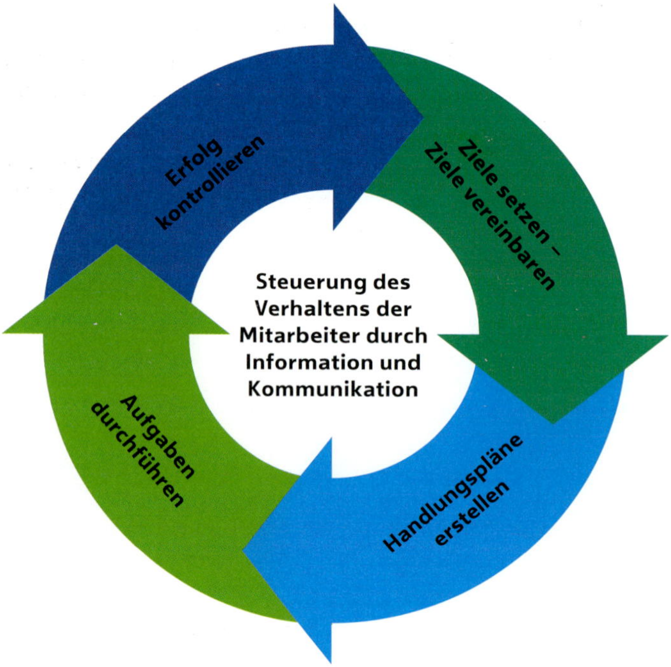

Beispiele
Mit einem Vertriebsdisponenten wird das Ziel vereinbart, im nächsten Quartal 5 % mehr Umsatz zu erzielen. Der Vertriebsdisponent erstellt einen Plan, wie er das Ziel erreichen kann; der Vorgesetzte diskutiert mit ihm diesen Plan. Die Umsetzung des Plans führt zu einem

[1] *Martin Benn, Jürgen Böker, Hartwig Brunn: Handbuch für Industriekaufleute, 3. Auflage, Darmstadt 2007, S. 298*

Umsatzwachstum von 3 %. Zusammen mit dem Vorgesetzten sucht der Vertriebsdisponent nach den Ursachen für diese Abweichung.
Vor der Überlassung führt der Disponent ein Gespräch mit dem Lagerhelfer, in dem alle wichtigen Informationen über den Entleihbetrieb und den Einsatz besprochen werden. Der Lagerhelfer fühlt sich gut informiert und betreut. Er nimmt sich vor, seine Aufgabe in dem Kundenunternehmen gut zu machen.

1.1.1 Bedeutung der Personalführung für den Unternehmenserfolg

Mit der Personalführung werden in einem Unternehmen die Unternehmensziele umgesetzt. Im Ideal setzt das Top-Management die Unternehmensziele fest und die Mitarbeiter geben ihr Bestes, um gleichsam „automatisch" diese Ziele ebenfalls zu verfolgen. Tatsächlich aber besteht ein Unternehmen aus vielen Mitarbeitern, die nicht nur Arbeitnehmer sind, sondern als Menschen ihre ganz eigenen Ziele und Perspektiven verfolgen und ihre eigenen Bedürfnisse und Ansprüche haben. Man kann daher nicht einfach davon ausgehen, dass sich alle Mitarbeiter mehr oder weniger widerspruchslos den Unternehmenszielen unterordnen. Im Idealfall identifizieren sich die Mitarbeiter mit ihrem Unternehmen, sie bauen eine emotionale Bindung auf (*Commitment*).
Mitarbeiter, die sich in einem Unternehmen nicht aufgehoben fühlen, werden sich innerlich (innere Kündigung) oder auch sichtbar von dem Unternehmen verabschieden. Beide Effekte beeinflussen direkt und indirekt den Unternehmenserfolg.

- Eine innere Kündigung kann dazu führen, dass die Mitarbeiter Leistungen zurückhalten; diese Gefahr ist größer, wenn das Leistungsverhalten der Mitarbeiter schlecht zu kontrollieren ist.
- Verlassen Mitarbeiter das Unternehmen, müssen die Stellen neu besetzt werden. Dieser Beschaffungsprozess ist mit Kosten verbunden, die das Unternehmensergebnis direkt beeinflussen werden. **Bd. 1, LF 4**

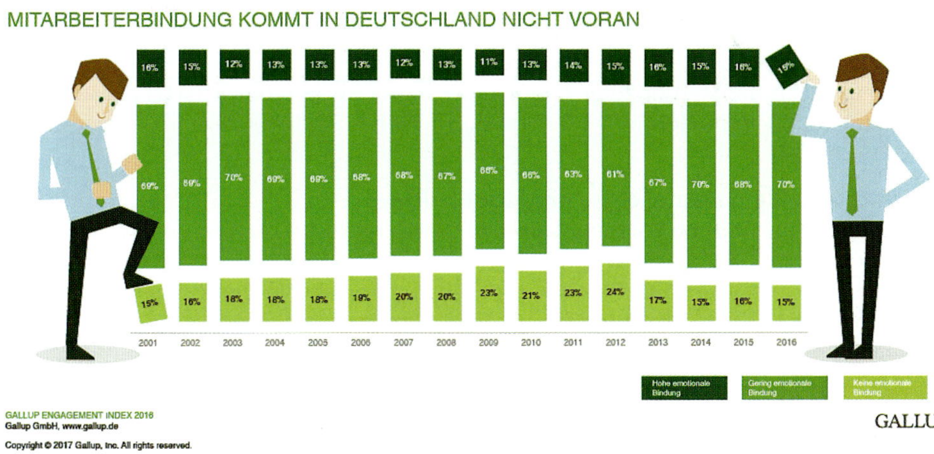

Quelle: www.gallup.de/183104/engagement-index-deutschland.aspx, dort: PDF der Präsentation zum Engagement-Index 2017, S. 18, zuletzt abgerufen am 03.11.2017

Gallup-Studie: Vorgesetzte schädigen die Firma, wenn sie das Thema Führung nicht beherrschen

22. März 2017, Autor: Claudia Tödtmann

Produktivität

Hätten sie gute Führungskräfte, würden deutsche Unternehmen 105 Milliarden mehr Umsatz im Jahr machen, rechnet die neue Gallup-Studie vor. Stattdessen leisten sie sich mit 70 Prozent eine große Mehrheit von Mitarbeitern, die schweigen, statt Einsatzfreude an den Tag zu legen.

Die meisten Mitarbeiter sind an ihr Unternehmen emotional kaum gebunden und machen nur Dienst nach Vorschrift. Der Graben zwischen den Mitarbeitern und den Unternehmen wird immer größer, belegt die aktuelle Untersuchung des Marktforschungsunternehmens Gallup: In seinem Engagement Index 2016 veröffentlicht es alljährlich, wie es um die Mitarbeiterbindung, die Motivation der Angestellten und um deren Verhältnis zu Chefs und Unternehmen steht. Befragt wurden für die Untersuchung 1413 Arbeitnehmer über 18 Jahren in zwei Erhebungswellen, im Februar/März und Oktober/Dezember 2016.

Schlechte Führungskräfte senken die Wettbewerbsfähigkeit

Das Fazit der diesjährigen Untersuchung: Schlechte Vorgesetzte sind die Stellschraube, die dringend bewegt werden müsste. Sie kosten die deutsche Wirtschaft bis zu 105 Milliarden Euro im Jahr. So hoch sind die Verluste durch innere Kündigungen der Mitarbeiter. Die Mehrheit der Mitarbeiter ist emotional an ihr Unternehmen kaum gebunden. Die Folge: Das alles beeinträchtigt wichtige Wettbewerbsfaktoren. Die Fehlzeiten steigen, Produktivität, Rentabilität, Qualität und Kundenbindung sinken dagegen.

Pannen sehen – und lieber schweigen. Eigeninitiative? Lieber nicht.

Marco Nink, Studienverantwortlicher bei Gallup sagt: „Arbeitnehmer, die sich emotional nicht an ihren Arbeitgeber gebunden fühlen, zeigen weniger Eigeninitiative, Leistungsbereitschaft und Verantwortungsbewusstsein – und sie schweigen zudem häufiger zu Fehlentwicklungen." Das bedeutet im Klartext: Läuft im Unternehmen etwas schief, schweigt die Mehrheit der Angestellten – aus Resignation –, statt darauf aufmerksam zu machen und um die Behebung von Missständen sowie Fehlentwicklungen zu kämpfen.

Auch schwere Bedenken bleiben unausgesprochen

Sehr bedenklich sind die Folgen dieser Nicht-Widerspruchs- und Schweigekultur für die Unternehmen selbst. Der aktuelle Engagement Index zeigt: jeder dritte Mitarbeiter hat in den vergangenen zwölf Monaten gegenüber seinem Vorgesetzten mindestens einmal sogar schwere Bedenken nicht geäußert. Von den Mitarbeitern ohne emotionale Bindung schwieg sogar fast jeder Zweite (45 Prozent).

Der Traumarbeitnehmer ist eine Rarität

So, wie sich Unternehmen den optimalen Mitarbeiter wünschen, sind laut Gallup-Studie nur 15 Prozent der Leute – die sind nämlich mit Hand, Herz und Verstand bei der Arbeit. Das Gros der Mitarbeiter will in erster Linie unauffällig sein: 70 Prozent der Beschäftigten sind emotional gering gebunden und machen lediglich Dienst nach Vorschrift, so Gallup.

Man liebt die Arbeit, aber nicht Vorgesetzte und Arbeitgeber
Dabei scheint das alles unnötig zu sein. Denn die Arbeitseinstellung ist durchaus sehr positiv. Auf die Gretchenfrage, ob man denn weiter arbeiten würde, wenn man nicht auf das Gehalt für den Lebensunterhalt angewiesen wäre, gaben 77 Prozent der Befragten die Antwort: Doch, sie würden durchaus weiter arbeiten wollen, das waren vor sechs Jahren noch weniger (2010: 70 Prozent).

Was den Mitarbeitern wichtig wäre? Nink sagt: „Faktoren wie Arbeitsplatzsicherheit, Entlohnung, Sozialleistungen, flexible Arbeitszeit oder die Zahl der Urlaubstage sind für Mitarbeiter zwar durchaus wichtig, sie haben aber auf deren emotionale Bindung kaum Einfluss."

Führungsqualität wird Wettbewerbsvorteil dank einsatzfreudiger Mitarbeiter
Fünfmal wichtiger als das Gehalt ist es dagegen, wenn man „die Möglichkeit hat, das zu tun, was man richtig gut kann". Entscheidend sind laut Nink außerdem die „Führungsqualität, eine herausfordernde, abwechslungsreiche und als sinnvoll empfundene Tätigkeit und die Kollegen. Emotionale Bindung wird im direkten Arbeitsumfeld erzeugt und der direkte Vorgesetzte ist dabei das A und O."

Warum die Innerlich-Gekündigten immer mehr werden
Die Gallup-Untersuchung zeigt den Zusammenhang zwischen Führung und Ergebnissen. „Wie lange Mitarbeiter ihrem Unternehmen treu bleiben und wie einsatzfreudig und produktiv sie in der Zeit sind, hängt in erster Linie vom Führungsverhalten des direkten Vorgesetzten ab", so Nink. „Doch in punkto Führungsqualität klaffen die Wünsche der Mitarbeiter und die Wirklichkeit in den Unternehmen weit auseinander."

Das hat Folgen für die Betriebstreue – und zwar negative. Waren manche Unternehmen jahrelang froh über Mitarbeiter, die von selbst ihren Hut nahmen. So scheint sich das langsam zu drehen. Den Unternehmen, die inzwischen viel Geld investieren in ihren guten Ruf als Arbeitgebermarke, kann dieses Ergebnis der Gallup-Umfrage nicht gefallen: Die Zahl der Mitarbeiter mit hoher Bindung an die Firma, 15 Prozent, geht keinen Deut nach oben. Ebenso hoch bleibt auch die Zahl der Resignierten, die innerlich gekündigt haben. Dabei seien diese Frustrierten keineswegs Versager, auch sie waren ursprünglich mal als motivierte, gute Leute angetreten – und könnten das auch wieder werden, betont Nink.

„Ich will weg hier"
Qualifizierte Führungskräfte könnten helfen. Doch die Führungsqualität liegt hierzulande im Argen: Die Wünsche der Mitarbeiter und die Wirklichkeit in den Unternehmen klaffen besonders weit auseinander. Nur jeder fünfte Arbeitnehmer (21 Prozent) sagt: „die Führung, die ich bei der Arbeit erlebe, motiviert mich, hervorragende Arbeit zu leisten". Selbst in der Gruppe der hoch gebundenen Angestellten sagen das nur 66 Prozent. Und bei den Arbeitnehmern mit geringer oder ganz ohne Bindung nur 15 beziehungsweise nur drei Prozent.

Kein Wunder, dass ein Fluchtreflex einsetzt. Fast jeder Fünfte (18 Prozent) dachte in den vergangenen zwölf Monaten daran zu kündigen – und zwar wegen seines direkten Vorgesetzten.

Ich bin ein Super-Chef – Sie sind ein schlechter Chef
Interessant ist das Auseinanderfallen von Fremd- und Eigenwahrnehmung: 69 Prozent der Arbeitnehmer hatten mindestens einmal einen schlechten Vorgesetzten laut Gallup. „Doch die Chefs selbst sind sich ihrer Defizite nicht bewusst – 97 Prozent halten sich selbst für eine gute Führungskraft", so Nink.

Merkwürdigerweise haben laut Gallup-Umfrage 2016 immerhin 40 Prozent der Führungskräfte eine Weiterbildung besucht haben, um den Umgang mit ihren Mitarbeitern zu verbessern. Das aber wohl ohne Erfolg.

Dialog mit Mitarbeitern? Totalausfall
Der wichtigste Hebel, um einsatzfreudige Mitarbeiter mit emotionaler Bindung an die Firma zu bekommen ist ein kontinuierlicher Dialog mit den Führungskräften. Das kann nicht funktionieren, wenn nur 56 Prozent der Mitarbeiter mit ihren Chefs und dann nur einmal im Jahr über ihre Arbeit und die Leistung sprechen. Nur 14 Prozent der Mitarbeiter berichten bei der Untersuchung über kontinuierlichen Austausch mit dem Vorgesetzten und das über das Jahr hinweg.

Mitarbeitergespräche ohne Ergebnis für die Firma
Vor allem die gefürchteten Mitarbeitergespräche – einmal im Jahr auf Drängen der Personalabteilung – verfehlen oft ihr Ziel, nämlich die Arbeitsleistung nachhaltig zu verbessern. Nur 38 Prozent der Mitarbeiter sagen, dass diese Mitarbeitergespräche helfen, ihre Arbeit besser zu machen. Ein schlechtes Zeugnis für Führungskräfte, urteilt Nink. „Wo es doch die Aufgabe einer Führungskraft ist, die individuellen Leistungspotenziale der Mitarbeiter freizusetzen und zur Entwicklung des Einzelnen beizutragen.“ Chefs müssten herausfinden, was ein Mitarbeiter gut kann und mag und wie er dementsprechend eingesetzt werden kann – und das gehe am besten im Gespräch.

Was bedeutet, dass Vorgesetzte sich die Zeit zum Zuhören nehmen und für ihre Mitarbeiter echt interessieren müssen.

Quelle: Tödtmann, Claudia: Gallup-Studie: Vorgesetzte schädigen die Firma, wenn Sie das Thema Führung nicht beherrschen. In: blog.wiwo.de, veröff. am 22.03.2017 unter http://blog.wiwo.de/management/2017/03/22/gallup-studie-vorgesetzte-schaedigen-die-firma-wenn-sie-das-thema-fuehrung-nicht-beherrschen/ [11.06.2018]. © Handelsblatt GmbH. Alle Rechte vorbehalten.

1.1.2 Beteiligte und Rahmen der Personalführung

Die Gestaltung der konkreten Führungsbeziehung zwischen Führungskraft und Mitarbeiter wird zum einen von den beiden Beziehungsbeteiligten beeinflusst, zum anderen durch den Rahmen, den das Unternehmen (bzw. die Unternehmensführung) bestimmt. Dieser Rahmen wird wiederum beeinflusst durch die Umgebung des Unternehmens.

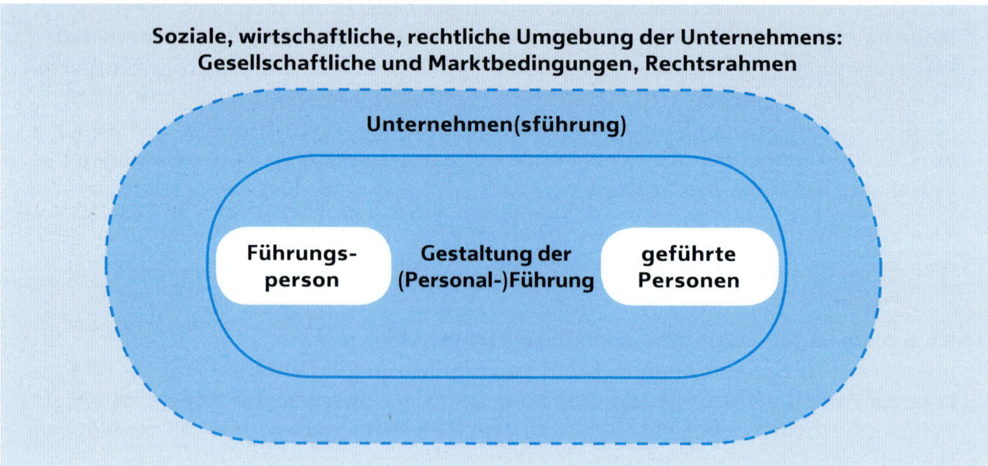

1.1.3 Elemente einer „guten Führung“

Es gibt kein Rezept, nach dem man „gute Führung“ wie einen guten Kuchen backen kann. Gäbe es ein solches Rezept, würden alle Unternehmen ihre Führungswirklichkeit in derselben Weise gestalten. Die Bedingungen, unter denen Unternehmen ihre Aufgaben – also auch ihre Führungsaufgabe – lösen müssen, sind aber für jedes Unternehmen sehr unterschiedlich. Und so muss sich jedes Unternehmen selbst auf den Weg machen, ein Konzept für „gute Führung“ zu entwickeln. Leitfragen dabei sind:

- Welche Rahmenbedingungen haben die Führungskräfte bei der Führung?
- Gibt es ein Führungsleitbild?
- Was soll durch (gute) Führung erreicht werden? Was ist das Ziel der Führung im Unternehmen?
- Was motiviert die Mitarbeiter zur Leistung?
- Wie kommt die Art der Führung bei den Mitarbeitern an?
- Welche Einstellungen haben die Führungskräfte gegenüber den Mitarbeitern?
- Welche Mittel können sie bei der Führung der Mitarbeiter einsetzen?

Das Zusammenwirken dieser Elemente macht die Qualität der Führung in einem Unternehmen aus. In den folgenden Abschnitten werden die Grundlagen der einzelnen Gestaltungselemente vorgestellt.

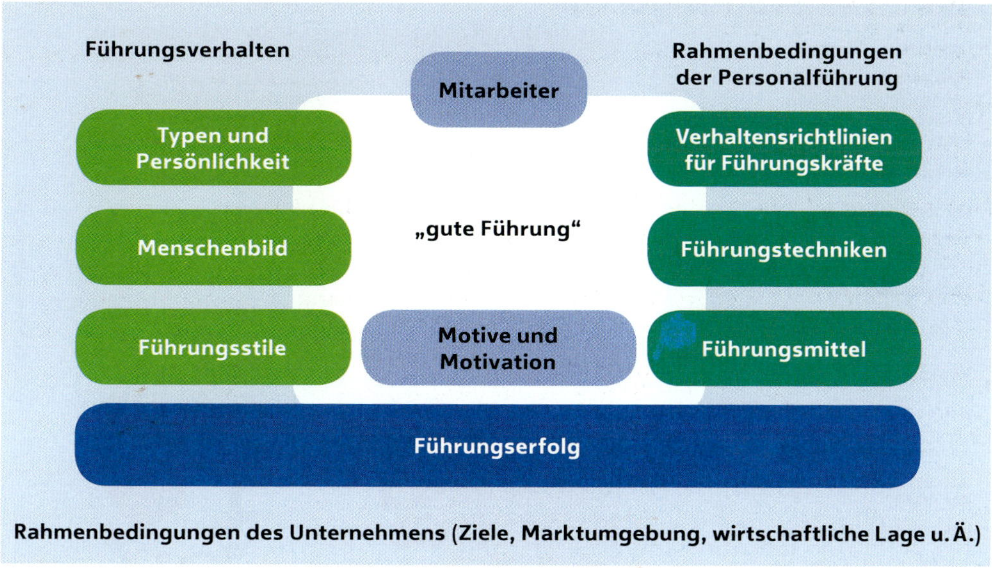

Gestaltungselemente der „guten Führung“

1.2 Der Mensch im Unternehmen: Leistung und Motivation

Wesentlicher Baustein und Bezugspunkt der Personalführung sind die Mitarbeiter im Unternehmen. Als tätiger Produktionsfaktor tragen sie mit ihrer Arbeitsleistung zur Wertschöpfung des Unternehmens bei. Als Gegenleistung erhalten die Mitarbeiter dafür ein Entgelt. Dies ist die funktionale Sicht auf die Mitarbeiter: Sie haben eine (Leistungs-)Funktion im Unternehmen.

Arten der Arbeit/Arten der Leistung			
Körperliche Arbeit		Geistige Arbeit	
Ungelernte Arbeit	Angelernte Arbeit	Qualifizierte Arbeit	Hochqualifizierte Arbeit

Doch Mitarbeiter lassen sich nicht wie Maschinen „disponieren", an- und ausschalten oder in andere Abteilungen versetzen. Der „Produktionsfaktor Arbeit" ist eine Abstraktion. Tatsächlich lässt sich die Arbeit ja nicht vom arbeitenden Menschen trennen. Dieser Mensch hat – im Gegensatz zu einer Maschine – eigene Interessen und Ziele, ein Leben jenseits des Unternehmens, das ihn und seine Leistung im Unternehmen beeinflusst.

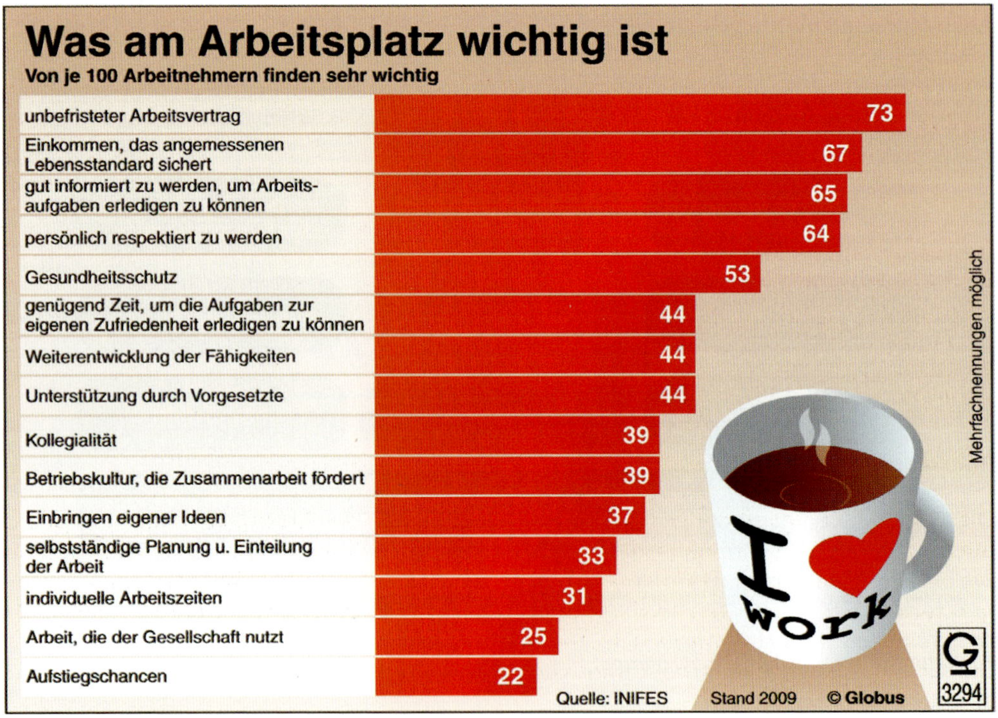

Die von den Arbeitnehmern tatsächlich eingebrachte Arbeitsleistung wird beeinflusst von der Leistungsfähigkeit und der Leistungsbereitschaft.

Definition
Die Qualität und die Quantität der **Arbeitsleistung** ist ein Produkt aus der Leistungsfähigkeit und der Leistungsbereitschaft, anders gesagt: Die Arbeitsleistung wird bestimmt durch das Können und das Wollen.

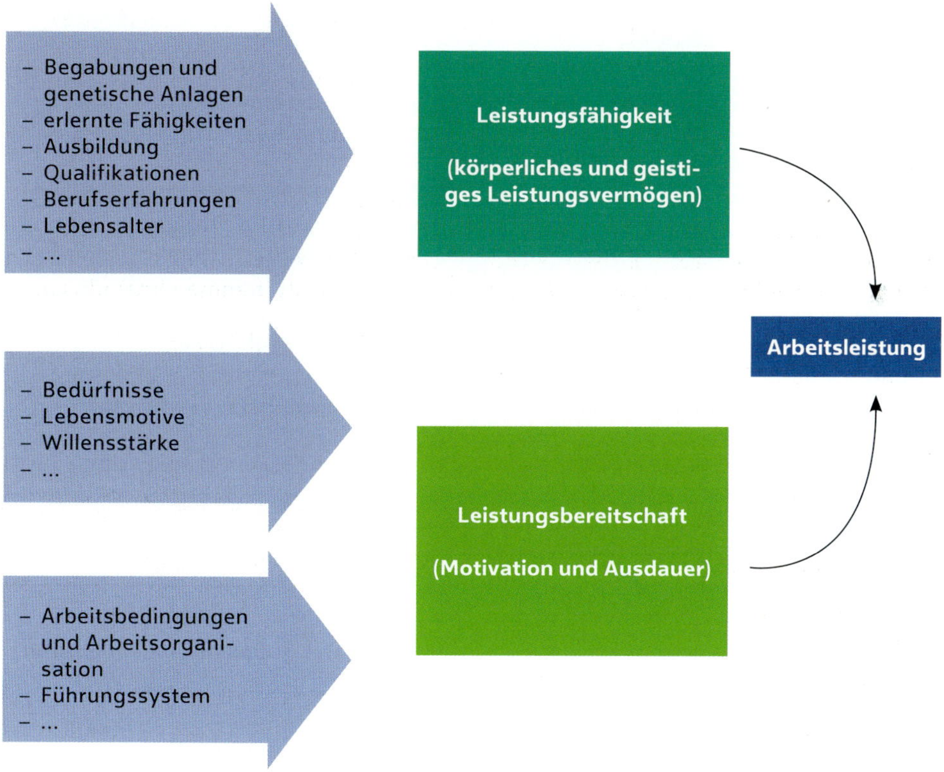

Arbeitsleistung ist ein Produkt aus Leistungsfähigkeit und Leistungsbereitschaft.

Die Leistungsfähigkeit der Mitarbeiter kann im Rahmen der Personalentwicklung (siehe auch Abschnitt 4) systematisch und gezielt durch Qualifikationen aufgebaut werden. Sie bildet die Kapazität des Leistungsvermögens ab. Inwieweit dieses Leistungsvermögen tatsächlich abgerufen wird, unterliegt dem Willen und der Motivation des einzelnen Mitarbeiters (Leistungsbereitschaft).
Die Grundlagen zur Mitarbeitermotivation sollen anhand folgender Fragestellungen erläutert werden:

Leitfragen	Themen
Was ist Motivation und wie entsteht sie?	Motivationsprozess, Bedürfnisse und Motive
Was verhindert und was fördert Motivation?	Einflussfaktoren auf die Motivation

Exkurs: Motivation und Manipulation

Personalführung durch Motivation hat das Ziel, das Verhalten der Mitarbeiter in einem Unternehmen zu beeinflussen.
Verhaltensbeeinflussung ist auch das Ziel der Manipulation. Der Begriff bedeutet wörtlich „Handhabung“ und wird in verschiedenen Zusammenhängen benutzt. In der Psychologie, der Soziologie und der Politik meint man mit Manipulation solche Einflussversuche und Einflussnahmen, die **verdeckt** erfolgen, also für den Betroffenen **nicht offensichtlich** sind. In dem Song „Camouflage“ von Stan Ridgway (1986) heißt es: „Camouflage – Things are never quite the way they seem.“

Jeder will was vom anderen
Welche Arten von psychologischer Manipulation gibt es im Alltag? Wie bekommt etwa der Chef vom Mitarbeiter, was er will, wie die Frau von ihrem Mann oder umgekehrt, ohne dass wir es als Manipulation wahrnehmen?
Wenn Ihr Chef etwa sagt: „Sie sind der Einzige, dem ich das Projekt anvertrauen kann“, steckt in dem Lob wahrscheinlich auch ein manipulatives Moment. Ihr Vorgesetzter will unbedingt, dass sie mit Ja antworten. Wenn man soviel Wertschätzung entgegengebracht bekommt, kann man schlecht Nein sagen, auch wenn man eigentlich gar nicht will. Man läuft also Gefahr, einen Auftrag ungewollt anzunehmen. Dies ist eine der gängigen, bewusst oder unbewusst eingesetzten, Manipulationen in unserer Arbeitswelt.
Natürlich wollen wir alle irgendwas von anderen, vom Partner oder vom Chef. In zwischenmenschlichen Beziehungen herrscht meist ein verdeckter Kampf, seine Überzeugungen durchzusetzen – also alles ganz menschlich. Die Frage ist, zu welchen Mitteln man greift: Ob man nur seine eigenen Bedürfnisse durchsetzen will oder ob man erkennt, dass der andere auch Bedürfnisse hat; ob man für die Argumente des anderen offen ist, ist eine Voraussetzung für eine positive Einflussnahme auf den anderen sowie für ein gutes Zusammenleben. Denn Manipulation ist ja per se nichts Schlechtes. Wenn etwa der Chef aus dem Mitarbeiter das Beste herausholen will und kann, wird dieser am Ende auch zufrieden mit seiner Leistung sein. Die Frage ist nur, wie manipuliert wird – ob mit Druck oder mit Motivation.
[...]

Eine Frage der Autorität – heute genauso wie früher
Die Gräueltaten der Nationalsozialisten im Dritten Reich sind unfassbar sowie die Tatsache, dass sich so viele Deutsche tatenlos dem Naziregime ergeben haben. Mit normalem Menschenverstand ist das nicht nachzuvollziehen. Das beschäftigte auch den Psychologen Stanley Milgram. Anfang der 1960er Jahre hat er nachgewiesen, wie einfach Menschen zu Aggressionen angestiftet werden können, wenn sie von einer Autorität dazu aufgefordert werden. In seinem psychologischen Experiment sollten die Versuchspersonen die Rolle eines Lehrers einnehmen. Sie wurden von dem Versuchsleiter (einem Schauspieler) dazu aufgefordert, einen Schüler mit Stromschlägen zu bestrafen, wenn dieser seine Aufgabe, das Zusammensetzen von Wortpaaren, nicht richtig löste. Die Intensität des Stromschlages sollte nach jedem Fehler erhöht werden. Der „Schüler“ war für die Versuchsperson nicht zu sehen, seine angeblichen Schmerzensschreie jedoch waren deutlich zu hören.
Als Psychologen an einer amerikanischen Universität das Milgram-Experiment 2008 wiederholten, gingen sie davon aus, dass sich heute wesentlich weniger Menschen von einer Autorität zu einem unmoralischen Verhalten verleiten lassen. Seither sind wir ja scheinbar liberaler geworden und auch kritikfähiger gegenüber Autoritäten. Doch weit

gefehlt: Genau wie damals blieb nur ein Drittel der Versuchspersonen moralisch standfest. Die Mehrheit gehorchte und verabreichte der angeblichen Testperson schmerzliche Stromschläge, weil es die angebliche Autoritätsperson forderte.
2010 wollten französische Filmemacher auf die Macht der Medien hinweisen und brachten das Gehorsam-Experiment aus dem psychologischen Versuchslabor ins Fernsehen. In einer inszenierten TV-Show wurden Kandidaten aufgefordert, einem Mann schmerzhafte Stromstöße zuzufügen. Auch hier waren mehr als zwei Drittel der Testpersonen ohne Zögern dazu bereit. Der Mensch ist und bleibt also manipulierbar, denn als soziales Wesen liegt ihm viel daran, von anderen anerkannt, bemerkt und geachtet zu werden. Auch wenn wir heute vermehrt Autoritäten hinterfragen als früher – es gibt nach wie vor Einflussgrößen, die uns manipulieren, wie etwa die Werbung, die Medien oder die Politik.

Quelle: Kuss, Melanie/Planet Wissen: WDR, SWR, BR: Jeder manipuliert: Die Macht der Psyche, unter: https://www.planet-wissen.de/gesellschaft/psychologie/egoismus/pwiejedermanipuliertdiemachtderpsyche100.html, vom 20.08.2013, zuletzt abgerufen am 22.10.2017

Abgelehnt wird im Allgemeinen die Verhaltensmanipulation, die auf Täuschungen beruht und die sich zum Nachteil des Manipulierten auswirkt bzw. nur dem egoistischen Vorteil des Einflussnehmers dient. Die so manipulierten Menschen fühlen sich, wenn sie es denn bemerken, ausgenutzt und werden sich der Arbeitsleistung eher verweigern. Eine erfolgreiche Motivation dagegen stärkt das Selbstwertgefühl und das Leistungsverhalten. Die Abgrenzung hin zur „guten“ und „positiven“ Einflussnahme der Personalführung gelingt auch im betrieblichen Alltag nicht immer leicht. Möglichkeiten zur Begrenzung eines manipulativen Verhaltens liegen in der Herstellung von Transparenz und Öffentlichkeit für die Aufgaben und Ziele.

1.2.1 Motivation und Motivationsprozess

Was motiviert einen Mitarbeiter zu einem ganz bestimmten Verhalten? Was treibt ihn an, pünktlich zu sein, Leistungen zu erbringen, freundlich zu den Kollegen zu sein, sich an Kundenwünschen zu orientieren?
Nun ließe sich leicht antworten: Es ist das Geld, das motiviert. Doch denkt man über sein eigenes Handeln nach, erkennt man schnell, dass ein großer Anteil des Handelns nicht durch Geld allein zu erklären ist. Manche Dinge unternimmt man nur aus Spaß und Freude, mit anderen Verhaltensweisen will man Freunde beeindrucken oder auch Freunde gewinnen.
Zu unterscheiden ist zwischen Handlungsursache (= Verhaltensmotiv) und der Handlung selbst. Bindeglied zwischen beiden ist die Motivation.

Definition

Motivation ist die **treibende Energie** (Triebkraft) für zielgerichtetes Verhalten. Als motiviert bezeichnet man eine Person, die ein **Ziel** klar und mit **Ausdauer** und **Einsatz** (Aufwand) verfolgt.
Die Motivation kann unterschiedliche Ausprägungen haben. Je nachdem wie stark oder schwach sie ausgeprägt ist, wird sie das Ausmaß der persönlichen Anstrengung (= Leistungsbereitschaft) eines Mitarbeiters beeinflussen.

Bei vielen Tätigkeiten wird eine grundsätzliche, existenzielle Motivation erkennbar: Ohne zu trinken und zu essen wird kein Mensch lange überleben. Menschen gehen gefährlichen Situationen aus dem Weg, um sich zu schützen. Motivation ist auch der Hintergrund für ein Verhalten, dass der Person Schaden zufügen kann: Rauchen beispielsweise. Die Triebkraft kann sich also durchaus auf Dinge richten, die nicht gesund sind.

Auch die Arbeitsleistung ist ein Verhalten, das hinsichtlich seiner Ursachen und Ergebnisse hinterfragt werden kann.

Aus welchen Motiven arbeitet eine Person? Hat sie ein Interesse an der Arbeit selbst (= intrinsische Motivation) oder liegt es an der Belohnung für die geleistete Arbeit, dass sich jemand bei seinen Aufgaben so richtig engagiert (= extrinsische Motivation). Mit welcher Ausdauer und Intensität arbeitet jemand? Ist jemand nur in bestimmten Situationen oder auch ganz allgemein motiviert?

Definition

Man unterscheidet zwei Motivationsarten:

- Bei der **intrinsischen Motivation** ist eine Person an der Aufgabe selbst interessiert.
- Bei der **extrinsischen Motivation** wird die Handlungsenergie quasi von außen zugeführt: Es locken „Belohnungen" wie hohes Einkommen, Anerkennung oder Ähnliches.

Motivationsprozess

Motivation entsteht, wenn eine Person einen Mangel bei sich wahrnimmt und dieser Mangel sich auf ein bestimmtes Motiv richtet: Hunger oder Durst beispielsweise. Es folgt die Entscheidung, aktiv zu werden und mit einer geeigneten Handlung den Mangel zu beseitigen.

Während der Aktivierung finden verschiedene Abwägungen statt, die schließlich in der Auswahl einer bestimmten Handlung münden:

- Mit welchen Handlungen kann das Ziel der Mangelbeseitigung erreicht werden?
- Wie hoch ist die erwartete Belohnung jeder Handlung?
- Wie hoch ist die Erfolgswahrscheinlichkeit jeder Handlung?

Ergriffen wird je nach Situation und subjektiver Bewertung diejenige Verhaltensweise, die am besten geeignet scheint, die Mangelsituation zu beseitigen. Das Ausmaß der Mangelbeseitigung ist die Belohnung für das Verhalten. Ohne Belohnung funktioniert der Ablauf nicht! Das Besondere bei dieser Belohnung ist, dass sie von der Person selbst kommen kann – oder von außen.

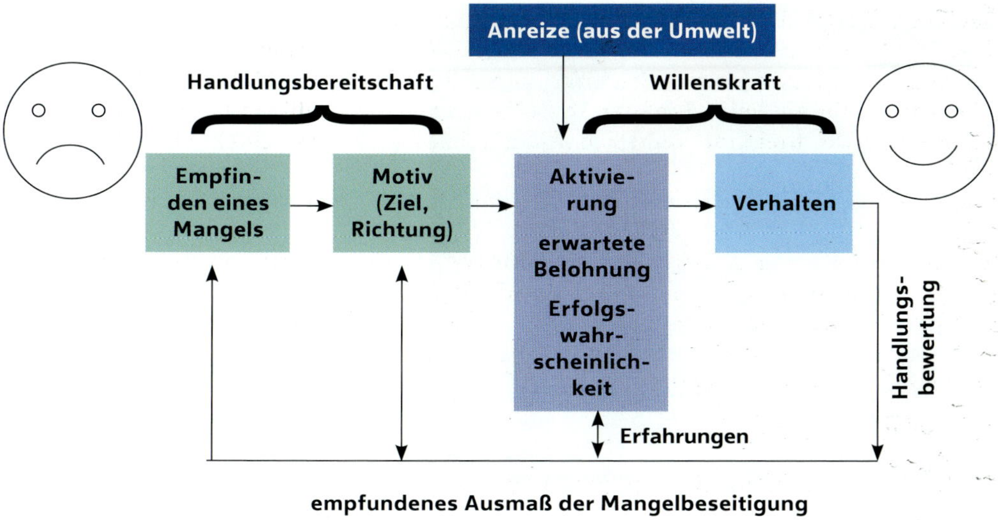

Beispiel

Belohnung von innen und außen: Emma will Britta und Frank dazu bringen, Schokolade zu essen. Britta mag Schokolade nicht. Frank liebt Schokolade.

Für die **Belohnung von außen** sind die Anreize aus der Umgebung wichtig. Sie beeinflussen die erwartete Belohnung und die Erfolgswahrscheinlichkeit einer Handlung.

Das **innere Belohnungssystem** ist Teil des Gehirns.

(Der Nucleus accumbens), () [ein] Knubbel von Nervenzellen tief in unserem Vorderhirn, ist der Sitz des menschlichen Belohnungssystems. Es wird von Zellen im ventralen Tegmentum, einer Struktur im Mittelhirn, mit dem Botenstoff Dopamin stimuliert. Hat der Botenstoff an den Rezeptor des Nucleus accumbens angedockt, sendet dieser Erregungspotenziale an andere Gehirnstrukturen, welche dann Zufriedenheit und Freude auslösen.
Aktiviert wird das Belohnungssystem durch alle möglichen Reize: Ein Drei-Gänge-Menü beim Italiener, ein heißes Date oder Sex verursachen zum Beispiel ein Glücksgefühl, aber auch Sport oder das Lächeln des eigenen Babys. Auf diese Weise werden wir angespornt, bestimmte Dinge ständig zu wiederholen. Entwickelt hat sich dieser Mechanismus wahrscheinlich, um uns zur Selbsterhaltung zu motivieren.
Das Belohnungssystem ist nicht nur beim Menschen vorhanden. Selbst der sehr einfach gestrickte Fadenwurm Caenorhabditis elegans, Lieblings-Labortier vieler Forscher, hat ein rudimentäres Motivationssystem. Zerstören Wissenschaftler bei dem Wurm nur eine Handvoll Nervenzellen, die Dopamin ausschütten, macht das Tier für eine Bakterienmahlzeit keinen Umweg mehr.
Und wer seinem Hund einen neuen Trick beibringt, indem er ihm für jedes erfolgreiche Kunststück einen Bissen zu essen gibt, der nutzt ebenfalls die Belohnungsmechanismen des Nucleus accumbens.

Quelle: Kupferschmidt, Kai/Neurowissenschaftliche Gesellschaft e. V.: Sucht – Motivation zu schlechten Zielen, unter: http://dasgehirn.info/denken/motivation/sucht-2013-motivation-zu-schlechten-zielen, vom 15.08.2011, zuletzt abgerufen am 22.10.2017

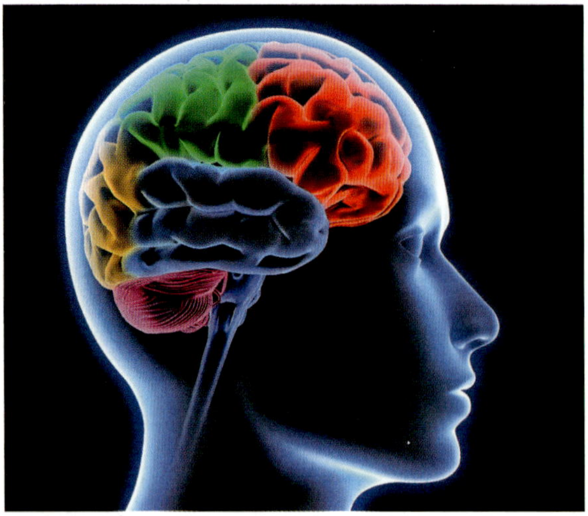

Recherchetipp

www.business-wissen.de/mitarbeiterfuehrung/incentives-fuer-mitarbeiter-richtig-einsetzen/

Nach der Handlung wird das Handlungsergebnis geprüft: Sind die Erwartungen eingetroffen? Hat irgendetwas nicht geklappt? Diese Auswertung der Erfahrung (Handlungsbewertung) geht wiederum in den nächsten Aktivierungsprozess ein: Der Handelnde **lernt**. Dies geschieht immer – man kann in Anlehnung an eine bekannte Redewendung zum Kommunikationsverhalten auch sagen: Man kann nicht nicht Lernen. Dies kann natürlich auch bedeuten, dass man das „Falsche" lernt.

Beispiel

Lust und Frust an der Mathematik

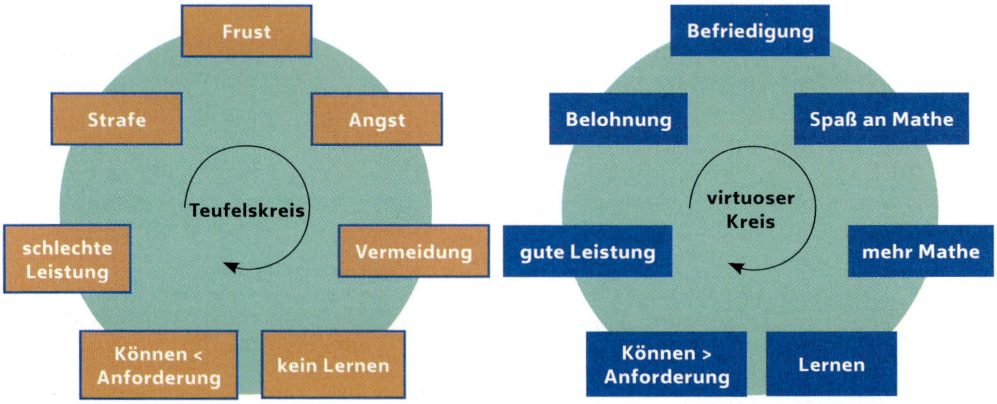

Quelle: Spitzer, Manfred: Lernen – Gehirnforschung und die Schule des Lebens, korr. Nachdruck, Spektrum Akademischer Verlag, Heidelberg, 2003, S. 271

1.2.2 Bedürfnisse und Motive

Motive sind Verhaltensdispositionen, sie sind relativ stabile Persönlichkeitsmerkmale. Beispiele sind etwa das Streben nach Leistung, nach Sättigung, nach Macht, nach Liebe etc. Einige der Motive sind angeboren und sichern das Überleben (primäre Motive wie Essen, Trinken, Sexualität), andere werden im Laufe der Entwicklung gelernt (sekundäre Motive). Motive geben dem allgemeinen Mangelempfinden einen konkreten Ausdruck, ein Ziel.

Definition
Motive sind Persönlichkeitseigenschaften. Sie sind Ausdruck von dem, was eine Person antreibt und für sich selbst für wichtig hält, also Wünsche, Sehnsüchte und Bestrebungen.

Bedürfnispyramide

Der Psychologe Abraham Maslow hat die menschlichen Bedürfnisse als inhaltliche Ausprägungen des Mangelempfindens in Form einer Pyramide dargestellt. Nach seinem Modell werden fünf Bedürfnisgruppen unterschieden:

- physiologische Grundbedürfnisse: wie Essen, Trinken, Schlafen, Sexualität; sie dienen dem Selbsterhalt des Menschen;
- Sicherheitsbedürfnisse: richten sich auf das Verhältnis zur Umwelt; es geht um die Verlässlichkeit und Ordnung von Bedingungen und die Vermeidung von Gefahren;
- auf soziale Beziehungen ausgerichtete Bedürfnisse: ergeben sich daraus, dass der Mensch ein soziales Wesen ist, das mit anderen Menschen zusammenlebt;
- auf Anerkennung ausgerichtete Bedürfnisse: ergeben sich aus der Rolle und Position eines Menschen innerhalb seiner Gruppe;
- auf das Selbst ausgerichtete Bedürfnisse: haben das Ziel, die eigene Persönlichkeit zu entfalten und seine Entwicklungspotenziale zu entdecken und auszuprobieren.

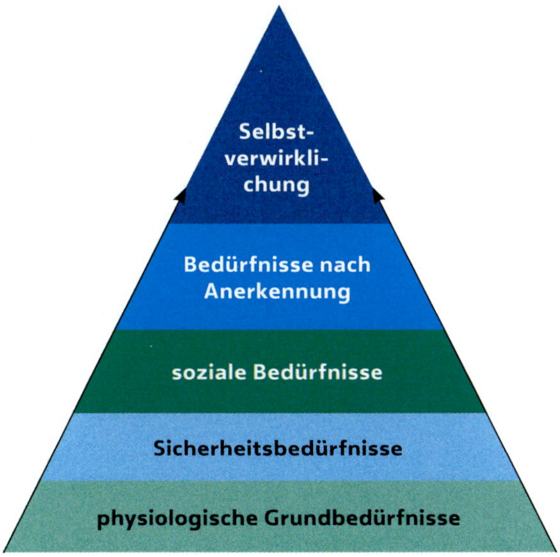

Beispiele aus dem beruflichen Bereich:

Mitbestimmung, Freiräume für Entscheidungen

Aufstiegsmöglichkeiten, Titel und Positionen

Gutes Betriebsklima, Gruppenzugehörigkeit, Kommunikation

Sicherheit des Arbeitsplatzes, geregeltes und ausreichend hohes Einkommen

(humane) Gestaltung des Arbeitsplatzes, Kantine o. Ä.

Die Bedürfnisgruppen gründen aufeinander, wie die Pyramidenform verdeutlicht: Höher stehende Bedürfnisarten bilden sich erst dann aus, wenn die Bedürfnisse der darunter liegenden Ebenen befriedigt sind (Bedürfnishierarchie). Mit einem Zitat von Bertold Brecht lässt sich diese Reihenfolge gut auf den Punkt bringen: „Erst kommt das Fressen, dann die Moral."
Die ersten drei Bedürfnisgruppen werden als Defizitbedürfnisse bezeichnet, die letzten beiden als Wachstumsbedürfnisse.

Kritisch an der Bedürfnispyramide ist vor allem die Behauptung, dass erst die weiter unten angesiedelten Bedürfnisse befriedigt sein müssen, bevor weiter oben angeordnete entstehen. Schließlich hat man immer wieder Hunger und Durst. Auch ist die Stärke des Bedürfnisses nach Essen und Trinken nicht bei allen Menschen gleichermaßen vorhanden. Es gibt Unterschiede, welche Bedeutung einzelne Menschen dem Essen und Trinken beimessen. Das gilt auch, wenn natürlich trotz allem diese Bedürfnisse wiederkehrend gedeckt werden müssen.

Die 16 Lebensmotive

Mit den Unterschieden der Bedürfnisse zwischen den verschiedenen Menschen hat sich der Psychologe Steven Reiss beschäftigt. Auch er ist der Meinung, dass es nur eine überschaubare Anzahl von (Grund-)Bedürfnissen gibt, die die Menschen antreiben. Er spricht von universellen Motiven, deren Ausprägungen aber bei jedem Menschen individuell sind. Reiss' Ansicht nach entstehen die Lebensmotive „automatisch", man kann sich nicht für ein bestimmtes Lebensmotiv entscheiden. Er geht davon aus, dass die Motive weitgehend genetisch bestimmt sind.

Definition
„**Grundbedürfnisse** sind Motive, die universal sind, intrinsisch motiviert sind, intrinsisch bewertet werden, psychologisch bedeutsam sind und die nur zeitweilig befriedigt werden können, ehe sie sich von selbst wieder melden und das Verhalten erneut motivieren."[1]

Auf der Grundlage von umfangreichen Studien in Form von Befragungen (mehr als 25000 Menschen waren einbezogen) hat Steven Reiss 16 Grundbedürfnisse bzw. Lebensmotive identifiziert, die in jedem Menschen in unterschiedlichen Ausprägungen vorhanden sind; ist beispielsweise das Streben nach Anerkennung für die Person nicht so wichtig, kann sie nach außen hin sehr selbstbewusst erscheinen[2]:

[1] *Quelle: Reiss, Steven: Das Reiss Profile. Die 16 Lebensmotive. Welche Werte und Bedürfnisse unserem Verhalten zugrunde liegen, 2. Auflage, Gabal Verlag, Offenbach, 2010, S. 65*
[2] *Quelle: Reiss, Steven: Das Reiss Profile. Die 16 Lebensmotive. Welche Werte und Bedürfnisse unserem Verhalten zugrunde liegen, 2. Auflage, Gabal Verlag, Offenbach, 2010, S. 68–69*

Schwache Motivationswirkung, Außenwirkung ...	Grundbedürfnis/ Lebensmotiv	Hohe Motivationswirkung, Außenwirkung ...
(übertrieben) selbstbewusst	**Anerkennung**	unsicher, selbsterniedrigend
ungeschliffen, einzelgängerisch	**Beziehungen**	freundlich, clownesk
unmoralisch, berechnend	**Ehre**	vertrauenswürdig, selbstgerecht
abstinent, sexuell unterentwickelt	**Eros**	erotisch, sexbesessen
schlecht ernährt, dünn	**Essen**	übergewichtig, fettleibig
misshandelnd, unbeteiligt	**Familie (Erziehungsstil)**	verantwortungsvoll, vernarrt
ungerecht, unfair, unbeteiligt	**Idealismus**	menschenfreundlich, wahrhaft gläubig
inaktiv, faul	**Körperliche Aktivität**	energiegeladen, ermüdend
unterwürfig, gelassen	**Macht**	ehrgeizig, kontrollierend
gedankenlos, praktisch veranlagt	**Neugier**	intellektuell, übermäßig analytisch
chaotisch, desorganisiert	**Ordnung**	wohlorganisiert, perfektionistisch
friedfertig, sanft, höflich	**Rache**	kriegerisch, gemein, brutal
furchtlos, risikobereit	**Ruhe**	vorsichtig, feige
verschwenderisch, konsumorientiert	**Sparen**	geizig, krankhaft geizig
schäbig, ungezwungen	**Status**	steif, snobistisch
abhängig, interdependent	**Unabhängigkeit**	auf sich selbst vertrauend, starrsinnig

Um die Unterschiede aufzudecken, hat Steven Reiss einen Kniff angewendet: Er fragte beispielsweise, ob Anerkennung durch andere Menschen wichtig für das persönliche Glück ist – und nicht, ob Anerkennung wichtig ist. Denn vermutlich würden fast alle Menschen die zweite Fragestellung mit „ja“ beantworten.

Es liegt auf der Hand, dass die individuellen Kombinationen der Lebensmotive viel mehr Unterschiede zwischen den Menschen widerspiegeln und daher der betrieblichen Wirklichkeit näher kommen. Für die Personalführung ergeben sich folgende Konsequenzen:

- Die bei der Führung eingesetzten Instrumente wirken nicht auf alle Mitarbeiter gleich. Nicht jeder lässt sich beispielsweise durch die Anerkennung in Form von Lob oder von der Aussicht auf Beförderung motivieren.
- Bei der Zusammenarbeit zwischen Mitarbeitern kann es zu Störungen und Konflikten kommen, wenn unterschiedliche Lebensmotive oder deren Ausprägungen im Vordergrund stehen.
- Die Verhaltensbeeinflussung (Führung) sollte sich an dem Motivprofil des Mitarbeiters orientieren. Das entspricht einer stärker individualisierten Führung.
- Daraus entstehen neue Anforderungen an eine Führungsperson, etwa hinsichtlich der Diagnosefähigkeit und der Variabilität der je nach Situation und Mitarbeiter einzusetzenden Führungsinstrumente.

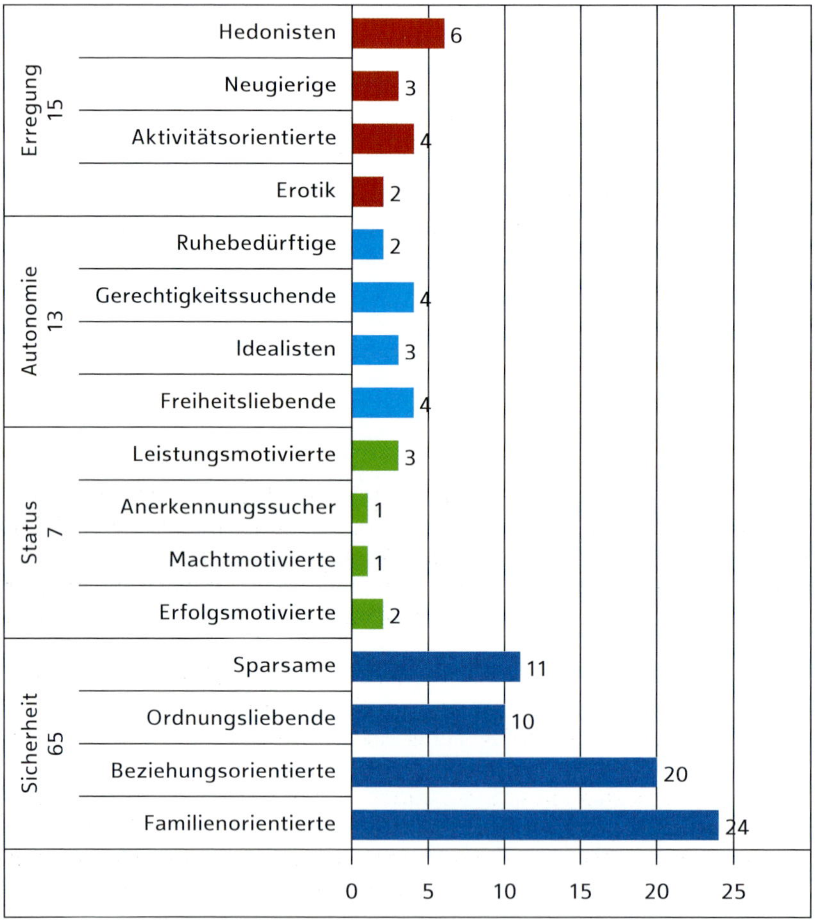

Die quantitative Verteilung der Deutschen nach ihren Haupt-Lebensmotiven in Prozent

Im fachlichen Kontext

Typologie der Mitarbeiter
Mitarbeiter unterscheiden sich in vielerlei Hinsicht. Als Unterscheidungskriterien können etwa die Leistungsfähigkeit, das Temperament und die Handlungsmotive herangezogen werden.

Eine Typologie der Mitarbeiter (nach Olfert/Rahn)[1]:

- **Schüchterne Mitarbeiter**, die sehr zurückhaltend und wenig selbstbewusst sind
- **Problembeladene Mitarbeiter**, die private Schicksalsschläge verkraften müssen
- **Frohnaturen**, die eher extrovertiert und unbeschwert sind
- **Ausgleichende Mitarbeiter**, die eher introvertiert und zurückhaltend sind
- **Neue Mitarbeiter**, die noch keine „echten" Gruppenmitglieder sind
- **Außenseiter**, die von anderen Gruppenmitgliedern abgelehnt werden
- **Schwache Mitarbeiter**, ohne Antrieb, Interesse bzw. ausreichende Fähigkeiten
- **Drückeberger**, die der Arbeit aus dem Weg gehen und andere arbeiten lassen
- **Leistungsstarke Mitarbeiter**, die in allen Situationen volle Leistungen bringen
- **Gruppenstars**, die informelle Gruppenführer darstellen
- **Ehrgeizlinge**, die übertrieben ehrgeizig und karrierebewusst sind
- **Intriganten**, die anderen hinterrücks schaden bzw. andere mobben
- **Freche Mitarbeiter**, z. B. Rädelsführer, Aufwiegler, Querulanten
- **Gruppenclowns**, die Späße machen, oft übertreiben

1.2.3 Motivatoren und Hygienefaktoren (2-Faktoren-Theorie von Herzberg)

Durch externe Anreize lässt sich individuelles Verhalten beeinflussen. Solche Anreize können etwa von besonderen Belohnungen ausgehen (z. B. Lob, Anerkennung, Geld), die das erwartete Verhaltensergebnis beeinflussen. Werden bestimmte Verhaltensweisen gezeigt, **weil** eine solche Belohnung von außen (glaubhaft) in Aussicht gestellt wird, spricht man von extrinsischer Motivation. Der Impuls zum Verhalten kommt von außerhalb des Menschen.
Zieht demgegenüber eine Person aus einem Verhalten selbst eine Befriedigung, spricht man von intrinsischer Motivation. Eine intrinsische Motivation kann man vermuten bei jemandem, der täglich drei Stunden Klavierspielen übt, ohne dass er eine derartige Anweisung dazu hat oder damit Geld und Anerkennung verdient.
Extrinsische und intrinsische Motivation unterscheiden sich in ihrer Wirkung: Während die intrinsische Motivation auch langfristig das Verhalten steuert, nimmt die Wirkung eines extrinsischen Anreizes mit der Zeit ab: So zeigen Studien, dass die Wirkung einer Gehaltserhöhung nur relativ kurzfristig das Verhalten des Mitarbeiters beeinflusst.

[1] *Quelle: Vgl. Olfert, Klaus: Kompakt-Training Personalwirtschaft, Kiehl-Verlag, Herne, 8. Auflage, 2012, S. 55*

Nach einiger Zeit scheinen Gewöhnungseffekte einzusetzen, sodass keine weiteren Verhaltensimpulse von der vergangenen Gehaltserhöhung ausgehen. Erst eine weitere Erhöhung des Gehalts würde einen entsprechenden Effekt auf das Verhalten zeigen.
Eine mögliche Erklärung für diesen Effekt kann die 2-Faktoren-Theorie von Frederick Herzberg geben. Herzberg war ein amerikanischer Arbeitswissenschaftler, der insbesondere die Bestimmungsfaktoren für die Zufriedenheit am Arbeitsplatz erforschte. Dabei stellte er fest, dass es zwei Arten von Faktoren gibt, die im betrieblichen Motivationszusammenhang eine Rolle spielen:

Faktoren	Erläuterung
Motivatoren	... beeinflussen die Zufriedenheit und den Leistungswillen eines Mitarbeiters; sie stehen mit der Arbeitsaufgabe in direktem Zusammenhang; dazu gehören beispielsweise interessante und abwechslungsreiche Tätigkeiten und Herausforderungen, Erfolgserlebnisse, Anerkennung und Lob von Vorgesetzten und Kollegen; verantwortungsvolle Aufgaben, Möglichkeiten zum Aufstieg und zur persönlichen Entfaltung. Fehlen solche Motivatoren oder sind sie nur in einem geringen Umfang vorhanden, sinkt die Zufriedenheit der Mitarbeiter.
Hygienefaktoren	... beeinflussen das Gefühl der Unzufriedenheit; sie stehen nur indirekt mit der Arbeitsaufgabe im Zusammenhang; je geringer das Ausmaß dieser Hygienefaktoren ist, umso größer ist die Unzufriedenheit. Sind sie in großem Ausmaß vorhanden, reduzieren sie die Unzufriedenheit. Wesentlicher Aspekt ist hierbei aber, dass Hygienefaktoren keine Zufriedenheit bei dem Mitarbeiter herstellen können; Beispiele für solche Hygienefaktoren sind die Bezahlung, die Sicherheit des Arbeitsplatzes, der Erfolg des Unternehmens, die Qualität der sozialen Beziehungen zu Kollegen und Vorgesetzten.

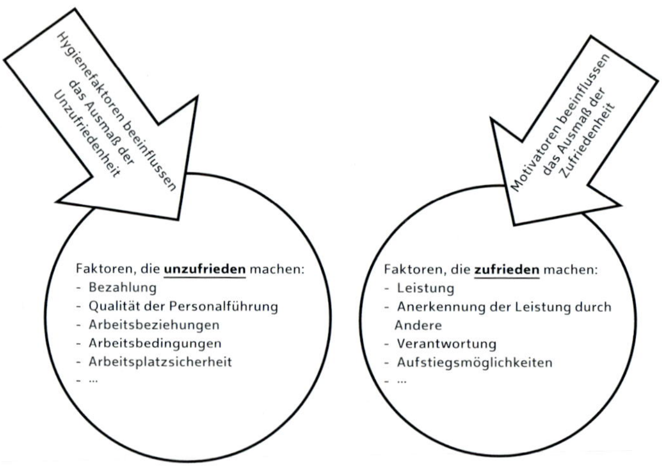

Einer der Hauptkritikpunkte an der Theorie von Herzberg ist der von ihm behauptete Zusammenhang zwischen Zufriedenheit und Leistungswillen, der sich empirisch nicht belegen; es gibt durchaus zufriedene Mitarbeiter, die nicht gleichzeitig leistungsmotiviert sind.

Für die Personalführung ergeben sich aus dem Wechselspiel von Hygienefaktoren und Motivatoren folgende Konsequenzen:

- Motivatoren können zur Motivation und Steigerung des Leistungswillens der Mitarbeiter eingesetzt werden.
- Von Hygienefaktoren geht keine weitere Motivationswirkung auf die Mitarbeiter aus; die Mitarbeiter gewöhnen sich an bestimmte Standards.
- Das Fehlen oder die Reduzierung von Hygienefaktoren führt zu Unzufriedenheit.

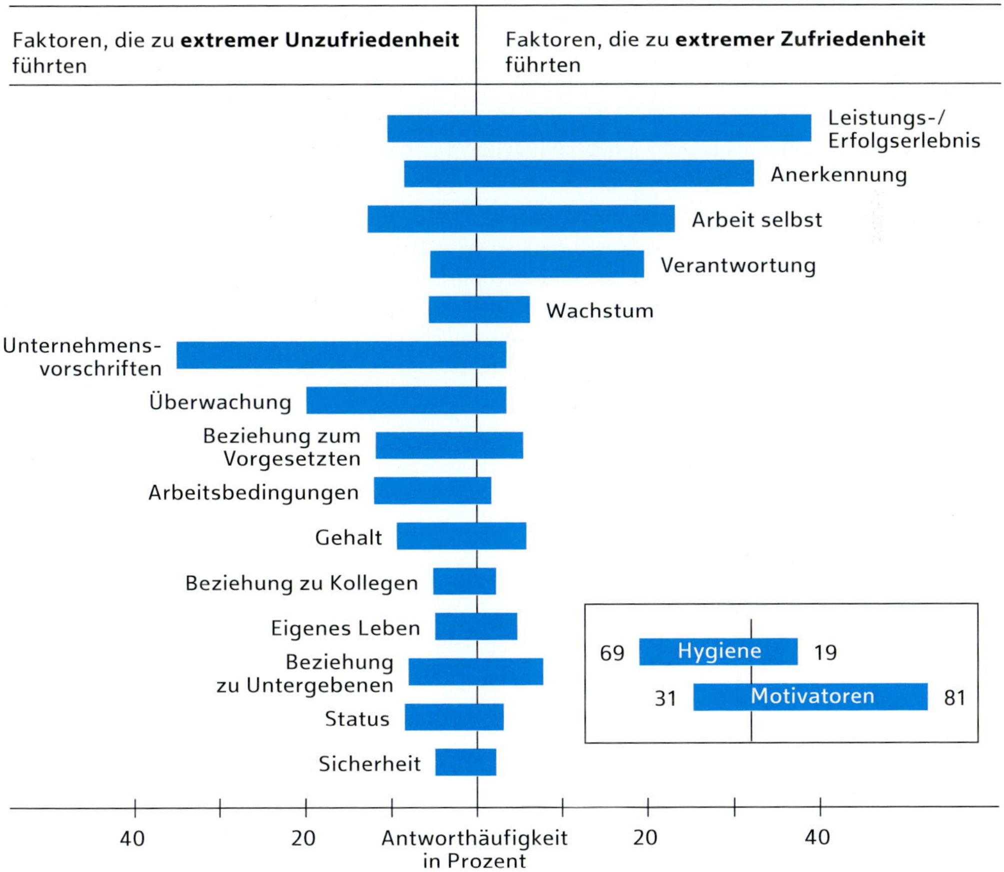

Faktoren, die nach Herzberg die Zufriedenheit und die Unzufriedenheit beeinflussen

1.3 Führungsperson und Führungsverhalten

Führungspersonen sind die Personen in einem Unternehmen, die andere Mitarbeiter im Hinblick auf die Unternehmensaufgaben und -ziele anleiten. Dazu zählen beispielsweise Niederlassungsleiter, die als leitende Angestellte Personal- und Sachverantwortung haben, oder Projektleiter, die verantwortlich für den Erfolg einer Gruppe von Mitarbeitern sind. Maßgebendes Kennzeichen ist die Aufgabe, Mitarbeiter zu führen.

Im fachlichen Kontext

Der Begriff **leitender Angestellter** ist in § 5 Absatz 3 Betriebsverfassungsgesetz definiert:

Leitender Angestellter ist, wer nach Arbeitsvertrag und Stellung im Unternehmen oder im Betrieb

1. zur selbstständigen Einstellung und Entlassung von im Betrieb oder in der Betriebsabteilung beschäftigten Arbeitnehmern berechtigt ist oder
2. Generalvollmacht oder Prokura hat und die Prokura auch im Verhältnis zum Arbeitgeber nicht unbedeutend ist oder
3. regelmäßig sonstige Aufgaben wahrnimmt, die für den Bestand und die Entwicklung des Unternehmens oder eines Betriebs von Bedeutung sind und deren Erfüllung besondere Erfahrungen und Kenntnisse voraussetzt, wenn er dabei entweder die Entscheidungen im Wesentlichen frei von Weisungen trifft oder sie maßgeblich beeinflusst; dies kann auch bei Vorgaben insbesondere aufgrund von Rechtsvorschriften, Plänen oder Richtlinien sowie bei Zusammenarbeit mit anderen leitenden Angestellten gegeben sein.

Eine Führungsperson ist Träger der Führungsaufgabe, die zwei Bereiche beinhaltet: Sie ist verantwortlich zum einen für das Erreichen der jeweiligen Zielvorstellungen, beispielsweise der Abteilung (**Sachziel**), zum anderen für die Motivation und den **Zusammenhalt** der unterstellten Mitarbeiter. Die Führungsperson ist dabei integriert in die Hierarchie des Unternehmens, d. h., sie führt nicht nur andere, sondern wird in den meisten Fällen von einem höhergestellten Vorgesetzten geführt („Sandwichposition"). Weitere Aufgaben einer Führungskraft ist die Repräsentation des Unternehmens nach außen (bei Kunden, in der Öffentlichkeit).

Recherchetipp

www.zeit.de/schlagworte/themen/fuehrungskraft/index
www.spiegel.de/suche/index.html?suchbegriff=führungskräfte
www.wirtschaftspsychologie-aktuell.de

1.3.1 Machtgrundlagen der Führung

Die Umsetzung des Führungsanspruchs erfordert eine Machtgrundlage. Warum befolgt der Auszubildende die Anweisung seines Ausbilders, die Tätigkeitsnachweise der Mitarbeiter zu kontrollieren? Die Antwort dazu enthält zwei Aspekte: Zum einen ist der Auszubildende motiviert und will etwas lernen. In solchen Fällen ist Führung leicht zu gestalten, da sich die Interessen der Führungskraft und des Geführten decken. Doch auch wenn der Auszubildende keine Lust hat, die Tätigkeitsnachweise zu kontrollieren, wird er sich der Anweisung **fügen**: Der Ausbilder hat die **Macht** dazu, sein Verhalten in diesem Sinne zu beeinflussen.

Definition
Häufig wird Macht mit Herrschaft in Verbindung gebracht. Sie spielt in allen sozialen Beziehungen eine Rolle, weshalb sich auch sehr viele Menschen mit Macht aus sehr unterschiedlichen Perspektiven beschäftigt haben. Als Gemeinsamkeit vieler Definitionen kann man formulieren:
Macht ist die Fähigkeit, einen Menschen zu einem bestimmten Verhalten zu bringen, ggf. auch gegen seinen Willen.

Die Grundlage dieser Macht kann verschiedene Ursachen haben:
- Sie kann durch die organisatorischen und hierarchischen Gegebenheiten im Unternehmen bestimmt sein: durch das Ausbildungsverhältnis oder auch durch die Möglichkeit des Ausbilders/Vorgesetzten, den Auszubildenden beispielsweise zu belohnen (z. B. mit einem frühen Feierabend) oder auch zu bedrohen und zu bestrafen (Abmahnung, Auflösung/Kündigung des Ausbildungsverhältnisses).
- Die Macht kann sich aus persönlichen Eigenschaften und Fähigkeiten und dem Verhalten des Ausbilders/Vorgesetzten ergeben: Von einem erkennbaren Experten wird man sich eher etwas sagen lassen als von jemandem, dem man fachliches Wissen nicht zutraut. Oder man anerkennt, dass der Vorgesetzte über mehr Informationen in einer bestimmten Situation verfügt und „es einfach besser weiß".

Machtgrundlage	Erläuterung	
Macht durch Legitimation	Mit dem Abschluss des Arbeitsvertrags stimmt der Mitarbeiter zu, dass ihm der formale Vorgesetzte Weisungen erteilen kann, die der Mitarbeiter dann auch befolgt (Weisungsrecht des Arbeitgebers). Die Machtgrundlage ist an die Stelle geknüpft, nicht an die Person.	**Formelle Macht**
Macht durch Belohnung	Diese Macht ergibt sich daraus, dass der Vorgesetzte das Mitarbeiterverhalten belohnen kann. Voraussetzung für die Wirksamkeit ist, dass der Mitarbeiter die Maßnahmen auch wirklich als Belohnung auffasst.	

Machtgrundlage	Erläuterung	
Macht durch Bedrohung und Bestrafung	Dieses Machtprinzip ist auf Abschreckung ausgerichtet: Einfluss wird auf den Mitarbeiter ausgeübt, indem ihm deutlich gezeigt wird (Drohung), welche negativen Konsequenzen der Ungehorsam nach sich zieht. Für eine glaubhafte Drohung muss bei abweichendem Verhalten bestraft werden, sonst würden sich andere Mitarbeiter nicht mehr „abschrecken“ lassen.	Formelle Macht
Macht durch Wissen und Fähigkeiten/ Expertenmacht	Machtbasis ist das Expertenwissen des Vorgesetzten. Dabei kommt es nicht auf das wirkliche Wissen des Vorgesetzten an, sondern auf sein Image (Außenwirkung) bei den Mitarbeitern.	Persönliche Macht
Macht durch die Persönlichkeit	Diese Macht gründet auf Faktoren wie Ausstrahlung und Charisma des Vorgesetzten und dem Wunsch nach Identifikation mit ihm. Der Mitarbeiter schätzt den Vorgesetzten als Person, findet ihn sympathisch und folgt ihm deswegen. Diese persönlich fundierte Gefolgschaft kann sehr überzeugend sein. Als Personen mit Charisma gelten beispielweise Barack Obama oder auch Lady Di, die viele Menschen in einen Bann der Begeisterung und Zustimmung gezogen hat.	
Macht durch Vernetzung und Information	Der Machtstatus einer Führungskraft ergibt sich auch durch ihren Zugang zu Informationen. Dazu zählen etwa Unternehmens-, Markt- und Brancheninformationen. Je besser eine Führungskraft verankert und mit den „wichtigen Leuten“ vernetzt ist, umso leichter und früher können relevante Informationen berücksichtigt werden.	

Welche der genannten Machtgrundlagen in welcher Intensität und Ausprägung tatsächlich genutzt werden, ist abhängig von der Branche, dem Unternehmensleitbild, der Art der hierarchischen Organisation und der konkreten Situation zwischen der Person des Vorgesetzten und dem/den Mitarbeiter/-n. Welche Machtgrundlage der Vorgesetzte nutzt bzw. nutzen muss, um seinen Führungsanspruch durchzusetzen, hat wiederum Auswirkungen auf die Motivation der Mitarbeiter.

Beispiel
In manchen Unternehmen wird sehr viel Wert auf die formellen Machtgrundlagen gelegt. In anderen sind diese eher verpönt, z. B. in der Medien- und Kommunikationsbranche. Junge bzw. neu ernannte Vorgesetzte sind häufig sehr zurückhaltend beim Einsatz der formalen Machtgrundlagen. Die verschiedenen Machtgrundlagen stehen in einem komplexen Wechselspiel: Sie können sich gegenseitig ersetzen, verstärken oder sogar im Hinblick auf den Führungsanspruch schwächen.

1.3.2 Typen von Führungskräften

Genauso wie jeder Mitarbeiter ein Individuum ist, hat auch jede Führungsperson eine eigene Persönlichkeit mit eigenen Bedürfnissen, Motiven, Interessen und Eigenschaften. Diese Persönlichkeitsaspekte bestimmen das Verhalten insgesamt und natürlich auch das Führungsverhalten. Der Managementforscher Horst-Joachim Rahn unterscheidet folgende Typen von Führungskräften nach ihrem Auftreten und ihren typischen Verhaltensmustern[1]:

- **Souveräne** Führungskräfte sind durch einen souveränen Umgang mit Macht und Autorität gekennzeichnet, ihr Verhalten ist auf Kooperation angelegt, sie sind die „Macher in der Hierarchie".
- **Strenge** Führungskräfte erwarten Respekt vor ihrer Position.
- **Sachliche** Führungskräfte führen mit Bezug auf die herrschenden „Regeln" (Richtlinien, Rundschreiben, Vorschriften etc.).
- **Muntere** Führungskräfte können ihre Mitarbeiter begeistern, mitreißen und zu großen Leistungen anspornen.
- **Kritische** Führungskräfte finden überall „ein Haar in der Suppe".
- **Ehrgeizige** Führungskräfte stellen die zu erreichenden Sachziele in den Vordergrund; Mitarbeiter sind Mittel zum Zweck der Zielerreichung.
- **Humane** Führungskräfte gehen auch auf die sozialen Bedürfnisse ihrer Mitarbeiter ein, sie sind kooperativ und vielleicht auch konfliktscheu.
- **Hektische** Führungskräfte geben immer Vollgas, sie stehen immer unter Druck und Stress und haben grundsätzlich wenig Zeit.
- **Nachlässige** Führungskräfte kümmern sich wenig oder gar nicht um die Belange der Mitarbeiter, sondern lassen diese gewähren.

Welche Führungskräfte in der Praxis am häufigsten vorkommen, ist bislang wenig untersucht worden. Naheliegend ist, dass es dabei auch auf die Branche, das Unternehmen und den konkreten Aufgabenbereich ankommt.

Im fachlichen Kontext

Die britische Unternehmensberatung Ashridge (www.ashridge.org.uk/) hat mit dem sog. MBTI-Persönlichkeitstest europäische Führungskräfte befragt.
Der MBTI (Myers Briggs Type Indicator) wurde erstmals in den 1960er Jahren des 20. Jahrhunderts veröffentlicht und behauptet, dass alle Menschen einem von 16 Typen angehören.
Unterschieden werden Personen in vier Dimensionen, aus denen sich die 16 Typen zusammensetzen. Die einzelnen Typen geben Verhaltenspräferenzen wieder und keine Eigenschaften. Ausgesagt wird also, zu welcher Verhaltensweise eine Person in einer konkreten Situation eher neigt:

Erläuterungen	Dimensionen/Präferenzen	
Motivation zur Sinneserfahrung (innengerichtet oder ausgerichtet)	Introversion I	Extroversion E
Art der Verarbeitung der Sinneseindrücke (im Zusammenhang (Intuition, „6. Sinn") oder im Detail (exakt, sensorisch))	Intuition N	Sensing S

[1] *Quelle: Vgl. Olfert, Klaus: Personalwirtschaft (Reihe: Kompendium der praktischen Betriebswirtschaft), 15. Auflage, Kiehl-Verlag, Herne, 2012, S. 253 (Führungskräftetypen nach Rahn)*

Erläuterungen	Dimensionen/Präferenzen	
Art der Entscheidungsbildung (nach Gefühl und Wertvorstellungen, kooperativ oder nach Objektivität strebend)	Feeling F	Thinking T
Verhalten nach Treffen einer Entscheidung (entschieden, bei der Entscheidung bleibend oder offen für neue Informationen, spontan, anpassungsfähig an neue Situationen)	Judging J	Perceiving P

Es wurden über 22000 männliche sowie weibliche Führungskräften unterschiedlichen Alters aus Groß- und Kleinunternehmen und aus verschiedenen europäischen Ländern befragt. Von ihnen gehören 22,5 % dem Typus ESTJ an, der sich beispielsweise so kennzeichnen lässt:

> Eine solche Person hat eine nach außen gerichtete Wahrnehmung, ist kontaktfreudig und aufgeschlossen; sie erfasst Situationen möglichst präzise und in allen Details; bei der Entscheidung wägt diese Person die verschiedenen Möglichkeiten umfassend ab, um eine möglichst objektive Entscheidung zu fällen; ist diese getroffen, wird diese Entscheidung planvoll und konsequent umgesetzt; bei neu auftretenden Informationen werden die Pläne entsprechend angepasst, aber selten aufgegeben.

Recherchetipp

www.typentest.de/blog/2012/04/die-typen-von-fuhrungskraften/

1.3.3 XY-Theorie von McGregor

Die sog. XY-Theorie des amerikanischen Wissenschaftler Douglas Murray McGregor zeigt, dass das Führungsverhalten einer Führungskraft abhängig ist von dem Menschenbild, das diese Person hat. Mit einem kleinen Beispiel kann der Grundgedanke verdeutlicht werden:
Ein Schüler kann seine Hausaufgaben nicht vorlegen.

- Wie wird der Lehrer darauf reagieren, wenn er denkt, dass der Schüler faul ist?
- Wie wird er reagieren, wenn er davon ausgeht, dass der Schüler im Prinzip engagiert ist?

negatives X-Menschenbild — *positives Y-Menschenbild*

Bei der XY-Theorie geht es um die Prägung des Führungsverhaltens durch das bewusste oder unbewusste Menschenbild der Führungskraft. McGregor stellt zwei unterschiedliche Menschenbilder einander gegenüber:

- Das negative X-Menschenbild geht davon aus, dass der Mensch (der Mitarbeiter) im Prinzip träge und faul ist,
- das positive Y-Menschenbild dagegen sieht den Menschen (den Mitarbeiter) als prinzipiell interessiert, engagiert und selbstdiszipliniert an.

Merkmale der X-Theorie	Merkmale der Y-Theorie
Der Durchschnittsmensch ist träge und geht der Arbeit soweit wie möglich aus dem Weg.	Arbeitsunlust ist nicht von Natur aus angeboren, sondern die Folge schlechter Arbeitsbedingungen.
Mitarbeiter haben nur wenig Ehrgeiz, scheuen Verantwortung und möchten angeleitet werden.	Mitarbeiter akzeptieren Zielvorgaben. Sie besitzen Selbstdisziplin und Selbstkontrolle.
Mitarbeiter sind durch ein dominantes Sicherheitsstreben gekennzeichnet.	Die Mitarbeiterpotenziale sind größer als vermutet und damit stärker als erwartet nutzbar.
Durch Druck und mithilfe von Sanktionen muss versucht werden, die Unternehmensziele zu erreichen.	Durch Belohnung und die Möglichkeit zur Persönlichkeitsentfaltung werden die Unternehmensziele am ehesten erreicht.
Straffe Führung und häufige Kontrolle sind wegen der Trägheit des Menschen unerlässlich.	Bei günstigen Erfahrungen suchen die Mitarbeiter die Verantwortung, wenn sie richtig geführt werden.

Quelle: Olfert, Klaus: Personalwirtschaft (Reihe: Kompendium der praktischen Betriebswirtschaft), 15. Auflage, Kiehl-Verlag, Herne, 2012, S. 41

Führungskräfte werden je nach Menschenbild ein anderes Führungsverhalten zeigen: eher autoritär bei einer Prägung nach der X-Theorie, eher kooperativ bei einem Y-Menschenbild. Für eine „gute" Führung ist es wichtig, dass das Führungsverhalten der jeweiligen Situation angemessen ist, also zu den Mitarbeitern passt. Denn der Kern der Theorie behauptet ja, dass das Verhalten der Führungskraft von einem Menschenbild geprägt ist und nicht von den Mitarbeitern, die geführt werden sollen.
Das Verhalten der Führungskraft, sei es nun X- oder Y-geprägt, wird eine Wirkung auf die Mitarbeiter haben. Im besten Fall werden sie sich gut aufgehoben und sicher fühlen, im schlechtesten Fall werden sich die Mitarbeiter abgestoßen fühlen, lustlos werden oder sich verunsichert fühlen.
McGregor empfiehlt den Führungskräften, sich an dem Y-Menschenbild als der modernen Variante auszurichten. Mitarbeiter, die eher dem X-Typ entsprechen, sollten Richtung Y-Typ entwickelt werden.

1.3.4 Führungsstile

Für das Verhalten einer Führungskraft gegenüber Mitarbeitern hat sich der Begriff Führungsstil herausgebildet. Führungskräfte können mit sehr unterschiedlichen Verhaltensstilen auf Mitarbeiter einwirken und deren Verhalten im Unternehmen beeinflussen. Je nach Anzahl der betrachteten Verhaltens- bzw. Beurteilungskriterien werden eindimensionale, zwei- und mehrdimensionale Führungsstile unterschieden.

Definition
Der **Führungsstil** ist ein unabhängig von der konkreten Führungssituation beobachtbares Verhaltensmuster einer Führungskraft; er bezeichnet die Art und Weise, wie die Führungskraft Mitarbeiter beeinflusst.

Autoritärer und kooperativer Führungsstil

Alleiniges (= eindimensionales) Unterscheidungsmerkmal für den autoritären und den kooperativen Führungsstil ist die Beteiligung der Mitarbeiter an den Entscheidungen des Vorgesetzten: Das Extrem eines autoritären Führungsstils ist dadurch gekennzeichnet, dass der Mitarbeiter („Untergebener") keinen Einfluss auf die Entscheidungen des Vorgesetzten hat, d. h., der Vorgesetzte entscheidet allein, ohne Anhörung oder sonstige Einbeziehung des Mitarbeiters. Demgegenüber liegt beim sog. kooperativen Führungsstil die Entscheidungskompetenz bei dem bzw. den Geführten.

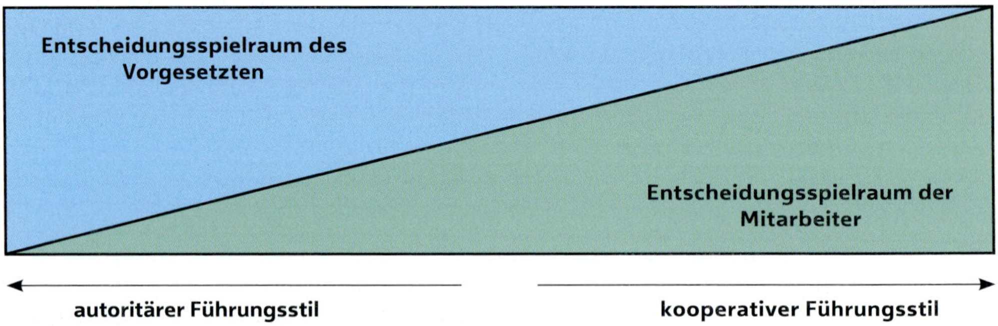

Gekennzeichnet ist ein **autoritärer Führungsstil** durch folgende Merkmale:

- Mangelnde Einbeziehung und Informierung der Mitarbeiter in die Zielsetzungen und in die Planungen,
- die Führungskraft setzt ihre Führungsaufgabe durch Anordnung um („Befehl"),
- Entscheidungen werden nicht diskutiert,
- nach Erledigung der Aufgaben gibt es keine oder wenige Rückmeldungen,
- Legitimation des Vorgesetzten durch seine hierarchische Position: Diese wird unterstützt durch Statussymbole; die hierarchische Position kann mit einem größeren Sachverstand und mehr Fachwissen verbunden sein;
- Zwang zum Befolgen der Anweisungen: Androhung arbeitsrechtlicher Konsequenzen bei Nichtbefolgen der Anweisungen.

Der Vorteil des autoritären Führungsstils liegt in der hohen Entscheidungsgeschwindigkeit. Nachteile ergeben sich hinsichtlich der Motivation der Mitarbeiter, der großen Abhängigkeit von der Kompetenz der (einer) Führungskraft sowie der Gefahr der Überforderung der Führungskraft (Menge der Entscheidungen, fehlende Fachkompetenz). Auch ist der Kontrollaufwand hoch, um sicherzustellen, dass die Anordnungen entsprechend umgesetzt werden.
Kennzeichen des **kooperativen Führungsstils** ist die Einbeziehung der Mitarbeiter in den Entscheidungsprozess. Die Merkmale im Einzelnen:

- Die Mitarbeiter werden bei der Zielformulierung einbezogen; Teilziele geben eine klare Orientierung über Aufgaben und den Gesamtzusammenhang vor.
- Die Mitarbeiter werden in die Planungen einbezogen oder planen selbstständig auf der Grundlage der Zielsetzungen.
- Ähnliches gilt für die Entscheidungen, in die die Mitarbeiter einbezogen werden, oder sie werden umfassend informiert.
- Getroffene Entscheidungen werden von den Vorgesetzten begründet, ggf. mit den Mitarbeitern diskutiert; dies führt dazu, dass die Mitarbeiter die Entscheidungen „mittragen" können.
- Die Mitarbeiter erhalten Rückmeldungen zu ihren Arbeitsergebnissen; die Kontrolle dient nicht der Gängelei, sondern bietet eine Grundlage für Verbesserungen.
- Geprägt ist der kooperative Führungsstil durch eine Vertrauensbeziehung zwischen Vorgesetzten und Mitarbeitern.

Durch den kooperativen Führungsstil ergeben sich Vorteile hinsichtlich der Motivation der Mitarbeiter sowie eine Entlastung für den Vorgesetzten, da er nicht mehr jede Entscheidung selbst treffen muss. Die Mitarbeiter übernehmen Verantwortung, was ihre Entwicklung fördert (Selbstentfaltung) und zu einer höheren Kompetenz beiträgt. Nachteilig kann sich auswirken, dass in bestimmten Unternehmensbereichen unterschiedliche Entscheidungen getroffen werden. Auch erhöht sich die Zeit der Koordinierung verschiedener Entscheidungen.

Im fachlichen Kontext

Weitere Führungsstile

In der Praxis lassen sich eher Zwischenformen der beiden genannten Führungsstile beobachten. Führungskräfte beziehen ihre Mitarbeiter mehr oder weniger in den Willensbildungsprozess und die Entscheidungsfindung ein. In das Führungskontinuum zwischen autoritärem und kooperativem Führungsstil lassen sich weitere Verhaltensmuster der Führung einordnen:

Führungsstil	Erläuterung	Entscheidungs-spielraum des Vorgesetzten
Autoritär	Der Vorgesetzte entscheidet und ordnet an.	+ ▲
Patriarchalisch	Der Vorgesetzte entscheidet und ordnet an, fühlt sich dem Mitarbeiter wie ein Patriarch (Vater) verbunden.	
Beratend	Der Vorgesetzte entscheidet weitgehend allein; erklärt seine Entscheidungen, um die Akzeptanz zu erhöhen.	
Konsultativ	Der Vorgesetzte informiert über beabsichtigte Entscheidungen; Mitarbeiter können sich dazu äußern.	
Partizipativ	Die Mitarbeiter entwickeln Lösungsvorschläge für Probleme; der Vorgesetzte wählt daraus aus.	
Demokratisch, Kooperativ	Der Vorgesetzte legt den Entscheidungsspielraum der Mitarbeiter fest; diese entscheiden mehrheitlich.	– ▼

Neben diesen Führungsstilen finden sich in der Literatur weitere Unterscheidungen:

- Der charismatische Führungsstil ähnelt dem patriarchalischen. Die Führungskraft besitzt aber eine gewisse Ausstrahlungskraft („Charisma"), mit der sie ihren Willen bei den Geführten durchsetzen kann.
- Als autokratischer Führungsstil wird eine Art von Führung bezeichnet, die sich auf einen ganzen Herrschaftsapparat stützt. Der Autokrat hat keinen persönlichen Kontakt zu seinen Gefolgsleuten.
- Der bürokratische Führungsstil ist gekennzeichnet durch eine unpersönliche Führung. Die Führungskraft kann sich auf Richtlinien und Dienstanweisungen berufen.
- Als Laissez-faire („machen lassen") bezeichnet man eine Art von Führung, die im Grunde auf jede aktive Einflussnahme verzichtet; der Vorgesetzte greift nicht ein, er lässt die Mitarbeiter gewähren.

Führungsstile nach ihrem Aufgaben- und Personenbezug

Etwas genauer und detaillierter beschreiben zweidimensionale Führungsstile das Führungsverhalten. Betrachtet werden beim Verhalten die beiden Dimensionen Mitarbeiter und Aufgabe:

- Mitarbeiterbezogene Dimension: Hier geht es darum, inwieweit die Führungskraft die Interessen, Wünsche, Beziehungen und Eigenarten ihrer Mitarbeiter in ihr Verhalten einbezieht. Gratuliert der Vorgesetzte zum Geburtstag? Erkundigt er sich nach dem Befinden oder dem Lieblingssportverein? Oder interessieren ihn nur die Arbeitsfortschritte und die Tagesaktualitäten im Betrieb?

- Aufgabenbezogene Dimension: Auch wenn es auf dem ersten Blick so scheint: Die Aufgabenorientierung ist nicht der Gegensatz zur Mitarbeiterorientierung. Die meisten Mitarbeiter wollen gute Arbeit leisten, sie wollen sich verbessern und zum Unternehmenserfolg beitragen. Sieht dies die Führungskraft? Oder ist es ihr egal, wie sehr sich die Mitarbeiter anstrengen?

Veranschaulichen lassen sich die verschiedenen Kombinationen aus Mitarbeiterorientierung und Aufgabenorientierung in einem Verhaltensgitter (Managerial Grid), das Führungsstile als Ausprägungen der beiden Orientierungen zeigt.

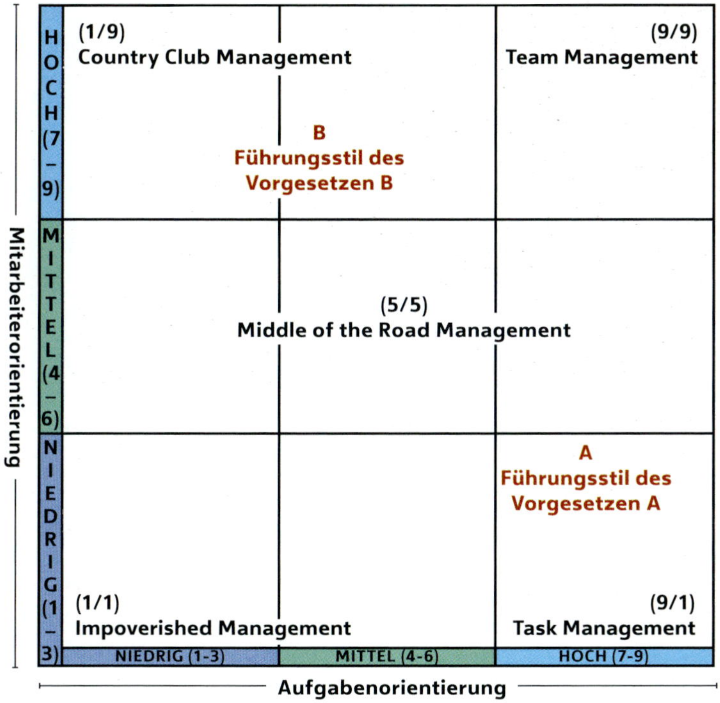

Beispiel

Der Führungsstil des Vorgesetzten A ist gekennzeichnet durch eine hohe Aufgabenorientierung und eine eher niedrige Mitarbeiterorientierung.
Der Führungsstil des Vorgesetzten B ist gekennzeichnet durch eine hohe Mitarbeiterorientierung und eine eher mittlere bis niedrige Aufgabenorientierung.

Für die Zuordnung konkreten Führungsverhaltens ist jede Orientierung in neun Stufen eingeteilt, sodass insgesamt 9 mal 9 = 81 Kombinationen aus Mitarbeiter- und Aufgabenorientierung möglich sind. Als Grundformen werden im Managerial Grid folgende fünf Führungsstile unterschieden:

- **(1/1)**-Führungsstil: Laissez-faire-Führungsstil, der weder an einer hohen Leistung noch an den menschlichen Bedürfnissen der Mitarbeiter ausgerichtet ist; diese Art der Führung wird auch als „Impoverished Management" bezeichnet.

- **(1/9)**-Führungsstil: Ausgerichtet ist der Führungsstil an den sozialen Bedürfnissen der Mitarbeiter; die Arbeitsatmosphäre ist freundlich; Leistungsorientierung und -anreize fehlen (Country Club Management).
- **(9/1)**-Führungsstil: Im Vordergrund dieses autoritären Führungsstils steht die Leistung, die Mitarbeiterbedürfnisse spielen keine Rolle (Task Management).
- **(9/9)**-Führungsstil: Eine hohe Leistungsorientierung und Wertschätzung der Mitarbeiter gehen zusammen; dieser Führungsstil wird als der erstrebenswerte angesehen (Team Management).
- **(5/5)**-Führungsstil: „Middle of the Road" bedeutet, dass sowohl die Arbeitsergebnisse als auch der Einbezug der Mitarbeiter auf einem befriedigenden Niveau sind; es werden immer wieder Kompromisse zwischen Leistung und sozialen Bedürfnissen geschlossen.

Im fachlichen Kontext

Führungskräftetraining mit dem Managerial Grid

Fragt man Führungskräfte, welchen Führungsstil sie in ihrer beruflichen Praxis anwenden, werden vermutlich die meisten antworten, dass sie sich um den (9/9)-Stil bemühen. Auch die Wissenschaftler Blake und Mouton favorisieren diesen Führungsstil als den besten und auch herausforderndsten. Fragt man jedoch die Mitarbeiter, welchen Führungsstil ihre Führungskräfte zeigen, wird vermutlich ein anderes Ergebnis dabei rauskommen. Tatsächlich ist es sehr schwer, sein eigenes Führungsverhalten in diesem Verhaltensgitter zutreffend zu verorten – und es stellt sich die Frage, was es einer Führungskraft bringen soll, einen passenden Namen für das eigene Führungsverhalten zu finden.

Das Verhaltensgitter kann ein Hilfsmittel für eine gerichtete Reflexion des eigenen Führungsverhaltens ein.

Für eine vertiefende Übung, die Übung „Führung im Raum", legt der Trainer auf dem Boden des Seminarraumes die Skalen des Managerial Grid aus, also die beiden Achsen „Mitarbeiterorientierung" und „Aufgabenorientierung" (man kann sie zum Beispiel als Kreppbandstreifen am Boden festkleben). Danach bittet der Trainer die Teilnehmer, sich an eine Führungssituation zu erinnern, die sie selbst (als Führungskraft) erlebt haben. Wie ging diese Situation aus (zum Beispiel ein Mitarbeitergespräch, ein Kritikgespräch oder eine Teamsituation, in der die Führungskraft eine Entscheidung treffen musste)? Orientierte sich die Lösung (eher) an den Mitarbeitern oder (eher) an den Aufgaben des Mitarbeiters/des Teams?

Die Teilnehmer werden gebeten, diese Situation in Zweiergruppen auszuwerten, zum Beispiel mit ihrem Sitznachbarn, und eine Zuordnung auf den ausgelegten Achsen zu versuchen. Dann bittet der Trainer die Teilnehmer, sich im Raum/im Gitternetz je nach Ergebnis der Führungssituation aufzustellen. Die so gebildeten Kleingruppen erhalten nun die Aufgabe, die Vor- und Nachteile ihres jeweiligen Führungsstils auf Moderationskarten festzuhalten.

Die Trainerfragen können lauten: „Welche Vorteile/Nachteile bietet der von mir gewählte Führungsstil in der Ausgangssituation?“ Oder: „Welche Ressourcen oder Möglichkeiten standen mir bei der Lösungsfindung in der Führungssituation noch zur Verfügung?“ Ziel ist die vertiefende Auseinandersetzung mit den einzelnen Führungsstilen und ihren Vor- und Nachteilen. Die Teilnehmer sollen ihr neu erworbenes Wissen auch zur Selbstreflexion nutzen können. Das Managerial Grid sollte die Selbstreflexion unterstützen, ihr aber nicht vorangestellt werden. Sonst kann es passieren, dass Teilnehmer während der Präsentation schnell überfordert sind. Der Erfahrung nach beginnen sie früh, sich mit der vorgestellten Theorie zu vergleichen, und geben zu schnell ihre notwendige kritische Distanz zum Modell auf.

Ein Nachteil des Modells
Diese Distanz ist aber notwendig, denn ein Nachteil des Modells wird schnell deutlich: die positive Heraushebung des anspruchsvollen 9/9-Führungsstils, der in der Realität des Führungsalltags in seiner Reinform schwer durchführbar sein kann. Etwa dann, wenn die Unternehmenskultur stark abweichende Akzente setzt oder aber die Mitarbeiter des Teilnehmers nur eine geringe Motivation zu selbstverantwortlichem Handeln zeigen.

Quelle: Hecker, Stefanie: Führung im Raster des Managerial Grid, in: Training aktuell. Die Zeitschrift für Trainer & Coachs, 04/11, S. 21

Weitere Aspekte des Führungsverhaltens (mehrdimensionale Stile)

In der Führungsforschung gibt es zahlreiche weitere Ansätze zur Erfassung des Führungsverhaltens und zur Erklärung des Führungserfolgs, u. a.:

- Hersey und Blanchard berücksichtigen neben dem Verhalten der Führungskraft den „Reifegrad“ der Mitarbeiter (**situatives Führen**).
- Das **3-D-Modell** von Reddin bezieht neben der Aufgaben- und der Mitarbeiter-/Beziehungsorientierung die Effektivität der Führung mit ein.
- Einen Ansatz zur ganzheitlichen Einbeziehung der handelnden Menschen in einem Unternehmen verfolgt das Konzept der **dialogischen Führung**, das in den 1990er Jahren am Friedrich von Hardenberg Institut für Kulturwissenschaften inspiriert durch anthroposophische Ideen entwickelt wurde.
- Die **transaktionale Führung** begreift Führung als Austauschverhältnis (Transaktion) zwischen Vorgesetztem und Mitarbeitern; getauscht werden ein bestimmtes Mitarbeiterverhalten und ein bestimmtes Vorgesetztenverhalten: z. B. Leistung gegen Bezahlung oder Leistung gegen Lob.
- Aus der transaktionalen Führung entwickelt wurde das Konzept der **transformationalen Führung**: Führung führt zur Veränderung (Transformation) des Mitarbeiters hin zu einem „besseren Mitarbeiter“; im Ideal kann die Führungskraft die Mitarbeiter mitreißen, für die Unternehmensziele einnehmen und begeistern und sie dadurch motivieren. Dieser Führungsstil wird auch als **Leadership** bezeichnet im Unterschied zum **Management** (transaktionaler Führungsstil).

„Managers do things right – Leaders do the right things."	
Management	**Leadership**
... ist eine Aufgabe im Unternehmen	... ist eine Beziehung im Unternehmen
... arbeitet innerhalb des Systems	... arbeitet am System
... löst Probleme innerhalb des Systems	... ist kreativ und entdeckt neue Möglichkeiten außerhalb des Systems
... plant den Einsatz von Menschen und „Dingen" (Personal, Maschinen)	... motiviert Mitarbeiter zu Höchstleistungen, regt sie zur persönlichen Entfaltung an
... erleichtert die Arbeit	... probiert neue Wege aus
... steuert und kontrolliert	... schafft Vertrauen

1.4 Führungsinstrumente

Führungsinstrumente sind die Werkzeuge der Führung, sie sind die Mittel zur Beeinflussung und Steuerung der Mitarbeiter. Die Führungsinstrumente sind der Rahmen für den Führungsstil des Vorgesetzten.

Definition

Führungsinstrumente sind die Werkzeuge der Personalführung. Sie stehen der Führungskraft für die Umsetzung der Führungsaufgabe zur Verfügung. Unterschieden werden folgende Arten:

- **Führungsgrundsätze**, Führungsrichtlinien: Unternehmensweite Richtlinien als Orientierungsrahmen für alle Führungskräfte und Mitarbeiter in einem Unternehmen; sie dienen der Vereinheitlichung des Führungsverhaltens in größeren Organisationseinheiten bzw. Unternehmen.
- **Management-by-Techniken**: Plakative Bezeichnung für Verfahrens- und Verhaltensregeln für Führungskräfte; die ersten Führungstechniken wurden im amerikanischen Management beschrieben als pragmatische Hilfestellung für das Verhalten der Manager. Sehr bekannt ist das Modell
  - Management-by-Objectives (MbO; s. u.).

  Weitere Beispiele:
  - Management-by-Delegation
  - Management-by-Decision Rules
  - Management-by-Results
  - Management-by-Participation
  - Management-by-Motivation

  - Management-by-Exception
  - Management-by-Going around
  - Management-by-Alternatives
- **Führungsmittel**: Dies sind die Führungsinstrumente, die eine Führungskraft unmittelbar bei der Führung einsetzen kann. Neben den prozessbezogenen Mitteln zählen dazu beispielsweise die Bedeutung und der Umgang mit Information und Kommunikation, die Organisation der Zusammenarbeit der Mitarbeiter (kooperativ, partizipativ), die Art und Bedeutung der Kritik der Mitarbeiter etc. (s. Übersicht).

Recherchetipp

Mitarbeiter erleben Führungstechniken manchmal ganz anders. Eine nicht ganz ernst gemeinte Sammlung weiterer Führungstechniken findet sich unter der Adresse www.dohrendorf.de/pages/startseite/berufsleben/management-methoden-1.php.

Die Führungsinstrumente gelten (mehr oder weniger) unabhängig von der einzelnen Führungskraft in einem Unternehmen; sie werden als **Grundsätze, Leitlinien** bzw. **Prinzipien** für das Unternehmen oder für einzelne Abteilungen festgelegt.
Die Verhaltensbeeinflussung kann in unterschiedlichen Handlungsphasen oder an der Person ansetzen. Dementsprechend lassen sich die Führungsinstrumente unterscheiden:

Ansatzpunkte der Führungsinstrumente/-mittel			
Führungsprozess	**Aufgaben**	**Information und Kommunikation**	**Person des Mitarbeiters**
• Ziele • Pläne • Kontrolle	• Kooperation • Delegation • Partizipation	• Informationssystem • Kommunikationssystem	• Einbindung und Entwicklung des Mitarbeiters im Unternehmen
• Management-by-Objectives • Art des Planungssystems (top-down, bottom-up) • Art der Kontrolle (Ergebnis- oder Verfahrenskontrolle; Selbst- oder Fremdkontrolle; Gesamt- oder Stichprobenkontrolle)	• Art und Weise, in der in einem Unternehmen die Aufgaben erfüllt werden • Teamarbeit, Management-by-Delegation, Management-by-Exception • Qualitätszirkel	• Art des Informationssystems (Welche Informationen werden für Führungsaufgaben genutzt? Wie werden Informationen im Unternehmen verbreitet? ...) • Art der Kommunikation (technische und persönliche Kommunikation; Gespräche, Meetings, Konferenzen, ...)	Instrumente, die an der Person des Mitarbeiters ansetzen: • Personalbeurteilung • Feedbackgespräche • Kritik • Entlohnungssystem • Personalentwicklung • Status(-symbole)

1.4.1 Management-by-Objectives (MbO)

Bei Management-by-Objectives wird die Führung über die Vereinbarung von Zielen zwischen Vorgesetztem und Mitarbeiter bzw. Vorgesetzten und Mitarbeitergruppen gewährleistet. Die Umsetzung der Zielvereinbarung erfolgt eigenständig. Ausschlaggebend für die Leistung eines Mitarbeiters bzw. einer Gruppe ist das Ausmaß der Zielerreichung und nicht der Weg, der zur Zielerreichung gewählt wurde.
Grundlage der Zielvereinbarung sind die übergeordneten Unternehmensziele. Diese werden dann in sinnvoller Weise auf die einzelnen Abteilungen, Niederlassungen und Funktionsbereiche in dem Unternehmen übertragen.

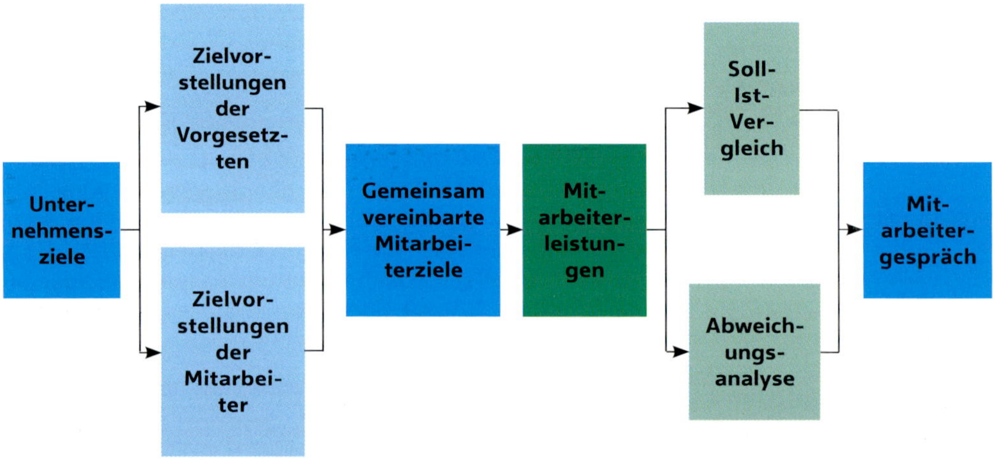

Quelle: Olfert, Klaus: Kompakt-Training Personalwirtschaft, 8. Auflage, Herne, Kiehl-Verlag, 2012, S. 137

Wesentliche Voraussetzungen für die Einführung von Management-by-Objectives sind:

Bd. 1, LF 2, 4.2

- Das Zielsystem des Unternehmens muss klar und eindeutig beschrieben und in sich widerspruchsfrei sein, andernfalls kann es zu Abstimmungsproblemen zwischen einzelnen Einheiten im Unternehmen kommen. Die mit den Mitarbeitern vereinbarten Ziele sollten den Anforderungen der SMART-Regel genügen (**S**pezifisch/schriftlich, **M**essbar, **A**nspruchsvoll, **R**ealistisch, **T**erminiert).
- Die Verantwortungs- und Kompetenzbereiche müssen ein eigenständiges Handeln der Mitarbeiter auf der Grundlage der vereinbarten Ziele ermöglichen. Ohne zugewiesene Entscheidungskompetenz beispielsweise kann ein Vertriebsmitarbeiter seine Umsatzziele nicht erreichen.
- Das Kontrollsystem muss so ausgestaltet sein, dass das Ausmaß der Zielerreichung messbar und die Analyse etwaiger Abweichungen möglich ist. Ohne Kontrolle der Zielerreichung fehlt ein wesentliches Steuerungsinstrument, da dem Mitarbeiter Hinweise auf Verbesserungsmöglichkeiten fehlen. Unternehmensseitig kann es zu Fehlsteuerungen wegen der fehlenden Rückkoppelung kommen.

Zieltheorie der Arbeitsmotivation (Goal-Setting-Theorie)
Nach dieser Richtung gelten Ziele als die zentralen Determinanten und Regulatoren menschlichen Handelns. Ziele entfalten ihre Steuerungsfunktion durch Aufmerksamkeitslenkung, Anstrengungsmobilisierung und Erhöhung der Ausdauer. Zudem begünstigen sie die Herausbildung geeigneter Handlungsstrategien. Von Zielen geht des weiteren eine gewisse Sogwirkung („traction") aus, die dazu führt, dass die Betreffenden bestrebt sind, jede Störung bzw. Unterbrechung im Hinblick auf die Zielerreichung abzuwehren. [...]
Die wichtigsten Rahmenbedingungen und Zusammenhänge sind dabei die Folgenden:

Schwierigkeitsgrad
Schwierige Ziele führen zu besseren Leistungen als leichte. Insofern wird gefolgert, dass die Ziele eine Herausforderung und entsprechend anspruchsvoll formuliert sein sollten.

Exaktheit der Zielbestimmung
Spezifische, klare Ziele bringen bessere Resultate als vage Vorgaben. [...] Als Folgeproblem dieser Norm ergibt sich jedoch, dass viele Bereiche aufgrund der Natur ihrer Aufgabenstellung (z.B. eine Personalabteilung, ein Sekretariat) einer Ziel-Spezifizierung kaum oder nur über fragwürdige Umwege zugänglich sind. [...]

Zielakzeptanz und -commitment
Die Zielakzeptanz bezieht sich auf den Grad, zu dem ein/e Mitarbeiter/in ein Ziel verinnerlicht, es sozusagen als ihr/sein eigenes ansieht. Mit einer hohen Zielbindung wächst die Leistung, was eher für Zielvereinbarung als für Zielvorgabe spricht. Zielcommitment bezieht sich auf das Ausmaß, mit dem ein/e Mitarbeiter/in sozusagen ein persönliches Interesse an der Zielerreichung hat. Entsprechend ist zu erwarten, dass leistungsbezogene Entlohnung die Zielbindung stärkt.

Feedback
Ziele wirken besonders dann leistungssteigernd, wenn sie mit – möglichst ständigen – Rückmeldungen über die erzielten bzw. aktuellen Ergebnisse kombiniert werden.

Quelle: Breisig, Thomas: Personal – Eine Einführung aus arbeitspolitischer Perspektive., NWB Verlag, Herne, 2005, S. 217 f.

Als Managementmodell wurde MbO bereits in den 1950er und 1960er Jahren beschrieben und steht in direktem Zusammenhang mit den wirtschaftlichen Entwicklungen in jener Zeit: Die Unternehmen wurden immer größer, die Märkte internationaler und die Produktionsprogramme und -sortimente umfangreicher. Dadurch ergaben sich neue Herausforderungen an die Führung solcher Einheiten. Hinzu kamen Forschungen über das Leistungsverhalten. Man erkannte, dass die Motivation der Mitarbeiter durch Verantwortung und Eigenständig keit erhöht werden kann.
Man verspricht sich folgende Vorteile durch die Einführung der Führung durch Zielvereinbarung:

Vorteile des Management-by-Objectives
• Verstärken der Identifikation und Akzeptanz mit den Zielen des Unternehmens • Fördern der Verantwortungsbereitschaft, Eigeninitiative und Kreativität der Mitarbeiter • Verbesserung des Teamgeistes im Unternehmen („Alle ziehen an einem Strang") • Einbeziehung des impliziten (= eher unbewusst vorhandenen) und expliziten Wissens der Mitarbeiter

- Impulse für die Entwicklung eines unternehmerischen Denkens bei den Mitarbeitern; Entwicklung von Kostenbewusstsein und Denken in unternehmensbezogenen Zusammenhängen („Intrapreneure")
- Objektivierte Beurteilung der Mitarbeiter durch Messung an SMARTen Zielen
- Ansatz für eine leistungsbezogene Entlohnung der Mitarbeiter
- Entlastung der Führungskräfte von Routinearbeiten
- Verringerung von Fehlentscheidungen wegen zu geringen Wissens/zu geringer Information

Mögliche Nachteile und Gefahren sind:

- Erhöhung des Leistungsdrucks auf die Mitarbeiter; nicht jeder Mitarbeiter will oder kann mit den zusätzlichen Freiheiten im System des MbO umgehen; auch dadurch kann Druck entstehen, dem Mitarbeiter nicht gewachsen sind. Bei der Einführung des MbO sollten daher die Mitarbeiter entsprechend geschult werden.
- Voraussetzung für die Funktionsweise des MbO-Modells sind die Zielvereinbarungen; es lässt sich aber nicht jedes Ziel sinnvoll und stellen- bzw. mitarbeiterbezogen quantifizieren. Dadurch kann es zu einer Überbetonung der quantitativen Ziele in einem Unternehmen kommen (Umsatz, Gewinn, Aufträge, Kosten, Produktionsleistungen etc.).
- Da das Kontrollsystem wesentlich ist für die Durchführung, besteht die Gefahr, dass ein bürokratischer Kontrollapparat aufgebaut wird, der die wünschenswerte, kritische und verständnisvolle Reflexion etwaiger Abweichungen behindert.
- Zielvereinbarungen und Rückkopplungen sind zeitintensive und damit auch kostenintensive Prozesse; in bestimmten Unternehmenssituationen und Branchen kann dies eher schädlich sein (Krisensituationen, sehr schnelllebige Branchen mit kurzen Reaktionszeiten).

1.4.2 Aufgabenbezogene Führungsmittel – Management-by-Delegation und Management-by-Exception

Bd. 2, LF 6, 1.1

Die aufgabenbezogenen Führungsmittel betreffen die Gestaltung der Bedingungen der Aufgabenerfüllung. Grundsätzlich gehört auch die Personaleinsatzplanung dazu, die Arbeitsinhalte, Arbeitsorte und Arbeitszeiten regelt.
Zusätzlich muss die Art der Zusammenarbeit der Mitarbeiter bestimmt werden. Hier werden drei Arten unterschieden:

- Die Arbeitsleistung wird kooperativ von zwei und mehr Mitarbeitern erbracht.
- Die Arbeitsaufgabe sowie die dafür notwendigen Kompetenzen und Verantwortlichkeiten werden einzelnen Mitarbeitern zugewiesen (delegiert); dokumentiert sind diese Zuweisungen in der Stellenbeschreibung.
- Die Mitarbeiter werden in die Entscheidungsprozesse der Vorgesetzten einbezogen (= Partizipation).

Bd. 1, LF 4, 2.3.1

In der Praxis finden sich häufig Kombinationen aus den genannten Arten; so beinhaltet Kooperation meist auch die Partizipation an den Entscheidungen. Bei der Zuordnung kommt es auf den Gesamtzusammenhang und die Schwerpunkte an.

LF 12

Kooperation als Gestaltungsprinzip für die Zusammenarbeit findet sich besonders ausgeprägt bei der Teamarbeit, z. B. bei der Zusammenarbeit in Projekten.
Dies kann auch die Beteiligung der Mitarbeiter an den Entscheidungen der jeweiligen Vorgesetzten beinhalten; Partizipation kann auch ein Merkmal des Führungsstils sein (siehe auch Kapitel 1.3.4).

Delegation bedeutet Übertragung von Aufgaben, Entscheidungskompetenzen und Verantwortung. Werden nur die Aufgaben übertragen, hat der Mitarbeiter rein ausführende Funktion.

Beispiel
Im Sekretariat soll auf der Grundlage des Manuskriptes des Vorgesetzten bis 14 Uhr eine EDV-Präsentation erstellt werden.

Vorteile der Delegation sind:
- Entlastung des Vorgesetzten
- Schnelle Entscheidungen durch den Vorgesetzten, der auch den Gesamtüberblick wahrt
- Nutzung des Wissens und Könnens der Mitarbeiter
- Motivationseffekte bei der Möglichkeit zum selbstständigen Arbeiten

Im Unterschied zu solchen Einzelübertragungen beinhalten die Management-by-Modelle allgemeine Delegationsregeln. Zwei Modelle lassen sich unterscheiden: Management-by-Delegation und Management-by-Exception.

Management-by-Delegation (MbD)

Beim Konzept Management-by-Delegation werden bestimmte Aufgabenbereiche sowie die für die Aufgabenerfüllung notwendigen Entscheidungskompetenzen und Verantwortungen übertragen; dies ist in der Stellenbeschreibung dokumentiert. Nur die Führungsverantwortung bleibt bei dem Vorgesetzten. Bei dem MbD-Modell müssen die Führungskräfte dazu bereit sein, die Aufgaben umfassend zu delegieren, und die Mitarbeiter müssen dazu fähig sein, die Aufgaben selbstständig zu erfüllen. Notwendig ist ein umfassendes Berichts- und Kontrollsystem.

Im fachlichen Kontext

Management-by-Delegation – Das Harzburger Modell (HM)
Als Harzburger Modell wird ein Führungsmodell bezeichnet, das Mitte der 1950er Jahre von Reinhard Höhn in Bad Harzburg beschrieben wurde. Führung gründet in diesem Modell auf festgelegten und eindeutigen Delegationsbereichen; das Führungsverhalten ist in rund 300 Regeln ausführlich beschrieben, was zu einer Vereinheitlichung und Standardisierung der Führungsstile und des Führungsverhaltens beiträgt. Durch die Aufgaben- und vor allem Verantwortungsübertragung werden die Vorgesetzten entlastet; die Motivation, Initiative und Leistung der Mitarbeiter wird gefördert. Ein umfassendes Kontroll- und Berichtssystem sichert die Transparenz für die Geschäftsleitung. Das Führungsmodell ist mit vielen Vorschriften und Regeln verbunden, die es relativ starr und bürokratisch machen. Als umfassendes Führungsmodell in einem Unternehmen (Totalmodell) ist das Harzburger Modell umstritten.

Ein Beispiel: Führung als Geheimnis des ALDI-Erfolgs
Das dezentralisierte Unternehmen ALDI delegiert Aufgaben an seine Mitarbeiter nach dem „Harzburger Modell“. Das heißt, dass die folgenden Elemente immer zusammen delegiert werden:
1. eine Aufgabe,
2. die dafür nötigen Kompetenzen,
3. die Verantwortung für Ausführung und Ergebnis.

Dabei wird die Verantwortung differenziert in Führungsverantwortung, die die Person gegenüber ihren Mitarbeitern hat, sowie Handlungsverantwortung, die der Person aus der Erledigung ihrer eigenen Fachaufgaben erwächst. Auf der Basis von Vertrauen wird der Mitarbeiter von seinem Vorgesetzten kontrolliert. Die Kontrolle wird durchgeführt hinsichtlich des Dienstes sowie hinsichtlich des Erfolges. Das heißt: Bezüglich der Dienstaufsicht legt der Vorgesetzte bereits zu Monatsbeginn fest, welche drei Aufgaben oder Themen er bei einem Mitarbeiter in diesem Monat prüfen wird. Dadurch wird verhindert, dass sich der Vorgesetzte gezielt auf Fehlersuche begibt. Die jährliche Erfolgskontrolle, welche aufgrund der monatlichen Dienstaufsichten keine Überraschungen zu Tage fördern dürfte, vergleicht die Entwicklung wesentlicher Kennzahlen mit denen des Vorjahres oder mit denen anderer ALDI-Gesellschaften oder -Abteilungen. Diese Art der Kontrolle verbindet Feedback mit einem Dialog zwischen Vorgesetztem und Mitarbeiter, zumal nicht nur mögliche Fehler fokussiert, sondern umgekehrt auch Qualitäten gewürdigt werden.

Quelle: Brandes, Dieter: Die 11 Geheimnisse des ALDI-Erfolgs, 2. Auflage, Campus Verlag, Frankfurt, 2003, S. 4 f.

Hinweis

Über die Unternehmens- und Personalführung bei ALDI sind mehrere Bücher geschrieben worden. Die Bewertungen des Führungssystems widersprechen sich zum Teil sehr deutlich.
Der ehemalige ALDI-Geschäftsführer Dieter Brandes schrieb über „Die 11 Geheimnisse des ALDI-Erfolgs“, Campus, 2003.
Andreas Straub, ebenfalls ehemaliger Manager bei ALDI, veröffentlichte seine Erfahrungen in dem Buch „ALDI – Einfach billig“, rororo, 2012.

Management-by-Exception (MbE)

Übersetzen lässt sich die Bezeichnung MbE mit „Führung im Ausnahmefall“; im Wesentlichen gleicht es dem Delegationsprinzip, die Delegation ist aber nicht so umfassend. Bei der Aufgabendelegation werden bestimmte Verantwortungsbereiche nicht übertragen; dies entscheidet die Führungskraft. Ebenso wie bei dem MbD-Prinzip müssen die übertragenen Aufgabenbereiche genau beschrieben sein; zusätzlich müssen Werte oder Ereignisse als Auslöser festgelegt sein, die den Entscheidungsspielraum der Mitarbeiter eindeutig begrenzen. Im Ergebnis entlastet MbE den Vorgesetzten von bestimmten Aufgaben und die Mitarbeiter haben einen eigenen Verantwortungsbereich mit den positiven Wirkungen auf Identifikation und Motivation. Gelingt es jedoch nicht, eindeutige Signalwerte festzulegen, kann schnell eine Art „Management-by-Surprise“ daraus werden, indem die Vorgesetzten unplanbar in die Entscheidungsbereiche der Mitarbeiter eingreifen. Geeignet ist dieses Managementmodell vor allem für Routineaufgaben, in denen die gesetzten Grenzwerte relativ selten erreicht werden.

Beispiel

Der Einkäufer in einem Handelsbetrieb kann bis zu einem Wert von 40 000,00 € Einkäufe selbstständig durchführen; bei darüber hinausgehenden Beträgen wird die Führungskraft eingeschaltet.

Der Disponent in der Niederlassung kann Aufträge bis zu einem Wert von monatlich 15 000,00 € selbstständig entgegennehmen und bearbeiten. Bei höheren Auftragsvolumina ist der Niederlassungsleiter einzubeziehen.

1.4.3 Führungsmittel Information und Kommunikation

Umgesetzt wird Führung durch Information und Kommunikation (= Austausch von Informationen). Es stehen verschiedene Möglichkeiten zur Verfügung, diese Informationsprozesse zu gestalten. Die Gestaltung wiederum beeinflusst die Art der Wahrnehmung des Führungssystems. Aufgabe der Führungskraft bzw. des unternehmerischen Führungssystems ist es, die jeweils geeignete Art der Gestaltung auszuwählen.

Gestaltung der Informationsweitergabe	
Informationsträger	• Mündliche Information (Gespräche, Besprechungen, Konferenzen) • Schriftliche Information („Schwarzes Brett“; schriftliche Anweisungen, Unternehmenshandbücher, Aktennotizen, Berichte, Rundschreiben, Mitarbeiterzeitschriften, Intranet, E-Mail, Fax)
Informationstechniken	• Bildhafte Information (Beamer, Overhead-Projektor, Flipchart, Pinnwand, Tafel) • Präsentation (visuell unterstützte Vorträge u. Ä.) • Moderation (Methode zur Leitung von Gruppen)
Erteilen von Weisungen (einseitig)	• Erteilung eines Auftrags (persönlich, beinhaltet Erläuterungen, Möglichkeit zur Antwort) • Erteilung einer Anweisung (persönlich, Erläuterungen sind nicht notwendig) • Erteilung einer Anordnung, eines Befehls (unpersönlich)

Für den Austausch von Informationen werden in Unternehmen typischerweise folgende Formen eingesetzt:

Gestaltung der Kommunikation	
Technische Kommunikation	Unpersönlicher Informationsaustausch über Internet, Intranet, E-Mail
Soziale Kommunikation	Interaktion zwischen Personen (verbal, nonverbal)

Gestaltung der Kommunikation	
Gespräch (regelmäßig oder sporadisch)	Beteiligt sind zwei Personen; Beispiele sind Mitarbeitergespräch, Kritikgespräch, Feedbackgespräch, Entwicklungsgespräch etc.; Gespräche können partnerschaftlich („gleichberechtigt") geführt werden oder auch als „Dienstgespräch", bei dem die hierarchische Beziehung eine Rolle spielt (z. B. Beurteilungsgespräch).
Besprechung	Beteiligt sind mehr als zwei Personen (< 12); sog. Mitarbeiterbesprechungen können der Problemlösung und Ideengewinnung dienen; in Dienstbesprechungen wendet sich die Führungskraft als Vorgesetzter an die Mitarbeiter.
Konferenz	Kommunikation in großen Gruppen; Konferenzen dienen meist der Information und Unterrichtung; Mitarbeiterbeiträge sind möglich, finden meist aber nur vereinzelt statt.

1.4.4 Personenbezogene Führungsmittel

LF 10, 2
LF 19, 3
Führungsmittel können sich auch auf die Person des Mitarbeiters direkt beziehen. Hierzu gehören beispielsweise Feedbackgespräche, die Personalbeurteilung, die Entlohnung, Mittel der Einordnung des Mitarbeiters in das Gesamtgefüge (Status) und auch die Personalentwicklung.

Führungsmittel	Erläuterungen
Feedbackgespräch (auch: Kritikgespräch)	Feedback bedeutet **Rückmeldung**; Inhalt eines Feedbacks kann eine gute oder schlechte Arbeitsleistung sein. Ansatzpunkte sind konkrete Vorfälle und Leistungen. Feedbackgespräche haben meist einen bestimmten Ablauf, der sicherstellen soll, dass das Feedback gut angenommen werden kann und ggf. zu einer Verbesserung führt: Nach der Herstellung einer positiven Gesprächsatmosphäre werden zunächst positive Aspekte genannt; dann erst wird auf negative hingewiesen; konkrete Verbesserungsvorschläge werden genannt; bei der Veränderung des Verhaltens der kritisierten Person wird Hilfe angeboten; abgeschlossen wird das Gespräch mit Dank. Während des Gesprächs sollten nur sog. „Ich-Botschaften" (subjektive Aussagen) verwendet werden. Verallgemeinerungen und Interpretation des Verhaltens sollten vermieden werden.
Personalbeurteilungsgespräch	Solche Gespräche dienen einer regelmäßigen Leistungsbewertung; sie finden unabhängig von konkreten Einzelsituationen häufig einmal jährlich statt und sollen grundlegende Entwicklungen (Personalentwicklung) und Perspektiven aufzeigen.

Führungsmittel	Erläuterungen
Entlohnungssystem	Die Entlohnung der Mitarbeiter ist ein wesentlicher Bestandteil der (extrinsischen) Motivation (vgl. Kapitel 1.2.3). Dabei ist nicht nur das individuelle Arbeitseinkommen von Interesse, sondern auch die Einordnung in das Gesamtgefüge. Auch mit der Gestaltung der Prämien und Gratifikationen beeinflusst das Unternehmen die wahrgenommene „Wert"schätzung. Die in größeren Unternehmen meist vorhandenen Richtlinien für die Eingruppierung der Mitarbeiter fehlen in vielen kleineren und mittleren Unternehmen. In Deutschland ist es nicht üblich, über sein Gehalt zu sprechen.
Status-(symbole)	Zu den Statussymbolen zählen beispielsweise: • Arbeitsplatzausstattung (einfaches Telefon, Komforttelefon, Art des Handys und Ähnliches) • Größe und Lage der Büros/Arbeitsplätze • Teilnahme an Fortbildungen • Titel und Funktionsbezeichnungen • Firmenwagen, Parkrechte Diese Symbole drücken die Bedeutung eines Mitarbeiters in einem Unternehmen aus; dabei ist nicht nur die absolute Ausstattung wichtig, sondern vor allem die relative (Wer hat welche Rechte und Ausstattungen?).

Statussymbol Dienstwagen

Die Frage, wer BMW fahren darf und wer im Golf sitzen muss, ist hochpolitisch, bestimmt die Außenwirkung und kostet bares Geld. Wie Chefs regeln, wer welches Auto bekommt.

Die Anschaffung von Dienstwagen sah der Chef einer mittelständischen Verpackungsfirma lange ziemlich locker. Der forsche Vertriebskollege bekam, weil er so lautstark danach verlangte, den größeren Motor im Passat. Ein Techniker machte sich selbst auf die Autosuche und fand bei einem französischen Hersteller für kleines Geld einen kompakten Sportwagen. Leider erwies sich der Flitzer als extrem teuer in der Versicherung, musste häufiger zur Reparatur und schluckte mehr Sprit als alle anderen Firmenwagen. Im laufenden Betrieb wurde der Exot zum Groschengrab. Weniger durchsetzungsstarke Kollegen mussten sich derweil mit einem bieder-silbernen Ford Focus begnügen.

Als der Kraut-und-Rüben-Fuhrpark schließlich auf 15 Fahrzeuge angewachsen und das Murren im Betrieb nicht mehr zu überhören war, hatte der Unternehmer genug. Er ließ seinen Einkaufsleiter eine Fuhrparkrichtlinie ausarbeiten, neudeutsch Car-Policy genannt. Seither regelt ein Katalog präzise, welcher Mitarbeiter einen Dienstwagen bekommt – und was für einen. Damit Neid und Diskussionen gar nicht erst aufkommen.

Solche Geschichten erleben Fuhrparkberater in Firmen mit kleinen Flotten immer wieder, auch wenn die Chefs ungern darüber sprechen. Systematische Dienstwagenordnungen sind im Mittelstand wenig verbreitet: Lediglich 17 Prozent der Unternehmen mit weniger als 24 Fahrzeugen verfügen über eine Car-Policy, hat die auf Flottenmanagement spezialisierte Marktforschung Dataforce ermittelt. Unter den Betrieben mit 25 bis 49 Fahrzeugen sind es immerhin schon mehr als 72 Prozent. Für Firmen mit größeren Fuhrparks ist das Reglement eine Selbstverständlichkeit.

Quelle: Selbach, David/Impulse - Wer bekommt welchen Dienstwagen? www.impulse.de/auto/car-policy/1024089.html, vom 02.09.2011, zuletzt abgerufen am 15.05.2018, vom 02.09.2011, zuletzt abgerufen am 15.03.2014

1.5 Messung des Führungserfolgs

Führung ist erfolgreich, wenn sie gemäß ihren Aufgaben und Zielen gewirkt hat. Unterschieden werden:

- Die **Effektivität** (Wirksamkeit) der Führung bezieht sich auf die wirtschaftliche Bedeutung: In welchem Ausmaß trägt die Personalführung zum wirtschaftlichen Erfolg des Unternehmens bei? Kriterien sind etwa der Gewinn oder der Umsatz, aber auch die Kundenzufriedenheit, die Innovationshäufigkeit und Produktivität. Für einige Abteilungen ist die Effektivität schwer zu bemessen (Sekretariat, Marketing, Controlling etc.); für andere Abteilungen lässt sich dies leichter umsetzen (Vertrieb, Produktion).
- Als **Effizienz** der Personalführung wird die soziale Wirksamkeit bezeichnet; Ansatzpunkt ist dabei die Wirkung der Personalführung auf den/die Mitarbeiter
  - auf die Leistungsbereitschaft,
  - auf die Arbeitszufriedenheit,
  - auf das Arbeitsklima insgesamt,
  - auf die Identifikation mit der Aufgabe und
  - die Loyalität gegenüber dem Unternehmen.

Messen lässt sich diese Effizienz der Führung etwa mit folgenden Kriterien:

Zusammenfassung

- **Personalführung** hat das Ziel, das Verhalten der Mitarbeiter eines Unternehmens im Sinne der Unternehmensziele zu steuern. Zu den Aufgaben der Personalführung gehören im Einzelnen: Ziele setzen, Pläne erstellen, Maßnahmen umsetzen, den erreichten Erfolg kontrollieren und das Unternehmen nach innen und außen repräsentieren. Beteiligte sind zum einen die Führungskräfte, zum anderen die Mitarbeiter in einem Unternehmen.
- Die **Gestaltung der Personalführung** beeinflusst den Erfolg eines Unternehmens; daraus leitet sich das Bestreben ab, in einem Unternehmen eine „gute Führung" umzusetzen.
- **Elemente** eines Konzeptes der „guten Führung" sind die Mitarbeiter, die Führungskräfte sowie die Rahmenbedingungen in Form von Führungstechniken und Verhaltensrichtlinien. Ansatzpunkte für ein solches Konzept sind
  - die Leistungsbereitschaft und die **Motivation** der Mitarbeiter,
  - Motivatoren und Hygienefaktoren,
  - die Persönlichkeiten und Menschenbilder der Führungskräfte,
  - ihr Verhalten bei der Führung (**Führungsstil**),
  - die eingesetzten **Führungsinstrumente**, wie beispielsweise Management-by-Techniken (MbO, MbE, MbD), aufgabenbezogene Führungsmittel (Kooperation, Delegation und Partizipation) und die Gestaltung der Informations- und Kommunikationsbeziehungen.
- Der **Führungserfolg** kann hinsichtlich seiner wirtschaftlichen und seiner sozialen Wirksamkeit gemessen werden. Kriterien sind beispielsweise Umsatz und Gewinn (**Effektivität** der Führung) und Mitarbeiterzufriedenheit und Fluktuationsquoten (**Effizienz** der Führung).

Aufgaben

1. *Beschreiben Sie die Unterschiede zwischen Unternehmensführung und Personalführung.*
2. *Listen Sie die Aufgaben der Personalführung auf und nennen Sie für jede Aufgabe ein Beispiel aus Ihrem Unternehmen.*
3. *„Die Qualität der Personalführung wird für den Unternehmenserfolg in Zukunft wichtiger werden." Nehmen Sie Stellung zu dieser Aussage.*
4. *Als Commitment wird die Herausbildung einer emotionalen Bindung der Mitarbeiter an das Unternehmen bezeichnet. Auf den ersten Blick wirkt das ungewöhnlich: sich emotional an ein Unternehmen zu binden. Emotionen gehören doch eher in den privaten Lebensbereich, könnte man denken.*
   a) *Nennen Sie Beispiele für die emotionale Bindung eines Mitarbeiters an sein Unternehmen.*

b) Begründen Sie die Bedeutung dieser emotionalen Bindung für den Mitarbeiter selbst.

c) Verdeutlichen Sie, welche Vorteile diese emotionale Bindung für das Unternehmen hat.

d) Prüfen Sie Ihre emotionale Bindung an Ihren Ausbildungsbetrieb. Arbeiten Sie die Bedingungen heraus, unter denen Sie sich emotional an ein Unternehmen binden (würden).

5. *Erstellen Sie eine Liste mit den Elementen einer „guten" Führung.*

6. *Motivation und Manipulation sind Mittel, um andere Menschen in ihrem Verhalten zu beeinflussen. Was unterscheidet diese Mittel? Bringen Sie je ein Beispiel aus Ihrem beruflichen Alltag: Wann fühlten Sie sich manipuliert? Wann motiviert?*

7. *Die Arbeitsleistung ist ein Produkt aus Leistungsfähigkeit und Leistungsbereitschaft. Ordnen Sie nachfolgende Sachverhalte diesen beiden Begriffen zu, indem Sie die richtige Ziffer in das Kästchen eintragen:*

(1) Leistungsfähigkeit
(2) Leistungsbereitschaft

Sachverhalt	Ziffer
Streben nach Geld und Einkommen	
Studium der Psychologie	
Teilnahme an einem Moderationstraining	
Arbeitszeiten und Schichtensystem	
Durchhaltevermögen	
Motivation	

8. *Sie sind Mitarbeiter/-in bei dem Maschinenbauunternehmen Herkules AG und u. a. für die Personalentwicklung zuständig. Jüngst haben Sie in der Belegschaft eine Umfrage zur Motivation der Mitarbeiter durchgeführt. Ihnen liegen nun einige Ergebnisse vor, die Sie für die Geschäftsleitung auswerten wollen.*

Fragestellungen, Aussagen	Anteil der Antworten mit „Ich stimme zu" in % von allen Befragten
„Ich arbeite engagiert, um beruflich aufzustei-gen."	75 %
„Das Wichtigste an meiner Arbeit sind die Kollegen, mit denen ich mich austauschen kann."	60 %

Fragestellungen, Aussagen	Anteil der Antworten mit „Ich stimme zu" in % von allen Befragten
„Arbeiten, um zu leben, ist mir wichtiger, als leben, um zu arbeiten."	78 %
„Meine Arbeit macht mich stolz."	59 %
„Die Verbesserung meines Einkommens ist mir wichtig."	76 %

a) Beurteilen Sie auf der Grundlage der Befragungsergebnisse die Art der Motivation der Mitarbeiter (extrinsisch, intrinsisch).

b) Welche Motivationsmaßnahmen schlagen Sie vor, um in diesem Unternehmen die Arbeitsleistungen zu verbessern?

9. *Die Bedürfnisse der Mitarbeiter lassen sich in fünf Bedürfnisgruppen einteilen. Ordnen Sie die nachstehenden Handlungen den folgenden Bedürfnisgruppen zu, indem Sie für jede Handlung die Ziffer in das Kästchen eintragen, die am besten zutrifft.*

(1) Bedürfnis nach Anerkennung
(2) Physiologisches Grundbedürfnis
(3) Bedürfnis nach Selbstverwirklichung
(4) Soziales Bedürfnis
(5) Sicherheitsbedürfnis

Handlung	Ziffer
Ein Personalsachbearbeiter beantragt Bildungsurlaub für die Teilnahme an einem Rhetorikseminar.	
Ein Mitarbeiter schlägt seinen Kollegen in der Abteilung vor, gemeinsam Bowlen zu gehen.	
Ein junger Mitarbeiter, der jüngst Familiennachwuchs bekommen hat, bittet den Vorgesetzten um eine Gehaltserhöhung.	
Ein Mitarbeiter lehnt die Beförderung auf eine neu eingerichtete Leitungsstelle ab.	
Ein Mitarbeiter verlangt einen besseren Dienstwagen.	

10. *Als zuständige(r) Mitarbeiter/-in in der Personalabteilung der Herkules AG sollen Sie die Abteilungsleiter des Unternehmens in einem kurzen Vortrag über die Bedeutung der 16 Lebensmotive der Personalführung nach Reiss informieren. Erstellen Sie einen kurzen Vortrag zu dem Thema.*

11. *Die 2-Faktoren-Theorie von Herzberg unterscheidet zwischen Hygienefaktoren und Motivatoren.*

a) Erläutern Sie die beiden Begriffe Hygienefaktor und Motivator im Zusammenhang mit der Leistungsmotivation der Mitarbeiter.

b) Ordnen Sie folgende Sachverhalte den Hygienefaktoren (1) oder den Motivatoren (2) zu.

Sachverhalte	Ziffer
Höhe des Grundgehalts	
Verhalten des Vorgesetzten	
Aufstiegsmöglichkeiten im Unternehmen	
Teilnahme an Fortbildungen	
Soziale Beziehungen zu den Kollegen	
Erreichen der mit dem Vorgesetzten vereinbarten Leistungsziele	

12. *Als Personaler werden Sie um eine Stellungnahme zur Gestaltung eines neuen Entlohnungssystems im Unternehmen gebeten. Diskutiert wird derzeit, ob das Entgeltniveau grundsätzlich erhöht werden soll, sodass jeder Mitarbeiter mehr verdient, oder ob neben einem festen Grundgehalt in Zukunft variable, leistungsabhängige Bestandteile gezahlt werden sollen. Was halten Sie davon? Gehen Sie bei Ihrer Stellungnahme differenziert auf die Wirkung des Entgelts als Hygienefaktor und als Motivator ein.*

13. *Als Disponent/-in in einem Zeitarbeitsunternehmen bereiten Sie die externen Mitarbeiter in den Einsatzgesprächen auf die Kundeneinsätze vor und betreuen sie während der Einsätze. Zu Ihren Aufgaben gehört es, die Motivation der externen Mitarbeiter zu stärken.*

a) In der Tabelle sind einige Maßnahmen zur Motivation zusammengestellt: Ordnen Sie die Maßnahmen den Bedürfnisebenen nach Maslow zu.

b) Welche dieser Maßnahmen stehen Ihnen zur Verfügung, um die Motivation der externen Mitarbeiter zu stärken? Nehmen Sie zu jeder vorgestellten Maßnahme Stellung und beurteilen Sie, ob Sie die Maßnahme einsetzen können und sollten (Vorteile/Nachteile).

Maßnahme zur Beeinflussung der Motivation	Zuordnung
Persönliche Begleitung der externen Mitarbeiter bei ihrem ersten Einsatztag in einem Kundenunternehmen	
Regelmäßige Gespräche über den Einsatzverlauf	

Maßnahme zur Beeinflussung der Motivation	Zuordnung
Erhöhung des Arbeitsentgelts durch Zulagen, Zuschläge, Prämien	
Persönliche Gespräche bei Wiederaufnahme der Arbeit nach einer längeren Erkrankung	
Vorbereitung ausführlicher Unterlagen für ein Einsatzgespräch wie beispielsweise Kartenmaterial und Fotos über das Kundenunternehmen, Telefonlisten, Lagepläne	
Teilnahme an Fortbildungen wie beispielsweise Staplerschulungen für Lagerhelfer und EDV-Seminare für Kaufleute	
Überlassung von mindestens zwei Mitarbeitern an einen Kunden	
Umgehende Abmahnung nach nicht vertragskonformem Verhalten (z. B. Unpünktlichkeit)	

14. *Führung kann auf verschiedenen Machtgrundlagen basieren. Welche Machtgrundlage(n) sollte Ihrer Ansicht nach der Niederlassungsleiter eines Zeitarbeitsunternehmens mit acht Beschäftigten (davon vier Disponenten, vier Sachbearbeiter) nutzen? Begründen Sie Ihre Einschätzung.*

15. *Sie nehmen nach Ihrer Ausbildung an einem Assessment Center für angehende Führungskräfte teil. Ihnen werden in einer Übung einige kurze Situationsbeschreibungen vorgelegt, die Sie den nachfolgend genannten Machtgrundlagen der Führung zuordnen sollen. Ordnen Sie die richtige Ziffer zu.*

(1) Legitimationsmacht
(2) Belohnungsmacht
(3) Expertenmacht
(4) Macht durch Persönlichkeit
(5) Macht durch Vernetzung und Information

Situationsbeschreibung	Ziffer
In einer Besprechung über den neuen Großauftrag weist der Vorgesetzte den Vorschlag des Mitarbeiters Müller brüsk zurück. Müller verspricht eilfertig, umgehend einen neuen Vorschlag zu machen.	
Der Mitarbeiter Karl Senger bittet seinen Vorgesetzten um Prüfung der Vertragsunterlagen für den neuen Kunden, bevor er sie an die Geschäftsleitung gibt.	
Die Vorgesetzte Melanie Keller erinnert den verspätet eintreffenden Mitarbeiter Jens Meier an seine arbeitsvertraglichen Pflichten.	

Situationsbeschreibung	Ziffer
Holger Landmann hat einen neuen Kunden akquiriert und berichtet dies auf der Abteilungsbesprechung; sein Vorgesetzter Kirk antwortet: „Den kenne ich auch."	
Die Niederlassungsleiterin Jasmin Grundmann verspricht dem Disponenten Jan Maurer, ihn bei weiterhin guter Leistung für den Besuch des Führungskräftetrainings vorzuschlagen.	

16. *Die Herkules AG will die Stelle der Abteilungsleitung Personalwesen neu besetzen. Ein Unternehmensberater schlägt vor, gezielt nach einer Persönlichkeit des ESTJ-Typs gemäß Myers Briggs Type Indicator zu suchen. Erläutern Sie, welche Vorteile ein solcher Typus als Führungskraft hat. Identifizieren Sie mögliche Schwächen dieses Persönlichkeitstyps für die Herkules AG.*

17. *Sie sind Personalreferent/-in in der Zentrale eines mittelständischen Personaldienstleistungsunternehmens mit zehn Niederlassungen. Die Geschäftsleitung hat die hohe Bedeutung des Führungsverhaltens für den Erfolg des Unternehmens erkannt. Um Ansatzpunkte für die Verbesserung der Personalführung zu erhalten, sollen Sie eine Befragung der Niederlassungsleiter vorbereiten. Ziel ist es, Informationen über die bei den Führungskräften bewusst oder unbewusst wirksamen Menschenbilder zu erhalten. Notieren Sie fünf Fragen, die geeignet sind, Informationen über die Menschenbilder der Führungskräfte zu erhalten.*

18. *Sie beobachten verschiedene Verhaltensweisen in Ihrem Unternehmen.*

a) Finden Sie für nachfolgende Verhaltensweisen von Mitarbeitern eine Erklärung nach der sog. Y-Theorie von McGregor:

Der Elektriker Hans Jellinek weigert sich um 17:30 Uhr, die Arbeit in der Maschinenhalle des Kunden Herkules AG fortzusetzen.
Der Disponent Lutz Lehmann lehnt eine Kaltakquise bei dem Unternehmen Jensen Spedition GmbH ab.

b) Interpretieren Sie dieselben Situationen aus Sicht der X-Theorie von McGregor.

19. *Erstellen Sie eine Tabelle zur Abgrenzung des autoritären und des kooperativen Führungsstils nach folgenden Kriterien:*

a) Verhältnis zwischen Vorgesetzten und Mitarbeitern

b) Art der Aufgaben

c) Art der Umweltbedingungen (eher einfach und überschaubar oder komplex und dynamisch)

20. *Idealtypisch lassen sich der kooperative und der autoritäre Führungsstil unterscheiden.*

a) Sie beobachten in einem Unternehmen die in der Tabelle genannten Situationen. Notieren Sie, ob es sich bei dem gezeigten Verhalten eher um einen kooperativen Führungsstil (1) oder eher um einen autoritären Führungsstil (2) handelt.

Beobachteter Sachverhalt	Ziffer
Der Niederlassungsleiter legt fest, dass sich der Disponent Huber um das Gewerbegebiet Nord kümmert.	
Der Disponent Huber verlangt, dass sich die externen Mitarbeiter täglich telefonisch bei ihm melden.	
Der Niederlassungsleiter bittet den Disponenten um einen Vorschlag für das Vorgehen bei dem Kunden Herkules AG.	
Die Niederlassungsleiterin lässt den Disponenten freie Hand bei der Auftragsakquisition und -bearbeitung.	
Nach einer ausführlichen Diskussion in der regelmäßigen Teamsitzung entscheidet der Niederlassungsleiter allein.	
Nachdem sich einige Kunden darüber beschwert haben, dass in der Niederlassung niemand telefonisch zu erreichen sein, erstellt der Niederlassungsleiter einen Dienstplan für die Disponenten.	

b) Zeigen Sie, welcher Führungsstil bei den nachfolgend aufgezählten Sachverhalten besser geeignet ist. Notieren Sie eine (1) für den kooperativen und eine (2) für den autoritären Führungsstil.

Sachverhalt	Ziffer
Die Marktbedingungen des Unternehmens sind komplex und die Innovationsrate ist hoch.	
Auch kleinere Störungen in den Arbeitsabläufen haben sehr negative Folgen für das Unternehmensergebnis.	
Wichtiger Faktor für den Unternehmenserfolg ist die Kreativität der Mitarbeiter.	
Aufgrund der schlechten wirtschaftlichen Entwicklung kommt es kurzfristig zu einer kritischen Absatzsituation für das Unternehmen.	
Die Erfüllung der Aufgaben im Unternehmen erfordert ein überdurchschnittliches Maß an Eigeninitiative der Mitarbeiter.	
Die Mitarbeiter des Unternehmens erwarten vor allem Sicherheit und Verlässlichkeit.	
Nach einem Arbeitsunfall in der Produktion müssen sehr schnell die betrieblichen Abläufe angepasst werden.	

21. *Sie haben als Personalreferent/-in bei der Herkules Maschinenbau AG eine Umfrage bei den Führungskräften durchgeführt, um Informationen über die bevorzugten Führungsstile zu erhalten. Werten Sie folgenden Antwortbogen hinsichtlich des Führungsstils der befragten Führungskraft aus.*

Aussage	Trifft voll zu	Trifft eher zu	Trifft eher nicht zu	Trifft gar nicht zu
Ich fühle mich in den Einzelgesprächen mit den Mitarbeitern eher als Kollege denn als Vorgesetzter.			X	
Es ist mir wichtig, die Mitarbeiter an den Entscheidungen in meiner Abteilung zu beteiligen.		X		
Mit häufigen Zwischenkontrollen bei den Mitarbeitern bringe ich mich regelmäßig auf den aktuellen Stand.	X			
Meine Hauptaufgabe in Abteilungsbesprechungen sehe ich in der Moderation.			X	
Die Distanz zu den Mitarbeitern halte ich in jeder Situation.		X		
Ich lege besonderen Wert darauf, dass jeder Mitarbeiter in meiner Abteilung zufrieden ist.	X			
Anregungen und Vorschläge der Mitarbeiter in meiner Abteilung werden berücksichtigt, soweit es der Gesamtrahmen ermöglicht.	X			

22. *Als Personalreferent/-in in einem Dienstleistungsunternehmen haben Sie das Verhalten der Führungskräfte analysiert; Sie identifizieren überwiegend ein „Middle-of-the-Road-Management“. Sie erhalten nun den Auftrag, die Vorteile und Nachteile dieses Führungsverhaltens aus der Sicht der Mitarbeiter gegenüberzustellen.*

23. *Erläutern Sie den Satz „Managers do things right – Leaders do the right things“. Arbeiten Sie die Bedeutung dieser Aussage für Ihre Branche heraus.*

24. *Unterscheiden Sie die Begriffe Führungsinstrumente, Führungsgrundsätze, Management-by-Techniken und Führungsmittel.*

25. *Stellen Sie die Vorteile und Nachteile des Management-by-Objectives übersichtlich zusammen.*

26. *Fallsituation:*

Die Petermann Personal Service GmbH ist ein mittelständisches Personaldienstleistungsunternehmen. Gegründet wurde die GmbH vor fünf Jahren durch Gernold Petermann, der nach wie vor der Geschäftsführer des Unternehmens ist. Das Unternehmen gilt als zuverlässiger und fairer Arbeitgeber und Geschäftspartner. Seit Gründung konnte das Unternehmen sein Geschäft deutlich ausweiten. Heute ist das Unternehmen an sieben Standorten vertreten und beschäftigt etwa 7500 interne und externe Mitarbeiter. Geprägt ist das Unternehmen nach wie vor durch den Geschäftsführer Gernold Petermann, der sich um viele Dinge auch in den verschiedenen Filialen kümmert, sich täglich, meist telefonisch, informieren lässt und bei größeren Aufträgen auch persönliche Präsenz bei den Kunden zeigt. Dieses Verhalten interpretierten einige Mitarbeiter als Gängelei und verließen daher die Petermann Personal Service GmbH. Gerade beim internen Personal ist die Fluktuationsrate relativ hoch, was zusätzlich zu Unruhe bei den Mitarbeitern führt. Nach vielen Gesprächen mit der Prokuristin und verschiedenen Beratern hat sich Herr Petermann nun entschlossen, die Führungsstruktur im Unternehmen zu ändern und die Niederlassungen stärker selbstständig arbeiten zu lassen. Als Führungsinstrument soll die Technik Management-by-Objectives eingeführt und umgesetzt werden. Als Assistent/-in der Geschäftsführung in der Zentrale sollen Sie die Einführung des MbO planen.

a) Beschreiben Sie die Führungstechnik Management-by-Objectives.

b) Stellen Sie die Voraussetzungen für die Einführung dieser Führungstechnik übersichtlich zusammen.

c) Erstellen Sie einen Plan zur Einführung dieser Führungstechnik. Gehen Sie dabei auf folgende Aspekte ein:

- *Wie soll nach Einführung des MbO bei der Petermann GmbH „geführt" werden? Welche Abläufe müssen sich ändern?*
- *Was ändert sich durch die Einführung des MbO bei Herrn Petermann? Mit welchen Hemmnissen gegen die Einführung ist bei Herrn Petermann zu rechnen?*
- *Was ändert sich für die (internen) Mitarbeiter in den Niederlassungen? Wie werden die Mitarbeiter auf die neue Führungstechnik reagieren?*
- *In welcher Weise und mit welchen Maßnahmen kann man die Einführung der neuen Führungstechnik unterstützen?*

d) Fassen Sie Ihre Überlegungen in einem zeitlichen Ablauf zusammen; was muss zuerst gemacht werden, was folgt usw.

e) Beurteilen Sie den Nutzen der Einführung des MbO bei der Petermann Personal Service GmbH für

- *Herrn Petermann,*
- *die Mitarbeiter in den Niederlassungen,*
- *das Unternehmen Petermann Personal Service GmbH.*

27. *Management-by-Delegation und Management-by-Exception sind aufgabenbezogene Führungsinstrumente. Es geht dabei um die Art und Weise, wie in einem Unternehmen die Aufgaben erfüllt werden. Ordnen Sie nachfolgende Sachverhalte und Beschreibungen den beiden Führungstechniken zu. Notieren Sie eine (1) für*

Management-by-Delegation, eine (2) für Management-by-Exception und eine (3), wenn die Aussage auf beide Führungstechniken zutrifft.

Sachverhalte und Beschreibungen	Ziffer
Der Vorgesetzte wird von Aufgaben entlastet.	
Die Aufgabenverteilung vollzieht sich nach dem Prinzip: Einheit von Aufgabe und Entscheidungskompetenz.	
Es handelt sich um standardisierte Aufgaben, die immer gleich ablaufen.	
Die Entscheidungsbereiche sind anhand festgelegter Grenzwerte bestimmt.	
Nur in Ausnahmefällen entscheidet der Vorgesetzte.	
Der Eigeninitiative und der Leistungsmotivation sind keine Grenzen gesetzt.	
Die detaillierte Festlegung von Kontrollwerten ist mit einem großen Aufwand verbunden.	
Eine Gefahr ist, dass nur gering anregende Arbeitsaufgaben verlagert werden.	
Entscheidungen werden immer an der Stelle größter Fachkompetenz getroffen.	
Für die Rückmeldung der Ergebnisse ist ein aufwändiges Berichts- und Kontrollsystem notwendig.	

28. *Bei der Führung von Personal können viele Instrumente eingesetzt werden. Ordnen Sie folgende Instrumente ihren Ansatzpunkten zu; vergeben Sie folgende Ziffern:*

(1) Ansatzpunkt Führungsprozess
(2) Ansatzpunkt Aufgaben
(3) Ansatzpunkte Information und Kommunikation
(4) Ansatzpunkt Mitarbeiter

Führungsinstrumente	Ziffer
Teilnahme an Fortbildungen	
Einführung von Teamarbeit	
Wöchentliche Teambesprechung jeden Montag	
Einführung regelmäßig stattfindender Beurteilungsgespräche	
Versendung eines internen Newsletters per E-Mail an die Mitarbeiter	
Vier-Augen-Prinzip beim Vertragsabschluss mit einem Neukunden	
Verlagerung von Verantwortung für Aufgabenbearbeitung auf die Mitarbeiter	
Betriebsvereinbarung über Prämienlöhne	
Beteiligung der Mitarbeiter an der Planung der Budgets	

2 Konflikte erkennen und bewältigen

Einstiegssituation ▶

Thomas Hesse ist seit rund vier Monaten Niederlassungsleiter bei der Hannibal Personal GmbH. In seiner Niederlassung kümmern sich acht Mitarbeiter (sechs Disponenten und zwei Sachbearbeiter) um rund 420 Zeitarbeitnehmer. Daneben machen Jasmin Keller und Lukas Gerber ihre Ausbildung zu Personaldienstleistungskaufleuten in der Niederlassung.

Vor einiger Zeit hat die Geschäftsleitung der Hannibal Personal GmbH alle Niederlassungen dazu aufgerufen, Vorschläge für ein neues Führungskonzept zu entwickeln. Für Thomas Hesse war dies eine große Herausforderung, da er noch nicht so lange in der Niederlassung beschäftigt war.

Thomas Hesse stellte die Initiative der Geschäftsleitung während einer Besprechung vor und schon bei diesem ersten Treffen ging es relativ hoch her. Thomas Hesse beobachtete, dass die Disponenten eher uneinig waren, und manchmal hatte er das Gefühl, dass es nicht nur um die Sache ging, sondern dass auch persönliche Feindseligkeiten eine Rolle spielten.

In den folgenden Wochen bestätigte sich der erste Eindruck: Die Disponenten arbeiteten eher für sich als für die Niederlassung insgesamt. Die Stimmung in den Büros war eher verhalten und vorsichtig. Einmal hatte Thomas Hesse ein gemeinsames Essen am Ende einer ereignisreichen Woche angeregt: Neben den Auszubildenden und den beiden Sachbearbeitern nahmen nur zwei Disponenten teil.

Kurz gesagt: Die Stimmung in der Niederlassung war und blieb eher schlecht. Offene Konflikte waren zwar eher selten, Thomas Hesse vermutete aber, dass das eher darauf zurückzuführen war, dass sich die Disponenten weitgehend aus dem Wege gingen. Nur einmal war er Zeuge eines lauten Streits zwischen zwei Disponenten. Ihn überraschte nicht, dass in seiner kurzen Zeit als Niederlassungsleiter bereits drei Disponenten das Unternehmen verlassen hatten. Die neu eingestellten Disponenten – es waren die beiden, die an dem gemeinsamen Essen teilgenommen hatten – waren seiner Ansicht nach auch bereits wieder auf einer Art innerem Rückzug.

In einem Gespräch mit den Auszubildenden spürte er eine starke Verunsicherung. Auf direkte Fragen gaben sie zu, sich nicht wohl zu fühlen. Lukas Gerber sagte sogar, dass er das Gefühl habe, hinter seinem Rücken würde über ihn gesprochen, dass er unfähig sei und seine Ausbildung sowieso nicht schaffen würde. Die Äußerungen machten Thomas Hesse sehr betroffen. Er ordnete an, dass die beiden Auszubildenden nur noch von ihm betreut werden.

Sorgen machen ihm aktuell zwei Sachverhalte: Da in den nächsten Wochen zwei Disponenten aus Urlaubs- und Fortbildungsgründen abwesend sind, müssen die Aufgaben neu verteilt werden. Zusätzlich stehen die Vorbereitungen für den Großauftrag eines Neukunden an: Ein Versandhändler aus der Region hat 40 Kommissionierer angefordert. Dafür müssen Auswahlgespräche geführt werden sowie neue Mitarbeiter eingestellt und eingearbeitet werden. Thomas Hesse ist klar, dass dies nur mit einer gemeinsamen Anstrengung zu erreichen ist.

Arbeitsaufträge

1. *Analysieren Sie die Situation und beschreiben Sie die Probleme, die der Niederlassungsleiter Thomas Hesse zu lösen hat.*
2. *Machen Sie einen ersten Vorschlag dafür, wie Thomas Hesse jetzt vorgehen sollte.*
3. *Informieren Sie sich in den Kapiteln 2.1 und 2.2.2 über Arten, Entstehung und Lösungsmöglichkeiten von Konflikten am Arbeitsplatz.*
4. *Entwickeln Sie auf der Grundlage der Ergebnisse von Arbeitsauftrag 3 für den Niederlassungsleiter Thomas Hesse einen Plan, wie er die Probleme in der Niederlassung lösen kann.*
5. *Vergleichen Sie diesen in Arbeitsauftrag 4 entwickelten Plan mit Ihrem ersten Lösungsvorschlag aus Arbeitsauftrag 2. Arbeiten Sie die Gemeinsamkeiten und die Unterschiede heraus.*
6. *Versetzen Sie sich in die Rolle eines Disponenten in dieser Niederlassung der Hannibal Personal GmbH: Wie würden Sie auf die Problemlösungsstrategie des Niederlassungsleiters reagieren? Was bedeutet diese/Ihre Reaktion für den Umgang mit Konflikten am Arbeitsplatz?*

Konflikte gehören mehr oder weniger zur Tagesordnung in Unternehmen und häufig auch im Privatleben. Sie entzünden sich manchmal schnell und heftig, ein anderes Mal wabern sie eher still und verdeckt über eine längere Zeit durch die Reihen unterschiedlicher Interessen der am Konflikt Beteiligten. Jeder wird seine persönlichen Erfahrungen mit Konflikten am Arbeitsplatz, in privaten Freundschaften, mit seinen Eltern, in der Beziehung haben. Konfliktfähigkeit gilt heute als Schlüsselqualifikation (Soft Skill), wobei noch zu definieren ist, was damit eigentlich gemeint ist. Ist derjenige konfliktfähig, der den Streit sucht und sich darin bewegen kann wie ein Fisch im Wasser? Oder ist vielmehr derjenige konfliktfähig, der imstande ist, einen Konflikt zu lösen und zu beenden?

Spontan werden Konflikte häufig als negatives Ereignis wahrgenommen. Manchmal ändert sich erst in der Rückschau nach längerer Zeit die Einschätzung und man erkennt auch die positive Kraft eines Konflikts. Das gilt sicherlich nicht für alle Konflikte und für jeden Konfliktbeteiligten. Doch auch der, der Angst vor dem Gewitter hat, kennt seine reinigende Kraft.

Und genauso wie Gewitter nicht zu verhindern sind, lassen sich auch Konflikte nicht (immer) verhindern. Doch indem man die Zusammenhänge kennt, kann man lernen, mit Konflikten besser umzugehen.

2.1 Arten, Entstehung und Verlauf von Konflikten

Ins Bild gesetzt entsteht ein Konflikt, wenn (mindestens) zwei „Kräfte" zusammenstoßen. „Kräfte" können dabei Unterschiedliches meinen: Personen, Interessen, Meinungen, Einstellungen, Wünsche, Parteien, Steinböcke oder was auch immer. Wesentlich für einen Konflikt ist, dass diese Kräfte **gegeneinander** gerichtet sind. Ein Konflikt ist demnach das Gegenteil kooperativen Verhaltens, was ja das Zusammenwirken der „Kräfte" in dieselbe Richtung meint.

***Konflikt* in sprachlicher Vielfalt:**
Zusammenstoßen – Streit – Kontroverse – Zwiespalt – Unentschiedenheit –Konfrontation – Ungewissheit – Unentschlossenheit – Spannung – Widerstreit – Aggression – Verstimmung – Streitigkeit – Auseinandersetzung – Zank – Kollision – Differenz – Gegensätzlichkeit – Kontroverse – Dilemma – Schwierigkeit – Disharmonie – Kampf – Ringen – Zwietracht – Krieg

Konflikte treten nicht nur zwischen Personen auf, sondern können sich auch im Innenleben eines Menschen durch das Ringen der sprichwörtlichen „zwei Seelen in der Brust" abspielen (innere bzw. intrapersonale Konflikte). Nach außen gerichtete Konflikte dagegen spielen sich zwischen Personen ab. Dabei unterscheiden sich typischerweise Konflikte zwischen zwei Personen (interpersonale Konflikte) und mehr Beteiligten (soziale Konflikte) in ihrem Verlauf, sodass drei Arten von Konflikten unterschieden werden:

- innere bzw. intrapersonale Konflikte
- interpersonale Konflikte zwischen zwei Beteiligten
- Mehr-Personen- bzw. soziale Konflikte

Gemeinsam haben die drei Konfliktarten folgende Kriterien:

- ein Konflikt ist vorhanden, wenn die beteiligte(n) Person(en) dies so erleben/erlebten; er ist nicht objektiv vorhanden, wie etwa ein Tisch in einem Raum vorhanden ist;
- ein Konflikt ist als Konflikt nicht absichtsvoll herbeigeführt; er ist als Konflikt nicht „gewollt";
- es fällt den Beteiligten schwer, aus dem Konflikt bzw. aus seiner Entstehung herauszutreten und eine „vernünftige" Haltung anzunehmen;
- ein Konflikt äußert sich im Verhalten; dies gilt auch für einen intrapersonalen Konflikt, der sich etwa in Nervosität, Anspannung, Unsicherheit und Ähnlichem zeigt.

Definition

„In einem **Konflikt** prallen mindestens zwei Tendenzen bzw. Akteure zeitgleich zusammen, wollen Unvereinbares verwirklichen und erzeugen Handlungsdruck. Ein Konflikt ist nicht objektiv vorhanden, sondern nimmt in einem subjektiven Erleben seinen Ausgang und zeigt sich als sozialer Prozess im Verhalten".[1]

Konfliktfähigkeit bezeichnet die Fähigkeit, konstruktiv mit Konflikten umzugehen. Dazu gehören

- die **fachliche Kompetenz**: Was ist ein Konflikt? Woran kann ich ihn erkennen? In welcher Phase ist der Konflikt? Wie entsteht ein Konflikt? Mit welchen Techniken kann ich einen Konflikt bearbeiten und lösen?
- die **methodische Kompetenz**: Wie kann ich mit dem Konflikt umgehen? Wie verhalte ich mich angemessen in einer Konfliktsituation? Wie wende ich die Techniken zur Konfliktlösung an? Wie kann ich deeskalierend einwirken?
- die **soziale Kompetenz**: Wie setze ich mich mit anderen auf der Inhalts- und der Beziehungsebene auseinander? Was ist mein eigener Beitrag zum Konfliktgeschehen?

Voraussetzung für angemessenes Handeln in Konfliktsituationen ist die Kenntnis der eigenen Wünsche, Haltungen, Ziele und Erwartungen. Konfliktfähigkeit beinhaltet die Fähigkeiten, die eigenen Emotionen im Griff zu behalten und sich auf das Gegenüber einzustellen, auch wenn gegensätzliche Interessen geäußert werden. Konfliktfähige Personen erkennen den Konflikt, nehmen ihn als gegeben an und suchen gemeinsam nach tragfähigen Lösungen, die eine Entlastung schaffen. Konfliktfähigkeit ist eine Schlüsselkompetenz (Soft Skill).

2.1.1 Innere Konflikte

Innere bzw. intrapersonale Konflikte spielen sich innerhalb der Gefühls- und Gedankenwelt einer Person ab. Es kann dabei um ganz konkrete und zeitlich naheliegende Vorhaben gehen.

[1] *Quelle: Mahlmann, Regina: Konflikte managen. Psychologische Grundlagen, Modelle und Fallstudien, Beltz Verlag, Weinheim, 2001, S. 19*

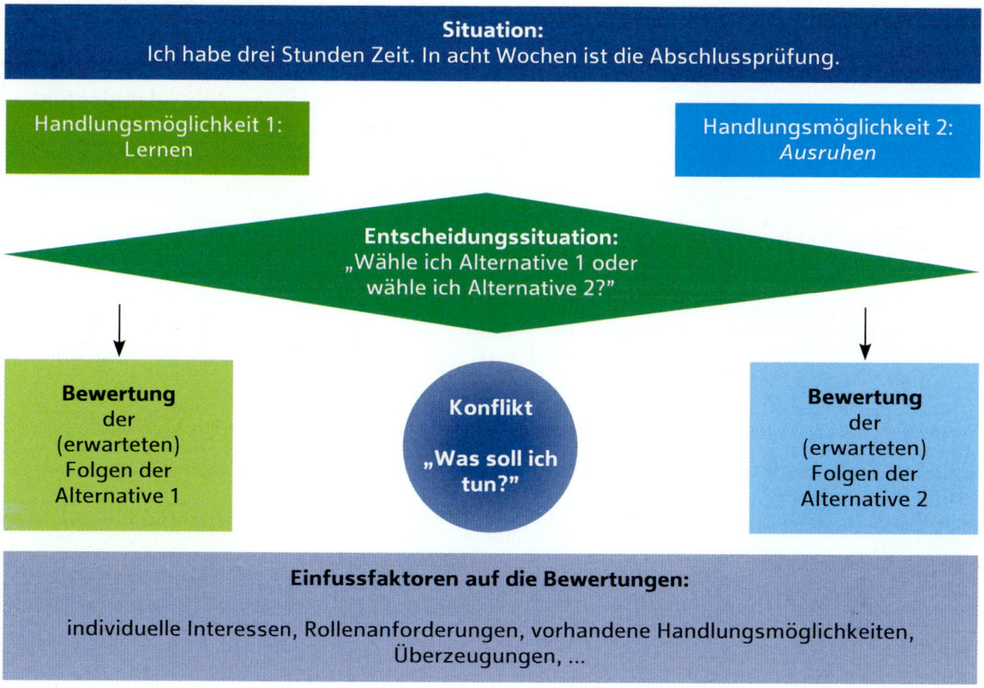

Ähnlich stellt sich die Situation dar, wenn es um **Gewissensfragen** geht oder um **wichtige Zukunftsentscheidungen**, wie die Wahl des Ausbildungsplatzes. Die Zusammenhänge sind vergleichbar mit dem Beispiel, doch kann das subjektive Konflikterleben viel schwerwiegender sein. Je bedeutungsvoller eine Situation eingeschätzt wird bzw. je höher die beigemessene Bedeutung der Konsequenzen für die Person selbst ist, umso problematischer wird der Konflikt erlebt. Eine objektive Wertigkeit lässt sich nicht zuweisen, was manchmal dazu führt, dass das Umfeld relativ verständnislos ist.

Beispiel

Ein Schulabgänger hat nach einigen Vorstellungsgesprächen zwei Angebote über einen Ausbildungsplatz. Er ist hin- und hergerissen und wälzt die Vorteile und Nachteile beider Alternativen. Er kann sich nicht entscheiden und fühlt sich unsicher und angespannt. Er muss sich bis zu einem bestimmten Datum entscheiden, dadurch entsteht Handlungsdruck. Doch anstatt sich über die Situation zu freuen, fühlt sich der junge Mensch belastet und unter Druck gesetzt. Von außen betrachtet (= objektiv) hingegen sieht die Situation gut aus und vielleicht sagt ein Freund, der keinen Ausbildungsplatz hat: „Was hast du denn? Du hast es doch gut! Du kannst wählen."

Im fachlichen Kontext

Innere Konflikte und Gewissensfragen

„Neulich wartete ich an der Supermarktkasse in einer langen Schlange. An der Nebenkasse stand bereits ein Schild: ‚Bitte nicht mehr anstellen'. Dennoch tröpfelten dort weitere Kunden ein und wurden vom Kassierer auch noch bedient – was mich sehr ärgerte. Hätte ich dieses Spiel laut kritisieren sollen?"

Quelle: Erlinger, Rainer: Die Gewissensfrage, in: Süddeutsche Zeitung Magazin, Heft 18/2013, S. 8

„Mein Exfreund, mit dem ich nichts mehr zu tun habe, hatte mir, als wir noch ein Paar waren, zum Geburtstag mal einen Sushi-Kurs geschenkt. Dieser Kurs ist aber niemals von mir besucht worden. Neulich war ich beim Japaner, wo mir klar wurde, dass ich den Kurs nun doch gern machen würde. Darf ich das Geschenk trotz Trennung einfordern?“

Quelle: Erlinger, Rainer: Die Gewissensfrage, in: Süddeutsche Zeitung Magazin, Heft 6/2013, S. 8

„Nach einer Fehlbuchung über 65,00 € zu meinen Ungunsten schrieb meine Bank auf meine Reklamation hin den Betrag wieder gut – aber gleich zweimal. Nun stand ich vor der Entscheidung, abermals zu reklamieren oder den zu viel geleisteten Betrag einfach einzustreichen. Ich habe reklamiert, nur warum? War es mein Über-Ich? Oder die Überlegung, dass sich ehrliches Verhalten letztlich für mich und die Gemeinschaft auszahlt?“

Quelle: Erlinger, Rainer: Die Gewissensfrage, in: Süddeutsche Zeitung Magazin, Heft 13/2013, S. 8

Ursachen

Konflikte können ganz unterschiedliche Ursachen haben, je nachdem, welche „Kräfte“ beteiligt sind. Man unterscheidet psychologische, umweltbedingte und kognitive Ursachen.

Psychologische Ursachen	Verhaltensbezogene Ansätze	Kognitive Theorien und Entscheidungstheorie
• Rollenanforderungen und individuelle Interessen gehen auseinander (C. G. Jung) • Kompensation von Minderwertigkeitsgefühlen durch Überlegenheitsstreben und Bedürfnis nach Zugehörigkeit in Gruppen (A. Adler) • Ausgleich von Lustimpulsen („Es“) und Selbstkontrolle („Über-Ich“) (S. Freud)	• Verhalten reagiert auf Anreize; innere Konflikte entstehen dadurch, dass man verschiedenen, auch gegensätzlichen Reizen ausgesetzt ist. Darauf kann man mit unterschiedlichen, auch sich widersprechenden Verhaltensweisen reagieren. Die Person muss sich also entscheiden und kann hin- und hergerissen zwischen Verhaltensweisen sein.	• Überzeugungen und berufliche Rollenanforderungen widersprechen sich • „Kognitive Dissonanzen“ (= gedanklicher Missklang)

Entstehung und Umgang mit kognitiven Dissonanzen

Umgang mit inneren Konflikten

Innere Konflikte stören. Sie führen dazu, dass man sich „unwohl" fühlt, auch wenn man zunächst nicht genau weiß, warum das so ist. Konflikte zeigen, dass am seelischen Fundament irgendetwas aus dem Gleichgewicht geraten ist. Der Konflikt ist ein Zeichen (= Indikator) dafür, dass irgendetwas im Inneren nicht zueinander passt. Begibt man sich auf die Spur des inneren Konfliktes und forscht nach, was dahinter steckt, erhält man Hinweise auf die möglichen tieferen Ursachen. Vielleicht stimmen innere Überzeugungen nicht (mehr) zu Anforderungen von außen (von den Eltern, von Partnern, im Unternehmen); vielleicht sind gänzlich neue Handlungsmöglichkeiten entstanden, die man vorher nicht im Sinn gehabt hat; vielleicht ist es Zeit, sich im Leben neu zu orientieren, beispielsweise in eine andere Stadt zu ziehen, ein neues Hobby auszuprobieren. So verstanden sind innere Konflikte eine Art Kompass für den eigenständigen Weg in die Zukunft. Dieser innere Kompass meldet aber nicht die Richtung an, in die man gehen soll, er zeigt vielmehr an, dass man sich auf einem falschen Weg befindet.

Konflikte sind also nichts Negatives, auch wenn die Begleiterscheinungen negativ sein können: Empfinden von Druck, Schlaflosigkeit, Schwermut, das Gefühl der Ohnmacht

und Lähmung etc. Konflikte bieten Möglichkeiten, sich selbst besser kennenzulernen, sich in Übereinstimmung mit sich selbst weiterzuentwickeln. Niemand kommt „fertig" in die Welt; jederzeit sind Änderungen möglich, manchmal auch durch äußere Veränderungen notwendig. Und innere Konflikte können dabei helfen, den richtigen Weg zu entdecken.
Sieht man Konflikte als etwas grundsätzlich Positives an, wird auch der Umgang damit einfacher: Die Situation als Auslöser des Konflikts kann analysiert werden; neue Handlungsmöglichkeiten lassen sich entwickeln und in ihren Konsequenzen überprüfen; vielleicht werden neue Wege aufgedeckt.

Im fachlichen Kontext

Techniken für den Umgang mit intrapersonalen Konflikten
Den „zwei Seelen in der Brust" kann man Raum geben durch folgende Techniken:
Argumentenbilanz: In Tabellenform stellt man die jeweiligen Vorteile/Argumente der Handlungsalternativen gegenüber; anschließend kann man die einzelnen Argumente bewerten. Die Gegenüberstellung gibt ein Abbild der „inneren" Bewertungen.
Fremdeinschätzungen: Man kann gute Freunde und Familienangehörige bitten, eine Einschätzung der Situation gleichsam „von außen" abzugeben.
Fachleute, Experten: Bei sehr tief gehenden inneren Konflikten kann man „Profis" einbeziehen, die Techniken kennen, um sich den Ursachen innerer Konflikte zu nähern.

Voraussetzung dafür ist, sich mit dem Konflikt zu beschäftigen, ihn sprichwörtlich „anzunehmen", sich der eigenen Bewertungen bewusst werden. Der junge Mensch mit den zwei Ausbildungsplatzangeboten beispielsweise kann sich durch die Beschäftigung mit dem inneren Konflikt besser seinen eigenen Wünschen und beruflichen Zielen annähern. Vielleicht sogar entscheidet er sich letztlich für eine dritte Alternative: das Studium.
Nicht auf die konstruktive Konfliktbewältigung ausgerichtet sind Vergessen, Unterdrücken und Verdrängen von inneren Konflikten. Auch diese Maßnahmen fordern Energien, sie sind also nicht „kostenlos" zu haben. Mit der krankmachenden Wirkung dauerhafter Unterdrückung und Verdrängung von Konflikten beschäftigen sich die Psychologen, Psychiater und Verhaltenstherapeuten.

2.1.2 Interpersonale und soziale Konflikte

Interpersonale und soziale Konflikte sind Konflikte zwischen Personen. Die Unterscheidung der Konflikte nach der Anzahl der Personen (zwei oder mehr) macht deswegen Sinn, weil Mehr-Personen-Konflikte wesentlicher komplexer ablaufen können als Zwei-Personen-Konflikte.
Von außen betrachtet, beispielsweise aus Sicht eines Vorgesetzten oder Teamleiters, sind die Konfliktlinien bei Mehr-Personen-Konflikten nicht eindeutig beobachtbar, da es ggf. zu Koalitionsbildungen kommt. Es sind zwar alle Personen irgendwie verwoben mit dem Konflikt, man kann aber nicht genau erkennen, wo die Ursache ist. Das erschwert den Umgang mit dem Konflikt. Ein Mehr-Personen-Konflikt kann seine eigentliche Ursache in einem Zwei-Personen- oder auch in einem inneren Konflikt haben.

Interpersonale Konflikte

Die Unvereinbarkeiten, die zu einem Konflikt zwischen zwei Personen führen, können sich auf verschiedene Anlässe beziehen:

- zwei Personen beanspruchen dieselbe knappe Ressource, beispielsweise eine Beförderungsstelle oder Budgetanteile (Verteilungskonflikt);
- die Beteiligten halten unterschiedliche Interessen oder Ziele für erstrebenswert (Interessenkonflikt oder Zielkonflikt);
- eine bestimmte Situation wird unterschiedlich beurteilt, woraus jeweils unterschiedliche Maßnahmen abgeleitet werden (Beurteilungskonflikt);
- Rollenkonflikte können entstehen, wenn die Beteiligten sich in unterschiedlichen Rollen begegnen, beispielsweise sind Vorgesetzter und Mitarbeiter privat befreundet oder verwandt;
- zwei Personen kollidieren auf der Beziehungsebene, ohne dass ein anderer Anlass erkennbar ist; die Ursache dafür liegt im persönlichen und nicht im sachlichen Bereich; sie hat etwas mit dem Selbst- und Fremdbild, dem Selbstwertgefühl und persönlichen Empfindlichkeiten zu tun.

Beispiel

Ein interpersonaler Konflikt entsteht aus einem inneren Konflikt: Die Geschichte mit dem Hammer

Ein Mann will ein Bild aufhängen. Den Nagel hat er, nicht aber den Hammer. Der Nachbar hat einen. Also beschließt unser Mann, hinüberzugehen und ihn auszuborgen. Doch da kommt ihm ein Zweifel: Was, wenn der Nachbar mir den Hammer nicht leihen will? Gestern schon grüßte er mich nur so flüchtig. Vielleicht war er in Eile. Aber vielleicht war die Eile nur vorgeschützt, und er hat etwas gegen mich. Und was? Ich habe ihm nichts angetan; der bildet sich da etwas ein. Wenn jemand von mir ein Werkzeug borgen wollte, ich gäbe es ihm sofort. Und warum er nicht? Wie kann man einem Mitmenschen einen so einfachen Gefallen abschlagen? Leute wie dieser Kerl vergiften einem das Leben. Und da bildet er sich noch ein, ich sei auf ihn angewiesen. Bloß weil er einen Hammer hat.

Jetzt reicht's mir wirklich. – Und so stürmt er hinüber, läutet, der Nachbar öffnet, doch bevor er „Guten Tag" sagen kann, schreit ihn unser Mann an: „Behalten Sie Ihren Hammer, Sie Rüpel!"

Quelle: Watzlawick, Paul: Anleitung zum Unglücklichsein, München, Piper, 2013, S. 37

Als Video anzusehen unter: www.youtube.com/watch?v=vTDO__BRJ8U

Soziale Konflikte

An einem sozialen Konflikt sind mehr als zwei Personen beteiligt. Das führt dazu, dass solche Konflikte anders verlaufen und andere Mechanismen aufweisen als die Konflikte zwischen zwei Personen. Die Ursachen von sozialen Konflikten gründen in den komplexen Beziehungen zwischen dem Einzelnen und der Gruppe sowie zwischen den Gruppenmitgliedern. Man spricht von **gruppendynamischen Prozessen**, um kenntlich zu machen, dass eine Gruppe mehr und etwas anderes ist als nur die Anzahl von Einzelpersonen und die Einzelbeziehungen zwischen ihnen.

Im fachlichen Kontext

Gruppendynamische Prozesse

Unter bestimmten Voraussetzungen wird aus einer Anzahl von Einzelpersonen eine Gruppe: Typisch für eine Gruppe sind eine gemeinsame Aufgabe, gemeinsame Interessen oder Ziele, das Gefühl der Zusammengehörigkeit sowie eine Grenzziehung nach außen. Gruppen können planvoll eingerichtet werden (Klassenbildung in der Schule) oder spontan aufgrund einer gemeinsamen Aufgabe oder eines gemeinsamen Interesses entstehen. Die Kommunikation in Gruppen vollzieht sich auf (mindestens) zwei Ebenen: auf einer dem Ziel oder der Aufgabe gewidmeten inhaltlichen Ebene sowie der Beziehungsebene zwischen Gruppenmitgliedern.
Die Entstehung von Gruppen läuft charakteristisch in fünf Phasen ab (= gruppendynamische Prozesse); dabei liegt der Schwerpunkt in vier Phasen auf der Beziehungsebene und nur in einer Phase auf der inhaltlichen Ebene (siehe farbige Markierungen in der Tabelle).

Phase	Inhaltsebene	Beziehungsebene
Orientierungsphase „Forming“	Kennenlernen der Aufgabe und der Gruppenmitglieder	Die Beziehungen sind geprägt vom gegenseitigen Kennenlernen und Abtasten; eher formal und höflich.
Konfliktphase „Storming“	Es entstehen Probleme und Widerstände gegen die Aufgabenstellung („Wer hat sich das bloß ausgedacht?“).	Positionsrangeleien in der Gruppenhierarchie, Konflikte zwischen Einzelnen, Bildung von Koalitionen innerhalb der Gruppe
Konsolidierungsphase „Norming“	Die Gruppe nimmt die Aufgabenstellung an bzw. kann ihre Ziele formulieren.	Es bilden sich erste Rollen in der Gruppe heraus sowie Gruppennormen, die die Mitglieder als verbindlich auffassen.
Durchführungsphase „Performing“	Die Aufgaben werden bearbeitet.	Gruppenrollen werden übernommen, die eine bestimmte Funktion/Aufgabe in der Gruppe haben; damit sind bestimmte Verhaltenstendenzen gemeint, Leistungen zu erbringen und die Beziehungen zu den anderen Gruppenmitgliedern zu gestalten (z. B. „Gestalter“, „Koordinator“, „Überwacher“, „Spezialist“). Das „Wir“-Gefühl entsteht („Gruppenidentität“); vertrauensvolle und kooperative Zusammenarbeit, hohe Leistungsmotivation.
Auflösungsphase „Re-Forming“, „Informing“, „Adjourning“	Vorstellung der Ergebnisse, der Leistungen	Die Gruppenidentität ist gefestigt; positive Stimmung; Abwehr der Gruppenauflösung, Kontakte nach außen.

Gruppenprozesse folgen meist diesem charakteristischen Ablauf; einzelne Phasen können jedoch auch mehrfach durchlaufen werden, wenn etwa neue Aufgaben oder Gruppenmitglieder aufgenommen werden. Es kann auch durchaus sein, dass einzelne Phasen übersprungen werden. Andererseits kehren Gruppen, denen organisatorisch keine Zeit für die ersten drei Phasen gelassen wurde, immer wieder zu den Themen dieser Phasen zurück; ein erfolgreicher Arbeitsprozess wird so nicht erreicht.

Beispiel
Beispiele für gruppendynamische Übungen: NASA-Weltraumspiel, Turmbau, kontrollierter Dialog, Feedback, Gefangenendilemma

Ursachen sozialer Konflikte

Soziale Gruppen haben für den Einzelnen eine große Bedeutung. Im Vergleich mit anderen kann der Einzelne sich besser kennenlernen, seine Identität und sein Selbstbild herausbilden. Gruppen bieten eine Möglichkeit, sich zugehörig und dadurch sicher zu fühlen. Die Teilnahme an Gruppen bietet aber auch Gefahren für den Einzelnen. Er kann infrage gestellt werden, sein Selbstwertgefühl kann angegriffen werden, seine inneren Ansprüche an Bedeutung können in der Gruppe unberücksichtigt bleiben. Hier liegen die Konfliktpotenziale für soziale Konflikte:

- Es treten Rivalitäten und Konkurrenzdenken auf.
- Vorurteile und Fehleinschätzungen prägen das Verhalten.
- Hierarchische Konflikte werden nicht offen angesprochen und geklärt.
- Es kommt zu Koalitionen und Untergruppen-Bildungen, die auf informeller Ebene Gegenmacht entfalten.
- Es gelingt nicht, gemeinsame Normen herauszubilden, bzw. die Normen werden nicht von allen akzeptiert.
- Es fehlt an der Bereitschaft zur Kooperation.
- Die Führungsaufgabe in der Gruppe, beispielsweise die Projektleitung, setzt nicht das richtige Führungswerkzeug ein.

Indikatoren für soziale Konflikte

Die Kennzeichen solcher sozialer Konflikte sind vielfältig: Es kommt zu Grüppchenbildung und zu Vertrauensschwund, Informationen werden zurückgehalten, es herrscht eine „knisternde" Atmosphäre. Der Umgang miteinander ist geprägt von Misstrauen, Abgrenzung, Feindseligkeit, Desinteresse und Sturheit. Es wird nur noch miteinander gesprochen, wenn es absolut notwendig ist.
Es ist offensichtlich, dass solche Konflikte die Arbeitsergebnisse negativ beeinflussen: Die Arbeitsmotivation sinkt, die Energien richten sich (auch) auf das Feld der Beziehungen, die Zusammenarbeit wird aufwändiger und muss ggf. häufiger kontrolliert oder formalisiert werden. Die schnelle Lösung des sog. „kleinen Dienstweges" steht in einer von Konflikten geprägten Situation nicht zur Verfügung.

2.1.3 Eskalationsstufen und Konflikttreiber

Konflikte verlaufen als Prozess. Wie ein bestimmter Konflikt verläuft und ggf. auch beendet wird, ist von verschiedenen Faktoren beeinflusst. Als Muster für einen Konfliktverlauf unterscheidet das Modell der Konflikteskalation von Friedrich Glasl neun Stufen in drei Phasen. Von Stufe zu Stufe werden Grenzen überschritten, die eine Rückkehr erschweren oder sogar unmöglich machen.

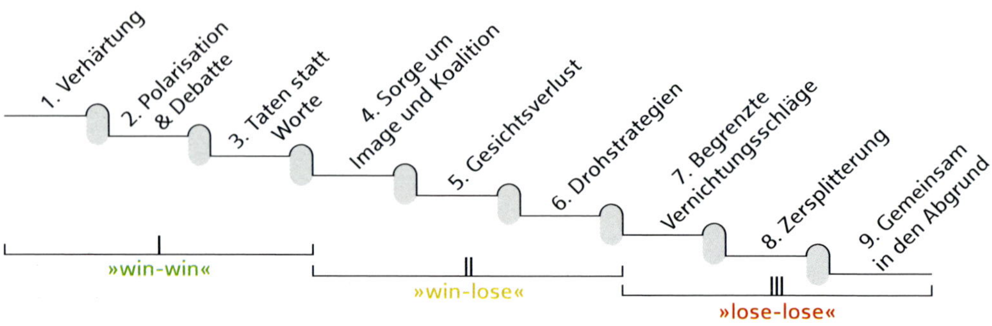

Phase	Stufe	Merkmale, Erläuterung[1]
„win-win" In dieser Phase ist es noch möglich, den Konflikt konstruktiv zu wenden (er ist umkehrbar = reversibel). Lösungsstrategien: Moderation, Prozessbegleitung	1. Verhärtung	Standpunkte verfestigen sich; das Verhalten führt zu Irritationen und Verunsicherung; einseitige Wahrnehmungen; die vorhandenen Spannungen werden bewusst.
	2. Debatte und Polarisation	Gegensätze werden verbal ausgetragen; Schwarz-Weiß-Denken setzt ein; Anspielungen in der Kommunikation.
	3. Taten statt Worte	Das Gefühl herrscht vor, dass Reden nicht weiterbringt; pessimistische Erwartungen und Misstrauen entstehen; der Druck auf das Gegenüber wird erhöht, um die eigene Ansicht durchzusetzen.

[1] *Quelle: Mahlmann, Regina: Konflikte managen. Psychologische Grundlagen, Modelle und Fallstudien, Beltz Verlag, Weinheim, 2012, S. 98ff.*

Phase	Stufe	Merkmale, Erläuterung
„win-lose“ Die konstruktive Wendung des Konflikts ist ohne Hilfe von außen nicht mehr möglich.	4. Bildung von Koalitionen	Mitstreiter und Sympathisanten werden gesucht; Image-Kampagnen werden initiiert; Fixierung auf einseitige Feindbilder; es geht nicht mehr um die Sache, sondern um den Sieg im Konflikt.
Lösungsstrategien: sozio-therapeutische Prozessbegleitung, Mediation, Schiedsverfahren	5. Gesichtsverlust	Das Gegenüber wird durch Beleidigungen angegriffen; es geht um den Verlust der Glaubwürdigkeit; die Konfliktgeschichte wird neu gedeutet als von Beginn an absichtsvolle Feindseligkeit.
	6. Drohstrategien	Drohungen und Gegendrohungen wechseln schneller; um glaubhaft zu wirken, müssen den Drohungen Taten folgen; dadurch binden sich die Kontrahenten; starke Anspannung bei den Konfliktparteien.
„lose-lose“ Ohne Machteingriff von außen ist diese Situation nicht lösbar. Lösungsstrategien: gerichtliche Verfahren, Machteingriffe.	7. begrenzte Vernichtung 8. Zersplitterung 9. Gemeinsam in den Abgrund	Die Stufen 7 bis 9 sind auf die teilweise oder vollständige Schädigung und Vernichtung des Kontrahenten angelegt. Eigener Schaden (bis zur Selbstvernichtung) wird dabei bewusst in Kauf genommen.

Konfliktschwellen

Auch wenn dieser typische Ablauf einem Konfliktbeteiligten nicht bekannt ist, so weiß er doch intuitiv, dass bestimmte Aktionen den Konflikt verschärfen können. Die Konfliktparteien werden sich daher zunächst eher zurückhalten und es muss etwas dazukommen, dass die Schwellen zur nächsten Konfliktstufe überschritten werden.

> Diese Schwellen haben eine warnende, das Bewusstsein aufrüttelnde, dem Selbstschutz dienende Signalfunktion. Wir können sie bemerken und respektieren und andere Formen der Konfliktaustragung oder die Hilfe von nahestehenden bzw. von Beraterinnen und Begleitern suchen. Oder wir können diese Schwellensignale ignorieren. Das geschieht entweder in blinder Wut, aus Verbissenheit oder aus Trotz: „Jetzt erst recht! Denen zeig' ich's!“

Quelle: Glasl, Friedrich: Selbsthilfe in Konflikten. Konzepte – Übungen – Praktische Methoden, 2. Auflage, Haupt Verlag (Verlag Freies Geistesleben), Bern, 2008, S. 85

Eskalationstreiber

Im Konfliktverlauf gibt es einige Antreiber, die für eine eskalierende Dynamik sorgen können. Es handelt sich dabei um Mechanismen, die gleichsam automatisch zu bestimmten Folgen führen, was den Konfliktparteien aber nicht bewusst ist.

Antreiber im Konfliktverlauf[1]	Erläuterung
Wachsende Streitpunktlawine, Streitpunkt-Ansteckung	Es geht nicht mehr nur um ein Thema, sondern es werden immer mehr Streitpunkte aufgenommen; dadurch kann es zu einer Verschiebung des Konflikts auf andere Themen und Streitpunkte kommen. Die Gegenseite hält dies für Ablenkung und Vernebelung.
Zunehmende Simplifizierung	Die Aussagen der Gegenseite werden vereinfacht dargestellt. „Es geht doch nur um ..."
Arena-Ausweitung	Es werden mehr Personen und dadurch auch mehr Interessen in den Streit einbezogen.
Zunehmende Personifizierung	Streitpunkte und Streitthemen werden auf eine Person zurückgeführt, die als Schuldiger ausgemacht wird.
Pessimistische Antizipation (geistige Vorwegnahme, Erwartung)	Die Konfliktbeteiligten gehen davon aus, dass sich die Situation weiter verschärft; sie bereiten sich auf die schlecht(est)e/schlimmste Entwicklung vor.
Selbsterfüllende Vorhersage	Die Konfliktbeteiligten verhalten sich entsprechend ihrer Antizipation. Alles führt letztlich zu einer tatsächlichen Verschlimmerung/Eskalation (*Self-fulfilling Prophecy*).

Die Antreiber hängen bei der Eskalation wechselseitig zusammen und bedingen sich gegenseitig, was zu diesem Automatismus der Eskalation führt. Dabei sind die in einem fatalen Abhängigkeitsverhältnis stehenden Antreiber die Energielieferanten für die Konflikteskalation.

[1] *Quelle: Vgl. Glasl, Friedrich: Selbsthilfe in Konflikten. Konzepte – Übungen – Praktische Methoden, 2. Auflage, Haupt Verlag (Verlag Freies Geistesleben), Bern, 2008, S. 87ff.*

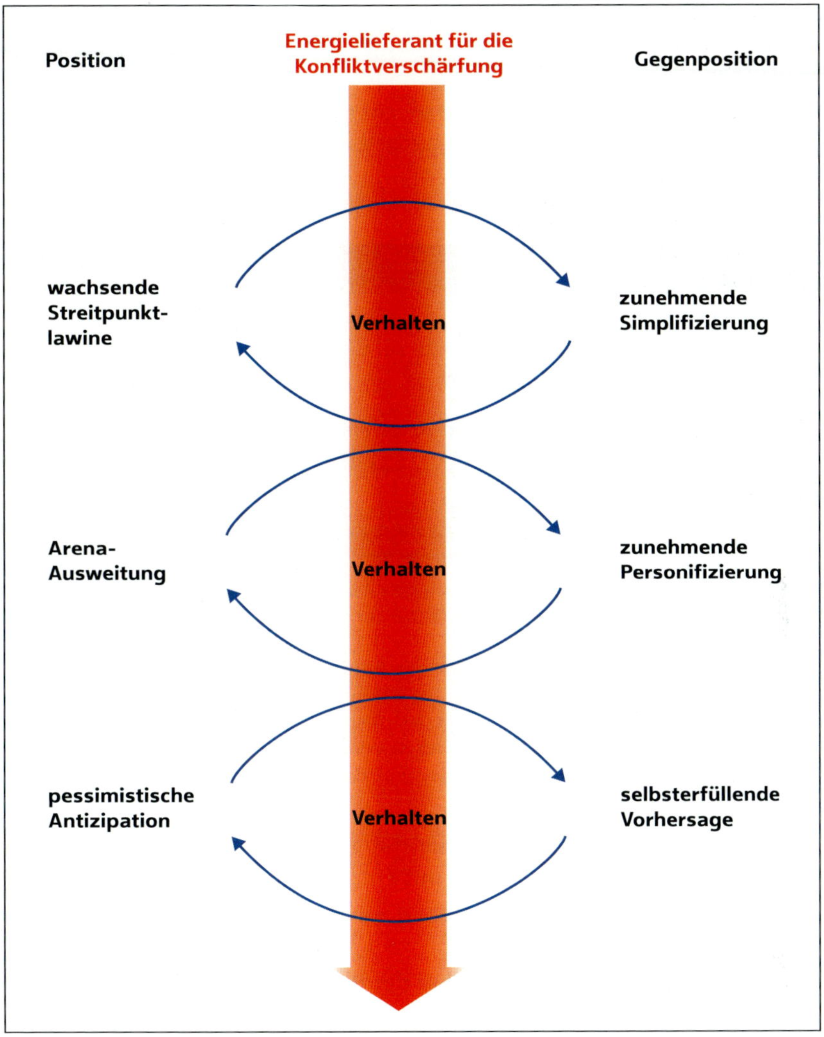

2.1.4 Konflikte in Unternehmen

In Unternehmen arbeiten Menschen zusammen und Konflikte sind mehr oder weniger alltäglich. Einige Indizien sprechen dafür, dass Konfliktsituationen und Konflikte in Zukunft sogar zunehmen werden:

- Der technologische Fortschritt und die zunehmende Komplexität der wirtschaftlichen Umgebung erfordern ein lebenslanges Lernen und lebenslange Veränderung; beispielsweise haben Computer und Smartphones die Art zu kommunizieren sehr verändert.
- In Unternehmen und Abteilungen sind Personen aus mehreren Generationen tätig; ältere Mitarbeiter haben einen anderen beruflichen Planungshorizont, andere Interessen, Werte und Verhaltensweisen als jüngere Mitarbeiter.

- Es arbeiten Personen unterschiedlicher Herkunft zusammen; sie unterscheiden sich in ihren Verhaltensweisen, ihren Einstellungen, ihren Wertesystemen (vgl. dazu das Stichwort Management-by-Diversity).
- Die Zusammenarbeit ist in Form von wechselnden Teams organisiert; jedes Team muss sich „finden“ und die Zusammenarbeit immer wieder neu organisieren.

In Unternehmen kommen insbesondere folgende Konfliktarten vor:

Konfliktart	Erläuterung
Hierarchiekonflikte	Grundlage sind die hierarchischen Beziehungen in einem Unternehmen (Über- und Unterordnungsverhältnisse).
Verteilungskonflikte	Mehrere Parteien erheben Anspruch auf dieselben Ressourcen (Stellen, Zuordnungen, Budget).
Kooperations- und Koordinationskonflikte	Die Arbeitsteilung erfordert die aufeinander abgestimmte Zusammenarbeit (Kooperation).
Soziale/persönliche Konflikte	Grundlage sind die Persönlichkeiten und die persönlichen Beziehungen.
Wertekonflikte	Individuen haben unterschiedliche Wertesysteme (Moralvorstellungen, ethische Überzeugungen), die zu unterschiedlichen Beurteilungen führen können; Beispiel ist etwa auch ein unterschiedlicher Arbeitsstil: Detailverliebtheit oder Pragmatismus.

Anlass für Konflikte können unterschiedliche Einschätzungen und Bewertungen im Arbeitsprozess oder im Zusammenhang mit Entscheidungen sein. Beispiele sind etwa:

- Geschäftsleitung und Betriebsrat haben einen Konflikt bei der Aushandlung der Prinzipien der Fortbildungsplanung.
- Mitarbeiter sehen sich benachteiligt bei der Personaleinsatzplanung, die Überstunden vorsieht.
- Eine Beförderungsstelle wird extern vergeben, obwohl sich Mitarbeiter eine Chance auf die Stelle ausgerechnet haben.
- Ein nach Ansicht der Teammitglieder Erfolg versprechendes Projekt wird aus übergeordneten betrieblichen Gründen vorzeitig beendet.

Verlauf von Konflikten im Unternehmen

Nicht jeder Konflikt im Unternehmen durchläuft alle Eskalationsstufen. Manche Konflikte bleiben unterhalb einer Schwelle, sodass sie von außen nicht wahrgenommen werden (latente Konflikte). Manchmal sind die individuell erlebten Gefühle nicht stark genug, um den Konflikt voranzutreiben. In manchen Fällen kommt es zu spontanen Lösungen eines beginnenden Konflikts, etwa indem ein Vorgesetzter eine Entscheidung trifft.

Bestimmend für den Konfliktverlauf sind zum einen die individuell erlebte Konfliktstärke, zum anderen die vorhandenen Möglichkeiten der Regulierung:

Erlebte Konfliktstärke	Konfliktsituation		
	Konflikt nicht umgehbar Interessenausgleich unmöglich	**Konflikt umgehbar Interessenausgleich unmöglich**	**Konflikt nicht umgehbar Interessenausgleich möglich**
sehr hoch	Machtprobe mit dem Versuch, seine eigene Vorstellung gegen Widerstand durchzusetzen	Bei geringem Anspruchsniveau Rückzug (z. B. Kündigung und damit Konfliktvermeidung)	Kompromisslösung, evtl. Teilung des Streitwertes
mittel	Entscheidung des Vorgesetzten, Urteil eines Dritten	Igelstellung, Isolation, der Kontakt zum Konfliktpartner wird reduziert	Höhe der erlebten Motivstärke schlägt sich in Form und Zähigkeit der Verhandlung nieder
gering	Zufallsentscheidung, ggf. Ad-hoc-Entscheidung eines gemeinsamen Vorgesetzten	Der Konflikt wird verdrängt und gedanklich nicht mehr wahrgenommen	Im Interesse einer weiteren Zusammenarbeit wird der Konflikt bewusst ausgeklammert

Quelle: Olfert, Klaus: Personalwirtschaft (Reihe: Kompendium der praktischen Betriebswirtschaft), 15. Auflage, Kiehl-Verlag, Herne, 2012, S. 337

Neben Konfliktstärke und Konfliktsituation haben auch individuelle Fähigkeiten (Konfliktfähigkeit), die Anzahl der Beteiligten und die Rahmenbedingungen im Unternehmen (Führungsstil, Stärke des Vorgesetzten, Unternehmenskultur) einen Einfluss auf den Konfliktverlauf.

Folgen von Konflikten im Unternehmen

Mögliche Gefahren und Nachteile der Konflikte im Unternehmen lassen sich aus dem Stufenmodell ableiten:

- Bindung und Verschwendung von Ressourcen, die nicht mehr dem Unternehmensziel zur Verfügung stehen.
- Im Vordergrund stehen nicht die Sachaufgaben, sondern Beziehungsfragen zwischen Einzelnen und Gruppen.
- Störungen in den Arbeitsprozessen beispielsweise durch späte oder falsche Informationsweitergabe.
- Es werden suboptimale Entscheidung getroffen, da es nicht mehr auf die Sache ankommt, sondern persönliche Interessen verfolgt werden.
- Mitarbeiter ziehen sich zurück, „kündigen“ innerlich und stellen ihre Leistungsfähigkeit nicht in vollem Umfang dem Unternehmen zur Verfügung.

- Die Bindung der Mitarbeiter an das Unternehmen verringert sich; Mitarbeiter verlassen das Unternehmen.
- Die Fluktuationsraten bei den Mitarbeitern steigen; die wiederkehrende Aufgabe der Suche und Integration neuer Mitarbeiter beschränkt die Herausbildung effizienter Arbeitsstrukturen.
- Innovationspotenziale und Verbesserungsmöglichkeiten werden nicht genutzt.
- Der Umgang miteinander verschlechtert sich; die Mitarbeiter sind gereizt; es kommt zu Gefühlsausbrüchen, die das Betriebsklima belasten.
- Die Motivation sinkt.
- Verschlechterung des Arbeitgeberimages.
- Das Ansehen des Unternehmens bei den Kunden verschlechtert sich.

Konflikte als Chance

Auch Konflikte im Unternehmen sind nicht grundsätzlich negativ zu bewerten. Genauso wie sie ein Indiz für Ungleichgewichte im Inneren einer Person sind, zeigen sie im Unternehmen an, dass es Unstimmigkeiten gibt. Chancen einer erfolgreichen Konfliktbewältigung ergeben sich vor allem hinsichtlich folgender Bereiche:

- **Problembewusstsein**: Die Hinwendung zu einem Konflikt fördert das Problembewusstsein. Beispiel: Der Vorgesetzte will erreichen, dass für eine bessere Erreichbarkeit das Büro in Zukunft eine Stunde früher besetzt sein soll. Zwei Mitarbeiter stellen sich dem entgegen. Die Ursache kann etwa sein, dass die Kindergärten erst später öffnen und diese Mitarbeiter Probleme damit haben, ihre Kinder in der Zeit zu betreuen.
- **Profilschärfung**: Die Auseinandersetzung im Konflikt führt dazu, die eigenen Einschätzungen, Meinungen, Einstellungen genauer und präziser zu fassen und dadurch ein schärferes Profil zu gewinnen. Beispiel: Ein Kunde fordert den sofortigen Einsatz von drei Mitarbeitern an. Der Disponent gerät dadurch in den Konflikt mit den Vorschriften zur Arbeitssicherheit, die eine vorherige Begehung und Besichtigung des Arbeitsplatzes erfordern.
- **Perspektivwechsel**: Die Auseinandersetzung mit den Argumenten eines anderen ermöglicht es, eine Situation aus einer anderen Perspektive zu betrachten und dadurch einen besseren Überblick zu erhalten. Beispiel: Ein Niederlassungsleiter setzt sich vehement dafür ein, den Kunden XY zu gewinnen, der allerdings deutliche Rabatte fordert.
- **Entscheidungsverbesserung**: Neue Argumente und Sichtweisen auf ein Problem können die Qualität einer Entscheidung verbessern. Beispiel: Das Marketingkonzept wird um die Präsenz in sozialen Netzwerken erweitert.
- **Klärungs- und Reinigungseffekt**: Ausgetragene Konflikte können eine angespannte Situation klären und bereinigen. Beispiel: Während einer Teamsitzung geraten zwei Disponenten heftig aneinander. Nach der Sitzung gehen sie gemeinsam Kaffee trinken.
- **Veränderungsbereitschaft**: Vorbehalte gegen notwendige Veränderungen können ausgeräumt werden, indem die Argumente und Vorteile für die Betroffenen herausgestellt werden. Beispiel: Bei der Verlegung des Büros an einen neuen Standort wird berücksichtigt, dass einige Mitarbeiter nun etwas länger unterwegs sind; die Bürozeiten werden daher in der Anfangszeit flexibel gehandhabt.

2.2 Elemente des betrieblichen Konfliktmanagements

Inhalt des betrieblichen Konfliktmanagements ist der vorausschauende Umgang mit betrieblichen Konflikten. Es beinhaltet Ziele, Maßnahmen sowie Kontrollfunktionen, die einen effizienten Umgang mit betrieblichen Konflikten sicherstellen sollen.

Recherchetipp

https://www.perwiss.de/trends/trends-konfliktmanagement/

2.2.1 Ziele

Die Ziele des Konfliktmanagements lassen sich aus den Chancen und Risiken von Konflikten ableiten. Es geht dabei nicht darum, Konflikte grundsätzlich zu vermeiden oder zu unterbinden und zu verdecken, sondern entstehende Konflikte zu erkennen und so mit ihnen umzugehen, dass die Chancen, die sich daraus ergeben, genutzt werden können. Grundsätzlich also werden Konflikte als etwas Positives erkannt. Im Einzelnen können folgende Ziele eines Konfliktmanagements formuliert werden:

- Konflikte sollen frühzeitig bzw. rechtzeitig vor einer Eskalation und Ausbreitung erkannt werden (Frühwarnsystem).
- Konstruktiver Umgang mit bestehenden Konflikten.
- Es sollen Lösungen gefunden werden, die die Konfliktparteien akzeptieren können (Umgang mit Konflikten); Kennzeichen solcher Lösungen sind
  - alle beteiligten Personen können gut damit leben,
  - Loyalität und Vertrauen bleiben erhalten,
  - Toleranz und Offenheit werden gestärkt.

2.2.2 Maßnahmen des Konfliktmanagements

Unterschieden werden **vorbeugende** und **reaktive** Maßnahmen. Vorbeugende Maßnahmen beugen der Entstehung und der Eskalation von Konflikten vor. Reaktive Maßnahmen werden im Konfliktfall eingesetzt und steuern den Konfliktverlauf durch Verhandlung zu einer tragfähigen Lösung.

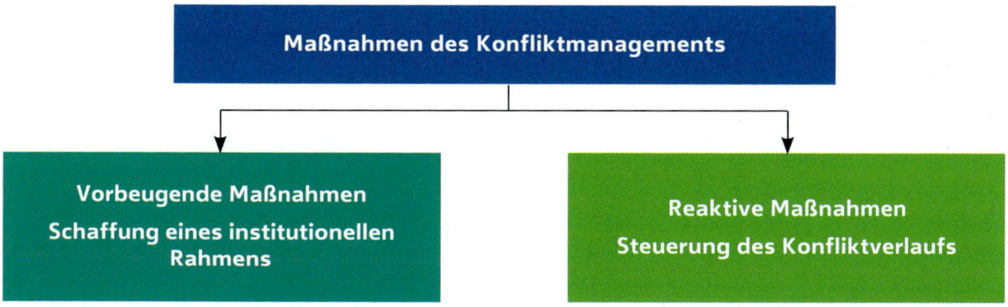

<table>
<tr><th colspan="2">Beispiele für vorbeugende Maßnahmen</th></tr>
<tr><td>Frühwarnsystem</td><td>Frühwarnsysteme sollen dazu dienen, dass Konflikte bereits in einem sehr frühen Stadium erkannt und sinnvoll genutzt werden können. Die Konfliktparteien sollen in die Lage versetzt werden, Konflikte als solche zu erkennen und bei vorliegenden Konflikten diese schnell und tragfähig zu lösen. Mögliche objektive Indikatoren für das Konfliktausmaß können etwa Fluktuationsquoten sein oder die Mitarbeiterzufriedenheit. Zu einem Frühwarnsystem gehören aber auch Konfliktschulungen für Mitarbeiter und die Kommunikation des Themas „betriebliche Konflikte“ etwa in Mitarbeiterzeitungen, Newslettern etc. (interne Kommunikationspolitik). Durch eine systematische Erfassung von Konfliktanlässen können diese aus der Welt geschafft werden (z. B. bei der Personaleinsatzplanung). Vor allem die Führungskräfte in einem Unternehmen sollten hinsichtlich der Erkennung und Einschätzung von Konflikten geschult werden.
Beispiele für Indikatoren eines Frühwarnsystems
<table>
<tr><th>Indikator</th><th>Verwendung</th></tr>
<tr><td>Fehlzeiten, Quote der Fehlzeiten, Absentismus
Produktivität, Ausschuss- und Fehlerquoten
Index der Mitarbeiterzufriedenheit</td><td>Vergleich der Daten mit den Werten der Vergangenheit und/oder den Branchendurchschnitten</td></tr>
<tr><td>Beobachtete Ausgrenzungen von Mitarbeitern
Auffällige Verhaltensänderungen Einzelner</td><td>Weitere Beobachtung, ggf. Einzelgespräche</td></tr>
</table>
</td></tr>
<tr><td>Einigungsstellen, Schlichtungsstellen, Beschwerdestellen</td><td>Im Unterschied zur Mediation können Einigungs- und Schlichtungsstellen auch selbst Vorschläge für die Beilegung oder Lösung des Konflikts machen; Einigungsstellen werden nach § 76 BetrVG gebildet, um Meinungsverschiedenheiten zwischen Arbeitgeber und Betriebsrat beizulegen; Schlichtungsstellen, Schiedsstellen, Schiedspersonen („Ombudsmann, -frau“) sind Einrichtungen von Verbänden, um branchenspezifische Meinungsverschiedenheiten beizulegen. Beispiele sind Schlichtungsstellen für Kreditinstitute, Versicherungen, den öffentlichen Personennahverkehr u. a.; nach AGG hat das Unternehmen eine „zuständige Stelle“ (z. B. eine betriebliche Beschwerdestelle) einzurichten.</td></tr>
<tr><td>Konfliktlotsen, – beratungsstellen</td><td>Bereitstellung und Bündelung von Informationen über Konflikte und Lösungsmöglichkeiten; innerbetriebliche Beratungsstellen, die bei Bedarf von Führungskräften und Mitarbeitern einbezogen werden können.</td></tr>
</table>

Bd. 1 LF 4, 2.3.5

Kommunikation, Motivation, Führungsstil etc.	Die Art des Umgangs miteinander im Unternehmen beeinflusst Entstehung und Bewältigung von Konflikten. Betriebsklima und Führungskultur sind ebenfalls wichtige Bestimmungsfaktoren für die Entstehung und den Verlauf von Konflikten.
Schulungen	Sensibilisierung für Konflikte durch Trainings und Seminare; insbesondere für Führungskräfte.
Beispiele für reaktive Maßnahmen (Techniken der Konfliktbearbeitung)	
Diagnose und Klärung	Zunächst muss ein Verantwortlicher festgelegt werden, der den Prozess der Konfliktlösung begleitet. Anschließend kann in einem Konfliktanalysegespräch anhand einiger Leitfragen ein vorhandener Konflikt erfasst werden: • Konfliktinhalt – Um was geht es? • Konfliktverlauf – Wie ist der Verlauf aus Sicht der beteiligten Parteien? • Konfliktparteien – Wer ist beteiligt? • Grundeinstellung zum Konflikt – Wie wollen sich Parteien einbringen, wie verhalten sich Parteien grundsätzlich?
Frühe und zeitlich befristete Intervention	Räumliche Trennung der Konfliktparteien; Reorganisation der Aufgaben (= sachliche Trennung); Informations- und Kommunikationsbeziehungen neu ordnen, ggf. mit Beteiligung einer dritten Person; verbindliche Regeln formulieren und vereinbaren; Einfordern der Regeleinhaltung und Ähnliches.
Mediation	Mediation (= Vermittlung) ist ein Verfahren zur Lösung von Konflikten, indem die Konfliktparteien eine tragfähige und akzeptierte Lösung des Konflikts finden; Ziel ist eine Win-win-Lösung; verantwortlich für die Steuerung des Kommunikationsprozesses (nicht für die Inhalte) ist der **Mediator**; als neutrale Person steht er außerhalb des Konflikts; wichtige Voraussetzung für eine erfolgreiche Mediation ist die Freiwilligkeit der Teilnahme an dem Mediationsprozess. Es können interne Mediatoren und externe Mediatoren beauftragt werden.
Harvard-Verhandlungskonzept	Verhandlungen im Zusammenhang mit der Konfliktbewältigung sind darauf gerichtet, tragfähige Lösungen mit den Beteiligten zusammen zu entwickeln. Ein Beispiel für eine solche Verhandlungsstrategie ist das **Harvard-Konzept zum sachbezogenen Verhandeln**; Ziel ist ein Win-win-Ergebnis (der größte beiderseitige Nutzen, dabei sollen die guten Beziehungen gewahrt bzw. wieder hergestellt werden); die grundlegenden Verhandlungsbedingungen sind Folgende: • Die **Sache** steht im Mittelpunkt. • Verhandelt werden die **Interessen** der Beteiligten, nicht die jeweils eingenommenen Positionen. • Entwickelt werden mehrere **Lösung**smöglichkeiten. • Die **Beurteilung** folgt objektiven Kriterien (z. B. Gesetze). • Das **Verfahren** ist transparent und fair.

Moderation	Moderation (= Mäßigung) ist eine Methode zur Organisation der Kommunikation in Gruppen. Ein Moderator beteiligt sich nicht inhaltlich an der Gruppenkommunikation. Bei der Moderation kommen verschiedene Techniken zum Einsatz: Visualisierungen, Kartenabfrage, Aufgabenliste, Themenspeicher, Blitzlicht.
Ich-Botschaften	Konfliktgespräche sind schwierige Gespräche; Ich-Botschaften (Selbstoffenbarung) können die Verschärfung des Konflikts vermeiden; sie machen die Subjektivität einer Aussage deutlich; Angriffe, auch mehr oder weniger „unabsichtliche" können so vermieden werden.

Im fachlichen Kontext

Mediation

Mediation wird als außergerichtliches Verfahren bei Konflikten eingesetzt (z.B. bei Scheidungen, Familienkonflikten, Erbschaftsangelegenheiten, bei Konflikten in der Arbeitswelt, mit Lieferanten, Geschäftspartnern, Behörden und Verwaltungen). Seit 2012 gibt es das Mediationsgesetz (MediationsG), das Mediation definiert als „vertrauliches und strukturiertes Verfahren, bei dem Parteien mithilfe eines oder mehrerer Mediatoren freiwillig und eigenverantwortlich eine einvernehmliche Beilegung ihres Konflikts anstreben" (§1 Abs. 1 MediationsG). Das Verfahren und die Aufgaben des Mediators sind in §2 festgelegt:

§2 Abs. 1 MediationsG

(1) Die Parteien wählen den Mediator aus.

(2) Der Mediator vergewissert sich, dass die Parteien die Grundsätze und den Ablauf des Mediationsverfahrens verstanden haben und freiwillig an der Mediation teilnehmen.

(3) Der Mediator ist allen Parteien gleichermaßen verpflichtet. Er fördert die Kommunikation der Parteien und gewährleistet, dass die Parteien in angemessener und fairer Weise in die Mediation eingebunden sind. Er kann im allseitigen Einverständnis getrennte Gespräche mit den Parteien führen.

(4) Dritte können nur mit Zustimmung aller Parteien in die Mediation einbezogen werden.

(5) Die Parteien können die Mediation jederzeit beenden. Der Mediator kann die Mediation beenden, insbesondere wenn er der Auffassung ist, dass eine eigenverantwortliche Kommunikation oder eine Einigung der Parteien nicht zu erwarten ist.

(6) Der Mediator wirkt im Falle einer Einigung darauf hin, dass die Parteien die Vereinbarung in Kenntnis der Sachlage treffen und ihren Inhalt verstehen. Er hat die Parteien, die ohne fachliche Beratung an der Mediation teilnehmen, auf die Möglichkeit hinzuweisen, die Vereinbarung bei Bedarf durch externe Berater überprüfen zu lassen. Mit Zustimmung der Parteien kann die erzielte Einigung in einer Abschlussvereinbarung dokumentiert werden.

Jeder Konflikt hat seine eigene bestmögliche Lösung. Diese hat ihren Ansatzpunkt an der jeweiligen Konfliktursache:

- Zur Lösung eines Interessenkonflikts tragen die Offenlegung und Berücksichtigung der Interessen der jeweils anderen bei. Im Prozess der Konfliktlösung kommt es darauf an, das gegenseitige Verständnis zu fördern.
- Ähnliches gilt für Ziel- und Beurteilungskonflikte; die Lösung solcher Konflikte stellt Transparenz her und trägt zu einem integrierten Zielsystem des Unternehmens bei, das von allen Mitarbeitern getragen wird.
- Auch Wertekonflikte lassen sich so produktiv verarbeiten; diese Art von Konflikten steht im Zusammenhang mit heterogen zusammengesetzten Teams und Belegschaften (siehe „Im fachlichen Kontext").
- Strukturkonflikte haben ihre Ursache in organisatorischen und strukturellen Gegebenheiten; Lösungen können daher auch nur dort ansetzen (Änderung der Zuständigkeiten, der Arbeitsbereiche etc.).

2.3 Mobbing als Konflikt

Das Wort Mobbing leitet sich aus dem Englischen to mob = anpöbeln, attackieren ab. Doch nicht jede Pöbelei ist Mobbing. Seit den 1990er Jahren wird der Begriff für Konflikte verwendet,

- in denen eine Person über eine längere Zeit mit einer bestimmten Häufigkeit direkt und (vor allem) indirekt attackiert wird,
- bei denen die angegriffene Person unterlegen ist und
- sich nicht selbst aus der Situation befreien kann.

Definition

„Mobbing eine konfliktbelastete Kommunikation

- in Form von direkten, insbesondere aber indirekten Angriffen auf eine Person, die unabhängig von der Ausgangsposition in die Unterlegenheit gerät,
- sie erfolgt unter Kollegen oder zwischen Vorgesetzten und Untergebenen,
- erfolgt systematisch, oft und während längerer Zeit,
- mit dem Ziel und/oder dem Effekt des Ausstoßes aus dem Arbeitsverhältnis/der Gemeinschaft."

Quelle: VPSM Verein gegen psychosozialen Stress und Mobbing e. V.: Mobbing, unter: www.vpsm.de/index.php/leistungen/diagnose-beratung-coaching/9-leistungen/188-definition-von-mobbing, zuletzt abgerufen am 23.10.2017

Im fachlichen Kontext

Weitere Bezeichnungen für Mobbing
Der Begriff „Bullying" wird für Mobbing zwischen Schülern verwendet.
„Cyber-Mobbing" ist Mobbing über Internet, Chatrooms und Instant Messaging.
„Bossing" bezeichnet vom Vorgesetzten ausgehendes Mobbing. „Staffing" dagegen meint von den Mitarbeitern gegen den Vorgesetzten ausgehendes Mobbing.
„Stalking" ist eine Form der Belästigung durch hartnäckiges Verfolgen einer Person; Stalking ist als „Nachstellung" ein Straftatbestand.

Mobbing ist eine besonders perfide ausgetragene Ausprägung der Konflikteskalation. Kennzeichen des Mobbings ist eine Täter-Opfer-Beziehung; es handelt sich also nicht um gleichwertige Gegner. Die Beziehungsebene ist zerstört und das Opfer wird nicht mehr respektiert. Man kann dies in Zusammenhang mit der dritten Stufe des Eskalationsprozesses von Glasl bringen: Misstrauen entsteht, der vielleicht zunächst sachliche Grund des Konflikts wird zunehmend verdeckt durch personenbezogene Ressentiments (= heimlicher Groll), der im nachfolgenden Prozess in Hass umschlägt.

Als Hauptursachen von Mobbing wurden in Studien folgende Faktoren identifiziert:

- die Arbeitsorganisation (Zeitdruck, starre Hierarchien, Unterbesetzung und dadurch Überlastung, geringe Wertschätzung der Tätigkeiten, Konkurrenzdenken etc.),
- das Verhalten der Führungskraft (Führungsschwäche, Sympathie/Antipathie etc.),
- persönliche und soziale Eigenschaften (Geschlecht, Herkunft, Religion, Behinderung, Alter, sexuelle Orientierung, soziale Stellung wie alleinerziehend, geschieden etc.),
- moralische und ethische Einstellung der Beteiligten, Konfliktkompetenz.

Kennzeichen und Verlauf des Mobbing

Die Abgrenzung des Mobbing von anderen Konfliktarten ist nicht immer leicht durchzuführen. Der Mobbingforscher Heinz Leymann hat ein Raster mit typischen Handlungen vorgeschlagen, die auf Mobbing hinweisen. Diese sind fünf Angriffsrichtungen zugeordnet:

Angriff auf ...	Beispiele für typische Mobbinghandlungen
die Möglichkeit, sich mitzuteilen	Der Vorgesetzte und/oder die Kollegen schränken die Möglichkeiten ein, sich zu äußern; man wird ständig unterbrochen, lautes Schimpfen/Anschreien, ständige Kritik an der Arbeit und am Privatleben, Telefonterror, Drohungen, abwertende Blicke oder Gesten, Andeutungen.
die sozialen Beziehungen	Man spricht nicht mehr mit dem/der Betroffenen, Versetzung in einen Raum weitab von den Kollegen.

das soziale Ansehen	Hinter dem Rücken des Betroffenen wird schlecht über ihn gesprochen; Gerüchte werden verbreitet; der Betroffene wird lächerlich gemacht (Arbeitsweise, Leistungsvermögen, Privatleben, Behinderung, Imitation der Stimme, des Verhaltens); der Betroffene wird verdächtigt, psychisch krank zu sein; Angriffe auf die politische oder religiöse Einstellung, das Privatleben, die Nationalität; man zwingt den Betroffenen dazu, selbstwertverletzende Arbeiten auszuführen; absichtliche Falschbeurteilungen; die Entscheidungen des Betroffenen werden in Frage gestellt; Verwendung obszöner Schimpfworte oder anderer entwürdigender Ausdrücke; sexuelle Annäherungen; verbale sexuelle Angebote.
die Qualität der Berufs- und Lebenssituation	Zuweisung von Arbeitsaufgaben, die über-/unterfordern; keine Aufgabenzuteilung; Zuteilung sinnloser Aufgaben, ständig neuer Aufgaben oder kränkender Aufgaben.
die Gesundheit	Zuweisung und Zwang zu gesundheitsschädlichen Arbeiten; Gewaltandrohung; Gewaltanwendung; körperliche Misshandlung; Beschädigung der Arbeitsmittel und/oder des Privatbesitzes, um dem Betroffenen zu schaden; sexuelle Handgreiflichkeiten.

Mobbing beginnt wie jeder Konflikt zunächst im Alltäglichen. Erst in der weiteren Entwicklung folgen Zerstörung und Rechtsbrüche und schließlich am Ende der Ausschluss aus der Organisation. Dies kann dramatische Formen annehmen: langfristige Krankschreibungen, Versetzung in andere Organisationseinheiten, (eigene) Kündigung, Frühverrentung, Selbstmord.

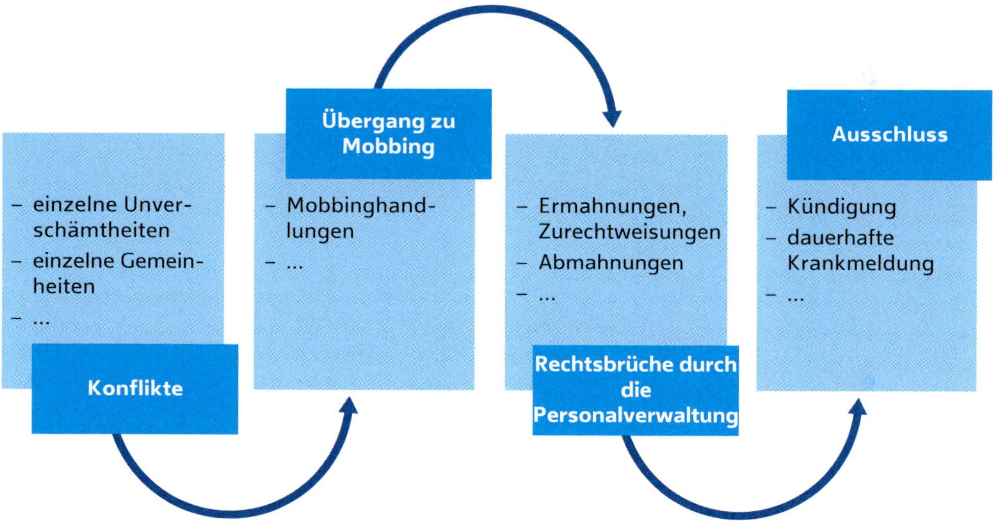

Ein Fallbeispiel:
Herr M. war zum Behandlungszeitpunkt 35 Jahre alt und im mittleren Dienst einer Behörde angestellt. Er war verheiratet und hatte 4 kleine Kinder. Im Gefolge von ständigen Mobbinghandlungen hatte er einen Arbeitsunfall erlitten und war deshalb seit über einem Jahr krankgeschrieben. Anlass für die Mobbinghandlungen am Arbeitsplatz war, dass Herr M. in seiner Behörde eine neue, verantwortungsvollere Tätigkeit übernommen hatte und im Rahmen dieser Tätigkeit Strukturen verändern wollte. Das stieß auf massiven Widerstand seiner Kollegen. Außerdem waren andere Kollegen, die sich um diese Position beworben hatten, neidisch. Herr M. wurde nun regelmäßig und andauernd (über ein halbes Jahr) u.a. grundlos angeschrien, zu Unrecht kritisiert, durch Verbreitung falscher Gerüchte denunziert und schließlich vollständig isoliert. Das Ergebnis war eine völlige Verunsicherung, ein stark geschwächtes Selbstwertgefühl und ein umfangreiches psychosomatisches Beschwerdebild, u.a. mit Magen-Darm-Beschwerden, Schlafstörungen, Konzentrationsschwierigkeiten sowie Nacken- und Rückenschmerzen. Der Leidensdruck von Herrn M. war schließlich so groß, dass er vorhatte, in Frührente zu gehen.

Quelle: Philipps-Universität Marburg: Mobbing am Arbeitsplatz, unter: www.staff.uni-marburg.de/~naeser/ges-mobb.htm, zuletzt abgerufen am 23.10.2017

Im fachlichen Kontext

Das Ausmaß von Mobbinghandlungen am Arbeitsplatz zu erfassen, ist sehr schwierig. Man geht von einer hohen Dunkelziffer nicht gemeldeter Mobbinghandlungen aus. Nach einer Studie des „Bündnisses gegen Cybermobbing" (www.buendnis-gegen-cybermobbing.de) hat fast jeder dritte Erwachsene Erfahrungen als Mobbingopfer (rund 8 % sind es im Bereich Cybermobbing); rund 72 % der Mobbingfälle finden am Arbeitsplatz statt.
Aus einer älteren Studie (2002) liegen Angaben über die Art der Mobbinghandlungen vor.

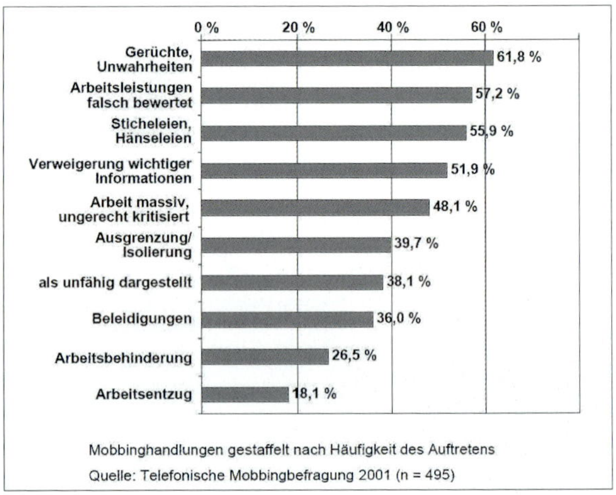

Quelle: Wolfgang Näser, Telefonische Mobbingbefragung 2001 (n=495)

Folgen

Die Auswirkungen von Mobbing treffen in erster Linie die Person, das Unternehmen und durch die negativen Folgen dort auch die Volkswirtschaft insgesamt:

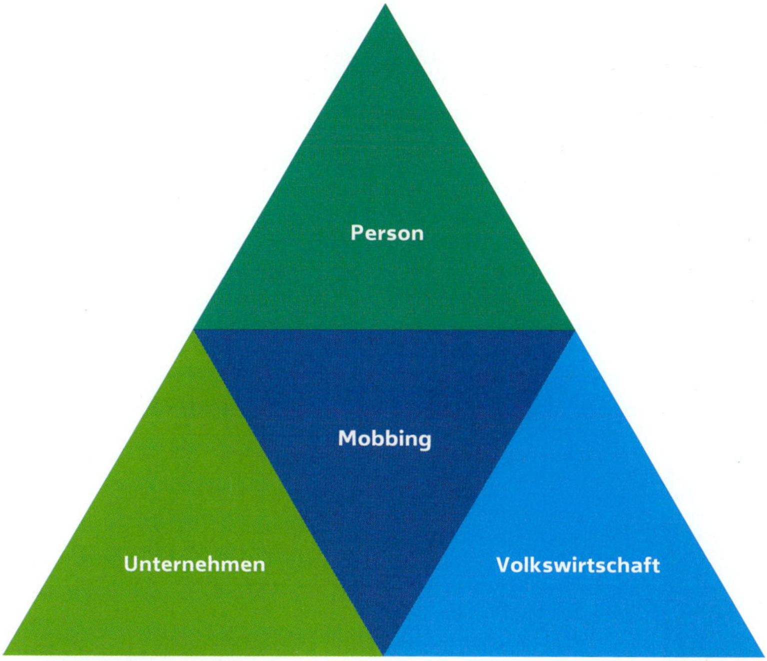

Persönliche Folgen	Verringerung der Arbeitsmotivation und der Arbeitsleistung Gefährdung und Verlust von Selbstwertgefühl und Selbstbewusstsein Verlust der sozialen Beziehungen Verlust an Lebensqualität Verlust des Arbeitsplatzes Entstehung stressbedingter psychosomatischer Erkrankungen ...
Folgen für das Unternehmen	Verschlechterung des Betriebsklimas und der Motivation Ausfalltage durch Krankmeldung, Minderleistung Vertrauensverlust Verlust qualifizierten Personals, hohe Fluktuationsrate Sinkendes Arbeitgeberimage Auseinandersetzungen vor dem Arbeitsgericht ...
Folgen für die Volkswirtschaft	Produktivitätsverluste Einkommensverluste Kosten im Sozialversicherungsbereich Kosten für die Rehabilitation ...

Gegenstrategien

Maßnahmen gegen Mobbing im Unternehmen können sich auf die Verhinderung von Mobbing und auf den Umgang mit vorliegenden Mobbingfällen beziehen. Akteure sind das Unternehmen und der einzelne Mitarbeiter.

	Unternehmen
Verhinderung von Mobbing	• Gestaltung eines guten Arbeits- und Betriebsklimas und einer transparenten Arbeitsorganisation • Sensibilisierung und Aufklärung über Mobbing • Regelmäßige Durchführung von Mitarbeiterbefragungen • Aktiver Hinweis auf das Beschwerderecht der Arbeitnehmer nach § 84 BetrVG; Einrichtung einer zuständigen Stelle • Vorbeugendes Konfliktmanagement mit Frühwarnsystem und Identifikation von Risiken und Faktoren, die Mobbing begünstigen • Schaffung von betriebsinternen Beschwerdestellen oder Kooperation mit professionellen Ansprechpartnern • Schulung von Vorgesetzten und Mitarbeitern • Formulierung von Unternehmensleitlinien • Abschluss einer Betriebsvereinbarung ...
Umgang mit Mobbing	• Eindeutig formulierte Kriterien für die Diagnose von Mobbing • Einsatz der Maßnahmen des Konfliktmanagements: Mediation, Moderation • Geeignete Unterstützung der Führungskräfte • Stärkung der Person, die gemobbt wird • Festlegung der Verfahrenswege ...

Beratungsstellen für Mobbingopfer geben folgende **Hinweise für den Einzelnen**, mit Mobbing bzw. dem Verdacht auf Mobbing umzugehen:

- Anlegen eines Tagebuchs, das das Mobbing und auch die Stressreaktionen erfasst; das ermöglicht die Diagnose eines Angriffs als Mobbing und dokumentiert Dauer, Häufigkeit und Ausgangspunkt/-person;
- Beschwerderecht nach § 84 BetrVG nutzen; ggf. den Betriebsrat hinzuziehen;
- arbeitsrechtlichen Maßnahmen widersprechen (Abmahnung, Kündigung) und Rechtsberatung einholen;
- Unterstützung suchen bei unternehmensinternen und -externen Beratungsstellen (vgl. die Linkliste im Praxistipp);
- Ansprechen des Vorgesetzten, der Kollegen, des Mobbing-Täters;
- Teilnahme an Selbsthilfegruppen, um das Gefühl der Isolation zu überwinden;
- ggf. ist eine medizinische und/oder psychologische Beratung und Betreuung angeraten.

Recherchetipp

In vielen Bundesländern gibt es Mobbing-Hotlines und Internetseiten mit Informationen, z. B.:
Baden-Württemberg: www.mobbing-hotline-bw.de/index.php
Nordrhein-Westfalen: www.komnet.nrw.de/service/MobbingLine/
Sachsen: www.mobbingberatung-sachsen.de
Die Initiative „Neue Qualität der Arbeit INQA" stellt umfangreiche Informationen zum Thema Mobbing zur Verfügung: www.inqa.de, Suchwort „Mobbing" eingeben.
Mit Mobbing an Schulen aus Schülersicht beschäftigen sich z. B. die Seiten: www.schueler-mobbing.de, www.schueler-gegen-mobbing.de.
Bereits zum dritten Mal veröffentlichte die Antidiskriminierungsstelle des Bundes ihre Studie „Diskriminierung im Bildungsbereich und im Arbeitsleben". Die Studie ist im Internet zugänglich:
www.antidiskriminierungsstelle.de/SharedDocs/Downloads/DE/publikationen/BT_Bericht/Gemeinsamer_Bericht_dritter_2017.html

Im fachlichen Kontext

Jugendliche im Internet 1,4 Millionen Schülerinnen und Schüler von Cybermobbing betroffen

- Die gute Nachricht vorweg: Cybermobbing unter Schülern ist in den vergangenen Jahren leicht zurückgegangen. Zu diesem Ergebnis kommt eine aktuelle Studie.
- Die Autoren geben dennoch keine Entwarnung: Noch immer seien etwa 1,4 Millionen Kinder und Jugendliche betroffen.
- Da sich die Internet-Gewohnheiten der Schüler geändert haben, fällt Eltern und Lehrern die Kontrolle zunehmend schwerer.

Von Felicitas Kock
Es ist schon ein paar Jahre her, dass Cybermobbing unter Schülern zum ersten Mal Schlagzeilen machte. 2011 wurde ein 17-jähriger Berliner von einer Gruppe Gleichaltriger bewusstlos geprügelt, weil er seine Freundin vor Anfeindungen im Netz verteidigt hatte. Das Mädchen war auf der vor allem von Jugendlichen genutzten Internetseite Isharegossip.com verleumdet worden. Auch sonst ging es dort nicht eben freundlich zu: Nutzer suchten anonym nach den hässlichsten Schülerinnen ihrer Klasse, verbreiteten Gerüchte und forderten zu regelrechten Hetzjagden auf.
Die Seite gibt es heute nicht mehr – die Problematik ist nach wie vor aktuell, wie eine Studie zeigt, die die Organisation „Bündnis gegen Cybermobbing" gemeinsam mit der Telekom an diesem Dienstag vorgelegt hat. Das Papier erhebt keinen Anspruch auf Repräsentativität, gewährt aber dennoch interessante Einblicke. 13 Prozent der befragten Schüler zwischen zehn und 21 Jahren* geben demnach an, schon über das Internet gemobbt worden zu sein. Noch mehr, nämlich 13,4 Prozent, bezichtigen sich selbst, schon online gemobbt zu haben.

---

* *Für die aktuelle Studie wurden mehr als 3000 Schüler, Eltern und Lehrer befragt – teils online, teils mithilfe ausgedruckter Fragebögen. Die meisten der befragten Schüler stammten aus Baden-Württemberg (41,7 Prozent), Rheinland-Pfalz (15,6 Prozent), Niedersachsen (10,8 Prozent) und dem Saarland (8,3 Prozent). Besonders stark vertreten war die Altersgruppe der 13- bis 16-Jährigen.*

Die Übergänge zwischen Täter- und Opferschaft sind dabei zum Teil fließend: Jeder fünfte Täter war den Angaben zufolge selbst schon Opfer von Cybermobbing. Das Motiv ist entsprechend oft Rache (28 Prozent), weil man selbst gemobbt wurde. Am häufigsten (45 Prozent) wird schlicht als Grund genannt, dass „die Person die Attacke verdient hat". Weitere gängige Motive sind schlechte Laune (12 Prozent) und Langeweile (11 Prozent).
Wer jetzt an kleine Hänseleien im Schulalltag denkt, liegt falsch. Die Experten definieren Mobbing als "Form offener und/oder subtiler Gewalt gegen Personen über längere Zeit mit dem Ziel der sozialen Ausgrenzung". Am häufigsten berichten Mobbingopfer demnach über andauernde Beschimpfungen und Beleidigungen, knapp die Hälfte beklagt die Verbreitung von Lügen und Gerüchten.
Die erfreuliche Nachricht ist: Cybermobbing scheint etwas weniger verbreitet zu sein als bei der ersten und bis dahin größten Umfrage zum Thema im Jahr 2013 – und das, obwohl Kinder und Jugendliche heute deutlich mehr Zeit im Internet verbringen. Damals bezeichneten sich noch knapp 17 Prozent der Befragten als Opfer und 19 Prozent als Täter. Den Rückgang führen die Experten unter anderem auf die gesteigerte Sensibilität bei Eltern und Lehrern zurück.
Trotzdem warnen die Autoren der Studie davor, das Problem als erledigt zu betrachten. Cybermobbing habe sich zu einem gesellschaftlichen Phänomen entwickelt, insgesamt seien noch immer etwa 1,4 Millionen Schülerinnen und Schüler betroffen. Und die Bekämpfung sei heute schwieriger als früher, weil die Online-Aktivitäten von Kindern und Jugendlichen schlechter kontrollierbar seien.

Die wenigsten Eltern kontrollieren noch, was die Kinder im Netz treiben
Zum einen, weil sich der virtuelle Ort des Geschehens geändert hat: Vor wenigen Jahren tauschten sich Kinder und Jugendliche hauptsächlich über soziale Netzwerke wie Facebook aus. Diese sind aus ihrem Alltag heute weitestgehend verschwunden. Die Kommunikation – und damit auch das Mobbing – hat sich auf Messaging-Dienste verschoben. Etwa 90 Prozent der befragten Schüler nutzen demnach Instant-Messager wie Whatsapp. Was dort besprochen wird, können Eltern in der Regel schlechter überprüfen als früher in den sozialen Netzwerken.
Verstärkt wird dieser Effekt noch durch den Wechsel auf mobile Endgeräte. Gerade die jüngere Generation geht fast ausschließlich über Smartphones ins Internet und nicht – wie vor ein paar Jahren noch – über fest installierte PCs. Eltern mit Kindern im entsprechenden Alter dürften bestätigen, dass es dadurch fast unmöglich wird, die Netz-Aktivitäten des Nachwuchses nachzuvollziehen. Dazu passen die Aussagen der befragten Schüler: 76 Prozent von ihnen gaben an, vollkommen ohne Kontrolle der Eltern im Netz aktiv zu sein. Ein Internetverbot werde von Eltern deutlich seltener verhängt als früher: Während 2013 noch 25 Prozent der Schüler angaben, gelegentlich entsprechend bestraft zu werden, waren es bei der aktuellen Befragung nur noch 15 Prozent.
Man könnte jetzt anführen, Mobbing habe es schon immer gegeben, auch vor dem Internet. Doch während analoges Mobbing unter Schülern in den meisten Fällen mit dem Verlassen des Schulgeländes endete, sind Opfer von Cybermobbing ihren Peinigern heute permanent ausgesetzt. Außerdem ist das Publikum im Netz in der Regel größer. Wie schwerwiegend das Problem ist, zeigt sich dann auch in den Folgen, die von den Opfern beschrieben werden: Etwa 30 Prozent der Betroffenen geben an, dass die Mobbingerfahrung sie nachhaltig stark belaste. Ein Viertel spricht gar von Suizidgedanken.

Im Kampf gegen das Cybermobbing sehen die Experten vor allem Eltern und Lehrer in der Pflicht. Beide Gruppen wurden für die Studie ebenfalls befragt. Dabei zeigte sich eine deutlich höhere Sensibilisierung gegenüber den Gefahrenpotenzialen als noch 2013. Schulen gehen demnach auch aktiver gegen Cybermobbing vor. Präventionsprogramme gebe es allerdings noch immer in den wenigsten Bildungseinrichtungen.

16. Mai 2017

Quelle : *Kock, Felicitas: Jugendliche im Internet – 1,4 Millionen Schülerinnen und Schüler von Cybermobbing betroffen. In: SZ.de, veröff. am 16.05.2017 unter https://www.sueddeutsche.de/panorama/jugendliche-im-internet-prozent-der-schueler-sehen-sich-als-opfer-von-cybermobbing-1.3507917 [13.06.2018].*

Der Umgang mit Mobbing an einer Schule
Die Struktur des Bullying:

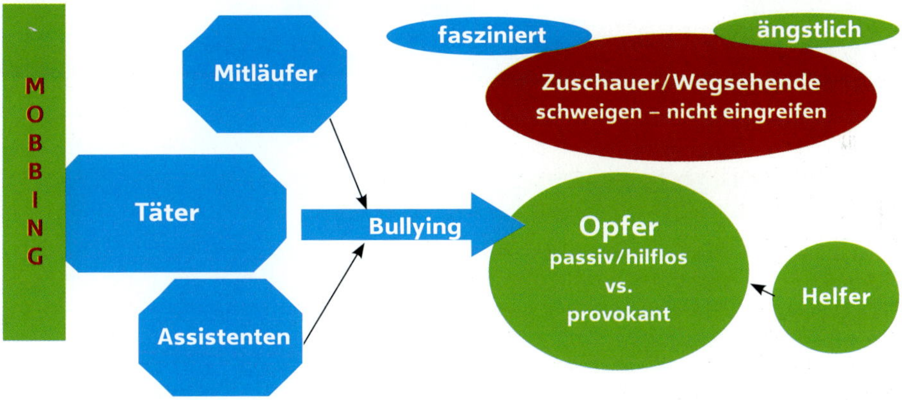

Die Anti-Bullying-Strategie:

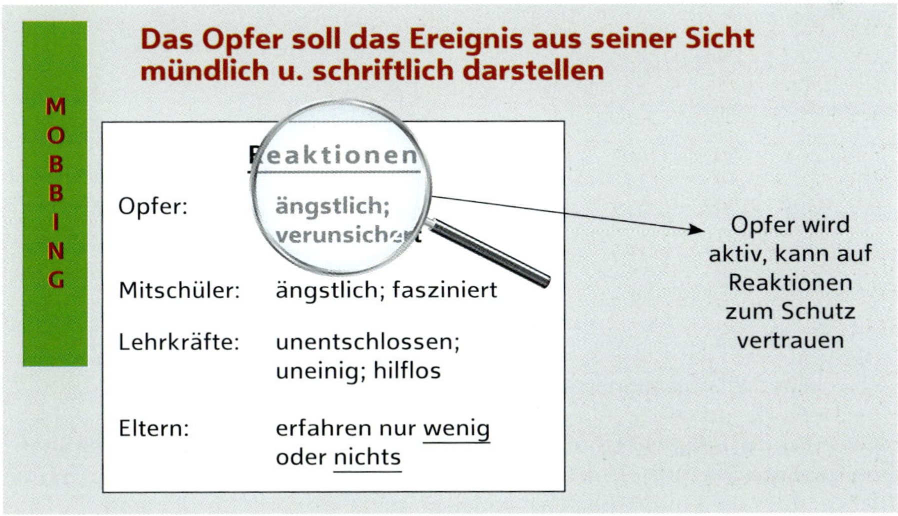

Anti-Bullying-Programm:

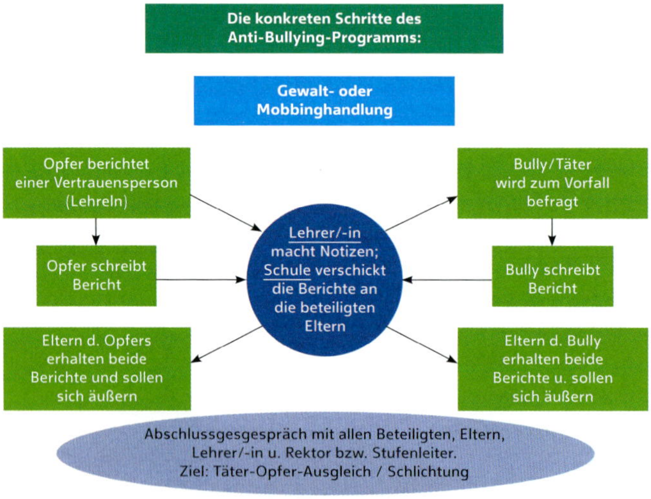

Zusammenfassung

- Bei einem **Konflikt** treffen unterschiedliche Ausrichtungen, Ziele, Interessen aufeinander. Konflikte finden immer im subjektiven Erleben statt. Es fällt den Beteiligten schwer, aus einem Konflikt „herauszutreten" und eine objektivierte Position einzunehmen.
- Ein Konflikt verläuft nach Friedrich Glasl typisch in neun **Prozessstufen**. Der Übergang von Stufe zu Stufe wird durch sich gegenseitig verstärkende, meist unbewusst eingesetzte Verhaltensweise angetrieben:

1. Verhärtung	Konfliktantreiber: Wachsende Streitpunktlawine und zunehmende Simplifizierung
2. Debatte und Polarisation	
3. Taten statt Worte	
4. Bildung von Koalitionen	
5. Gesichtsverlust	Arena-Ausweitung und zunehmende Personifizierung
6. Drohstrategien	
7. begrenzte Vernichtung	
8. Zersplitterung	Pessimistische Antizipation und selbsterfüllende Vorhersage
9. Gemeinsam in den Abgrund	

- Es besteht die Möglichkeit, diesen Konfliktprozess durch geeignete **Maßnahmen** zu unterbrechen. Je früher er unterbrochen wird, umso größer ist die Chance, dass die Konfliktparteien weiter miteinander arbeiten können.

- **Interpersonale** und **soziale** Konflikte kommen in gemeinsamen Arbeits- und Gruppenbeziehungen häufig vor. Die Konflikte beziehen sich auf unterschiedliche Auslöser und entwickeln eine unterschiedliche Konfliktstärke.
- Aus Sicht des Unternehmens beinhalten Konflikte **Chancen** und **Risiken** bzw. positive und negative Folgen.
- Mithilfe eines **Konfliktmanagements** können Konflikte reguliert werden. Die dabei eingesetzten Maßnahmen beziehen sich auf die Schaffung eines institutionellen Rahmens für den Umgang mit Konflikten sowie auf die Lösung von entstandenen Konflikten. Bei Letzterem kommen Maßnahmen wie Diagnose, kurzfristige Intervention, Moderation, Verhandlung und Mediation zum Einsatz.
- **Mobbing** ist eine besonders perfide ausgetragene Form des Konflikts mit spezifischen Kennzeichen und Mobbinghandlungen. Mobbing hat schwerwiegende Folgen für das Mobbingopfer. Die Diagnose und der Umgang mit Mobbing in einem Unternehmen (oder in einer anderen Institution wie beispielsweise einer Schule) sind sehr schwierig und erfordern ein großes Verantwortungsbewusstsein.

Aufgaben

1. *Beschreiben Sie mit eigenen Worten, was ein Konflikt ist.*
2. *In einer Stellenausschreibung für einen Personaldisponenten/eine Personaldisponentin lesen Sie, dass „Konfliktfähigkeit“ erwartet wird. Nennen und erläutern Sie die Fähigkeiten, die die Kompetenz „Konfliktfähigkeit“ umfasst.*
3. *Grenzen Sie innere Konflikte, interpersonale Konflikte und soziale Konflikte voneinander ab.*
4. *Nennen Sie Folgen eines Konflikts für die Beteiligten sowie für das Unternehmen.*
5. *Beschreiben Sie, was gegen eine Unterdrückung von Konflikten in einem Unternehmen spricht.*
6. *Da in der Waxx AG in letzter Zeit Qualitätsprobleme zu beobachten waren, wird eine Arbeitsgruppe zum Thema „Qualitätssicherung in der Produktion“ eingerichtet. Es nehmen insgesamt acht Personen teil: drei Produktionsleiter, zwei Vertriebsmitarbeiter, zwei Mitarbeiter aus der Abteilung Forschung und Entwicklung sowie Sie als Personalreferent/-in und Leiter/-in des Teams. Sie bereiten sich auf die Arbeit in der Gruppe vor.*
   a) *Beschreiben Sie den typischen Verlauf einer solchen Gruppen- bzw. Teamarbeit.*
   b) *Stellen Sie dar, mit welchen typischen Problemen Sie als Teamleiter/-in zu tun haben werden.*
   c) *Entwickeln Sie Lösungsvorschläge für diese typischen Probleme.*
7. *Ein Konflikt zwischen Kollegen durchläuft drei Phasen, die auch als „win-win“, „win-lose“ und „lose-lose“ bezeichnet werden. Mit welchen Argumenten lassen sich diese Bezeichnungen rechtfertigen?*

8. *Ein Konflikt verläuft in verschiedenen Stufen. Ordnen Sie nachfolgende neun Aussagen eines Konfliktbeteiligten den neun Stufen der Konflikteskalation zu:*

a) „Ich blamiere ihn!“	b) „Ich mache ihn fertig!“	c) „Ich suche mir Freunde und Verbündete!“
d) „Jetzt kann ich nicht mehr zurück!“	e) „Ich sollte mal mit ihm reden!“	f) „Geschafft!“
g) „Dem werde ich es zeigen!“	h) „Wenn ich ihn erwische, dann ...!“	i) „Mir geht der Typ schon lange auf die Nerven!“

Eskalationsstufe	Ziffer der Aussage
1. Verhärtung	
2. Debatte und Polarisation	
3. Taten statt Worte	
4. Bildung von Koalitionen	
5. Gesichtsverlust	
6. Drohstrategien	
7. begrenzte Vernichtung	
8. Zersplitterung	
9. Gemeinsam in den Abgrund	

9. *Sie sind Personalreferent/-in bei der Tewes Handels AG und u. a. für die Personalentwicklung zuständig. Im Zusammenhang mit dem Aufbau eines Konfliktmanagementsystems wollen Sie zur Sensibilisierung der Mitarbeiter einen kurzen Film drehen, der eine typische Konfliktsituation in Ihrem Unternehmen zeigt und vor allem die Gefahr der Eskalation deutlich macht.*
Sie haben folgende Grundsituation geplant:
In der Filiale in Weckers kommt es immer wieder zu Problemen und Konflikten. Herr Berlauch, der Filialleiter, und Frau Grundmann, Verkäuferin, streiten sich wegen der Personaleinsatzplanung. Frau Grundmann ist der Meinung, dass Herr Berlauch ihre Interessen und Wünsche nicht berücksichtigt, dies aber bei allen anderen Mitarbeitern macht.
Schreiben Sie das Drehbuch für Ihren Film. Berücksichtigen Sie dabei die Eskalationsstufen für einen Konflikt und die Energielieferanten, die den Konflikt weiter antreiben.

10. *Bei dem bundesweit tätigen Zeitarbeitsunternehmen TimeOflex AG soll ein Konfliktmanagement aufgebaut werden.*

a) Listen Sie auf, welche typischen Elemente ein Konfliktmanagementsystem hat.

b) Legen Sie für die Einrichtung eines Frühwarnsystems geeignete Kriterien und Indikatoren fest.

11. *Unterscheiden Sie Mediation und Moderation als Maßnahmen zum Umgang mit Konflikten.*

12. *In einem Zeitungsartikel lesen Sie den Hinweis, dass Konflikte in Zukunft in den Unternehmen zunehmen werden. Begründen Sie diese Aussage.*

13. *Grenzen Sie Mobbing und Konflikt voneinander ab.*

14. *Sie planen, ein Anti-Mobbing-Programm in Ihrem Unternehmen Waxx Maschinenbau AG einzuführen. Im Internet finden Sie als Vorlage ein Programm, das gegen Mobbing und Bullying an einer Schule eingerichtet wurde (Kapitel 2.3 Gegenstrategien).*

a) Prüfen Sie, welche Elemente Sie übernehmen können.

b) Entwickeln Sie ein Anti-Mobbing-Programm und stellen Sie es in Form einer Abbildung dar.

15. *Sie sind Personalreferent/-in bei der Waxx Maschinenbau AG und u. a. Ansprechpartner für das Konfliktmanagement. Aktuell sind Sie mit zwei Konfliktfällen befasst, die Sie beurteilen sollen.*

Prüfen und beurteilen Sie nachfolgende Fälle: Um welche Art von Konflikt handelt es sich? Welche Rechte haben die Beteiligten? Welches Vorgehen empfehlen Sie in den beiden Fällen?

Fall 1:
Doris Hellmann ist seit zwei Jahren in der Buchhaltung angestellt. Ihre Vorgesetzte ist Vera Pöller, die im Allgemeinen recht umgänglich und geduldig ist. Fachlich hat sie sehr hohe Erwartungen. Vor etwa drei Monaten hatte die Vorgesetzte Frau Hellmann gebeten, wegen der Abrechnung länger zu bleiben. Frau Hellmann hatte sich geweigert, weil sie nach Arbeitsschluss einen privaten Termin hatte. Sie äußerte sich Kollegen gegenüber so, dass sie die Arbeitsbelastung sowieso für zu hoch erachte. Frau Pöller war verärgert. Am folgenden Tag gerieten die beiden Frauen lautstark aneinander. In den nächsten Wochen schwelte der Konflikt mehr oder weniger still weiter. Es kam immer mal wieder zu ähnlichen Situationen. Vor drei Woche entschloss sich die Vorgesetzte, das vermeintliche Fehlverhalten von Frau Hellmann abzumahnen. Kurz darauf meldete sich Frau Hellmann krank. Gestern erschien sie wieder am Arbeitsplatz. Sie beschwerte sich am selben Tag beim Betriebsrat mit der Aussage, dass das Mobbing ihrer Vorgesetzten sie krank mache.

Fall 2:
Clemens Faller wurde vor einigen Monaten zunächst als Aushilfe in der Poststelle eingestellt. Er arbeitete sich schnell ein und bewährte sich, sodass er vor zwei Monaten in eine Vollzeitstelle bei den Pförtnerdiensten übernommen wurde. Ziemlich schnell war die anfängliche Freude verflogen. Er hatte das Gefühl, es seinem Chef nicht und nie recht machen zu können. Er wurde immer wieder kritisiert und noch nach Monaten redete der Vorgesetzt ihn nicht mit seinem Namen an. Die Einsatzplanungen wurden ihm vorgeschrieben, Wünsche anzubringen hatte er keine Gelegenheit. Clemens Faller strengte sich immer mehr an, doch an dem Verhalten seines Chefs änderte sich nichts. Manchmal hatte Herr Faller das Gefühl, dass die Kollegen schlecht hinter seinem Rücken über ihn sprachen. Er konnte sich das Ganze nicht erklären.

3 Personal beurteilen

Einstiegssituation ▶

Thomas Hesse ist seit fünf Monaten Niederlassungsleiter in der Niederlassung West/Mitte der Hannibal Personal GmbH. In der Niederlassung arbeiten außer ihm sechs Disponenten, zwei Sachbearbeiter sowie zwei Auszubildende. Einer der Disponenten ist der junge Jonas Kellermann, der seine Ausbildung zum Personaldienstleistungskaufmann in der Niederlassung absolviert hatte und anschließend als Disponent weiterbeschäftigt wurde. Sein Arbeitsvertrag ist auf ein Jahr befristet und endet in einigen Wochen.
Auf Regionalebene ist die Gebietsleiterin Petra Claassen für die Niederlassung zuständig. Zu ihren Aufgaben gehören die Führung und Steuerung der Filialen in der Region im Hinblick auf die Umsatz-, Ertrags- und Marktziele sowie die Beratung und Unterstützung der in den Filialen beschäftigten Mitarbeiter. Als verantwortliche Führungskraft ist sie an der Auswahl der Niederlassungsleiter direkt beteiligt. Die Auswahl weiterer interner Mitarbeiter überlässt sie im Allgemeinen den Niederlassungen selbst, bietet dabei aber ihre Unterstützung an.
Nach einer Benachrichtigung aus der Personalabteilung der Zentrale wendet sich Frau Claassen mit folgender E-Mail an den Niederlassungsleiter Hesse:

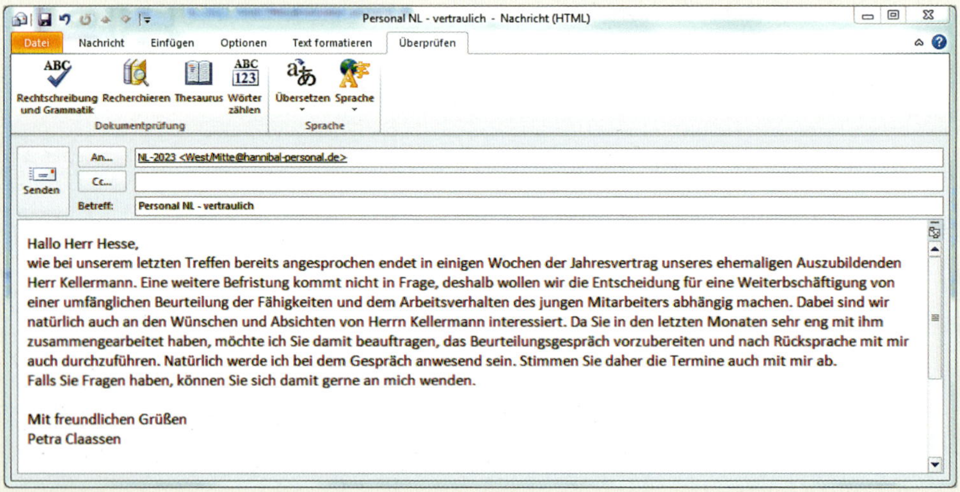
Personal NL - vertraulich - Nachricht (HTML)

An... NL-2023 <WestMitte@hannibal-personal.de>
Cc...
Betreff: Personal NL - vertraulich

Hallo Herr Hesse,
wie bei unserem letzten Treffen bereits angesprochen endet in einigen Wochen der Jahresvertrag unseres ehemaligen Auszubildenden Herr Kellermann. Eine weitere Befristung kommt nicht in Frage, deshalb wollen wir die Entscheidung für eine Weiterbschäftigung von einer umfänglichen Beurteilung der Fähigkeiten und dem Arbeitsverhalten des jungen Mitarbeiters abhängig machen. Dabei sind wir natürlich auch an den Wünschen und Absichten von Herrn Kellermann interessiert. Da Sie in den letzten Monaten sehr eng mit ihm zusammengearbeitet haben, möchte ich Sie damit beauftragen, das Beurteilungsgespräch vorzubereiten und nach Rücksprache mit mir auch durchzuführen. Natürlich werde ich bei dem Gespräch anwesend sein. Stimmen Sie daher die Termine auch mit mir ab.
Falls Sie Fragen haben, können Sie sich damit gerne an mich wenden.

Mit freundlichen Grüßen
Petra Claassen

Arbeitsaufträge

1. Beschreiben Sie die Ausgangssituation und arbeiten Sie die sich daraus ergebenden Probleme für den neuen Niederlassungsleiter Thomas Hesse heraus. Berücksichtigen Sie dabei folgende Informationen über Thomas Hesse:

Persönliche Angaben			
Name	Hesse	**Vorname**	**Thomas**
Geburtsdatum	20.06.1981	**Geburtsort**	**Petershagen**
Weitere Angaben			
Vertragsverhältnis	unbefristet	**Personal-Nr.**	**H26092013**
Steuerklasse	III	**Steuer-ID-Nr.**	**14 579 036 529**
Anzahl Kinder	3	**Staatsangehörigkeit**	**Deutsch**
Beschäftigt als	Niederlassungsleiter	**Probezeit**	**6 Monate**
Höchster erreichter Schulabschluss	Fachabitur	**Höchster erreichter Ausbildungsabschluss**	**Anerkannte Berufsausbildung (PDK)**

2. *Informieren Sie sich in Kapitel 3.2 über den typischen Ablauf der Personalbeurteilung.*

3. *Versetzen Sie sich in die Rolle des Niederlassungsleiters Thomas Hesse und planen Sie die einzelnen Schritte des weiteren Vorgehens.*

4. *Der Niederlassungsleiter Thomas Hesse fordert aus der Unternehmenszentrale die Stellen- und Aufgabenbeschreibung für einen Personaldisponenten bei der Hannibal Personal GmbH an. Diese soll die Grundlage für die Beurteilung des Disponenten Jonas Kellermann bilden.*

Auszug aus der Stellenbeschreibung „Personaldisposition“

Stellenaufgaben:
- Betreuung der Geschäftskunden von der Kontaktaufnahme über Vertragsverhandlungen bis hin zum Vertragsabschluss
- Pflege der Geschäftsbeziehungen zu Bestandskunden
- Planung und Durchführung von geeigneten Kundenbindungsaktivitäten
- Akquisition von Neukunden
- Erstellung von Anforderungsprofilen
- Verantwortung für bedarfsgerechte Personalrekrutierung, Bewerbermanagement
- Termingerechte Disposition der Personaleinsätze
- Betreuung und Motivation der Mitarbeiter im Kundenbetrieb
- Sachgerechte Dokumentation der Aufgaben

Nach der Analyse der Stellenanforderungen und aufgrund der eigenen Erfahrungen als Personaldisponent entscheidet sich Herr Hesse, folgende Kriterien für eine Beurteilung der Tätigkeit von Jonas Kellermann anzuwenden:

√ Leistungsbereitschaft im Vertrieb
√ Zielerreichung Personalrekrutierung
√ Termintreue
√ Kommunikationsfähigkeit
√ Sozialer Umgang mit externen Mitarbeitern
√ Sorgfalt
√ Flexibilität
√ Entwicklungspotenzial

Das letzte Kriterium soll insbesondere die Zukunftsaussichten und Entwicklungsmöglichkeiten des Mitarbeiters in der Niederlassung umfassen.
Versetzen Sie sich in die Rolle von Herrn Hesse:

a) Legen Sie die Vorteile dieses kriteriengestützten Vorgehens dar.
b) Erstellen Sie anschließend den Beschreibungsbogen für die Dokumentation der Beobachtungen des Disponenten Jonas Kellermann. Weitere Informationen dazu finden Sie in Kapitel 3.2.3.

5. *Der Niederlassungsleiter beobachtet Herrn Kellermann in den nächsten Wochen. Regelmäßig macht er sich mithilfe des Beschreibungsbogens Notizen. Kurz vor dem geplanten Gesprächstermin wertet Herr Hesse seine Beobachtungen aus und bewertet das Verhalten im Vergleich zum Anforderungsprofil. Eine vollständige Erreichung der Anforderungen soll mit 100 % bewertet werden.*
Herr Hesse bereitet anschließend seine Beurteilung in einem Radardiagramm auf. Er will Herrn Kellermann im Beurteilungsgespräch dazu auffordern, eine Selbsteinschätzung anhand derselben Kriterien abzugeben. Diese Selbsteinschätzung soll in dem Radardiagramm farbig ergänzt werden.
Beschreiben Sie die Vorteile, die damit verbunden sind, von Herrn Kellermann eine Selbsteinschätzung einzuholen.

6. *Das Beurteilungsgespräch hat in angenehmer Atmosphäre stattgefunden, auch wenn die Nervosität bei Herrn Hesse und Herrn Kellermann deutlich spürbar war. Frau Classen hat den Ablauf des Gesprächs genau verfolgt und sich Notizen gemacht. Auf dieser Grundlage will sie zeitnah ein Feedback-Gespräch mit Herrn Hesse durchführen. Sie teilt Herrn Hesse mit, dass es dabei um zwei Schwerpunkte gehen soll:*

- *Sie bittet Herrn Hesse, die Art des Beurteilungsverfahrens zu begründen.*
- *Sie möchte die Unterschiede zwischen der Beurteilung von Herrn Hesse und der Selbsteinschätzung von Herrn Kellermann thematisieren und mögliche Ursachen dafür diskutieren.*

Herr Hesse bereitet sich auf dieses Feedback-Gespräch vor, indem er das Radardiagramm auswertet. Er stellt sich dabei insbesondere die Frage, wer nun Fehler bei der Beurteilung gemacht hat: er oder Herr Kellermann.
Beraten Sie Herrn Hesse bei der Vorbereitung auf das Feedback-Gespräch mit Frau Claassen.

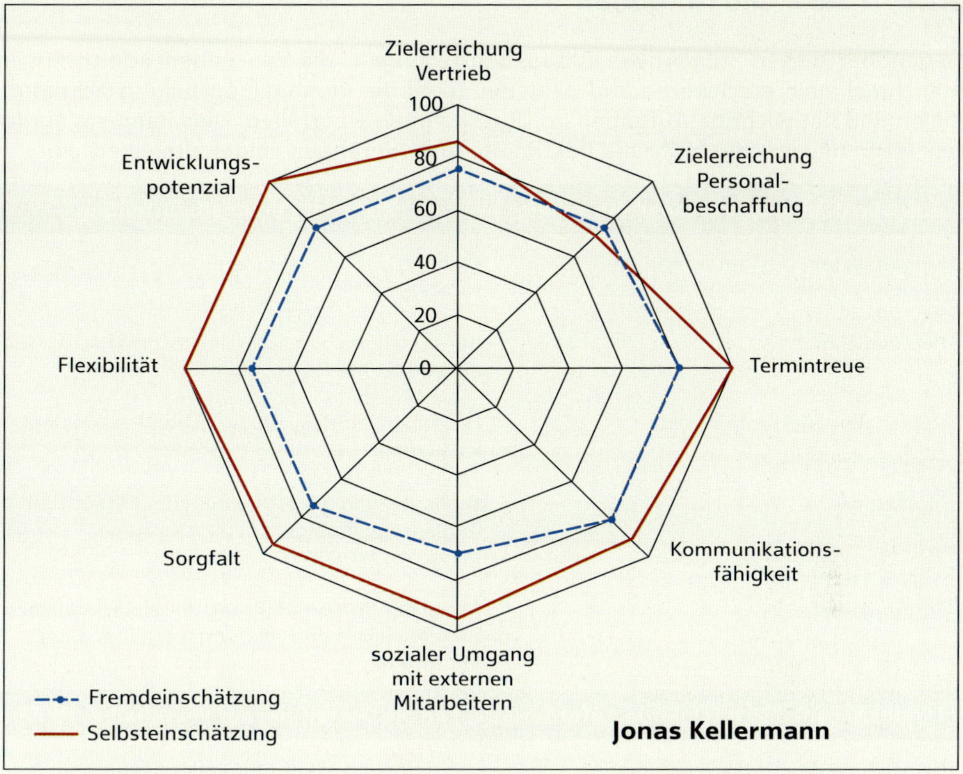

7. Nachdem die Personalbeurteilung in der Niederlassung West/Mitte abgeschlossen ist, will Frau Claassen die dabei gemachten Erfahrungen nutzbar für alle Niederlassungen und Mitarbeiter machen. Sie plant, vorhandene Defizite bei der Personalbeurteilung durch Schulungen zu beseitigen. Da die Umsetzung jedoch noch einige Zeit dauern wird, will sie möglichst schnell einen kurzen Leitfaden zur Personalbeurteilung zur Verfügung stellen, der die wichtigsten Aspekte der Personalbeurteilung zusammenfasst.

Erstellen Sie für Frau Claassen einen Leitfaden zur Personalbeurteilung, der die wichtigsten Inhalte in Merksätzen zusammenfasst.

3.1 Grundlagen der Personalbeurteilung

Beurteilungen und Bewertungen des Verhaltens der Vorgesetzten, Kollegen, Mitarbeiter sind eine Alltäglichkeit. Man bewertet diese Entscheidung als gut, jenes Verhalten als unangemessen. Die meisten Beurteilungen wird man für sich behalten und sich seinen Teil denken.

3.1.1 Ziele und Aufgaben

Gegenüber diesen subjektiven Alltagsbeurteilungen, die das Leben erleichtern und manchmal auch erschweren und belasten, dient die Personalbeurteilung bestimmten Zielen und hat wichtige Aufgaben im Unternehmen zu erfüllen. Dies kann sie nur leisten, wenn bei der Durchführung bestimmte Anforderungen eingehalten werden.

Aufgabenfelder der Personalbeurteilung	Ziele der Personalbeurteilung
Entgeltsystem des Unternehmens	Planung und Umsetzung eines leistungsgerechten Entgeltsystems
Personaleinsatz	Bereitstellung von aktuellen Informationen für eine effiziente Personaleinsatzplanung
Personalentwicklung	Grundlage einer systematischen Personalentwicklung
Motivation	Verbesserung der Motivation der Mitarbeiter durch (regelmäßige) Feedbacks zum Leistungsverhalten
Führungsmittel	Mittel der Personalführung zur zielorientierten Beeinflussung des Leistungsverhaltens der Mitarbeiter
Daraus ergeben sich folgende Anforderungen an die Gestaltung der Personalbeurteilung	
Beurteilung der für die Erfüllung der betrieblichen Aufgabe richtigen Merkmale	... durch Auswahl der für Leistungsverhalten der Beschäftigten relevanten Kriterien
Objektivität der Beurteilung	... durch Vermeidung von (systematischen) Beurteilungsfehlern
Akzeptanz des Beurteilungssystems (Beteiligte, Verfahren, Merkmale)	... durch Herstellung von Transparenz und Vermeidung von grundsätzlichen Zweifeln an der Bedeutung und Wirksamkeit der Personalbeurteilung
Praktikabilität im Unternehmen	... durch Sicherstellung der praktischen Umsetzung der Personalbeurteilung im Unternehmensalltag
Ökonomische Effizienz der Beurteilung	... durch angemessenes Kosten-Nutzen-Verhältnis hinsichtlich der Art und Weise der Personalbeurteilung

Die in der Tabelle genannten Aufgaben der Personalbeurteilung beinhalten zwei Ausrichtungen:

- Die Personalbeurteilung kann sich auf den aktuellen Stand des Mitarbeiters beziehen (z. B. Ausübung des Aufgabenbereichs) oder
- die Personalbeurteilung ist auf die möglichen zukünftigen Entwicklungspotenziale des Mitarbeiters ausgerichtet (**Potenzialbeurteilung**).

In beiden Fällen geht es, genauso wie bei der „Beurteilung“ eines Bewerbers, um die „richtige“, das heißt, um die möglichst genau zutreffende Beurteilung. Legt man die Aufgaben und Anforderungen zugrunde, lässt sich die Personalbeurteilung folgendermaßen definieren:

Definition
Personalbeurteilung ist die planmäßige und objektive Beurteilung (Einschätzung, Bewertung) eines Beschäftigten im Arbeitsalltag nach bestimmten Merkmalen seines Arbeits- und Leistungsverhaltens durch einen Beurteiler.

Die Beurteilung von Bewerbern im Bewerbungsverfahren läuft ähnlich wie die Personalbeurteilung ab. Wesentliche Unterschiede ergeben sich daraus, dass ein Bewerber noch nicht im Unternehmen tätig ist und daher eine wichtige Informationsgrundlage fehlt. Die Bewerberbeurteilung ist somit immer eine Potenzialbeurteilung: Aus dem bisherigen (Leistungs-)Verhalten wird auf die zukünftigen Einsatz- und Entwicklungspotenziale geschlossen.

Bd. 2, LF 5

3.1.2 Inhalte

Zentraler Inhalt der Personalbeurteilung ist das Arbeitsverhalten des Mitarbeiters. Dieses zeigt sich zum einen in den Arbeitsergebnissen, zum anderen in der Art und Weise, wie diese Ergebnisse zustande kommen. Zu berücksichtigen ist dabei auch, dass in den meisten Fällen mehrere Mitarbeiter arbeitsteilig und zusammen bestimmte Arbeitsergebnisse erbringen. Auch die Art und Weise, wie ein Mitarbeiter die Arbeitsergebnisse insgesamt und das Leistungsverhalten der anderen Mitarbeiter beeinflusst, ist Inhalt der Beurteilung des Arbeitsverhaltens.
In Kapitel 1.2 (Personal führen und fördern) wurden bereits die Bestimmungsfaktoren für die Arbeitsleistung genannt: Leistungsfähigkeit und Leistungsbereitschaft. Dieses Modell lässt sich um die Ergebniskomponente erweitern und gibt so einen guten Überblick über die Inhalte der Personalbeurteilung.

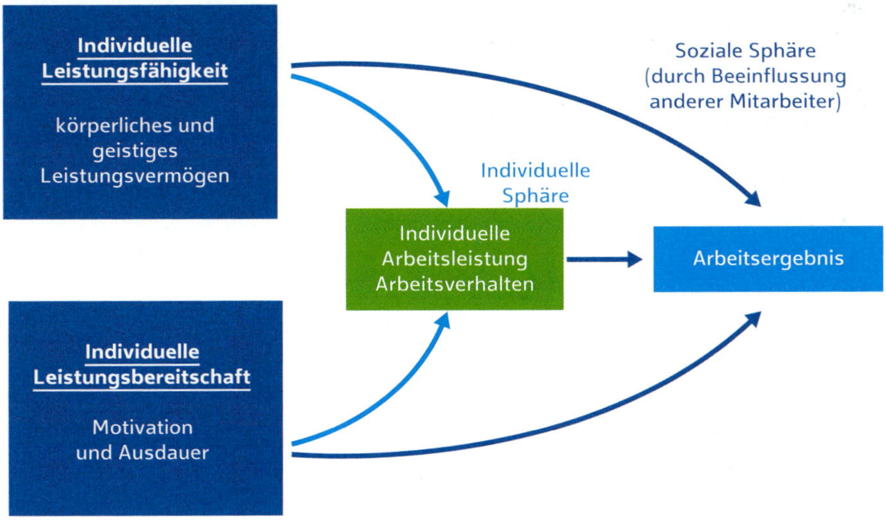

3.1.3 Anlässe

In Unternehmen mit einem systematisch aufgebauten Beurteilungssystem finden Personalbeurteilungen und die Rückmeldung der Ergebnisse an die Mitarbeiter (Beurteilungsgespräche) regelmäßig statt. In der Praxis kommen Jahresgespräche auch als Kombination aus Beurteilungs- und Zielvereinbarungsgespräch vor. Solche regelmäßig durchgeführten Personalbeurteilungen können auch mit Laufbahnplanungen und Nachfolgeplanungen verbunden sein, mit denen das Unternehmen seinen personellen Bedarf an Fach- und Führungskräften langfristig sichern will. Weitere Informationen hierzu finden Sie in Kapitel 4.
Beurteilungen können auch unregelmäßig und zu bestimmten Anlässen erfolgen.

Anlässe für Personalbeurteilungen	
Regelmäßige Anlässe	**Weitere Anlässe (Einzelfälle)**
• Jährliche Beurteilungsgespräche, Jahresgespräche • Systematische Laufbahnplanung • Systematische Nachfolgeplanung	• Probleme beim Mitarbeiter (z. B. plötzlich auftretender Leistungsabfall) • Ablauf der Probezeit • Beendigung des Arbeitsverhältnisses (z. B. bei Befristungen, Kündigungen) • Vertragsänderungen (z. B. Eingruppierungen, Entgelt, Aufgabengebiet) • Versetzungen, Beförderungen • Anforderung des Zwischenzeugnisses • Gesprächswunsch des Mitarbeiters • Wechsel des Vorgesetzten

3.1.4 Arten der Personalbeurteilung

Nach einem traditionellen Verständnis wird bei der Personalbeurteilung ein Mitarbeiter durch einen Vorgesetzten beurteilt. Dies wird auch als Mitarbeiterbeurteilung bezeichnet und ist die am häufigsten praktizierte Beurteilungsart. Daneben gibt es weitere Arten der Personalbeurteilung, abhängig von den beteiligten Personen:

Art der Personalbeurteilung	Erläuterung
Mitarbeiterbeurteilung	Der Vorgesetzte beurteilt einen Mitarbeiter.
Kollegenbeurteilung	Kollegen mit ähnlichen Arbeitsbereichen und auf derselben Hierarchiestufe beurteilen einen Mitarbeiter. Diese Art der Beurteilung kommt in der Praxis selten vor.
Selbstbeurteilung	Der Mitarbeiter beurteilt sich selbst. Dies ist eine relativ leicht umzusetzende Art der Beurteilung.
Beurteilung durch Externe	Nicht dem Unternehmen angehörende Personen beurteilen Mitarbeiter. Beispiele sind etwa die Befragung von Kunden und die Beauftragung von Beratungsunternehmen, die als Testkäufer und Testkunden auftreten (*Mystery Shopping*).

Art der Personalbeurteilung	Erläuterung
360°-Beurteilung	Hierbei beurteilen alle mit einem Mitarbeiter zusammen arbeitenden Personen den Mitarbeiter: der Vorgesetzte und die Kollegen, ggf. unterstellte Mitarbeiter sowie auch Kunden. Auch die Selbstbeurteilung gehört dazu. In den USA sind solche Beurteilungen verbreiteter als in Deutschland.
Vorgesetztenbeurteilung	Der Vorgesetzte wird durch Befragung der Mitarbeiter beurteilt.

Im fachlichen Kontext

Auch Vorgesetzte können durch Mitarbeiterbefragungen beurteilt werden (Vorgesetztenbeurteilung, „Aufwärtsbeurteilung"). Prinzipiell bietet dies eine gute Möglichkeit zur Weiterentwicklung der Führungskultur eines Unternehmens. Die Vorgesetztenbeurteilung kann aber auch problematisch sein, beispielsweise wenn einzelne Mitarbeiter persönliche Vorbehalte hegen oder der Führungskraft aus persönlichen Gründen ein „Denkzettel" verpasst werden soll. Solchen negativen Auswirkungen kann man etwa durch Schulung und Aufklärung der Mitarbeiter vorbeugen.
Interessante Hintergrundinformationen finden Sie z. B. auf den folgenden Seiten:
www.umsetzungsberatung.de/personal/vorgesetztenbeurteilung.php

3.1.5 Rechtliche Rahmenbedingungen

Die rechtlichen Rahmenbedingungen zur Personalbeurteilung ergeben sich aus dem Betriebsverfassungsgesetz und dem Allgemeinen Gleichbehandlungsgesetz. Sie regeln die Mitbestimmung des Betriebsrates und die Rechte des Arbeitnehmers im Prozess der Personalbeurteilung.

Paragraf BetrVG	Inhalt
§ 94 Abs. 2	Mitbestimmung des Betriebsrates bei der Aufstellung von Beurteilungsgrundsätzen
§ 81 Abs. 3	Unterrichtungs- und Erörterungspflicht des Arbeitgebers gegenüber dem Arbeitnehmer in Bezug auf seine beruflichen Kenntnisse und Fähigkeiten bei Änderungen in seinem Aufgabenbereich
§ 82 Abs. 2	Anhörungs- und Erörterungsrecht des Arbeitnehmers in Bezug auf die Beurteilung seiner Leistungen
§ 83 Abs. 1	Recht zur Einsicht in die Personalakte
§ 84 Abs. 1	Beschwerderecht des Arbeitnehmers, wenn er sich benachteiligt oder ungerecht behandelt fühlt

Will die Geschäftsführung in einem Betrieb allgemeine Grundsätze zur Personalbeurteilung aufstellen, handelt es sich dabei um eine **allgemeine personelle Angelegenheit**. Allgemein bedeutet in diesem Fall, dass es nicht um die Beurteilung eines bestimmten Arbeitnehmers geht, sondern um die Grundsätze für die Beurteilung mehrerer bzw. vieler Mitarbeiter. Solche allgemeinen Grundsätze sind nach § 94 BetrVG genauso wie der Personalfragebogen mitbestimmungspflichtig.

§ 94 BetrVG Personalfragebogen, Beurteilungsgrundsätze

(1) Personalfragebogen bedürfen der Zustimmung des Betriebsrats. Kommt eine Einigung über ihren Inhalt nicht zustande, so entscheidet die Einigungsstelle. Der Spruch der Einigungsstelle ersetzt die Einigung zwischen Arbeitgeber und Betriebsrat.

(2) Absatz 1 gilt entsprechend für persönliche Angaben in schriftlichen Arbeitsverträgen, die allgemein für den Betrieb verwendet werden sollen, sowie für die Aufstellung allgemeiner Beurteilungsgrundsätze.

Ein Initiativrecht hat der Betriebsrat nicht; er kann also die Einführung eines solchen Beurteilungssystems nicht verlangen.
Allgemeine Beurteilungsgrundsätze in einem Betrieb haben den Vorteil, dass das Vorgehen bei der Personalbeurteilung immer gleich ist, alle Mitarbeiter nach denselben Kriterien beurteilt werden und dadurch die Beurteilungsergebnisse miteinander vergleichbar werden. Beispiele für Beurteilungskriterien sind das Leistungsverhalten, Sorgfalt und Selbstständigkeit bei der Ausführung der Arbeiten, Einsatzfähigkeit und Ähnliches.

Beispiele
Wie verschiedene Gerichtsurteile zeigen, ist im Einzelfall nicht immer leicht festzustellen, ob es sich bei einer bestimmten Maßnahme des Arbeitsgebers um eine mitbestimmungspflichtige Maßnahme im Sinne des § 94 BetrVG handelt. Einige Beispiele sollen dies verdeutlichen:

- *In einem Möbelhaus wurden die Verkäufer angewiesen, ihre täglichen Umsätze in einem Formular einzutragen, ergänzt um Artikelnummern, Einzelpreise etc. Die Geschäftsleitung wertete diese Meldungen aus und gab ein positives oder negatives Feedback an die Mitarbeiter; in Einzelfällen wurden Abmahnungen erteilt. Der Betriebsrat war nicht einbezogen worden. Das Gericht entschied, dass es sich hier um eine Art von Beurteilungsgrundsätzen handelt. Der Betriebsrat könne wegen der fehlenden Zustimmung die Unterlassung dieser täglichen Meldungen verlangen (LAG Niedersachsen, Beschluss vom 06.03.2007, Az. 11 TaBV 101/06).*
- *Stellt eine Geschäftsleitung Führungsrichtlinien auf, nach denen die Führungskräfte im Unternehmen die Arbeit der unterstellten Mitarbeiter kontrollieren sollen, dann handelt es sich nicht um Beurteilungsgrundsätze; denn es geht dabei nicht um die Bewertung der Arbeitsleitungen, sondern um die Art und Weise der Feststellung der Arbeitsergebnisse.*
- *Die Einführung von Formularen zur Feststellung von Kassendifferenzen (in einem Warenhaus oder einem Supermarkt) ist ebenfalls keine mitbestimmungspflichtige Maßnahme. Der Arbeitgeber will mit den Formularen allein die Ursachen für die Kassendifferenz erheben, nicht aber die Fähigkeiten und Kompetenzen der Kassierer beurteilen (LAG Berlin-Brandenburg, Beschluss vom 19.04.2011, Az. 7 TaBV 556/11; Permalink: http://openjur.de/u/284470.html).*
- *Beim Mystery Shopping ergeben sich Mitbestimmungsrechte des Betriebsrates dann, wenn die Ergebnisse der verdeckten Kauf- und Beratungssituationen personenbezogen ausgewertet werden und damit direkt der Beurteilung einzelner Mitarbeiter dienen. Steht dagegen die Beurteilung der Dienstleistungsqualität im Zentrum und werden die Testergebnisse anonymisiert an die Unternehmen gemeldet, handelt es sich nicht um eine mitbestimmungspflichtige Angelegenheit, so die bisherige Rechtsprechung.*

Nach den Bestimmungen des Allgemeinen Gleichbehandlungsgesetzes darf die Beurteilung nicht zu Benachteiligungen führen. Das bedeutet im Einzelnen:

- Auf alle Mitarbeiter müssen dieselben Kriterien angewendet werden,
- die Kriterien selbst dürfen nicht auf eine Benachteiligung ausgerichtet sein,
- die Beurteilung bezieht sich auf die Leistung als Arbeitnehmer und nicht auf die Person des Mitarbeiters.

3.2 Ablauf und Elemente eines systematischen Beurteilungsprozesses

Der vollständige Prozess der Personalbeurteilung läuft idealtypisch in folgenden Schritten ab:

1 – Definition von Leistungskriterien und Leistungsstandards

2 – **Beobachtung** des Leistungsverhaltens

3 – **Beschreibung** der Beobachtungen

4 – **Bewertung** des beobachteten Verhaltens

5 – Rückmeldung der Ergebnisse im Beurteilungsgespräch

6 – Festlegung der weiteren Folgen aus der Mitarbeiterbeurteilung

3.2.1 Beurteilungskriterien

Die Definition der Leistungskriterien und des Leistungsstandards folgen aus den geplanten Inhalten der Beurteilung. Je mehr Leistungskriterien bestimmt werden, umso aufwändiger gestaltet sich der Beurteilungsprozess und umso detaillierter sind die Ergebnisse. Dies bedeutet aber nicht unbedingt, dass die Ergebnisse auch aussagekräftiger und zuverlässiger sind. Vielmehr kommt es darauf an, die „richtigen" Beurteilungskriterien zu definieren. Diese müssen sich aus den Aufgaben der Stelle und den Zielen des Unternehmens ergeben.
Beurteilungskriterien sollten folgenden Anforderungen genügen: **Bd. 2, LF 5, 3.2.1**

- sie sind eindeutig,
- sie sind relevant für die Aufgaben der Stelle,
- sie beinhalten das im Unternehmen erwünschte Verhalten,
- sie sind durch den Beurteiler beobachtbar.

Es gibt eine Vielzahl von Beurteilungskriterien, die in ihrer Gesamtheit nicht dargestellt werden können. Für eine Übersicht lassen sich die Beurteilungskriterien in drei Gruppen einordnen:

- Kriterien, die sich auf Eigenschaften des Beurteilten (Persönlichkeitsmerkmale) beziehen; dabei liegt die Ansicht zugrunde, dass bestimmte Eigenschaften in einem engen Zusammenhang zur Leistung stehen;
- Kriterien, die das Arbeitsverhalten betreffen; das Verhalten ist direkt beobachtbar;
- Kriterien, die die Arbeitsergebnisse betreffen.

Beispiele für Beurteilungskriterien		
Persönlichkeitseigenschaften	**Arbeitsverhalten**	**Arbeitsergebnisse**
Auffassungsgabe Auftreten Ausdrucksvermögen Ausdauer Belastbarkeit Durchsetzungsvermögen Kreativität Lernwillen (Weiterbildung) Selbstständigkeit Verantwortungsbereitschaft Verhandlungsgeschick Selbstwertgefühl Toleranz ...	Arbeitsqualität Arbeitsstil Arbeitstempo Einhaltung von Verabredungen (Zuverlässigkeit) Fleiß Genauigkeit Initiative (Vorschläge und Problemlösungen) Kundenorientierung Pünktlichkeit Zusammenarbeit mit Kollegen Mitteilungsbereitschaft ...	**Quantitative Kriterien:** Anzahl der Aufträge Höhe des Umsatzes, Umsatzsteigerungen, Kostensenkungen Anzahl der betreuten Kunden ... **Qualitative Kriterien** Fehlerhaftigkeit Beschwerden ...

Beispiel
Die Bayer AG legt folgende Beurteilungskriterien zugrunde: Arbeitsqualität, Arbeitsquantität, Selbstständigkeit, Vielseitigkeit, Einsatzbereitschaft, Kostenbewusstsein, Zusammenarbeit, Führungsverhalten (bei Führungskräften).

Quelle: Olfert, Klaus: Personalwirtschaft (Reihe: Kompendium der praktischen Betriebswirtschaft), 15. Auflage, Kiehl-Verlag, Herne, 2012, S. 302

3.2.2 Beobachtung

Die Beobachtung ist ein Mittel zur Informationserhebung. Der Beobachter nimmt bestimmte Phänomene wahr und trägt sie zusammen. Ein Beispiel ist die Beobachtung des Straßenverkehrs im Zusammenhang mit einer Verkehrszählung. Um die erhobenen Daten anschließend auswerten zu können, müssen einige Rahmenbedingungen gesetzt werden:

- Dauer,
- Ort und
- Zeitpunkte der Beobachtung.

Genauso wie bei der Verkehrszählung erhebt der Beobachter bei der Personalbeurteilung Informationen über das Verhalten der beobachteten Person. Es gibt aber auch wesentliche Unterschiede zwischen der Beobachtung des Straßenverkehrs und der Beobachtung des Verhaltens einer Person:

- Die Merkmale bei der Verhaltensbeobachtung sind komplexer als die Zählung von Pkws und Lkws; für die Qualität der Informationserhebung ist es wichtig, genau festzulegen, welche Informationen gesammelt werden sollen und wie diese festgehalten werden (siehe auch Kapitel 3.3).
- Den Beobachter und den Beobachteten verbindet eine Beziehung (Vorgesetzten-Mitarbeiter-Beziehung, Kollegenbeziehung etc.).
- Der Beobachter ist im Unterschied zu einer reinen „Zählmaschine" wie beispielsweise eine elektronische Schranke grundsätzlich nicht objektiv; als „Subjekt" läuft der Beobachter immer Gefahr, die Beobachtungen nicht nur zu erfassen, sondern gleichzeitig auch zu beurteilen. Für eine systematische Personalbeurteilung ist es jedoch wichtig, dass diese beiden Phasen streng getrennt werden, um Fehler zu vermeiden (siehe auch Kapitel 3.3). Auch bei der Verkehrszählung soll die Antwort nicht sein: „An der Kreuzung war zwischen 11 Uhr und 13 Uhr viel Verkehr." Diese Aussage beinhaltet die Beurteilung „viel"; aus der Sicht eines Stadtbewohners ist „viel Verkehr" objektiv etwas anderes als aus der Sicht des Einwohners eines kleinen Dorfes.
- Der Beobachter ist im weitesten Sinne auch Teilnehmer; durch die Beobachtung und sein Verhalten beeinflusst er möglicherweise das Verhalten des Beobachteten („teilnehmende Beobachtung"). Das gilt insbesondere für die offene Beobachtung im Unterschied zur verdeckten (heimlichen) Beobachtung.

- Die Wahrnehmungsfähigkeit des Beobachters ist biologischen Grenzen unterworfen; ist der Beobachter abgelenkt, wird er nicht so genau hinsehen; es kann auch sein, dass er eigene Interessen verfolgt wie etwa das Mitglied einer Bürgerinitiative gegen Straßenlärm, das sich für eine Verkehrszählung meldet, um die Beobachtungsergebnisse mehr oder weniger bewusst zu verfälschen (siehe auch Kapitel 3.3).

Um diesen grundsätzlichen Schwächen und Schwierigkeiten der Beobachtung zu begegnen, sollte ein Beobachtungsplan die Grundlage für eine systematische Verhaltensbeobachtung sein.

Leitfragen für einen Beobachtungsplan
1. Wer ist an der Beobachtung beteiligt?
2. Was genau soll beobachtet werden?
3. Was ist für die Beobachtung nicht wesentlich?
4. Wann, wo und wie lange wird die Beobachtung stattfinden?
5. Wie werden die Beobachtungen erfasst und dokumentiert?

Bd. 2, LF 5, 3.2.6

Für die Durchführung wissenschaftlicher Beobachtungen werden die eingesetzten Beobachter speziell geschult und trainiert. Das gilt insbesondere auch für die Assessoren in einem Assessment Center, deren Aufgabe es ist, die Probanden in den verschiedenen Übungen zu beobachten, ohne vorschnelle Schlüsse zu ziehen.

Definition

Beobachtung gehört zu den Grundfertigkeiten des Menschen. Das bedeutet aber nicht gleichzeitig, dass jeder Mensch über **Beobachtungskompetenz** verfügt. Im Unterschied zu den Alltagsbeobachtungen beschreibt Beobachtungskompetenz die Fähigkeit, Beobachtungen **bewusst, systematisch und zielgerichtet** durchzuführen und dabei auf Bewertungen zu verzichten.

Beispiel

Kitchen Stories *ist eine Filmkomödie aus dem Jahr 2003, die das Katz- und Mausspiel von Beobachter und Beobachtetem zeigt. In den 1950er Jahren soll im Auftrag eines norwegischen Küchenunternehmens das Koch- und Hauswirtschaftsverhalten alleinstehender Männer untersucht werden. Ein Wissenschaftler baut zu diesem Zweck in der Küche eines alleinstehenden Mannes einen Beobachtungsturm auf.*

3.2.3 Beschreibung der Beobachtungen

Bereits früh im Beurteilungsprozess muss festgelegt werden, in welcher Form die gemachten Beobachtungen erfasst und beschrieben werden sollen. Aus dem Schulalltag bekannt ist das Verfahren, die Anwesenheit sowie Verspätungen im Klassenbuch zu notieren. Das Klassenbuch ist hier ein Hilfsmittel, gemachte Beobachtungen zu beschreiben. Ähnliche Hilfsmittel werden bei der Beobachtung eingesetzt: Es kann sich um Tabellen handeln, Strichlisten oder auch freie Aufzeichnungen; diese können mündlich (Aufzeichnung mit einem Diktiergerät) oder schriftlich geführt werden. In jedem Fall sollten die Beobachtungen in der Beobachtungsphase protokolliert werden, da das menschliche Erinnerungsvermögen nicht sehr zuverlässig ist. Rückmeldungen an den Beobachteten unterbleiben in dieser Phase.

Beispiel
Sie können Ihre Erinnerungsfähigkeit mit den Krimi-Standardfragen prüfen: Wo waren Sie vor elf Tagen um 18 Uhr, was haben Sie gemacht? Ebenfalls ein guter Test ist die Frage: Was haben Sie am vergangenen Freitag zu Mittag (oder Abend) gegessen?

Beispiele für die Gestaltung von Beobachtungsbögen finden Sie in Band 2 dieser Schulbuchreihe im Zusammenhang mit der Durchführung eines Assessment Centers. Wichtig ist in diesem Zusammenhang die Konkretisierung der Beurteilungskriterien in beobachtbares Verhalten. **Bd. 2, LF 5, 3.2.6**

Beispiel
Die Leistungsbereitschaft kann beispielsweise durch folgende Verhaltensweisen konkretisiert werden: Der Mitarbeiter vereinbart Kundentermine auch in den Randzeiten der täglichen Arbeitszeit, der Mitarbeiter bietet sich für die Übernahme von Aufgaben an, der Mitarbeiter ist erfolgreich bei der Neukundenakquise, der Mitarbeiter verfolgt mit Ehrgeiz gesetzte/vereinbarte Ziele usw.

Die Beschreibungen und Protokolle der Beobachtungsphase bilden die Grundlage für die Bewertung des Arbeitsverhaltens, bewerten es aber nicht. Dies erfolgt erst in der Beurteilungsphase, wenn die Beobachtungen geordnet und systematisiert sind.

Im fachlichen Kontext

Der Auftrag oder Vom Beobachten des Beobachters der Beobachter ist eine Novelle von Friedrich Dürrenmatt. Es geht um die Filmmacherin F. Diese soll die Hintergründe in einem Mordfall aufklären; dabei gerät sie in eine irrwitzige Geschichte.

3.2.4 Verfahren zur differenzierten Personalbewertung

Eine Bewertung erfordert einen Vergleichsmaßstab. Dieser kann sich etwa durch die Anforderungen einer Stelle ergeben. Anschließend wird gemessen, ob ein Mitarbeiter das gewünschte Verhalten zeigt (Kennzeichnung des Verhaltens) oder sogar **in welchem Ausmaß** ein Mitarbeiter diese Kriterien erfüllt (Einstufung des Verhaltens). Maßstab können daneben auch die Ziele sein, die man z. B. im Rahmen eines Management-by-Objectives mit dem Mitarbeiter vereinbart hat. Eine weitere Möglichkeit ist es, mehrere

Mitarbeiter hinsichtlich ihres Leistungsverhaltens miteinander zu vergleichen. Man kann die Mitarbeiter dann für die verschiedenen Leistungskriterien in eine Rangordnung bringen. Entsprechend dieser Vorgehensbeschreibungen lassen sich vier Gruppen von Beurteilungsverfahren unterscheiden:

- Einstufungs- bzw. Skalenverfahren
- Kennzeichnungsverfahren
- Zielsetzungsverfahren
- Rangordnungsverfahren

Verzichtet man bei der Personalbeurteilung auf Einzelkriterien und beurteilt das Leistungsverhalten bzw. die Person insgesamt, spricht man auch von einer **summarischen Bewertung** im Unterschied zur **analytischen Bewertung** mit verschiedenen Einzelkriterien. Häufig werden solche summarischen Beurteilungen als freie Beschreibungen durchgeführt. Alternativ dazu besteht auch die Möglichkeit, beispielsweise in kleinen Betrieben, das Leistungsverhalten aller Mitarbeiter in ein Gesamtranking zu bringen (Rangfolgeverfahren).

Die verschiedenen Verfahren unterscheiden sich hinsichtlich

- Genauigkeit und Differenziertheit,
- Praktikabilität und Einfachheit,
- Aufwand (Ökonomie)

und sollten daher abgestimmt auf die jeweiligen Beurteilungszwecke eingesetzt werden.

Einstufungs- und Skalenverfahren

Bei diesen Beurteilungsverfahren wird dem Beurteiler eine Messskala vorgegeben, in der er die Ausprägungen der verschiedenen Kriterien bei dem Beurteilten ankreuzen kann. Solche Skalen sind relativ einfach zu handhaben und werden in der Praxis häufig eingesetzt. Sie gewährleisten die unternehmensweite Vergleichbarkeit der Mitarbeiter. Unterschieden werden folgende Skalierungsmethoden:

Skalierungsmethode	Erläuterung
Verbale Skala	**Die einzelnen Ausprägungen eines Merkmals sind mit Begriffen gekennzeichnet:**

Sorgfalt		Stets
		Häufig
		Manchmal
		Oft

Skalenwertbeschreibung	**Die einzelnen Ausprägungen eines Merkmals sind mit Beschreibungen gekennzeichnet, die eine bestimmte Beurteilung beinhalten:**

Arbeits-planung		Plant immer sorgfältig und arbeitet systematisch
		Geht häufig planvoll vor
		Oft unsystematisches Vorgehen ohne erkennbare Planung

Numerische Skala	**Für die Beurteilung werden Ziffern vorgegeben; Beispiel dafür ist das Schulnotensystem; in der Praxis kommen auf- und absteigende Beurteilungssysteme vor:**

Kreativität	1	2	3	4	5	6

Grafische Skala	**Die Beurteilung erfolgt durch die freie Markierung einer Position auf einem Wertestrahl zwischen zwei Extrempositionen:**

Durchsetzungsvermögen	Stark ausgeprägt	- - - - - - - - - - - - -	Schwach ausgeprägt

Polaritätenprofil	**Die Beurteilung erfolgt durch die freie Markierung zwischen zwei sprachlich beschriebenen Extrempunkten.**

Arbeitstempo	schnell		langsam

Skalierungsmethode	Erläuterung
Vorgabevergleichsverfahren	**Bei der Beurteilung wird hier ein Wert zugewiesen, der das Ausmaß der Zielerreichung in Bezug auf eine Stelle/ Stellenbeschreibung oder ein Anforderungsprofil ausdrückt. Dabei ist die Anforderung = 100%:**

Leistungsmerkmal	Wert
Auftreten	85%
Arbeitsqualität	80%
Erreichung des Umsatzziels	95%

Eingesetzt werden häufig auch Kombinationen aus den genannten Skalierungsverfahren, wie das folgende Beispiel zeigt.

Beispiel

Persönliche Einstellung zur Arbeit				
Wie stark identifiziert sich der Mitarbeiter mit der Aufgabenstellung? Wie initiativ ist der Mitarbeiter beim Vorantreiben von Projekten und Aufgaben? Wie ausgeprägt ist das Problemlösungsverhalten?				
Besondere Stärke	Gut ausgeprägt	In Ordnung	Merkmal ist entwicklungsbedürftig	Defizite erkennbar
1	**2**	**3**	**4**	**5**

Stark — Schwach

Als sinnvoll haben sich in der Praxis Beurteilungsmaßstäbe gezeigt, die folgende Anforderungen erfüllen:

- ungerade Stufenzahl mit maximal sieben Unterteilungen;
- Vorgabe der Beschreibungen, um die Vergleichbarkeit im Unternehmen zu gewährleisten;
- Anpassung der Beschreibungen an die jeweilige Stelle.

Kennzeichnungsverfahren

Bei den Kennzeichnungsverfahren markiert der Beurteiler das gezeigte Verhalten in einer Checkliste: Diese Checkliste umfasst verschiedene Verhaltens- oder Eigenschaftsbeschreibungen, die für die Aufgabenerfüllung als relevant angesehen werden. Eine Gewichtung oder Zählung der Häufigkeiten unterbleibt dabei. Für die Markierung in der

Checkliste („ja/nein") reicht es aus, wenn der Beobachtete einmal das Verhalten zeigt. In einer anderen Variante der Kennzeichnungsverfahren werden erfolgskritische Verhaltensweisen und Eigenschaften erfasst („Methode der kritischen Vorfälle", Critical Incident Technique, CIT). Es erfordert im Vorfeld einen großen Aufwand, um die erfolgskritischen Verhaltensweisen herauszufinden und vorzugeben. In der Praxis spielen diese Kennzeichnungsverfahren kaum noch eine Rolle.

Zielsetzungsverfahren

Die Personalbeurteilung kann sich an den gesetzten Zielen für eine bestimmte Stelle orientieren. In Verbindung mit einem Management-by-Objective liegen die Vorteile darin, dass der Mitarbeiter sich bei der Zielformulierung einbringt und daher eine hohe Identifikation mit den Zielen hat. Die Beurteilung ist der Soll-Ist-Vergleich zwischen gesetzten und erreichten Zielen bzw. das Ausmaß der Zielerreichung. Die Einbindung des Mitarbeiters kann die Motivation und das Vertrauen zwischen Mitarbeiter und Vorgesetzten/Unternehmen stärken. Es erhöht die Transparenz im Unternehmen und vermittelt eine höhere Objektivität bei der Beurteilung. Probleme können sich daraus ergeben, dass eine Zielfestlegung für ein Jahr nicht leicht möglich ist; die Zielerreichung, z. B. eine bestimmte Umsatzhöhe, ist nicht nur abhängig vom Mitarbeiter, sondern unterliegt auch konjunkturellen und Brancheneinflüssen. Manche Ziele lassen sich nur schwierig messen, beispielsweise Kundenzufriedenheit. Es besteht auch die Gefahr, dass Ziele von Jahr zu Jahr steigend formuliert werden, sodass ein zunehmender Druck entsteht und ggf. auch die Möglichkeit zur Zielerreichung sinkt und dadurch Unzufriedenheit geschürt wird.

Rangordnungsverfahren

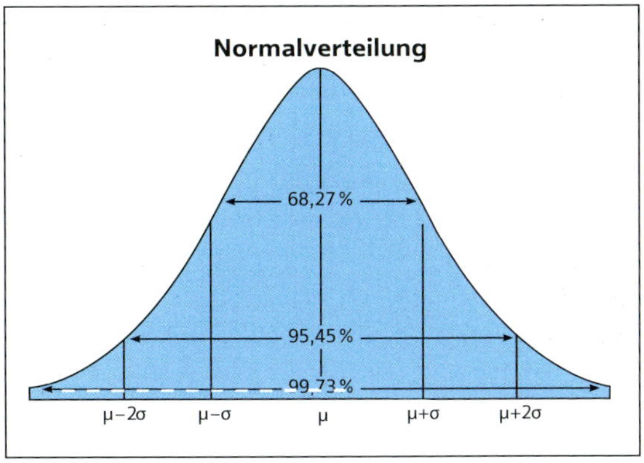

Beim Rangordnungsverfahren werden die zu beurteilenden Mitarbeiter je Kriterium in eine Rangordnung gebracht. Das kann durch Paarvergleiche erfolgen (Huber hält die Terminabsprachen besser ein als Schumann etc.) oder auch durch den Vergleich mit dem Vorgabewert (Huber erreicht bei der Zuverlässigkeit 90 %, Schumann erreicht 75 %). Sollen viele Mitarbeiter gleichzeitig beurteilt werden, kann sich der Beurteiler auch an einer **Vertei-**

lungsvorgabe orientieren. Dabei geht man davon aus, dass ein bestimmtes Merkmal in einer größeren Gruppe von Mitarbeitern „normalverteilt" vorkommt: Viele haben eine mittlere Ausprägung eines bestimmten Merkmals und einige haben eine besonders starke und einige eine besonders schwache Ausprägung. Die Gesamtverteilung wird vorgegeben und der Beurteiler ordnet nun die einzelnen Mitarbeiter dieser Vorgabe zu.

Beispiel
Würde man dies auf das Ergebnis einer Klassenarbeit beziehen, müsste sich der Lehrer bei der Benotung an dieser Normalverteilung orientieren; die Benotung erfolgt dann so, dass es „passt":

Vorgabe für die Ergebnisse der Klassenarbeit 2, Personalprozesse Oberstufe, insgesamt 25 Berufsschüler					
Note 1	Note 2	Note 3	Note 4	Note 5	Note 6
1	3	10	7	3	1

Summarische Verfahren

Im Unterschied zu den analytischen Verfahren bewerten die summarischen Verfahren den Mitarbeiter insgesamt. Es werden keine Einzelkriterien definiert und detailliert bewertet. Die summarische Personalbeurteilung wird häufig als **freie Beschreibung** durchgeführt. In Form eines Gutachtens wird das Leistungsverhalten eines Mitarbeiters nach individuellen Kriterien beschrieben und beurteilt. Es ist auch möglich, einen bestimmten Aufbau vorzugeben, wie es etwa bei der Struktur eines qualifizierten Arbeitszeugnisses der Fall ist (**gebundene Beschreibung**). Ein großer Vorteil der freien Beschreibung ist, dass der Beurteiler individuell auf die Stärken und Schwächen des Mitarbeiters eingehen kann. Er kann zudem den jeweiligen Zweck der Beurteilung mitberücksichtigen (z. B. für eine Beförderung, Fortsetzung des Arbeitsverhältnisses nach der Probezeit und Ähnliches). Schwierig dagegen ist es, freie Beurteilungen verschiedener Mitarbeiter zu vergleichen bzw. vergleichbar zu machen. Soll etwa eine Entscheidung darüber gefällt werden, mit welchem von drei Mitarbeitern das Arbeitsverhältnis fortgesetzt werden soll, stellt sich das freie Bewertungsverfahren als wenig hilfreich heraus. Ein solches Problem könnte man lösen, wenn man statt der freien Beschreibung das Rangfolgeverfahren anwendet. Dieses beurteilt den Mitarbeiter im Vergleich mit anderen Mitarbeitern, sodass eine **Rangfolge** der Personen hinsichtlich ihres Leistungs- und Arbeitsverhaltens aufgestellt werden kann.

Beispiel
Die Weltrangliste der FIFA bringt allmonatlich die Stärke der international auftretenden Fußball-Nationalmannschaften (Männer und Frauen) in eine Rangfolge. Der Berechnungsmodus ist kompliziert und berücksichtigt nicht nur die Ergebnisse der letzten Spiele (vgl. www.fifa.com/worldranking/index.html). Er beurteilt die Nationalmannschaften „als Ganzes" und nicht in Bezug auf Einzelkriterien wie etwa Verhältnis Torschüsse zu Toren, Torhüterparaden, Taktik, „Schönheit" des Spiels etc.

Platz	Land
1	Frankreich
2	*Belgien*
3	*Brasilien*
4	*Kroatien*
5	Uruguay
6	England
7	Portugal
8	*Schweiz*
9	*Spanien*
15	Deutschland

Weltrangliste der Männer
Stand: 16. August 2018

Platz	Land
1	Vereinigte Staaten
2	*Deutschland*
3	Frankreich
4	England
5	Kanada
6	Japan
7	Brasilien
8	Australien
9	Niederlande
10	Korea DVR

Weltrangliste der Frauen
Stand: 22. Juni 2018

3.3 Fehlerquellen im Beurteilungsprozess

Eine Personalbeurteilung ist fehlerhaft, wenn der Inhalt der Beurteilung nicht mit der Wirklichkeit übereinstimmt. Diese einfache Feststellung ist komplizierter, als sie zunächst scheint; denn was ist die Wirklichkeit bzw. wer legt fest, was die Wirklichkeit ist? Schüler und auch Lehrer kennen dieses Problem: Gehen die Selbsteinschätzung des Schülers und die Einschätzung des Leistungsverhaltens durch den Lehrer auseinander, stoßen zwei Ansichten von Wirklichkeit aufeinander. Wer hat Recht?
Angesichts solcher Grundsatzfragen mit philosophischem Hintergrund sollte man sich einen anderen Ansatz aussuchen, um zu klären, was ein Fehler bei der Personalbeurteilung bedeutet. Ein guter Ansatzpunkt ergibt sich, wenn man sich auf die Folgen einer falschen Beurteilung bezieht. Eine falsche Beurteilung kann dazu führen, dass

- die falsche Person befördert wird;
- ein Mitarbeiter sein Leistungsvermögen nicht abruft;
- das Gehaltsgefüge nicht stimmt;
- die Motivation der Mitarbeiter sinkt etc.

Die Folgen falscher Personalbeurteilungen können also eine große Bedeutung im Unternehmen entfalten. Aus diesem Grund sind aus Unternehmenssicht, falsche Beurteilungen zu vermeiden und Fehler möglichst auszuschließen.
Ansatzpunkte für Maßnahmen zur Qualitätssicherung der Personalbeurteilung zeigen sich, wenn man sich vergegenwärtigt, was alles schieflaufen kann im Beurteilungsprozess:

- Die definierten Beurteilungskriterien genügen nicht den qualitativen Anforderungen der Validität, der Reliabilität und der Objektivität. **Bd. 1, LF 5, 3.2.1**
- Das Beurteilungsverfahren kann falsch ausgewählt und eingesetzt werden.
- Der Beurteiler macht systematisch Fehler; auf diese Fehler wird in diesem Abschnitt genauer eingegangen.

Beispiele

Betrachten Sie folgende Bilder und beschreiben Sie, was Sie sehen. Vergleichen Sie Ihre Beschreibungen mit denen anderer Betrachter.

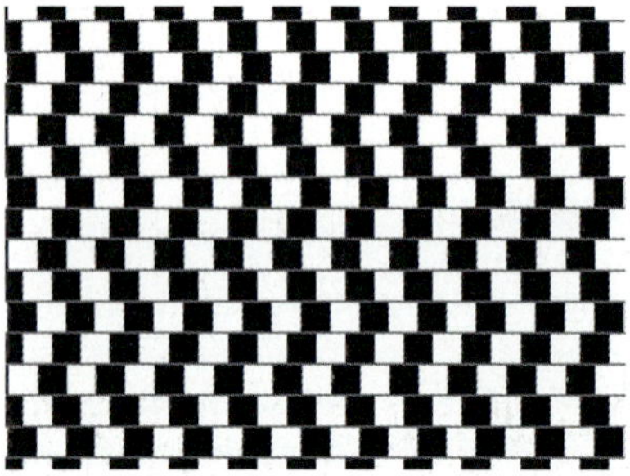

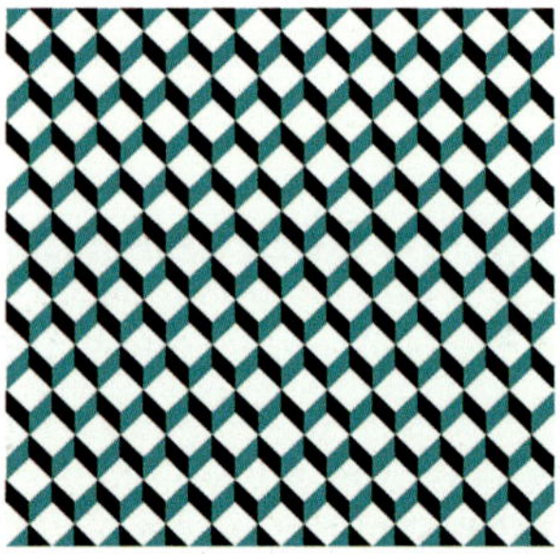

Die dargestellten Beispiele zeigen, dass der menschlichen Wahrnehmung nicht bedingungslos zu vertrauen ist. Bei der Personalbeurteilung hat aber die Wahrnehmung durch den Beurteiler, die Beobachtung, eine große Bedeutung. Auch bei der Auswertung und Interpretation der Beobachtungen können sich Fehler einstellen, denn das menschliche Gehirn ist keine objektiv funktionierende Rechenmaschine, sondern ist Teil eines Subjekts mit eigenen Erfahrungen, Perspektiven und Interessen.

Je nach Anknüpfungspunkt lassen sich beim Beurteiler drei Fehlerquellen ausmachen:

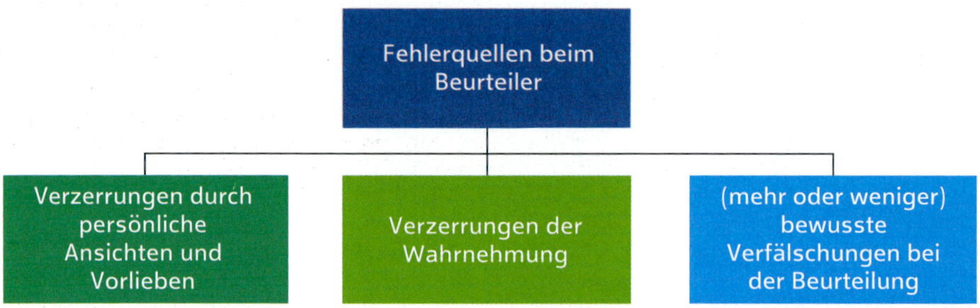

Verzerrungen durch persönliche Ansichten und Vorlieben	
Typ, Menschenbild und Persönlichkeit des Beurteilers	Die Grundeinstellung („Menschenbild") (siehe Kapitel 1 Personal führen und fördern) des Beurteilers äußert sich in den Beurteilungen: • der **vorsichtige Beurteiler** will sich nicht festlegen und hat eine **Tendenz zur Mitte**; • der **strenge Beurteiler** definiert hohe Erwartungen an das Leistungsverhalten; bei ihm überwiegen durchschnittliche und schlechte Beurteilungen (**Tendenz zur Strenge**); • der **milde Beurteiler** ist nachsichtig; bei seinen Beurteilungen kommen gut und sehr gut beurteilte Mitarbeiter häufig vor (**Tendenz zur Milde**).
Erster Eindruck **Sympathie und Antipathie**	Der erste Eindruck einer Person bildet sich innerhalb der ersten Minuten des Kennenlernens; je sympathischer eine Person empfunden wird, umso offener und freundlicher wird man auf sie zugehen und dadurch auch wieder das Verhalten der Person beeinflussen (*Self-fulfilling Prophecy*). Besonders sympathisch empfundene Mitarbeiter werden von ihren Vorgesetzten besser beurteilt – und umgekehrt.
Bezugssystem-Effekt	Das Verhalten eines Mitarbeiters wird in Relation zu den anderen Mitarbeitern in einer Abteilung gesehen; in einem insgesamt eher „guten" Team wird ein Mitarbeiter mit eher durchschnittlichen Fähigkeiten eher schlechter beurteilt.
Bisherige Erfahrungen, Vorurteile	Aus einzelnen Merkmalen des Mitarbeiters schließt der Beurteiler aufgrund seiner Vorurteile auf das Leistungsverhalten des Mitarbeiter; Beispiele für solche Merkmale, die nichts mit dem Leistungsverhalten zu tun haben, sind: • Alter: junge Mitarbeiter werden häufig kritischer beurteilt („Benjamin-Effekt"). • Betriebszugehörigkeit: Je kürzer ein Mitarbeiter im Unternehmen beschäftigt ist, umso kritischer wird er gesehen. • Geschlecht: Frauen in typischen Männerberufen werden kritischer beurteilt.
Projektion, Übertragung	Bestimmte, häufig auch eigene Eigenschaften werden unbewusst auf den zu Beurteilenden übertragen („projiziert"). Das gilt vor allem dann, wenn eine Ähnlichkeit zwischen Beurteiler und Beurteiltem wahrgenommen wird.
Gruppendruck	Auch wenn mehrere Beurteiler bei der Personalbeurteilung eingesetzt werden, kann es zu Fehlern kommen: Es besteht die Gefahr, Urteile der Mehrheit zu übernehmen.
Verzerrungen der Wahrnehmung	
Halo-Effekt, Hofeffekt	Der Beurteiler schließt aus einer besonders hervorstechenden Eigenschaft oder Verhaltensweise auf andere Verhaltensweisen. Die hervorstechende Eigenschaft oder Verhaltensweise „überstrahlt" die ganze Person (griech. halos = Lichthof).
Primacy-Regency-Effekt, Nikolaus-Effekt	Die erst kürzlich beobachteten Verhaltensweisen sind dem Beurteiler stärker im Gedächtnis und beeinflussen stärker die Beurteilung. Bei kleinen Kindern erinnert der Nikolaus auch immer an die jüngst zurückliegenden Verhaltensweisen.

Kleber-Effekt	Die bisherigen Beurteilungen beeinflussen die aktuelle Beurteilung; wurde ein Mitarbeiter bislang immer „gut" beurteilt, kann er schließlich aktuell nicht „schlecht" sein, denkt sich der Beurteiler.
Hierarchie-Effekt, Statusfehler	In der Unternehmenshierarchie Höhergestellte werden besser beurteilt.
	Bewusste Verfälschungen der Beurteilung
Schädigung	Individuelle Interessen des Beurteilers können zu mehr oder weniger bewussten Verfälschungen der Beurteilungsergebnisse führen.
„Wegloben"	
Protektion	

3.4 Beurteilungsgespräch

Das Beurteilungsgespräch ist ein wesentlicher Bestandteil des systematischen Beurteilungsprozesses. Die Ergebnisse der Beurteilung werden dem Mitarbeiter mitgeteilt, diskutiert und ggf. mit seinen eigenen Einschätzungen verglichen. Erst mit dieser Rückmeldung an den Mitarbeiter können Personalbeurteilungen ihr positives Potenzial hinsichtlich Motivation, Leistungssteigerung und Herausbildung von gegenseitigem Vertrauen entfalten. Beurteilungsgespräche werden mit folgenden Zielen durchgeführt:

- Herausarbeiten der Leistungsstärken und -schwächen eines Mitarbeiters
- Ermittlung von Ursachen für etwaige Leistungsmängel
- Festlegung von Maßnahmen zur Beseitigung der Leistungsmängel
- Aufzeigen von Verbesserungsmöglichkeiten
- bei Potenzialgesprächen: Aufzeigen der Entwicklungsmöglichkeiten
- Stärkung des Mitarbeiters und der Motivation des Mitarbeiters
- Einwirken auf das Verhalten des Mitarbeiters (Verhaltenssteuerung)

Vorbereitung	– organisatorische Vorbereitung – Sich-Einstellen auf den Gesprächspartner (Antizipation) – inhaltliche Vorbereitung
Durchführung	– Durchführung des Gesprächs
Nachbereitung	– Auswertung – Dokumentation

Vorbereitung des Beurteilungsgesprächs

Beurteilungsgespräche werden im Allgemeinen als Vier-Augen-Gespräche geführt, es sei denn, der Arbeitnehmer zieht ein Mitglied des Betriebsrates hinzu. Um auch dem Mitarbeiter eine Vorbereitung zu ermöglichen, sollten Beurteilungsgespräche rechtzeitig terminiert und der Mitarbeiter informiert werden. Für die zeitliche Dauer ist meist eine bis eineinhalb Stunden vorgesehen. Der Rahmen sollte so gewählt sein, dass ein vertrauliches Gespräch möglich ist: Keine Störungen von außen, ein angenehmer und ruhiger Raum, bequeme Stühle, gesprächsfördernde Sitzpositionen, Getränke etc. Sind Selbsteinschätzungen durch den Mitarbeiter Teil des Beurteilungsgesprächs, sollten die Beurteilungskriterien bereits im Vorfeld mitgeteilt worden sein.

Sich auf den Gesprächspartner einstellen, bedeutet zunächst, die im Unternehmen vorhandenen Informationen über den Arbeitnehmer zu sichten und auszuwerten. Formulare können und sollten bereits vorbereitet sein (persönliche Angaben, Namensschreibweise etc.).

Beurteilungsgespräche sind aus Sicht des Beurteilers und aus Sicht des Beurteilten sensible Gesprächssituationen: Der Beurteiler äußert seine Wahrnehmungen und Bewertungen über das in einem bestimmten Zeitraum gezeigte Verhalten, Beurteilungen beinhalten positive und negative Kritik.

Definition

Das Wort **Kritik** leitet sich aus dem Griechischen ab und bedeutet „Kunst der Beurteilung“. Ziel von Kritik ist die Verhaltenssteuerung. Umgangssprachlich wird Kritik häufig im Sinne einer negativen Beurteilung verwendet. Man muss aber positive Kritik und negative Kritik unterscheiden:

Positive Kritik, Anerkennung, Lob	Ansprechen und Würdigen guter Leistungen, Ermuntern zu weiterhin guten Leistungen, positive Verstärkung
Negative Kritik, Tadel	Sachbezogenes Ansprechen von Leistungsmängeln und -defiziten, Auffordern zur Leistungsverbesserung, Hinweis auf Sanktionsmöglichkeiten

Es ist grundsätzlich damit zu rechnen, dass der Beurteilte andere Auffassungen über bestimmte Beobachtungen vor allem hinsichtlich der Leistungsmängel hat. Es ist damit zu rechnen, dass innere Spannungen und Hemmungen das Gespräch beeinflussen. Es kann zu Missverständnissen kommen. Manche Mitarbeiter werden sich auf das Gespräch vorbereiten, bei anderen ist das Auftreten geprägt von Misstrauen und Abwehrverhalten. Mit welchem Verhalten der Beurteiler im konkreten Fall zu rechnen hat, ist auch abhängig von der Beurteilungs„kultur“ im Unternehmen: welche Bedeutung hat das Beurteilungswesen im Unternehmen, wie gut sind die Beurteiler auf die Gespräche vorbereitet, wie vertrauensvoll ist der Umgang miteinander.

Zur inhaltlichen Vorbereitung gehören neben der Beurteilung selbst auch die Planung des Gesprächsablaufs (siehe unten) sowie die Vorbereitung der Unterlagen. Soll beispielsweise eine Selbsteinschätzung vom Mitarbeiter Teil des Gesprächs sein, muss im Vorfeld geklärt sein, in welcher Form diese Selbsteinschätzung gemacht werden soll (Diagramm, Tabelle, verschiedene Skalen).

Durchführung des Gesprächs

Die Gesprächsdurchführung sollte sich an folgenden Grundsätzen orientieren:

- Die Gesprächsatmosphäre ist offen, vertraulich und anregend.
- Die innere Haltung des gesprächsführenden Beurteilers ist zugewandt, wertschätzend, konzentriert, beruhigend, geduldig, aktiv zuhörend, inspirierend, sachlich und zielorientiert.
- Die Kommunikation ist dialogisch, auf den Austausch von Informationen und Ansichten ausgerichtet (Gespräch „auf Augenhöhe" und nicht „von oben herab").
- Die Kritik wird konkret am Beispiel und sachlich dargestellt; negative Kritik bezieht sich auf Verhaltensweisen, nicht auf die Person.

Bewährt hat sich folgender Gesprächsablauf für Beurteilungsgespräche:

Begrüßung	– den Kontakt zum Gesprächspartner aufbauen („Wie geht es Ihnen?") – eine positiven Beziehung herstellen (z.B. mit Small Talk)
Anlass	– Dauer und Vorgehensweise des Beurteilungsgesprächs darstellen – Ziel, Zweck und Anlass des Gesprächs erläutern
Beurteilung	– (gesprächspartnerbezogen) die Beurteilung darstellen und erläutern – mit dem Herausstellen der positiven Aspekte beginnen (Ermunterung, Wertschätzung); dann die negative Kritik anbringen
Stellungnahme	– den Beurteilten zur Stellungnahme auffordern (W-Fragen) – die Position des Zuhörers einnehmen, Unterbrechungen und nonverbale Kommentierungen vermeiden, Notizen machen
Zielvereinbarung	– Verbesserungsmöglichkeiten herausarbeiten, Ziele vereinbaren – Unterstützung und Fördermaßnahmen anbieten
Abschluss	– die wichtigen Punkte zusammenfassen, für das Gespräch danken – das Gespräch positiv abschließen („Ich freue mich, dass ...")

Nachbereitung des Gesprächs

Zur Nachbereitung des Gesprächs gehört zum einen eine **kritische Reflexion** des Gesprächsablaufs, um Ansatzpunkte für eine Beurteilung des eigenen Gesprächsverhaltens zu finden. Die Reflexion kann selbstkritisch oder mit Unterstützung von Supervisoren und erfahrenen Kollegen durchgeführt werden. Leitfragen für eine selbstkritische Reflexion sind beispielsweise:

- In welchem Ausmaß habe ich das Ziel des Gesprächs erreicht?
- In welchen Punkten gab es Abweichungen zwischen Gesprächsplanung und tatsächlichem Verlauf?
- Welche Reaktionen bzw. welches Verhalten des Gesprächspartners waren überraschend?
- Mit welchem Gefühl habe ich das Gespräch abgeschlossen?

Definition
Selbstreflexion und Selbstkritik sind Werkzeuge, sich als Person weiterzuentwickeln. **Selbstreflexion** bedeutet: Nachdenken über sich selbst und das eigene Verhalten; **Selbstkritik** ist die (kritische) Beurteilung des eigenen Tuns. Supervisoren sind Berater, die den Prozess der Selbstreflexion und Selbstkritik unterstützen und begleiten können (siehe auch Kapitel 4).

Neben der Selbstbewertung des Beurteilungsgesprächs gehört die systematische Auswertung der Gesprächsergebnisse zur Nachbereitung. Die Beurteilung kann durch die Selbstbeurteilung des Mitarbeiters ergänzt und neue Sichtweisen können berücksichtigt werden. Die Beurteilungsunterlagen werden vervollständigt und in der Personalakte abgelegt. Ggf. vereinbarte Förder- und Unterstützungsmaßnahmen müssen initiiert und umgesetzt werden.

Recherchetipp

Die IHK Nordwestfalen stellt auf ihrer Internetpräsenz (www.ihk-nordwestfalen.de) einen Leitfaden für **Beurteilungsgespräche speziell für Auszubildende** zur Verfügung: www.ihk-nordwestfalen.de/blob/msihk24/bildung/Ausbildung/downloads/3579530/7ce0e2c7e5cb069456ad4a08bf8c3eab/Leitfaden-Beurteilungsgespraech-data.pdf

Zusammenfassung

- **Personalbeurteilung** ist die planmäßige und objektive Beurteilung eines Beschäftigten nach bestimmten Merkmalen seines Arbeits- und Leistungsverhaltens.
- Um die **Ziele und Aufgaben** der Personalbeurteilung im Unternehmen zu erfüllen, müssen Beurteilungssysteme bestimmte Anforderungen erfüllen.
- **Inhaltlich** geht es bei der Personalbeurteilung um das Arbeitsverhalten und das Arbeitsergebnis.
- Die Personalbeurteilung kann **systematisch** und regelmäßig im Unternehmen stattfinden oder **anlassbezogen** im Einzelfall.

- Je nach Beteiligten bei der Personalbeurteilung werden verschiedene **Arten** unterschieden: Mitarbeiter-, Kollegen-, Selbst-, 360°-Beurteilung.
- Die **rechtlichen Grundlagen** finden sich im BetrVG und im AGG.
- Ein systematischer **Beurteilungsprozess** läuft in sechs Schritten ab:
  - Definition der Beurteilungskriterien
  - Erhebung der Informationen durch Beobachtung des Mitarbeiters
  - Beschreibung der Beobachtungen
  - Bewertung der Beobachtungen
  - Führen des Beurteilungsgesprächs
  - Initiierung der vereinbarten Folgen und Verabredungen im Beurteilungsgespräch
- Die Personalbeurteilung kann **analytisch oder summarisch** erfolgen; dabei kommen verschiedene Beurteilungsverfahren zum Einsatz:

Analytische Verfahren	Summarische Verfahren
Einstufungs- bzw. Skalenverfahren Kennzeichnungsverfahren Zielsetzungsverfahren Rangordnungsverfahren	Freie Beschreibung Rangfolgeverfahren

- **Fehlerhafte** Personalbeurteilungen können die Ursache in folgenden drei Bereichen haben: die Beurteilungskriterien sind nicht angemessen; das Beurteilungsverfahren ist falsch umgesetzt; der Beurteiler selbst unterliegt Wahrnehmungsverzerrungen, persönlich bedingten Verzerrungen oder nimmt mehr oder weniger bewusste Verfälschungen vor.
- Ein Beurteilungsgespräch, das in möglichst positiver Atmosphäre verlaufen sollte, hat folgenden typischen **Ablauf**:
  - Begrüßung
  - Anlassbezogene Erläuterungen
  - Darstellung der Beurteilung
  - Einholung der Stellungnahme des Mitarbeiters
  - Zielvereinbarung
  - Abschluss

Aufgaben

1. *Die betriebliche Personalbeurteilung verfolgt bestimmte Ziele und erfüllt bestimmte Aufgaben. Beschreiben Sie die Unterschiede zwischen Zielen und Aufgaben.*
2. *Als Personalreferent/-in der Handels AG wollen Sie auf der nächsten Bereichsleiterbesprechung die Bedeutung von Personalbeurteilungen herausstellen. Nennen Sie vier Aufgaben der Personalbeurteilung.*
3. *Grenzen Sie die Personalbeurteilung von der Potenzialbeurteilung ab.*

4. *Beschreiben Sie in einem kurzen Text den Zusammenhang zwischen Leistungsfähigkeit, Leistungsbereitschaft, Arbeitsleistung und Arbeitsergebnis.*

5. *Nennen Sie fünf Anlässe für Personalbeurteilungen bei einem Personaldienstleistungsunternehmen.*

6. *Sammeln Sie die Vorteile der 360°-Beurteilung im Vergleich zur Mitarbeiterbeurteilung.*

7. *Nennen Sie je drei Argumente, die für und die gegen die Kollegenbeurteilung in der Niederlassung eines Personaldienstleistungsunternehmens mit acht internen Mitarbeitern sprechen.*

8. *Dem Beurteilten räumt das Gesetz einige Rechte ein. Welche der folgenden Aussagen zu den gesetzlichen Regelungen bei der Mitarbeiterbeurteilung ist zutreffend? Markieren Sie richtige Aussage mit „R“, falsche Aussagen mit „F“.*

Aussage	R/F
Maßgebliche gesetzliche Regelungen zur Personalbeurteilung finden sich im BGB.	
Aus dem Recht auf Erörterung folgt zwingend, dass dem beurteilten Mitarbeiter eine Kopie der Beurteilung ausgehändigt werden muss.	
Die Beschäftigten haben nach den Regelungen des BetrVG das Recht auf Beteiligung bei der Festlegung der Beurteilungskriterien.	
Bei der Erörterung der Beurteilung kann ein Mitglied des Betriebsrates hinzugezogen werden.	
Auf dem Klageweg kann ein Mitarbeiter nachweisbar unzutreffende Inhalte einer Beurteilung ändern.	

9. *Das Personaldienstleistungsunternehmen Finke Zeitarbeit GmbH hat etwa 800 interne und externe Beschäftigte. Die Interessen der Arbeitnehmer werden durch einen Betriebsrat wahrgenommen. Die Geschäftsleitung will ein Beurteilungssystem einführen und legt die geplanten Beurteilungsgrundsätze dem Betriebsrat vor. Der Betriebsrat verweigert die Zustimmung. Auch im weiteren Verlauf können sich Arbeitgeber und Betriebsrat nicht auf Beurteilungsgrundsätze einigen. Schließlich führt die Geschäftsleitung der Finke Zeitarbeit GmbH die Beurteilungsgrundsätze auch ohne Zustimmung des Betriebsrates ein.*

   Beurteilen Sie die rechtliche Situation. Was kann der Betriebsrat unternehmen? Was kann der Arbeitgeber unternehmen? Welche Folgen hat das Vorgehen des Arbeitgebers für die Beschäftigten?

10. *Als Personalreferent/-in führen Sie regelmäßig die Beurteilungsgespräche in Ihrem Unternehmen. Nach dem kontrovers verlaufenden Beurteilungsgespräch mit Jens Polter legt Ihnen dieser eine schriftliche Stellungnahme zu der Beurteilung vor. Er verlangt, dass diese in die Personalakte aufgenommen wird. Beschreiben Sie Ihr Vorgehen.*

11. *In der Handels AG soll ein Beurteilungssystem eingeführt werden. Sie erhalten eine Liste mit Leistungskriterien, die den Beurteilungsebenen zugeordnet werden sollen.*

Ordnen Sie die drei Beurteilungsebenen den Leistungskriterien zu, indem Sie die richtige Ziffer zuweisen.

(1) Verhalten

(2) Ergebnis

(3) Eigenschaft

Leistungskriterien	Ziffer
a) Schnelligkeit bei der Auftragsbearbeitung	
b) Sich in angemessener Weise ausdrücken	
c) Summe der Fehlzeiten	
d) Neue, originelle Lösungen finden	
e) Einhalten des zugewiesenen Budgets	
f) Verhältnis Fehler zu Arbeitsmenge	
g) Pünktlichkeit	

12. *Das Personaldienstleistungsunternehmen Helios Personal AG will ein unternehmensweites Beurteilungssystem für externe Mitarbeiter einführen. Das Unternehmen überlässt vor allem Mitarbeiter im gewerblichen Bereich: Die Disponenten in den Niederlassungen sollen Kriterien nennen, nach denen die Beurteilung erfolgen soll. Machen Sie als Disponent/-in in dem Unternehmen einen begründeten Vorschlag für die Kriterien zur Beurteilung externer Mitarbeiter.*

13. *Nach Ihrer Ausbildung arbeiten Sie als Personalreferent/-in bei einem mittelständischen Maschinenbauunternehmen mit 100 Mitarbeitern in den Bereichen Produktion (70 Mitarbeiter), Verwaltung (14, davon 4 im Personalbereich) und Vertrieb (16). Zu Ihren ersten Aufgaben gehört die Konzeptionierung eines Personalbeurteilungssystems. In diesem Zusammenhang wollen Sie ein geeignetes Beurteilungsverfahren bestimmen.*

a) Stellen Sie die Vor- und Nachteile der verschiedenen Beurteilungsverfahren zusammen.

b) Entscheiden Sie sich begründet für ein Verfahren.

14. *Sie haben mit dem neuen Beurteilungssystem erste Erfahrungen gesammelt. Durchgeführt werden die Beurteilungsgespräche nach Abstimmung und mit vorbereitender Unterstützung der Personalabteilung durch die jeweiligen Vorgesetzten. Sie haben die Erfahrungen mit dem neuen System übersichtlich zusammengestellt:*

Fast alle Beurteilungen weisen eine Tendenz zur Mitte auf.
Mitarbeiter, die erst seit Kurzem im Unternehmen beschäftigt sind, werden sehr häufig eher schlecht beurteilt.
Alle Projektleiter und Vorarbeiter sind gut und sehr gut beurteilt.
Sechs Stellungnahmen von Beurteilten liegen vor; diese legen nahe, dass vor allem jüngste Ereignisse für die Beurteilung ausschlaggebend waren.

a) Sie vermuten, dass systematische Beurteilungsfehler die Ursache für diese Beurteilungsergebnisse sind. Stellen Sie dar, um welche Beurteilungsfehler es sich je handelt.

b) Stellen Sie mögliche Folgen fehlerhafter Beurteilungen zusammen.

c) Entwickeln Sie Maßnahmen gegen diese möglichen Beurteilungsfehler, sodass diese in Zukunft verhindert bzw. vermindert werden.

15. *Der Regionalleiter Huber vermutet, dass der Leiter der Niederlassung Süd die Personalbeurteilungen der internen Mitarbeiter in seiner Niederlassung nicht objektiv genug durchführt und zu negativ formuliert. Erläutern Sie mögliche Gründe für dieses Beurteilungsverhalten.*

16. *Bringen Sie folgende Inhalte eines Beurteilungsgesprächs in die richtige Reihenfolge:*

a)	Der Beurteilte erfährt Hilfestellung.	
b)	Aufbauen des Beurteilten für die Aussagen des Beurteilers	
c)	Schaffung einer lockeren Atmosphäre	
d)	Dank für die konstruktive Zusammenarbeit	
e)	Herausstellen von Lob und besonders guten Leistungen	
f)	Berücksichtigung von Einwänden des Beurteilten	

4 Personal entwickeln

Einstiegssituation ►

Der Auszubildende Lukas Gerber ist gemäß Ausbildungsplan für sechs Wochen in der Zentrale der Hannibal Personal GmbH eingesetzt, um die Arbeitsläufe bei den zentralen Diensten kennenzulernen. Diese unterstützen die Niederlassungen, die sich vor Ort um das operative Geschäft kümmern.
Zu diesen zentralen Diensten gehören neben der Geschäftsführung die Abteilungen Rechnungswesen und Controlling, Personalverwaltung und -abrechnung sowie die Abteilung Personalentwicklung. Die stellvertretende Leiterin der Abteilung ist Frau Volkmann, die Lukas Gerber schon im Vorstellungsgespräch kennengelernt hatte. Jetzt ist er Frau Volkmann für zwei Wochen zugeordnet.
Aktuell stellt Frau Volkmann die Informationen und Unterlagen für die nächste Abteilungsleitersitzung zusammen.
„Wir wollen auf der Leitungsebene über das Weiterbildungsbudget sprechen. Wir haben zwar das Budget wie immer im letzten November gemeinsam verabschiedet, doch die Geschäftsleitung möchten nun die Mittel umschichten und einen bestimmten Betrag einsparen. Wir brauchen daher einen Überblick.“ Sie zeigt Lukas Gerber einen Ausdruck mit zwei Tabellen. In der oberen Tabelle sind die Daten für die internen Mitarbeiter zusammengestellt, in der unteren Tabelle die für die externen Mitarbeiter.
„Ich bitte Sie, beide Tabellen in einer Übersicht zusammenzufassen. Sie kennen sich doch ein wenig mit Excel aus, oder?“ Lukas Gerber nickt. Nach weiteren Erläuterungen und Anweisungen von Frau Volkmann erstellt Lukas Gerber folgende Tabelle:

Maßnahmen	Interne MA				Externe MA					
	Disponenten (Personal, Vertrieb)	220	Sachbearbeiter	80	Kaufleute	700	Gewerblich	900	Helfer	800
off-the-job										
Training Vertrieb, Verkauf	30000,00	30								
Qualitätsmanagement	20000,00	15	2000,00	5	10000,00	25				
EDV-Seminare (kaufm., SAP, Projektmanagement)	4000,00	15	1000,00	5	16000,00	85	5000,00	25		
EDV-Seminare (sonstige)	2000,00	5	2000,00	5			5000,00	40	2500,00	25

Maßnahmen	Interne MA				Externe MA					
	Disponenten (Personal, Vertrieb)	220	Sachbearbeiter	80	Kaufleute	700	Gewerblich	900	Helfer	800
off-the-job										
Personalverwaltung, Reisekosten, Spesenabrechnung	2000,00	10	4000,00	15	5000,00	35				
Büroorganisation	750,00	10	2000,00	20	2000,00	20				
Neue Medien	7500,00	30	3000,00	15						
Gesundheit	3000,00	40	750,00	10	1000,00	15				
Gesprächsführung	2500,00	10			2000,00	10				
Fremdsprachen	1000,00	5			1500,00	7	2000,00	10		
Arbeitsrecht/ Lohnabrechnung			1500,00	5	1000,00	5				
CNC, Verfahrenstechnik							15000,00	45		
Steuerungstechnik							10000,00	25		
Sachkundenachweis Fahrzeugklima							1500,00	5		
VDE 0100/410 – Schutz gegen elektrischen Schlag							2000,00	20		
Lehrgänge Schweißen	500,00	2					3000,00	20		
Fortbildung nach Berufskraftfahrerqualifikationsgesetz							5000,00	25		
Staplerschein	1000,00	10					2500,00	25	7500,00	75
Ausbildung	2500,00	10								
on-the-job										
Supervision	2500,00	1								
Mentoring										
Summen:	79250,00	193	16250,00	80	38500,00	202	51000,00	240	10000,00	100

Lukas Gerber erläutert die Zusammenstellung: „Mir ist aufgefallen, dass vor allem die internen Mitarbeiter häufig an mehreren Veranstaltungen teilnehmen, deshalb stimmen die Summen nicht mit der Anzahl der Beschäftigten überein. In den ursprünglichen Tabellen wurde zwischen on-the-job- und off-the-job-Maßnahmen unterschieden; ich habe das mal mit aufgenommen, obwohl nur eine einzige Veranstaltung on-the-job ist. Die einzelnen Veranstaltungsthemen habe ich übernommen, obwohl ich es etwas unübersichtlich finde. Soll ich das mal zusammenfassen?“

Frau Volkmann ist beeindruckt: „Das haben Sie wirklich gut gemacht! Und um Ihre Frage zu beantworten: Nein, wir lassen das so. Denn es geht ja darum, mithilfe dieser Übersicht darüber zu diskutieren, welche Umschichtungen wir vornehmen können und sollten und wo vielleicht Einsparmöglichkeiten bestehen.“

Lukas Gerber: „Ich habe noch eine Frage. Bei den Auszubildenden sind 2500,00 € eingetragen. Die Berufsschule ist aber doch umsonst, oder?“

Frau Volkmann lächelt: „Umsonst ist eindeutig das falsche Wort. Aber Sie haben Recht, wenn Sie damit meinen, dass wir an die Schule kein Geld bezahlen müssen. Doch erinnern Sie sich doch bitte einmal an Ihre ersten Tage im Unternehmen ...“

Lukas Gerber: „Da waren wir mit allen Auszubildenden in einer Hütte, haben gemeinsam gekocht und viel über das Unternehmen gelernt.“

Frau Volkmann: „... und Ihre Prüfungen sind auch mit Kosten verbunden. Ich möchte nochmal auf unser Problem zurückkommen: Sie haben sich ja mit unserem Weiterbildungsbudget beschäftigt und ich möchte Sie bitten, mir einmal Ihre Einschätzung dazu abzugeben. Wir geben fast 200000,00 € für Weiterbildung aus und die Geschäftsleitung will etwa 15 % einsparen, um die erheblichen Kostensteigerungen im Rekrutierungsbereich auszugleichen. Was meinen Sie? Was würden Sie denn machen?“

Arbeitsaufträge

1. *Fassen Sie die Situation mit eigenen Worten zusammen und gehen Sie auf die Problemstellung aus der Sicht der Hannibal Personal GmbH ein.*
2. *Versetzen Sie sich in die Rolle des Auszubildenden Lukas Gerber und machen Sie einen ersten Vorschlag, wie der genannte Kostenumfang für Weiterbildung einzusparen sein könnte.*

3. *Informieren Sie sich in Kapitel 4.1.1 über die Ziele und Aufgaben sowie in Kapitel 4.2 über den Umfang der betrieblichen Weiterbildung und die Besonderheiten der Qualifizierung in der Zeitarbeit.*

4. *Legen Sie fest, welche weiteren Informationen über die Hannibal Personal GmbH Sie benötigen, um das Weiterbildungsbudget umfassend beurteilen zu können (weitere Informationen finden Sie in Kapitel 4.3.4.1).*

5. *Analysieren Sie mithilfe der Informationen aus Arbeitsauftrag 3 das vorgelegte Weiterbildungsbudget der Hannibal Personal GmbH und legen Sie ein detailliert begründetes neues Budget vor. Gehen Sie dabei entsprechend der nachfolgenden Aufgaben vor:*
   a) *Stellen Sie die Vorteile/Chancen und Nachteile/Risiken des aktuellen Weiterbildungsbudgets für die Hannibal Personal GmbH über sichtlich zusammen.*
   b) *Frau Volkmann gibt einige Hinweise, die für Einsparungen nützlich sein können:*
      1. *Sie weist darauf hin, dass man Veranstaltungen auch selbst organisieren kann (interne Veranstaltung) und diese Alternative manchmal kostengünstiger ist. Prüfen Sie, welche Veranstaltungen und Themenbereiche sich sinnvoll für die interne Organisation eignen, indem Sie zunächst die Vor- und Nachteile übersichtlich zusammenstellen und anschließend eine Empfehlung geben (weitere Informationen finden Sie in Kapitel 4.3.3.1).*
      2. *Für die Teilnahme an Weiterbildungsmaßnahmen gibt es finanzielle Fördermittel. Stellen Sie übersichtlich zusammen, welche Fördermittel infrage kommen, wie diese zu beantragen sind und welche Kosteneinsparungen möglich sind (weitere Informationen finden Sie in Kapitel 4.3.4.4).*
      3. *Prüfen Sie jede Veranstaltungsposition auf ihre Vorteilhaftigkeit für die jeweilige Zielgruppe und das Unternehmen Hannibal Personal GmbH (weitere Informationen finden Sie in Kapitel 4.3.4.2).*

   Fassen Sie Ihre Überlegungen und Empfehlungen zusammen und erstellen Sie auf dieser Grundlage ein neues Budget für die Personalentwicklung. Begründen Sie Ihre einzelnen Budgetansätze.

6. *Vergleichen Sie das in Arbeitsauftrag 5 erstellte Weiterbildungsbudget mit Ihrem ersten Vorschlag. Arbeiten Sie die Gemeinsamkeiten und Unterschiede heraus.*

7. *Frau Volkmann will sich dafür einsetzen, dass für die Personalentwicklung grundsätzliche Leitlinien formuliert werden, die als Orientierung für die Weiterbildung bei der Hannibal Personal GmbH dienen. Sie ist der Meinung, dass diese auch auf der Homepage des Unternehmens veröffentlicht werden sollen. Sie verspricht sich davon eine Stärkung des Arbeitgeberimages bei internen und externen Mitarbeitern sowie eine bessere Positionierung bei zukunfts- und qualitätsorientierten Kundenunternehmen. Versetzen Sie sich in die Rolle der Personalentwicklerin der Hannibal Personal GmbH und formulieren Sie Leitlinien für die Personalentwicklung.*

4.1 Grundlagen der betrieblichen Personalentwicklung

Von Albert Einstein ist der Satz überliefert: „Das Wertvollste im Leben ist die Entfaltung der Persönlichkeit und ihrer schöpferischen Kräfte." Personalentwicklung als betriebliche Funktion setzt hier an. Es geht darum, die im Unternehmen beschäftigten Mitarbeiter zur (individuellen) Entfaltung zu bringen. Häufig wird Personalentwicklung mit betrieblicher Weiterbildung gleichgesetzt. Beide Begriffe stehen in einem engen Verhältnis zueinander und doch gibt es Unterschiede: Personal entwickeln umfasst neben der Weiterbildung auch die persönliche Förderung der Mitarbeiter und Führungskräfte. Zur Abgrenzung lassen sich die Begriffe wie folgt definieren.

Definition

Betriebliche Weiterbildung ist die vom Unternehmen initiierte bzw. ausgehende berufliche Fortbildung der Mitarbeiter. Weiterbildung bezieht sich dabei auf die Zeit nach Abschluss einer ersten (Aus-)Bildungsphase.
Die Definition verweist darauf, dass es auch eine andere Art der Weiterbildung gibt, nämlich die nicht vom Unternehmen initiierte. Dazu gehören alle Bildungsaktivitäten, die eine Person für sich unternimmt. Das kann der Buchführungskurs sein oder auch das Seminar zum Thema gesunde Ernährung. Der betriebliche Zweck steht hier nicht im Vordergrund; gegebenenfalls aber die persönliche Karriereorientierung.

Definition

Personalentwicklung (PE) umfasst alle planmäßigen Maßnahmen zur Förderung der Qualifikation der Mitarbeiter/der Belegschaft. Dazu gehören die Personalbildung (Ausbildung, betriebliche Weiterbildung) und die Personalförderung.
Zu einer planmäßigen betrieblichen Personalentwicklung gehören folgende Schritte: das Setzen der Ziele, die Erfassung der vorhandenen Qualifikation und die Ermittlung der Qualifikationsbedarfe, die zielorientierte und systematische Auswahl der geeigneten Maßnahmen, die Umsetzung sowie die Kontrolle der Ergebnisse.

Personalentwicklung umfasst also die betriebliche Weiterbildung, die Ausbildung, die Umschulung und sonstige Förderungen der Mitarbeiter wie beispielsweise Laufbahn- und Karriereplanungen. Ansatzpunkt für die betriebliche Personalentwicklung sind das Wissen, die Qualifikation und die Kompetenz der Mitarbeiter. Im engen Zusammenhang zur Personalentwicklung steht die Organisationsentwicklung, die sich mit der Veränderung des ganzen Unternehmens beschäftigt.

Definition

Organisationsentwicklung (OE) bezieht sich auf den Wandel des Unternehmens (der Organisation) und der ablaufenden Prozesse. Solche Wandlungs- und Veränderungsprozesse verlaufen geplant oder ungeplant. Die Steuerung der Veränderungsprozesse wird auch als Change Management bezeichnet.

Personalentwicklung und Organisationsentwicklung gehen Hand in Hand. Eine Veränderung der Organisation erfordert die Veränderung der Mitarbeiter – so wie umgekehrt aus der Veränderung der Mitarbeiter auch eine Veränderung der Abläufe und Strukturen in einem Unternehmen folgt.

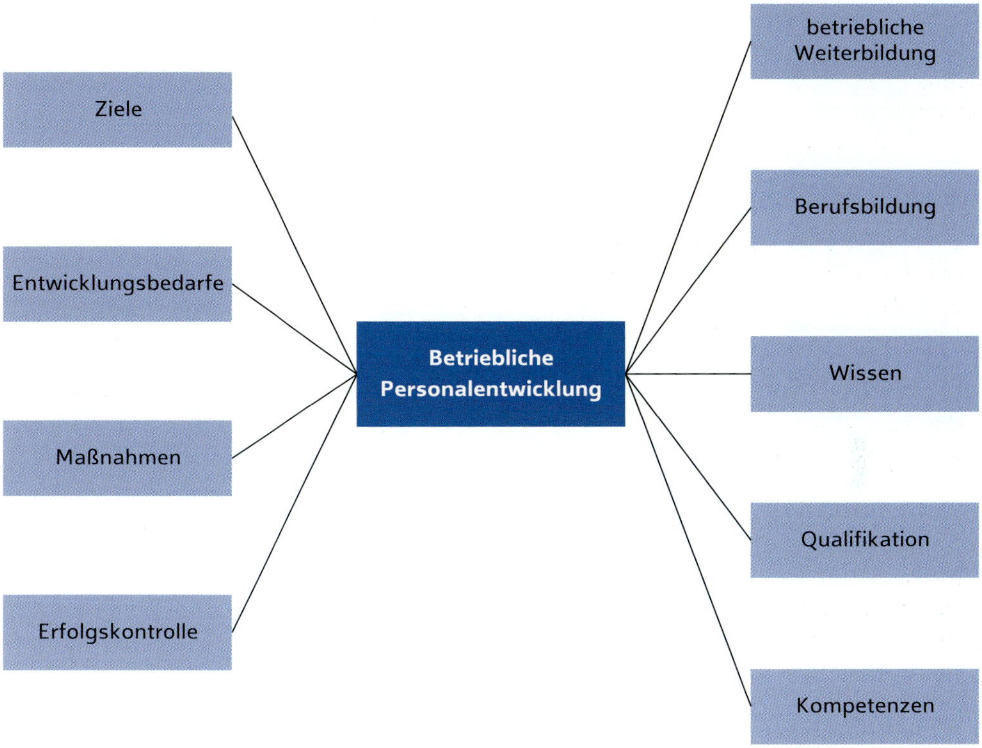

Kern einer Mindmap über die relevanten Begriffe der betrieblichen Personalentwicklung

Personalentwicklung – wichtige Begriffsabgrenzungen	
Bildung	Es gibt keine allgemeingültige Definition von Bildung. Unterschieden werden beispielsweise Allgemeinbildung, Berufsbildung, formale Bildung und Bildungsabschluss, moralische und sittliche Bildung. Der Begriff lädt dazu ein, darüber zu reflektieren, was Bildung ist und was einen gebildeten Menschen von einem ungebildeten unterscheidet (vgl. dazu den fachlichen Kontext).
Berufsbildung	§ 1 Abs. 1 BBiG definiert folgendermaßen: „Berufsbildung im Sinne dieses Gesetzes sind die Berufsausbildungsvorbereitung, die Berufsausbildung, die berufliche Fortbildung und die berufliche Umschulung."
Fortbildung	§ 1 Abs. 4 BBiG: „Die berufliche Fortbildung soll es ermöglichen, die berufliche Handlungsfähigkeit zu erhalten und anzupassen oder zu erweitern und beruflich aufzusteigen."

Personalentwicklung – wichtige Begriffsabgrenzungen	
(Berufs-)-Ausbildung	§ 1 Abs. 3 BBiG: „Die Berufsausbildung hat die für die Ausübung einer qualifizierten beruflichen Tätigkeit in einer sich wandelnden Arbeitswelt notwendigen beruflichen Fertigkeiten, Kenntnisse und Fähigkeiten (berufliche Handlungsfähigkeit) in einem geordneten Ausbildungsgang zu vermitteln. Sie hat ferner den Erwerb der erforderlichen Berufserfahrungen zu ermöglichen."
Umschulung	§ 1 Abs. 5 BBiG: Die berufliche Umschulung soll zu einer anderen beruflichen Tätigkeit befähigen.
Weiterbildung	Weiterbildung ist die „Fortsetzung oder Wiederaufnahme organisierten Lernens nach Abschluss einer unterschiedlich ausgedehnten ersten Ausbildungsphase (...) Das Ende der ersten Bildungsphase und damit der Beginn möglicher Weiterbildung ist in der Regel durch den Eintritt in die volle Erwerbstätigkeit gekennzeichnet (...) Das kurzfristige Anlernen oder Einarbeiten am Arbeitsplatz gehört nicht in den Rahmen der Weiterbildung." (Deutscher Bildungsrat, 1970)[1]
Wissen	Im Fernsehen macht Wissen „Ah!" oder kommt „vor acht", der „Planet Wissen" hat sechs Themenkontinente (Länder/Leute, Kultur/Medien, Politik/Geschichte, Sport/Freizeit, Natur/Technik, Alltag/Gesundheit) und viele Menschen kennen das geflügelte Wort „Ich weiß, dass ich nichts weiß", das immerhin älter als 2000 Jahre ist. Im Unterschied zu Überzeugungen und Glaubenssätzen ist Wissen *wahre Meinung*. Wissen besteht aus vernetzten (Einzel-)Informationen und ist anwendbar. Unter anderem kann man zwei Wissensarten unterscheiden: • **explizites Wissen**: Wissen, das der Person bewusst ist und das sie kommunizieren kann (z. B. Ordnung in einer Personalakte). • **implizites Wissen**: Wissen, das eine Person unbewusst nutzt (z. B. das sog. „Bauchgefühl" bei der Feststellung der Eignung eines Bewerbers für eine Stelle; der implizit Wissende kann nicht alles Wissen angeben, das er bei der Eignungsfeststellung nutzt).
Qualifikation	• Die **fachliche Qualifikation** umfasst alle Fähigkeiten, die unmittelbar für die Ausübung einer beruflichen Tätigkeit notwendig sind (Hard Skills). • Als **überfachliche Qualifikation** werden die Fähigkeiten bezeichnet, die mittelbar die Qualität der Arbeit beeinflussen (Soft Skills).
Kompetenz	Kompetenz ist ein Sammelbegriff für die Befähigung einer Person, bestimmte Tätigkeiten und/oder Probleme zu bewältigen. Die berufliche Handlungskompetenz beinhaltet folgende Kompetenzbereiche: • Fachkompetenz • Methodenkompetenz • Sozialkompetenz • Selbstkompetenz

Bd. 2, LF 5, 1.3.1

[1] *Quelle: Zit. nach BMBF, Berichtssystem Weiterbildung IX. Integrierter Gesamtbericht zur Weiterbildungssituation in Deutschland. Berlin 2006, S. 12.*

Im fachlichen Kontext

Wozu Bildung?

> „Jeder ungebildete Mensch ist die Karikatur von sich selbst."
> Friedrich Schlegel, deutscher Philosoph und Dichter

In den Begriffen Weiterbildung und Ausbildung steckt das Wort Bildung. Bei diesem Wort werden viele Menschen sogleich an die Schule als Bildungsinstitution denken. Doch Bildung ist kein schulischer Fachbegriff. Bildung ist ein Prozess, dem jeder Mensch täglich ausgesetzt ist, und gleichzeitig auch das Ergebnis dieses Prozesses. Bildung hört nicht auf, nur weil die Schulzeit endet. Das wäre so, als würde Veränderung nicht mehr stattfinden, nur weil man seinen 18. Geburtstag gefeiert hat. Wir kennen gebildete und ungebildete Menschen und können doch nicht sagen, was genau man wissen muss, um gebildet zu sein. Vor einigen Jahren erschien das Buch „Bildung. Alles, was man wissen muss" (Dietrich Schwanitz). Der Autor schreibt: „Gebildet ist erst der, der sein eigenes Wissen einordnen kann."[1] Inhaltlich fasst das Buch das zusammen, was man nach Ansicht des Autors wissen und was man können sollte. Leitmotiv für die Auswahl der relevanten Inhalte war für den Autor die Frage: Was trägt zu unserer Selbsterkenntnis bei?
Die Bedeutung der Bildung für den Einzelnen hebt Johannes Rau, Bundespräsident von 1999 bis 2004, hervor:

> „Jeder Segler weiß doch: Je rauer die See, desto wichtiger ist es, dass der Kompass funktioniert. Jeder Kletterer weiß doch: Je schwieriger die Bergwand ist, desto wichtiger ist die Sicherung.
> Das muss die Bildung den Menschen auch geben, vielleicht sogar in erster Linie: einen Kompass, der ihnen hilft, sich in einer Welt des raschen Wandels zu orientieren, und die innere Sicherungsleine, die sie hält, wenn einmal alle Stricke reißen."

Quelle: Rau, Johannes: Den ganzen Menschen bilden, in: Ders.: Den ganzen Menschen bilden – wider den Nützlichkeitszwang. Plädoyer für eine neue Bildungsreform, Beltz Verlag, Weinheim, 2004, S. 44

Roman Herzog, der Vorgänger von Johannes Rau im Präsidentenamt, betont vor allem den Zweck der Bildung:

> „Die Spatzen pfeifen es von den Dächern: Wissen ist heute die wichtigste Ressource in unserem rohstoffarmen Land. Wissen können wir aber nur durch Bildung erschließen. Wer sich den höchsten Lebensstandard, das beste Sozialsystem und den aufwendigsten Umweltschutz leisten will, muss auch das beste Bildungssystem haben. Außerdem ist Bildung ein unverzichtbares Mittel des sozialen Ausgleichs. Bildung ist der Schlüssel zum Arbeitsmarkt und noch immer die beste Prophylaxe gegen Arbeitslosigkeit. Sie hält die Mechanismen des sozialen Auf- und Abstiegs offen und hält damit unsere offenen Gesellschaften in Bewegung."

Quelle: Herzog, Roman: Aufbruch in der Bildungspolitik, in: Ders: Zukunft bauen. Erziehung und Bildung für das 21. Jahrhundert, DVA, Stuttgart, 1998, S. 67

„Was muss passieren, damit Wissen zu Bildung wird?" – Ein Podcast zum Thema findet sich unter dieser Internetadresse: www.youtube.com/watch?v=w-6IrgfOqTI
„Bildung – was ist das eigentlich?" – Ein Artikel zum Thema finden Sie unter www.bildungsxperten.net/wissen/was-ist-bildung/

---

[1] *Quelle: Schwanitz, Dietrich: Bildung. Alles, was man wissen muss, 22. Auflage, Goldmann-Verlag, München, 2002, S. 620*

4.1.1 Ziele und Aufgaben

Hauptziel der Personalentwicklung ist die Sicherung der für die Leistungserstellung und die Unternehmensentwicklung notwendigen Qualifikationen und Kompetenzen, damit das Unternehmen langfristig erfolgreich am Markt bestehen kann. Die Entwicklung der Mitarbeiter kann aber nicht nur aus der Blickrichtung des Unternehmens betrachtet werden: An der Entwicklung ist der einzelne Mitarbeiter wesentlich beteiligt. Er entfaltet sich und seine Fähigkeiten, was ohne die Einbindung und das aktive Zutun des Mitarbeiters gar nicht möglich ist. Die Ziele der Personalentwicklung müssen daher differenziert aus der Perspektive des Unternehmens und des Mitarbeiters betrachtet werden.

Ziele und Aufgaben der PE aus Sicht der Unternehmung	
Sicherstellung der für die Leistungserstellung notwendigen personellen Basis	Verbesserung der betrieblichen Abläufe und Ergebnisse zur Sicherstellung der Wettbewerbsfähigkeit
• Sicherstellung des notwendigen Bestands an Fach- und Führungskräften durch Aufstiegsqualifizierungen • Effizienter Personaleinsatz, auch: Entdeckung von Fehlbesetzungen innerhalb des Unternehmens • Ermittlung und Entwicklung von Nachwuchsführungskräften im Rahmen von Nachfolgeplanungen (High Potencials) • Gewinnung einer größeren Unabhängigkeit vom externen Arbeitsmarkt • Erhaltung, Anpassung und Verbesserung der fachlichen Qualifikationen • Anpassung der Qualifikationen an sich ändernde rechtliche, technologische und Marktbedingungen • ...	• Verbesserung der Leistungsbereitschaft und Motivation der Beschäftigten • Verbesserung der innerbetrieblichen Kooperation und Kommunikation durch Aufbau/Ausbau der sozialen Kompetenzen • Verbesserung des Kostenbewusstseins und -verständnisses • Erhöhung der Arbeitszufriedenheit und ggf. auch Verringerung der (Früh-)Fluktuationsquote • Verbesserung des Betriebsklimas und des Employer Brands • ...

Ziele und Aufgaben der PE aus Sicht des Mitarbeiters
• Möglichkeiten für die persönliche Entfaltung und Selbstverwirklichung durch höhere Qualifikation und bessere Einsatzmöglichkeiten • Schaffung der Grundlagen für die persönliche Karriere • Streben nach Anerkennung im privaten und beruflichen Umfeld • Höhere Arbeitszufriedenheit durch neue und erweiterte Aufgaben und berufliche Erfolgserlebnisse • Erhöhung der Flexibilität im Unternehmen und am externen Arbeitsmarkt mit dem Ziel, das Erwerbs- und Einkommensrisiko zu mindern • Erhalt und Verbesserung der Beschäftigungsmöglichkeiten (Employability) • Sicherung und Verbesserung des Einkommens und der finanziellen Unabhängigkeit • ...

Die Ziele des Unternehmens und die Ziele des Mitarbeiters können sich im Einzelfall durchaus widersprechen (Zielkonflikte). Zusätzlich schwierig ist es, wenn Unternehmen und Mitarbeiter mit unterschiedlichen Erwartungen an konkrete Maßnahmen herangehen.

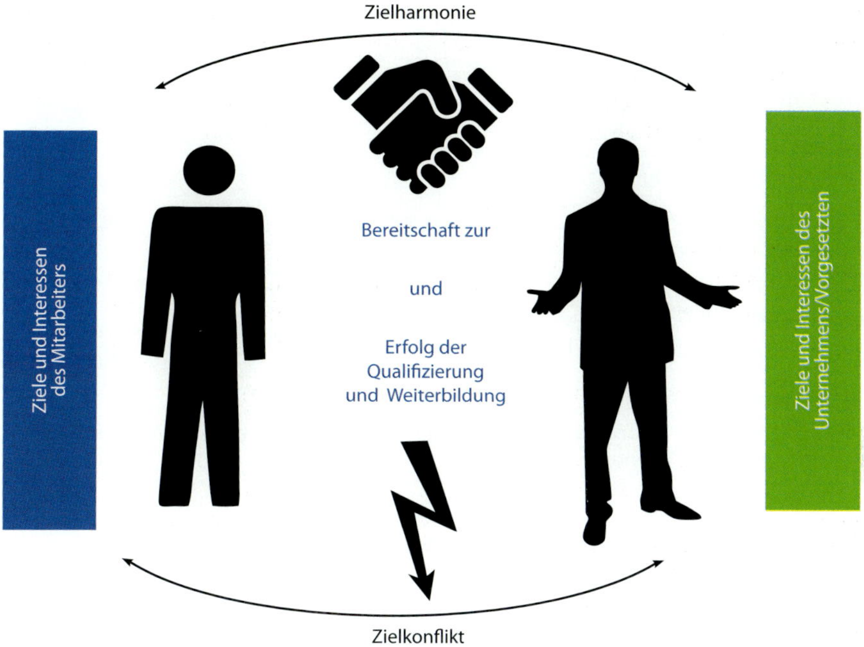

Beispiel

Der Vorgesetzte einer Abteilung schlägt den jungen Mitarbeiter Jens Siebert für die Teilnahme am Führungskräftetraining vor. Jens Siebert plant, in den nächsten zwei Jahren das Unternehmen wieder zu verlassen, um dann den Traumjob bei einem Großunternehmen in Stuttgart anzunehmen.

Motivation der Unternehmen für betriebliche Weiterbildung

Auf Innovations- und Unternehmenserfolg gerichtet:	Ja	Nein	Keine Angabe
Die Resultate betrieblicher Weiterbildung tragen zur Wertschöpfung und zum Geschäftserfolg bei.	86,8	5,5	7,7
Durch Weiterbildung steigen die Leistungsfähigkeit und Produktivität unserer Mitarbeiter.	84,8	7,9	7,3
Weiterbildung trägt zur Sicherung der Innovationsfähigkeit unseres Unternehmens bei.	79,3	11,4	9,2
Durch die Einführung neuer Technologien und/oder veränderter Arbeitsprozesse entsteht Qualifizierungsbedarf der Mitarbeiter.	61,1	29,5	9,4

Personalpolitisch motiviert:	Ja	Nein	Keine Angabe
Mit Weiterbildung können wir die Kompetenzen der Mitarbeiter angemessen fördern.	87,9	4,9	7,2
Weiterbildung erhöht die Motivation und Arbeitszufriedenheit der Mitarbeiter.	80,8	11,7	7,5
Weiterbildung trägt zur Mitarbeiterbindung bei.	68,7	23,8	7,5
Weiterbildung ist ein zentraler Bestandteil unserer strategischen Personalentwicklung.	65,2	27,2	7,5
Weiterbildung erhöht die Beschäftigungsfähigkeit älterer Mitarbeiter, sodass wir wertvolles Wissen und Erfahrungen länger im Unternehmen nutzen können.	62,8	29,1	8,1
Weiterbildung erhöht die Attraktivität des Unternehmens für neue Mitarbeiter und erleichtert die Rekrutierung.	56,0	35,4	8,6

Angaben in Prozent, n = 2 100, Rest zu 100: weiß nicht/keine Angabe

Quelle: Seyda, Susanne/Werner, Dirk: IW-Weiterbildungserhebung 2011 – Gestiegenes Weiterbildungsvolumen bei konstanten Kosten, in: IW-Trends 1/2012, S. 9

4.1.2 Qualitätskriterien einer zukunftsorientierten Personalentwicklung

Einen Mitarbeiter zu einer Schulung zu schicken, macht noch keine Personalentwicklung. Gleiches gilt für einmalige Qualifizierungsanstrengungen, die sich etwa im Zusammenhang mit einer neuen Software ergeben. Nicht jede einzelne Qualifizierungsmaßnahme ist eine systematische und planvolle Personalentwicklung. Der Stellenwert der Personalentwicklung in einem Unternehmen lässt sich nicht an der Anzahl der Seminare oder an der Höhe der Ausgaben für Schulungen ablesen. Sprichwörtlich ist der „Seminartourismus“ bzw. „Fortbildungstourismus“: Mitarbeiter nehmen an Schulungen teil, nicht um die eigene Kompetenz zu entwickeln, sondern um sich mit Kollegen zu amüsieren und aus den normalen Arbeitsabläufen auszubrechen. Hintergrund sind häufig Veranstaltungsinhalte, die sich nicht auf den Arbeitsbereich beziehen, oder auch eine fehlende Kontrolle der Wirksamkeit der Seminarbesuche (siehe auch Kapitel 4.3.5).

Eine zukunftsorientierte Personalentwicklung zeichnet sich durch folgende Eigenschaften aus:

- Die Personalentwicklung ist langfristig angelegt.
- Der Sinn und die Bedeutung der ausgewählten Maßnahmen werden verständlich kommuniziert und von den Mitarbeitern nachvollzogen.
- Die Entwicklung des Mitarbeiters steht im Vordergrund.
- Die Personalentwicklungsplanung ist mit anderen strategisch bedeutsamen Unternehmensbereichen verzahnt.
- Die Personalentwicklung wird nicht von oben herab geplant, sondern wird unter Einbeziehung der jeweiligen Vorgesetzten und Verantwortlichen dezentral „vor Ort“ abgestimmt.

„Ist das alles, was Sie in Ihrem Personalentwicklungsseminar gelernt haben, Reuter?"

Die Verfahrensqualität der Personalentwicklung kann beispielsweise nach den Qualitätsnormen DIN EN ISO 9000ff. zertifiziert werden. Damit ist keine inhaltliche Beurteilung verbunden, sondern eine prozessbezogene. Diese Qualitätsnorm kann entweder für die betriebliche Personalentwicklung angewendet werden oder ein Auswahlkriterium für die Auswahl externer Anbieter von Weiterbildung sein.

4.1.3 Die Rechte der Arbeitnehmer und des Betriebsrates

Das Betriebsverfassungsrecht legt einige Rechte für Arbeitnehmer und Betriebsrat im Zusammenhang mit der Personalentwicklung fest.

Rechte des Arbeitnehmers

Grundsätzlich sind der Arbeitgeber und der Betriebsrat nach §75 Abs. 2 BetrVG dazu verpflichtet,

> „die freie Entfaltung der im Betrieb beschäftigten Arbeitnehmer zu schützen und zu fördern."

Der Schutzaspekt bezieht sich auf die allgemeinen Persönlichkeitsrechte des Arbeitnehmers (Wahrung der Ehre, Achtung des Privatlebens und der Intimsphäre, Recht auf informationelle Selbstbestimmung). Die Förderung bedeutet, dass der Arbeitgeber darum bemüht sein muss,

> „dass sich der Arbeitnehmer entsprechend seinen Fähigkeiten entwickelt und möglichst auch entsprechend beschäftigt wird."

Quelle: Bundesministerium für Arbeit und Soziales: Übersicht über das Arbeitsrecht/Arbeitsschutzrecht, BW Bildung und Wissen, 2010, S. 392, Tz 284

Direkte Mitbestimmungsrechte für die Personalentwicklung ergeben sich für den Arbeitnehmer dadurch nicht; diese sind dem Betriebsrat als Interessenvertretung der Arbeitnehmer zugewiesen.

Aufgaben und Rechte des Betriebsrates

Im Zusammenhang mit der Berufsbildung hat der Betriebsrat einige Mitbestimmungsrechte, die ihm eine gleichberechtigte Mitwirkung an Entscheidungen des Arbeitgebers ermöglichen. Dazu gehören folgende Rechte:

Aufgaben	BetrVG	Bedeutung für Personalentwicklung
Zustimmungsrecht bei der Aufstellung von Richtlinien für die personelle Auswahl	§95	Auswahlkriterien für Versetzungen, Umgruppierungen, die zu veränderten Einsatzbereichen und damit verbundenen Schulungen führen.
Mitbestimmungsrecht bei der Förderung der Berufsbildung	§96 Abs. 1	Der Betriebsrat kann verlangen, dass der Arbeitgeber den Bildungsbedarf erhebt; er kann Vorschläge für die Berufsbildung machen, die der Arbeitgeber mit ihm besprechen muss.
Einführung, Organisation und Durchführung von betrieblichen und außerbetrieblichen Maßnahmen der Berufsbildung	§96 Abs. 2 §97 §98	Der Betriebsrat muss darauf achten, dass die Teilnahme an Bildungsmaßnahmen ermöglicht wird (Überwachungsaufgabe). Er hat ein Beratungsrecht bei der Gestaltung der betrieblichen und außerbetrieblichen Maßnahmen. Ergeben sich Änderungen in der Arbeitsorganisation und in den betrieblichen Abläufen, kann der Betriebsrat über geeignete Maßnahmen zur Anpassung der Qualifikationen mitbestimmen. Er kann Personen ablehnen, die seiner Meinung nach nicht für die Durchführung der betrieblichen Berufsbildung (Ausbilder) geeignet sind.
Berücksichtigung besonderer Zielgruppen	§96 Abs. 2	Genannt sind ältere Arbeitnehmer, Teilzeitbeschäftigte und Arbeitnehmer mit Familienpflichten.
Einführung der Gruppenarbeit (Änderung der Arbeitsstrukturierung)	§87 Abs. 1 Ziffer 13	Teilautonome Arbeitsgruppen sind eine Möglichkeit, durch die Veränderung der Arbeitsstrukturierung Mitarbeiter zu fördern und zu entwickeln (vgl. auch 4.3.3).
Änderung der Arbeitsplätze	§91	Änderungen bei den Aufgaben und Tätigkeiten können einen Entwicklungsbedarf auslösen.

Auch die Betriebsratsmitglieder selbst können einen Qualifizierungsbedarf für die Tätigkeit als Betriebsrat haben; in solchen Fällen muss der Arbeitgeber die Kosten für die Teilnahme an geeigneten Veranstaltungen tragen. In der Praxis kommt es manchmal zu Problemen und Konflikten über die Eignung bestimmter Maßnahmen. Grundsätzlich gilt, dass die Inhalte einer solchen Veranstaltung zu mehr als 50% mit der Tätigkeit und den aktuellen Aufgaben im Betriebsrat zu tun haben müssen. Die Kosten für solche Veranstaltungen sollen „verhältnismäßig" sein.

4.2 Personalentwicklung in Deutschland

Die Bedeutung der Personalentwicklung in den Unternehmen hat seit den 1970er Jahren deutlich zugenommen.

Im fachlichen Kontext

Gründe für die zunehmende Bedeutung der Personalentwicklung
Veränderungen in den wirtschaftlichen Produktions- und Konsumweisen bringen es mit sich, dass sich Strukturen, Abläufe und Ansprüche in den Unternehmen ändern. Im Einzelnen sind dies:

- Technischer/technologischer Fortschritt,
- kürzere Produktlebenszyklen,
- dynamische Veränderung der Märkte durch neue Marktteilnehmer und Veränderungen in den politischen und rechtlichen Rahmenbedingungen,
- zunehmende Internationalisierung und Globalisierung,
- zunehmende Bedeutung der Forschungs-, Entwicklungs-, und Beratungstätigkeit,
- Verkürzung der sog. Halbwertzeit des Wissens, also der Zeitspanne, in der das Wissen nur noch zur Hälfte aktuell ist (s. Abbildung),
- arbeitsteilige und vernetzte Kommunikations- und Produktionsbedingungen,
- Veränderung hin zu einer Wissensgesellschaft mit „Bildung als wichtigstem Rohstoff".

Halbwertzeit des Wissens

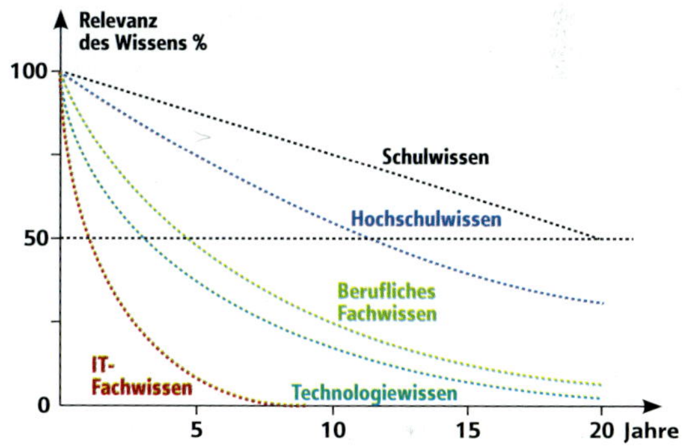

Die genannten Veränderungen treffen die Unternehmen, aber auch jeden einzelnen Erwerbstätigen:

Für die Erwerbstätigen ergibt sich die Anforderung, eigene Anstrengungen zu unternehmen, um auf dem Laufenden zu bleiben. Die Forderung des **lebenslangen Lernens** gilt dabei unabhängig von einem konkreten Arbeitsverhältnis. Bezogen auf den Einzelnen beinhaltet das Konzept des lebenslangen Lernens die Anforderung, sich ständig weiterzubilden, um auf dem Laufenden zu bleiben. Dies ist die Voraussetzung für die Fähigkeit zum eigenständigen und selbstgesteuerten Lernen. Im politischen Bereich bezieht sich lebenslanges Lernen auf die Mission, die Voraussetzungen für die individuellen Lernprozesse zu schaffen: Dazu gehören etwa Fördermaßnahmen, die Verbesserung von Bildungschancen, die Erhöhung der Durchlässigkeit des Bildungssystems und die Anerkennung von informellen Lernprozessen (z. B. durch Kompetenz- und Profilpässe).

Definition

Humanvermögen ist die Summe der Fähigkeiten und Fertigkeiten einer Person. Ähnlich verwendet wird auch der Begriff Humankapital (Human Capital). Es gibt Versuche, die Höhe des Humanvermögens zu bewerten als Summe aller zukünftigen Einkommen einer Person. Als Human Resources (HR) bildet die Summe des Humanvermögens aller Mitarbeiter das Leistungspotenzial des Unternehmens.

Die Sicht auf die menschlichen Fähigkeiten und Fertigkeiten als Vermögen ermöglicht weitere Einsichten: der Aufbau von (Human-)Vermögen erfordert Aufwendungen in Form von Zeit und Geld (Investitionen), verschiedene Einflüsse können das Humanvermögen entwerten (technischer Fortschritt, „Vergessen"). Humanvermögen kann in verschiedener Weise verwendet werden (Beruf, Aufstieg, privater Lebensbereich). Die Analogie zur Sachinvestition führt auch zu der Frage: Unter welchen Bedingungen wird in Humanvermögen investiert?

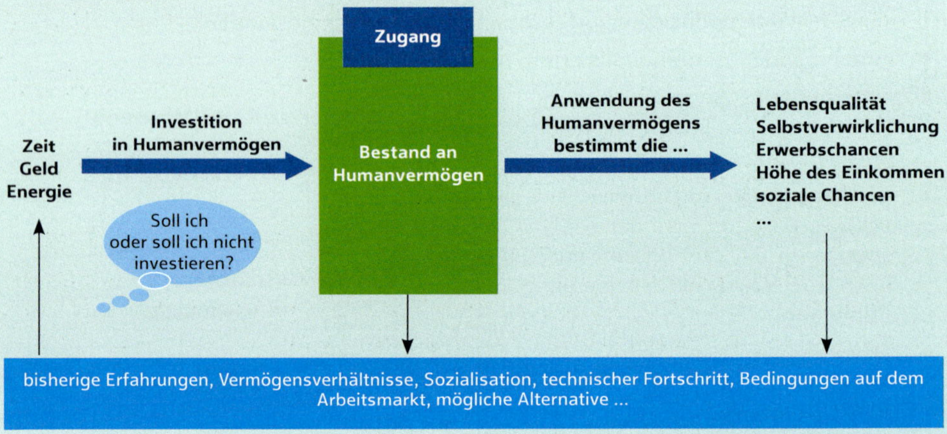

4.2.1 Bedeutung und Entwicklung der betrieblichen Weiterbildung

Für die Darstellung der Bedeutung der betrieblichen Weiterbildung können folgende Indikatoren herangezogen werden:

- Teilnehmerfälle und Teilnehmerquoten
- Anzahl und Dauer von PE-Maßnahmen
- Kosten je Teilnehmer
- Ausgaben für die betriebliche Weiterbildung

Beteiligung an betrieblicher Weiterbildung weiterhin auf hohem Niveau

Im Jahr 2016 haben sich 84,7 Prozent der deutschen Unternehmen an betrieblicher Weiterbildung beteiligt. Damit hat sich die Weiterbildungsaktivität auf hohem Niveau stabilisiert.

Formen der betrieblichen Weiterbildung

Anteil der Unternehmen, in Prozent

	2007	2010	2013	2016
Lehrveranstaltungen	76,0	75,1	77,9	78,4
Informationsveranstaltungen	74,0	68,8	74,9	79,4
Lernen im Prozess der Arbeit	71,3	68,2	77,1	78,2
Selbstgesteuertes Lernen mit Medien	69,8	63,0	72,5	76,5
Weiterbildug insgesamt	83,4	83,2	86,0	84,7
Fallzahl	1.729	2.254	1.845	1.706

Quellen : IW-Weiterbildungserhebungen 2008, 2012, 2014, 2017; Institut der deutschen Wirtschaft Köln

Institut der deutschen Wirtschaft Köln

Quelle: https://www.iwkoeln.de/fileadmin/publikationen/2017/369145/IW-Trends_2017-04_Seyda_Placke.pdf

Susanne Seyda / Beate Placke, Die neunte IW-Weiterbildungserhebung. Kosten und Nutzen betrieblicher Weiterbildung; IW-Trends, 44. Jg. Nr. 4, S. 5, Herausgegeben vom Institut der deutschen Wirtschaft Köln, 2017

Der IW-Trendbericht 2017 zur Lage und Entwicklung der betrieblichen Weiterbildung trägt folgende Beobachtungen zusammen:

- Rund 85 Prozent der Unternehmen in Deutschland waren im Jahr 2016 in der Weiterbildung aktiv.
- Sie nutzen einen breiten Methodenmix, um ihre Mitarbeiter zu qualifizieren.
- In den letzten Jahren ist vor allem eine Zunahme der informellen Formen der Weiterbildung – Informationsveranstaltungen, Lernen im Arbeitsprozess und selbstgesteuertes Lernen mit Medien – zu beobachten.
- Die deutsche Wirtschaft hat im [Jahr 2016] 33,5 Milliarden Euro in Weiterbildung investiert.
- Davon entfallen 17,6 Milliarden Euro auf direkte Kosten wie Teilnahmegebühren oder Aufwendungen für Dozenten. Das sind nominal gut 11 Prozent mehr als im Jahr 2013.
- Durchschnittlich hat sich jeder Mitarbeiter 17,3 Stunden weiterqualifiziert.
- Kleine Unternehmen sind zwar seltener weiterbildungsaktiv, aber wenn sie ihre Mitarbeiter weiterbilden, dann investieren sie mehr Zeit und Geld pro Kopf als größere Unternehmen.

Seyda, Susanne / Placke, Beate: Die neunte IW-Weiterbildungserhebung. Kosten und Nutzen betrieblicher Weiterbildung. In: IW-Trends, 44. Jg. Nr. 4, Herausgegeben vom Institut der deutschen Wirtschaft Köln 2017, S. 3, online verfügbar unter: https://www.iwkoeln.de/fileadmin/publikationen/2017/369145/IW-Trends_2017-04_Seyda_Placke.pdf, zuletzt abgerufen am 13.6.2018 (verändert)

Entwicklung der Gesamtkosten
in Milliarden Euro

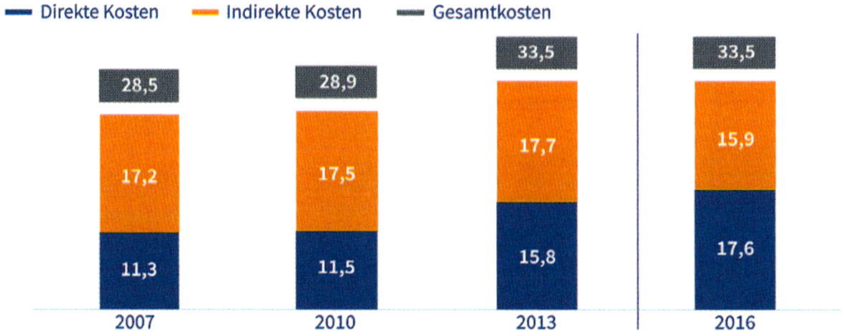

Daten für 2016 sind aufgrund der veränderten Erhebungsmethode nicht unmittelbar mit den Vorjahren vergleichbar.
Hochgerechnet mit Daten für sozialversicherungspflichtig Beschäftigte nach der Revision der Beschäftigtenstatistik im August 2014.
Quellen: IW-Weiterbildungserhebungen 2008, 2012, 2014, 2017; Institut der deutschen Wirtschaft Köln

Institut der deutschen Wirtschaft Köln

Quelle: Susanne Seyda / Beate Placke, Die neunte IW-Weiterbildungserhebung. Kosten und Nutzen betrieblicher Weiterbildung. IW-Trends, 44. Jg. Nr. 4, Herausgegeben vom Institut der deutschen Wirtschaft Köln 2017, S. 10
https://www.iwkoeln.de/fileadmin/publikationen/2017/369145/IW-Trends_2017-04_Seyda_Placke.pdf

Definition

Direkte Kosten sind alle Kosten, die mit einer Weiterbildungsmaßnahme direkt entstehen: Honorare, Teilnehmergebühren, Reise-, Verpflegungs- und Übernachtungskosten, Medien, Materialien, Mieten; **indirekte Kosten** entstehen durch den Ausfall von Arbeitsstunden.

Motive, Weiterbildung im Unternehmen anzubieten
Anteil der Unternehmen, die das Motiv nennen, Mehrfachantworten, in Prozent, 2016

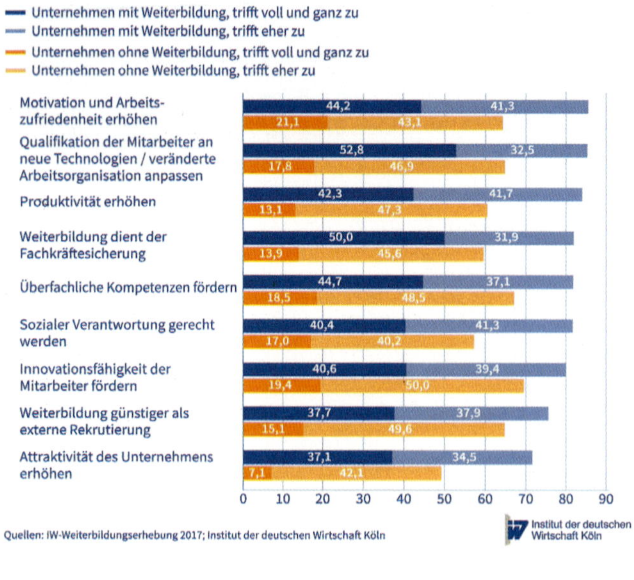

Quellen: IW-Weiterbildungserhebung 2017; Institut der deutschen Wirtschaft Köln

Institut der deutschen Wirtschaft Köln

Schwerpunkte der Personalentwicklung seit den 1970er Jahren

Die betriebliche Personalentwicklung richtet sich auf Erhalt und Verbesserung der Qualifikation der Mitarbeiter und der Wettbewerbsfähigkeit des Unternehmens. Was genau die Wettbewerbsfähigkeit verbessert, ist abhängig von den jeweils herrschenden wirtschaftlichen Bedingungen, die sich im Zeitablauf ändern. Es ist daher naheliegend, dass sich auch die Themenfelder der Personalentwicklung verändern. Seit ihrer Verankerung in Unternehmen als eigenständige Aufgabe des Personalwesens in den 1970er Jahren können daher verschiedene Phasen mit eigenen Themenschwerpunkten unterschieden werden:

Zusammenfassung der Phasen der Personalentwicklung			
Zeit	**Phase**	**Schlagwort**	**Maßnahmen der PE**
70er Jahre	1. Pionierphase	Humanisierung der Arbeit	technische Qualifizierung Team- und Projektarbeit
1980–1984	2. Institutionalisierung	Standardisierte PE	Mitarbeiterorientierung
1985–1989	3. Strategische Neuorientierung	Individualisierte PE	Mehrfachqualifikationen, individualisierte PE
1990–1997	4. Legitimation	Kostenkontrollierte PE	Outsourcing, Bildungscontrolling, organisationales Lernen
1998–2001	5. Etablierung	Strategische PE	kompetenzorientierte u. strategische PE, Wertschöpfung
2002–2004	6. Konsolidierung	Multimediale PE	E-Learning, Blended Learning, Prozessbegleitung
seit 2005	7. Spezialisierung	Demografiemanagement in der PE	Diversity Management, Work-Life-Balance, Employability. Gewinnung v. High Potentials

Quelle: Mandel, Wiebke/Pawlowsky, Peter: Personalentwicklung in Deutschland im Wandel der Zeit. FOKUS prints 09/09, S. 23, unter: www.tu-chemnitz.de/wirtschaft/bwl6/publikationen/publikation_download.php?NR=219, dort: S. 27, zuletzt abgerufen am 24.10.2017

4.2.2 Qualifizierung in der Zeitarbeit

Im Vergleich zu anderen Branchen bzw. zum Durchschnitt aller Unternehmen ist der Umfang der betrieblichen Weiterbildung für Zeitarbeitnehmer gering. Das bezieht sich vor allem auf die formale Weiterbildung, worunter Seminare, Kurse und Lehrgänge und dgl. fallen. In letzter Zeit, vor allem im Zusammenhang mit dem vielbesprochenen Fachkräftemangel, ist Qualifizierung in der Zeitarbeit zu einem wichtigen Thema geworden. **Bd. 1, LF 4, 2.1.1**

Recherchetipp

Der Bundesarbeitgeberverband der Personaldienstleister (BAP) veröffentlichte Ende 2012 das Buch „Qualifizierung von Zeitarbeitskräften"; vgl. dazu die Presseinformation unter https://www.personaldienstleister.de/presse/pressemitteilung/bap-publikation-zu-aus-und-weiterbildungen-fuer-zeitarbeitnehmer.html.
Auf der Internetseite des Interessenverbands Deutscher Zeitarbeitsunternehmen e. V. (iGZ) finden sich verschiedene Artikel und Videos zur Bedeutung der Weiterbildung für die Zeitarbeit; beispielhaft sei hier genannt: http://ig-zeitarbeit.de/presse/artikel/zeitarbeitsunternehmen-setzen-auf-weiterbildung.
In der Zeitschrift BWP des Bundesinstituts für Berufsbildung (BiBB) stellen die Autorinnen Monika Sossna und Melanie Pohner „Qualifizierungskonzepte in der Zeitarbeit. Anforderungen aus Sicht der Beschäftigten" vor. Download unter https://www.bibb.de/veroeffentlichungen/de/publication/download/6454.
Flex4Work ist ein vom Bundesministerium für Bildung und Forschung (BMBF) gefördertes Forschungsprojekt zu Einsatz, Erfolgsfaktoren, Beschränkungen und Perspektiven der Flexibilisierung der Arbeit; Schwerpunkt ist in diesem Forschungsprojekt die Zeitarbeit. Die Forschungsergebnisse werden veröffentlicht; weitere Informationen unter www.balanceonline.org/projekte/flex4work.

Qualifizierungspraxis bei atypischen Beschäftigungsverhältnissen im Vergleich

Der Begriff atypische Beschäftigung ist ein Sammelbegriff für Erwerbsformen, die vom sog. Normalarbeitsverhältnis abweichen. Ein typisches Arbeitsverhältnis ist gekennzeichnet durch

- den zeitlichen Umfang als Vollzeitarbeitsverhältnis;
- die beabsichtigte zeitliche Dauer als unbefristetes Arbeitsverhältnis;
- den sozialversicherungsrechtlichen Status als sozialversicherungspflichtiges Arbeitsverhältnis mit materieller Absicherung im Krankheits- und Pflegefall, im Alter, bei Eintreten der Arbeitslosigkeit;
- die Einheit von Arbeitgeber und Einsatzunternehmen.

Recherchetipp

https://www.boeckler.de/tools/atypischebeschaeftigung/index.php#result
Datenbank zur Verbreitung und Verteilung der atypischen Beschäftigung in Deutschland

In den vergangenen zehn Jahren hat die Zahl der atypisch Beschäftigten deutlich zugenommen.
Unterschieden werden folgende Erwerbsformen mit folgenden Beschäftigtenzahlen, wobei es Überscheidungen gibt (z. B. Teilzeit- und geringfügige Beschäftigung):

Erwerbsform	Anteil in %
in % an allen Beschäftigten	39,6 %
Teilzeitbeschäftigung	23 %
Geringfügige Beschäftigung, ausschließlich	14,1 %
Beschäftigung als Zeitarbeitnehmer	2,6 %

Bei dem Zugang zur betrieblichen Weiterbildung gibt es deutliche Unterschiede zwischen den atypisch Beschäftigten.

	Anteil der Unternehmen mit Teilzeitbeschäftigten in %	Anteil der Unternehmen mit befristeten Beschäftigten in %	Anteil der Unternehmen mit Zeitarbeitnehmern in %
Anteil der Unternehmen, die folgende Lernformen anbieten ...			
Interne Lehrveranstaltungen	69	62	44
Externe Lernveranstaltungen	78	67	30
Unterweisungen/Einarbeitung	77	70	64
Job Rotation/Austauschprogramme	15	20	6
Lernzirkel/Qualitätszirkel	17	22	12
Selbstgesteuertes Lernen	33	28	4
Informationsveranstaltungen	89	77	41

Quelle: Fischer, Hajo; Bouncken, Ricarda B., Qualifizierung in der Zeitarbeit. Defizite, Rahmenbedingungen und Handlungsempfehlungen im Lichte empirischer Untersuchungen, Bayreuth Reports on Strategy, Bayreuth 2011, S. 5, https://d-nb.info/1010409913/34, zuletzt abgerufen am 15.05.2018 (verändert)

Das Qualifizierungsdilemma in der Zeitarbeit

Aufgrund des vertraglichen Dreiecksverhältnisses der Zeitarbeit, an dem das Kundenunternehmen, das Zeitarbeitsunternehmen und der Zeitarbeitnehmer beteiligt sind, unterscheiden sich die Bedingungen deutlich, die für bzw. gegen eine planvolle Personalentwicklung, die betriebliche Weiterbildung und die Qualifizierung sprechen. Dabei ist vor allem das Zeitarbeitsunternehmen in einer Zwickmühle: Aus seiner Sicht sind Qualifizierungen der externen Mitarbeiter mit Kosten verbunden. Es besteht zwar die Möglichkeit, diesen Kosten ggf. höhere Verrechnungspreise durch Überlassung in qualifiziertere Tätigkeiten gegenüberzustellen. Gleichzeitig droht aber die Gefahr, dass die besser qualifizierten Zeitarbeitnehmer eher vom Entleihunternehmen übernommen werden. In diesem Fall stehen den Qualifizierungskosten keine entsprechenden Einnahmen gegenüber („Entscheidungsdilemma").

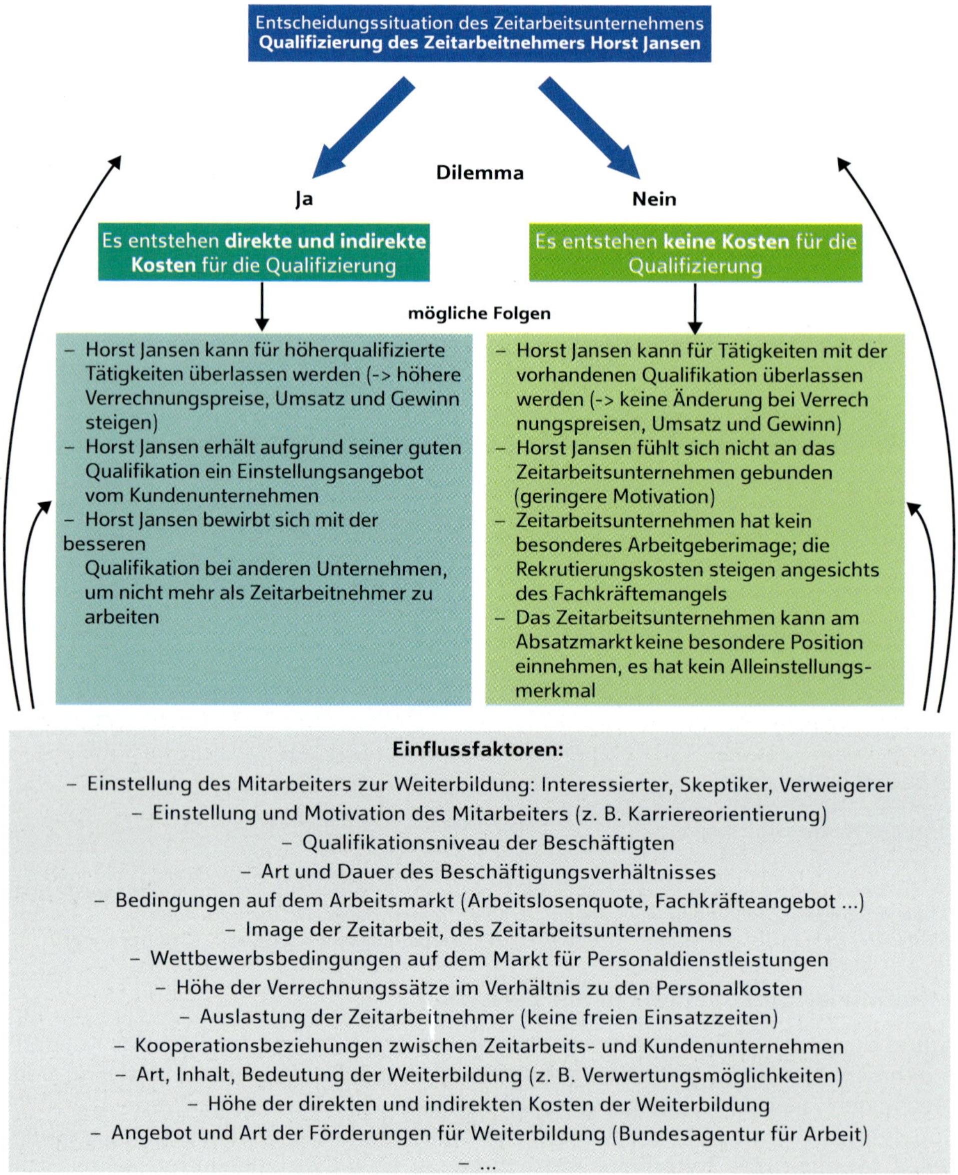

Lösungsideen und Best Practice

In der Praxis gibt es verschiedene Ansätze, die grundsätzlichen Probleme der Qualifizierung in der Zeitarbeit zu lösen.

Zusammenarbeit bei Qualifizierungsmaßnahmen

„Die passende Fachkraft zur Maschine"

Bei DMG (Deckel Maho Gildemeister), Europas führendem Hersteller von spanenden Werkzeugmaschinen mit Sitz in Gütersloh, registrierte das Management, dass die Kunden nicht nur Interesse an Spitzentechnologie haben, sondern auch gut ausgebildete Zerspaner und Maschinenbediener suchen, um die Technologien produktiv einsetzen zu können. Allerdings wird es zunehmend schwieriger, gut ausgebildete Fachkräfte zu finden, so Dr. Thorsten Schmidt, Gildemeister-Vorstand Vertrieb und Service. Da entstand die Idee, zusammen mit Randstad das Projekt „Die passende Fachkraft zur Maschine" aufzusetzen. Der Personaldienstleister sucht im Vorfeld die Bewerber aus, die sich für die fachliche Qualifizierung im CNC-Fräsen und -Drehen eignen, schlägt sie DMG vor und stellt sie schließlich als Zeitarbeitnehmer ein. An zwei Standorten in Deutschland können dann die Mitarbeiter die Ausbildung zum Zerspaner absolvieren. Je nach Vorbildung lernen sie bis zu sechs Monaten in CNC-Trainingscentern von DMG. Die ausgebildeten Fachkräfte werden anschließend von Randstad den Kundenunternehmen von DMG überlassen.

Quelle: Siemann, Christiane: Offensiv gegen den Facharbeitermangel, in: Personalwirtschaft Sonderheft 10/2011, S. 26

Förderung durch die Bundesagentur für Arbeit

Joint Venture im Logistikbereich

Der Personaldienstleister Argo Personal Service wählte den Weg des Joint Venture mit der Andreas Schmid Logistik. Gemeinsam hat man sich auf die Weiterqualifizierung von Fachkräften für die Logistikbranche spezialisiert. Die Ausbildung dauert acht bis 16 Wochen und umfasst die Bedienung unterschiedlichster Flurfördergeräte, Lagerhaltungsmethoden, den Umgang mit Lagerwirtschaftssystemen, verschiedenste Kommissionier-Methoden, Buchungsvorgänge und Verwaltungsaufgaben. Während sich Ausbildungspartner Andreas Schmid Logistik um die praktische Qualifizierung kümmert, ist A/S Logcare für alle Belange des Personalmanagements auf Kundenseite und die administrative Abwicklung zuständig. [...]

In den letzten 18 Monaten hat Argo rund 75 Teilnehmer in der Metallindustrie und Logistik qualifiziert. Christian Sommer, Argo-Leiter für Weiterbildung und Qualifizierung: „Unsere Projekte wenden sich insbesondere an die Zielgruppe der Geringqualifizierten unterhalb des Facharbeiterniveaus, die als arbeitsuchend von der Bundesagentur für Arbeit betreut werden. Bei persönlich-fachlicher Eignung und Förderfähigkeit bleibt der Teilnehmer während der Weiterbildung im Leistungsbezug der Bundesagentur, die auch die anfallenden Weiterbildungskosten übernimmt." [...] „Die jetzigen Weiterbildungsaktivitäten basieren auf einer Finanzierung über öffentlich geförderte Weiterbildung. Denn die Kosten können Personaldienstleister nicht alleine tragen und die Kundenbetriebe wollen sie auch nicht alleine tragen", sagt Christian Sommer von Argo. Der Leiter für Weiterbildung beim Personaldienstleister wünscht sich eine Art Mischfinanzierung mit einem angemessen hohen Anteil öffentlicher Förderung im Rahmen neuartiger Finanzierungsmodelle.

Quelle: Siemann, Christiane: Offensiv gegen den Facharbeitermangel, in: Personalwirtschaft Sonderheft 10/2011, S. 27

Anpassung der Förderprogramme

Im Rhythmus der Zeitarbeit

[...] Denn Weiterbildung ist für Zeitarbeitsunternehmen vor allen Dingen auch ein organisatorisches Problem. So heißt es bei Adecco: „Spezielle Bedingungen, wie zum Beispiel wechselnde Mitarbeitereinsätze bei Kunden in unterschiedlichen Branchen, aber auch die Mobilitäts- und Flexibilitätsanforderungen stellen für die Personalentwicklung in der Zeitarbeit eine besondere Herausforderung dar." Zudem müssen die unterschiedliche Verweildauer der Mitarbeiter sowie deren spezielle Einstiegssituation, beispielsweise mit und ohne Berufsabschluss, Wieder-, Quer- oder Berufseinsteiger, berücksichtigt werden.

Die Arbeitgeber in der Zeitarbeitsbranche müssen Schulungen also immer so angelegen, dass sie dem Rhythmus der Einsätze angepasst sind und es braucht eine Abstimmung zwischen Arbeitsagentur sowie Weiterbildungsträgern.

Quelle: Siemann, Christiane: Offensiv gegen den Facharbeitermangel, in: Personalwirtschaft Sonderheft 10/2011, S. 28

Gemeinschaftlich organisierte Ausbildung

Partnerschaft mit Ausbildungsbetrieben

600 junge Leute hat der Personaldienstleister START Zeitarbeit NRW seit 2005 ausgebildet [...]. In Kooperation mit Betrieben bietet das Unternehmen 60 Ausbildungsgänge an. Der finanzielle Aufwand betrug in 2010 allein 3,6 Millionen Euro, wovon 1,3 Millionen von den Kooperationsbetrieben aufgebracht wurden. Das Modell von START ist allerdings nicht auf andere Arbeitnehmerüberlassungen übertragbar, denn die Zielsetzung des Unternehmens ist es, Arbeitslose und Zielgruppen mit Vermittlungshemmnissen in den Arbeitsmarkt einzugliedern und langfristig in eine dauerhafte Beschäftigung zu bringen. [...] (D)ie Ergebnisse verbleiben im Unternehmen; der Großteil fließt in Projekte wie Ausbildung und Qualifizierung. Wilhelm Oberste-Beulmann: „Wenn die öffentliche Hand in die Finanzierung mit eingebunden ist und die Finanzmittel daran geknüpft werden, dass sie zur Beschäftigungssicherung eingesetzt werden, dann könnte dieses Modell Vorbildcharakter haben." In der Betriebsvereinbarung (Haustarif mit IG Metall und Verdi) von START ist verankert, dass alle externen Mitarbeiter einen Anspruch auf Weiterbildungen haben. Die Kosten dafür übernimmt der Personaldienstleister bei vollem Lohn. Voraussetzung für Betriebe, die sich in dieser Partnerschaft beteiligen: Sie müssen über Bedarf oder erstmalig ausbilden, sie bezahlen die Hälfte der Ausbildungsvergütung und müssen die Ausbildung sicherstellen, haben aber kein Risiko mit der Nachbeschäftigung.

Quelle: Siemann, Christiane: Offensiv gegen den Facharbeitermangel, in: Personalwirtschaft Sonderheft 10/2011, S. 29

Anspruch auf Weiterbildung in der Zeitarbeit

Ist eine tarifvertragliche Festlegung sinnvoll?

Der Interessenverband Deutscher Zeitarbeitsunternehmen (iGZ) hat in seinem jüngsten Tarifvertragswerk [...] eine Klausel zur Qualifizierung und Weiterbildung der Zeitarbeitnehmerschaft aufgenommen. Seitdem treffen sich regelmäßig Projektgruppen des iGZ, um die Klausel in die Praxis zu übersetzen. Umsetzbar sei das Modell in der Praxis beispielsweise via Verpflichtung über Zeitkontingente – einsatzfreie Zeiten werden gegengerechnet. Es sollen zudem Alternativfinanzierungsmodelle geprüft werden – denkbar sei eine Kostenbeteiligung der Arbeitnehmerschaft, die Anrechnung gegen Bildungsurlaub oder die Nutzung von Mitteln aus dem Europäischen Sozialfond (ESF). Die Resonanz der Personaldienstleister teilt sich in Zuspruch und Skepsis. [...] (Die) Sorge: Die Gewerkschaft stellt einen Forderungskatalog auf, der nicht mehr durchführbar ist. Schließlich ist der Tarifvertrag auch in wirtschaftlich schlechten Zeiten gültig und dann könnte die finanzielle Belastung zu hoch sein, sodass die Unternehmen in Schieflagen geraten. Ebenso ist zu hören: Nur Grundzüge der Weiterbildung sollte man in den Tarifverträgen vereinbaren. Schließlich könne es sich in Zukunft sowieso kein Unternehmen mehr erlauben, keine Aus- und Weiterbildung zu betreiben.
Was verspricht sich die iGZ davon, Weiterbildung im Tarifvertrag festzuschreiben? Sven Kramer, stellvertretender iGZ-Bundesvorsitzender, zuständig für den Bereich Kompetenzentwicklung: „Der Tarifvertrag stellt einen Rechtsanspruch dar. Wir wollen, dass Qualifizierung und Weiterbildung in der Zeitarbeit endlich strategisch angegangen werden. Zum einen müssen wir auf Grund des demografischen Wandels selber dafür sorgen, dass wir gut qualifizierte Mitarbeiter einsetzen können, zum anderen hat der Mitarbeiter Interesse daran, seine Beschäftigungsfähigkeit zu sichern und sich berufliche Perspektiven zu erarbeiten. Zum dritten profitieren die Personaldienstleister selbst davon, da sie besser qualifiziertes Personal auch zu höheren Verrechnungspreisen einsetzen können."

Quelle: Siemann, Christiane: Offensiv gegen den Facharbeitermangel, in: Personalwirtschaft Sonderheft 10/2011, S. 30

Erfassung und Dokumentation der Kompetenzen

Der Kompetenzpass ist ein Instrument, Fähigkeiten und Fertigkeiten zu erfassen. Eingesetzt wird das Instrument etwa für die individuelle Entwicklung von Berufsstrategien (auch Schulabgänger) und für Rückkehrer in den Beruf nach einer Familienphase. Im Unterschied zur formalen Weiterbildung, die die Qualifikation in Form von Zeugnissen und Bescheinigungen „verbrieft", ermöglicht der Kompetenzpass auch die Erfassung von informell erworbenen Kompetenzen. Er eignet sich daher besonders für Zeitarbeitnehmer, die durch den Wechsel der Einsatzorte und der Arbeitszusammenhänge insbesondere informelle Qualifikationen erwerben. Die Verbände der Zeitarbeit (BAP, iGZ) haben bereits entsprechende Initiativen gestartet. In Fachveröffentlichungen findet man ähnliche Vorschläge:

Zudem sollte eine systematische Dokumentation von Arbeitserfahrungen, Einweisungen und Schulungen, aber auch zeitarbeitstypischen „Flexibilitätskompetenzen" in einer Art Qualifizierungspass für Beschäftigte sowie in Einzelfällen eine umfangreichere Kompetenzerfassung erfolgen. Dabei sollten Zertifizierungsmöglichkeiten und die Anschlussfähigkeit an Abschlüsse geprüft werden.

Quelle: Sossna, Monika/Pohner, Melanie: Qualifizierungskonzepte in der Zeitarbeit, in: BWP 5/2010, S. 27

Integration und Entwicklung im Tandemmodell

Die enge Zusammenarbeit zwischen Zeitarbeits- und Kundenunternehmen findet nicht nur im Vorfeld bei der Personalauswahl statt. Vielmehr engagiert sich das Entleihunternehmen anschließend auch finanziell bei der systematischen Integration und Qualifizierung der Zeitarbeitnehmer (siehe auch Kapitel 4.3.4.3).

Nachdem Leiharbeitnehmer/-innen (mit dem Berufsabschluss Elektriker) bei dem Stamm-Zeitarbeitsunternehmen angefordert und ausgewählt worden sind, beginnt die praktische Einarbeitungs- und Qualifizierungsphase. Den neuen Leiharbeitnehmer/-innen werden jeweils ihre Paten zugeteilt. [...] (Es) wird von Seiten des Unternehmens großer Wert auf die persönliche sowie fachliche Kompetenz der Paten gelegt. Die in Absprache mit dem Meister ausgewählten Paten erhalten für ihre zusätzliche Tätigkeit Zeitgutschriften; die „Patenzeit" wird im Zeiterfassungssystem verbucht. [...]
Um die Leiharbeitnehmer/-innen schnell „betriebsfest" zu machen, werden sie in einem zweitägigen Workshop (Einstiegsprogramm) betriebsbezogen geschult. Hierbei geht es u.a. um eine Qualitäts- und Produktschulung sowie um die Einführung in die Gruppenarbeit. Nach den ersten 14 Tagen im Betrieb gibt es für die Leiharbeitnehmer/-innen eine Rückmeldung von den Paten. Hier werden der Einarbeitungsfortschritt und das weitere Vorgehen miteinander kurz besprochen. Sollte die Zusammenarbeit zwischen den Tandempartnern nicht optimal verlaufen, ist an dieser Stelle ein Wechsel (auch des Arbeitsbereiches) möglich. Insbesondere, wenn die Rückmeldung des Paten negativ ausfällt, kann es hilfreich sein, die Leistung des/der Leiharbeitnehmers/ Leiharbeitnehmer in nochmals von einer anderen (neutralen) Person beurteilen zu lassen, da die Beurteilung an den direkten Vorgesetzen weitergereicht wird.
Alle vier bis acht Wochen erfolgt ein Beurteilungsgespräch zwischen dem direkten Vorgesetzten und dem/-r Leiharbeitnehmer/-in (auf Wunsch ist der Betriebsrat hier anwesend). Inhaltlich geht es in diesem Gespräch primär um eine gegenseitige Rückmeldung hinsichtlich der derzeitigen (Arbeits-)Situation. Um den Qualifikationsstand systematisch zu erfassen, wird im Unternehmen eine entsprechende Qualifikationsmatrix (fachliche wie soziale Kompetenzen) geführt. Sobald die Leiharbeitnehmer/-innen das geforderte Qualifikationsniveau erreicht haben, endet die Aufgabe des Paten. Hieran schließt sich das Perspektivgespräch an, in dem die Möglichkeit der weiteren Zusammenarbeit erörtert und beschlossen wird.

Quelle: Beutler, Kai/ Langhoff, Thomas/Hauber, Johannes/Sell, Robert/Krietsch, Ina/Schubert, André: GRAziL/Prospektiv GmbH (Hrsg.): Personalentwicklung mit Leiharbeitnehmer/-innen in Entleihunternehmen. Leitfaden zur betrieblichen Einstellungspolitik (Broschüre), Prospektiv Gesellschaft für betriebliche Zukunftsgestaltung mbH, Dortmund, Juni 2011, S. 23

Recherchetipp

Die Beschreibung ist dem **Leitfaden zur Personalentwicklung** des Projekts GRAziL entnommen. **GRAziL** ist ein u. a. vom Bundesministerium für Arbeit und Soziales gefördertes Projekt. Arbeitsschwerpunkt ist die **G**estaltung, Umsetzung und der Transfer von Instrumenten zum **R**essourcenmanagement und zum **A**rbeitsschutz im Rahmen eines **zi**elgruppenbezogenen Ansatzes für **L**eiharbeitnehmer in Entleihunternehmen (GRAziL). Zusammengearbeitet hat GRAziL u. a. mit einem international aufgestellten Maschinenbauunternehmen mit rund 1 000 Mitarbeitern.
Der Leitfaden und auch eine „Toolbox" mit umfangreichen Unterlagen sind über die folgenden Internetseiten zugänglich: www.grazil.net/toolbox/

4.3 Planung der Personalentwicklung

4.3.1 Der Funktionszyklus der Personalentwicklung

Das idealtypische Vorgehen der Personalentwicklung wird im sog. Funktionszyklus dargestellt.

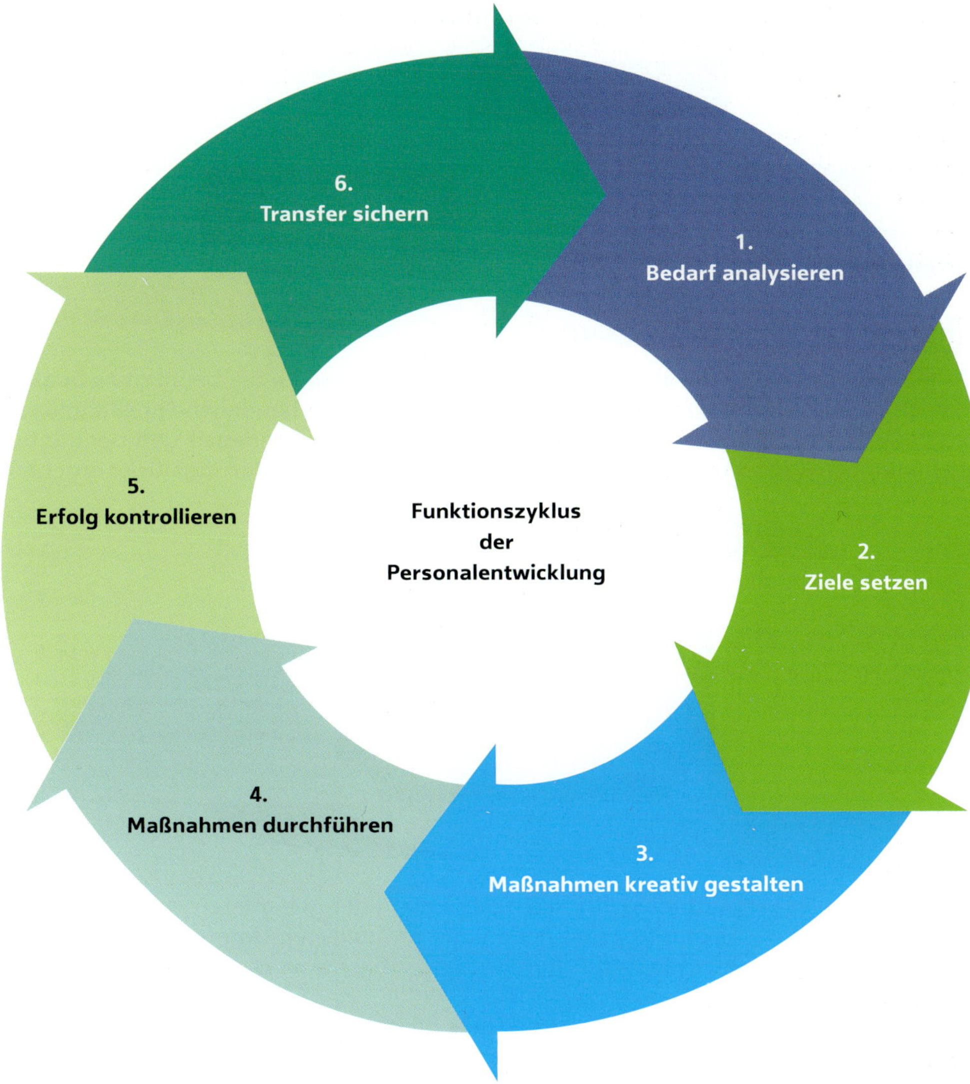

Quelle: Manfred Becker: Systematische Personalentwicklung. Planung, Steuerung und Kontrolle im Funktionszyklus, 2. Auflage, Schäffer-Poeschel Verlag, Stuttgart 2011

4.3.2 Bedarfsanalyse

Bd. 2, LF 5, 1.3

Anknüpfungspunkt für die Planung der Personalentwicklung sind die Ziele und Entwicklungsstrategien des Unternehmens. Soll beispielsweise ein bestimmter Unternehmensbereich ausgebaut werden (strategische Festlegung der Geschäftsleitung), so stellt sich für die Personalentwicklung die Aufgabe, für die Anpassung der notwendigen **Qualifikationen** und **Kompetenzen** zu sorgen. Je nach Fristigkeit der Planung werden die Bedarfsanalyse im engeren Sinne und die Potenzialanalyse unterschieden.

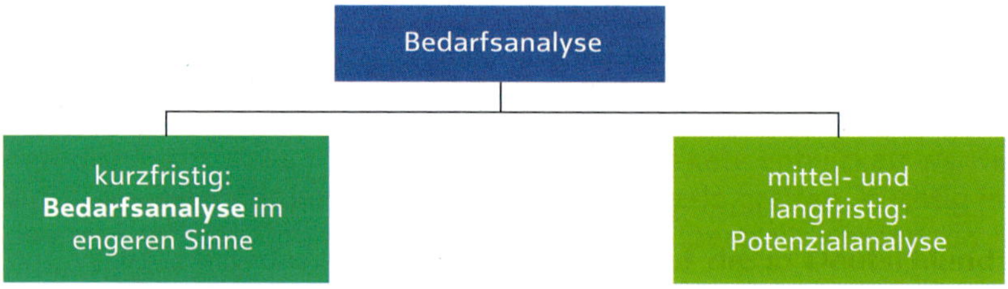

Anforderungs- und Fähigkeitslücke

Informationsgrundlage für die Bedarfsanalyse sind zum einen die benötigten Qualifikationen (= Anforderungen der Stelle), zum anderen die vorhandenen Qualifikationen der vorgesehenen Mitarbeiter. Je nach Ausprägung der vorhandenen und benötigten Qualifikationen kann sich eine **Fähigkeitslücke** oder eine **Anforderungslücke** ergeben.

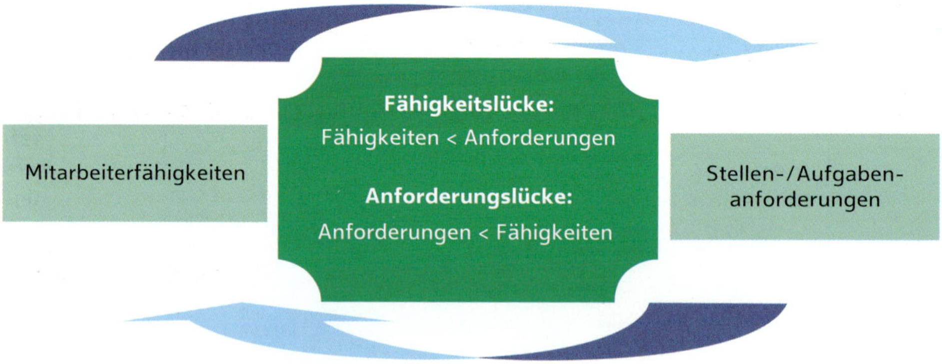

Die Bedarfsanalyse ist Grundlage für die Bestimmung der geeigneten Maßnahmen zur Personalentwicklung. Hilfsmittel sind neben den formulierten Unternehmensstrategien die Stellenbeschreibungen und Anforderungsprofile sowie die Qualifikations- und Mitarbeiterprofile.

Ist die Art des Bedarfs bekannt, können die Ziele für die PE formuliert werden. Anschließend geht es in einer kreativen Phase darum, die geeigneten Maßnahmen für die Schließung der genannten Lücke zu konzipieren oder auf dem Markt für Weiterbildung zu finden und auszuwählen. Nach der Durchführung müssen die Ergebnisse der Maßnahmen mit den gesetzten Zielen verglichen werden, um den Erfolg zu bestimmen. Die Sicherung des Transfers bedeutet, dass die Qualifikations- und Kompetenzverbesserungen auch tatsächlich im täglichen Arbeitsalltag umgesetzt werden können.

Potenzialanalyse

Ziel einer Potenzialanalyse ist es, zutreffende Aussagen über das zukünftige Leistungsverhalten abzugeben. Folgende Fragestellungen können bei der Potenzialanalyse hilfreich sein.

Leitfragen		Bereiche der Potenzialbeurteilung
• Wohin kann sich ein Mitarbeiter entwickeln? • Wie weit kann er dabei kommen? • Welche Potenzialbereiche sollen beurteilt werden? • Welche Veränderungsprognose wird abgegeben? • Welche Einsatzalternativen sind denkbar? • Welche Fördermaßnahmen sind geeignet?	⇔	• Fachkompetenz • Führungskompetenz (Sozialkompetenz) • Methodenkompetenz • Persönliche Stärken und Schwächen • Lernbereitschaft • Leistungsbereitschaft • Intellektuelle Beweglichkeit • Organisationsgeschick

Quelle: Vgl. Krause, Günter/Krause, Bärbel: Die Prüfung der Personalfachkaufleute, 8. Auflage, Kiehl-Verlag, Herne, 2008, S. 397

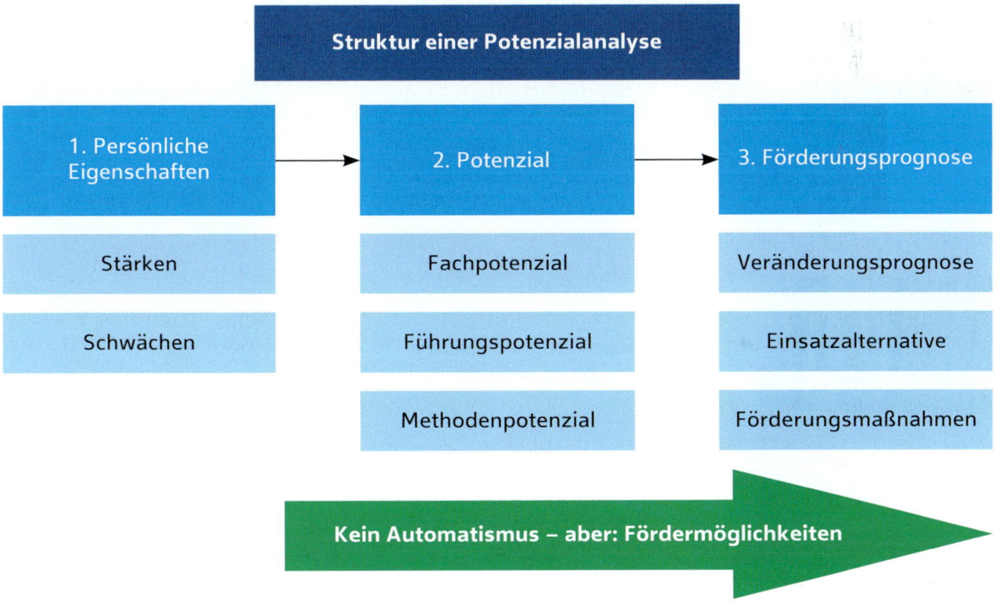

4.3.3 Maßnahmen der Personalentwicklung

Die Möglichkeiten, Personal zu qualifizieren und zu fördern, sind vielfältig: Es gehören dazu nicht nur „klassische" Seminarformen, sondern auch individuelle Fördermaßnahmen wie Coaching, Mentoring und Supervision sowie Maßnahmen, die an der Arbeitsstrukturierung ansetzen: Zu letzteren gehören etwa Job Enlargement, Job Enrichment und Job Rotation.

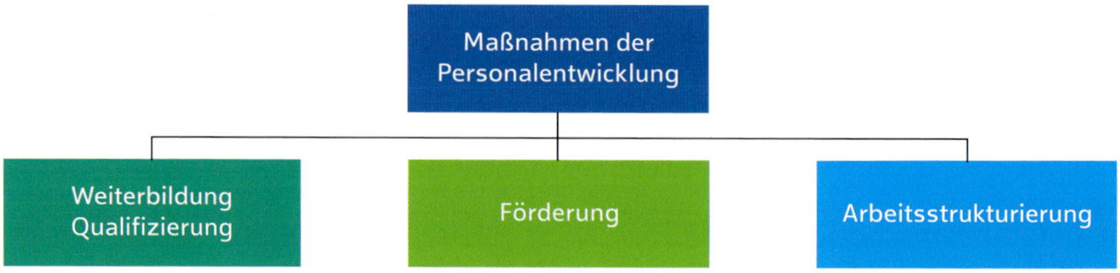

4.3.3.1 Maßnahmen der Weiterbildung und Qualifizierung

Die Erscheinungsformen von Weiterbildungs- und Qualifizierungsmaßnahmen sind vielfältig: Seminare und Kurse, Workshops und Trainings, Onlineunterweisung und Einarbeitung und vieles mehr. Eine genaue Abgrenzung der einzelnen Begriffe ist mitunter nicht möglich – und auch nicht so wichtig. Es kommt vielmehr darauf, die wesentlichen Aspekte einer Veranstaltungsform zu erfassen und zwischen den einzelnen Formen unterscheiden zu können. Unabhängig von der Bezeichnung lässt sich dann der Veranstaltungszuschnitt beschreiben und beurteilen.
In der folgenden Tabelle werden praxisorientierte Kriterien zur Unterscheidung und Systematisierung von Weiterbildungsmaßnahmen angewendet

Systematik der Weiterbildungsmaßnahmen nach …		
Betriebliche Zielsetzung	Qualifizierung … • … zur Erhaltung • … zur Erweiterung • … zur Anpassung • … zum Aufstieg	Am Arbeitsplatz … • Anlernen • Einarbeiten (Planung des Personaleinsatzes) • Training-on-the-job (z. B. bei Arbeitsplatzwechsel innerhalb des Unternehmens) • Reaktivierung (z. B. nach längerer Abwesenheit vom Arbeitsplatz)
Kompetenzfeld	• Fachkompetenz, Sozialkompetenz, Methodenkompetenz • Teambildung	
Verantwortung und Teilnehmerkreis	• Intern oder extern • Betrieblich oder überbetrieblich	
Art der Veranstaltung	• **Seminar** – wird heute eher als Oberbegriff für Veranstaltungen genutzt; im Vordergrund steht die Vermittlung von Fachwissen; Abschlussprüfung möglich • **Schulung** – ähnlich wie Seminar; ggf. etwas intensivere Auseinandersetzung mit den Inhalten und etwas stärkere Verhaltensorientierung • **Kurs** – Bezeichnung für eine bestimmte Organisationsform, z. B. VHS-Kurs, Prüfungsvorbereitungskurs • **Training** – Ziel ist das Erlernen bestimmter Verhaltensweisen, z. B. ein Akquisegespräch erfolgreich durchführen; Bestandteil sind viele Übungs- und Erprobungsmöglichkeiten und die individuelle Rückmeldung an die Teilnehmer • **Workshop** – keine Lehrveranstaltung im engeren Sinne, sondern eher eine Arbeitsgruppe zu einem bestimmten Thema oder mit einem bestimmten Ziel, z. B. Erarbeiten optimierter Arbeitsabläufe in einer Filiale oder Abteilung	

Systematik der Weiterbildungsmaßnahmen nach ...	
Lernort	• Präsenzseminar oder Fernlernen/E-Learning • zentral für alle Mitarbeiter oder dezentral
Dauer	• Kurzveranstaltung (Stunden, ein Tag) • Veranstaltungsblock (z. B. Wochenende) • Veranstaltungsreihe (berufsbegleitend) über einen längeren Zeitraum
Anzahl der Teilnehmer	• Einzelveranstaltung (Coaching, Unterweisung) • Gruppenveranstaltung (Seminar, Workshop)
Abschluss, Prüfung	• Staatlich anerkannter Abschluss • Abschluss ohne staatliche Anerkennung (Zertifikat ...) • Bescheinigung über Teilnahme
Eingesetzte Lernmethode	• Passiv (Vortrag, Informationsveranstaltung) • Aktiv (Lehrgespräch, Fallstudie, Planspiel)
Medieneinsatz	• Ohne Medieneinsatz • Lernsoftware, E-Learning (online: Web Based Training; offline: Distance Learning)
Integration in den Arbeitsbereich	• **On-the-job** (Maßnahmen **am** Arbeitsplatz: Job Enlargement, Job Enrichment, Job Rotation; Mentoring, Coaching) • **Off-the-job** (Maßnahmen **außerhalb** des Arbeitsplatzes, z. B. Seminare) • Ähnliche Begriffe: Into-the-job (Berufsausbildung, Praktika), Near-the-job („nah am/neben dem Arbeitsplatz"; Kombination der Vorteile von On-the-job- und Off-the-job-Maßnahmen), Along-the-job („entlang" der Entwicklung/Karriere); Out-of-the-job (Vorbereitung auf den Ruhestand)

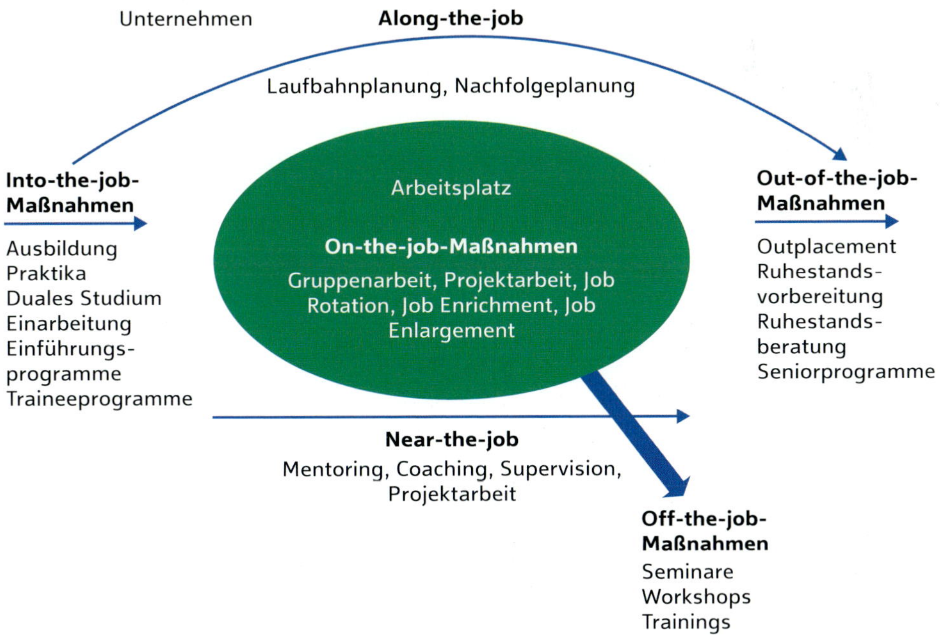

Interne und externe Veranstaltungen

Das Unternehmen kann Weiterbildungsmaßnahmen **intern** selbst organisieren und durchführen. Oder es greift auf die (**externen**) Angebote am Markt für Weiterbildungsmaßnahmen zurück. Als Marktteilnehmer treten dort auf:

- freiberuflich tätige Berater, Dozenten, Referenten und Trainer,
- private Bildungseinrichtungen,
- öffentliche Bildungseinrichtungen (Schulen, Berufskollegs, Volkshochschulen, Hochschulen etc.)

Manche Anbieter sind nur lokal tätig, andere haben durch mehrere Standorte eine regionale oder bundesweite Verbreitung. Bei den Angeboten kann es sich um speziell für ein Unternehmen entwickelte Programme/Veranstaltungen (Inhouse-Schulung, Training, Workshop etc.) handeln oder auch um allgemein angebotene Veranstaltungen, zu denen einzelne Mitarbeiter angemeldet werden.

Vorteile interner Veranstaltungen	Vorteile externer Veranstaltungen
• Inhalte sind genau an den Bedarf angepasst • Flexible Organisation (zeitlich, örtlich) • Unternehmensinterna können thematisiert werden • Einsatz interner Dozenten und Trainer möglich • Verbesserung der Kommunikation zwischen den teilnehmenden Mitarbeitern	• Anregungen von außen durch unternehmensfremde Dozenten und andere Teilnehmer • Größere Unbefangenheit der Teilnehmer • Geringer organisatorischer Aufwand • Nutzung der Spezialisierungsvorteile der Anbieter

Hinsichtlich der Kosten können keine allgemeingültigen Aussagen getroffen werden; diese müssen jeweils neu zwischen interner und externer Durchführung verglichen werden.

Im fachlichen Kontext

Direkte Kosten interner und externer Weiterbildungsveranstaltungen

Kostenpositionen einer internen Veranstaltung	Kostenpositionen einer externen Veranstaltung
• Dozent/Trainer (inkl. Reisekosten, Spesen etc.)	• Teilnahmegebühr
• Catering	• Reisekosten
• Materialien (Kopien, Flipchart etc.)	• . . .
• Raummiete	
• Miete für technische Ausstattung (Beamer, Smartboard)	
• . . .	

Kriterien zur Auswahl von Dozenten, Trainern und externen Veranstaltern

Im Hinblick auf die Ziele der Maßnahmen sollte die Auswahl der Dozenten, Trainer und externen Weiterbildungsträger kriteriengestützt und möglichst objektiv erfolgen. Folgende Kriterien können bei der Auswahlentscheidung angewendet werden:

- Ausbildung, Erfahrungen und Referenzen
- Qualität der Seminarunterlagen
- Eingesetzte Lehrmethoden und Medien
- Zeitliche und organisatorische Flexibilität und Rahmenbedingungen (Ort, Zeit, Zielorientierung, Vorbereitung, Nachbetreuung u. a.)
- Kosten

Recherchetipp

Allgemeinverbindliche Qualitätskriterien für Maßnahmen der Weiterbildung gibt es nicht. Manche Unternehmen machen die Vergabe von Weiterbildungsmaßnahmen davon abhängig, dass der Veranstalter ein zertifiziertes Qualitätsmanagement nach DIN EN ISO 9000f. hat.
Eine Art Gütesiegel ist die Mitgliedschaft im Wuppertaler Kreis e. V. Dieser Zusammenschluss von Weiterbildungsanbietern hat bestimmte „Qualitätskriterien für Weiterbildungsveranstaltungen“ (www.wkr-ev.de/grunds_c.htm) formuliert; neue Mitglieder müssen die Einhaltung dieser Qualitätskriterien nachweisen.

4.3.3.2 Individuelle Förderung mit Coaching, Mentoring und Supervision

Eher auf die Förderung einzelner Mitarbeiter zielen individuelle Maßnahmen wie Coaching, Mentoring und Supervision. Sie werden auch häufig im Zusammenhang mit der Führungskräfteentwicklung eingesetzt. Zur Förderung gehören zudem die regelmäßigen Mitarbeitergespräche im Zusammenhang mit der Personalbeurteilung (siehe auch Kapitel 3).

Coaching ist die individuelle Betreuung und Beratung eines Mitarbeiters, meist einer Führungskraft oder eines Projektleiters. Im Vordergrund steht die Verbesserung der Arbeitsergebnisse. Als Coaches werden nicht nur interne Fachleute und Vorgesetzte eingesetzt, sondern auch externe Berater, die ein fachbezogenes Coaching anbieten (z. B. Unternehmensberater, Psycho- und Verhaltenstherapeuten etc.). Die Coaching-Beziehung ist kurz- bis mittelfristig angelegt (ein Monat bis ein Jahr) und hat das Ziel, das Leistungsverhalten des Mitarbeiters zu verbessern und neue Ideen für das Unternehmen einzubringen. Einsatzfelder für Coaching gibt es nicht nur im beruflichen Bereich, sondern auch im privaten wie etwa ein Personal Trainer im Sport- und Ernährungsbereich. Die Art der Beziehung lässt sich mit folgendem Zitat beschreiben:

„Man kann einen Menschen nichts lehren. Man kann ihm nur helfen, es in sich selbst zu entdecken."
Galileo Galilei, 1564–1642

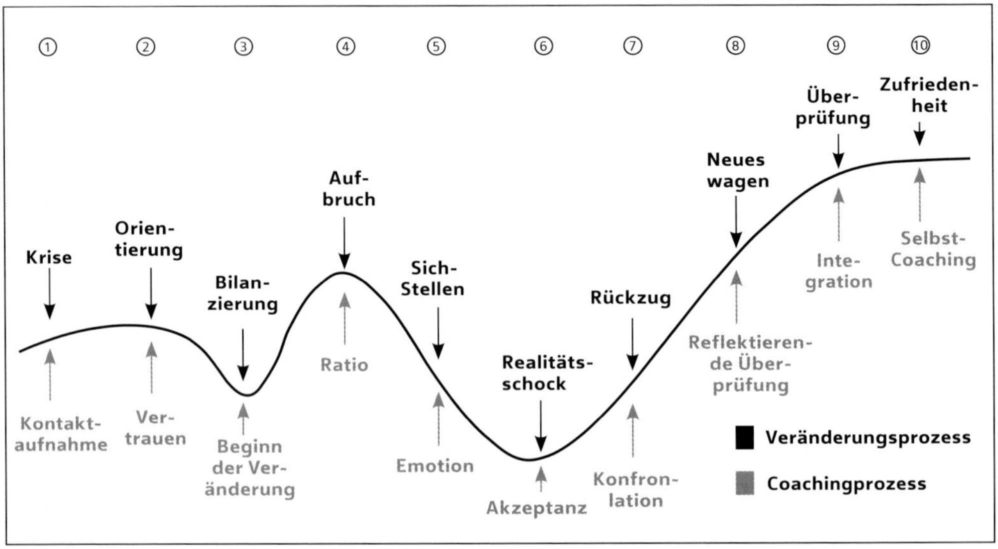

Im Unterschied dazu ist das **Mentoring** eine auf Dauer angelegt Beziehung zwischen einem Mentor und einem Mentee (auch: Protegé, Trainee). Ein Mentor, meist der Vorgesetzte oder eine andere Führungskraft, fungiert als Vertrauter, Lehrer und Berater. Die Beziehung gründet auf gegenseitigem Respekt und Anerkennung. Ziel ist der Wissenstransfer, die Unterstützung der persönlichen Entwicklung durch kritisches Hinterfragen sowie die Gewährung des Zugangs zum Netzwerk des Mentors. Der Mentor unterstützt durch seine Erfahrung, nicht durch eine bestimmte Ausbildung (wie etwa beim Coach). Mentoring kann spontan entstehen oder in einem Unternehmen institutionalisiert sein. Im letzten Fall wird es häufig für die Nachwuchsförderung und die Förderung von jungen Mitarbeitern mit Potenzial eingesetzt. Grundsätzlich ist die Beziehung auf Dauer angelegt, sie kann das gesamte Berufsleben anhalten.

Supervision (super = über; vision = Blick) richtet sich auf die Entwicklung sozialer und methodischer Kompetenzen. Der Supervisor hat eine spezielle Qualifikation. Seine Aufgabe ist es, den Klienten („Supervisanden") im Lern- und Reflexionsprozess sachgerecht zu unterstützen. Supervision kann als Einzel- und Gruppenveranstaltung durchgeführt werden. Bei letzterer treffen sich beispielsweise Mitarbeiter derselben Hierarchiestufe zum regelmäßigen Austausch, zur Analyse und Aufdeckung von verhaltensbezogenen Verbesserungen, etwa hinsichtlich des Führungsverhaltens. Einsatzbereiche sind die Entwicklung von Führungskräften, Lehrern, Pfarrern, Sozialarbeitern u. a.

4.3.3.3 Maßnahmen der Arbeitsstrukturierung

Das größte Potenzial zum Lernen und sich Entwickeln hat die Praxis des Arbeitens selbst. Dazu gehören etwa die ersten Erfahrungen im Berufsleben, die Teilnahme an besonderen Projekten, außergewöhnliche Herausforderungen wie die (kurzfristige) Betreuung einer Niederlassung oder die Übernahme von anderen Aufgaben als Urlaubsvertretung. Solche Erfahrungen prägen und verstärken den weiteren Berufs- und Entwicklungsweg. Es ist daher naheliegend, die Arbeit und die Aufgaben in einem Unternehmen so zu organisieren und zu verteilen, dass die Mitarbeiter sich an der Arbeit selbst entwickeln und entfalten können.
Es gibt verschiedene Konzepte zur Strukturierung der Arbeit mit dem Ziel, die Mitarbeiter zu entwickeln und zu fördern und so die Position des Unternehmens langfristig zu stärken. Zu den weit verbreiteten Methoden gehören:

- Job Enlargement („Aufgabenerweiterung"),
- Job Enrichment („Aufgabenanreicherung"),
- Job Rotation („Aufgabenwechsel") sowie
- teilautonome Arbeitsgruppen.

Job Enlargement bedeutet, an einem Arbeitsplatz die Vielfalt der Aufgaben zu erhöhen (erweitern). Beim **Job Enrichment** werden zusätzlich die Verantwortungsbereiche erhöht (bereichert). **Job Rotation** ist ein Konzept zum systematischen Arbeitsplatzwechsel und setzt genauso wie die Einrichtung teilautonomer Arbeitsgruppen voraus, dass mehrere Arbeitsplätze (/-stellen) in das Konzept einbezogen sind. **Teilautonome Arbeitsgruppen** haben ein Höchstmaß an Autonomie. Sie erledigen selbstständig und in eigener Verantwortung bestimmte, meist komplexe Aufgaben. Ziel dieser Maßnahmen ist die Erweiterung der fachlichen und methodischen Kompetenzen. Die Abläufe im Unternehmen lassen sich durch diese Konzepte verbessern und flexibilisieren. Positive Auswirkungen haben diese Maßnahmen auch hinsichtlich der Motivation und des Zusammenhalts im Unternehmen.

	Anzahl der betroffenen Arbeitsplätze	
Art der Aufgabenerweiterung	Einer	Mehrere
Quantitative Vergrößerung	Job Enlargement	Job Rotation
Qualitative Vergrößerung	Job Enrichment	Teilautonome Arbeitsgruppen

Quelle: Vgl. Weiand, Achim: Personalentwicklung für die Praxis. Werkzeuge für die Umsetzung, Schäffer-Poeschel, Stuttgart, 2011, S. 81

4.3.4 Einflussfaktoren auf die Auswahl und Gestaltung der PE-Maßnahmen

Hauptakteure bei der Personalentwicklung sind das Unternehmen und die Mitarbeiter. Weitere Beteiligte sind die Anbieter von (betrieblicher) Weiterbildung (öffentliche Anbieter wie Schulen und private Anbieter), Berater und Fördergeber (wie die Bundesagentur für Arbeit). Die Akteure und ihr Zusammenwirken bestimmen die Ausgestaltung und den Erfolg der Personalentwicklung.

4.3.4.1 Unternehmen

Das Unternehmen initiiert und steuert die Personalentwicklung und will mit ihr bestimmte Ziele erreichen (siehe auch vorheriger Abschnitt). Die Gestaltung der betrieblichen Personalentwicklung wird unternehmensseitig beispielsweise von folgenden Faktoren beeinflusst:

Bd. 1, LF 2, 4.2

- Zielsetzungen, Visionen und Leitbild des Unternehmens;
- Stellenwert der Mitarbeiter im Unternehmen (dokumentiert etwa im Unternehmensleitbild);
- organisatorische Einbindung der Personalentwicklung (eigene Abteilung, Aufgabe der jeweiligen Vorgesetzten etc.);
- Planungskompetenz im Unternehmen;
- zeitliche Orientierung (kurz-, mittel- oder langfristige Personalplanung);
- reaktive oder strategisch-gestaltende Personalplanung;
- Erfahrungen und Ansichten über die Wirksamkeit der Personalentwicklung;
- Aneignung der Ergebnisse der Personalentwicklung; das meint die Möglichkeit, die Ausgaben über zusätzlichen Umsatz zurückzugewinnen bzw. die Gefahr, dass der Mitarbeiter vorher das Unternehmen verlässt;
- Ausstattung mit zeitlichen und finanziellen Ressourcen für die Planung und Umsetzung der PE.

Im fachlichen Kontext

Das Budget für Weiterbildung
Ein Budget gibt den finanziellen Rahmen für eine Ausgabenposition vor. Nicht alle Unternehmen legen das Budget für die Weiterbildung fest; bei manchen Unternehmen werden die Ausgaben für Weiterbildung fallweise entschieden.

Die Höhe des Budgets kann nach verschiedenen Kriterien festgelegt werden: Im einfachsten Fall wird ein immer gleich hoher finanzieller Betrag bestimmt. Andere Methoden sind beispielsweise die Berechnung des Budgets für Weiterbildung als Prozentsatz vom geplanten Umsatz oder von den geplanten Personalkosten. Eine andere Möglichkeit ist, die Höhe des Budgets aus den Zielen der Personalentwicklung bzw. betrieblichen Weiterbildung abzuleiten (Ziel-Maßnahmen-Planung). Jede Methode ist mit verschiedenen Vor- und Nachteilen verbunden.

4.3.4.2 Mitarbeiter

Personalentwicklung und betriebliche Weiterbildung werden für die Mitarbeiter geplant; sie sind es, die sich „entfalten“ und bessere Qualifikationen erreichen sollen. Mitarbeiter nehmen als „Subjekte“ an der Entwicklung teil; damit ist gemeint, dass sie zum einen eigene Interessen und Einstellungen zur Weiterbildung haben und zum anderen, dass sie unterschiedliche Fähigkeiten mitbringen, ihr Wissen und ihre Qualifikation zu verbessern und anschließend bei ihrer Tätigkeit auch anzuwenden.

Einstellung zur Weiterbildung

Die Einstellung von Mitarbeitern zur Wichtigkeit und Bedeutung der Weiterbildung für die berufliche Entwicklung ist nicht einheitlich. Eine Studie hat sich speziell mit der Einstellung von Zeitarbeitnehmern zur Weiterbildung beschäftigt und herausgefunden, dass sich drei Einstellungstypen unterscheiden lassen: Interessierte, Skeptiker und Verweigerer. Die folgende tabellarische Übersicht fasst die wesentlichen Aspekte zusammen.

Mitarbeitergruppen	Kennzeichen und Einstellung zur Weiterbildung
Interessierter	... will sich fachlich auf dem Laufenden halten, die Einkommenschancen verbessern, berufliche Abschlüsse nachholen; ist bereit, (Frei-)Zeit und Geld aufzuwenden; hat eigene Ideen zur Weiterbildung, ist interessiert an überfachlichen Qualifikationen; hat in Bezug auf Weiterbildungsangebote eine Erwartungshaltung gegenüber dem Zeitarbeitsunternehmen.
Skeptiker	... ist, auch aus Erfahrung, skeptisch gegenüber Weiterbildungsangeboten und prüft diese genau; sieht Weiterbildung als Mittel zum Zweck einer „besseren Arbeit“ an und interessiert sich auch nur für solche Qualifizierungen, die sich darauf richten; erwartet die Übernahme der Kosten durch das Zeitarbeitsunternehmen; ist bereit, sich in der Freizeit zu qualifizieren.
Verweigerer	... hat eine sehr reservierte Einstellung gegenüber Weiterbildungen; schließt eine Teilnahme aus, insbesondere formale Weiterbildungen in Form von Kursen und Seminaren; für andere Formen (praxis- und arbeitsplatznahe Formen) gilt dies nicht; hält sich für ausreichend qualifiziert.

Quelle: Vgl. Sossna, Monika/Pohner, Melanie: Qualifizierungskonzepte in der Zeitarbeit, in: BWP 5/2010, S. 27-31

Die Einstellung zur Weiterbildung beeinflusst nicht nur die generelle Bereitschaft, sich zu entwickeln, sondern auch das Ausmaß, sich mit Geld oder Zeit (Freizeit) an der Personalentwicklung zu beteiligen.

Menschliches Lernen und Lerntypen

Menschen haben eine außerordentliche Fähigkeit zu lernen und diese erschöpft sich nicht im schulischen Lernen. Es gibt viele Anlässe und Arten zu lernen: auf bestimmte Ziele ausgerichtet wie in der Schule oder auch ganz beiläufig, zufällig und selbstbestimmt. Wesentliche Voraussetzung für Lernen ist die **Motivation**; sie bestimmt das Ausmaß, wie die Fähigkeiten auch tatsächlich eingesetzt werden (Aktivierungsfunktion).
Physiologisch (= körperlich) bedeutet Lernen, dass sich die Verbindungen (= Synapsen) im Gehirn aufbauen und ändern. Im praktischen Tun zeigt sich Gelerntes dadurch, dass man etwas „besser" (effektiver, schneller, zielgerichteter etc.) als vorher macht. Lernen findet individuell sehr unterschiedlich statt. Idealtypisch kann man vier Lerntypen unterscheiden, je nachdem über welche Sinneskanäle und auf welche Art und Weise besser bzw. leichter gelernt wird:

Lerntyp	Erläuterung
Auditiver Typ	Lernen durch Hören: Der auditive Typ kann sich gehörte Informationen gut merken und diese auch zutreffend wiedergeben.
Visueller Typ	Lernen durch Sehen: Der visuelle Typ kann gelesene und/oder in Schaubildern aufbereitete Informationen gut aufnehmen und wiedergeben; er lernt auch leicht durch Beobachtung von Verhaltensweisen und Abläufen.
Kommunikativer Typ	Lernen durch Gespräche: Der kommunikative Typ lernt leicht durch die kommunikative Auseinandersetzung mit einem Inhalt; Gespräche über ein bestimmtes Thema erleichtern ihm das Verständnis. Er lässt sich gern etwas erklären.
Motorischer Typ	Lernen durch Bewegung: Der motorische Typ lernt leicht, wenn er Verhaltensweisen selbst durchführt und Inhalte mit dem „eigenen Leib" erlebt.

Man kann diese Lerntypen noch um den **medienorientierten Typ**, der sich die Inhalte am liebsten selbst am PC aneignet, ergänzen.
Die Lerntypen unterscheiden sich danach, über welche Sinneskanäle Informationen nachhaltiger aufgenommen und gespeichert werden; das bedeutet aber nicht, dass etwa der auditive Typ nur und ausschließlich über das Hören lernt; vielmehr kommen meist mehrere Kanäle gleichzeitig zum Einsatz (multisensorisches Lernen), was den Lernerfolg deutlich erhöht. Die Erinnerungsquote zeigt den Behaltensgrad an in Abhängigkeit von der Anzahl der Sinneskanäle, über die die Information aufgenommen wurde.

Merksatz
Lernen ist umso erfolgreicher, je höher die Motivation (Aktivierung) ist und je mehr Sinneskanäle genutzt werden.

Unterschiedliche Lerntypen sollten durch jeweils geeignete Lernmethoden angesprochen werden; falls dies nicht im Vorfeld bekannt ist oder hergeleitet werden kann, sollte für einen Methoden-Mix gesorgt werden.

Beispiel
Bei manchen Berufsgruppen kann man auf eine bestimmte Sinnesorientierung spekulieren, wie folgendes Beispiel zeigt: Die Vertriebsmitarbeiterin eines Systemhauses hat bei einem Architekten einen Akquisetermin vereinbart; es geht um die Neuinstallation der Büro-Telekommunikationsanlage. Aus Sicht der Vertriebsmitarbeiterin ist der Auftrag sehr attraktiv, da sie eine Prämie in Prozent des Umsatzes erhält. Obwohl es in dem Gespräch um die technische Spezifikation und die Erhebung der Anforderungen an die Telekommunikationsanlage geht, nimmt die Vertriebsmitarbeiterin das Design-Flaggschiff des Systemhauses mit: Es handelt sich um ein außergewöhnlich gestaltetes Tischtelefon mit allen technischen Ausstattungen. Der Kunde, als Architekt vermutlich visuell ausgerichtet, ist vollkommen hingerissen und kann den Blick nicht von dem Telefon lassen. Das Systemhaus erhält den Auftrag, obwohl es nicht das günstigste Angebot abgegeben hat.

Lernpyramide

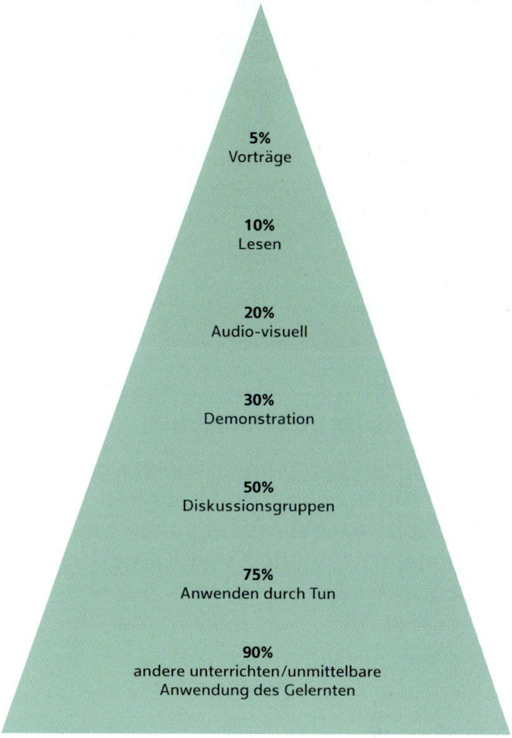

Bei der Organisation von Weiterbildungsveranstaltungen und der Initiierung von Lernprozessen sollte man diese Erkenntnisse berücksichtigen. Es geht also darum, eine möglichst hohe Motivation zu schaffen, etwa durch umfassende Aufklärung im Vorfeld, über Inhalte und Sinn und Zweck einer Weiterbildung, Gestaltung motivierender Rahmenbedingungen, Schaffung einer anregenden Atmosphäre beim Lernen etc. Was das genau bedeutet, muss situations- und zielgruppenangepasst entschieden werden.

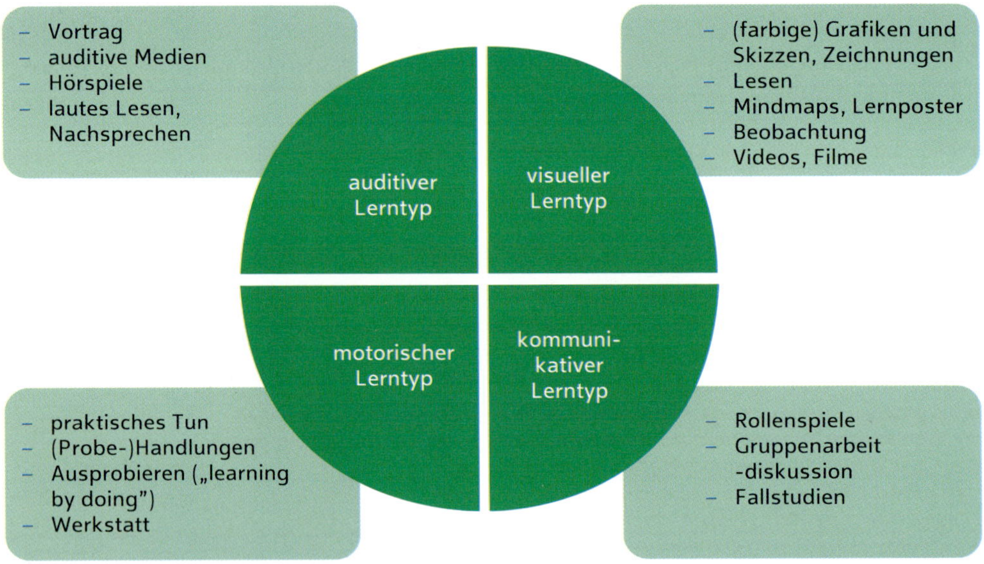

Der berufliche Lebenszyklus

Das Erwerbsleben ist geprägt von den individuellen Lebensphasen: Kindheit, Jugend, frühes, mittleres und hohes Erwachsenenalter. Die einzelnen Phasen sind bestimmt durch typische Lebenssituationen wie Schulbesuch, Einstieg in das Berufsleben, Familiengründung, Aufstieg und Karriere, Umorientierung, Austritt aus dem Berufsleben und Ähnliches.

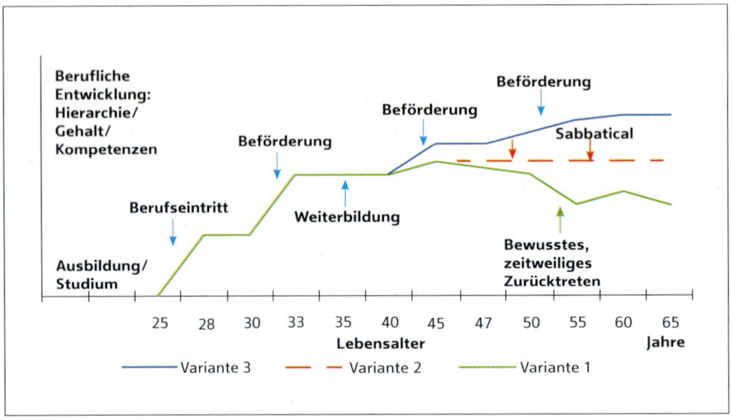

In den verschiedenen Phasen und entlang der individuellen Lebenssituationen verändern sich die Einstellungen der Menschen und entsprechend auch die Anforderungen und Motive im Erwerbsleben. Eine begleitende Personalentwicklung wird diese Veränderungen als Rahmenbedingungen berücksichtigen und die Angebote lebensphasenbezogen gestalten.

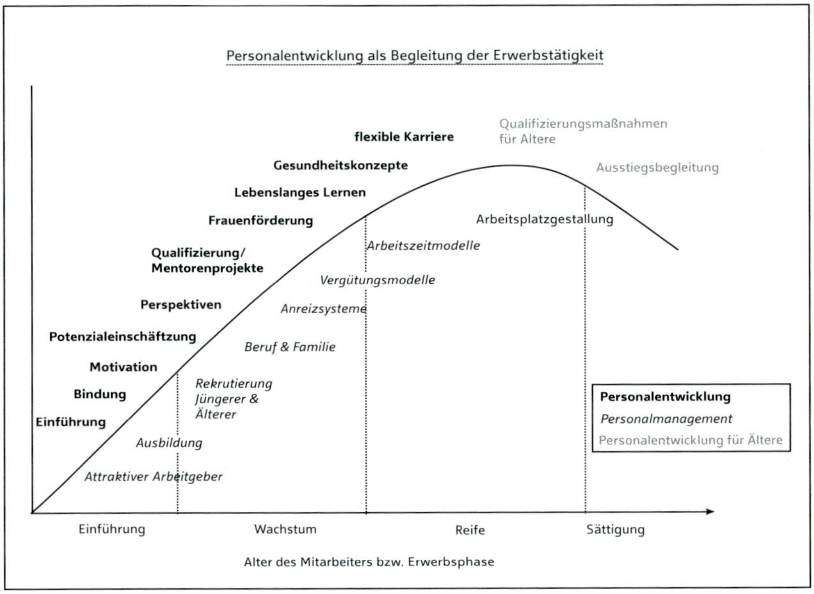

Quelle: Uta Rohrschneider, Michael Lorenz, Der Personalentwickler. Instrumente, Methoden, Strategien, Gabler Verlag, 2011, S. 29

4.3.4.3 Zielgruppenspezifische Entwicklungsprogramme

Die Abstimmung der Einzelmaßnahmen der Personalentwicklung erfolgt in Entwicklungsprogrammen, die sich auf bestimmte Zielgruppen beziehen können. Beispiele sind:

- **Ausbildungsprogramme**, die festlegen, wann und wie lange ein Auszubildender in welchen Abteilungen mit welchen Lernzielen eingesetzt wird.
- **Traineeprogramme**, die sich typischerweise an Hochschulabsolventen richten und ihnen einen vertieften Einblick in die betrieblichen Abläufe und Ziele eröffnen; Trainees werden meist für die Dauer der Programme befristet eingestellt (zwischen sechs Monaten und zwei Jahren); je nach den Erfahrungen und Beurteilungen folgen Anschlussverträge mit der Option, eine Führungskräftelaufbahn einzuschlagen.
- **Laufbahnplanungen**, die sich an den Fähigkeiten und Entwicklungspotenzialen der Mitarbeiter ausrichten und diese planmäßig im Sinne einer bestimmten Laufbahn weiterentwickeln. Unterschieden werden drei Laufbahnarten: die Fachlaufbahn als Spezialist und Berater, die Führungslaufbahn als Führungskraft und die Projektlaufbahn als Projektleiter (siehe auch „Im fachlichen Kontext"). Die Konkretisierung und Individualisierung der betrieblichen Laufbahnplanung auf eine bestimmte Person werden auch Karriereplanung genannt. Von den Laufbahnplanungen sind die **Nachfolgeplanungen** zu unterscheiden, die aus der Sicht des Unternehmens formuliert sind und langfristig die Besetzung der Führungspositionen sicherstellen sollen. Die zukunftsbezogenen und auf Fachkräfte ausgerichteten langfristigen Planungen werden im **Talentmanagement** zusammengefasst: „Talentmanagement beschreibt die Suche, Entwicklung und Bindung von qualifizierten, besonders leistungsfähigen Mitarbeitern."[1]

[1] *Quelle: Rohrschneider, Uta/Lorenz, Michael: Der Personalentwickler. Instrumente, Methoden, Strategien, Gabler Verlag, Wiesbaden, 2011, S. 78*

- Der Projektverbund **GRAziL** hat ein Programm für die Personalentwicklung von **Zeitarbeitnehmern** erarbeitet, das u. a. das Ziel verfolgt, die Zeitarbeitnehmer systematisch zu qualifizieren. Kern des Konzeptes ist die Bildung von Tandempartnerschaften aus Zeitarbeitnehmern und Paten; weitere Elemente sind die Dokumentation der Kompetenzen und ihrer Veränderung in der Qualifikationsmatrix, Beobachtung und Beurteilungsgespräche (vgl. auch Kapitel 4.2.2).

Im fachlichen Kontext

Unterscheidung der Laufbahnarten

Unterscheidungskriterien	Linienlaufbahn	Fachlaufbahn	Projektlaufbahn
Managementebenen	Executive Manager Senior Manager Team Manager	Executive Advisor Senior Advisor Advisor	Program Manager Senior Project Manager Project Advisor
Entwicklung durch …	Qualifikationsstufen Leistungsstufen Autoritäts- und Verantwortungsstufen	Erweiterte Handlungsspielräume Einsatz von Expertenwissen Übernahme steigender Fachverantwortung	Zeitlich befristete Übernahme von Verantwortung Fach- und Führungsverantwortung
Aufgabe	Zunehmender Anteil an Personal- und koordinierenden Aufgaben; strategische Aufgaben; zunehmend weniger Fachaufgaben	Hoher Anteil an Fachaufgaben; geringer Anteil an administrativen Aufgaben	Hoher Anteil an Personal- und koordinierenden Aufgaben; Fachaufgaben
Personalverantwortung	Vollständig	Fachliche Weisungsbefugnis	Temporär
Entscheidungsbefugnis	Vollständig	Auf fachliche Inhalte beschränkt	Temporär, im Rahmen des Projekts
Kernkompetenz	Soziale, unternehmerische und Führungskompetenz	Fachliche Kompetenz	Methodische Kompetenz

Quelle: Rohrschneider, Uta/Lorenz, Michael Der Personalentwickler. Instrumente, Methoden, Strategien, Gabler Verlag, Heidelberg, 2011, S. 93f.

4.3.4.4 Finanzielle Förderung der Weiterbildung

Die Förderung von Bildungsmaßnahmen erfolgt in finanzieller Form. Fördermittelgeber sind die Bundesagentur für Arbeit sowie der Bund. Ansatzpunkt für die finanzielle Förderung sind die Personen, die einen Weiterbildungsbedarf haben und erst mittelbar die Unternehmen. Förderbar sind nicht nur die jeweiligen Lehrgangskosten, sondern darüber hinaus auch Fahrtkosten, Kinderbetreuungskosten und aus Unternehmenssicht auch die indirekten Personalkosten durch Freistellungen. Die Ausgestaltung ist abhängig vom jeweiligen Förderprogramm. Fördermittel gibt es für folgende Gruppen:

- arbeitslose Personen (nach SGB II und SGB III),
- geringqualifizierte Beschäftigte,
- Beschäftigte in kleinen und mittleren Unternehmen,
- Einzelpersonen mit Aufstiegsorientierung (z. B. Meister- und Technikerausbildungen).

Die Förderung erfolgt in nach Zielgruppen unterschiedenen Programmen; hier sind nur die bedeutendsten aufgelistet:

Förderprogramm	Hinweise zu weiteren Informationen
Bildungsgutschein	Förderung beruflicher Weiterbildung nach SGB II und SGB III; Arbeitslose und Arbeitssuchende www.arbeitsagentur.de
Sonderprogramm WeGebAU	www.arbeitsagentur.de
Länderspezifische Programme	Bildungsscheck NRW, Qualifizierungsscheck Hessen u. dgl.
Prämiengutschein	Erwerbstätige (oder Berufsrückkehrende bzw. Mütter/Väter in Elternzeit) unterhalb einer bestimmten Einkommensgrenze www.bildungspraemie.info
Meister-BAföG	Aufstiegsfortbildung für Fachkräfte mit abgeschlossener Berufsausbildung www.meister-bafoeg.de
Weiterbildungsstipendium	Fachliche Weiterbildung für Begabte bis 25 Jahre www.sbb-stipendium.de
Bildungsurlaub	Länderspezifische Regelungen zur Freistellung von Arbeitnehmern für Bildungszwecke

Recherchetipp

Die **Bundesagentur für Arbeit** fördert die Weiterbildung von Arbeitslosen.
Mit dem Programm **WeGebAU** der BA wird die Weiterbildung von geringqualifizierten Beschäftigten und Beschäftigten in kleinen und mittleren Unternehmen gefördert: https://www3.arbeitsagentur.de/web/wcm/idc/groups/public/documents/webdatei/mdaw/mdg2/~edisp/l6019022dstbai395207.pdf?_ba.sid=L6019022DSTBAI395210

Die **Stiftung Warentest** hat verschiedene Informationsmaterialien (zu Lernformen) und Leitfäden für die Auswahl passender Angebote für Arbeitnehmer entwickelt. Weitere Informationen unter: www.test.de/bildung-beruf/
Das **Deutsche Institut für Erwachsenenbildung DIE** hat eine Checkliste zur Auswahl von Bildungsangeboten erstellt: www.die-bonn.de/esprid/dokumente/doc-2006/die06_01.pdf

4.3.5 Probleme und Ansätze der Erfolgsmessung

Wann ist eine PE-Maßnahme erfolgreich? Die Frage ist schwerer zu beantworten, als es auf den ersten Blick scheint. Klar ist, dass sich der Erfolg einer PE-Maßnahme aus den Zielen der jeweiligen Maßnahme herleiten muss. In diesem Sinne war sie erfolgreich, wenn der Teilnehmer die relevanten Inhalte gelernt hat und fähig ist, sie im Unternehmen an seinem Arbeitsplatz umzusetzen. Doch Lernerfolg und Transfererfolg werden durch eine Vielzahl von Faktoren bestimmt:

Einflussfaktoren auf den Lernerfolg	Einflussfaktoren auf den Transfererfolg
Vorbereitung und Erwartungen des Mitarbeiters Inhalte der PE-Maßnahme Eingesetzte Vermittlungsmethoden Organisatorische und zeitliche Rahmenbedingungen Verlauf und Atmosphäre im Seminar	Motivation des Mitarbeiters Anwendbarkeit der Lerninhalte am Arbeitsplatz Unterstützung bei Umsetzung und Anwendung Verhalten von Kollegen und Vorgesetzten

Unter Berücksichtigung dieser Einflussfaktoren wird die Erfolgsmessung (**Evaluation**) einer PE-Maßnahme aus Unternehmenssicht schwierig. Es ergeben sich folgende Ansatzpunkte für eine Erfolgsmessung:

- die Zufriedenheit der Teilnehmer am Ende der Maßnahme;
- eine Befragung der Teilnehmer über ihre Einschätzung der Inhalte, Methoden, Fachreferenten, Organisation und Anwendungsmöglichkeiten;
- eine Lernerfolgsüberprüfung (Test, Prüfung), die sich auf die relevanten Inhalte bezieht, nach Ende der Maßnahme;
- die Beobachtung des Verhaltens am Arbeitsplatz nach Teilnahme an einer Maßnahme; der Transfer kann durch Nachbereitungsmaßnahmen gefördert werden;
- die Messung der Arbeitsverbesserung durch die Anwendung der neu gelernten Inhalte mithilfe von Kennzahlen.

Im engeren Sinne liefern nur die letzten beiden Ansätze Informationen für die aus der Sicht des Unternehmens relevanten Inhalte.

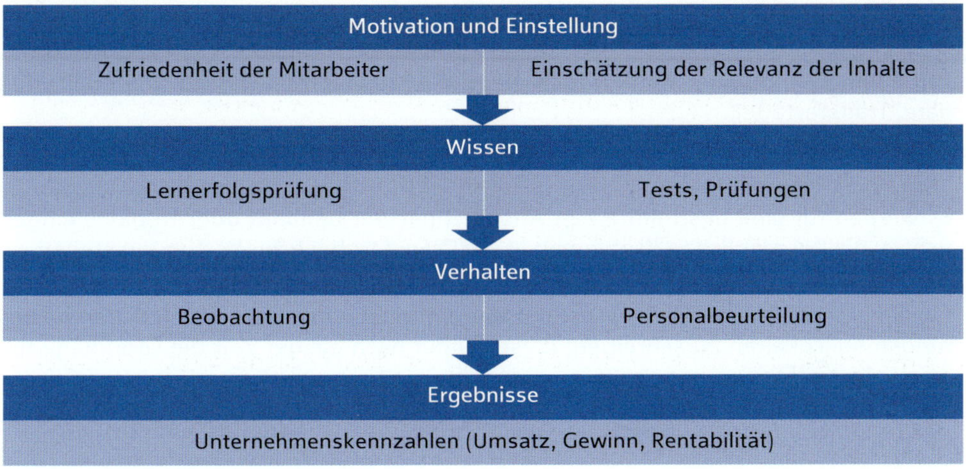

Im fachlichen Kontext

Evaluation ist die bewusste und zielorientierte Bewertung von Projekten, Prozessen oder Organisationseinheiten mit wissenschaftlichen Methoden. Die Evaluationsergebnisse sollen dazu dienen, neue Erkenntnisse über Wirkungszusammenhänge zu entdecken, zu lernen und zu verstehen, eine Grundlage für einen Soll-Ist-Vergleich zu bilden oder auch die Vorteilhaftigkeit eines Projekts oder eines Prozesses anzuzeigen.

4.3.6 Transfer am Arbeitsplatz

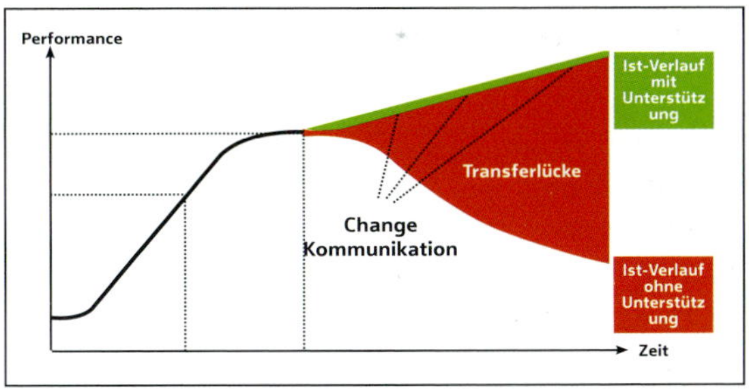

Als Transfer bezeichnet man die Anwendung der gelernten Inhalte am Arbeitsplatz. Aus der Sicht des Unternehmens ist diese Phase im Funktionszyklus besonders wichtig. Auch für den Mitarbeiter ist die Anwendbarkeit ein bedeutungsvoller Faktor für die Bewertung von Weiterbildungen sowie für die Motivation. Doch die Anwendung neuer Inhalte und Verhaltensweisen ist kein Selbstläufer, sie sollte durch entsprechende Maßnahmen unterstützt werden, um die „Transferlücke" möglichst klein zu halten.

Aufgelistet sind hier einige Instrumente, die den Transferprozess unterstützen können:

- Bereits zur Planung der Maßnahme gehört ein Umsetzungsplan, der dem Mitarbeiter die Erwartungen an ihn und die Maßnahme deutlich macht.
- Die Umsetzung kann durch ein Coaching begleitet werden.

- Die Teilnehmer an einer Weiterbildungsveranstaltung treffen sich regelmäßig im Nachgang, um Erfahrungen und mögliche Probleme auszutauschen.
- Es finden Nachfolgeveranstaltungen und Umsetzungsprojekte statt (Intervallseminare, Transfertage).
- Es werden zusätzlich zur Veranstaltung Selbstlernmaterialien zur Verfügung gestellt, die Vertiefungen und Übungen ermöglichen.
- Es werden für eine bestimmte Zeit Ansprechpartner benannt oder Hotlines eingerichtet, die bei möglichen Problemen in der Transferphase zur Verfügung stehen.
- Nach Beendigung eine Veranstaltung können die Teilnehmer dazu aufgefordert werden, einen Brief an sich selbst mit den Vorsätzen und voraussichtlichen Änderungsmöglichkeiten zu schreiben; dieser bildet nach einiger Zeit die Grundlage für eine Selbstreflexion.

4.4 Ansätze eines Controllings der Personalentwicklung

Aufgabe des Controllings ist die Unterstützung des Managements bei der Erreichung der Unternehmensziele. Das Controlling der Personalentwicklung ist eine Teilfunktion des Unternehmenscontrollings. Die Abgrenzung der Unternehmensführung kann man etwa so beschreiben: Die Unternehmensführung und das Management geben wie der Kapitän eines Schiffes die Richtung (Ziele) vor und das Controlling sorgt wie ein Lotse dafür, dass das Schiff nicht vom Weg abkommt.

Definition

Controlling ist eine Art „Zahlengewissen des Unternehmens". Es dient dazu, die Unternehmensführung mit in geeigneter Weise aufbereiteten Zahlen und Kennziffern bei seiner Steuerungsaufgabe zu unterstützen, zu beraten und zu entlasten.

Im auf die Personalentwicklung bezogenen Controlling gibt es neben den im letzten Abschnitt bereits genannten Möglichkeiten zur Evaluation von Einzelmaßnahmen folgende Ansatzpunkte: die Kosten der Weiterbildung, die Förderung der Mitarbeiter und die Ausbildung als eigenständiger Bereich.

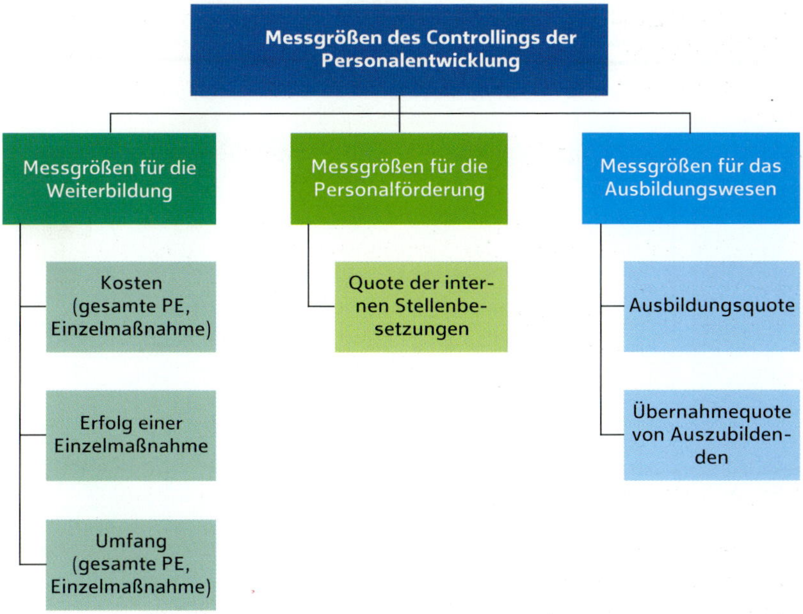

4.4.1 Kennziffern eines Controllings der Weiterbildung

Kosten

Die Kosten der Weiterbildung setzen sich aus direkten Kosten und indirekten Kosten zusammen (siehe auch Kapitel 4.2.1).

Direkte Kosten der Weiterbildung	Indirekte Kosten der Weiterbildung
• Personalkosten der internen Dozenten und Trainer • Honorare und Spesen externer Dozenten und Trainer • Teilnahmegebühren • Prüfungsgebühren • Raummiete, Miete für technische Ausstattung • Materialien, Kopierkosten • Verpflegungskosten, Catering • Reise- und Übernachtungskosten	Kosten durch die Abwesenheit vom Arbeitsplatz (Diese Kosten können tatsächlich entstehen, wenn eine Ersatzkraft eingestellt wird, oder sie sind kalkulatorisch; für die externen Arbeitnehmer in der Zeitarbeit muss entschieden werden, welche Kosten berücksichtigt werden: Wenn der Mitarbeiter einsatzfrei ist, fallen keine weiteren Kosten an, da der Lohn „sowieso" bezahlt werden müsste; wird ein Zeitarbeitnehmer geschult, obwohl er auch in einen Einsatz disponiert werden könnte, entgehen dem Unternehmen Umsätze und damit Deckungsbeiträge; es entstehen also Kosten!)

Die Kosten können als absolute Zahl angegeben werden oder mit unterschiedlichen Größen in Beziehung gesetzt werden. Hierdurch erreicht man eine höhere Aussagekraft der Kennziffern.

Beispiel

Die Kosten für Weiterbildung bei der Waxx AG sind von 60000,00 € im Vorjahr auf 66000,00 € gestiegen. In demselben Zeitraum ist die Mitarbeiterzahl um 10 % angestiegen. Welche Aussagen kann man über die Weiterbildung bei der Waxx AG mit und ohne die Angabe der Mitarbeiterzahl treffen?

Bezugsgröße der Kosten	Formel, Erläuterung
Personalkosten insgesamt	**Formel** $$\text{Weiterbildungskostenquote} = \frac{(\text{Summe aller Kosten für Weiterbildung in Euro} \cdot 100)}{\text{Summe der gesamten Personalkosten}}$$
Unternehmensumsatz	**Formel** $$\text{Weiterbildungskostenquote vom Umsatz} = \frac{(\text{Summe aller Kosten für Weiterbildung in Euro} \cdot 100)}{\text{Umsatz}}$$
Anzahl der Mitarbeiter	**Formel** $$\text{Weiterbildungsinvestitionsquote} = \frac{(\text{Summe aller Kosten für Weiterbildung in €} \cdot 100)}{\text{Anzahl der Mitarbeiter}}$$
Niederlassungen oder Abteilungen	Die oben dargestellten Formeln lassen sich auch auf einzelne Abteilungen und Niederlassungen beziehen, um eine bessere Vergleichbarkeit herzustellen.
Anzahl der Veranstaltungen	Durch den Bezug der Kosten auf die Anzahl der Veranstaltungen lässt sich ein Durchschnittswert der Kosten für alle Veranstaltungen ermitteln; die Aussagekraft ist eingeschränkt, weil Art und Dauer der Veranstaltungen sehr unterschiedlich sein können.
Anzahl der Tage Weiterbildung (oder der Stunden)	Die Kosten je Stunde bzw. je Weiterbildungstag können einen Hinweis auf Preisentwicklungen bei den externen Maßnahmen geben.

Erfolg einer Einzelmaßnahme

Die Erfolgserfassung der Weiterbildung kann auf vier Ebenen ansetzen:

- Zufriedenheitserfolg
- Lernerfolg
- Transfererfolg
- (Unternehmens-)Ergebnisse

Ebene des Erfolgs	Messkonzept
Zufriedenheitserfolg	Sinnvoll ist es, die Zufriedenheit der Teilnehmer mit einem Punktesystem zu erfassen; daraus lässt sich leicht eine Durchschnittsbewertung ermitteln, die dann mit anderen Maßnahmen verglichen werden kann.
Lernerfolg	Mit Prüfungen und Tests kann der Lernerfolg (wie in der Schule) gemessen werden.
Transfererfolg	Beobachtung durch Kollegen und Vorgesetzte können Verhaltensänderungen erfassen. Letztlich werden die Techniken der Personalbeurteilung eingesetzt.
(Unternehmens-) Ergebnisse	Zugrunde gelegt werden können individuelle und abteilungsbezogene Erfolgskennziffern. Beispiele sind: Umsatz, Gewinn, Kosten, Kundenzufriedenheit, Qualität der Auftragsbearbeitung etc. Problematisch bei der Messung auf dieser Ebene sind die zeitlichen Abstände zwischen Maßnahme und Erfolgswirksamkeit sowie alle Einflussfaktoren auf das Unternehmensergebnis, die nicht im Verantwortungsbereich des Mitarbeiters liegen.

Umfang der Personalentwicklung

Der Umfang der Personalentwicklung lässt sich über die zeitliche Dauer erfassen: Weiterbildungszeiten in Stunden oder Tagen je Jahr. Bezieht man diese auf die Anzahl der Mitarbeiter, erhält man den Zeitraum, den jeder Mitarbeiter im Durchschnitt geschult wurde.

Formel

$$\text{Weiterbildungszeit je Mitarbeiter (in Stunden oder Tagen)} = \frac{\text{(Summe der Weiterbildungszeiten in Stunden oder Tagen)}}{\text{Anzahl der Mitarbeiter}}$$

Aufwendig ist es, die angefallen Weiterbildungszeiten zutreffend zu erfassen. Es besteht die Gefahr, dass sehr kurze Bildungseinheiten, wie etwa eine Unterweisung, nicht erfasst werden. Auszubildende und die Berufsschultage sollten nicht erfasst werden, da sie die Kennziffer unnötig verzerren; Auszubildende sind ja gerade zum Zweck der Berufsbildung eingestellt.

4.4.2 Controlling der Personalförderung

Die Messung der Wirksamkeit der Fördermaßnahmen ist schwierig, da sehr individuelle Ziele angestrebt werden. Für die Qualität des Systems der Personalförderung selbst kann folgende Überlegung eine Grundlage bilden: Zweck der Personalförderung sind die persönliche Entwicklung und die Aufdeckung von Mitarbeiter-Potenzialen, die vielleicht für das Unternehmen in Zukunft eine Rolle spielen: Die frühzeitige Entdeckung von High Potencials und potenziellen Führungskräften ermöglicht es, genau solche Personen gezielt an das Unternehmen zu binden und dadurch langfristig Wettbewerbsvorteile zu realisieren. Dementsprechend ist eine Kennziffer die Anzahl der „entdeckten“ Nachwuchskräfte. Da diese ihr „tatsächliches“ Potenzial aber erst viel später zeigen, ist die Aussagekraft der Kennziffer eingeschränkt.

Konkreter ist es, die Zahl derjenigen zu erheben, die tatsächlich innerhalb des Unternehmens zu Führungskräften entwickelt wurden.

Formel

Interne Besetzungsquote (im Jahr) =

$$\frac{\text{(Anzahl der internen Stellenbesetzungen im Management im Jahr} \cdot 100)}{\text{Anzahl aller Stellenbesetzungen im Management im Jahr}}$$

4.4.3 Controlling im Ausbildungswesen

Bd. 1, LF 4, 1.6

Angesichts des Fachkräftemangels gewinnt die interne Ausbildung für die Sicherung der personellen Basis eine immer größere Bedeutung. Die Ausbildungsquote drückt aus, welche Anstrengungen ein Unternehmen für die Nachwuchssicherung unternimmt.

Formel

$$\text{Ausbildungsquote} = \frac{\text{Anzahl der Auszubildenden} \cdot 100}{\text{Anzahl der Mitarbeiter}}$$

Nach seiner Ausbildung kann ein Auszubildender übernommen werden oder er sucht nach einer anderen Beschäftigungsmöglichkeit. Bei nur wenigen Auszubildenden ist die Aussagekraft einer berechneten Übernahmequote sehr gering. In großen Unternehmen mit vielen Auszubildenden in unterschiedlichen Bereichen kann die Übernahmequote Hinweise auf die Ausbildungsqualität geben. Die Übernahmequote kann von Betrieb zu Betrieb anderen Bestimmungsfaktoren unterliegen.

Formel

$$\text{Übernahmequote} = \frac{\text{Anzahl der übernommen Auszubildenden} \cdot 100}{\text{Anzahl der Auszubildenden in dem Ausbildungsjahrgang}}$$

4.5 Qualifizierungs- und Bildungsangebote für Personaldienstleistungskaufleute

Mit dem im Jahr 2008 geschaffenen Ausbildungsberuf Personaldienstleistungskauffrau/-kaufmann wurde erstmals ein spezielles Berufsbild für Personaler geschaffen. Ausgangspunkt waren die gestiegenen Bedarfe an Fachleuten in der Branche Personaldienstleistungen. Doch nicht nur dort finden die ausgebildeten Personaldienstleistungskaufleute Einsatz- und Entwicklungsmöglichkeiten. Aufgrund der in der Ausbildung umfangreich

vermittelten kommunikativen, sozialen und methodischen Kompetenzen sind ausgebildete Personaldienstleistungskaufleute auch in anderen Branchen und Tätigkeitsbereichen beschäftigt.
Die Weiterbildungs- und Fortbildungsmöglichkeiten für Personaldienstleistungskaufleute sind sehr vielfältig. Die Darstellung hier erhebt daher nicht den Anspruch von Vollständigkeit, sondern soll eine Grundlage für eigene Recherchen bilden.

Übersicht über Bildungsmöglichkeiten

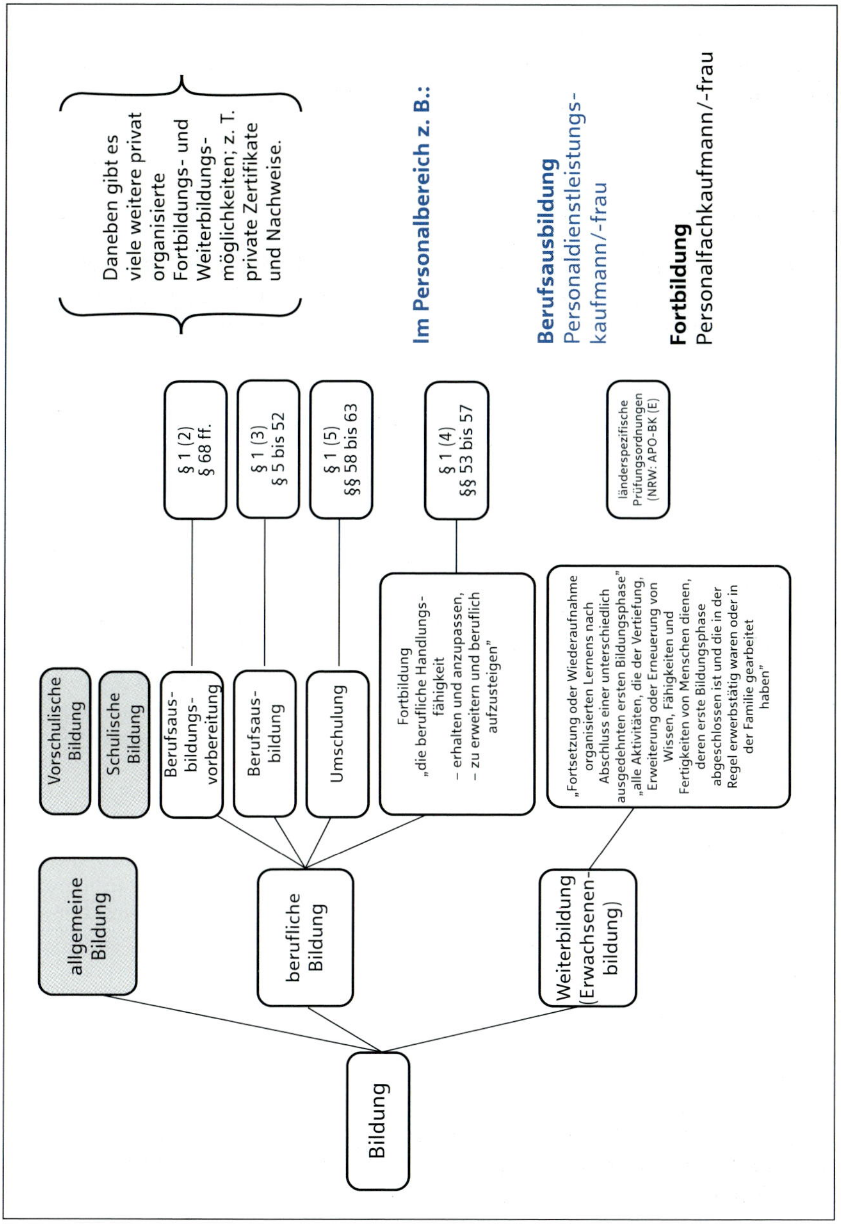

Fortbildungsmöglichkeiten im Personalbereich außerhalb der Hochschulen

Inhalt	Abschluss	Prüfungseinrichtung	Voraussetzungen für den erfolgreichen Abschluss
AEVO (in Kraft ab 01.08.2009)	Ausbildereignung („AdA-Schein“)	Verordnung IHK	Nachweis der Eignung durch Prüfung vor einem Prüfungsausschuss der zuständigen Stelle (IHK); ggf. andere Nachweise (§ 6)
IHK-Fachkraft Personalwesen; Schwerpunkte: • Personalplanung und Personalentwicklung • Personalmanagement • Personalabrechnung	IHK-Lehrgangszertifikat	IHK	Regelmäßige Teilnahme an Lehrgang und Abschlusstest
Personalfachkaufmann Aufstiegsfortbildung	Geprüfter Personalfachkaufmann (IHK)	Fortbildungsordnung	IHK Abschlussprüfung (bundeseinheitlich)
Personaldienstleistungsfachwirt	Geprüfter (IHK)	Fortbildungsordnung Neu: 2011	
Aus- und Weiterbildungspädagoge (AWP IHK) Stichwort: professionelle Berufsbildner; Verband: www.berufspaedagogen.net	Geprüfter (IHK)	Fortbildungsordnung Neu: 2009	1. Abschluss in einem anerkannten mindestens dreijährigen Ausbildungsberuf und eine anschließende mindestens einjährige Berufspraxis oder 2. Abschluss in einem sonstigen anerkannten Ausbildungsberuf und eine anschließende mindestens zweijährige Berufspraxis und 3. eine erfolgreich abgelegte Prüfung nach der Ausbilder-Eignungsverordnung oder eine vergleichbare Qualifikation

Inhalt	Abschluss	Prüfungseinrichtung	Voraussetzungen für den erfolgreichen Abschluss
Berufspädagoge Stichwort: professionelle Berufsbildner; Verband: www.berufspaedagogen.net	Geprüfter (IHK)	Fortbildungsordnung Neu: 2010	1. Abschluss einer anerkannten Fortbildung zum Geprüften Aus- und Weiterbildungspädagogen, zum Fachwirt, zum Fachkaufmann, zum Industrie-, Fach- oder Handwerksmeister oder einer vergleichbaren Fortbildung gemäß BBiG oder HwO und eine anschließende mindestens einjährige Berufspraxis oder 2. abgeschlossenes Hochschulstudium oder eine abgeschlossene staatlich anerkannte zweijährige Fachschulfortbildung und eine anschließende mindestens zweijährige Berufspraxis oder 3. eine mit Erfolg abgelegte Abschlussprüfung in einem anerkannten Ausbildungsberuf und eine anschließende mindestens fünfjährige Berufspraxis und 4. eine erfolgreich abgelegte Prüfung nach der Ausbilder-Eignungsverordnung oder eine vergleichbare berufs- und arbeitspädagogische Qualifikation.
Betriebswirt Schwerpunkt Personal	Staatlich geprüfter	APO-BK	FOR, Berufserfahrung (3 J.)

Zusammenfassung

- **Personalentwicklung** ist die zielorientierte und planmäßige Bildung, Förderung und Qualifizierung von Mitarbeitern durch Weiterbildung, durch Arbeitsstrukturierung und durch individuelle Maßnahmen. Sie steht in engem Zusammenhang zur Organisationsentwicklung.

- **Qualitätskriterien** für eine zukunftsorientierte Personalentwicklung sind Langfristigkeit, Sinnbezug, Persönlichkeitsentwicklung, Verzahnung mit allen Beteiligten.
- Der **Betriebsrat** hat bei der Gestaltung der Personalentwicklung Mitwirkungs- und Mitbestimmungsrechte nach Betriebsverfassungsgesetz.
- Die **Gestaltung der betrieblichen Personalentwicklung** ist einem ständigen Veränderungsprozess unterworfen; Einflussfaktoren sind technologische, wirtschaftliche und soziale Veränderungen. In den vergangenen vier Jahrzehnten hat sich die Bedeutung der Personalentwicklung deutlich erhöht, wie sich beispielsweise an den Ausgaben für Weiterbildung ablesen lässt.
- Im Unterschied zu anderen Branchen ist die formale Weiterbildung in der Zeitarbeit für die externen Mitarbeiter gering ausgeprägt. Dafür sind verschiedene Gründe verantwortlich, die zu einem „Qualifizierungsdilemma in der Zeitarbeit" führen. Es gibt verschiedene Ansätze und Projekte, die die strukturellen Hindernisse für die Qualifizierung der Zeitarbeitnehmer überwinden.
- Die Planung der Personalentwicklung erfolgt nach dem **Funktionszyklus** in sechs Schritten:

Phase im Funktionszyklus	Inhalte
Bedarfsanalyse	Fähigkeitslücke, Anforderungslücke, Potenzialanalyse
Zielformulierung	Ableitung der Ziele aus dem Unternehmensleitbild und den konkreten Bedarfen
Gestaltung der Maßnahmen, Formulierung von Entwicklungsprogrammen für bestimmte Mitarbeitergruppen	Zu den Maßnahmen gehören die Weiterbildung und Qualifizierung, die individuelle Personalförderung durch Coaching, Mentoring und Supervision sowie die Arbeitsstrukturierung (Job Enlargement, Job Enrichment, Job Rotation, teilautonome Arbeitsgruppen). Die Gestaltung der Maßnahmen wird von den Bedingungen im Unternehmen, dem Weiterbildungsangebot, etwaiger finanzieller Förderungen sowie den Fähigkeiten und dem Bedarf der Mitarbeiter mit beeinflusst.
Durchführung	Weiterbildungsmaßnahmen können intern und extern durchgeführt werden; die Entscheidung sollte u. a. nach den Kriterien Kosten und Qualität getroffen werden.

Phase im Funktionszyklus	Inhalte
Kontrolle des Erfolgs	Die Erfolgsmessung kann an verschiedenen Ebenen ansetzen: Die Zufriedenheit und persönliche Einschätzung des Mitarbeiters über die Wirksamkeit, auf der Wissensebene durch Lernerfolgsprüfungen, auf der Ebene des Verhaltens am Arbeitsplatz sowie auf der Ebene des Unternehmensergebnisses.
Sicherung des Transfers	Beim Transfer der Weiterbildungsinhalte am Arbeitsplatz kann es zu Problemen und Störungen („Transferlücke") kommen; das kann durch verschiedene Unterstützungsmaßnahmen verhindert werden.

- Im **Controlling** der Personalentwicklung können verschiedene Kennziffern eingesetzt werden für die Darstellung der Kosten, des Erfolgs, des Umfangs; Beispiele sind Weiterbildungskosten- und Weiterbildungsinvestitionsquoten, Stellenbesetzungsquoten, Ausbildungs- und Übernahmequoten.
- Für Personaldienstleistungskaufleute gibt es verschiedene Fortbildungs- und Weiterbildungsangebote im Personalbereich.

Aufgaben

1. *Grenzen Sie folgende Begriffe voneinander ab:*
   a) Personalentwicklung und Organisationentwicklung
   b) Wissen und Bildung
   c) Ausbildung, Weiterbildung und Fortbildung
   d) Kompetenz und Qualifikation
   e) Fähigkeitslücke und Anforderungslücke
   f) Personalbildung und Personalförderung
   g) Laufbahnplanung und Nachfolgeplanung

2. *Stellen Sie die Vorteile und die Nachteile der Durchführung von Maßnahmen zur Personalentwicklung dar*
   a) aus der Sicht des Unternehmens,
   b) aus der Sicht eines Arbeitnehmers.

3. *Die Geschäftsleitung der Seifert Dienstleistungsgesellschaft mbH befürchtet einen zunehmenden Seminartourismus und will aus dem Grund die Weiterbildungsangebote für Mitarbeiter deutlich einschränken.*
   a) Beschreiben Sie, was mit dem Begriff „Seminartourismus" gemeint ist.
   b) Machen Sie Vorschläge, wie die Gefahr eines Seminartourismus aus Sicht des Unternehmens reduziert werden kann.

4. *Beschreiben Sie die Schritte einer systematischen Planung der Personalentwicklung mithilfe des Funktionszyklus.*

5. *Bei der Waxx AG soll eine systematische Personalentwicklung eingerichtet werden. Als Mitarbeiter/-in in der Personalabteilung sind Sie mit den Vorbereitungen dazu beauftragt. Informieren Sie sich über die Rechte des Betriebsrates in diesem Zusammenhang und erstellen Sie einen Ablaufplan für die Einbeziehung des Betriebsrates der Waxx AG.*

6. *Die in bestimmten Wissensbereichen kurze „Halbwertzeit des Wissens" ist eine Aufforderung zum „Lebenslangen Lernen".*

a) Beschreiben Sie anhand von eigenen Beispielen die praktische Bedeutung einer sinkenden „Halbwertzeit des Wissens".

b) Unter anderem soll die Schule dazu beitragen, dass „lebenslanges Lernen" erleichtert wird; nennen Sie Kompetenzen, die für ein „lebenslanges Lernen" besonders wichtig sind. Machen Sie Vorschläge, wie diese Kompetenzen in der Schule aufgebaut werden könnten.

7. *Als Referent/-in im Branchenverband Maschinenbau (alternativ: Einzelhandel, Reinigungsgewerbe, Lager & Logistik) sind Sie zu einem Vortrag über Personalentwicklung in Ihrer Branche eingeladen. Zur Vorbereitung wollen Sie im Internet nach Daten und grafisch aufbereiteten Zahlen recherchieren.*

a) Nennen Sie Indikatoren, die auf die Bedeutung der Personalentwicklung in Ihrer Branche hinweisen.

b) Recherchieren Sie im Internet nach diesen Daten und Abbildungen und stellen Sie Ihre Rechercheergebnisse übersichtlich zusammen.

c) Vergleichen Sie Ihre Rechercheergebnisse mit den Angaben in Kapitel 4.2 und fassen Sie Ihre Schlussfolgerungen in einigen Merksätzen zusammen.

8. *Sie werden als Niederlassungsleiter/-in bei einem mittelständischen Zeitarbeitsunternehmen von der regionalen Tageszeitung gebeten, einen kurzen Kommentar zum Problem der Qualifizierung von Zeitarbeitnehmern abzugeben. Verfassen Sie eine schriftliche Stellungnahme, die in der Zeitung abgedruckt werden soll.*

9. *Als Personalreferent/-in bei einem bundesweit agierenden Zeitarbeitsunternehmen prüfen Sie verschiedene Modellvorhaben zur Überwindung des „Qualifizierungsdilemmas in der Zeitarbeit".*

a) Stellen Sie die Faktoren zusammen, die für das Qualifizierungsdilemma verantwortlich sind.

b) Stellen Sie die Vorteile und Nachteile der in Kapitel 4.2.2 aufgelisteten Ansätze zur Überwindung des Dilemmas gegenüber.

c) Beurteilen Sie die Übertragbarkeit der verschiedenen Ansätze auf Ihren Ausbildungsbetrieb. Gehen Sie dabei auf fördernde und hemmende Faktoren ein.

10. *Sie sind Personaldisponent/-in bei der Hannibal Personal GmbH. Ein langjähriger Kunde fordert acht Fachlageristen für etwa 10 Monate an. Sie können ihm fünf Fachlageristen und drei erfahrene Lagerhelfer anbieten. Der Kunde ist einverstanden unter der Bedingung, dass die Lagerhelfer nachqualifiziert werden.*

a) Bestimmen Sie den Qualifizierungsbedarf der drei erfahrenen Lagerhelfer.

b) Recherchieren Sie geeignete Maßnahmen zur Qualifizierung und die Kosten, die ungefähr auf Sie zukommen werden.

c) Entwickeln Sie einen Plan, wie Sie die Nachqualifizierungen umsetzen können.

11. *Sie sind Personalentwickler/-in bei der Teledialog AG, einem Callcenter-Betreiber. Sie haben den Produktbereich Kosmetik neu aufgenommen. In diesem Zusammenhang müssen die Mitarbeiter, die als Ansprechpartner die Kunden am Telefon betreuen und die Aufträge entgegennehmen, geschult werden. Für die Vorbereitung Ihrer Planungen haben Sie einen Lerntypentest durchgeführt; den jeweils vorherrschenden Lerntyp haben Sie mit einer „1“, den nächsten mit einer „2“ usw. bezeichnet. Sie haben folgendes Ergebnis zusammengestellt:*

Mitarbeiter	Auditiver Typ	Visueller Typ	Kommunikativer Typ	Motorischer Typ	Medienorientierter Typ
Heike K.	4	1	3	5	2
Peter M.	5	2	1	3	4
Jasmin B.	1	3	5	4	2
....	...	...	...	...	...

a) Beschreiben Sie die Eigenschaften der jeweiligen Lerntypen.

b) Nennen Sie je Lerntyp geeignete Lernmethoden.

c) Die Schulung soll in Form eines halbtägigen Seminars durchgeführt werden. Beraten Sie den Seminarleiter über die methodische Gestaltung des Seminars.

12. *Es gibt eine Vielzahl von Formen, nach denen Weiterbildung organisiert ist, u. a. unterscheidet man nach der Nähe zum Arbeitsplatz.*

a) Ordnen Sie folgende Veranstaltungsformen den beiden Oberbegriffen durch die Zuweisung der richtigen Ziffer zu:

(1) On-the-job-Maßnahme

(2) Off-the-job-Maßnahme

Veranstaltungsform	Zuordnung
Mentoring	
VBG-Seminar PET	
Job Rotation	
Supervision	
Erfahrungsgruppe (Erfa-Gruppe)	

b) Stellen Sie die Vorteile und Nachteile der beiden Veranstaltungsformen einander gegenüber.

13. *Der Niederlassungsleiter der Hannibal Personal GmbH, Thomas Hesse, hat eine Fortbildung zur Personalbeurteilung beantragt. Der Antrag wird von der Regionalleiterin Frau Claassen befürwortet. Sie sind für die Weiterbildung zuständig und sollen nun ein geeignetes Angebot auswählen.*

a) Recherchieren Sie im Internet nach drei geeigneten Weiterbildungsangeboten.

b) Legen Sie die Kriterien fest, nach denen Sie eine Auswahl treffen wollen.

c) Entscheiden Sie sich begründet für ein Angebot; führen Sie ggf. eine Nutzwertanalyse durch.

14. *Als Personalreferent/-in planen Sie On-the-Job-Maßnahmen für die Abteilungsleiter/-innen. Grenzen Sie Coaching und Mentoring voneinander ab. Nutzen Sie dafür folgende Kriterien:*

Kriterien	Coaching	Mentoring
Im Vordergrund stehendes Ziel		
Zielgruppe		
Beteiligte		
Art der Beziehung		
Dauer		
Kosten		
Nutzen für das Unternehmen		

15. *Vervollständigen Sie folgende vergleichende Aussagen zu den Maßnahmen der Personalentwicklung:*

a) Für die Erhaltung der Fachkompetenz sind externe Gruppenseminare am besten geeignet, weil ...

b) Für die persönlichkeitsbezogene Entwicklung der Führungskraft ist die Supervision besser geeignet als ein intern durchgeführtes Seminar, weil ...

c) Gegen Einzelmaßnahmen zur Personalentwicklung sprechen ...

d) Für den Einsatz von Einzelmaßnahmen sprechen ...

e) Mentoring ist eine Einzelmaßnahme, weil ...

f) Aufstiegsqualifizierungen finden off-the-job statt, weil ...

g) Die zentrale Durchführung von Mitarbeiterschulungen bietet sich vor allem an, wenn ...

16. *Sie planen als Personalentwickler bei der Hannibal Personal GmbH die Erfolgsmessung der nächsten Seminare für die Personaldisponenten. Inhalt der Seminare sind neue rechtliche Regelungen und Auslegungen zum Arbeitsrecht. Sie wollen alle Ebenen des Weiterbildungserfolgs erfassen, um eine umfassende Bewertung zu ermöglichen. Nennen Sie geeignete Messgrößen und begründen Sie Ihre Auswahl.*

17. *Die Auszubildenden der Petermann Maschinenbau AG nehmen an dem Seminar „Familienfreundliche Arbeitszeiten" teil. Die Evaluation im Anschluss an die Veranstaltung zu den Inhalten fällt sehr schlecht aus.*
Interpretieren Sie das Evaluationsergebnis vor dem Hintergrund des Lebensphasenkonzeptes der Personalentwicklung.

18. *Sie führen als Personalverantwortlicher eine interne Schulung für die Personaldisponenten des Unternehmens zum Thema Weiterbildung für externe Mitarbeiter durch. Ein Disponent sagt Folgendes: „Meine Erfahrungen als Disponent zeigen, dass die externen Mitarbeiter gar kein Interesse an Weiterbildung haben."*
Nehmen Sie zu dieser Aussage Stellung.

19. *Die Niederlassungsleiter der Seifert Personalservice GmbH & Co. KG treffen sich zu einem Erfahrungsaustausch. Bei dieser Sitzung wird diskutiert, dass einige Disponenten Mängel im Bereich Verhandlung und Gestaltung der Überlassungsverträge haben. Es wird entschieden, dass zunächst acht Mitarbeiter speziell zu diesem Thema geschult werden sollen.*

Als Personalreferent/-in in der Zentrale werden Sie mit der Organisation und Durchführung der Schulung beauftragt. Auf eine Anfrage erhalten Sie von dem Weiterbildungsträger innopro GmbH ein Angebot über eine dreitätige Schulung mit folgenden Daten:
externe Durchführung am Standort der innopro GmbH (Entfernung ca. 160 km einfach):

- *Preis je Teilnehmer: 580,00 €*
- *Die Mitarbeiter/-innen fahren gemeinsam in Fahrgemeinschaften mit zwei Privat-Kfz zum Veranstaltungsort.*

interne Durchführung:

- *Honorar für externen Referenten: 1 350,00 € je Tag*
- *Spesen: gesamt 450,00 €*
- *Kalkulatorische Kosten für Raum und Ausstattung: 130,00 € je Tag*

(Anmerkung: Nach der internen Reisekostenrichtlinie der Seifert GmbH & Co. KG erstattet das Unternehmen internen Mitarbeitern 0,30 € je gefahrenen Kilometer. Die Mitarbeiter sind dazu angehalten, bei ihren Reisen je das wirtschaftlichste und umweltschonendste Beförderungsmittel einzusetzen. Für Fahrgemeinschaften werden die gesetzlichen Beträge zum Ansatz gebracht; das bedeutet: Für die Mitnahme jedes weiteren Teilnehmers an der Dienstreise erhöht sich der Pauschbetrag um 0,02 €.)

a) Führen Sie einen Kostenvergleich durch.

b) Nennen Sie weitere Aspekte, die bei der Entscheidung mitberücksichtigt werden sollten.

c) Treffen Sie eine begründete Entscheidung.

20. ***Situation:***
Sie sind Mitarbeiter in einer Personalberatung. Zu Ihren Aufgaben gehört es, Unternehmen im Bereich der Weiterbildung zu beraten und Empfehlungen über Umfang und Art der Weiterbildungen zu geben. Aktuell beschäftigen Sie sich mit einigen Anfragen von neuen Kunden. Dabei geht es zunächst darum, die bisherigen Aktivitäten im Bereich betriebliche Weiterbildung zu erfassen und den Umfang zu bewerten.
*Sie haben sich umfassend über den Stellenwert der betrieblichen Weiterbildung **(WB)** informiert und folgende Durchschnittszahlen der jeweiligen Branchen zusammengestellt:*

	WB- Investitionsquote	WB-Kostenquote (in % vom Umsatz)	WB-Kostenquote (in % der Personalkosten)	Durchschn. WB-Tage je MA	
Fall 1	2 200,00	2 %	–	3,5	
Fall 2	750,00	–	20 %	1	
Fall 3	1 200,00	5 %		4,5	

Bearbeiten Sie folgende Fälle und beurteilen Sie Umfang und Kosten der Weiterbildung in den beschriebenen Unternehmen.
Fall 1: Bei der Automotive Personal AG waren im vergangenen Jahr 99 Personen beschäftigt, die an insgesamt 34 Weiterbildungsmaßnahmen im Umfang von insgesamt 156 Tagen teilgenommen haben. Die Kosten für jeden Tag Weiterbildung werden mit 1 200,00 € kalkuliert; das Unternehmen hat einen jährlichen Umsatz von 19 Millionen €.
Fall 2: Drei Mitarbeiter der Baustoff Handels AG nehmen an einem eintägigen Vertriebstraining in Olsberg teil; die Kosten der Weiterbildung betragen insgesamt 2 700,00 € (inkl. Hotel); Fahrtkosten werden nicht gezahlt. Die drei Mitarbeiter haben ein monatliches Bruttogehalt von 2 900,00 €.

Fall 3: Die Hans Gerhardt Vertriebsgesellschaft mbH wurde vor fünf Jahren gegründet; sie hat bislang eine äußerst erfolgreiche Entwicklung bei der Vermarktung von EDV- und Telekommunikationssystemen genommen. Derzeit arbeitet das Unternehmen daran, sich u. a. im Bereich der PE zu konsolidieren und die bisherigen Aktivitäten eines Muddling Through durch ein ausgewogenes PE-Konzept zu ersetzen. Das Unternehmen hat derzeit einen Mitarbeiterstamm von 78 und erreichte im vergangenen Jahr einen Umsatz von 26,3 Millionen €. Beraten Sie das Unternehmen hinsichtlich des WB-Budgets und einiger grundsätzlicher Fragen.

Lernfeld 11:

Rahmenbedingungen für Personaldienstleistungen berücksichtigen

1 Sich einen Überblick über die konjunkturelle Lage der Gesamtwirtschaft verschaffen

Einstiegssituation ▶

Die Stabsabteilung „Statistik und Strategische Unternehmensplanung" der Neue Arbeit GmbH hat die Aufgabe, volkwirtschaftliche Daten auszuwerten. Sie analysiert in diesem Zusammenhang regelmäßig die Rahmenbedingungen hinsichtlich ihres Einflusses auf die Unternehmensentwicklung und die strategische Ausrichtung. So sollen rechtzeitig Trends aufgespürt und daraus Chancen und Risiken für das Unternehmen abgeleitet werden. Die Stabsabteilung erstellt in regelmäßigen Abständen Berichte für die Geschäftsführung. Bei langfristigen unternehmerischen Entscheidungen hat sie eine beratende Funktion.

Aktuell geht es darum, die neuen Zahlen zur wirtschaftlichen Entwicklung auszuwerten und zu präsentieren, denn das statistische Bundesamt hat die Zahlen des **Bruttoinlandsprodukts** (BIP) für das Jahr 2016 veröffentlicht:

DÜSSELDORF - Das Wirtschaftsforschungsinstitut IMK erwartet auch im kommenden Jahr anhaltendes Wachstum und einen weiteren Rückgang der Arbeitslosigkeit in Deutschland. Nach einem Plus von 1,8 Prozent in diesem Jahr werde die Wirtschaft 2017 um 1,2 Prozent wachsen, sagt das Institut für Makroökonomie und Konjunkturforschung (IMK) der gewerkschaftsnahen Hans-Böckler-Stiftung voraus.

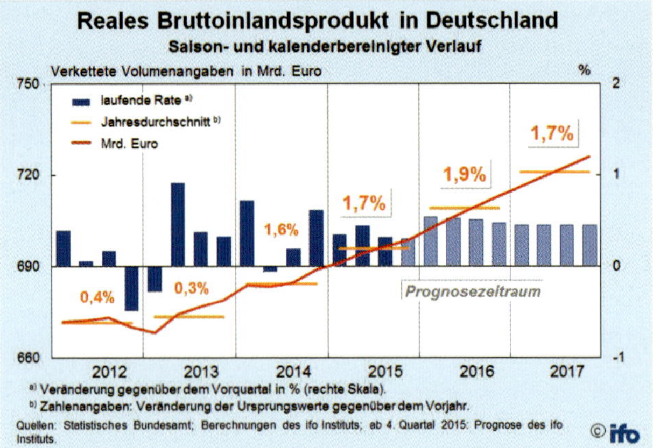

Quelle: dpa: IMK-Prognose: Deutsche Wirtschaft trotzt weltweiten Unsicherheiten, 20.12.2016. © dpa Deutsche Presse-Agentur GmbH

Arbeitsaufträge

1. *Machen Sie sich zunächst ein Bild über die Akteure einer Volkswirtschaft und deren Beziehung zueinander.*
2. *Informieren Sie sich über die Berechnung des BIP.*
3. *Werten Sie für die Geschäftsführung die Daten der Volkswirtschaftlichen Gesamtrechnung aus. Stellen Sie hierzu folgende Informationen für die Jahre 2010 bis 2016 zusammen. Erläutern Sie die Zahlen und berechnen Sie die prozentuale Veränderung zum jeweiligen Vorjahr.*
   - *Entwicklung des BIP,*
   - *Lohn- und Gewinnquote,*
   - *Pro-Kopf-Einkommen,*
   - *BIP je erwerbstätiger Person,*
   - *Pro-Kopf-BIP.*
4. *Nutzen Sie für die Präsentation der Zahlen aussagefähige Infografiken.* **Bd. 2, LF 8**

Die relevanten Tabellen mit den Daten des Statistischen Bundesamts finden Sie in BuchPlusWeb in der Excel-Datei „Daten VGR". Web

1.1 Grundbegriffe der Volkswirtschaftslehre

Die Volkswirtschaftslehre (kurz: VWL) bedient sich zur Erfassung und Deutung von ökonomischen (wirtschaftlichen) Zusammenhängen **modellhaften Darstellungen** und einer speziellen **Fachterminologie**. Zur Reduktion der (komplexen) Realität werden Vereinfachungen und Annahmen getroffen, um Verhaltensweisen der handelnden Personen einer Volkswirtschaft zu erklären. Zunächst wird also der Umgang mit dem „Handwerkszeug" in der gebotenen Kürze vermittelt. Dabei wird der Umfang zur Bearbeitung der Aufgabenstellungen auf das notwendige Maß beschränkt.

1.1.1 Bedürfnisse und Bedarf

Die Grundlage jeglicher wirtschaftlicher Tätigkeit sind Bedürfnisse. Sie stellen gewissermaßen den Motor dar, der jeden Menschen antreibt, einer Erwerbstätigkeit nachzugehen.
Bedürfnisse wurden von **Abraham Harold Maslow**, einem amerikanischen Psychologen, hierarchisiert.

Bedürfnispyramide nach Maslow

Den Sockel der Pyramide bilden die existenziellen Bedürfnisse. Je weiter es in Richtung Spitze geht, desto weniger dringend sind die Bedürfnisse. Sie konkretisieren sich im **Bedarf** nach Gütern und Dienstleistungen. Diese werden bei gegebener **Kaufkraft** in Form von **Nachfrage** in einem Markt für eben diese Güter und Dienstleistungen wirksam.

Beispiel

Bedürfnis → **Bedarf** → **Gut**

Hunger → Nahrung → Brot

Güter lassen sich nach verschiedenen Kriterien unterscheiden:

Unterscheidungskriterium	Art der Güter	
Beschaffenheit	materiell	immateriell
Marktteilnehmer	Konsumgut (Verbraucher)	Investitionsgut (Unternehmen)
Nutzungsart	Verbrauchsgut	Gebrauchsgut

Die VWL trifft keine Unterscheidung von Gütern und Dienstleistungen. Wenn also im Weiteren von Gütern gesprochen wird, sind auch die Dienstleistungen (immaterielle Güter) gemeint.
Bei der Unterscheidung der Güter in Bezug auf die nachfragenden Marktteilnehmer wird hingegen trennscharf unterschieden. Der Begriff der **Investition** ist eindeutig eine wirtschaftliche Handlung eines Unternehmens. Der Begriff des **Konsums** ist den Haushalten zuzuordnen, auch wenn es sich um ein langlebiges (Gebrauchs-)Gut (Auto, Haus etc.) handelt.
Es lassen sich viele weitere Kriterien finden. Die weitere Unterscheidung ist jedoch nur theoretischer Natur und soll hier nicht weiter ausdifferenziert werden.

1.1.2 Produktionsfaktoren

Wie oben bereits dargelegt, werden Güter und Dienstleistungen zur Deckung des Bedarfs benötigt. Bleiben wir bei obigem Beispiel: In den Herstellungsprozess des Brotes fließt zunächst menschliche Arbeitsleistung durch einen Bäcker ein. Dieser benötigt zusätzlich einen Ofen und anderes Werkzeug. Das Betriebsgebäude der Bäckerei steht auf einem Grundstück. Das bedeutet, dass zur Herstellung von Gütern und Dienstleistungen

- **Arbeit** (menschliche Arbeitsleistung),
- **Boden** (Grundstücke) und
- **Kapital** (Sachkapital in Form von Betriebsmitteln)

benötigt werden. Dies sind die sog. **Produktionsfaktoren.**

Der Produktionsfaktor Boden kann hierbei als

- Anbaufaktor in der Landwirtschaft,
- Abbaufaktor in der Rohstoffgewinnung (Bergbau etc.) oder als
- Standortfaktor (Grundstück für Betriebsstätten)

genutzt werden.

Der Produktionsfaktor Kapital steht den Unternehmen als **Geldkapital** und **Sachkapital** zur Verfügung. Als Geldkapital werden die flüssigen Mittel eines Unternehmens bezeichnet. Sachkapital sind die zur Herstellung von Gütern und Dienstleistungen eingesetzten Betriebsmittel. Zwischen den beiden Arten des Kapitals steht die **Investition**.

Geldkapital —— **Investition** ——→ **Sachkapital**

Merksatz
Volkswirtschaftlich betrachtet stellt eine Investition die Umwandlung von Geld- in Sachkapital dar.

Bd. 2, LF 8

Im fachlichen Kontext

Im Gegensatz zur Betriebswirtschaftslehre unterscheidet die Volkswirtschaftslehre nicht zwischen den Begriffen Vermögen und Kapital. In der Betriebswirtschaftslehre ist in der Bilanz eines Unternehmens das (volkswirtschaftliche) Sachkapital im Anlagevermögen und in den Vorräten zusammengefasst.

Kombination und Substitution von Produktionsfaktoren

Wie oben dargestellt, muss ein Unternehmer zur Güterherstellung die drei Produktionsfaktoren kombinieren. Er wird dies natürlich nach dem Prinzip der **Gewinnoptimierung** tun. Dies soll anhand der beiden Produktionsfaktoren Arbeit und Kapital gezeigt werden:

Die Frage, die sich der Bäcker stellt, ist: „Forme ich die Brötchen von Hand oder schaffte ich mir hierfür eine Maschine an?“

Die Antwort hängt natürlich von technischen Faktoren sowie den Kosten der einzelnen Produktionsfaktoren ab. Ist der Produktionsfaktor Arbeit kostenintensiv, so wird er sich tendenziell für eine Maschine entscheiden. Wird die Maschine hingegen durch eine zu geringe Menge an Brötchen nicht ausgelastet, kann der Bäcker die durch die Maschine entstehenden Fixkosten nicht decken und die Brötchen weiterhin manuell formen. Es gilt also, die Produktionsfaktoren im ersten Schritt so zu kombinieren, dass die geforderte Menge Brötchen produziert werden kann. Im zweiten Schritt ist die günstigste **Faktorkombination** zu ermitteln.

Technisch mögliche Substitution (erster Schritt):

Zunächst muss der Bäcker also alle (technisch) möglichen Faktorkombinationen mit der gleichen Ausbringungsmenge finden. Dabei ersetzt er den einen Produktionsfaktor durch den anderen, im unten stehenden Beispiel Arbeit durch Kapital (**Substitution**).

Beispiel

Kapital: Betriebsstunden der Maschine	Arbeit: Arbeitsstunden des Bäckers
1	16
4	8
6	4
10	2
16	1

Er kann also beispielsweise mit einer Einheit Kapital und 16 Einheiten Arbeit die geforderte Menge Brötchen herstellen. Auch mit vier Einheiten Arbeit und acht Einheiten Kapital ist dies möglich etc.

Grafisch dargestellt erhält man durch die verschiedenen Faktorkombinationen die **Kurve gleicher Ausbringungsmenge** (**Isoquante**).

Isoquante

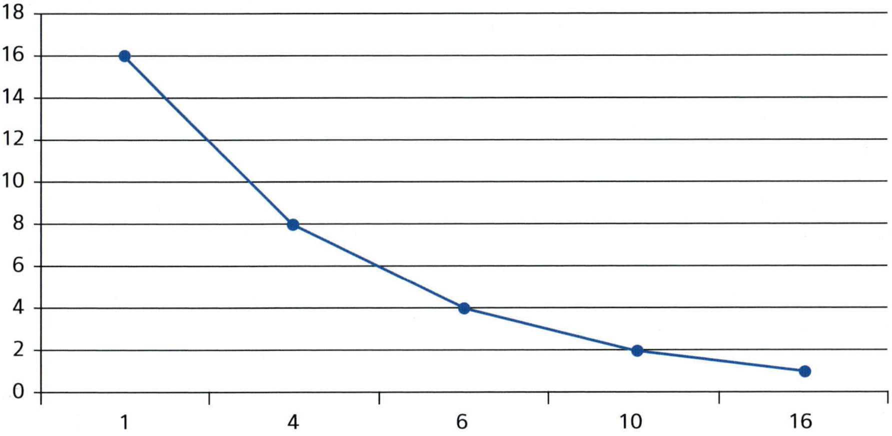

Optimale Faktorkombination (zweiter Schritt):
Nun muss der Bäcker die Faktorkombination finden, bei der seine Kosten minimal sind (**Minimalkostenkombination**).
Kosten je Einheit Arbeit (Arbeitsstunde): 15,00 €
Kosten je Einheit Kapital (Betriebsstunde der Maschine): 25,00 €

Kapital	Kosten	Arbeit	Kosten	Minimalkostenkombination
1	15,00	16	400,00	415,00
4	60,00	8	200,00	260,00
6	90,00	4	100,00	190,00
10	150,00	2	50,00	200,00
16	240,00	1	25,00	265,00

Die Minimalkostenkombination liegt bei 6 Einheiten Kapital und 4 Einheiten Arbeit.

Verlagerung der Produktion ins Ausland

Die Kosten der Produktionsfaktoren sind in unterschiedlichen Ländern unterschiedlich hoch. Dies beeinflusst natürlich die Minimalkostenkombination. Da die Substitutionsmöglichkeiten, technisch gesehen, vorgegeben sind, wird ein Unternehmer tendenziell versuchen, die für ihn günstigsten Kosten für Produktionsfaktoren zu finden. Bei personalintensiven Fertigungsverfahren, bei denen kaum Substitutionsmöglichkeiten bestehen, wird die Produktion in das kostengünstigere Ausland verlagert.

So wanderte die Fertigung von Textilien, deren Industrie großenteils im Ruhrgebiet und Umgebung angesiedelt war, seit den 1960er Jahren zum großen Teil nach China ab. Mittlerweile ist jedoch auch hier das Lohnniveau so stark gestiegen, dass die Produktion weiter nach Bangladesch und Vietnam verlagert wurde.

Gefährlich billig

Bei der Textilproduktion für westliche Konzerne sterben immer wieder Menschen – so wie jetzt in Bangladesch. Nach jedem Unfall schreien viele auf. Und danach passiert meist nichts.

München – Jetzt werden wieder alle aufschreien. So wie im September 2012, als in Pakistan zwei Fabriken abbrannten und mehr als 300 Menschen in den Trümmern erstickten. Es sind immer die gleichen Bilder: verschmurgelte Nähmaschinen, Männer, die mit bloßen Händen in den qualmenden Trümmern nach ihren Frauen oder Töchtern graben. Es sind immer die gleichen Probleme: abgesperrte Notausgänge, vergitterte Fenster, gefälschte Sicherheitszertifikate, korrupte Fabrikbesitzer. Es sind immer die gleichen Ausreden: der Druck der Weltwirtschaft.

Jetzt kommen die Bilder also aus Bangladesch. Jetzt graben die Männer in Savar nach den Resten ihrer Frauen, sammeln Sandalen und bunte Schals aus der Asche. Mehr als 112 Menschen sind am Wochenende in der Tazreen Fashion Fabrik in Bangladesch gestorben, in der jeden Monat eine Million T-Shirts, 800 000 Polo-Shirts und 300 000 Fleecejacken produziert wurden, unter anderem für C&A, Carrefour und Walmart. Fliederfarben, orange, wie es die Branche gerade wünscht. Jeder neue Trend in Europa bedeutet, dass die Frauen in Bangladesch Überstunden machen. Meist ungefragt. [...]

Millionen von Menschen arbeiten in den Bekleidungsfabriken Bangladeschs. Die Textilindustrie ist der wichtigste Industriezweig des Landes. Knapp zehn Prozent aller Textilimporte nach Europa kommen aus Bangladesch, das nach China und der Türkei der drittgrößte Exporteur von Kleidung nach Europa ist. In einer Umfrage unter den Einkaufschefs großer Modeunternehmen nannten mehr als drei Viertel der Befragten Bangladesch als das am stärksten aufstrebende Einkaufsland für Textil.

Aber zu welchem Preis?

Nach Angaben der „Kampagne für Saubere Kleidung" starben in Bangladesch seit 2006 mehr als 470 Menschen bei Bränden in Textilfabriken. Die Sicherheitsmaßnahmen aber sind meist noch genau so lausig wie schon immer. Elektrokabel hängen ungeschützt von der Decke, Notausgänge sind verschlossen, wenn es überhaupt welche gibt. Fenster sind vergittert. Übungen zum Brandschutz? Meist unbekannt.

Gisela Burckhardt von der „Kampagne für Saubere Kleidung" kämpft seit Jahren für bessere Arbeitsbedingungen, für eine bessere Bezahlung und für bessere Sicherheitsmaßnahmen in der Branche. Sie hat Diagramme erstellen lassen, in denen gezeigt wird, wie sich der Preis der Kleider zusammensetzt: 50 Prozent Gewinn und Kosten des Einzelhandels, 25 Prozent Markenwerbung, 13 Prozent Fabrikkosten, 11 Prozent Transport und Steuern. Und nur ein Prozent Lohnkosten.

Vor ein paar Jahren hat sie Arbeiterinnen aus Bangladesch nach Deutschland eingeladen. Sie sollten der Ausbeutung ein Gesicht geben und den deutschen Käufern zeigen, wer den Preis zahlt für Kleidungsstücke, die so billig sind, dass man sich schämen muss.

Suma Sarker stand in ihrem glitzernden Gewand im schonungslosen Neonlicht eines KiK-Discounters in Mannheim und fuhr mit der Hand über die bunten Nähte kleiner Kinderhosen. Winzige Reisverschlüsse, zierliche Hosentaschen. 60 bis 70 dieser Taschen näht sie in der Stunde. Dann sah sie sich das Preisschild an: 4,99 €. Und konnte es selbst nicht glauben, wie billig ihre Arbeit ist.

Die Frauen nähen wie Getriebene. Und auch das: sie werden beleidigt, sexuell belästigt, geschlagen. Wer einer Gewerkschaft beitritt, riskiert es, den Job zu verlieren. Gisela Burckhardt kennt das schon, wenn ihre Telefone nicht mehr stillstehen nach einer Katastrophe wie dieser. Und in der Zeit dazwischen? Hat sie Mühe, das Thema zu den Menschen zu bringen.
Sie sagt: „Es ist dringend notwendig, das Brandrisiko branchenweit zu bekämpfen. Nur wenn man Gewerkschaften vor Ort mit einbindet, wird sich etwas ändern." Immerhin: Tchibo und die US-Bekleidungsfirma PVH, zu der Marken wie Tommy Hilfiger und Calvin Klein gehören, haben ein Brandschutzabkommen mit Arbeitnehmervertretern vereinbart. Es kann allerdings erst in Kraft treten, wenn mindestens vier große Modefirmen mitmachen. Firmen wie H&M und Gap weigern sich bis jetzt. Gisela Burckhardt hofft nun auf Metro (Real, Kaufhof) und Lidl. Beide hat die „Kampagne für Saubere Kleidung" vor kurzem aufgefordert, das Brandschutzabkommen zu unterzeichnen. Bis jetzt – keine Antwort.
Das Problem ist nicht, dass es keine Zertifizierungssysteme gibt. Im Gegenteil. Allein deutschen Unternehmen stehen etwa 80 verschiedene Instrumente zur Verfügung. Viele Firmen haben außerdem selbst einen Code of Conduct oder Compliance-Richtlinien festgelegt. Aber Aufträge werden von Subunternehmer zu Subunternehmer weitergereicht. Die wenigsten Firmen kennen ihre Lieferkette.
Gisela Burckhardt macht das wütend, wie sich die großen Firmen seit Jahren herausreden. Sie will verhindern, dass es so ist wie immer: Es werden alle aufschreien. Aber passieren wird – nichts.

Quelle: Steinberger, Karin/Weber, Stefan: Gefährlich billig, in: Süddeutsche Zeitung vom 27.11.2012, S. 17

1.2 Der Wirtschaftskreislauf

Wer sind überhaupt die beteiligten Akteure in einer Volkswirtschaft und in welcher Beziehung stehen sie zueinander? Diese Frage gilt es zunächst zu klären, bevor man sich mit Begriffen wie **Volkswirtschaftliche Gesamtrechnung**, **Bruttoinlandsprodukt**, **Konjunktur** oder **Konjunkturpolitik** beschäftigt. Hier hat sich das Modell des Wirtschaftskreislaufs als Darstellungsweise etabliert. Das Wort „Kreislauf" beinhaltet, dass es sich um einen zyklischen Prozess handelt, bei dem sich die handelnden Personen (in der VWL nennt man diese Personen abstrakt **Wirtschaftssubjekte**) gegenseitig beeinflussen.

1.2.1 Wirtschaftskreislauf einer stationären Wirtschaft

Wie bereits dargelegt wurde, bedient sich die VWL in der Regel zunächst einfacher Modelle, um komplexe Zusammenhänge zu verdeutlichen. Hierbei werden möglichst viele Störvariablen, die natürlich in der Realität vorhanden sind, ausgeschlossen. Deshalb schauen wir uns zunächst den einfachen Wirtschaftskreislauf an. In diesem Modell wird unterstellt, dass es keine anderen Staaten gibt, mit denen man Handel betreibt. Man ist innerhalb dieser Volkswirtschaft autark, also nicht auf Güter des Auslands angewiesen. Man spricht deshalb von einer **stationären Wirtschaft**.

Einfacher Wirtschaftskreislauf

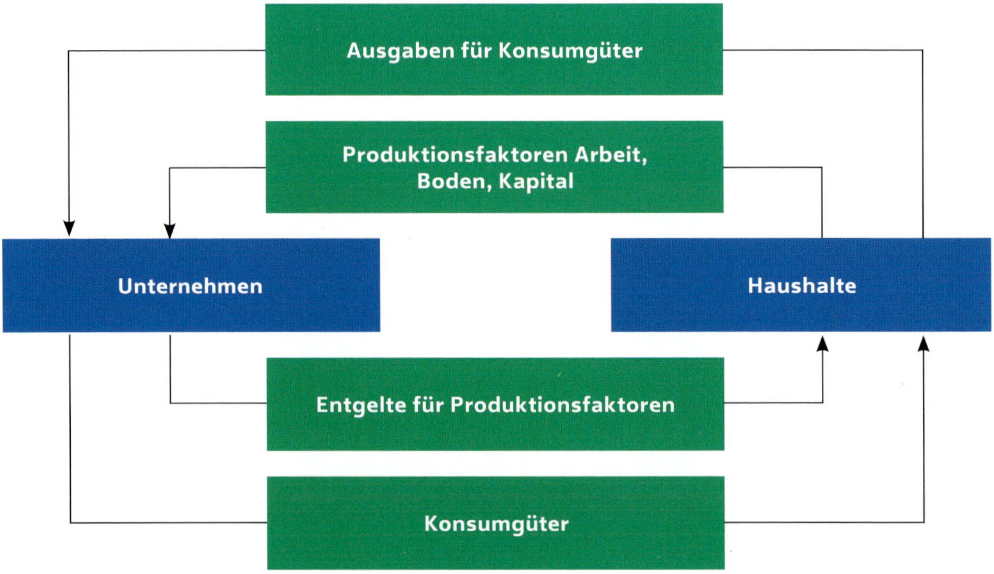

Im Modell des einfachen Wirtschaftskreislaufs gibt es nur Unternehmen und Haushalte. Die Haushalte stellen den Unternehmen die Produktionsfaktoren zur Verfügung und erhalten dafür das entsprechende Entgelt in Form von Miete, Zinsen und Lohn. Die Unternehmen hingegen stellen den Haushalten Konsumgüter zur Verfügung und erhalten dafür ihrerseits von den Haushalten Entgelt. So entsteht ein einfacher Kreislauf. Es wird hier jedoch unterstellt, dass die Haushalte nicht sparen und die Unternehmen nicht durch Investitionen ihre Kapazitäten erweitern, denn die Zahlungsströme halten sich ja in dem Modell genau die Waage. Ein Haushalt gibt seine gesamten Einnahmen in Form von Konsumausgaben wieder aus. Die Unternehmen „verbrauchen" genau diese Einnahmen zur Produktion der Konsumgüter.
Um dieses Modell weiter an die Realität anzunähern, wird mit den **Kapitalsammelstellen** (Banken) ein weiterer Akteur hinzugefügt. Diese sind in Form von Banken zwar auch den Unternehmen zuzurechnen. Für das Modell macht es jedoch Sinn, diese als Teilnehmer des Wirtschaftskreislaufs gesondert aufzuführen.

Erweiterter Wirtschaftskreislauf

In dem erweiterten Modell ist es möglich, dass Unternehmen ihren Kapitalstock nicht nur durch **Ersatzinvestitionen** erhalten, sondern auch erweitern (**Nettoinvestitionen**).

Formel

Bruttoinvestitionen – Ersatzinvestitionen = Nettoinvestitionen

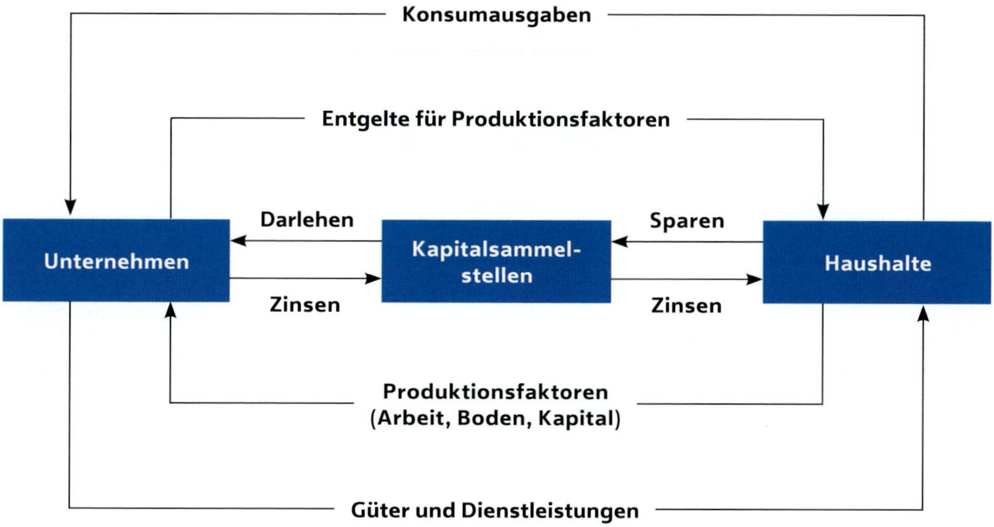

Dies wird möglich, weil die Haushalte **Konsumverzicht** üben. Hierdurch **sparen** sie einen Teil ihres Einkommens. Die Spareinlagen stellen sie den Kapitalsammelstellen zur Verfügung. Diese können hiermit wiederum Darlehen an die Unternehmen für Investitionen vergeben. Die jeweiligen Gegenleistungen sind die Zinsen. Die Grundannahme ist also die, dass Investitionen nur in der Höhe möglich sind, in der Haushalte Konsumverzicht üben.

Formel

Sparen = (Netto-)Investitionen

Merksatz
Volkswirtschaftlich gesehen können Haushalte nur konsumieren und Unternehmen nur investieren (siehe Kapitel 1.1.1).

1.2.2 Wirtschaftskreislauf einer offenen Volkswirtschaft

Die Betrachtung einer stationären Wirtschaft entspricht, insbesondere im Zeitalter der Globalisierung, nicht der Realität. Das **Ausland** hat, insbesondere durch die weltweit stark vernetzte (Export-)Industrie, einen erheblichen Einfluss auf die Wirtschaft eines Landes. Zudem ist auch der **Staat** ein Akteur.

Betrachten wir also den Wirtschaftskreislauf einer offenen Volkswirtschaft:

Geldströme im Wirtschaftskreislauf

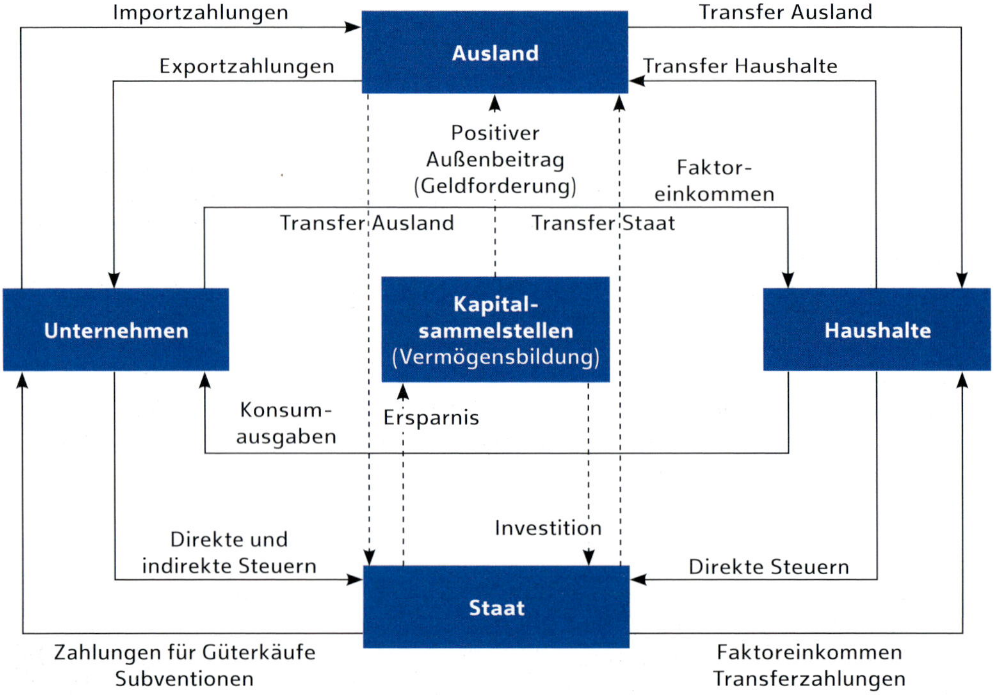

Quelle: Seidel, Horst/Temmen, Rudolf: Grundlagen der Volkswirtschaftslehre, 29. Auflage, Bildungsverlag EINS, Köln, 2011, S. 79

Damit die Darstellung nicht zu komplex wird, sind hier nur noch die **Zahlungsströme** dargestellt.
Der **Staat** erhebt Steuern, Abgaben und Gebühren und zahlt Transferleistungen in Form von Subventionen und Sozialleistungen.

Merksatz
Transferzahlungen sind Zahlungen ohne Gegenleistung.

Zudem stellt der Staat Bildung und Sicherheit als staatliche Dienstleistungen zur Verfügung. Hierfür zahlt er den Haushalten, also den Beamten und Angestellten des öffentlichen Dienstes, Faktoreinkommen in Form von Löhnen. Er tritt aber auch als Nachfrager nach Gütern (z. B. für Straßenbau) auf.
Das **Ausland** ist mit Zahlungen für Exporte und Importe mit dem Inland verbunden.

Formel

Exporte – Importe = Außenbeitrag

Transferzahlungen an das Ausland sind beispielsweise EU-Beiträge, Entwicklungshilfe, Zahlungen von inländischen Arbeitnehmern an im Ausland lebende Familienangehörige oder der Schuldenerlass für Griechenland.

1.3 Marktformen

Wer hat sich nicht schon über die Kraftstoffpreise an Tankstellen geärgert, weil sich diese offensichtlich immer im Gleichschritt bewegen? Sprechen sich Mineralölkonzerne ab oder sind die teilweise täglich schwankenden Preise durch einen hohen Wettbewerb zwischen den wenigen Anbietern begründet?
Andererseits freut man sich über den Segen des Internets, weil man schlagartig die Preise vieler Anbieter des neu zu erwerbenden Smartphones vergleichen kann.
Dann wiederum ärgert man sich über den schlechten Service der Bahn, die dazu auch noch teuer ist.
In den genannten Beispielen hat der Marktteilnehmer es mit unterschiedlichen **Marktformen** zu tun. Diese Marktformen sind im Wesentlichen durch die Anzahl der Marktteilnehmer auf der Anbieter- und Nachfragerseite gekennzeichnet.

1.3.1 Polypol

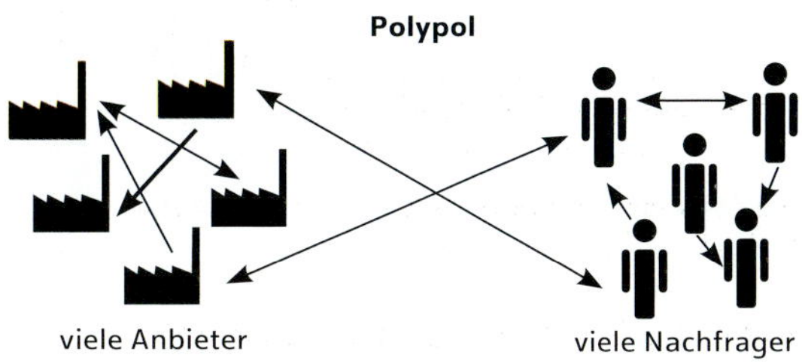

In einem Polypol treffen **viele Anbieter** auf viele Nachfrager. Theoretisch ist bei dieser Marktform der Wettbewerb unter den Anbietern am höchsten. Jeder Anbieter muss fortwährend bei **gleichen (homogenen) Gütern** die Preise der Wettbewerber beobachten und diese entsprechend anpassen, weil die Nachfrager sonst ihren Bedarf bei den Mitbewerbern decken. Voraussetzung ist, dass die Nachfrager ihren Beschaffungsprozess nach dem Prinzip der wirtschaftlich handelnden Menschen (**homo oeconomicus**) durchführen. Sie müssen also Preise vergleichen und auf Abweichungen nach oben oder unten sofort reagieren (**kurzfristige Anpassung** der Entscheidungen). Hierfür müssen sie stets in Kenntnis der Marktsituation sein, was in dem obigen Internetbeispiel gegeben wäre. Man spricht in diesem Zusammenhang von **Markttransparenz**. Bei welchem Anbieter der Käufer letztendlich das ausgesuchte Smartphone bezieht, entscheidet er ausschließlich über den Preis. Es dürfen also **keine Präferenzen** zu Gunsten eines bestimmten Händlers gegeben sein.
Sind die fett gedruckten Merkmale erfüllt, spricht man von einem **vollkommenen Markt** oder einem vollkommenen Polypol.

1.3.2 Oligopol

Das Tankstellen-Beispiel zeigt einen Markt, auf dem viele Nachfrager auf wenige Anbieter treffen. Theoretisch herrscht auch hier ein hoher Wettbewerb, denn durch die vielen Tankstellen, insbesondere in Ballungsgebieten, hat der Autofahrer stets einen guten Überblick über die Preisentwicklung. Über die neuen Apps für Smartphones soll die Markttransparenz zusätzlich erhöht werden. Jeder Autofahrer wird auch, sollte bei zwei unmittelbar nebeneinander liegenden Tankstellen auch nur ein Cent Preisunterschied bestehen, die günstigere wählen. Es sein denn, der Andrang ist so groß, dass die Wartezeit an der teureren Tankstelle deutlich geringer wäre.

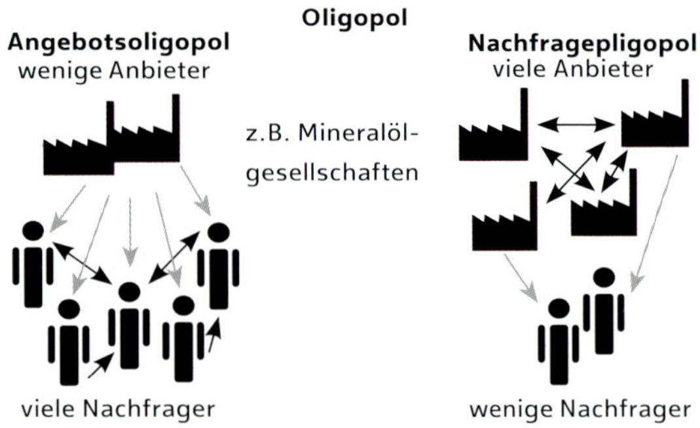

Oligopole existieren auch auf der Nachfragerseite (**Nachfrageoligopol**). Beispiele sind die Molkereien, die von vielen Bauern die Milch beziehen. Auch die großen Lebensmitteldiscounter bilden gegenüber den Herstellern ein Nachfrageoligopol.

1.3.3 Monopol

In einem Monopol besteht kein Wettbewerb, weil der Monopolist der einzige ist, der eine bestimmte Leistung am Markt anbietet. Hier muss dieser sich nicht an den Preisen der Mitbewerber orientieren, denn die Käufer haben keine Alternative, auf Konkurrenzangebote zurückzugreifen. Der Monopolist kann somit solange höhere Preise durchsetzen, bis die Nachfrager nicht mehr bereit oder in der Lage sind, die geforderten Preise zu bezahlen. Sie verzichten dann auf das Gut oder greifen auf Ersatzgüter (**Substitutionsgüter**) zurück, mit denen sie zumindest annähernd den gleichen Nutzen erzielen. Bis zu diesem Punkt jedoch kann der Monopolist seine Preise, zum Schaden der Nachfrager, am Markt durchsetzen. Des Weiteren wird durch monopolistische Marktstrukturen technischer Fortschritt behindert, denn der Monopolist ist mangels Konkurrenz nicht dem Zwang unterlegen, seine Leistungen immer weiter zu verbessern. Er muss somit nicht fortwährend in Forschung und Entwicklung investieren. In einem Oligopol oder einem Polypol hingegen gibt es andere Anbieter, die sich durch Verbesserungen einen Wettbewerbsvorteil verschaffen wollen. Passt nämlich ein Anbieter seine Leistungen den Kundenbedürfnissen und dem technischen Fortschritt nicht an, decken die Käufer ihren Bedarf bei den Mitbewerbern.

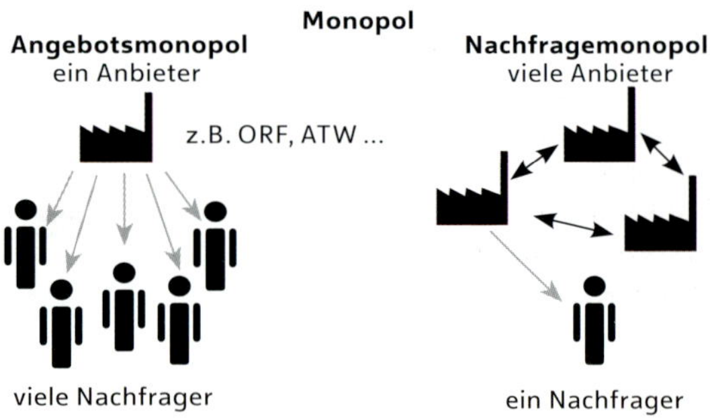

Reine Monopole gibt es immer weniger. Selbst die Deutsche Bahn muss mittlerweile an Ausschreibungen für Strecken teilnehmen und bekommt hier zunehmend Konkurrenz von Mitbewerbern. Das in einer eigenen Netzgesellschaft ausgegliederte Schienennetz gehört jedoch nach wie vor dem staatseigenen Konzern. Die Deutsche Telekom beispielsweise ist Eigentümerin des Telefonnetzes. Sie muss anderen Anbietern Netzkapazitäten verkaufen. Auch der Energieversorgungsmarkt hatte zu früheren Zeiten monopolistische Strukturen. Dies lag daran, dass auch hier ein Leitungsnetz sich im

Eigentum des jeweiligen Energieversorgers befand. Die Beispiele zeigen, dass insbesondere ehemalige Staatsunternehmen noch die jahrzehntelang aufgebaute Infrastruktur in ihrem Eigentum haben und so monopolistische Strukturen bestehen. In diesen Fällen überwachen Behörden, hier die **Bundesnetzagentur**, die Vertrags- und Preisgestaltung, damit Mitbewerber keine zu hohen **Markteintrittsbarrieren** haben.
Ein **Nachfragemonopol** besteht in der Regel im Straßenbau. Hier ist der Staat der einzige Nachfrager. Er nutzt diese Position dahingehend aus, dass er Bauvorhaben detailliert mit einem genauen Leistungsverzeichnis ausschreibt und dann den günstigsten Anbieter auswählt.

1.4 Die Wirtschaftssysteme

Im Rahmen des Wirtschaftskreislaufs wurden zunächst die Beziehungen zwischen den einzelnen Wirtschaftssubjekten dargestellt. Hierbei wurde deutlich, dass der Staat Teil der Volkswirtschaft ist. Bevor wir uns dessen Rolle bei der Konjunkturentwicklung und der Konjunktursteuerung zuwenden, schauen wir uns zunächst die **Wirtschaftsordnung** in Deutschland an. Schließlich bestimmt diese, wie stark der Staat am Wirtschaftsleben teilnimmt und welche Aufgaben ihm zukommen. Hierunter fällt u. a. auch die Konjunkturpolitik, die weiter unten in Kap. 2.2 thematisiert wird. Die Wirtschaftsordnung stellt somit gewissermaßen die Grundlage für staatliches Handeln im Wirtschaftsleben einer Volkswirtschaft dar.
Bevor wir zur Wirtschaftsordnung in Deutschland, der **sozialen Marktwirtschaft**, kommen, betrachten wir zunächst kurz die beiden grundsätzlich existierenden **Wirtschafssysteme**: die **freie Marktwirtschaft** und die Zentralverwaltungswirtschaft (**Planwirtschaft**).

Merksatz
Das **Wirtschaftssystem** bezeichnet das Grundprinzip des Wirtschaftslebens in einer Volkswirtschaft und stellt ein (theoretisches) Modell dar.
Die **Wirtschaftsordnung** ist die konkrete (rechtliche) Ausgestaltung eines Wirtschaftssystems und dessen organisatorischer Aufbau innerhalb einer Volkswirtschaft.

1.4.1 Freie Marktwirtschaft

Die freie Marktwirtschaft geht auf das Modell des **Wirtschaftsliberalismus** zurück. Als der geistige Vater des Wirtschaftsliberalismus gilt **Adam Smith** (1723–1790). Die Grundlagen basieren auf mehreren Säulen:
Zunächst ist jedes private Wirtschaftssubjekt in seinem wirtschaftlichen Handeln frei. Es trifft selbstständig Entscheidungen hinsichtlich seiner Güterversorgung (**Konsumentenfreiheit**).
Verträge können mit jedem anderen Wirtschaftssubjekt geschossen werden. Die Vertragsbedingungen sind hierbei frei verhandelbar (**Vertragsfreiheit, Privatautonomie**).
Es gibt **Privateigentum** und **freien Handel**. Der Staat hält sich aus jeglicher wirtschaftlicher Tätigkeit heraus. Er hat lediglich die Aufgabe, die persönliche Freiheit und das Privateigentum zu schützen. Der Wirtschaftsliberalismus setzt somit auf die **Kräfte des Marktes** und vertraut darauf, dass sich durch den Preisbildungsprozess Angebot und

Nachfrage in ein Gleichgewicht bringen. Adam Smith nannte diesen Sachverhalt die „unsichtbare Hand“, die dafür sorgt, dass immer eine optimale Versorgung mit Gütern gegeben ist. Dadurch, dass die Wirtschaftssubjekte, speziell die Unternehmen, nur aus Eigennutz (Gewinnerzielungsabsicht) handeln, tragen sie zum Gemeinwohl bei. In der Theorie gehen die Anhänger des Wirtschaftsliberalismus davon aus, dass, wenn Bedarf nach bestimmten Gütern gegeben ist, sich auch ein Anbieter findet, der diese Güter zur Verfügung stellt. Voraussetzung ist, dass sich hierdurch ein Gewinn erzielen lässt.

Im fachlichen Kontext

In den USA sind es vor allem die Republikaner, die den Staat aus dem Wirtschaftsleben zurückdrängen wollen. Mit allen Mitteln bekämpften sie beispielsweise die staatliche Krankenversicherung, die von Präsident Obama eingeführt wurde. Sie sind gegen höhere Steuern, obwohl die USA beispielsweise massive Probleme bei der öffentlichen Infrastruktur haben und deshalb dringend Investitionen in den Straßenbau notwendig sind.

In England und in den USA müssen Studenten hohe Studiengebühren bezahlen, weil Bildung als privates Gut angesehen wird, für das der Staat nicht bezahlen soll. Sollten Eltern ein Studium nicht finanzieren können, müssen Studenten hohe Darlehen aufnehmen, um ein Studium aufnehmen zu können.

Arbeitslose haben in den USA nur eine sehr minimale und zeitlich sehr begrenzte Absicherung. In der Folge existiert hier eine hohe Quote an Obdachlosen.

1.4.2 Planwirtschaft

Das Gegenmodell zur freien Marktwirtschaft war in den ehemaligen kommunistischen Ostblockstaaten vorherrschend. Hier steuerte der Staat jegliches wirtschaftliche Handeln. Dieser bestimmte zudem, welche Güter in welcher Menge produziert und den Wirtschaftssubjekten zur Verfügung gestellt wurden. Dies wurde in der Regel mit einem Fünfjahresplan im Vorhinein von der Staatsführung festgelegt. Das System war natürlich sehr unflexibel, weil der Bedarf an Gütern nicht auf eine so lange Zeit vorausbestimmt werden konnte. Dies führte u. a. dazu, dass z. B. in der damaligen DDR jahrelange Wartezeiten für ein Auto aus der eigenen Produktion die Regel waren. Importautos hingegen waren unerschwinglich für die Bevölkerung, weil die Einkommen aufgrund der rückständigen Wirtschaft entsprechend niedrig waren. Auch durch die fehlenden wirtschaftlichen Anreize – es gab ja keine privatwirtschaftlichen Unternehmen, die mit Gewinnerzielungsabsicht produzieren durften – mangelte es an vielen Gütern des täglichen Bedarfs. Zudem fehlte es an Innovationen und international konkurrenzfähigen Produkten, sodass der wirtschaftliche Wohlstand entsprechend gering war.

Ausgangspunkt für das System der Planwirtschaft war die wirtschaftlich prekäre Situation der Arbeiter in der frühen Industrialisierung in der zweiten Hälfte des 18. Jahrhunderts. Es gab keine soziale Absicherung, sehr lange Arbeitszeiten, sehr schlechte Arbeitsbedingungen, Kinderarbeit und extrem niedrige Löhne. Die scheinbaren Lösungen für diese Probleme entwickelte **Karl Marx**, der in seinem Werk „Das Kapital“ ein Gegenmodell zum Wirtschaftsliberalismus entwarf. Als Grundproblem sah er den **Kapitalismus** an, der dadurch geprägt war, dass eine kleine Bevölkerungsschicht das Kapital in Form von Produktionsmitteln besaß (**Kapitalisten**). Der größte Teil der Bevölkerung, das **Proletariat**, also die Arbeiterklasse, war von den Kapitalisten abhängig und wurde von diesen ausgebeutet. Die Lösung sah Karl Marx darin, dass das

Sachkapital in das Eigentum des Staats übergehen sollte (Vergemeinschaftung des Kapitals). Auf diese Weise sollte jeder Bürger Miteigentümer der Produktionsmittel sein und so eine klassenlose Gesellschaft entstehen (**Kommunismus**). So würde auch niemand mehr ein durch Gewinnmaximierung motiviertes Interesse an der Ausbeutung des Proletariats haben.
Durch die Entwicklungen nach dem Zweiten Weltkrieg gelangten die osteuropäischen Staaten unter sowjetrussischen Einfluss, wo seit der Oktoberrevolution im Jahr 1917 bereits eine kommunistische Staatsform herrschte. Nach dem politisch-gesellschaftlichen Umbruch und dem Fall des „Eisernen Vorhangs" Ende der 1980er Jahre haben diese Staaten das marktwirtschaftliche System der westeuropäischen Nachbarn eingeführt.
Ein kommunistisches System mit einer Planwirtschaft gibt es heute in der Reinform nur noch in **Nordkorea** und in **Kuba**, wobei sich im Karibikstaat mittlerweile Tendenzen zu einer marktwirtschaftlichen Ordnung entwickeln. In **China** steuert der Staat zwar immer noch sehr stark das wirtschaftliche Geschehen, indem beispielsweise gezielt bestimmte Branchen gefördert werden und der Staat an große Unternehmen beteiligt ist. Auch die Importe und Exporte werden durch Zölle und Subventionen stark beeinflusst. Insgesamt hat sich aber in den letzten 20 Jahren ein marktwirtschaftliches System entwickelt. Mittlerweile herrschen in dem ehemals kommunistischen Land durch den System-Umbruch in den Betrieben Verhältnisse wie zu Zeiten der Industrialisierung in Europa.

1.4.3 Soziale Marktwirtschaft

Welches System ist nun das bessere? Beide haben in ihrer Reinform große Mängel.
Klar ist, dass es Privateigentum und Unternehmertum geben muss, damit eine optimale Güterversorgung gewährleistet ist. Gleichzeitig sollen jedoch alle Bürger eines Staates am Wohlstand teilhaben. Arbeitnehmer müssen Rechte gegenüber den Unternehmen haben. Sie dürfen im Falle von Krankheit oder Arbeitslosigkeit nicht in eine finanzielle Notlage geraten. Die Frage ist also, wie stark der Staat in das Wirtschaftsleben eingreifen soll, ohne dabei Wettbewerb, Innovation und Leistungsbereitschaft der Wirtschaftssubjekte einzuschränken.
Hierüber haben sich Politiker nach dem Zweiten Weltkrieg Gedanken gemacht, als sie die Weichen für das Wirtschaftswachstum und den Wohlstand gestellt haben. Einer der verantwortlichen Politiker war **Ludwig Erhard** (1897–1977). Er war von 1949 bis 1963 Wirtschaftsminister unter Konrad Adenauer. Erhards zentrale Forderung war, dass der Wiederaufbau und das Wirtschaftswachstum „Wohlstand für alle" bringen sollten. Ein freier Wettbewerb sollte als Grundlage für eine optimalen Güterversorgung dienen. Die Voraussetzung hierfür ist, dass, genau so wie in der freien Marktwirtschaft, das Privateigentum, auch das in Form von Produktionsmitteln, geschützt ist. Allerdings soll das Eigentum zum Wohl der Gemeinschaft nach dem Grundsatz „Eigentum verpflichtet" eingesetzt werden.

Artikel 14 GG

(1) Das Eigentum und das Erbrecht werden gewährleistet. Inhalt und Schranken werden durch die Gesetze bestimmt.

(2) Eigentum verpflichtet. Sein Gebrauch soll zugleich dem Wohle der Allgemeinheit dienen.

(3) Eine Enteignung ist nur zum Wohle der Allgemeinheit zulässig. Sie darf nur durch Gesetz oder aufgrund eines Gesetzes erfolgen, das Art und Ausmaß der Entschädigung regelt. (...)

Die Wirtschaftssubjekte sind zudem in ihren Entscheidungen frei. Der Staat greift in der Regel nicht in die Vertragsgestaltung zwischen Bürgern und die Preisbildung ein. Allerdings hat der Staat in der Sozialen Marktwirtschaft Eingriffsrechte, wenn das wirtschaftliche Wohl der Bürger gefährdet ist. Im Zusammenhang mit konjunkturellen Einflüsse, wie beispielsweise die Ölkrisen in den 1970er Jahren, wurde diese Wirtschaftsordnung immer wieder modifiziert und ergänzt, sodass sie heute **folgende Elemente** aufweist:

Staatlicher Ordnungsrahmen in der Sozialen Marktwirtschaft:			
Wettbewerbsordnung	Sozialversicherung	Globalsteuerung	Arbeitsordnung

1.4.3.1 Wettbewerbsordnung

Eine optimale Güterversorgung wird durch freien Wettbewerb unter den Anbietern gewährleistet. Nur so können sich leistungsgerechte Preise am Markt bilden. Die Weiterentwicklung und Verbesserung von bestehenden Produkten oder Dienstleistungen und technische Innovationen werden dadurch möglich, weil sich Anbieter einen Wettbewerbsvorteil verschaffen wollen. Das Zulassen eigennützigen Handelns im Sinne einer Gewinnerzielungsabsicht der Unternehmen ist also auch in der Sozialen Marktwirtschaft ein notwendiges Kriterium für den Wohlstand aller Bürger einer Volkswirtschaft. Deshalb trat im Jahr 1957 das **Gesetz gegen Wettbewerbsbeschränkungen** (GWB) in Kraft. Es wurde im Laufe der Jahre immer wieder an die aktuellen Gegebenheiten angepasst. Die Behörde, die über die Einhaltung des GWB wacht, ist das **Bundeskartellamt**. Es ist somit eine Art Schiedsrichter im Wettbewerb zwischen den Unternehmen und nimmt hierdurch die Interessen von Wettbewerbern und Konsumenten wahr. Dies geschieht durch die **Kontrolle wettbewerbswidrigen Verhaltens** und der **Zusammenschlusskontrolle**.

Kontrolle wettbewerbswidrigen Verhaltens

Wettbewerbswidriges Verhalten kann durch die Gründung von **Kartellen** und den **Missbrauch einer marktbeherrschenden Position** entstehen.

Kartelle

§1 Verbot wettbewerbsbeschränkender Vereinbarungen

Vereinbarungen zwischen Unternehmen, Beschlüsse von Unternehmensvereinigungen und aufeinander abgestimmte Verhaltensweisen, die eine Verhinderung, Einschränkung oder Verfälschung des Wettbewerbs bezwecken oder bewirken, sind verboten.

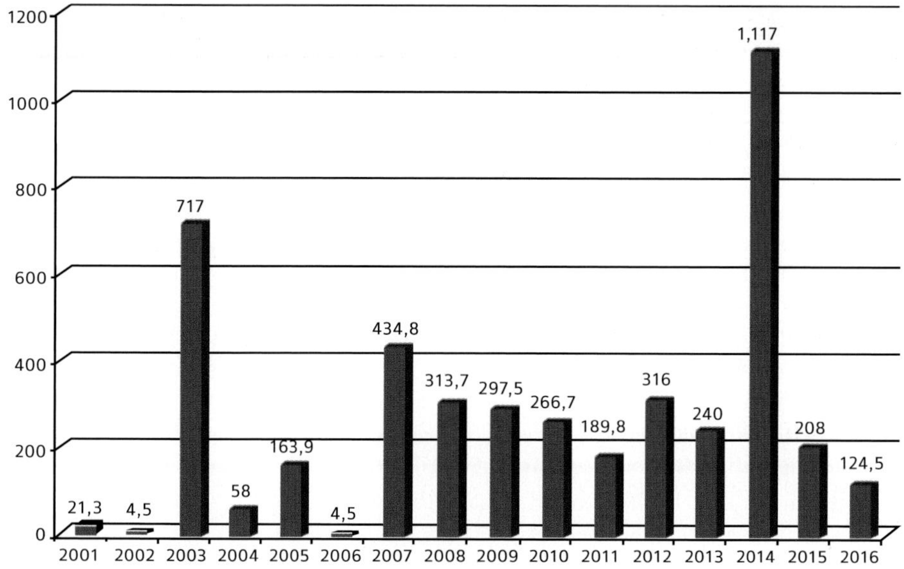

Quelle: eigene Darstellung, Zahlen gemäß Bundeskartellamt

Bundeskartellamt verhängt Millionen-Strafe gegen Süßwarenhersteller

[...] Mit einem Bußgeld in Höhe von rund 20 Millionen Euro gegen Nestlé Deutschland hat das Bundeskartellamt eine ganze Serie von Verfahren gegen Konsumgüterhersteller beendet. Die deutsche Tochter des Schweizer Lebensmittel-Giganten werde damit für den unzulässigen Austausch wettbewerbsrelevanter Informationen mit anderen Unternehmen bestraft, teilte das Kartellamt in Bonn mit. Mehrere Süßwarenhersteller sollen mehrere Jahre lang untereinander kartellrechtlich illegale Absprachen getroffen haben, bei dem sie sich gegenseitig über streng vertrauliche Wettbewerbsstrategien informierten. Das Vorgehen gegen Nestlé war Teil eines Verfahrenskomplexes gegen elf Unternehmen der deutschen Süßwarenbranche. Dabei ging es um Informationsaustausch über Verhandlungen und Preiserhöhungen, etwa im Bereich Schokoladenprodukte. In einem Fall ging es auch um verbotene Preisabsprachen. Insgesamt verhängte das Kartellamt Bußgelder in Höhe von etwa 60 Millionen Euro. Betroffen waren neben Nestlé namhafte Firmen wie Haribo, Storck oder Bahlsen. Ausgelöst wurden die Ermittlungen durch den Schokoriegel-Herstellers Mars, welcher zwar selbst an den Absprachen beteiligt war, doch als Kronzeuge, vor Strafe geschützt wurde.

Quelle: AFP/ bro/ilo/wgr: Bundeskartellamt verhängt Millionen-Strafe gegen Nestlé Deutschland, 27.03.2013. © Agence France-Presse (verändert)

Kartelle sollen den Wettbewerb zwischen Anbietern abmildern. Durch bestimmte Absprachen können Preise, Mengen oder Gebiete festgelegt werden, die letztendlich den Unternehmen im Sinne einer Gewinnmaximierung nutzen und den Nachfragern schaden. Nachfrager sind hierbei nicht zwingend die Verbraucher, sondern auch der Staat oder andere Unternehmen, die Güter nachfragen. Häufig findet man Kartelle in Angebotsoligopolen, weil hier die Anzahl der Mitbewerber überschaubar ist. Dies erleichtert den Mitgliedern des Kartells die Organisation und Überwachung der Einhaltung der jeweiligen Kartellvereinbarungen.

Kartelle			
Preiskartell	Gebietskartell	Submissionskartell	Produktionskartell

Preiskartell: Hier finden Preisabsprachen mit dem Ziel statt, hohe Preise am Markt durchzusetzen.
Gebietskartell: Ein räumlicher Markt wird unter verschiedenen Anbietern aufgeteilt. Jedem Kartellunternehmen wird ein abgegrenztes Absatzgebiet zugeteilt. Das bedeutet, dass ein Unternehmen in keinem anderen Gebiet seine Leistungen anbieten darf. So entsteht in dem jeweiligen Gebiet ein Angebotsmonopol, in dem der Anbieter nicht befürchten muss, bei seinen Preisen von einem Mitbewerber unterboten zu werden.
Eine Mischung von Gebiets- und Preiskartell gab es im Jahr 2010 in der Zementbranche:

Das Bundeskartellamt hat gegen die sechs führenden Unternehmen der deutschen Zementindustrie Bußgelder von insgesamt 660 Millionen Euro verhängt. [...]

Die Firmen hatten laut Kartellamts zum Teil seit den 70er Jahren bis ins Jahr 2002 wettbewerbswidrige Gebiets- und Quotenabsprachen getroffen. Nach Angaben des Kartellamtes wurde der Wettbewerb auf diesem Markt völlig ausgeschlossen und Verbraucher massiv geschädigt.

„Dass in diesem Verfahren das mit Abstand höchste Bußgeld in der Geschichte des Bundeskartellamtes verhängt wurde, ist daher folgerichtig", wie Kartellamtchef Ulf Böge erklärte.

Die bisher höchste Gesamtgeldbuße von rund 180 Millionen Euro hatte die Behörde Anfang des Jahrzehnts gegen Transportbetonhersteller verhängt.

Quelle: AFP/mt/um/wgr: Bußgelder von 660 Millionen Euro gegen sechs Zementhersteller – Kartellamt ahndet Gebiets- und Quotenabsprachen, 14.04.2003. © Agence France-Presse

Submissionskartell: Unternehmen, die sich an Ausschreibungen für einen Auftrag beteiligen, legen im Vorfeld fest, wer den Zuschlag erhalten soll. Dies geschieht beispielsweise bei Großprojekten. Derjenige, der die Ausschreibung gewinnen soll, kalkuliert einen für ihn vorteilhaften Preis, der den Mitbewerbern mitgeteilt wird. Diese bieten daraufhin höhere Preise und „verlieren" so die Ausschreibung.
Diese Kartellart findet man häufig in der Baubranche bei Ausschreibungen der öffentlichen Hand.

Bd. 1, LF 2, 3.2.4 **Produktionskartell**: Die Anbieter begrenzen gemeinsam die Angebotsmenge. Auf diese Weise wird diese knapp gehalten. Dies hat einen höheren Marktpreis zur Folge.

Im fachlichen Kontext

Das wohl bekannteste Beispiel für ein Angebotskartell ist die Organisation erdölexportierender Länder (**OPEC**). Diese legt die Fördermenge in Abhängigkeit des Weltmarktpreises für Erdöl fest. Ist der Weltmarktpreis niedrig, werden die Fördermengen reduziert und umgekehrt. Scherten in früheren Zeiten immer wieder Länder aus dem Kartell aus, ist in den letzten Jahren eine hohe Disziplin hinsichtlich der Einhaltung der Förderquoten zu beobachten. Die Importländer haben auf dieses Kartell nur politischen Einfluss. Rechtlich haben sie keine Möglichkeiten, die Mengenabsprachen zu verhindern. Allerdings ist auch die OPEC daran interessiert, dass der Ölpreis nicht zu hoch steigt, denn die Abhängigkeit der Industriestaaten vom Erdöl ist so groß, dass ein zu hoher Ölpreis eine (weltweite) Wachstumsabschwächung nach sich ziehen würde. Dies wiederum hätte ein Sinken der Ölnachfrage zur Folge, was nicht im Interesse der Förderländer liegen würde. Zudem sind insbesondere die reichen Ölstaaten auf der Arabischen Halbinsel mit großen Investmentfonds an europäischen und US-amerikanischen Industrieunternehmen beteiligt. Durch eine Abschwächung des Wirtschaftswachstums aufgrund hoher Ölpreise (wie bspw. durch die Ölkrisen in den 1970er Jahren) würden diese Länder somit selbst wirtschaftlichen Schaden nehmen.

Missbrauch einer marktbeherrschenden Position

§ 18 GWB: Marktbeherrschung

(1) Ein Unternehmen ist marktbeherrschend, soweit es als Anbieter oder Nachfrager einer bestimmten Art von Waren oder gewerblichen Leistungen auf dem sachlich und räumlich relevanten Markt

1. ohne Wettbewerber ist,
2. keinem wesentlichen Wettbewerb ausgesetzt ist oder
3. eine im Verhältnis zu seinen Wettbewerbern überragende Marktstellung hat.

Eine überragende Marktstellung ist dann gegeben, wenn

- ein Unternehmen eine im Vergleich zu den Mitbewerbern sehr hohe Finanzkraft hat,
- ein Unternehmen einen großen Vorsprung in Bezug auf den Marktanteil im Verhältnis zu den Mitbewerbern aufweist,
- für Mitbewerber hohe Markteintrittsbarrieren bestehen.

Markteintrittsbarrieren sind beispielsweise vorhanden, wenn das den Markt dominierende Unternehmen einen hohen Technologievorsprung aufgebaut und diesen durch Patente sehr gut abgesichert hat. Markteintrittsbarrieren können auch durch hohe und technisch schwer durchzuführende Anfangsinvestitionen gegeben sein.

Beispiel
*Müsste jeder Energieversorger oder Telekommunikationsanbieter ein eigenes Netz aufbauen, wäre ein Wettbewerb auf diesen Märkten nicht möglich. Die Markteintrittsbarrieren wurden deshalb vom Gesetzgeber herabgesetzt, indem er den Mitbewerbern den Netzzugang ermöglichte und die Preise hierfür reguliert (**Bundesnetzagentur**).*

Grundsätzlich ist eine marktbeherrschende Position nicht ungesetzlich. Erst der Missbrauch im Sinne einer Übervorteilung der Mitbewerber und der Konsumenten verstößt gegen das GWB.

§ 19 GWB: Verbotenes Verhalten von marktbeherrschenden Unternehmen

(1) Die missbräuchliche Ausnutzung einer marktbeherrschenden Stellung durch ein oder mehrere Unternehmen ist verboten.

(2) Ein Missbrauch liegt insbesondere vor, wenn ein marktbeherrschendes Unternehmen als Anbieter oder Nachfrager einer bestimmten Art von Waren oder gewerblichen Leistungen

1. ein anderes Unternehmen unmittelbar oder mittelbar unbillig behindert oder ohne sachlich gerechtfertigten Grund unmittelbar oder mittelbar anders behandelt als gleichartige Unternehmen;
2. Entgelte oder sonstige Geschäftsbedingungen fordert, die von denjenigen abweichen, die sich bei wirksamem Wettbewerb mit hoher Wahrscheinlichkeit ergeben würden; hierbei sind insbesondere die Verhaltensweisen von Unternehmen auf vergleichbaren Märkten mit wirksamem Wettbewerb zu berücksichtigen.

Ein **Angebotsmonopol** hat nach §18 Absatz 1 GWB eine marktbeherrschende Position. Dies liegt darin begründet, dass sich, wie bereits in Kap. 1.3 erläutert, keine Wettbewerber im Markt befinden. Diese Tatsache ist für den Nachfrager von Nachteil, weil er im Vergleich zum Oligopol oder zum Polypol oftmals eine schlechtere Leistung zu einem höheren Preis erhält. Neben den ehemaligen Staatsmonopolen kann eine Monopolstellung mit einer marktbeherrschenden Position auch durch eine **Produktinnovation** entstehen, wenn diese eine vorübergehende Alleinstellung eines Anbieters (**Pionier**) im Markt zur Folge hat. Diese Alleinstellung hat solange Bestand, bis ein Mitbewerber (**Fast Second**) ein Nachahmerprodukt auf den Markt bringt. Diese vorübergehende Alleinstellung nennt sich **Schumpeter-Monopol**, benannt nach dem österreichischen Ökonomen Joseph Alois Schumpeter (1883–1950). Handelt es sich um ein sehr komplexes Produkt oder sind die darin enthaltenen Patente – diese haben eine Laufzeit von 20 Jahren – gut abgesichert, kann die Monopolstellung durchaus auch länger andauern.

Beispiel

Erst nach 20 Jahren können so genannte Generika (nachgemachte Medikamente mit gleicher Wirkung) auf den Markt gebracht werden. Vorher kann das Pharmaunternehmen, welches das Medikament entwickelt hat, dieses ausschließlich vertreiben. Sie haben hierdurch für das betreffende Medikament eine Monopolstellung. Werden die Medikamente von der entsprechenden Behörde zugelassen, müssen Krankenversicherungen deshalb teils horrende Preise für Medikamente bezahlen. Auch dann, wenn deren Wirkung oder Zusatznutzen im Vergleich zu den bereits auf dem Markt befindlichen oftmals mehr als zweifelhaft ist.

Rank Xerox hatte im Zusammenhang mit der Erfindung des Fotokopierers sehr gut abgesicherte Patente. Sehr lange konnte das Unternehmen hier deshalb seine Monopolstellung ausnutzen.

Hier ist natürlich im Einzelfall das Fehlverhalten nachzuweisen.

Zusammenschlusskontrolle

Die zweite Aufgabe des Kartellamts, neben der Kontrolle wettbewerbswidrigen Verhaltens, ist die Zusammenschlusskontrolle. Hier prüft es, ob durch eine Fusion eine marktbeherrschende Position entsteht. Sollte dies der Fall sein, wird der Zusammenschluss nicht genehmigt.

§35 Geltungsbereich der Zusammenschlusskontrolle

(1) Die Vorschriften über die Zusammenschlusskontrolle finden Anwendung, wenn im letzten Geschäftsjahr vor dem Zusammenschluss

1. die beteiligten Unternehmen insgesamt weltweit Umsatzerlöse von mehr als 500 Millionen Euro und
2. im Inland mindestens ein beteiligtes Unternehmen Umsatzerlöse von mehr als 25 Millionen Euro und ein anderes beteiligtes Unternehmen Umsatzerlöse von mehr als 5 Millionen Euro erzielt haben.

§36 GWB: Grundsätze für die Beurteilung von Zusammenschlüssen

(1) Ein Zusammenschluss, durch den wirksamer Wettbewerb erheblich behindert würde, insbesondere von dem zu erwarten ist, dass er eine marktbeherrschende Stellung begründet oder verstärkt, ist vom Bundeskartellamt zu untersagen.

Kartellamt droht Veto gegen Edeka-Pläne zum Tengelmann-Kauf an

Das Bundeskartellamt betrachtet den Zusammenschluss zwischen Edeka und Tengelmann kritisch.

Düsseldorf dpa - Die geplante Übernahme von 415 Kaiser's-Tengelmann-Supermärkten durch den Handelsriesen Edeka droht am Widerstand des Bundeskartellamts zu scheitern.

Quelle: dpa: Kartellamt droht Veto gegen Edeka-Pläne zum Tengelmann-Kauf an. Veröff. am 17.02.2015 unter https://www.schwaebische.de/ueberregional/wirtschaft_artikel,-kartellamt-droht-veto-gegen-edeka-pl%C3%A4ne-zum-tengelmann-kauf-an-_arid,10177521.html, zuletzt abgerufen am 25.10.2017

Im fachlichen Kontext

Eine spezielle Form der Wettbewerbskontrolle stellt die verstärkte Überwachung der Banken dar. Hier sollen insbesondere die Einlagen der Kunden geschützt werden. Dies ist zwar in der Vergangenheit durch die verschiedenen Einlagensicherungsfonds geschehen. Insbesondere die großen Banken hatten jedoch derartig aufgeblähte Bilanzen mit extrem hohen Fremdkapitalquoten, dass diese Sicherungsfonds bei starken internationalen Verwerfungen, wie der Finanzkrise 2008 oder der noch andauernden Staatsschuldenkrise in den USA und in der Euro-Ländern, schnell überfordert sein würden. So sollen beispielsweise die Eigenkapitalquoten der Banken erhöht werden, um die Krisenresistenz – und somit auch den Schutz der Sparer vor Verlust ihrer Einlagen – zu verbessern. Auch die rechtliche und wirtschaftliche Teilung in einen klassischen und einen (risikoreicheren) Investment-Bereich wird diskutiert. Zurzeit teilen sich die **Bundesanstalt für Finanzdienstleistungsaufsicht** (Bafin) und die **Bundesbank** die Aufsicht für die kleinen und mittelgroßen Kreditinstitute. Für die Großbanken ist die EZB zuständig.

1.4.3.2 Sozialversicherung

Eine weitere wichtige Säule der Sozialen Marktwirtschaft stellt die Absicherung der Bürger durch die gesetzliche Sozialversicherung dar. Im Falle von Krankheit, Berufsunfähigkeit oder Arbeitslosigkeit sollen die hierdurch entstehenden wirtschaftlichen Folgen abgemildert werden. Die Altersvorsorge soll mit der Rentenversicherung gewährleistet werden. Die Befürworter einer freien Markwirtschaft würden die Entscheidung dem Einzelnen überlassen, ob er sich gegen derartige Fälle absichert. Mit der Folge, dass beispielsweise Menschen mit schweren Krankheiten ihre Behandlungskosten nicht bezahlen könnten und Arbeitslose ihren Lebensunterhalt nicht mehr bestreiten können. In der sozialen Marktwirtschaft hingegen trägt die Solidargemeinschaft aller Mitglieder durch die Pflichtmitgliedschaft in der Sozialversicherung die Kosten.

Bd. 1, LF 1, 3

1.4.3.3 Globalsteuerung

Die Verfechter der freien Marktwirtschaft vertrauen bei der wirtschaftlichen Entwicklung der „unsichtbaren Hand". Das heißt, dass Wirtschaftskrisen ohne staatliche Eingriffe am besten „heilen". Durch die Steuerung des Wirtschaftswachstums will der Staat jedoch starke Ausschläge in der wirtschaftlichen Entwicklung verhindern. Er greift durch LF 11, 2.2 bestimmte Maßnahmen in das Wirtschaftsgeschehen ein (**Konjunkturpolitik**), indem er beispielsweise Steuern erhöht oder senkt oder selbst als Nachfrager von Gütern auftritt. Hierdurch soll ein gleichmäßiges Wirtschaftswachstum den Wohlstand der Bevölkerung langfristig garantieren. So sollen in wirtschaftlichen Schwächephasen beispielsweise Massenentlassungen und Einbrüche in den Steuereinnahmen verhindert werden. Letztere würden beispielsweise durch zurückgehende Einkommen, Gewinne (Einkommensteuer, Körperschaftsteuer) oder Umsätze in Unternehmen (Umsatzsteuer) entstehen.

1.4.3.4 Arbeitsordnung

Bd. 1, LF 1, 2.6

Die Arbeitsordnung regelt die Sozialpartnerschaft von Arbeitgeberverbänden und Gewerkschaften sowie die Mitbestimmung in den Betrieben. Die gesetzlichen Grundlagen finden sich im **Betriebsverfassungsgesetz** und im **Tarifvertragsgesetz**.
Das Betriebsverfassungsgesetz regelt die betriebliche Mitwirkung und Mitbestimmung der Arbeitnehmer in bestimmten Sachverhalten, die Einfluss auf die Rechte der Arbeitnehmer haben. Das Tarifvertragsgesetz legt die rechtlichen Rahmenbedingungen in Tarifverhandlungen zwischen den Tarifvertragsparteien fest. Letztere werden sogar durch die Verfassung **in Art. 9 Abs. 3 Grundgesetz** legitimiert:

Artikel 9 GG

(1) Alle Deutschen haben das Recht, Vereine und Gesellschaften zu bilden.

(3) Das Recht, zur Wahrung und Förderung der Arbeits- und Wirtschaftsbedingungen Vereinigungen zu bilden, ist für jedermann und für alle Berufe gewährleistet.

Im fachlichen Kontext

Dass die Betonung mal mehr auf „Sozial" oder mehr auf „Marktwirtschaft" liegt, je nach parteipolitischer Ideologie, zeigt die aktuelle Diskussion um den ab 2015 geltenden Mindestlohn. Streitpunkt ist, ob der Staat einen gesetzlichen Mindestlohn festlegen soll (Position der linken Parteien) oder ob er von den Tarifvertragsparteien verhandelt werden soll (Position der zum Zeitpunkt des Verfassens dieses Textes nicht mehr im Bundestag vertretenen FDP).

1.5 Volkswirtschaftliche Gesamtrechnung (VGR)

Um die Leistungsfähigkeit einer Volkswirtschaft zu beurteilen, betrachtet man üblicherweise die in einem Land hergestellte Menge aller Güter und Dienstleistungen. Je größer diese Menge ist, desto mehr Werte sind in einer Volkswirtschaft entstanden. Dies ist eine Grundvoraussetzung für den Wohlstand eines Landes. Die hierfür verwendete volkswirtschaftliche Leistungsgröße ist das **Bruttoinlandsprodukt (BIP)**. Dieses wird vom **Statistischen Bundesamt (DESTATIS)** im Rahmen der **Volkswirtschaftlichen Gesamtrechnung (VGR)** quartalsweise sowie jährlich ermittelt und veröffentlicht.

Merksatz

Die **VGR** ist eine Statistik über die Entstehung, Verteilung und Verwendung des Bruttoinlandsprodukts (BIP) und des Bruttonationaleinkommens (BNE). Sie dient den am Wirtschaftsleben einer Volkswirtschaft beteiligten Personen, Organisationen und Institutionen als Entscheidungsgrundlage bei wirtschaftlichen Entscheidungen.

Das **Bruttoinlandsprodukt** gibt den Gesamtwert aller Waren und Dienstleistungen nach Abzug von Vorleistungen an, die während eines Jahres innerhalb der Landesgrenzen einer Volkswirtschaft hergestellt wurden.

1.5.1 Entstehungsrechnung

Im Rahmen der Entstehungsrechnung des Bruttoinlandsprodukts wird die **Herstellung** von Gütern und Dienstleistungen betrachtet. Es wird also danach gefragt, in welcher Höhe Werte in einer Rechnungsperiode geschaffen wurden. Hierfür wird zunächst die sog. **Bruttowertschöpfung** aller Produzenten und Dienstleister ermittelt.

Bruttowertschöpfung des Jahres 2010 (in Milliarden Euro)

Produktionswert		4776,123
–	Vorleistungen	2454,428
=	Bruttowertschöpfung	2321,695

Quelle: Eigene Darstellung nach Daten des Statistischen Bundesamt, Wiesbaden, https://www.destatis.de/DE/Meta/AbisZ/BIP.html, © Statistisches Bundesamt (Destatis), 2018

Berechnung der Bruttowertschöpfung

Zur Ermittlung der **Bruttowertschöpfung** werden vom **gesamten Produktionswert** der Unternehmen alle (von Lieferanten) bezogenen **Vorleistungen** subtrahiert. Dies ist notwendig, weil sonst eine Doppelbewertung von Leistungen erfolgen würde. Man erhält so den eigentlichen geschaffenen *Mehr*wert der jeweiligen Produktionsstufe. Schauen wir uns das an einem einfachen Beispiel an:

Beispiel

Produktionsstufen	Produktionswert	Vorleistungen	Bruttowertschöpfung
Forstwirt	60000,00 €	0,00 €	60000,00 €
Sägewerk	80000,00 €	60000,00 €	20000,00 €
Möbelfabrik	110000,00 €	80000,00 €	30000,00 €
Summe	250000,00 €	140000,00 €	110000,00 €

Natürlich hat auch der Forstwirt Vorleistungen (Diesel, Kettensägen, Transportfahrzeuge etc.) bezogen. Um den Sachverhalt zu verdeutlichen, wurde dieser Gesichtspunkt jedoch ausgeschlossen.

Im Beispiel beträgt die eigentliche **Wertschöpfung**, also der geschaffene (Mehr-)Wert, 110000,00 €. Die gesamten Vorleistungen von 140000,00 € müssen vom Produktionswert abgezogen werden.

Merksatz
Bruttowertschöpfung = Summe des von den (inländischen) Unternehmen geschaffenen **Mehr**werts.

Von der Bruttowertschöpfung zum BIP

Schauen wir uns hierfür die realen Daten des Statistischen Bundesamts aus dem Jahr 2010 an:

Produktionswert		4776,123 Mrd. €
–	Vorleistungen	2454,428 Mrd. €
=	Bruttowertschöpfung	2321,695 Mrd. €
+	Nettogütersteuern*	258,365 Mrd. €
=	Bruttoinlandsprodukt	2580,060 Mrd. €

Quelle: Statistisches Bundesamt: Bruttoinlandsprodukt (BIP), unter: https://www.destatis.de/DE/Meta/AbisZ/BIP.html, zuletzt abgerufen am 25.10.2017, © Statistisches Bundesamt (Destatis), 2018

Das BIP wird in **Marktpreisen** berechnet, also zu den Preisen, zu denen die Güter verkauft werden. In diesen Preisen sind jedoch Gütersteuern oder auch Gütersubventionen enthalten. Diese sind in der Bruttowertschöpfung rechnerisch noch nicht berücksichtigt.

*	Gütersteuern	266,327 Mrd. €
	– Gütersubventionen	7,962 Mrd. €
	= Nettogütersteuern	**258,365 Mrd. €**

Gütersteuern sind alle Steuern und ähnliche Abgaben, die pro Wert- oder Mengeneinheit (z. B. je Liter oder je Euro) einer gehandelten Ware oder Dienstleistung an den Staat zu entrichten sind. Die Gütersteuern umfassen:

- Importabgaben (u. a. Zölle, Verbrauchsteuern und Abschöpfungsbeträge auf eingeführte Güter),
- sonstige Gütersteuern (Mehrwertsteuer, Mineralölsteuern, Vergnügungssteuern, Versicherungssteuern etc.).

Gütersteuern erhöhen das BIP im Vergleich zur Bruttowertschöpfung, weil sie auf Waren und Dienstleistungen aufgeschlagen werden.
Gütersubventionen sind alle Subventionen, die pro Wert- oder Mengeneinheit eines Gutes vom Staat gezahlt werden (z. B. Zuschüsse für den öffentlichen Personennahverkehr, Zuschüsse für landwirtschaftliche und tierische Erzeugnisse).
Gütersubventionen bewirken somit das Gegenteil von Gütersteuern. Sie werden, grob gesagt, an Unternehmen gezahlt, die nicht wettbewerbsfähig sind, weil sie zu Kosten

produzieren, die höher sind als der Marktpreis. Durch die Gütersubventionen können diese Unternehmen dann ihre Leistungen zu (niedrigeren) Marktpreisen verkaufen. Die Folge ist: **Das BIP wird im Vergleich zur Bruttowertschöpfung kleiner**.

Beispiel

Die Tonne Kohle aus dem Ruhrbergbau wird für ca. 173,00 € gefördert (Stand 2008). Der Weltmarktpreis je Tonne Kohle betrug zur gleichen Zeit umgerechnet 93,00 €. Zu diesem Preis muss natürlich auch die DSK (Deutsche Steinkohle AG) die Kohle verkaufen, sonst würde sie ,auf ihrer Kohle sitzenbleiben'. Dies ist nur möglich, indem der Staat, also letztlich der Steuerzahler, diese Differenz begleicht. Andernfalls würde die DSK den Kohleabbau einstellen müssen. Das BIP muss also, gewissermaßen nachträglich, um 80,00 € je Tonne nach unten korrigiert werden. Schließlich bemisst sich der Wert einer Tonne Kohle (wie bei jedem Gut) am ***Marktwert*** *von 93,00 € und nicht an den Produktionskosten. Dies ist schließlich der Preis, den der Nachfrager bereit ist zu zahlen. Wie hoch die Förderkosten in Deutschland sind, interessiert den Käufer dabei nicht. Der Wert der Kohle muss demnach mit 93,00 € – und nicht mit 173,00 € – in das BIP einfließen. Die Subventionen, die der Staat für die gesamte in Deutschland geförderte Kohle an die DSK zahlt, muss somit aus der Bruttowertschöpfung 'herausgerechnet' (d. h. subtrahiert) werden, um rechnerisch zum BIP zu gelangen.*

Im fachlichen Kontext

Von den **Gütersubventionen** unterscheiden sich **direkte Subventionen** in Form von **Transferzahlungen** an Unternehmen, wie beispielsweise Strukturhilfen, Existenzgründungshilfen oder Zahlungen für die Ansiedlung von Unternehmen.

Preisbereinigung: Reales und nominales BIP

Das Statistische Bundesamt veröffentlicht die Daten zum BIP quartalsweise und jährlich. Um die Darstellung zu verstehen und richtig zu deuten, muss man dabei Folgendes berücksichtigen:
Das BIP wird im jeweiligen Erfassungszeitraum zunächst **nominal**, also **zu den jeweils bestehenden Preisen**, gemessen. Das bedeutet, dass inflationsbedingte Preiserhöhungen im nominalen BIP enthalten sind. Diese Preisänderungen „stören" jedoch die Berechnung der Leistung der Volkswirtschaft, denn die Preiserhöhungen täuschen über die eigentliche Gesamtleistung hinweg.

Beispiel

Nehmen wir der Einfachheit halber an, eine Volkswirtschaft produziert ausschließlich identische Autos.

Jahr	Hergestellte Autos	Preis eines Autos	Nominales BIP
1	10	20000,00 €	200000,00 €
2	10	22000,00 €	220000,00 €

Das BIP hat sich zwar von 200000,00 € auf 220000,00 € erhöht, aber die (reale) Wirtschaftsleistung ist gleich geblieben, weil nach wie vor zehn Autos hergestellt wurden. Das BIP hat sich also nur aufgrund der Preissteigerung für ein Auto erhöht. In dem Beispiel ist also das ***nominale BIP*** *gestiegen, das* ***reale BIP*** *ist unverändert geblieben.*

Um das reale BIP zu ermitteln, wird das nominale BIP um die Preisänderungen bereinigt. Schließlich ist es ja interessant zu wissen, wie sich die Leistung ohne das „Doping" der Preissteigerung verändert – idealerweise natürlich verbessert – hat. Dies wird dadurch erreicht, indem das Statistische Bundesamt das nominale **BIP des aktuellen** Jahres mit den jeweiligen **Preisen des Vorjahres** bewertet. Dies nennt sich **Verkettung**, weil die BIPs der Rechnungsperioden so gewissermaßen wie Kettenglieder zusammenhängen.

Beispiel
Verändern und erweitern wir etwas das Beispiel von oben:

Jahr	Hergestellte Autos	Preis eines Autos (€)	Preissteigerung zum Vorjahr	Nominales BIP (€)	Reales BIP (€)
1	10	20000,00		200000,00	200000,00
2	12	22000,00	10,00 %	264000,00	240000,00
3	14	25000,00	13,64 %	350000,00	308000,00

Betrachten wir an diesem Beispiel zunächst die Entwicklung des nominalen BIP.

Formel

Berechnung des nominalen BIP:

$$\Delta BIP_{nominal} = \frac{BIP_{nominal,\ 2.\ Jahr} - BIP_{nominal,\ 1.\ Jahr} \cdot 100}{BIP_{nominal,\ 1.\ Jahr}}$$

$$= \frac{264000{,}00\ € - 200000{,}00\ € \cdot 100}{200000{,}00\ €} = 32\ \%$$

Δ = Veränderung, Differenz

In dem Beispiel hat sich das nominale BIP im Vergleich zum ersten Jahr um 32 % erhöht. Das reale BIP hingegen hat sich nur um 20 % erhöht, weil die Preissteigerung von 10 % herausgerechnet wird:

Formel

Steigerung des realen BIP (in Preisen des Vorjahres):

$$\Delta BIP_{real} = \frac{BIP_{real,\ 2.\ Jahr} - BIP_{real,\ 1.\ Jahr} \cdot 100}{BIP_{real,\ 1.\ Jahr}}$$

$$= \frac{240000{,}00\ € - 200000{,}00\ € \cdot 100}{200000{,}00\ €} = 20\ \%$$

Analog wird die Veränderung auch für die Folgejahre berechnet.

Merksatz
Das um Preisveränderungen bereinigte nominale BIP ist das reale BIP.

Nun gibt das Statistische Bundesamt allerdings die realen BIPs nicht in absoluten Beträgen (also in Euro) an, sondern bedient sich einer Vereinfachung: Es gibt sie als **Index** an. Dieser Indexwert wird auf ein Basisjahr (in unserem Beispiel das Jahr 1) bezogen. Hier gilt zunächst also: **reales BIP = nominales BIP**. Der Indexwert des Basisjahres wird auf den Wert 100 gesetzt. So kann man „auf einen Blick" die Veränderung des BIP erkennen:

Jahr	Reales BIP	Reales BIP als Index
1	200000,00 €	100
2	240000,00 €	120
3	308000,00 €	154

Das reale BIP hat im dritten Jahr den Wert von 154 Indexpunkten. Dies bedeutet, dass das reale BIP **in Bezug auf das Basisjahr** um 54 % gestiegen ist bzw. 154 % des Basisjahres beträgt. **In Bezug auf das Vorjahr** (hier: das zweite Jahr) beträgt die reale Steigerung 28,33 %.

Formel

Berechnung des realen BIP als Index:

$$BIP_{\text{real, 3. Jahr}} = \frac{BIP_{\text{real, 3. Jahr}}}{BIP_{\text{Basisjahr}}} = \frac{308000{,}00\ € \cdot 100}{200000{,}00\ €} = 154$$

Veränderung des realen BIP vom Jahr 2 auf das Jahr 3:

$$\Delta BIP_{\text{real}} = \frac{(\text{Index}_{\text{Jahr 3}} - \text{Index}_{\text{Jahr 2}}) \cdot 100}{\text{Index}_{\text{Jahr 2}}} = \frac{(154 - 120) \cdot 100}{120} = 28{,}33\,\%$$

Der Ausgangspunkt für die Berechnung der Indizes ist zurzeit das Jahr 2010. Schauen wir uns in diesem Zusammenhang die Originaldaten des Statistischen Bundesamts an:

Jahr	BIP zu jeweiligen Preisen (nominal) in Mrd. €	Veränderung zum Vorjahr	BIP real (als Index)	Veränderung zum Vorjahr
2010	2580,060	4,9	100,00	4,1
2011	2703,120	4,8	103,66	3,7
2012	2758,260	2,0	104,17	0,5

Quelle: Statistisches Bundesamt: Volkswirtschaftliche Gesamtrechnungen. Inlandsproduktsberechnung. Detaillierte Jahresergebnisse (Fachserie 18 Reihe 1.4), Wiesbaden, 2017

Will man nun trotzdem den absoluten Wert des realen BIP eines Jahres in Euro berechnen, kann man dies mithilfe des Index tun. Er beträgt beispielsweise für das Jahr 2012:

$$BIP_{\text{real, 2012}} = \frac{2580{,}060\ € \cdot 104{,}17}{100} = 2687{,}649\ €$$

Der reale, also preisbereinigte, Wert des BIP ist kleiner als der reale Wert. Ein Teil des BIP zu den Marktpreisen des Erfassungsjahres ist also auf Preissteigerungen zurückzuführen.

Veränderung des BIP bei Quartalsvergleichen

Bei der quartalsweisen Betrachtung, wie in der Grafik in der Einstiegssituation dargestellt, vergleicht man den aktuellen Wert mit dem entsprechenden Quartal des **Vorjahres** (nicht mit dem Vorquartal):

- I. Quartal 2012 => I. Quartal 2011
- II. Quartal 2012 => II. Quartal 2011

Dies ist deshalb sinnvoll, weil die Jahreszeiten einen großen Einfluss auf das jeweils erzielte BIP haben.

Beispiele

Im Sommer sind die Bauleistungen witterungsbedingt höher als im Winter. Um die Entwicklung der Bauleistungen in der VGR richtig beurteilen zu können, muss man jeweils gleiche Quartale gegenüberstellen.

Die Einzelhandelsumsätze sind im vierten Quartal höher weil hier das Weihnachtsgeschäft eine Störvariable darstellt. Ein Vergleich zu den direkten Vorquartalen würde wenig Aussagekraft haben.

Im fachlichen Kontext

Bei der VGR geht es darum, riesige Datenmengen zu erfassen und zu verarbeiten. So kommt es immer wieder vor, dass sich die Datenbasis ändert. Entsprechend korrigiert das Statistische Bundesamt bis zu vier Jahre rückwirkend die Ergebnisse der VGR, also auch das BIP.

1.5.2 Verwendungsrechnung

Bei der Verwendungsrechnung der VGR wird die Frage beantwortet, wie das erwirtschaftete BIP von den deutschen Wirtschaftssubjekten und dem Ausland verwendet wurde. Auf diese Weise kann man erkennen

- wie hoch der Anteil der Investitionen von Unternehmen ist,
- wieviel Geld der Endverbraucher für Konsum ausgibt,
- welchen Anteil des BIP der Staat verbraucht,
- wie hoch der Außenbeitrag (Differenz zwischen Exporten und Importen) ist.

Verwendungsrechnung aus dem Jahr 2010 (in Milliarden Euro)

	Konsumausgaben gesamt	**1 939,610**
	davon: Private Konsumausgaben	1 446,274
	davon: Konsumausgaben des Staates	493,336
+	**Bruttoinvestitionen gesamt**	**506,347**
	davon: Bruttoanlageinvestitionen	501,449
	davon: Vorratsveränderungen	4,898
=	**Inländische Verwendung gesamt**	**2445,957**

+	**Außenbeitrag gesamt**	**134,103**
	davon: Exporte	1 090,085
	davon: Importte	−955,982
	Bruttoinlandsprodukt	**2 580,060**

Quelle: Eigene Darstellung nach Daten des Statistisches Bundesamt, Bundesamts, Wiesbaden, https://www.destatis.de/DE/Publikationen/Thematisch/VolkswirtschaftlicheGesamtrechnungen/Inlandsprodukt/InlandsproduktsberechnungErsteErgebnisse.html

Die inländische Gesamtverwendung setzt sich zusammen aus den **Konsumausgaben** und den **Bruttoinvestitionen**. Die **privaten Konsumausgaben** sind die Ausgaben der Haushalte (vgl. auch 1.2.1). Die Bruttoinvestitionen stellen die Gesamtsumme aller getätigten Investitionen einer Volkswirtschaft dar (Staat und Unternehmen). Auch Rohstoff- oder Wareneinkäufe von Unternehmen sind Investitionen. Man bezeichnet sie als **Lagerinvestitionen**.
Der Staat kann konsumieren *und* investieren. Die staatlichen Investitionen sind, wie oben beschrieben, in der Position *Bruttoinvestitionen* enthalten. Die Konsumausgaben des Staates werden in der Tabelle ebenfalls explizit aufgeführt. Dies sind beispielsweise alle Ausgaben für Bildung, Sicherheit, Sozialtransfers etc. (vgl. 1.2.2), solange es sich **nicht** um Investitionen handelt.

Beispiel
Die Gehälter der Lehrerinnen und Lehrer werden den Konsumausgaben des Staates zugerechnet, der Bau eines Schulgebäudes ist eine Investition.

Der Außenbeitrag zeigt, welcher Anteil des BIP in Form von Gütern (per Saldo) vom Ausland „verwendet" wird. Bei Exporten geht ein Teil der inländischen Wirtschaftsleistung ins Ausland, bei Importen gelangt ausländische Wirtschaftsleistung ins Land.

Im fachlichen Kontext

Dass Deutschland Exportweltmeister ist, wird in den Medien immer besonders positiv hervorgehoben, insbesondere, dass die Exporte die Importe deutlich übersteigen (Exportüberschuss, positiver Außenbeitrag). Dies ist sicherlich auch richtig, wenn man die Wettbewerbsfähigkeit der deutschen Exportindustrie herausstellen will. Allerdings ist diese Tatsache auch mit sich ständig erhöhenden **Geldforderungen an das Ausland** verbunden, die für die deutschen Wirtschaftssubjekte zunächst einmal im Inland nicht verwendet werden können. Der **Exportüberschuss** hat also eine **Forderung gegenüber dem Ausland** zur Konsequenz. Emotional betrachtet mag ja der Umstand Eigentümer von Forderungen zu sein, befriedigend sein. Dies nützt dem Gläubiger jedoch zunächst wenig, weil er hierdurch „zwangsweise" spart. Die deutschen Wirtschaftssubjekte üben also in Höhe des positiven Außenbeitrags Konsum- und Investitionsverzicht. Ein **gutes** Geschäft für beide Seiten wird der staatenübergreifende Handel erst dann, wenn auch deutsche Wirtschaftssubjekte Leistungen in gleicher Höhe aus dem Ausland beziehen, die vielleicht dort besser und/oder preisgünstiger als im Inland herzustellen sind.

Aus der Verwendungsrechnung lässt sich ablesen,

- ob eine Volkswirtschaft mehr exportiert oder importiert (**Außenbeitrag**) und, daraus folgend, wie wettbewerbsfähig inländische Unternehmen auf dem Weltmarkt sind.
- ob der Konsument bereit ist, mit seinem Arbeitsentgelt zu konsumieren oder ob er sein Geld spart; beispielsweise zur Altersabsicherung oder „aus Angst vor schlechten Zeiten".
- wie das Investitionsklima und die Erwartungen der Unternehmen bezüglich der konjunkturellen Entwicklung sind.

Es lassen sich also durch die Verhaltensweisen der Wirtschaftssubjekte Rückschlüsse auf die konjunkturelle Entwicklung ziehen.

1.5.3 Verteilungsrechnung

Wie verteilt sich das Bruttoinlandprodukt auf die in Deutschland lebenden Personen? Was bleibt am Ende als Einkommen für die Unternehmer und Arbeitnehmer übrig?
Dies sind die Fragen, mit denen sich die **Verteilungsrechnung** der VGR beschäftigt.

Vom Bruttoinlandsprodukt zum Bruttonationaleinkommen

Der Grundsatz bei der **Entstehungsrechnung** des BIP ist das **Inlandsprinzip**. Es wird ermittelt, welche Werte *in Deutschland* erwirtschaftet werden. Hierzu zählen zunächst auch die Einkommen ausländischer Arbeitnehmer, wenn sie in Deutschland ihr Einkommen beziehen und beispielsweise im Nachbarland Dänemark wohnen. Das Gleiche gilt auch für Gewinne von Unternehmen.
Bei der Frage nach der **Verteilung** des BIP stehen jedoch diejenigen Bürger im Fokus der Betrachtung, **die in Deutschland leben**, egal ob sie in Deutschland oder in einem anderen Land ihr Einkommen beziehen. Entscheidend ist der **Wohnsitz.** Man ermittelt so das **Bruttonationaleinkommen**. Dieses erhält man, wenn man die Einkommen aus der übrigen Welt an in Deutschland lebende Personen zum BIP hinzuaddiert. Umgekehrt werden die Einkommen an Ausländer, die in Deutschland Erwerbseinkommen beziehen, vom BIP subtrahiert. Dieses Prinzip nennt sich **Inländerprinzip**.
Bruttonationaleinkommen 2010 (in Milliarden Euro)

=	**Bruttoinlandsprodukt**	**2580,060**
+	Einkommen aus der übrigen Welt (an Inländer)	199,923
–	Einkommen an die übrige Welt (an Ausländer)	149,091
=	**Bruttonationaleinkommen (der Inländer)**	**2630,892**

Quelle: Eigene Darstellung nach Daten des Statistisches Bundesamts, Wiesbaden, https://www.destatis.de/DE/Meta/AbisZ/BIP.html

Nettoinlandsprodukt und Volkseinkommen

Wer erhält nun wie viel vom Bruttonationaleinkommen? Diese Frage wird durch die Verteilungsrechnung beantwortet. Grundsätzlich gibt es zwei Arten von privaten, also nicht staatlichen, Wirtschaftssubjekten: die Konsumenten (Haushalte) und die Unternehmen (vgl. hierzu den Wirtschaftskreislauf in Kap. 1.2.1). Diese teilen sich das erwirtschaftete BIP untereinander auf, die Unternehmen in Form von Gewinnen und die Haushalte in Form von Arbeitsentgelten. Bevor jedoch das Bruttonationaleinkommen an die Wirtschaftssubjekte „verteilt wird", nimmt sich „der Zahn der Zeit" seinen Anteil. Schließlich unterliegen die geschaffenen Werte einer Volkswirtschaft durch Benutzung und Alterung einem fortlaufenden Wertverlust, der Abschreibung (vgl. Band 2, LF 8). Diese mindert die zu verteilende (Einkommens-) Summe und wird deshalb vom Bruttonationaleinkommen subtrahiert.

Verteilungsrechnung 2010 (in Milliarden Euro)

	Bruttonationaleinkommen	**2630,892**
–	Abschreibungen	459,725
=	**Nettonationaleinkommen**	**2171,167**
–	Nettoproduktionsabgaben	247,953
=	**Volkseinkommen**	**1923,214**
	davon: Unternehmens- und Vermögenseinkommen	639,409
	davon: Arbeitnehmerentgelt	1283,805

Quelle: Eigene Darstellung nach Daten des Statistisches Bundesamts, Bundesamts, Wiesbaden, https://www.destatis.de/DE/Publikationen/Thematisch/VolkswirtschaftlicheGesamtrechnungen/Inlandsprodukt/InlandsproduktsberechnungErsteErgebnisse.html

In die **Nettoproduktionsabgaben** fließen die staatlichen Produktions- und Importabgaben sowie die Subventionen ein:

	Produktions- und Importabgaben	277,619 Mrd. €
–	Subventionen	29,666 Mrd. €
=	Nettoproduktionsabgaben	247,953 Mrd. €

Produktions- und Importabgaben umfassen die bereits erläuterten Gütersteuern (siehe Kapitel 1.3.1) sowie sonstige Produktionsabgaben (z. B. die Grundsteuer und andere Steuern, welche Unternehmen als Kosten in die Preise einkalkulieren). Die Produktions- und Importabgaben **erhöhen** somit den Wertansatz für Güter und Dienstleistungen, weil die Unternehmen die Abgaben auf die Preise aufschlagen (überwälzen). Sie sind also im Nettonationaleinkommen zunächst noch enthalten. Weil diese Abgaben jedoch an den Staat abgeführt werden, stehen sie den *privaten* Wirtschaftssubjekten nicht mehr zur Verfügung. Man muss sie deshalb vom Nettonationaleinkommen subtrahieren, um rechnerisch zum Volkseinkommen zu gelangen.
Subventionen werden in der Volkswirtschaftlichen Gesamtrechnung (VGR) als **Zuschüsse** bezeichnet. Die Ziele sind dabei die Beeinflussung des Marktpreises oder die

Stützung von Produktion und Einkommen. Der Unterschied zu den in Kapitel 1.3.1 erläuterten Gütersubventionen ist der, dass die Zuschüsse nicht (produktions-)mengenbezogen gezahlt werden, sondern den Unternehmen *direkt* zufließen. Sie erhöhen das Volkseinkommen, weil sich durch die Subventionszahlungen die Nettoproduktionsabgaben verringern. Die Subventionen verringern folglich die Nettoproduktionsabgaben.
Als Nebenprodukt der Verteilungsrechnung kann man schließlich auch die **Nettoinvestitionen** ermitteln. Dies sind die Investitionen, die über die reine Werterhaltung des Kapitalstocks der Volkswirtschaft hinausgehen. Investieren die Unternehmen nur in Höhe des Wertverlusts ihres Sachkapitals, handelt es sich um **Ersatzinvestitionen** (Abschreibungen = Ersatzinvestitionen, vgl. Kapitel 1.2.1).

Formel

Bruttoinvestitionen – Abschreibungen = Nettoinvestitionen
⇔ 506,347 Mrd. € – 459,725 Mrd. € = 46,622 Mrd. € (vgl. Kapitel 1.3.2)

1.5.4 Auswertung der Größen der VGR

China hatte 2010 ein BIP von umgerechnet ca. 4,6 Billionen €. Aufgrund der hohen Einwohnerzahl entspricht das einem **Pro-Kopf-BIP** von ca. 6118,55 €. Das liegt daran, dass es in China noch immer sehr unterentwickelte Provinzen mit einer sehr großen Armut gibt. Zum Vergleich: Das Pro-Kopf-BIP in Deutschland belief sich im gleichen Jahr auf 32 137,00 €.
Um also den absoluten Werten der VGR eine größere Aussagekraft zu verleihen, muss man diese in ein Verhältnis zur Bevölkerung bringen. Hierbei relativiert man die **absoluten Größen** mithilfe von Kennziffern.
Schauen wir uns wieder beispielhaft die Daten des Statistischen Bundesamtes aus dem Jahr 2010 an:

Jahr	Bruttoinlandsprodukt			Bruttonational-einkommen		Volkseinkommen	
	In jeweiligen Preisen			In jeweiligen Preisen			
	Insgesamt	Je Erwerbs-tätigen	Je Einwohner	Insgesamt	Je Einwohner	Insgesamt	Je Einwohner
	Mrd. €	€		Mrd. €	€	Mrd. €	€
2010	2580,060	62898,00	32137,00	2630,892	32770,00	1923,214	23955,00

Einwohner 2010 (gerundet): 80 284 000
Erwerbstätige Personen im Inland 2010 (gerundet): 41 020 000

Quelle: Eigene Darstellung nach Daten des Statistischen Bundesamtes, https://www.destatis.de/DE/Publikationen/Thematisch/VolkswirtschaftlicheGesamtrechnungen/Inlandsprodukt/InlandsproduktsberechnungErsteErgebnisse.html

Web Die Daten weiterer Jahre finden Sie in BuchPlusWeb in der Excel-Datei „Daten VGR“.

Kennziffern aus der Entstehungsrechnung

Formel

$$\textbf{Pro-Kopf-BIP} = \frac{\text{BIP (in Mrd.)}}{\text{Einwohner (in Tsd.)}}$$

$$= \frac{2\,580{,}060\text{ €}}{80\,284\text{ Einwohner}}$$

$$= 32\,137{,}00\text{ €/Einwohner}$$

$$\textbf{BIP je erwerbstätige Person*} = \frac{\text{BIP (in Mrd.)}}{\text{erwerbstätige Person (im Inland in Tsd.)}}$$

$$= \frac{2\,580{,}060\text{ €}}{41\,020\text{ erwerbstätige Person}}$$

$$= 62\,898{,}00\text{ €/erwerbstätige Person}$$

*Hierzu zählen alle erwerbstätigen Personen im Inland inkl. selbstständiger Personen.

Das **Pro-Kopf-BIP** gibt den Anteil des BIP wieder, das auf jede inländische Person entfällt, unabhängig davon, ob diese Person zu dessen Erwirtschaftung beigetragen hat. Diese Kennziffer ermöglicht einen internationalen Vergleich von Volkswirtschaften.

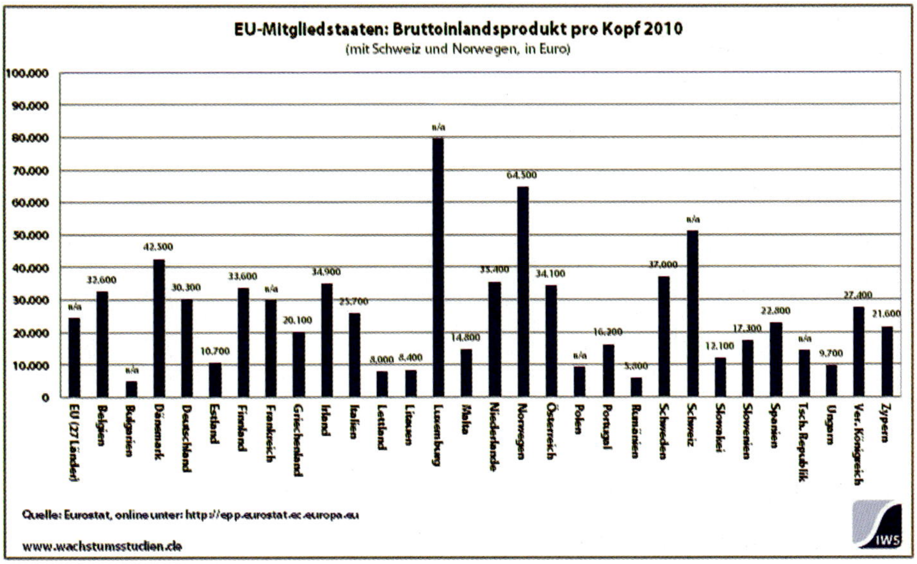

Quelle: © Europäische Union, 2018

Das **BIP je erwerbstätiger Person** beantwortet die Frage, welchen Betrag jede erwerbstätige Person durchschnittlich erwirtschaftet. Zur Verdeutlichung: Es handelt sich hierbei um alle Personen, die im Inland einer Erwerbstätigkeit nachgehen. Dabei werden auch beispielsweise ausländische Saisonkräfte mitgezählt (Inlandsprinzip).

Kennziffern aus der Verteilungsrechnung

Aus der **Verteilungsrechnung** kann man die Anteile der Unternehmen und der abhängig beschäftigten Personen am Volkseinkommen errechnen:

Web

Die Basisdaten zur Bevölkerung und zu den weiteren Jahren finden Sie in BuchPlusWeb in der Excel-Datei „Daten VGR".

Formel

$$\textbf{Volkseinkommen je Einwohner} = \frac{\text{Volkeinkommen (in Mrd.)}}{\text{Einwohner (in Tsd.)}}$$

$$= \frac{1\,923{,}214\ €}{80\,284\ \text{Einwohner}}$$

$$= 23\,955{,}00\ €/\text{Einwohner}$$

$$\textbf{Pro-Kopf-Lohn} = \frac{\text{Arbeitnehmerentgelt incl. Arbeitgeberanteil Sozialversicherung (in Mrd.)}}{\text{Arbeitnehmer (Inländer, in Tsd.)}}$$

$$= \frac{1\,283,\ €^{*}}{36{,}496\ \text{Arbeitnehmer}}$$

$$= 35\,141{,}00\ €/\text{Arbeitnehmer}$$

Web

*vgl. BuchPlusWeb: Excel-Datei „Daten VGR", Arbeitsmappe „Arbeitnehmerentgelt".

$$\textbf{Lohnquote} = \frac{\text{Arbeitnehmerentgelt (in Mrd.)} \cdot 100}{\text{Volkseinkommen (in Mrd.)}}$$

$$= \frac{1\,283{,}805\ € \cdot 100}{1\,923{,}214\ €}$$

$$= 66{,}75\,\%$$

$$\textbf{Gewinnquote} = \frac{\text{Unternehmens- und Vermögenseinkommen (in. Mrd.)}}{\text{Volkseinkommen (in Mrd.)}}$$

$$= \frac{639{,}409\ € \cdot 100}{1\,923{,}214\ €}$$

$$= 33{,}25\,\%$$

Erläuterungen

Das **Volkseinkommen je Einwohner** gibt an, wie viel Volkseinkommen jedem Einwohner zur Verfügung steht. Weil es in einem Staat sehr ungleich verteilt sein kann, muss man diese Größe jedoch weiter differenzieren (siehe *Exkurs zur Einkommensverteilung* weiter unten).

Der **Pro-Kopf-Lohn** ist der durchschnittlich von den inländischen Arbeitnehmern erzielte Bruttolohn. Das Arbeitnehmerentgelt beinhaltet die *gesamten* finanziellen Zuwendungen an die Arbeitnehmer. Somit ist in dieser Summe auch der Arbeitsgeberanteil zur Sozialversicherung enthalten.

Im fachlichen Kontext

An dieser Stelle wird deutlich, dass es sich bei der Unterscheidung „Arbeitnehmer-“ und „Arbeitgeberanteil“ um eine rein ideologische Unterscheidung handelt. Volkswirtschaftlich betrachtet, wird eine Gesamtsumme (hier: 1 283,805 Mrd. €) an die Arbeitnehmer ausgezahlt. Auch aus betriebswirtschaftlicher Sicht ist es für Arbeitgeber unerheblich, welche Bezeichnung die einzelnen Positionen haben. Letztendlich wendet er einen bestimmten Betrag für seinen Arbeitnehmer auf. Im Gegenzug muss der Arbeitnehmer schließlich sein *gesamtes* Entgelt erwirtschaften, auch den sog. Arbeitgeberanteil.

Bd. 1, LF 1

Die **Lohn- und Gewinnquote** zeigt, welchen Anteil die Arbeitnehmer, die Kapitaleigentümer und die Unternehmen am Volkeinkommen erhalten. Hierzu werden die jeweiligen Anteile in ein Verhältnis zum Gesamt-Volkseinkommen gesetzt.

Exkurs: Einkommensverteilung

Die obigen Größen stellen lediglich Durchschnittswerte dar. Sie sagen nichts darüber aus, wie „gerecht“ oder, neutraler gesprochen, wie gleichmäßig das Volkeinkommen über alle Bevölkerungsschichten einer Volkswirtschaft verteilt ist. Diese Aussage liefert die sog. **Lorenzkurve**[1].

Lorenzkurve für Deutschland

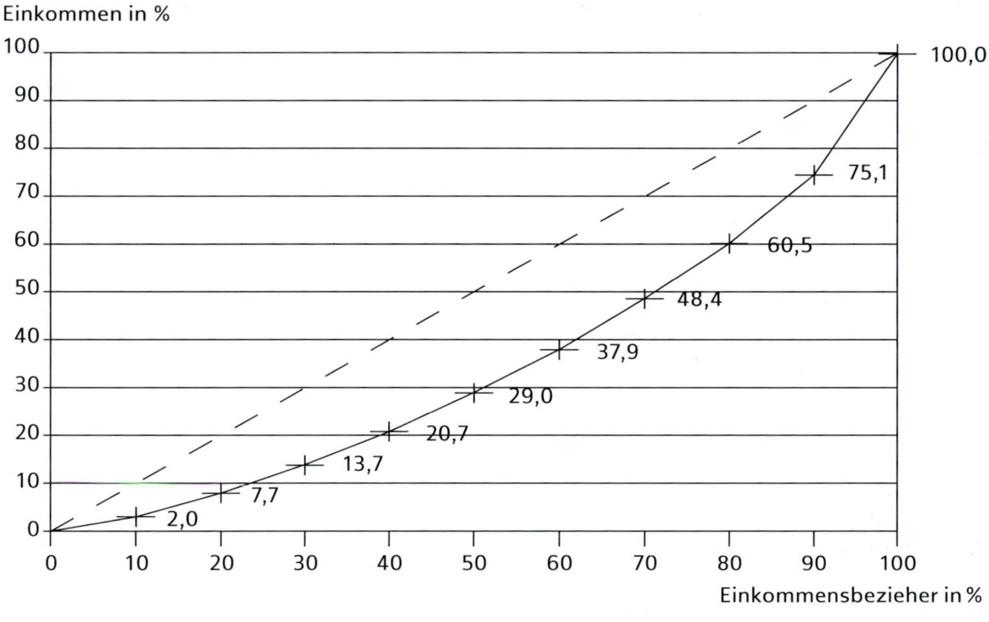

Die Lorenzkurve stellt dar, wie viel Prozent der Einkommensbezieher (x-Achse) jeweils welchen Anteil am Gesamteinkommen (y-Achse) erhalten.

[1] *Der US-Amerikaner Max Lorenz führte diese Darstellungsform 1905 ein.*

Beispiel
In der obigen Abbildung wird deutlich, dass 60 % der Einkommensbezieher im Jahr 2006 37,9 % des Gesamt-Volkseinkommens erhielten.

Die untere Kurve stellt die **gemessene Einkommensverteilung** dar. Die obere ist die **Kurve der Gleichverteilung**. Je „bauchiger" die untere Kurve ist, desto ungleicher ist das Einkommen verteilt (große Fläche zwischen den Grafen). Umgekehrt gilt, je kleiner die Fläche zwischen den beiden Kurven ist, desto „gleicher" sind die Einkommen verteilt. Eine absolute Gleichverteilung läge somit vor, wenn die untere Kurve mit der oberen deckungsgleich ist. Dann wären die Prozentsätze der Einkommens- und Bevölkerungsanteile an jeder beliebigen Stelle gleich.

Beispiel
10 % der Einkommensbezieher erhalten 10 % des Gesamteinkommens,
20 % der Einkommensbezieher erhalten 20 % des Gesamteinkommens etc.

Im fachlichen Kontext

Was das BIP *nicht* aussagt

Das BIP ist *kein* Indikator dafür, wie „reich" wir sind.
Zum Wohlstand einer Volkswirtschaft zählt auch das Vermögen. Deutlich wird dies am Beispiel eines Akademikers, der direkt nach seinem Studium ein gut bezahltes Arbeitsverhältnis beginnt. Er hat ein hohes Einkommen, ist aber nach Jahren des Einkommensverzichts noch nicht vermögend. Gegebenenfalls muss er sogar noch Schulden aus einem BAföG-Darlehen begleichen.
Nach dem Zweiten Weltkrieg hatte sich Deutschland relativ schnell wirtschaftlich erholt und konnte ein hohes Wirtschaftswachstum vorweisen. Die Vermögenswerte waren jedoch durch die Zerstörung des Krieges zu einem großen Teil vernichtet worden. Das Wachstum des BIP war hoch, der allgemeine Wohlstand aber gering. Etwas zynisch könnte man sagen, dass Kriege und Umweltkatastrophen für das BIP positiv sind, weil durch den Wiederaufbau die Menge an hergestellten Leistungen stark ansteigt.
In Ländern wie China und Brasilien, die lange Zeit zu den Entwicklungsländern gezählt wurden, startet die Volkswirtschaft ebenfalls von einer geringen Basis. Die prozentuale Zunahme ist im Vergleich zu den Volkswirtschaften der EU beispielsweise exorbitant hoch. Trotzdem gibt es in beiden Ländern immer noch eine sehr arme Landbevölkerung. Richtig ist natürlich, dass ein hohes BIP langfristig die Voraussetzung für den Wohlstand der Bevölkerung einer Volkswirtschaft darstellt.

Das BIP sagt *nicht* aus, wie viel wir arbeiten.
Dies liegt darin begründet, dass es eine Vielzahl von Leistungen gibt, die nicht durch das BIP erfasst werden. Zu nennen sind beispielsweise Tätigkeiten im eigenen Haushalt oder selbst durchgeführte handwerkliche Tätigkeiten, von der Gartenpflege über Autoreparaturen bis hin zu Renovierungen des Eigenheims. Auch die *häusliche* Kindererziehung im Kleinkindalter, die ja auch vom Staat „BIP-wirksam" in den Kitas durchgeführt werden kann, wird nicht monetär bewertet.

Das BIP zeigt *nicht*, wie gut wir leben.
Dies kann man einfach an zwei Beispielen darlegen:
Es gibt Länder, in denen das ganze Jahr die Sonne scheint und angenehme Temperaturen vorherrschen. Während also der deutsche Hausbewohner im Winter heizen muss und sich viele Personen zum Ausgleich der Winterblässe ungesunderweise künstlich erzeugten UVA-Strahlen in den Solarien aussetzen, brauchen Bewohner südlicher Länder Güter und Dienstleistungen wie Gas, Heizöl, energieeffiziente Häuser und Solarien nicht. Entsprechend haben diese Länder einen Nachteil im Wettlauf um das höhere BIP gegenüber den Ländern mit einem, aus dieser Sicht, ungünstigeren Klima.
In Ländern, die mit wenigen Sicherheitskräften auskommen, weil die Bürger friedlicher zusammenleben als anderswo, liefern die Dienstleistungen rund um die Sicherheit (Polizei, private Wachdienste) folglich einen geringeren Ergebnisbeitrag zum BIP. Gerade weil ein solches Land aber auf diesen Ergebnisbeitrag des BIP verzichten kann, geht es den Bürgern in diesem Bereich besser als anderen Ländern, in denen viel Sicherheitspersonal die Wertschöpfung erhöht.

Zusammenfassung

- **Produktionsfaktoren bilden die Grundlage zur Güterherstellung:**

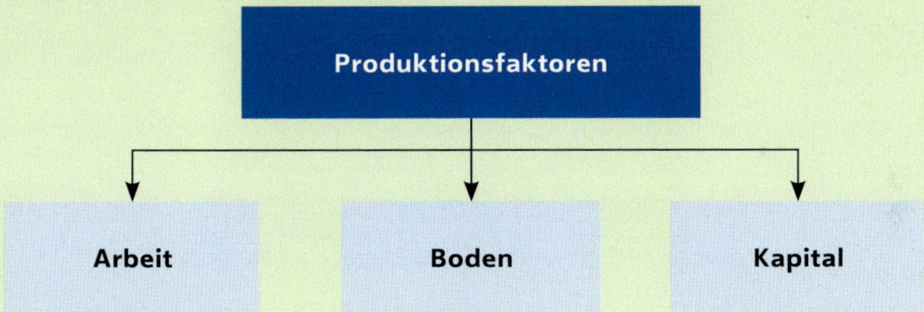

- **Der Wirtschaftskreislauf (WK) stellt die Zusammenhänge zwischen den Wirtschaftssubjekten einer Volkswirtschaft dar:**

Art des WK		Wirtschaftssubjekte
stationär	einfach	Unternehmen, Haushalte
	erweitert	+ Kapitalsammelstellen (Banken)
offen		+ Ausland

- Marktformen:

Anbieter \ Nachfrager	Einer	Wenige	Viele
einer	zweiseitiges Monopol	beschränktes Angebots-oligopol	Angebots-monopol
wenige	beschränktes Nachfrage-monopol	zweiseitiges Oligopol	Angebots-oligopol
viele	Nachfrage-monopol	Nachfrage-oligopol	Polypol

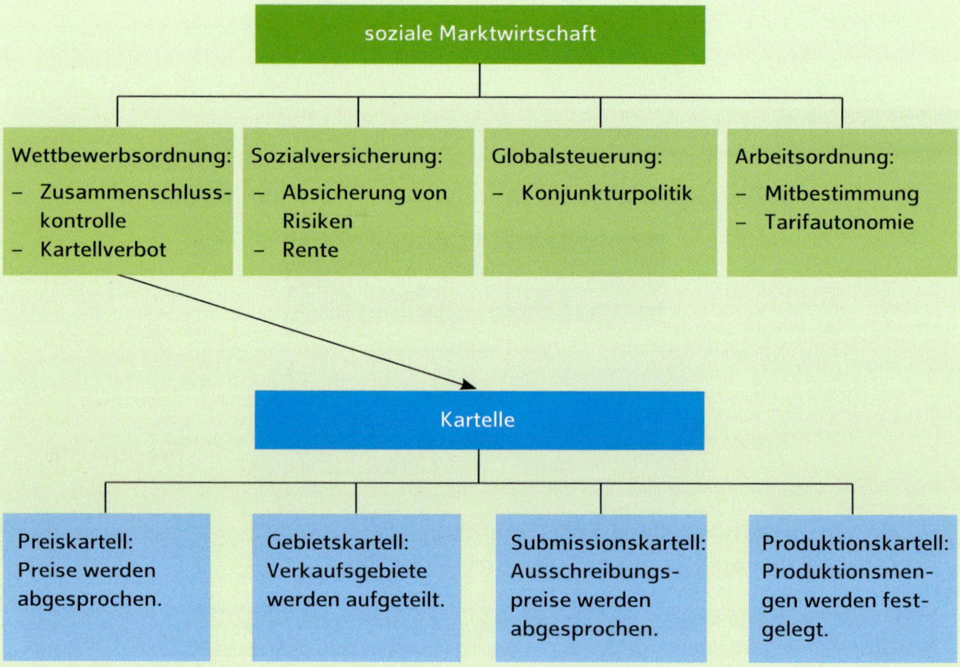

- **Volkswirtschaftliche Gesamtrechnung (VGR):**

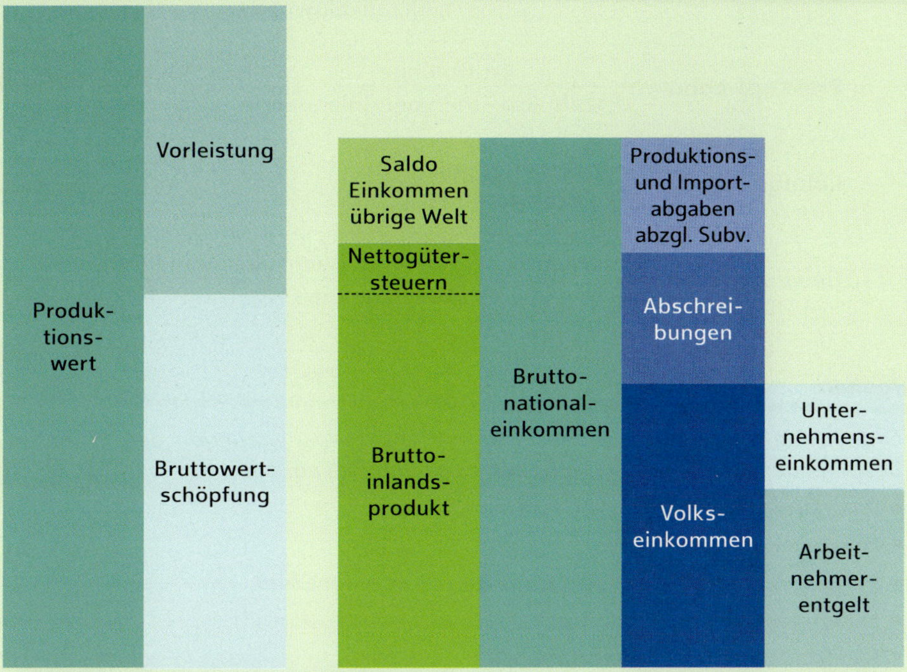

Methode der VGR	Fragestellung	Ergebnis
Entstehungsrechnung	Was (welche Menge) wird hergestellt?	Bruttoinlandsprodukt
Verwendungsrechnung	Wofür wird das BIP verwendet?	Investitionen, Konsum, Export, Import
Verteilungsrechnung	Wer erhält welchen Anteil am Nationaleinkommen?	Volkseinkommen, Löhne, Gewinne und Vermögenseinkünfte

- **Nominales BIP**: BIP zu jeweiligen Preisen der Rechnungsperiode.
- **Reales BIP**: BIP in Preisen des Indexjahres (zurzeit 2010).

- **Kennziffern der VGR:**

- **Pro-Kopf-BIP** $= \frac{\text{BIP}}{\text{Einwohner}}$

- **BIP je erwerbstätiger Person** $= \frac{\text{BIP}}{\text{Anzahl Erwerbstätige}}$

- **Volkseinkommen je Einwohner** = $\frac{\text{Volkseinkommen}}{\text{Anzahl Einwohner}}$
- **Pro-Kopf-Lohn** = $\frac{\text{Bruttolöhne}}{\text{Anzahl Arbeitnehmer (Inländer)}}$
- **Lohnquote** = $\frac{\text{Arbeitnehmerentgelt} \cdot 100}{\text{Volkseinkommen}}$
- **Gewinnquote** = $\frac{\text{Unternehmens- und Vermögenseinkommen}}{\text{Volkseinkommen}}$

Aufgaben

1. *Ordnen Sie die nachfolgenden Produkte und Dienstleistungen den in der Realität bestehenden Marktformen Monopol, Oligopol, Polypol zu.*
- *innerstädtischer Nahverkehr (Bus und Bahn)*
- *Hersteller von Tablet-PCs*
- *Handwerksbetriebe des Sanitärgewerbes in einer Stadt*
- *Friseurgeschäfte in einer Stadt*
- *Elektrofachmärkte (Vollsortiment)*
- *Automobilhersteller*
- *Banken*
- *Schienenfernverkehr*
- *Reisebüros einer Stadt*
- *Einkaufsgenossenschaften für landwirtschaftliche Produkte*
- *Aktienmarkt*

2. *Beschreiben Sie, warum ein Angebotsmonopol nachteilig für den Konsumenten ist.*

3. *Erläutern Sie den Begriff der marktbeherrschenden Position.*

4. *Die Soziale Marktwirtschaft bezeichnet die Wirtschaftsordnung in Deutschland.*
a) Nennen und beschreiben Sie die Merkmale der Sozialen Marktwirtschaft.
b) Was ist mit der Aussage „Wohlstand für alle“ gemeint?

5. *Grenzen Sie die freie Marktwirtschaft von der Zentralverwaltungswirtschaft (Planwirtschaft) nach folgenden Kriterien voneinander ab.*
- *wirtschaftliche Entscheidungsfreiheit*
- *Wettbewerb*
- *Bestimmung des Bedarfs der Wirtschaftssubjekte*
- *Eigentum an Produktionsmitteln*

6. *Erläutern Sie, welche Bedeutung Bedürfnisse für die Volkswirtschaft haben.*

7. *Wirtschaftliches Handeln wird durch Bedürfnisse angetrieben. Ordnen Sie folgende Handlungen den Bedürfnisebenen der Maslowschen Bedürfnispyramide zu.*

(1) Essen zubereiten
(2) Beruflicher Aufstieg/Karriere
(3) Weiterbildung
(4) Ehrenamtliches Engagement bei der Tafel
(5) Abschließen eines Bausparvertrags
(6) Abschließen eines Arbeitsvertrags
(7) Kauf eines Smartphones
(8) Sport treiben
(9) Gründung eines Unternehmens
(10) Kauf eines selbst genutzten Einfamilienhauses

8. *Aus der Volkswirtschaftlichen Gesamtrechnung sind folgende Daten (in Mrd. €) bekannt:*

- *Produktionswert: 3 500*
- *Vorleistungen: 1 700*
- *Gütersteuer: 210*
- *Gütersubventionen: 10*
- *Bruttoinvestitionen: 430*
- *Konsum: 1 560*
- *Importe: 570*
- *Abschreibungen: 290*
- *Saldo Primäreinkommen mit dem Ausland: –20*

Berechnen Sie:

- *das BIP*
- *den Außenbeitrag*
- *die Exporte*
- *die Nettoinvestitionen*
- *das Bruttonationaleinkommen*
- *das Nettonationaleinkommen*
- *das Pro-Kopf-BIP bei 70 Mio. Einwohnern*

9. *Aus der Volkswirtschaftlichen Gesamtrechnung sind folgende Daten (in Mrd. €) bekannt:*

- *Privater Konsum: 2000*
- *Staatskonsum: 750*
- *Bruttoinvestitionen der Unternehmen: 800*
- *Bruttoinvestitionen des Staates: 80*
- *Abschreibungen: 600*
- *Außenbeitrag: 50*
- *Exporte: 1000*
- *indirekte Steuern – Subventionen: 370*
- *Saldo Primäreinkommen mit dem Ausland: 40*
- *Arbeitnehmerentgelt: 1920*

Berechnen Sie:

- *das BIP*
- *das Bruttonationaleinkommen*
- *die Importe*
- *das Nettonationaleinkommen*
- *das Volkseinkommen*
- *das Unternehmens- und Vermögenseinkommen*
- *die Lohnquote*
- *die Gewinnquote*
- *den Pro-Kopf-Lohn bei 30 Mio. Arbeitnehmern*

10. *Erläutern Sie, warum das BIP nicht gleichzusetzen ist mit dem Wohlstand der Bevölkerung eines Landes.*

11. *Der Wirtschaftskreislauf stellt den Zusammenhang zwischen den Wirtschaftssubjekten einer Volkswirtschaft dar.*
Folgende Größen (in Geldeinheiten) des Wirtschaftskreislaufs sind bekannt:

Faktoreinkommen private Haushalte	80000
Transferzahlungen des Staates an Haushalte	10000
Steuern, Abgaben private Haushalte	20000
Subventionen	5000
von Banken an Unternehmen ausgegebene Darlehen	15000
Staatskonsum	20000

a) Ermitteln Sie

- *das verfügbare Einkommen der Haushalte,*
- *den Sparbeitrag der privaten Haushalte,*
- *die Konsumausgaben der privaten Haushalte,*
- *die Steuer- und Abgabenlast der Unternehmen,*
- *das Volumen des Staatshaushalts.*

b) Zeichnen Sie die errechneten Größen in den erweiterten Wirtschaftskreislauf einer geschlossenen Volkswirtschaft mit staatlicher Aktivität ein.

c) Welche Folgen hat im Modell des Wirtschaftskreislaufs eine Erhöhung der Sparleistungen der privaten Haushalte?

12. *Ein Produkt kann mit folgenden Faktorkombinationen der Produktionsfaktoren Arbeit und Kapital hergestellt werden:*

Arbeit	20	12	6	2
Kapital	4	14	26	40

Berechnen Sie die Minimalkostenkombination. Der Preis für den Faktor Arbeit beträgt 50 Geldeinheiten, für den Faktor Kapital 30 Geldeinheiten.

13. *Die Einkommensverteilung in einer Volkswirtschaft stellt sich wie folgt dar:*

Anteil Gesamtbevölkerung	Anteil am Gesamteinkommen
0%	0%
25%	10,00%
25%	14,80%
25%	25,50%
25%	49,70%

a) Zeichnen Sie die Lorenzkurve dieser Volkswirtschaft.

b) Woran erkennt man den Grad der Gleich- bzw. Ungleichverteilung?

14. *Um das reale BIP zu berechnen, muss die Preissteigerung aus dem nominalen BIP herausgerechnet werden. Folgende Zahlen sind aus der VGR einer Volkwirtschaft bekannt:*

Jahr	Nominales BIP (in Mrd. €)	Durchschnittliche Preissteigerung zum Vorjahr (Inflationsrate)
2010	1500,00 €	-
2011	1800,00 €	2,0%
2012	2000,00 €	2,5%

a) Berechnen Sie das BIP der Jahre 2011 und 2012 in den jeweiligen Preisen des Vorjahres.

b) Berechnen Sie den Index für das reale BIP der Jahre 2011 und 2012 unter der Annahme, dass 2010 das Basisjahr ist.

c) Um wie viel Prozent ist das BIP von 2010 auf 2011 und von 2011 auf 2012 real gestiegen?

15. *Berechnen Sie die absoluten Werte (in Euro) der realen deutschen BIPs der Jahre 2010 bis 2016 mithilfe der vom Statistischen Bundesamt angegebenen Indexwerte aus unten stehender Tabelle.*

Jahr		In jeweiligen Preisen		Preisbereinigt, verkettet	
		Ursprungswerte		Ursprungswerte	
		1	2	5	6
		Mrd. €	**%**	**2010 = 100**	**%**
2010		2 580,060	*4,9*	100,00	*4,1*
2011		2 703,120	*4,8*	103,66	*3,7*
2012		2 758,260	*2,0*	104,17	*0,5*
2013		2 826,240	*2,5*	104,68	*0,5*
2014		2 923,930	*3,5*	106,35	*1,6*
2015		3 032,820	*3,7*	108,18	*1,7*
2016		3 133,860	*3,3*	110,21	*1,9*

2 Konjunkturelle Rahmenbedingungen bei betrieblichen Entscheidungen berücksichtigen

Einstiegssituation ▶

Die großen Wirtschaftsforschungsinstitute haben nach der Veröffentlichung der Daten des BIP Prognosen zur Konjunktur veröffentlicht. In die Prognose fließen die aktuellen ökonomischen Rahmenbedingungen, insbesondere die Auswirkungen der Euro-Krise ein. Die Beschäftigungsquote befindet sich weiterhin auf hohem Niveau. Von großer Bedeutung ist, dass in Deutschland die Flüchtlinge zunehmend auf den Arbeitsmarkt drängen. Diese gilt es ggf. durch Qualifizierungsmaßnahmen auf dem Arbeitsmarkt zu platzieren.
Als ein weiterer Faktor fließen die wieder etwas anziehenden Ölpreise in die Prognose ein. Hierfür ist die Einigung der OPEC-Staaten zur Drosselung der Fördermengen verantwortlich.
Vor diesem Hintergrund will sich die Neue Arbeit GmbH strategisch positionieren. Die Frage, die sich konkret stellt, ist, ob das Personal bei den Zeitarbeitnehmern, insbesondere im Bereich der gering qualifizierten Arbeitskräfte, aufgebaut werden soll.

Arbeitsaufträge

1. *Stellen Sie Konjunkturprognosen verschiedener Institutionen zusammen und versuchen Sie, hieraus einen Gesamtbild herauszuarbeiten. Recherchieren Sie hierzu im Internet.*

2. *Erstellen Sie aus den Prognosen der Wirtschaftsforschungsinstitute mithilfe der Szenariotechnik drei Szenarien, aus denen Sie die Konsequenzen für die Neue Arbeit GmbH ableiten. Beziehen Sie in diese Szenarien folgende Annahmen ein:*
   - *Die EZB betreibt weiterhin eine expansive Geldpolitik, insbesondere zur Stützung der Euro-Krisenstaaten.*
   - *Durch die Maßnahmen der Trump-Regierung in den USA und die weiter anziehenden Ölpreise schwächt sich das Wachstum der Weltwirtschaft ab.*

3. *Entscheiden Sie sich im Rahmen der letzten Phase der Szenariotechnik für eine Strategie im Rahmen der Personalanpassung. Fällen Sie Ihre Entscheidung auf der Basis einer Gegenüberstellung von Chancen und Risiken.*

4. *Erstellen Sie für die Geschäftsführung eine Gesamtpräsentation.*

2.1 Konjunkturverlauf

Betrachtet man das BIP im Zeitablauf, kann man erkennen, dass die gesamtwirtschaftliche Entwicklung der Volkswirtschaft eines Staates mehr oder weniger starken Schwankungen unterliegt. Diese Schwankungen werden im Wesentlichen durch die Auslastung der Kapazitäten der Volkswirtschaft bestimmt. Der Gesamtprozess dieser Entwicklung über einen bestimmten Zeitraum nennt sich **Konjunktur**. In den verschiedenen Phasen der Konjunktur variieren dabei wirtschaftliche Größen wie die **Produktionsleistung** der Unternehmen, die **Gesamtbeschäftigung**, die **Lohnentwicklung**, die **Zinsen** und die **Preisentwicklung**. Der Konjunkturverlauf lässt sich in einer Kurve über die Zeit darstellen. Die Messgröße, die auf der y-Achse angezeigt wird, ist das BIP.

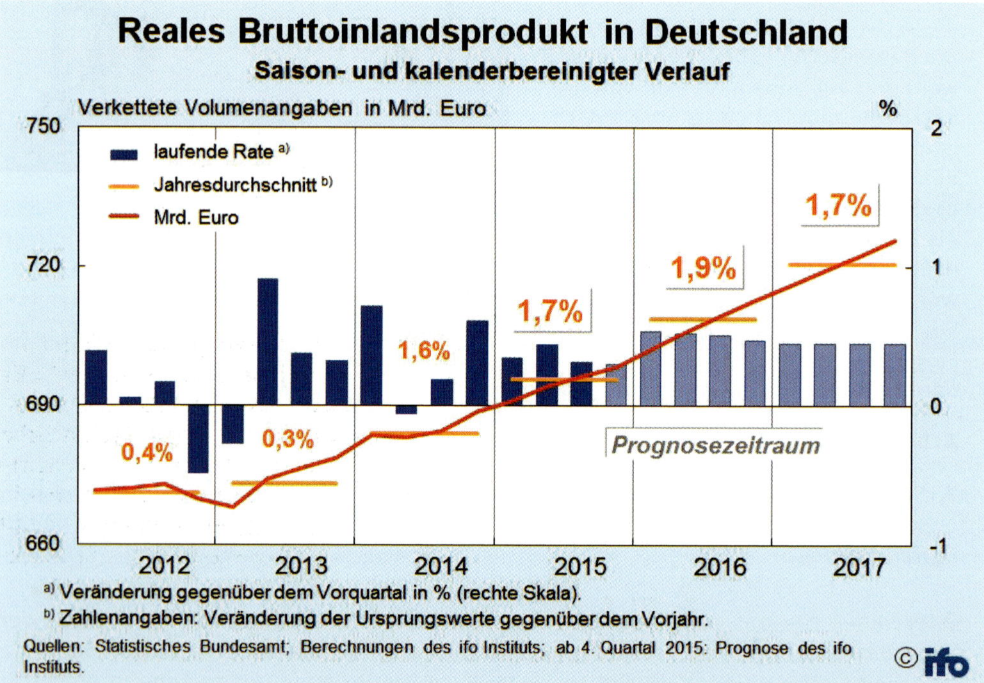

Man kann den Konjunkturverlauf grob in vier verschiedene Phasen unterteilen. Im letzten Quartal des Jahres 2012 ist beispielsweise hat sich die Konjunktur abgeschwächt (**Abschwung/Rezession**). Dies ist an der roten Linie erkennbar, die das BIP der jeweiligen Quartale darstellt. Die blauen Balken zeigen die Veränderung gegenüber dem Vorquartal. Der Prozentsatz hierzu ist an der rechten Achse ablesbar.
Im zweiten Quartal 2013 hat die Konjunktur wieder angezogen (**Aufschwung/Boom**). Insgesamt zeigt der Trend weiter ein robustes Wachstum.

Vereinfacht man die obige Abbildung, so ergibt sich folgende Darstellung:

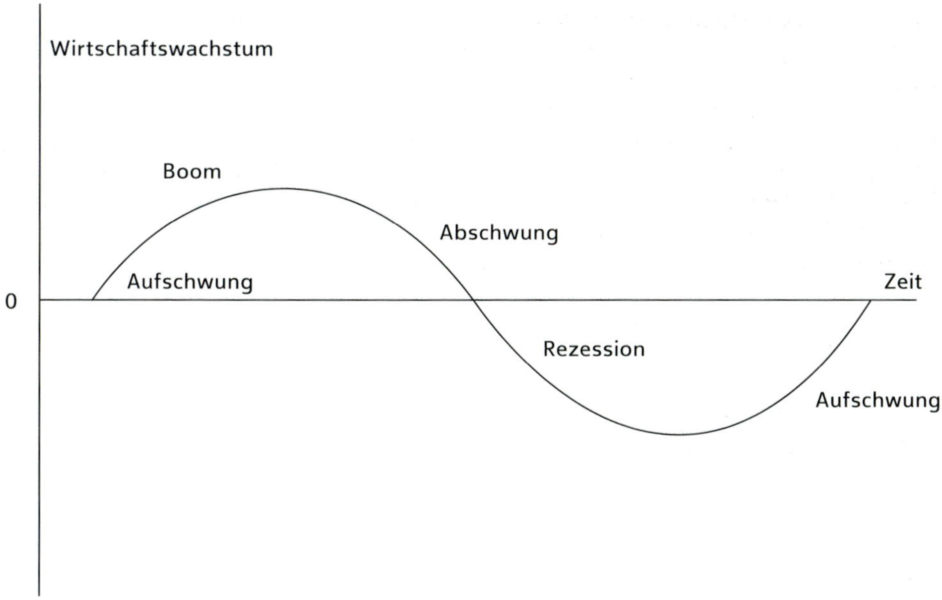

Im Aufschwung wächst die Wirtschaftsleistung nach einer Abschwungphase wieder. Im Boom nähert sie sich dem Höhepunkt, das Wachstum lässt jedoch langsam nach. Es folgt der Abschwung. Verstärkt dieser sich, spricht man von einer Rezession. Interessant sind nun die Auswirkungen auf die Größen, die Einfluss auf die wirtschaftliche Situation und das wirtschaftliche Handeln der Wirtschaftssubjekte einer Volkswirtschaft haben. Man nennt diese Größen auch **Konjunkturindikatoren,** weil sie sich in Abhängigkeit der jeweiligen Situation entwickeln, teils sogar der Entwicklung des BIP vorauslaufen. Letztere geben so schon frühe Hinweise auf die konjunkturelle Entwicklung. Zu nennen sind in diesem Zusammenhang

- der Beschäftigungsgrad/die Höhe der Arbeitslosigkeit,
- die Einkommensentwicklung,
- die Unternehmensgewinne,
- die Preissteigerung (Inflation),
- die Investitionen,
- die Konsumausgaben,
- die Höhe der Zinsen,
- der Auftragseingang.

Bevor es an die Analyse der Konjunkturphasen geht, müssen noch die Begriffe **Inflation** und **Auftragseingang** geklärt werden:

Inflation

Die Geldwertstabilität wird vom Statistischen Bundesamt mit dem **Verbraucherpreisindex** gemessen. Dieser Wert misst die durchschnittliche Preisveränderung aller Waren

und Dienstleistungen, die von privaten Haushalten für Konsumzwecke gekauft werden. Hierzu gehören Güter des täglichen Bedarfs, wie z. B. Lebensmittel und Bekleidung, Mieten und langlebige Gebrauchsgüter, wie z. B. Kraftfahrzeuge, Kühlschränke, sowie Dienstleistungen, wie z. B. der Besuch beim Friseur, Reinigungskräfte und Versicherungen.
Der Index bildet die Veränderung der Verbraucherpreise umfassend ab und dient verschiedenen Zwecken: Er ist ein Indikator für die Beurteilung der Geldwertstabilität und wird als Inflationsmaßstab verwendet. Aus diesem Grund wird die Veränderungsrate häufig als **Inflationsrate** bezeichnet. Der Verbraucherpreisindex ist auch ein Maßstab dafür, wie die Gesamtheit aller privaten Haushalte in Deutschland von Preisveränderungen betroffen ist.
Wie der Name schon sagt, handelt es sich wieder um einen Index, der analog zu dem Ihnen bereits bekannten Index des realen BIP errechnet und angewendet wird.

Beispiel
Index August 2012: 113,3
Index August 2011: 111,0

$$\text{Steigerung des Verbraucherpreisindex} = \frac{(113{,}3 - 111) \cdot 100}{111} = 2{,}1\,\%$$

(das Statistische Bundesamt rundet hier auf eine Nachkommastelle)

Bd. 2, LF 2, 3

Steigen nun die Preise, spricht man von **Inflation**. Hierbei unterscheidet man die **Nachfragesoginflation** und die **Kostendruckinflation**. Die **Nachfragesoginflation** entsteht durch eine Erhöhung der Nachfrage bei nicht oder nicht kurzfristig erweiterbaren Kapazitäten der Unternehmen. Dies kann man insbesondere an den Rohstoffmärkten beobachten. Die zunehmende weltweite Nachfrage nach Rohöl durch die wachstumsstarken und bevölkerungsreichen Länder trifft auf eine tendenziell nicht erweiterbare Fördermenge mit der Folge eines stetig steigenden Rohölpreises. Kurzfristig ist dies auch zu beobachten, wenn die Weltkonjunktur sich in einer Wachstumsphase befindet. Auch hier steigt die Nachfrage und in der Folge der Preis.
Bei der **Kostendruckinflation** sind die steigenden Produktionskosten der Unternehmen die Ursache für Preissteigerungen. Hierfür sind beispielsweise Lohnsteigerungen oder auch die oben beschriebenen Rohstoffpreise verantwortlich. Können die Kosten durch Preissteigerungen am Markt weitergegeben (überwälzt) werden, entsteht Inflation.

Im fachlichen Kontext

Bei steigenden Weltmarktpreisen für Rohstoffe spricht man auch von **importierter Inflation**, weil die meisten Rohstoffe aus anderen Ländern importiert werden. Man hat im Inland keinen Einfluss auf diese Art der Inflation.

Auftragseingang des verarbeitenden Gewerbes

Auch der Auftragseingang ist eine wichtige Größe zur Beurteilung der wirtschaftlichen Lage. Er ist ein sog. **Frühindikator**, weil er sich in den Unternehmen, insbesondere in der Investitionsgüterindustrie, zuerst bemerkbar macht. Letzteres liegt darin begründet, dass die Konjunktur*erwartungen* von Unternehmen deren Investitionsbereitschaft stark beeinflussen. Auch diese Größe wird als Index angegeben.

Auftragseingangsindex deutscher Unternehmen von 2008 bis 2017

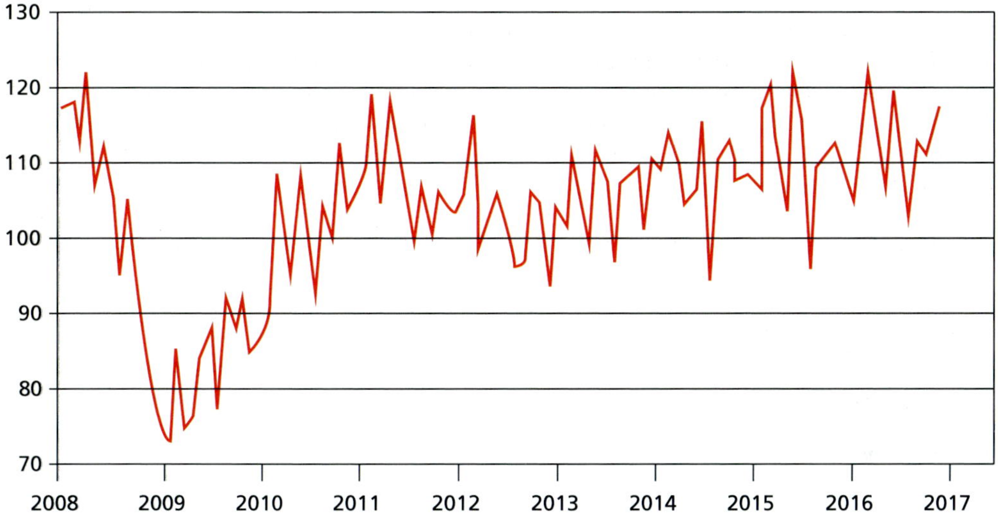

Nach der starken Rezession in Folge der Finanzkrise in den Jahren 2008 und 2009 (vgl. „Im fachlichen Kontext“ unten) ist der Auftragseingangsindex in Wellen gestiegen. Im Jahr 2017 erwarten die Wirtschaftsforschungsinstitute eine weitere Zunahme.
Wie hängen nun die Indikatoren mit den jeweiligen Konjunkturphasen zusammen? Schauen wir uns hierfür die einzelnen Phasen genauer an.

2.1.1 Aufschwung

Im **Aufschwung** wächst zunächst das BIP nach einer Rezession. Der **Auftragseingang** ist nach einer Phase der Zurückhaltung durch die Nachfrager (Unternehmen und Konsumenten) wieder gestiegen. Die Nachfrage aus dem Ausland spielt natürlich ebenfalls eine große Rolle. Waren es früher die USA, so sind es heute die stark wachsenden Länder in Asien, besonders China, die sich vom Konjunkturzyklus der EU-Staaten ablösen. Die Nachfrage aus diesen Ländern wächst so gewissermaßen in die nicht ausgelasteten Kapazitäten der Unternehmen hinein. Mitarbeiter, die ggf. in Kurzarbeit waren, werden wieder Vollzeit beschäftigt. Die **Gewinne** der Unternehmen steigen, wodurch diese zunehmend in der Lage sind, zu investieren. Bei Verstetigung des Wachstums müssen Kapazitäten erweitert werden, sodass mit den **Erweiterungsinvestitionen** auch wieder Arbeitskräfte eingestellt werden. Gerade bei Unsicherheit in Bezug auf die Stabilisierung des Aufschwungs werden in dieser Phase zunächst häufig Zeitarbeiter eingestellt. Sollte sich der Aufschwung erneut abschwächen, können diese Arbeitskräfte kurzfristig wieder abgebaut werden.

Mit zunehmendem Beschäftigungsgrad steht den Haushalten **mehr Einkommen** zur Verfügung, sodass die Inlandsnachfrage zusätzlich durch den **Konsum** gestärkt wird.
Als Reaktion auf den zunehmenden (Fremd-)Kapitalbedarf der Wirtschaftssubjekte steigen die **Zinsen**. Dies wird auch durch eine restriktive Geldpolitik der Zentralbank mit verursacht (siehe 2.2.1). Verstärkend wirkt auch, dass die Haushalte mit steigendem Konsum weniger sparen.
Die Unternehmen investieren ihre Gewinne aufgrund der höheren Gewinnerwartungen bevorzugt im eigenen Unternehmen, sodass die erzielten Einnahmen nicht den Banken zufließen. Letzteren stehen in diesem Fall weniger Mittel zur Vergabe von Darlehen zur Verfügung.

2.1.2 Boom

Im Boom erreicht die Auslastung der Unternehmen ihren Höhepunkt. Auf dem Arbeitsmarkt fehlen Fachkräfte, sodass die Unternehmen mitunter Aufträge ablehnen müssen. Die hohe Gesamtnachfrage sorgt für **volle Auftragsbücher** und trifft zunehmend auf begrenzte Produktionskapazitäten. Können diese nicht erhöht werden, steigen die Preise (**Nachfragesoginflation**).
Die **Zinsen** erreichen ihren **Höhepunkt**, die **Inflation** ebenfalls. Durch die sich entwickelnde Knappheit des Produktionsfaktors Arbeit wird dieser teurer. Gewerkschaften sind hierdurch in einer starken Position und setzen in Tarifverhandlungen **höhere Arbeitsentgelte** durch. Bei Anziehen der gesamten Weltkonjunktur steigen auch die Rohstoffpreise. Die gestiegenen Kosten können die Unternehmen im Boom durch die steigende Kaufkraft der Haushalte auf die Preise überwälzen (**Kostendruckinflation**). Im Zusammenhang mit der zunehmenden Bedarfsdeckung der Nachfrager werden die Wachstumsaussichten im Verlauf der Boom-Phase schlechter. Die hohen Zinsen sind dafür verantwortlich, dass die Kosten für fremdfinanzierte Investitionen und Konsum steigen. Zudem wird das Sparen attraktiver. Die Folge ist: Die Investitions- und Konsumbereitschaft nehmen ab. Zwar haben die Unternehmen, wie oben dargestellt, noch hohe Auftragspolster. Diese werden jedoch zunehmend abgearbeitet. Insgesamt kann man in Bezug auf die Konjunkturindikatoren sagen, dass eine **Stagnation** auf hohem Niveau stattfindet.

2.1.3 Rezession

Bei zunehmender Bedarfsdeckung im In- und Ausland geht die Gesamtnachfrage zurück. Zwar gibt es immer sog. **antizyklische Güter** und Dienstleistungen, die weitgehend unabhängig vom jeweiligen Konjunkturzyklus sind. Deren Absatz bleibt relativ konstant, weil sie Grundbedarfe decken (beispielsweise Lebensmittel, Bekleidung oder Energie). **Langlebige Wirtschaftsgüter** wie Maschinen, Gebäude oder Autos erfahren jedoch einen **Nachfragerückgang**. Hier sind erst wieder in fernerer Zukunft Ersatzinvestitionen notwendig. Die Auftragsbestände der Unternehmen werden zunehmend abgearbeitet. Als Konsument kann man das u. a. an den kürzer werdenden Lieferfristen für Neuwagen feststellen. Die Unternehmen reagieren mit dem **Abbau von Zeitarbeitnehmern**, verlängern auch befristete Arbeitsverträge nicht oder schicken ihre Mitarbeiter in Kurzarbeit. Durch die abnehmende Beschäftigung erhöht sich die Arbeitslosigkeit. Dies verursacht zusätzlich eine rückläufige Nachfrage bei den Konsumgütern im Inland.

Ist dieser Rückgang besonders stark und verharrt das BIP dann lange Zeit auf einem sehr niedrigen Niveau, spricht man auch von einer **Depression**. Diese gab es beispielsweise in den 1930er Jahren infolge eines extrem hohen kreditfinanzierten Wachstums in den USA. Der konjunkturelle Zusammenbruch hatte dann auch Auswirkungen in Europa, weil schon damals die Waren- und Finanzmärkte international stark vernetzt waren. Ähnliche Ursachen hatte der starke Einbruch der Weltkonjunktur im Jahr 2008, der seinen Tiefpunkt mit der sog. **Lehman-Pleite** fand.

Im fachlichen Kontext

Die Bank **Lehman Brothers** spekulierte mit Wertpapieren, die durch den extremen Rückgang der Immobilienpreise in den USA stark an Wert verloren hatten. Die Ursache lag im Glauben an immer weiter steigende Immobilienpreise, mit denen insbesondere auch einkommensschwächere Bürger von den Banken verleitet wurden, kurzfristige Immobilienfinanzierungen mit sehr günstigen Zinsen abzuschließen. Als das Zinsniveau konjunkturbedingt wieder anstieg, konnten die Hauseigentümer bei Auslaufen der (kurzfristigen) Zinsbindung ihrer Darlehen die monatlichen Raten nicht mehr begleichen. Gleichzeitig nahm die Arbeitslosigkeit zu, weil sich die Boom-Phase dem Ende zuneigte. Viele der Baufinanzierungsdarlehen wurden als gebündelte Kreditpakete an Anleger, auch an Banken, weiterverkauft. Lehman Brothers war in diesem Markt stark engagiert. Da ein Großteil dieser Kreditpakete durch die Zahlungsunfähigkeit vieler Kreditnehmer wertlos wurde, wurde auch Lehman Brothers zahlungsunfähig. Dies löste im Jahr 2008 auf den internationalen Finanzmärkten eine Schockwelle aus. Banken gaben sich untereinander keine kurzfristigen Kredite mehr, weil sie befürchteten, dass der jeweils andere ebenfalls „faule“ Wertpapiere hält und von Insolvenz bedroht sein könnte. Aus Angst vor einer weltweiten Rezession wurden Investitionsentscheidungen in Unternehmen zurückgestellt. Es kam in Deutschland zu einer massiven Ausweitung von Kurzarbeit. Banken, die auch wertlose Kreditpakete gekauft hatten, mussten durch den Staat, also durch den Steuerzahler, vor der Zahlungsunfähigkeit bewahrt werden, um zu verhindern, dass die Spareinlagen der Bürger verloren gehen. Zudem sollte ein Domino-Effekt vermieden werden, der dadurch hätte entstehen können, dass Forderungsausfälle einer großen (von der Politik als systemrelevant bezeichneten) Bank andere mit in die Insolvenz reißen. An diesem Beispiel erkennt man, dass die Konjunktur viel mit Vertrauen und Psychologie zu tun hat. Wenn aus Angst niemand mehr wirtschaftlich aktiv wird, zieht er weitere Wirtschaftssubjekte mit. Dies wiederum hat Auswirkungen auf die Gesamtwirtschaft.

2.2 Konjunkturpolitik

Nun kann man durchaus einem Großteil der Verantwortungsträger in der Politik zusprechen, dass sie bestrebt sind, den Wohlstand der Bürger eines Landes zu mehren. Letztendlich hängen ja nicht nur die angestrebte Wiederwahl von Politikern, sondern auch die Zurverfügungstellung öffentlicher Leistungen wie Bildung, Sicherheit, öffentliche Infrastruktur usw. von den wirtschaftlichen Rahmendaten ab. Schließlich bedeutet ein angemessenes Wirtschaftswachstum auch steigende Steuereinnahmen. Auch die

Sicherung der Renten oder der Gesundheitsversorgung ist, aus ökonomischer Sicht, eine bedeutende Aufgabe des Staates. Somit hat der Staat in seiner Rolle als Wirtschaftssubjekt (**Fiskus**) ein starkes Interesse daran, den Konjunkturverlauf zu beeinflussen. Dies wurde im sog. Stabilitätsgesetz von 1967 legitimiert, das vier zentrale Ziele des wirtschaftspolitischen Handelns festlegt:

Magisches Viereck

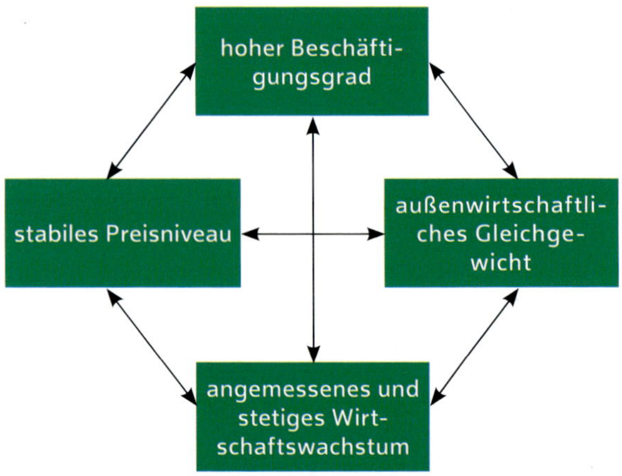

Je ausgeprägter das **Wirtschaftswachstum** ist, desto höher ist letztendlich das Steuer- und Abgabenaufkommen. Durch einen **hohen Beschäftigungsstand** können viele Haushalte am Wohlstand einer Volkswirtschaft teilhaben. **Ein stabiles Preisniveau ist** wichtig, damit Einkommen und Geldvermögen der Wirtschaftssubjekte wertstabil sind.

Das außenwirtschaftliche Gleichgewicht wird mit dem Außenbeitrag gemessen (vgl. Verwendungsrechnung des BIP in Kapitel 1.3.2). Die Notwendigkeit eines **außenwirtschaftlichen Gleichgewichts** soll an zwei Sachverhalten beispielhaft erläutert werden:

Beispiel

Griechenland hat jahrelang hohe Importüberschüsse angehäuft, auch durch den Import von Gütern aus Deutschland. Da Griechenland keine nennenswerte und wettbewerbsfähige Industrie hat, konnte es, außer Tourismusdienstleistungen und Nahrungsmittel, wenig Gegenleistungen exportieren. Dies ist einer der Gründe für den derzeitigen Schuldenstand des Landes. Wird Griechenland zahlungsunfähig (was es ja de facto schon ist), kann man etwas vereinfacht sagen, dass der deutsche Steuerzahler einen Teil der deutschen Exporte nach Griechenland selbst bezahlt hat. Schließlich ist die EZB mittlerweile Hauptgläubiger des Landes, weil sie griechische Staatsanleihen in ihrem Bestand hat. Der deutsche Staat ist mit einer Einlage wiederum an der EZB beteiligt.

Das gegenteilige Problem hat China: Dieser Staat kann, als ebenfalls exportstarke Nation, die aus dem Handel mit den USA erhaltenen Dollar-Devisen im Inland nicht nutzen, sondern müsste sie in die Landeswährung tauschen. Die erhaltenen Dollar stellen für die Chinesen also lediglich eine Geldforderung gegen die USA dar, die dann beglichen werden kann, wenn Chinesen Güter kaufen, die in den USA produziert wurden. Da aber, per Saldo, die Chinesen viel weniger Güter aus den USA importieren als in die USA nach China exportieren, übt China in Höhe der Dollar-Bestände von derzeit ca. 1,15 Billionen Konsum- und Investitionsverzicht. Dieses Geld wurde in US-Staatsanleihen investiert, die die Chinesen jedoch nicht verkaufen können, weil der Wert dieser Anleihen an den internationalen Kapitalmärkten sonst rapide fallen würde.

Merksatz

Langfristig sollten sich also Importe und Exporte ausgleichen.

Nicht alle wirtschaftspolitischen Ziele sind jedoch gleichzeitig erreichbar. Man spricht in diesem Zusammenhang deshalb auch vom Magischen Viereck. Es bestehen durchaus **Zielkongruenzen**, aber auch **Zielkonflikte**.

Beispiel
Zielkongruenz: *angemessenes Wirtschaftswachstum – hoher Beschäftigungsgrad*
Ein hohes Wirtschaftswachstum bedeutet, dass die Kapazitäten der Unternehmen zunehmend ausgelastet werden. Neben Investitionen in Sachkapital werden hierfür auch Arbeitskräfte benötigt. Dies führt zum Abbau von Arbeitslosigkeit.

Zielkonflikt: *Preisstabilität – angemessenes Wirtschaftswachstum*
Ein hohes Wirtschaftswachstum mit einem hohen Beschäftigungsgrad erzeugt mit zunehmender Dauer Inflation (Nachfragesog-, Kostendruckinflation).

Mit der Zeit erkannte man, dass die vier Größen des Magischen Vierecks den Wohlstand der Bevölkerung nicht hinreichend umfassen. Schließlich wird Wohlstand nicht nur durch wirtschaftliche Faktoren bestimmt.

Beispiel
In China herrschen in vielen Unternehmen sehr schlechte Arbeitsbedingungen (z. B. in Bezug auf Arbeitszeit, Arbeitssicherheit, Arbeitsentgelt). In vielen Teilen des Landes leidet die Bevölkerung unter starker Umweltverschmutzung, weil Unternehmen keine Maßnahmen zur umweltschonenden Produktion treffen. Alte Kohlekraftwerke beispielsweise haben geringe Wirkungsgrade und einen hohen Schadstoffausstoß.
In Griechenland nahm der individuelle Wohlstand seit der Euro-Einführung stark zu. Dies war jedoch nur durch die kreditfinanzierten Sozialtransfers des Staates möglich. Nun hat die Bevölkerung unter den extremen Sparmaßnahmen zu leiden, damit das Land seinen Haushalt (Einnahmen und Ausgaben) wieder ausgleichen kann. Nur so kann das Land auf den internationalen Finanzmärkten wieder kreditwürdig werden.
In den USA existiert eine extrem ungerechte Einkommens- und Vermögensverteilung. Bis vor wenigen Jahren gab es keine gesetzliche Krankenversicherung. Die oberen 10 % der Gesamtbevölkerung verfügen über 70 % des Gesamtvermögens.

Die Beispiele zeigen, dass man das Magische Viereck um einige Ziele qualitativer Art ergänzen muss. Diese sind

- ausgeglichene öffentliche Haushalte,
- gerechte Einkommensverteilung,
- Erhaltung einer lebenswerten Umwelt,
- humane Arbeitsbedingungen,
- Sicherung von Ressourcen.

Mit den o. g. Zielen käme man dann auf ein Neuneck, wobei hier auf die Darstellung dieses Polygons verzichtet werden soll.

2.2.1 Geldpolitik

Die Geldpolitik ist ein Mittel der **Zentralbank**, um die Konjunktur im Sinne der Ziele des Magischen Vierecks zu erreichen. Die Zentralbank ist eine staatliche Einrichtung. In den USA beispielsweise nennt sie sich **Federal Reserve System** (Fed), in England ist es die **Bank of England**. Vor der Einführung des Euro war die **Bundesbank** für die deutsche Geldpolitik zuständig. Seit der Einführung des Euro ist die **Europäische Zentralbank** (EZB)[1] mit Sitz in Frankfurt für die Geldpolitik der Euro-Staaten verantwortlich. In diesem Rahmen hat sie **Maßnahmen zur Preisstabilität** in der Euro-Zone zu treffen. An

[1] *Alle weiteren Aspekte zur Geldpolitik werden am Beispiel der EZB erläutert.*

der EZB sind die einzelnen Euro-Staaten mit einer Kapitaleinlage beteiligt. Die Zentralbanken der einzelnen Euro-Staaten, und somit auch die Bundesbank, existieren noch als eine Art Filiale der EZB. Sie sind beispielsweise für die Abwicklung des bargeldlosen Zahlungsverkehrs und die Bankenaufsicht zuständig.

Zudem steuert die EZB die **Versorgung der Wirtschaft mit Zahlungsmitteln**, also mit Geld. Benötigt die Wirtschaft viel Zahlungsmittel, beispielsweise zur Vergabe von Darlehen für Investitionen der Unternehmen, so kann sie die Geld- und Kreditversorgung der Wirtschaft erhöhen. Dies erreicht sie, indem sie den (Geschäfts-)Banken Geld zur Verfügung stellt, welches diese wiederum an Wirtschaftssubjekte in Form von Darlehen weitergeben. Hierfür müssen die Geschäftsbanken der EZB Zinsen zahlen. Die Höhe dieser Zinsen wird durch den sog. **Leitzins** festgelegt. Ist der Leitzins hoch, werden die Geschäftsbanken die Zinsen, die sie von ihren Kunden für Darlehen verlangen, tendenziell erhöhen und umgekehrt. Weil die Banken sich auf diese Weise – zusätzlich zu den Spareinlagen der Haushalte – Geld beschaffen, nennt sich dieser Prozess **Refinanzierung**.

Im fachlichen Kontext

Zurzeit betreibt die EZB durch die Käufe von Staatsanleihen der Euro-Krisenländer Staatsfinanzierung. Dies praktiziert sie, weil Anleihen aufgrund des hohen Insolvenzrisikos dieser Staaten auf dem freien Kapitalmarkt nur wenig Käufer finden. Die EZB, und über diesen Weg auch Deutschland, übernimmt so das Insolvenzrisiko. Diese Maßnahme steht stark in der Kritik, weil die Staatsfinanzierung nicht zu den satzungsgemäßen Aufgaben der EZB gehört.

Wie funktioniert die Geldversorgung der Geschäftsbanken durch die EZB?

Die Geschäftsbanken unterhalten bei der EZB, beziehungsweise bei der jeweiligen Zentralbank des Landes, ein Konto, auf dem ihnen das Zentralbankgeld gutgeschrieben wird. Im Gegenzug verkaufen die Geschäftsbanken an die EZB **festverzinsliche Wertpapiere** (Staatsanleihen, Pfandbriefe etc.), die sie in ihrem Bestand haben. Gleichzeitig wird ein **Rückkauftermin** festgelegt. Sie geben die Wertpapiere gewissermaßen bei der EZB „in Pension". Das Geschäft nennt man deshalb **Wertpapierpensionsgeschäft**. Die Wertpapiere müssen bestimmte Kriterien hinsichtlich ihrer Bonität erfüllen. (Die Anforderungen wurden im Zuge der Euro-Krise stark gelockert, was viele Fachleute kritisch sehen.) Da die EZB im Rahmen der Geldpolitik mit den Geschäftsbanken in einen geschäftlichen Kontakt tritt, wird sie zu einem Marktteilnehmer auf dem Kapitalmarkt **(Offenmarktpolitik)**.

Hierzu gibt es zwei Verfahren:

Beim **Mengentender-Verfahren** wird der **Zinssatz** für angebotenes Zentralbankgeld vorgegeben. Die Geschäftsbanken machen Gebote in Höhe der gewünschten Geldbeträge. Ist beispielsweise dieser Zinssatz hoch, werden die Geschäftsbanken tendenziell weniger Geld nachfragen. Die gesamte Geldmenge sinkt und die Refinanzierung, also die Beschaffung von Zentralbankgeld, der Geschäftsbanken wird teurer.

Beim **Zinstender** legt die EZB die angebotene **Geldmenge** und einen Mindestzinssatz fest und die Geschäftsbanken geben ihre Zinsgebote ab. Die Banken werden dann in der Reihenfolge von den höchsten zu den niedrigsten gebotenen Zinssätzen bedient.

Banken, die in jedem Fall ihren Kapitalbedarf decken wollen, werden tendenziell einen höheren Zinssatz bieten, wenn sie nicht das Risiko eingehen wollen, leer auszugehen. Die von den Banken angebotenen Zinsen werden deshalb bei einer geringeren Geldmenge tendenziell höher sein, weil die Nachfrage auf ein geringeres Angebot stößt. **Bd. 1, LF 2, 3**

Was hat das mit der Preisstabilität und der Steuerung der Konjunktur zu tun?

Wie oben dargestellt, ist die EZB lediglich der Geldwertstabilität verpflichtet. Sie kann in einer Boom-Phase mit einer hohen Inflationsrate die Preissteigerung dämpfen, indem sie höhere Zinsen verlangt oder eine geringere Geldmenge anbietet (**restriktive Geldpolitik**). So steigen **Refinanzierungskosten** der Banken. Diese geben sie an Unternehmen und Konsumenten durch höhere Darlehenszinsen weiter. Hierdurch werden die Zinsen für fremdfinanzierte Anschaffungen und Investitionen höher, was in der Folge dämpfend auf die Gesamtnachfrage wirkt. Zudem steigt der Anreiz zur festverzinslichen Geldanlage und entzieht der Realwirtschaft zusätzlich Nachfrage. Das hat nun Auswirkungen auf die gesamte Konjunktur, denn der Nachfragerückgang bewirkt in der Folge ein vermindertes Wirtschaftswachstum und, im zweiten Schritt, ein Absinken der Beschäftigungsquote. Gegen importierte Inflation aufgrund steigender Rohstoffpreise hat eine Zentralbank jedoch wenig Einfluss, weil diese Preise auf dem Weltmarkt gebildet werden.
Umgekehrt kann die EZB bei nachlassendem Inflationsdruck in der Rezession das Wirtschaftswachstum fördern, indem sie eine **expansive Geldpolitik** betreibt. Sie kann hierzu die Leitzinsen im Rahmen der Offenmarktgeschäfte senken. Der oben beschriebene Mechanismus kehrt sich um. Die Finanzierung von Investitionen und Konsum wird billiger, sodass ein Anreiz zur Erhöhung der Gesamtnachfrage geschaffen wird. Dies wiederum hat die Ausweitung von Kapazitäten und steigende Gewinne in den Unternehmen zur Folge. Die Gewinne wiederum ermöglichen zusätzlich selbstfinanzierte Investitionen. Auch der Arbeitsmarkt erhält durch die Kapazitätserweiterung der Unternehmen positive Impulse. Durch eine hohe Beschäftigungsquote steigen insgesamt die Arbeitnehmereinkommen, was zusätzlich nachfragestimulierend wirkt. Auf diese Weise entsteht ein sich selbst verstärkender Aufschwung.

Im fachlichen Kontext

Dass die Maßnahmen zur Geldpolitik nicht zwingend zu mehr Wirtschaftswachstum führen müssen, kann man an den Staaten Südeuropas beobachten. Trotz der Niedrigzins-Politik der EZB befinden sich diese Staaten seit Jahren in der Rezession, einhergehend mit hoher Arbeitslosigkeit. Das Problem dieser Staaten sind insbesondere zwei Dinge: die wenig wettbewerbsfähige und stark regulierte Wirtschaft durch den Staat sowie ein viel zu großer öffentlicher Sektor (Verwaltung). Auch der Arbeitsmarkt weist durch die staatliche Regulierung wenig Dynamik auf. Die Geldpolitik kann somit lediglich im Zusammenspiel mit weiteren Maßnahmen langfristiges Wachstum ermöglichen. Dies hat bewirkt, dass sich die Wirtschaft in diesen Ländern allmählich von der Rezession erholt.

2.2.2 Fiskalpolitik

Die Fiskalpolitik ist das Instrument zur Konjunktursteuerung durch den Staat. Der Begriff „Fiskal" kommt von **Fiskus,** also dem Staat in seiner Rolle als Wirtschaftssubjekt. Die Mittel, die dem Staat zur Verfügung stehen, sind am Modell des Wirtschaftskreislaufs abzulesen (Abschnitt 1.2.1 weiter oben). Er kann Steuern, Abgaben, Transferzahlungen und die Staatsnachfrage variieren. Senkt der Staat in der Rezession die Steuern und Abgaben, stehen den (privaten) Wirtschaftssubjekten höhere Budgets für Konsum und Investitionen zur Verfügung. Investiert er überdies in öffentliche Güter wie Straßenbau, öffentliche Gebäude oder stellt beispielsweise zusätzliche Lehrer ein, entstehen Unternehmensgewinne und zusätzliches Arbeitnehmereinkommen. Unternehmen, die von den Aufträgen profitieren können, investieren und bauen weniger Personal in der Rezession ab. Im Idealfall stellen sie sogar zusätzliche Arbeitskräfte ein. Die Folgen sind:

- Die Nachfrage nach Investitionsgütern wird stimuliert. So kommt der Nachfrageimpuls auch in anderen Industriezweigen an (**Akzeleratoreffekt** = Beschleuniger-Effekt).
- Steuersenkungen und Personalaufbau im öffentlichen Dienst schaffen zusätzlich Arbeitnehmereinkommen. Dies zieht ebenfalls einen Nachfrageeffekt nach sich. Auch Unternehmen stellen bei einer besseren Kapazitätsauslastung Personal ein, sodass weiteres Volkseinkommen entsteht (**Multiplikatoreffekt**).

Dieser Effekt setzt sich jedoch nicht unendlich fort. Ein Teil der Arbeitnehmereinkommen wird gespart, sodass sich in Höhe der Sparquote „Sickerverluste" ergeben.
Stehen dem Fiskus nicht genügend Geldmittel für die Ausgaben im Rahmen der expansiven Fiskalpolitik zur Verfügung, so soll er diese ggf. fremdfinanzieren. Hierdurch nimmt er ein Haushaltsdefizit in Kauf (**Deficit-Spending**). Im dann folgenden Aufschwung werden die Maßnahmen zurückgefahren. Das Defizit des Aufschwungs soll dann mithilfe der wieder steigenden Steuereinnahmen reduziert werden. Man nennt diese Art der Konjunkturpolitik auch **antizyklische Fiskalpolitik.** Der Staat handelt (entgegen dem jeweiligen Trend) so, wie es die privaten Wirtschaftssubjekte aufgrund ihrer Einkommenssituation und der wirtschaftlichen Erwartungen nicht tun. Er wirkt somit ausgleichend.

Merksatz
Weil die antizyklische Fiskalpolitik auf der Nachfrageseite ansetzt, nennt man sie auch **nachfrageorientierte Konjunkturpolitik**.

Diese wurde von **John Maynard Keynes** unter dem Eindruck der Weltwirtschaftskriese der 1930er Jahre entwickelt.

Im fachlichen Kontext

Bd. 2, LF 8

In der Rezession im Jahr 2008 wurden entsprechende Impulse im Rahmen des Konjunkturpakets 2 getroffen. Maßnahmen waren u. a. vermehrte Ausgaben für den Straßenbau, steuerliche Begünstigungen bei Investitionen durch die Wiedereinführung der degressiven Abschreibung und der Abwrackprämie für Autos, die von der damaligen Regierung etwas pathetisch „Umweltprämie" genannt wurde. Dies führte zu

einer drastischen Erhöhung der Staatsverschuldung. Kritisch zu sehen war zudem, dass insbesondere ausländische Hersteller von Kleinwagen von der Abwrackprämie profitierten. Zudem wurde wirtschaftliches Fehlverhalten der Konsumenten dahingehend gefördert, da noch intakte Autos verschrottet wurden, nur weil es Geld vom Staat gab. Auf diese Weise wurde massiv Vermögen vernichtet (siehe 1.3 „Was das BIP nicht aussagt"). Zudem kam es zu Vorzieh-Effekten, das heißt, dass in vielen Fällen die ohnehin geplante Anschaffung eines Neuwagens nun in die Gegenwart vorgezogen wurde. Das Ergebnis war, dass die Nachfrage nach Kleinwagen nach Auslaufen der Prämie eingebrochen ist.
Staatliche Investitionen konnten zudem wegen des Planungs- und Genehmigungsvorlaufs durch die öffentlichen Behörden nicht zeitnah in der Rezession durchgeführt werden. Baumaßnahmen fanden so unsinnigerweise im dann wieder einsetzenden Aufschwung statt. Dies widerspricht jedoch den Zielen der antizyklischen Fiskalpolitik, weil die entsprechenden Maßnahmen so eher den Zyklus beschleunigen, statt ihn zu glätten.

Weitere Kritikpunkte der antizyklischen Fiskalpolitik sind, dass ein Staat beim Einbrechen der Weltkonjunktur nur geringen Einfluss auf die konjunkturelle Entwicklung hat, weil die Volkswirtschaften durch die Globalisierung sehr stark vernetzt sind. Zudem spielen Erwartungen eine große Rolle. Sind die Wirtschaftssubjekte hinsichtlich der konjunkturellen Entwicklung skeptisch, werden Konsumenten ihr Einkommen sparen bzw. Unternehmen ihre Kapazitäten nicht erweitern. Die Impulse können so nicht nachfragewirksam werden.
Schließlich hat sich in der Vergangenheit gezeigt, dass die Politiker nicht willens waren, das durch die Konjunkturprogramme entstandene Haushaltsdefizit zurückzuführen. Der Blick auf die nächste (Wieder-)Wahl hat sie von Kürzungen staatlicher Ausgaben abgehalten, sodass die Konjunkturprogramme mit zum derzeitigen Schuldenstand von mittlerweile **2 Billionen €** beigetragen haben.

2.3 Arbeitsmarktpolitik

Auch im Rahmen der Arbeitsmarktpolitik kann der Staat konjunkturpolitisch tätig werden. Im Blickpunkt steht natürlich die soziale und materielle Situation arbeitsloser Personen. Allerdings haben die arbeitsmarktpolitischen Maßnahmen durchaus Einfluss auf die Gesamtkonjunktur. Durch das **Arbeitslosengeld** werden Haushalte in die Lage versetzt, wenn auch in geringerem Umfang, weiter als Nachfrager auf dem Markt aufzutreten. Dies stützt die Inlandsnachfrage.
Durch die **Finanzierung von Qualifizierungsmaßnahmen** können Arbeitnehmer in der Phase der Arbeitslosigkeit ihre (Wieder-)Einstellungschancen erhöhen, wodurch die Kosten für die Sozialkassen reduziert werden. Unternehmen können zudem im folgenden Aufschwung schneller auf qualifizierte Fachkräfte zurückgreifen.
Als besonders erfolgreich hat sich in der vergangenen Rezession das **Kurzarbeitergeld** erwiesen. Unternehmen konnten Personalkapazitäten freisetzen, ohne Mitarbeitern zu kündigen. Die Kosten hierfür entfielen nicht (in Form von Arbeitslosengeld I) vollständig auf die Bundesagentur, weil ein Teil des Lohns weiter vom Unternehmen gezahlt wurde. Längerfristige Darlehensverpflichtungen, die im Falle einer dauerhaften Arbeitslosigkeit der Arbeitnehmer nicht mehr hätten bedient werden können, hätten die ohnehin schon

angeschlagenen Banken zusätzlich in Schwierigkeiten gebracht. Gleichzeitig konnte die Zeitspanne der Freisetzung für Fortbildungen genutzt werden. Als besonders vorteilhaft erwies sich, dass die Unternehmen bei der in Ende 2009 wieder anziehenden Konjunktur sofort wieder auf die eigenen Mitarbeiter zurückgreifen konnten.
In der Regel wird auch die Arbeitsmarktpolitik im weiteren Sinne zu den fiskalpolitischen Maßnahmen gezählt, weil durch Transferzahlungen des Staates die Nachfrage stabilisiert wird.

Exkurs: Szenariotechnik

Mit der **Szenariotechnik** wird versucht, auf der Basis einer gegenwärtigen Ereignislage eine Zukunftsprognose zu einem bestimmten Sachverhalt zu konstruieren. Sie ist u. a. ein Instrument zur **strategischen Unternehmensplanung**.

Merksatz
Ein Szenario ist eine auf Annahmen beruhende Konstellation von (zukünftigen) Ereignissen und deren Zusammenhängen.

Beispiel
*Auf der Basis gegenwärtiger Daten wird die Entwicklung des Weltklimas (Klimawandel) prognostiziert. Hierbei werden die Folgen in Bezug auf die **Temperaturentwicklung** und den **Niederschlag** in verschiedenen Regionen sowie auf das **Ansteigen des Meeresspiegels** dargestellt.*

Die Zukunftsszenarios werden von verschiedenen **Umfeld-Situationen** beeinflusst. Diese Umfeld-Situationen bilden gewissermaßen die Variablen, die die alternativen Szenarios mitbestimmen. Sie müssen deshalb berücksichtigt werden. Gegebenenfalls müssen alternative Szenarios unter verschiedenen Annahmen entwickelt werden.

Beispiele
- *Donald Trump lässt in den USA Einfuhrzölle für Unternehmen der EU erheben.*
- *Italien ist nicht mehr in der Lage, seine hohen Staatsschulden zurückzuzahlen und muss den „Euro-Rettungsschirm“ in Anspruch nehmen.*
- *Chinas Wirtschaftswachstum schwächt sich ab.*

In diesem Zusammenhang werden grundsätzlich drei unterschiedliche Arten von Szenarien entwickelt:

Merksatz
Ein **positives Extremszenario** (Best-Case-Szenario) bezeichnet die **bestmögliche** Zukunftsentwicklung.
Ein **negatives Extremszenario** (Worst-Case-Szenario) bezeichnet den **schlechtmöglichsten** Entwicklungsverlauf.
Ein **Trendszenario** beinhaltet die **Fortschreibung** der heutigen Situation in die Zukunft.
Der Szenario-Trichter verdeutlicht die Summe potenziell denkbarer und realistisch einschätzbarer Zukunftssituationen.

Szenario-Trichter:

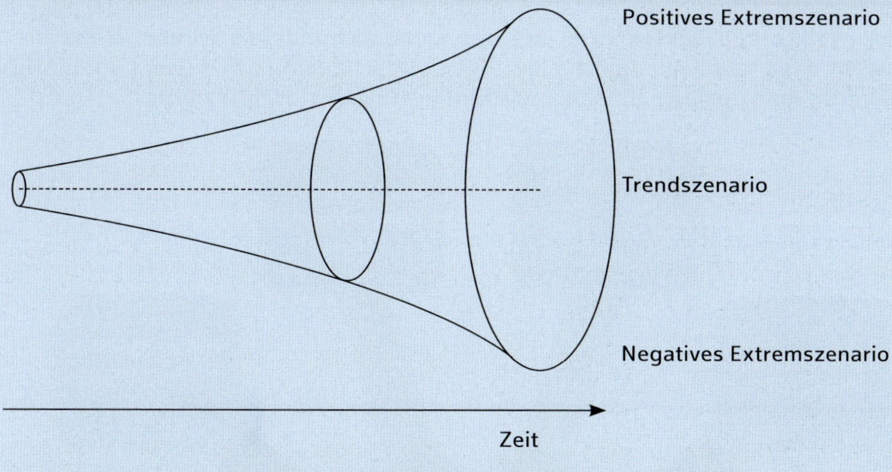

Quelle: http://commons.wikimedia.org/wiki/File:Szenario-trichter.jpg, zuletzt abgerufen am 07.11.2017

Phasen der Szenariotechnik

1. Phase: Problemanalyse, Klärung der Fragestellung

In der Problemanalyse wird der Gesamtsachverhalt entfaltet. Dies kann beispielsweise mit einem **Brainstorming** durchgeführt werden. Zunächst wird hierzu eine Leitfrage formuliert.

LF 12, 1.6.3.3, Exkurs „Kreativität“

Beispiel
Welche Auswirkungen wird die Klimaerwärmung auf Mitteleuropa haben?

Mögliche vertiefende Impulsfragen zur Anregung und Ordnung der Denkprozesse können dabei wie folgt lauten:
Welche Erscheinungen sind zu beobachten?

Beispiel
Welche Auswirkungen der Klima-Erwärmung sind schon jetzt zu beobachten?

Wer ist betroffen?

Beispiel
Welche Länder/Regionen spüren bereits heute Auswirkungen der Klima-Erwärmung?

Welche Fakten und Zusammenhänge sind bekannt?

Beispiel
Gibt es bereits wissenschaftlich belegte Zusammenhänge und Ursachenzuschreibungen von CO_2-Ausstoß und Klimaerwärmung?

2. Phase: Einflussanalyse, Ermittlung von Einflussfaktoren

Um das Zukunfts-Szenario zu erstellen, muss man sich zunächst Klarheit darüber verschaffen, welche **Einflussfaktoren** auf das Untersuchungsfeld wirken. Ohne diesen Schritt wäre das Ergebnis lediglich eine „Bauchentscheidung". In dieser sog. **Einflussanalyse** muss man deshalb zunächst alle Einflussfaktoren identifizieren.

Die grafische Darstellung ist hierbei freigestellt. Durch **Deskriptoren** sollen dann die Einflussfaktoren messbar (**operationalisierbar**) gemacht werden.

Beispiel

Veraltete Kohlekraftwerke → Wirkungsgrad (in Prozent), CO_2-Ausstoß von Kohlekraftwerken in Deutschland/EU/China/USA etc.

Mobilität → Zunahme des Autoverkehrs der letzten 10 Jahre in Deutschland/EU/China/den USA etc.

3. Phase: Projektion von Entwicklungstrends

Die Projektion von Entwicklungstrends wird mithilfe einer **Vernetzungsmatrix** (auch Einflussmatrix genannt) durchgeführt. Hierbei werden die gegenseitigen Einflüsse der Einflussfaktoren herausgearbeitet. Den jeweiligen Einflussfaktoren werden Gewichtungen zugeordnet, durch die das Ergebnis messbar gemacht wird. Wichtig ist, dass man nur die **unmittelbaren Einflüsse** kenntlich macht. Man darf also nicht „zwei Mal um die Ecke denken", indem man indirekte Beziehungen herstellt. Da die Beziehungen der Einflussfaktoren immer doppelt dargestellt sind, kann man die Linie, die sich durch die leeren Felder zieht, als Symmetrieachse auffassen. Alle Gewichtungen müssen sich an dieser spiegeln.

Beispiel

	Alte Kohlekraftwerke	Mobilität	W.-Wachstum Schwellenländer	Kraftstoffverbrauch Pkw	Heizbedarf Wohngebäude	Wenig Speicher für regen. Energien	Summe
Alte Kohlekraftwerke		0	2	0	0	2	4
Mobilität	0		2	2	0	0	4
W.-Wachstum Schwellenländer	2	2		2	0	0	6
Kraftstoffverbrauch Pkw	0	2	2		0	2	6
Heizbedarf Wohngebäude	0	0	0	0		1	1
Wenig Speicher für regen. Energien	2	0	1	2	1		6

Gewichtung:

Kein Einfluss	Normaler Einfluss	Hoher Einfluss
0	1	2

Die Schwachstelle dieser Matrix ist sicherlich die an dieser Stelle erforderliche „Bauchentscheidung“ bei der Festlegung der Höhe der Gewichtungsfaktoren. Deshalb sollten hier nicht allzu viele Abstufungen gewählt werden. Zudem hängt die Summe der einzelnen Gewichtungsfaktoren erheblich von der Auswahl der Einflussfaktoren ab. Es ergibt sich jedoch trotzdem ein aussagefähiger Überblick über Einflussfaktoren und deren Zusammenhänge im Sinne einer Diskussionsgrundlage für die Entwicklung der Szenarios. In diesem Beispiel erkennt man, dass das Wirtschaftswachstum offensichtlich erheblich zur Klimaerwärmung durch den CO_2-Ausstoß beiträgt.

4. Phase: Szenario-Entwicklung

Mithilfe der Vernetzungsmatrix können nun die drei Szenarios (Worst-Case-, Trend-, und Best-Case-Szenario) entwickelt werden.

Beispiel
So kann beispielsweise bei der Unterstellung eines weiterhin hohen Wirtschaftswachstums der Schwellenländer das Szenario in Richtung einer deutlichen Zunahme der weltweiten CO_2-Emissionen mit allen negativen Folgen entwickelt werden. Dies wird möglich, da durch die Vernetzungsmatrix die Bedeutung dieses Einflussfaktors erkennbar wird.

5. Phase: Maßnahmen

Zur Entwicklung von Maßnahmen entscheidet man sich für ein Szenario. Das heißt natürlich nicht, dass nicht auch Maßnahmenpakete entwickelt werden können, die bei einem anderen als dem angenommenen Szenario greifen. Wichtig ist jedoch, dass bei den Maßnahmen **Chancen** und **Risiken** gegenüberstellt werden, um zu einer Entscheidung zu kommen.

Beispiel
Deutschland verstärkt den Ausbau regenerativer Energien.

Chancen	Risiken
Technologievorsprung bei der Entwicklung von Speichermöglichkeiten für Strom	Probleme bei der Versorgungssicherheit
Schaffung von Arbeitsplätzen	Erhöhung der Stromkosten
Erhöhung der Lebensqualität	Abnahme der Wettbewerbsfähigkeit deutscher Unternehmen durch hohe Energiepreise

Zusammenfassung

- **Entwicklung der Konjunkturindikatoren im Konjunkturzyklus:**

	Aufschwung	Boom	Rezession	Depression
BIP	↗	→	↘	→
Auftragseingang	↗	→	↘	→
Inflation	↗	→	↘	→
Zinsen	↗	→	↘	→
Arbeitslosigkeit	↘	→	↙	→

- **Mechanismus expansiver Geldpolitik:**

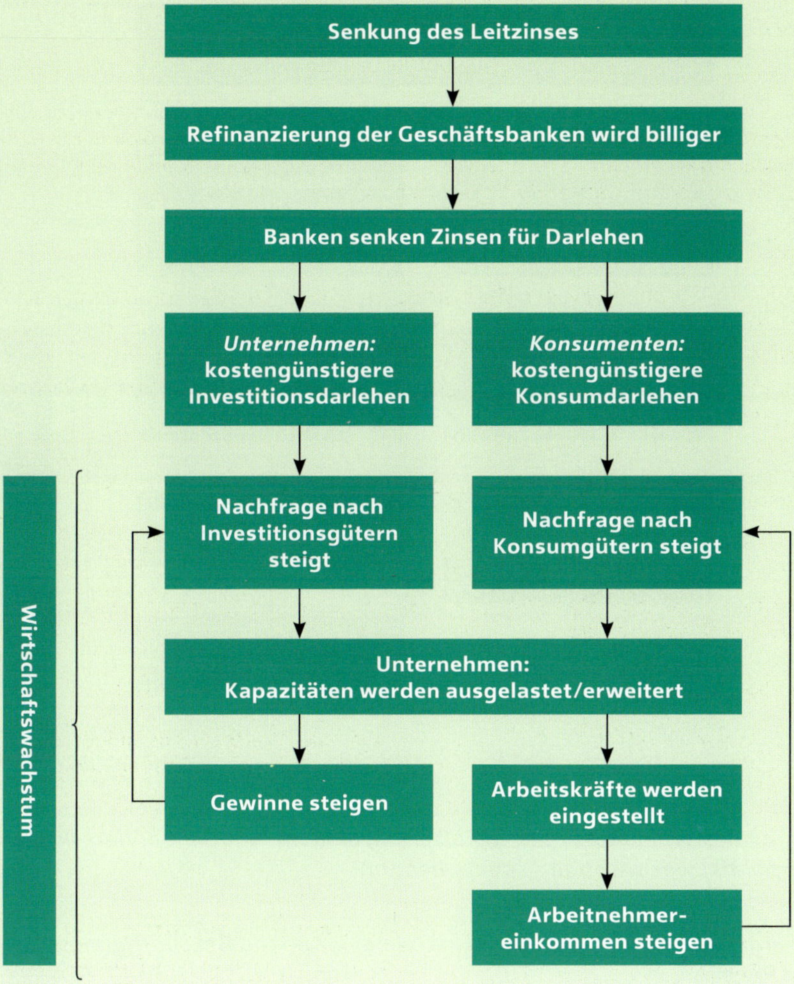

- **Mechanismus expansiver Fiskalpolitik:**

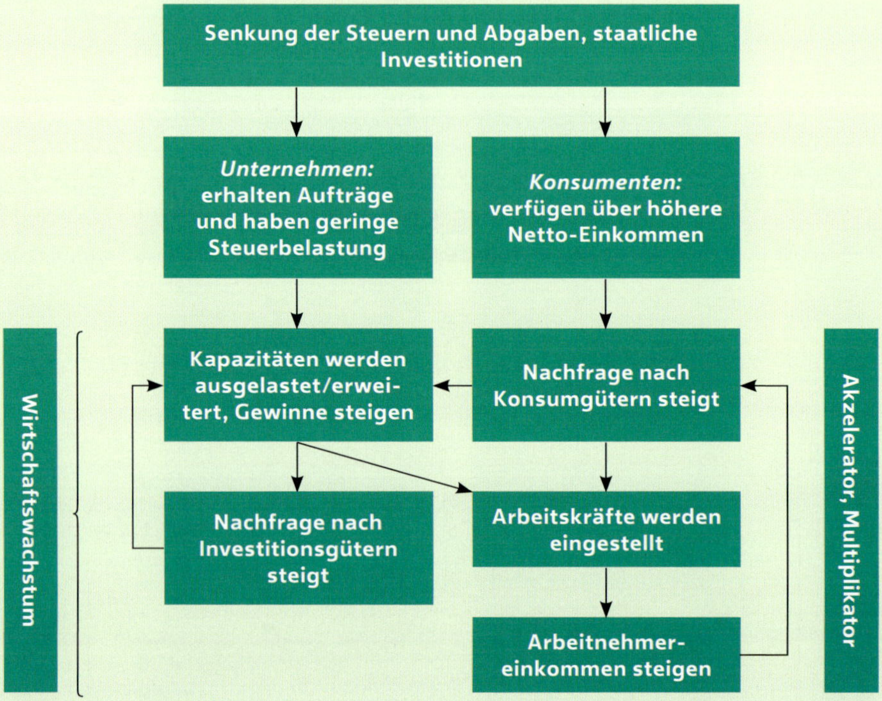

Aufgaben

1. *Zur Sicherung des Wohlstands der Bevölkerung sind im Magischen Viereck (siehe 2.2 Konjunkturpolitik) vier wichtige Aspekte benannt.*

a) Erläutern Sie das Magische Viereck.

b) Warum ergeben sich Zielkonflikte zwischen einer hohen Beschäftigungsquote und stabilen Preisen?

2. *Erläutern Sie in den unterschiedlichen Konjunkturphasen die Entwicklung der Indikatoren*

- *BIP,*
- *Auftragseingang,*
- *Inflation,*
- *Zinsen,*
- *Arbeitslosenquote.*

3. *a) Erläutern Sie den Begriff der restriktiven Geldpolitik.*

b) Beschreiben Sie den Einfluss der restriktiven Geldpolitik auf die Konjunktur. Gehen Sie dabei auf die einzelnen Indikatoren ein. Stellen Sie die Abfolge der Effekte in einem Diagramm dar.

4. *a) Warum nennt sich die Fiskalpolitik auch antizyklische oder nachfrageorientierte Konjunkturpolitik?*

b) Nehmen Sie zur expansiven Fiskalpolitik als Maßnahme zur Konjunkturbelebung kritisch Stellung.

5. *a) Beschreiben Sie den möglichen Einfluss der restriktiven Fiskalpolitik auf die Konjunktur. Stellen Sie die Abfolge der Effekte in einem Diagramm dar.*

b) Finden Sie weitere Maßnahmen im Rahmen der expansiven Fiskalpolitik zur Stützung der Konjunktur mithilfe der 6-3-5-Methode. **LF 12, 1.6.3.3, Exkurs „Kreativität"**

3 Den nationalen und internationalen Arbeitsmarkt beobachten

Einstiegssituation ▶

In der Geschäftsführung der Neue Arbeit GmbH wird derzeit über eine Expansion in das benachbarte europäische Ausland nachgedacht. Die fokussierten Länder sind Frankreich, Polen und die Niederlande.
Frankreich ist unter der neuen Präsidentschaft von François Hollande zurzeit eher dabei, den Arbeitsmarkt stärker staatlich zu regulieren, trotz oder gerade wegen der hohen Arbeitslosigkeit. Die **Niederlande**, die als Erfinder der Zeitarbeit gelten, bieten Chancen, weil der Arbeitsmarkt sehr stark liberalisiert ist. Die Anzahl der Mitbewerber ist jedoch entsprechend hoch. **Polen** weist ein hohes Wirtschaftswachstum auf und bietet deshalb Expansionschancen.

Arbeitsaufträge

1. *Analysieren Sie die Arbeitsmärkte in den genannten Ländern. Recherchieren Sie neben den unten dargestellten Informationen auch im Internet.*

2. *Legen Sie danach Bewertungskriterien für die einzelnen Arbeitsmärkte fest.*

3. *Erstellen Sie auf der Basis der jeweiligen Ist-Situation und der Bewertungskriterien eine Chancen-Risiken-Analyse zu jedem Arbeitsmarkt.*

3.1 Frankreich

Frankreich gilt derzeit als zukünftiges Sorgenkind der EU. Es weist eine hohe Staatsquote und einen sehr unflexiblen Arbeitsmarkt aus. Sozialreformen wurden, auch wegen des Widerstands der starken Gewerkschaften, immer wieder verschoben. Die Industrie, insbesondere die Automobilbranche, ist wenig wettbewerbsfähig.

Zahl der Arbeitslosen in Frankreich erreicht neuen Höchstwert von 3,59 Millionen

Die Arbeitslosigkeit in Frankreich ist wieder deutlich gestiegen und hat einen neuen Rekordwert erreicht. Ende Februar waren landesweit 3,59 Millionen Menschen ohne Job, wie das Arbeitsministerium am Donnerstagabend in Paris mitteilte. Das waren 38.400 mehr als im Vormonat. Die Zahlen sind ein erneuter Rückschlag für Staatschef François Hollande, der die Bekämpfung der Arbeitslosigkeit zu einem seiner Hauptanliegen gemacht hat.

Seit seinem Amtsantritt 2012 ist die Zahl der Arbeitslosen aber um fast 650.000 gestiegen. Nach einem leichten Rückgang im Januar dieses Jahres legte die Arbeitslosigkeit im Februar wieder zu. Im Vergleich zum Vormonat stieg sie um 1,1 Prozent, um Vergleich zum Vorjahresmonat um 2,5 Prozent. Eine Arbeitslosenquote nennt das Arbeitsministerium nicht. Laut dem Statistikamt Insée, das die Zahlen nach einer anderen Methode berechnet, lag sie zuletzt bei zehn Prozent.

Die neuesten Arbeitslosenzahlen wurden just an dem Tag veröffentlicht, an dem das Kabinett in Paris eine umstrittene Reform des Arbeitsrechts verabschiedete. Hollande und sein Premierminister Manuel Valls hoffen unter anderem durch eine Lockerung der 35-Stunden-Woche Bewegung in den Arbeitsmarkt zu bekommen. Das Vorhaben stößt aber auf den Widerstand von Gewerkschaften, Studenten- und Jugendorganisationen sowie dem linken Flügel der regierenden Sozialisten. [...]

Quelle: AFP/fs/bfi: Zahl der Arbeitslosen in Frankreich erreicht neuen Höchstwert von 3,59 Millionen, 25.03.2016. © Agence France-Presse

3.2 Niederlande

Die Niederlande gelten hinsichtlich ihrer Arbeitsmarktpolitik als kreative Vorreiter in Europa. Ausgangssituation war die wirtschaftliche Depression in den 1980er Jahren mit 14 % Arbeitslosigkeit. Unter dem Namen **Poldermodell** wurde in dieser Situation eine konsensorientierte Zusammenarbeit von Gewerkschaften, Arbeitgeberverbänden und Staat vereinbart, um aus der ökonomischen Krise herauszukommen. Mit dem damals geschlossenen **Abkommen von Wassenaar** wurde ein Bündel von Maßnahmen beschlossen, die auch Pate standen bei der Einführung der **Hartz-Reformen** unter Gerhard Schröder (1998 bis 2005). Unter anderem wurden Lohnzurückhaltung und die Förderung der Teilzeitbeschäftigung, die bis heute einen Anteil von ca. 33 % hat, vereinbart. Der Staat senkte die Steuern und Sozialabgaben. Es wurde eine Arbeitszeitverkürzung bei gleichzeitigem Lohnverzicht eingeführt. Außerdem mussten die Unternehmen die fehlenden Personalkapazitäten durch Neueinstellungen ersetzen. Die Flexibilisierung des Arbeitsmarktes wurde insbesondere auch durch den Ausbau der Zeitarbeit erreicht, deren Anfänge in den Niederlanden bereits im Jahr 1950 liegen. Bis heute liegt der Anteil der in Zeitarbeitsunternehmen beschäftigten Arbeitnehmer bei ca. 47 %.

News Niederlande: Wer Leistung vom Staat will, muss leistungswillig sein

Immer wieder vernimmt man von dem vermeintlich so kleinen deutschen Nachbarn Niederlande, dass gerade dieses Land den Deutschen in vielen Bereichen um Nasenlängen voraus ist.

Eine sehr beachtliche Geschichte ist die Restrukturierung des Arbeitsmarktes in den Niederlanden. Die Niederlande gelten als Pioniere der Zeitarbeit, wobei die Regelungen bei unserem Nachbarn als durchaus vorbildlich bezeichnet werden können. Das Land hat früh mit geeigneten weiteren Maßnahmen gegen die drohende steigende Arbeitslosigkeit gekämpft. Auch der Umgang mit Arbeitslosen ist deutlich anders als z. B. in Deutschland.

In den Niederlanden gilt ganz klar: wer vom Staat war will, der muss Leistung erbringen. Dabei fordert der Staat zuerst, danach darf ein Arbeitsloser an Forderungen denken. Man hat so die Anzahl von Sozialhilfeempfängern nach offiziellen Angaben immerhin um gut ein Viertel reduzieren können.

Dabei geht man durchaus ungewöhnliche Wege, die in Deutschland so nicht ohne weiteres durchsetzbar wären. Man fördert die Menschen durch ungewöhnliche Maßnahmen. So gibt es Jobcenter, die Hilfeempfänger sogar mit Laufprogrammen stärken. Das heißt, der Center organisiert Laufgruppen in den sich die Empfänger in Form bringen können und vor allem in der Gruppe das Sozialverhalten stärken. Man will die Menschen sozial aktivieren, was sicherlich auch gut so ist. Arbeitslose sollen nicht lethargisch zuhause sitzen, sondern sich am Leben beteiligen und auch engagieren.

In den Niederlanden hat man speziell die Probleme von Langzeitarbeitslosen bzw. Sozialhilfeempfängern erkannt. Die Leute sind solange vom Arbeitsmarkt weg, dass sie praktisch nicht mehr in der Lage sind zu arbeiten. Sie könnten einen normalen Arbeitstag gar nicht mehr durchstehen. Gerade diese Klientel will man durch solche Programme zurück in die Gemeinschaft bringen. Dazu werden Gesprächsrunden initiiert oder man trifft sich zum Kaffeetrinken. Und hier geht man dann eher kleine Wege - die Leute sollen erst zum Kaffeetrinken kommen. Im Lauf der Zeit sollen sie dann von selbst darauf kommen, dass sie den Kaffee nicht nur trinken können, sondern auch ausschenken. So will man die Leute zu immer mehr Selbstinitiative erziehen.

Auch beim niederländischen Pendant zu Hartz IV geht man andere Wege. Natürlich heißt das in den Niederlanden anders - es heißt WWB (Wet Werk En Bijstand), also Gesetz für Arbeit und Beistand. Auch hier gilt - wer arbeitet erhält Hilfe. Das Ganze wird von den Centrums voor Werk en Inkomen verwaltet - den niederländischen Arbeitsagenturen bzw. Jobcentern. Von dort wird ein Antragsteller direkt zur Stellenvermittlung geschickt, wo man Jobs vorhält, die praktisch sofort angetreten werden können. Wer einen Job nicht machen kann, der bekommt passende Fortbildungen oder Praktika angeboten, die er dann auch machen muss. Klar geregelt ist, wer diese Angebote nicht unbedingt annehmen muss: Kranke oder Menschen, welche kleine Kinder betreuen müssen.

Die Grundsicherung der Menschen wird in den Niederlanden übrigens alleine von den Kommunen getragen. Das tut der Situation wohl auch sehr gut. Während man in Deutschland noch darüber streitet, wer Hartz-IV-Empfänger am besten betreuen solle, da macht man in den Niederlanden Nägel mit Köpfen. In den Niederlanden haben die Kommunen schon seit 2004 die alleinige Verantwortung - auch finanziell. Zuvor erhielten die Kommunen immerhin 75 % aller Sozialausgaben vom Staat zurück. Damit ist Schluss, es gibt nur noch ein festes Budget, welches nach objektiven Kriterien erstellt wurde. Das macht Druck auf die Kommunen, man engagiert sich und konnte so die Zahl der Hartz-IV-Empfänger (also WWB) deutlich reduzieren, zuletzt um fast 23 Prozent. Insbesondere junge Menschen (ein großes Problem in Deutschland) konnte man so aus dieser schwierigen Lage holen.

In den verschiedenen Kommunen der Niederlande gibt es ganz unterschiedliche Programme. Manche wirken, das muss man sagen, relativ hart. Aber sie werden akzeptiert. So gibt es vielerorts die Regel, dass man sich zwei Tage nach Beantragung der Hilfe in einem Programm melden muss, wo man dann eine bestimmte Anzahl Wochenstunden in bestimmten Tätigkeiten arbeiten muss (unabhängig der Vorbildung). Wer nicht mitmacht, bekommt die Hilfe gekürzt.

Ein hartes Mittel, aber erfolgreich. Diese Work First Projekte haben unglaublich durchgeschlagen. Angeblich sind dadurch 40 % der Empfänger nach spätestens einem halben Jahr ohne Hilfe wieder zurechtgekommen. Alleine mittelgroße Kommunen geben das Sparpotential bei einigen Millionen Euro im Jahr an. Das ist beachtlich.

Dabei sieht man Work First nicht nur als ein normales Mittel um Menschen in Arbeit zu bringen. Man formuliert es in den Niederlanden schon deutlich so, dass es sich bei Work First durchaus um ein Abschreckungsmittel handelt. Aber auch im Bereich der Sozialhilfeempfänger legt man die Zügel deutlich an. Die Kommunen setzen immer mehr Kontrolleure ein. Wer betrügt, der fliegt aus dem Raster. [...]

Quelle: Peteroff, Marcel: News Niederlande – Wer Leistung vom Staat will, muss leistungswillig sein. Veröff. am 11.2009 unter http://www.niederlande-wegweiser.de/niederlandenews_1109werleistungwill.html, zuletzt abgerufen am 14.06.2018

3.3 Polen

Polen gehört zu den aufstrebenden Volkswirtschaften in Europa. Kaum ein Land hat vom Beitritt zur Europäischen Union und von der Globalisierung so profitiert wie Polen. Vor 20 Jahren noch war das wichtigste Standbein die Landwirtschaft. Polen war als Agrarstaat technologisch rückständig und wenig wettbewerbsfähig. Durch Wirtschaftsreformen, die durch eine leistungsbereite Bevölkerung mitgetragen werden, boomt das Land stetig. Zudem fließen erhebliche EU-Subventionen für Investitionen in die Infrastruktur. Schließlich gilt es, den Rückstand, gerade auch zum westlichen Nachbarn Deutschland, aufzuholen. Die Arbeitslosigkeit sank seit dem EU-Beitritt 2004 von über 20 % auf gut 6,34 % im Jahr 2016.

Wirtschaftsaussichten 2016/17: Polen auch in der Zukunft ein Wachstumsmotor in der EU

Veröffentlicht von Robert Smolka am Montag, 16. Mai 2016

Auch in der neusten Frühjahrsprognose der EU-Kommission gehört Polen zu den wachstumsstärksten Mitgliedsstaaten. Dabei soll das starke Wachstum der polnischen Wirtschaft, trotz der schlechten globalen Wirtschaftslage bis mindestens Ende 2017 anhalten. Doch weckt die innenpolitische Lage vor allem jenseits des Atlantiks Misstrauen gegenüber der polnischen Wirtschaft.

In ihrer aktuellen Frühjahrsprognose geht die EU-Kommission von einem sich verlangsamenden Wachstum der Weltwirtschaft und der Wirtschaft in Europa aus. In der EU soll sich das BIP-Wachstum nach 2,0 Prozent 2015, auf 1,8 Prozent 2016 verlangsamen, um anschließend im Jahr 2017 wieder auf 1,9 Prozent zu steigen. In der Eurozone soll das Wirtschaftswachstum ein bis zwei Prozentpunkte niedriger ausfallen. Die EU-Kommission geht dabei davon aus, dass die Wachstumsimpulse verstärkt aus dem EU-Binnenmarkt kommen werden und kommen müssen, da sie weiterhin von einem niedrigen Wachstum der Weltwirtschaft ausgeht.

Ihre Prognose für Polen fällt dabei durchwegs positiv aus. Das polnische reale BIP ist 2015 durchschnittlich um 3,5 Prozent gewachsen. Bis 2017 soll sich das Wachstum des realen BIP ebenfalls bei 3,5 Prozent bewegen. Dies ist insofern beachtlich, da die polnische Wirtschaft sehr robust durch die Währungskriese gekommen ist und somit keine Aufholeffekte zu beobachten sein werden. Auch zeigt die Prognose, dass sich die polnische Wirtschaft 2016/17 stärker als die der direkten Nachbarn entwickeln wird. Nur Rumänien, die Slowakei, Luxemburg und die baltischen Staaten können mit einem stärkeren Wachstum 2016/17 rechnen.

Die polnische Binnennachfrage, sowie die Konsumausgaben sollen sich 2016/17 ebenfalls bei etwa 3,8 Prozent bewegen und wären damit fast doppelt so hoch wie im EU-Durchschnitt.

Was die Investitionsausgaben anbelangt, so sollen sie von 7,1 Prozent 2015 auf 4,5 Prozent 2017 sinken. Vom starken Rückgang sollen 2017 vor allem Investitionen in Geräte betroffen sein.

Die öffentlichen Ausgaben sollen nur geringfügig von 4,4 Prozent 2016 auf 4,6 Prozent 2017 steigen. Die Arbeitslosenquote soll von 7,5 Prozent 2015 auf 6,5 Prozent 2017 weiter fallen. Die realen Löhne sollen 2016 um 3 Prozent und 2017 um 2,5 Prozentpunkte steigen und damit fast dreimal so hoch wie im EU-Durchschnitt (1,2 Prozent 2016 und 0,8 Prozent 2017). Die Arbeitsproduktivität soll 2016/17 um fast 3 Prozent steigen und damit dreimal so stark wie im EU-Durchschnitt. Die Verschuldung soll von 51,4 Prozent des BIP auf 53,5 Prozent steigen, was vor allem mit den Sozialausgaben der Regierung von Recht und Gerechtigkeit (PiS) zu tun hat.

Die Innenpolitischen Konflikte zeigen keine direkte Wirkung auf die Wirtschaft

Die EU-Kommission geht in ihrer Analyse von der aktuellen Regierungspolitik sowie von bereits beschlossenen Maßnahmen aus. Daher scheinen die innenpolitischen Konflikte vordergründig kaum Auswirkungen auf die polnische Wirtschaft zu haben.

Quelle: Smolka, Robert, Wirtschaftsaussichten 2016/17: Polen auch in der Zukunft ein Wachstumsmotor in der EU, in: polen-heute.de, veröffentlicht am 16.05.2016 unter http://polen-heute.de/wirtschaftsaussichten-201617-polen-auchin-der-zukunft-ein-wachstumsmotor-in-der-eu-36015/ [14.08.2018]

4 Zukünftige Trends bei der Entwicklung von Personaldienstleistungsangeboten berücksichtigen

Einstiegssituation ▶

Die Kommunen des Ruhrgebiets haben eine Initiative ins Leben gerufen, die sich mit dem **Wandel des Arbeitsmarktes** und dem damit zusammenhängenden Erwerbsverhalten der hier lebenden Bevölkerung befasst. Diese Initiative firmiert unter der Bezeichnung **Arbeit 2022.** Mitglieder dieser Initiative sind Abgesandte großer Unternehmen aus dem Ruhrgebiet, leitende Mitarbeiter von Niederlassungen der Bundesagentur für Arbeit sowie Vertreter der Kommunen aus Politik und Verwaltung. Auch Zeitarbeitsunternehmen gehören zu diesem Arbeitskreis.

Die Neue Arbeit GmbH ist als großes Zeitarbeitsunternehmen der Region durch Mitarbeiter der Abteilung „Statistik und Strategische Unternehmensplanung" repräsentiert. In regelmäßigen Zusammenkünften sollen die Entwicklung des Arbeitsmarktes und der Arbeitsbedingungen im Kontext mit veränderten Anforderungen an Arbeitnehmer, Arbeitgeber sowie Politik und Verwaltung erörtert werden. Hieraus sollen **Themenfelder** herausgearbeitet werden, auf denen die Beteiligten aktiv werden müssen. Ziel ist eine aktive Mitgestaltung dieses Veränderungsprozesses. Für das Ruhrgebiet ist dieser Aspekt von großer Bedeutung, weil der **wirtschaftliche Umstrukturierungsprozess** noch nicht abgeschlossen ist. Gleichzeitig muss sich die Region dem zunehmenden Globalisierungsprozess und, infolgedessen, einem sich weiter verschärfenden internationalen Wettbewerb stellen. Diese Situation birgt Probleme, aber auch Chancen. Diese müssen erkannt werden, damit eine langfristige Strategie entwickelt werden kann.

Arbeitsaufträge

1. *Arbeiten Sie Themenfelder heraus, mit denen sich die Initiative befassen sollte. Erstellen Sie hierzu eine Mindmap, in der die wesentlichen Teilaspekte der Themenfelder strukturiert werden.* **LF 12, 6.3.3**

2. *Bearbeiten Sie die Thematik mit der **Expertenmethode**.*

   *a) Bilden Sie zunächst **Stammgruppen** aus den jeweils beteiligten Gruppierungen*
   - *Großunternehmen,*
   - *Zeitarbeitsunternehmen,*
   - *Bundesagentur für Arbeit,*
   - *Kommunen.*

b) Strukturieren Sie im Anschluss daran die Gruppen neu. Jede Stammgruppe entsendet hierbei eine Person in die dann entstehenden ***Expertengruppen****. Die Gruppenmitglieder informieren sich über die fachlichen Inhalte* ***eines Themenfeldes****. Recherchieren Sie im Internet. Nutzen Sie u. a. auch die angegebenen Recherche-Links im BPW.*

c) Nach Abschluss der Informationsphase finden sich die Experten wieder in den ***Stammgruppen*** *zusammen. Zunächst informieren die Experten die anderen Gruppenmitglieder über die fachlichen Aspekte der Themenfelder. Arbeiten Sie im Anschluss die Aufgabenfelder heraus, die die jeweilige Gruppierung zur Beeinflussung des Wandlungsprozesses des Arbeitsmarktes beitragen kann. Berücksichtigen Sie hierbei die Besonderheiten der Region Ruhrgebiet[1]. In der Regel wird die Anzahl nicht genau aufgehen. In diesem Fall kann in einer Expertengruppe auch mehr als eine Person einer Stammgruppe vertreten sein.*

3. Präsentieren Sie Ihr Ergebnis den anderen Gruppen in einem ***Galeriegang****. Finden Sie sich hierzu wieder in den Expertengruppen zusammen, sodass jedes Mitglied einer Stammgruppe die Ergebnisse an der jeweiligen Station erläutern kann.*

Im folgenden Abschnitt werden die Themenschwerpunkte kurz beleuchtet, die die Veränderung der Arbeitswelt in den kommenden Jahren prägen werden. Diese Aspekte sind als Impulse zu verstehen. Eine Internetrecherche oder andere Quellen sollen die Informationen ergänzen und vertiefen. Es steht dem Leser zudem offen, weitere Felder zu identifizieren und zu bearbeiten.

4.1 Einflussfaktoren der wirtschaftlichen Entwicklung und der Arbeitswelt nach dem Zweiten Weltkrieg

Nach dem Zweiten Weltkrieg gab es mehrere Meilensteine, die die wirtschaftliche Entwicklung in Europa maßgeblich beeinflusst haben. Zunächst war es der **Wideraufbau**, der zu einem hohen Wirtschaftswachstum beigetragen hat. Die Industrieproduktion, insbesondere die **Montanindustrie**, hatte einen großen Anteil am BIP. Das Ruhrgebiet war hierbei eine Region, die dieses Wachstum stark beeinflusst hat.
Die Bedeutung dieser Branche nahm mit der **Krise im Kohle- und Stahlbereich** stark ab. Gleichzeitig setzte in den 1970er Jahren ein Wachstumseinbruch mit der großen **Ölkrise** ein. Die Förderländer verknappten das Angebot an Rohöl, was die von diesem Rohstoff abhängigen Industrieländer schwer traf.
Durch die **Wiedervereinigung** entstanden Impulse für die deutsche Wirtschaft. Einerseits brachen wegen veralteter Technologien und ineffizienter Betriebe in Ostdeutschland ganze Industriezweige weg. Öffentliche Investitionen in die Infrastruktur und ein Konsumschub der Einwohner der neuen Bundesländer sorgten für Wirtschaftswachstum. Andererseits stieg die Staatsverschuldung stark an.

---

[1] Der Autor lebt im Ruhrgebiet und ist auch dort aufgewachsen, weshalb er eine besondere Nähe zu dieser Region hat. Es existieren aber bundesweit Regionen, die eine Vielzahl von Besonderheiten in Bezug auf die Wandlung der industriellen Struktur, des Arbeitsmarktes und des Erwerbsverhaltens aufweisen. Zu nennen sind hier insbesondere viele Regionen in Ostdeutschland. Sie sollten deshalb das Beispiel auf Ihre Region und Ihr Lebens- und Arbeitsumfeld beziehen.

Zur Jahrtausendwende war es die sog. **New Economy**, die im Zusammenhang mit dem Internet neue wirtschaftliche Impulse gab. Es baute sich jedoch eine große Spekulationsblase auf, die Anfang des Jahrtausends zerplatzte und für eine Rezession sorgte.
Eine weitere große Strömung ist starke **Globalisierung**, die mit einem starken Wachstum der (ehemaligen) Schwellenländer einhergeht. Zu nennen sind insbesondere China, Indien und Brasilien.
Zurzeit wird Deutschland von der sog. **Energiewende** geprägt. In der jüngeren Vergangenheit sind viele Arbeitsplätze im Bereich der regenerativen Energien, insbesondere in der Solarindustrie, entstanden. Auch hier finden jedoch derzeit Anpassungen statt, weil die Subventionierungen zurückgefahren werden. Gleichzeitig drängen chinesische Anbieter auf den Markt. Zudem stockt der Netzausbau, der notwendig ist, um den im Norden Deutschlands erzeugten Windstrom in den Süden zu transportieren. Die Luftbelastung durch den Autoverkehr soll durch alternative Antriebe – Stichwort Elektromobilität – verringert werden.

4.2 Globale Entwicklungen und technologischer Wandel

All diese Entwicklungen hatten und haben Einfluss auf den Arbeitsmarkt und die Erwerbsbiografie der Bevölkerung, weil Arbeitsplätze aufgrund von starkem internationalen Wettbewerb und globaler Arbeitsteilung wegfallen. Andere Arbeitsplätze entstehen, beispielsweise durch neue Produkte und Dienstleistungen. Gerade im Ruhrgebiet (sowie in vielen Regionen Ostdeutschlands) gleichen die neu geschaffenen Arbeitsplätze die weggefallenen jedoch nicht aus. Die Arbeitslosigkeit ist entsprechend hoch.
Arbeitslosenquote in ausgewählten Ruhrgebietsstädten:

Gelsenkirchen	14,2 %
Dortmund	1,6 %
Duisburg	13,3 %
Essen	12,1 %
Herne	12,8 %
Bochum	10,2 %

Statistiken der Agentur für Arbeit, Stand: 31.01.2017

4.3 Demografische Entwicklung

Ein großes Themenfeld ist der demografische Wandel. Die Geburtenrate in Deutschland betrug 2015 1,5 Kinder je Frau. Zudem wird die Lebenserwartung der Bevölkerung durch bessere Lebensumstände und gute medizinische Versorgung immer höher. Diese Entwicklung besteht bereits seit vielen Jahren. Sie ist aus mehreren Perspektiven betrachtet problematisch. Zunächst gibt es in Zukunft immer weniger Erwerbspersonen, die die laufenden

Renten durch Einzahlungen in die **Deutsche Rentenversicherung** tragen können. Zudem benötigen deutsche Unternehmen Fachkräfte, um den technologischen Wettbewerbsvorsprung in den Schlüsselindustrien zu halten. Hier muss entsprechender Nachwuchs gefördert werden.

Deutschland überaltert

In Deutschland werden immer weniger Kinder geboren. Die Lebenserwartung der Bevölkerung steigt. Im Jahr 2060 werden die 70-Jährigen die größte Altersgruppe stellen. Immer weniger Junge müssen immer mehr Alte versorgen.

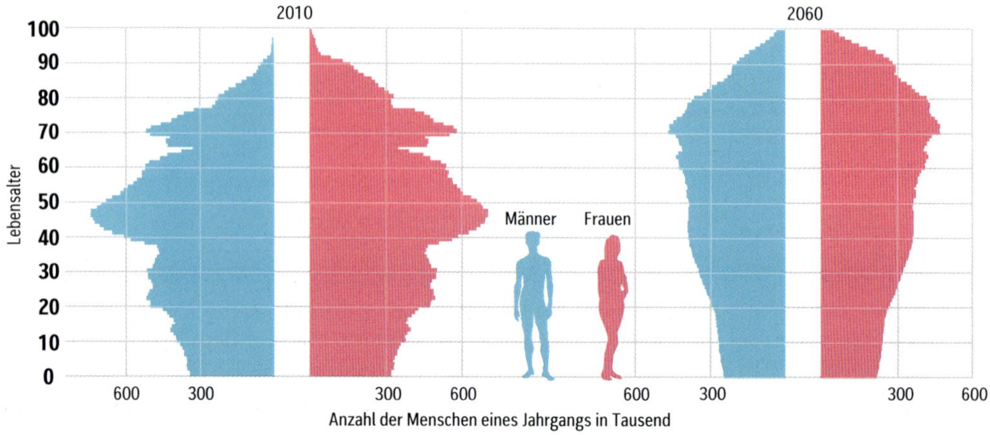

4.4 Familienfreundliche und altersgerechte Arbeitsverhältnisse

Aus oben dargestellter Problematik können auch Chancen abgeleitet werden. Es wird zunehmend notwendig, familienfreundliche Arbeitsplätze zu schaffen. Gerade der Erwerbsanteil von Frauen muss erhöht werden. Dies könnte durch eine Verbesserung der Kinderbetreuung oder durch eine familienfreundliche Flexibilisierung der Arbeitszeit erreicht werden. In der Vergangenheit hat dieser Prozess eher zu Gunsten der Unternehmen stattgefunden (beispielsweise durch Schichtarbeit, längere Ladenöffnungszeiten im Einzelhandel, Flexibilisierungen im Dienstleistungsbereich).
Nun werden ältere Arbeitnehmer zunehmend wichtiger. Ging in den letzten Jahren der Trend eher dahin, ältere Mitarbeiter durch Vorruhestandregelungen zu einem früheren Ausscheiden aus dem Arbeitsprozess zu bewegen, so muss in Zukunft eher darüber nachgedacht werden, die Erfahrungen und das Wissen von qualifizierten Erwerbspersonen länger zu nutzen. Hierzu müssen natürlich die individuellen Voraussetzungen älterer Arbeitnehmer verstärkt berücksichtigt werden.

Die Alterspyramide steht im Jahr 2050 auf dem Kopf
[...] Bis zum Jahr 2050 hat sich der Anteil der Alten nach Einschätzung des Statistischen Bundesamtes „dramatisch" erhöht - mit folgenschweren Konsequenzen für die Sozialsysteme. Zur Mitte dieses Jahrhunderts haben die über 60-Jährigen schon 36,7 Prozent Anteil an der Gesamtbevölkerung, aktuell liegt ihr Anteil bei 24,1 Prozent.
Die jüngsten Bevölkerungsvorausberechnungen der Statistiker lassen keinen Zweifel: Es gibt immer mehr Senioren und der Ruhestand dauert immer länger. Bereits zwischen 2010 und 2030 wird sich der so genannte Altersquotient - das Verhältnis der Menschen im Rentenalter (über 60 Jahren) zu jenen im Erwerbsalter (20 bis 59 Jahre) - sprunghaft verschlechtern. Er steigt von 44 im Jahr 2001 auf 55 im Jahr 2020, um 2050 dann bei 71 zu landen.

Genau entgegengesetzt verläuft die Bevölkerungsentwicklung: Die Zahl der Einwohner in Deutschland sinkt der Vorausberechnung zufolge trotz Zuwanderung von derzeit knapp 83 Millionen bis 2050 auf 75 Millionen. Der Schwund entspricht der addierten Einwohnerzahl der Großstädte Berlin, Hamburg, München und Köln.

Die Lebenserwartung steigt nach Einschätzung der Statistiker weiter stark an: Eine heute 60-jährige Frau hat derzeit im Schnitt noch 23,5 Jahre vor sich, ein gleichaltriger Mann 19,2 Jahre. Im Jahr 2050 darf der statistische 60-Jährige auf weitere 23,7 Lebensjahre hoffen, eine Frau auf 28,2 Jahre. Schon jetzt zeichnet sich ab, dass Kinder, die erst 2050 geboren werden, mit einer noch um einige Jahre längeren Lebenserwartung rechnen können.

Quelle: dpa: Die Alterspyramide steht im Jahr 2050 auf dem Kopf, 07.08.2003. © dpa Deutsche Presse-Agentur GmbH

4.5 Wandel zur Wissensgesellschaft

Bildung und Qualifizierung sind von zunehmender Bedeutung für den Wohlstand unserer Volkswirtschaft. Die zunehmende Technisierung der Arbeitsprozesse verdrängt manuelle und einfache Tätigkeiten. Viele ungelernte Arbeitnehmer fanden in solchen Berufen Mitte des letzten Jahrhunderts eine Arbeitsstelle, besonders in der stark verrichtungsorientiert geprägten Industrieproduktion, im Bergbau oder im Baubereich. Die im Laufe der Zeit immer weiter nach oben angepassten Löhne erhöhten die Kosten für den Produktionsfaktor Arbeit. In der Folge wanderten diejenigen Industriezweige, die einen hohen Anteil an manuellen Tätigkeiten aufwiesen, in sog. Billiglohnländer ab. Dass Deutschland im internationalen Vergleich trotzdem zu den wohlhabenden Volkswirtschaften zählt, liegt an den Stärken der deutschen Industrie. In vielen Branchen, wie beispielsweise dem Automobilbau, dem Maschinenbau oder im Bereich der regenerativen Energien, sind deutsche Unternehmen weltweit führend. Sie erzielen im Vergleich zu „Low-Tech-Branchen" eine hohe Wertschöpfung, die gut bezahlte Arbeitsplätze für qualifizierte Mitarbeiter garantieren. Um diese Wettbewerbsfähigkeit auch in Zukunft zu garantieren, muss der bestehende Wissens- und Technologievorsprung erhalten bleiben. Hierzu sind Bildung und Qualifizierung der (Erwerbs-)Bevölkerung notwendig. Dies bezieht sich nicht nur auf die Förderung der Wissenschaft und der Hochschulen, sondern auch auf die betriebliche Berufsausbildung. Auch lernschwache Jugendliche müssen gefördert werden, weil, wie oben dargelegt, die sog. einfachen und ungelernten Tätigkeiten an Bedeutung verlieren.

Unsere Arbeitswelt verändert sich mit zunehmender Geschwindigkeit.
Die Faktorkombination „Arbeit und Kapital", die prägend für die alte Industriegesellschaft war, wird zunehmend durch die Kombination von „Kapital und Wissen" ersetzt. Neue Anwendungen und Technologien ermöglichen flexible Arbeitsformen. Dadurch verschwimmen Freizeit und Arbeitszeit. Jeder Einzelne ist gefordert, mit diesen Entwicklungen Schritt zu halten.

Bildung und Lernen bilden die Basis für Erfolg in dieser „beschleunigten" Welt.
Wissen und Innovation werden zu den wichtigsten Ressourcen in der „Wissensgesellschaft" und sind die entscheidenden Wettbewerbsfaktoren in der globalisierten Welt. Neben dem Schrumpfen des Arbeitsvolumens in den einfacheren, manuellen Berufen entstehen neue Arbeitsplätze, die von der neuen „kreativen Klasse", einer globalen Wissenselite, ausgeführt werden. Die Zukunft der Arbeit liegt in interessanten, nicht automatisierbaren, individuellen Problemlösungen und in ganzheitlichen Aufgabenstellungen. Gerade hochqualifizierte Fachkräfte werden zunehmend benötigt. Der internationale Wettbewerbsdruck nimmt weiter zu. Dies zwingt Unternehmen und Mitarbeiter dazu, flexibler zu werden und sich aggressiver gegen Mitbewerber durchzusetzen. Die Arbeitsform der Zukunft ist die zeitlich befristete Teamarbeit, auch im Bereich der hochqualifizierten Tätigkeiten. Diese Flexibilisierung der Arbeit wird durch neue Technologien, welche Arbeit an unterschiedlichen Orten ermöglicht, unterstützt werden.

Quelle: Bayerische Staatskanzlei – Wissenschaftlich-Technischer Beirat der Bayerischen Staatsregierung (Hrsg.): Arbeits- und Unternehmensstrukturen der Zukunft, 3. Auflage, München, 2003

4.6 Prekäre Beschäftigungsverhältnisse

Ein Problem, das Deutschland „vor sich herschiebt", ist die Altersarmut, die sich durch veränderte Erwerbsbiografien ergibt. Minijobs oder längere Phasen der Arbeitslosigkeit, in denen keine oder nur geringe Beiträge in die Rentenkassen eingezahlt wurden, werden sich erst in der Zukunft bemerkbar machen. In der Politik wurde hierzu das Modell der sog. **Zuschussrente** eingeführt. So soll Arbeitnehmern, die viele Jahre zu Niedriglöhnen gearbeitet haben, die Niedrigrente künftig bis maximal 850,00 € aufgestockt werden. Kritiker sagen, dass hiervon nur ein kleiner Teil der zukünftigen (Armuts-) Rentner profitieren wird.

17. Mai 2010

Arm trotz Arbeit

Minijobs, befristete Beschäftigungen, Teilzeitstellen: In immer mehr Fällen bedeutet Arbeit nicht, dass die Angestellten davon auch leben können – Tendenz steigend. Die Gewerkschaften machen nun Jagd auf Dumping-Sünder.
Wer arbeitet, der muss auch davon leben können – diese Aussage gilt in Deutschland schon längst nicht mehr. Im Gegenteil: Immer mehr Beschäftigte sind trotz ihres Jobs von Armut bedroht. Wie das Statistische Bundesamt berichtet, waren im vergangenen Jahr 6,2 Prozent der Erwerbstätigen armutsgefährdet – 1998 waren es noch 4,6 Prozent.

Der Grund: Immer mehr Menschen gehen keiner „klassischen Beschäftigung" nach, sondern sind als Minijobber, Zeitarbeiter oder befristet Beschäftigte tätig. Sie verdienen meistens deutlich weniger und haben ein deutlich höheres Armutsrisiko – für einige Selbstständige, insbesondere jüngere Menschen, gilt dasselbe.
In den vergangenen zehn Jahren ist der Anteil klassischer Beschäftigung deutlich zurückgegangen. Dagegen ist der Anteil derjenigen mit Teilzeitjob, Zeitarbeit, geringfügig oder befristeter Beschäftigung seit 1998 um 6,0 Prozentpunkte auf stolze 22,2 Prozent im vergangenen Jahr gestiegen.

Quelle: sueddeutsche.de/AP/dpa/tob/pak: Arm trotz Arbeit. In: SZ.de, veröff. am 17.05.2010 unter https://www.sueddeutsche.de/wirtschaft/prekaere-beschaeftigungsverhaeltnisse-arm-trotz-arbeit-1.177181 [14.06.2018].

Exkurs: Experten-Methode

Das Ziel der Experten-Methode ist, dass sich verschiede Mitglieder einer (Stamm-)Gruppe arbeitsteilig Informationen zu einem Thema beschaffen und erschließen. Die jeweiligen **Stammgruppen** teilen sich in einer zweiten Phase auf und finden sich zu sog. **Expertengruppen** zusammen. Jedes Gruppenmitglied wird so zu einem Experten für sein Teilgebiet. Die Informationen zu den Teilgebieten fließen dann durch die Experten in den Stammgruppen (dritte Phase) zusammen. Auf diese Weise hat jedes Gruppenmitglied aktiv am Wissenserwerb aller Personen teilgenommen. Ggf. werden die Informationen weiterverwendet und zu einer Gesamtlösung zusammengefasst.
Man findet als gleichbedeutende Bezeichnungen für diese Methode auch die Begriffe **Jigsaw-Methode** oder **Gruppenpuzzle**.

Phasen der Experten-Methode

Bildung von Stammgruppen: Information über die Thematik in Einzelarbeit

Gruppe	1	2	3	4
Mitglieder	A1, B1, C1, D1	A2, B2, C2, D2	A3, B3, C3, D3	A4, B4, C4, D4

Austauschphase: Experten tauschen sich aus, kontrollieren ihre Aufzeichnungen und erstellen ggf. eine gemeinsame Präsentation.

Themenfeld	A	B	C	D
Experten	A1, A2, A3, A4	B1, B2, B3, B4	C1, C2, C3, C4	D1, D2, D3 D4

Vermittlungsphase: Jeder Experte stellt den Gruppenmitgliedern die in der Austauschphase erfahrenen Inhalte dar.

Gruppe	1	2	3	4
Mitglieder	A1, B1, C1, D1	A2, B2, C2, D2	A3, B3, C3, D3	A4, B4, C4, D4

Lernfeld 12:

Berufsbezogene Projekte planen, durchführen und auswerten

Einstiegssituation ►

Die Neue Arbeit GmbH eröffnet eine neue Niederlassung in Westerland auf der Insel Sylt. Die Zielgruppe, also die potenziellen Kunden, sind Hotels, Restaurants und Reinigungsunternehmen.

Durch die saisonalen Schwankungen und die vergleichsweise hohe Fluktuation des Personals in den Betrieben der Tourismusbrache besteht ein großer Bedarf an Personaldienstleistungen, insbesondere im Bereich der Personalakquisition und der Zeitarbeit. Auf der Insel Sylt hat sich zwar in den letzten Jahren die Auslastung der Übernachtungskapazitäten auch auf die traditionell schwächeren Monate verteilt, trotzdem müssen immer wieder in Spitzenzeiten, wie in den Sommerferien, an Ostern und Weihnachten, Personalengpässe abgefangen werden. Auch Veranstaltungen, wie beispielsweise der Windsurf-Worldcup, der jedes Jahr Ende September stattfindet, erfordern kurzfristig zusätzliche Personalkapazität.

Die Gesamtzahl der Übernachtungsplätze wurde durch neue Hotelanlagen in den Orten List und Hörnum aufgestockt. Neue Golfplätze locken zusätzliche Gäste auf die Insel.

Das Hauptproblem bei der Suche nach Personal besteht vor allem in den fehlenden Unterkünften. Die Mieten auf der Insel sind so hoch, dass die Mitarbeiter, bei gleichzeitig sehr ungünstigen Arbeitszeiten, täglich vom Festland mit dem Zug anreisen müssen.

In diesem Zusammenhang verspricht sich die Geschäftsführung der Neue Arbeit GmbH eine hohe Nachfrage durch die Unternehmen des Hotel- und Gaststättengewerbes.

Die neuen Geschäftsräume befinden sich im Randbereich der Innenstadt von Westerland. Insbesondere wegen der hohen Miete sollen möglichst schnell Kunden gewonnen werden. Die größeren Hotels und Restaurants sowie die Kurverwaltung sind bereits mit einer Mailing-Aktion vorab über die Eröffnung der Niederlassung informiert worden.

Nun sollen in den einschlägigen Sylter Zeitungen Anzeigen geschaltet werden, die auf den Tag der Eröffnung hinweisen. Zudem müssen mittels einer weiteren Mailing-Aktion an die bereits informierten Betriebe Einladungen verschickt werden. Am Eröffnungstag sollen sich Unternehmen einen Eindruck von der Bereitstellungsleistung verschaffen, also dem Personal, den Räumlichkeiten und den Dienstleistungen. Es sollen einige Aktionen stattfinden, die den Rahmen für diesen Tag bilden.

Da sich die Neue Arbeit GmbH gut präsentieren will, soll die Eröffnungsveranstaltung möglichst reibungslos verlaufen. Die Planung soll deshalb von einem **Projektmanagement** begleitet werden.

1 Projekte planen

Arbeitsaufträge

1. *Formulieren Sie in einem Kick-off-Meeting die Projektziele.*
2. *Stellen Sie ein Projektteam zusammen.*
3. *Erstellen Sie ein Lasten- und Pflichtenheft für die Durchführung des Eröffnungstags.*
4. *Erstellen Sie eine Aufgabenliste und einen Projektstrukturplan. Setzen Sie dabei eine Kreativtechnik Ihrer Wahl ein. Reflektieren Sie anschließend die von Ihnen verwendete Methode, indem Sie Vor- und Nachteile, die Ihnen bei der Verwendung aufgefallen sind, dokumentieren.*
5. *Wählen Sie die Aktionen aus, die an dem Eröffnungstag stattfinden sollen. Nutzen Sie auch hierzu eine Kreativtechnik Ihrer Wahl.*
6. *Planen Sie den zeitlichen Ablauf des Projekts mithilfe eines Gantt-Diagramms oder mittels der Netzplantechnik. Treffen Sie eine begründete Auswahl zwischen den beiden Methoden und reflektieren Sie am Ende Ihre Entscheidung.*

1.1 Merkmale eines Projekts

Eine gründliche Planung und Vorbereitung ist die Voraussetzung für das Gelingen eines Projekts. Schließlich ist der erste Eindruck, den die potenziellen Kunden erhalten, für den Aufbau einer dauerhaften Kundenbeziehung von großer Bedeutung.
Es müssen umfangreiche Planungen erfolgen, damit

- die Projektleitung sich einen Überblick über die notwendigen Aufgaben verschaffen kann,
- die notwendigen betrieblichen und personellen Kapazitäten optimal eingesetzt werden können,
- die einzelnen Teilleistungen (z. B. Buffet, Musik etc.) zum richtigen Zeitpunkt zur Verfügung stehen.

Im täglichen Sprachgebrauch wird häufig von einem **Projekt** gesprochen, wenn es um eine umfangreiche und komplexe Aufgabenstellung geht. Der Begriff des Projekts ist jedoch enger gefasst und weist in der Regel ganz bestimmte Merkmale auf, die die Planung, Organisation und Durchführung im Gegensatz zu einem „normalen" Auftrag deutlich erschweren.

Bestimmungsmerkmale eines Projekts

- Ein Projekt verfolgt ein vorgegebenes Ziel.
  Beispiel
  Am Eröffnungstag soll sich die Neue Arbeit GmbH positiv darstellen. Die potenziellen Kunden sollen sich in einem angemessen Rahmen über die Leistungen informieren können.

- Ein Projekt ist neu und einmalig.

  Beispiel

  Das ausführende Projektteam hat in der Vergangenheit noch nie einen Eröffnungstag für eine neue Niederlassung geplant. Den Bedingungen und Vorgaben liegen keine oder nur sehr geringe Erfahrungswerte zugrunde.

  Die Planung für weitere Eröffnungstage stellt deshalb in aller Regel kein Projekt mehr dar, weil dann bereits Vorerfahrungen bestehen.

- Ein Projekt unterliegt begrenzten Ressourcen.

  Beispiel

  Es wird von der Geschäftsführung eine vorher festgelegte Anzahl an Mitarbeitern abgestellt, die in einer begrenzten Bearbeitungsdauer das Projektziel erreichen müssen.

- Ein Projekt hat einen Anfangs- und Endzeitpunkt.

  Beispiel

  Mit der Auftragsübergabe beginnt die Laufzeit des Projekts. Nach der Eröffnungsveranstaltung der Niederlassung ist das Projekt beendet.

- Ein Projekt ist komplex. Es weist eine Vielzahl von zusammenhängenden Teilaufgaben auf, die koordiniert werden müssen.

  Beispiel

  Die Werbung muss terminiert werden, die Werbeträger müssen ausgewählt werden, das Buffet muss organisiert und bestellt werden, der Ablauf der Veranstaltung muss geplant werden etc.

  Die Planung des Eröffnungstags erfüllt also alle Merkmale eines Projekts.

1.2 Projektphasen

Grundsätzlich kann ein Projekt nach der Erteilung des Projektauftrags durch den Auftraggeber in eine Planungs-, Durchführungs- und Abschlussphase unterteilt werden. Das Projektmanagement begleitet diese Phasen durch verschiedene Maßnahmen:

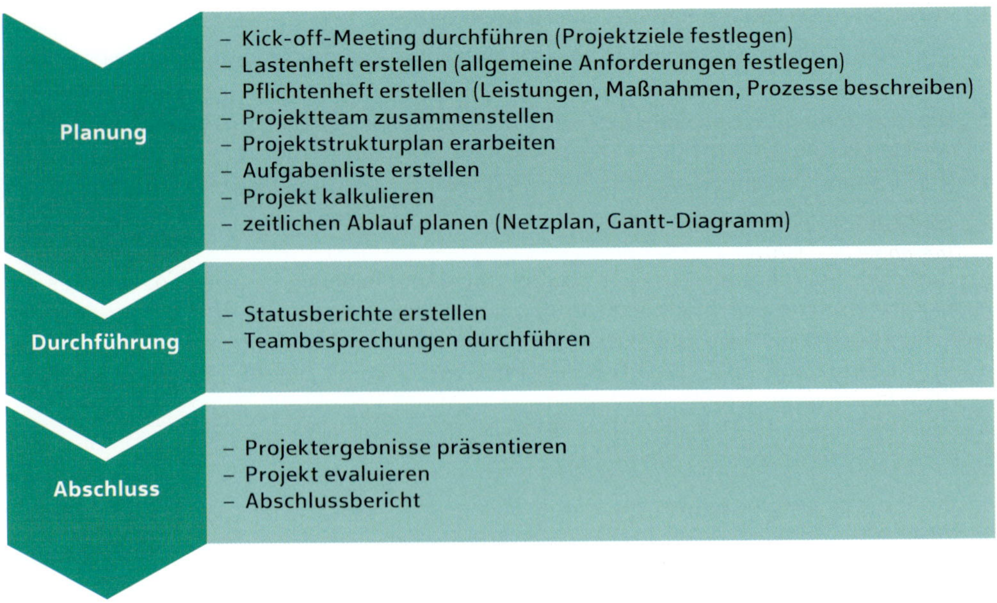

Merksatz
Das **Projektmanagement** ist die organisierte Planung und Durchführung von komplexen Tätigkeiten innerhalb eines Projektes.

1.3 Kick-off-Meeting

Das **Kick-off-Meeting** (aus dem Englischen: kick off = Anstoß) ist ein erstes Treffen, also die Auftaktveranstaltung zum Projektstart, in dem es

- um die Klärung der grundsätzlichen Vorgehensweise,
- die Aufgabenverteilung,
- die benötigten und zur Verfügung stehenden Mittel (**Ressourcen**) und
- den Zeitplan geht.

Um vorab die vereinbarten Rahmenbedingungen zu verschriftlichen, werden diese in ein Projektauftragsformular aufgenommen. Der Inhalt dieses Formulars hat verbindlichen Charakter. Bei **externen Projekten werden** die einzeln aufgeführten Punkte Bestandteile des Vertrags zwischen Auftraggeber und Auftragnehmer.

Beispiel
Externes Projekt

Projektname: *Einfamilienhaus Sperlingsgasse 14a*
Projektleitung: *Herr Hawig*
Projektziele:
Sachziel: Schlüsselfertige Erstellung eines Einfamilienhauses
Kostenziel: Gesamtbudget 520000,00 €
Terminziel: Einzugsdatum 07.04.2013

Termine
Vollständige Angebotskalkulation: 05.07.2012
Bauantrag: 05.08.2012
Statik: 25.08.2012
Baubeginn: 15.09.2012
Übergabe: 01.04.2013

Unterschrift

Auftraggeber/Geschäftsführung *Auftragnehmer/Projektleiter*

1.4 Lastenheft

Das Lastenheft listet die Anforderungen an das Projektergebnis auf.

Beispiel

Auszug aus dem Lastenheft für das Projekt „Einfamilienhaus Sperlingsgasse 14a“:

...

Der Auftragnehmer erstellt nach den Plänen des Architekten ein Einfamilienhaus. Das Haus soll die neuesten energetischen Standards erfüllen.
Die Herstellungskosten dürfen 520000,00 € nicht überschreiten.

1.5 Pflichtenheft

Das Pflichtenheft ergibt sich aus den Kundenanforderungen des Lastenhefts. Diese Anforderungen werden in konkrete Maßnahmen und Prozesse „übersetzt“. Es werden Details festgelegt, die das „Wie“ beschreiben.

Beispiel

Anforderung des Lastenhefts

Das Haus soll den aktuellen energetischen Anforderungen entsprechen.

Konkretisierung der Kundenanforderung im Pflichtenheft

- *Einbau von Fenstern mit Dreifach-Verglasung*
- *Einbau einer Solarthermie-Anlage*
- *Einbau einer Gas-Brennwertheizung*

1.6 Projektbeteiligte

Die am Projekt beteiligten Personen und Institutionen werden **Stakeholder** genannt. Neben dem Auftraggeber sind dies der **Lenkungsausschuss**, der **Projektleiter** und die **Projektmitarbeiter**.

1.6.1 Auftraggeber

Man unterscheidet interne und externe Projekte. Bei **externen Projekten** kommt der Auftraggeber von außerhalb des Unternehmens. Man nennt deshalb die externen Projekte auch **Kundenprojekte**. Bei **internen Projekten** ist der Auftraggeber eine Instanz innerhalb des Unternehmens oder der öffentlichen Institution, in der Regel der Vorstand, die Geschäftsführung oder, im Fall der öffentlichen Institution, leitende Amtsträger. Alle Personen, die ein Interesse am Gelingen eines Projekts haben, nennen sich **Stakeholder**. Projektziele sind z. B. die Optimierung von Verwaltungs- und Fertigungsprozessen, der Aufbau einer neuen Betriebsstätte oder die Entwicklung und Markteinführung eines neuen Produkts.

Stakeholder eines Projekts

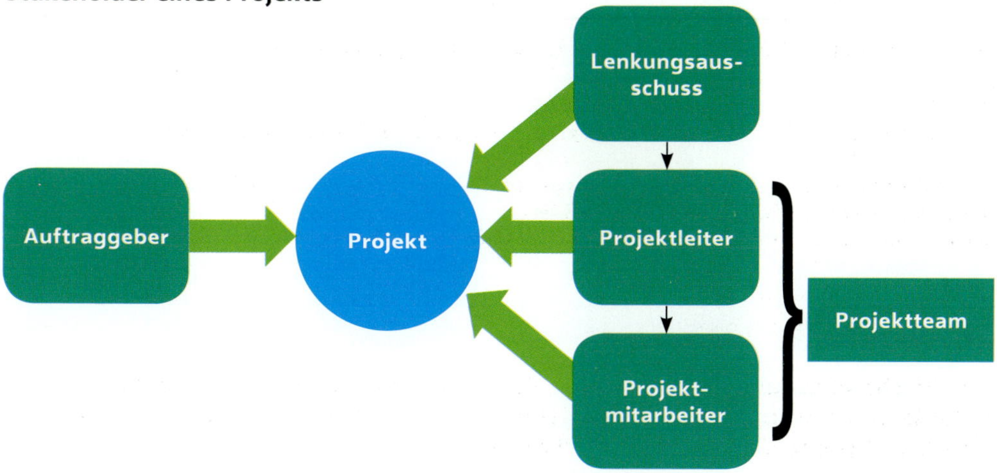

1.6.2 Lenkungsausschuss

Der **Lenkungsausschuss** steht in der Unternehmens- und Projekthierarchie an oberster Stelle. In der Regel ist hier beispielsweise in mittelständischen Unternehmen ein Mitglied der Geschäftsführung vertreten. Der Lenkungsausschuss

- formuliert grobe Zielsetzungen und Randbedingungen zur Projektdurchführung,
- ernennt den Projektleiter,
- teilt die Ressourcen (personell, materiell) zu,
- entscheidet über Projektunterbrechungen oder -abbruch,
- ordnet das Projekt in das Organigramm des Unternehmens ein und legt so auch die Weisungsbefugnisse fest.

1.6.3 Das Projektteam

Das eigentliche Projektteam wird aus den Mitarbeitern des Unternehmens zusammengestellt. Zunächst muss das Projektteam strukturell im Unternehmensorganigramm positioniert werden. Wie oben bereits dargestellt, ernennt der Lenkungsausschuss einen Projektleiter, der dann das Projektteam zusammenstellt.

1.6.3.1 Das Projektteam im Unternehmensorganigramm

Das Projektteam wird für die Dauer eines Projekts aus dem Organigramm des Unternehmens ausgegliedert. Es entsteht für einen begrenzen Zeitraum eine gesonderte organisatorische Einheit. Die Hierarchien ändern sich dahingehend, dass der Projektleiter im Rahmen des Projekts – mehr oder weniger weitgehende – **Weisungsbefugnisse** hat. Diese Weisungsbefugnisse variieren in Abhängigkeit von den durch die Unternehmensleitung zugewiesenen Kompetenzen. In der Praxis existieren viele Systeme mit Variationen. Exemplarisch werden deshalb hier zwei typische Projektorganigramme dargestellt.

Stablinienorganisation

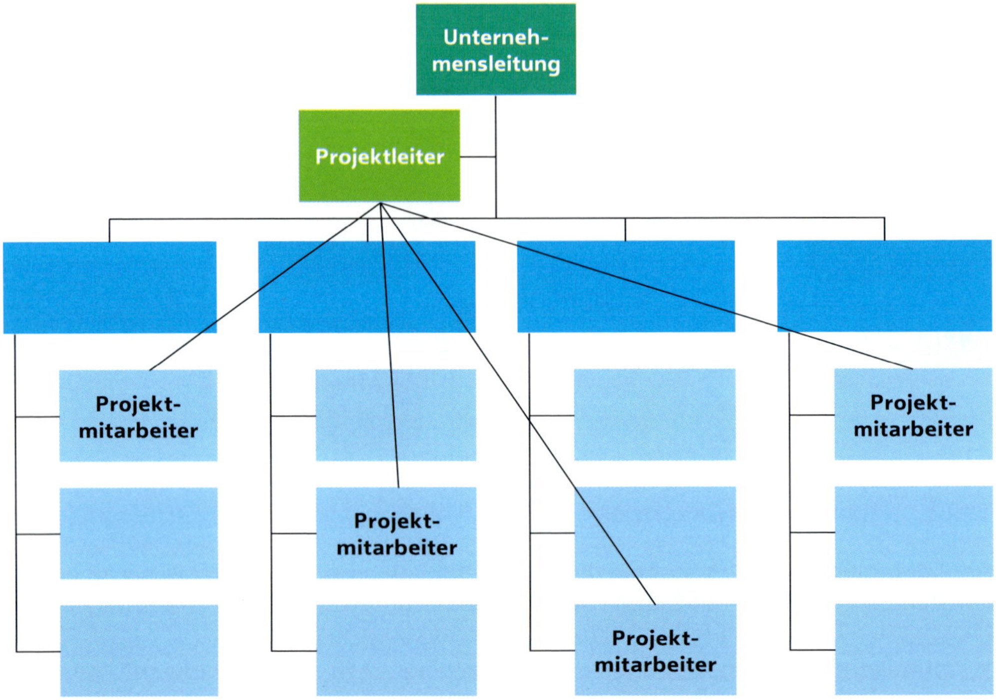

Bei der Stablinienorganisation verbleiben die Mitarbeiter in der Hierarchie ihrer Sparten oder Abteilungen. Der Projektleiter hat wenig Weisungsbefugnis. Er ist auf die Unterstützung der Unternehmensleistung angewiesen. Die Mitarbeiter sind Teilzeit-Projektmitarbeiter, weil sie häufig noch im Tagesgeschäft eingebunden sind.

Linien-Projektorganisation

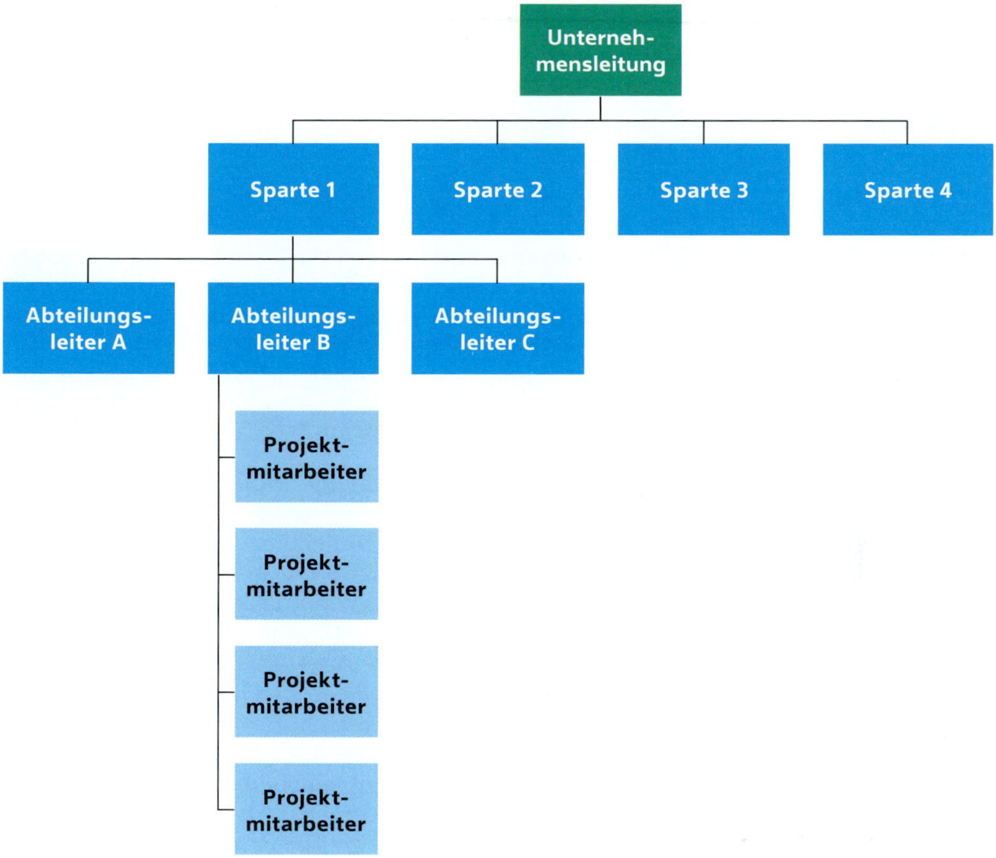

Bei der Linien-Projektorganisation ist das Projekt in eine **Fachabteilung** eingegliedert. Der Projektleiter ist dem Spartenleiter unterstellt. Somit hat der Projektleiter, der von der Spartenleitung eingesetzt wird, größere Weisungsbefugnisse gegenüber den Projektmitarbeitern als bei der Stablinienorganisation. Die Projektmitarbeiter, die in der Regel aus der entsprechenden Sparte oder Fachabteilung stammen, werden aus ihren gewöhnlichen Strukturen herausgelöst und für das Projekt freigestellt. Diese Art der Organisation wird dann gewählt, wenn es sich um ein Projekt handelt, das eindeutig einer Fachabteilung zuzuordnen ist. Die Mitarbeiter konzentrieren sich vollständig auf die Projektarbeit, weil sie komplett mit ihrer Arbeitszeit in das Projekt eingebunden sind.

Beispiel
Markteinführung eines neuen Produkts: Sie fällt in den Kompetenzbereich der Vertriebsabteilung.

1.6.3.2 Aufgaben des Projektteams

In Abhängigkeit von der Rolle, die ein Mitarbeiter im Projektteam einnimmt, hat er bestimmte Aufgaben zu erfüllen.

Aufgaben des Projektleiters

Der Projektleiter **stellt das Projektteam zusammen**. Er bereitet alle erforderlichen **projektbezogenen Einrichtungen** für das Projektteam vor. Hierzu zählen beispielsweise:

- die Reservierung eines Konferenzraums für die Projektbesprechungen,
- die Bereitstellung von Medien wie Flipcharts und Metaplan-Wände etc.,
- die Zurverfügungstellung von IT-Hard- und -Software inkl. der Einrichtung eines Netzwerks.

Er plant den **Einsatz der Projektmitarbeiter** und **betreut sie**, insbesondere bei personellen Ressourcenkonflikten zwischen dem „Tagesgeschäft" und der Inanspruchnahme durch das laufende Projekt. Zur Mitarbeiterbetreuung zählt auch, dass er die richtige Balance zwischen enger Kontrolle und Selbstständigkeit der Projektmitarbeiter einhält. Nach außen hin **informiert** er den Auftraggeber und den Lenkungsausschuss über auftretende Risiken und Planabweichungen, er erstellt die Berichte für den Auftraggeber und das Controlling, **führt** eine **Projektakte** und erstellt einen Abschlussbericht.

Aufgaben der Projektmitarbeiter

Die Projektmitarbeiter führen die ihnen übertragenen projektbezogenen **(Teil-)Aufgaben eigenverantwortlich** aus. Weil das Projekt aus der Sicht der Personalressourcen arbeitsteilig strukturiert ist, hat jeder Mitarbeiter einen Aufgabenbereich, in dessen Rahmen er selbstständig Entscheidungen treffen muss. Hierfür trägt er dann die Verantwortung. Die Projektmitarbeiter halten zudem die **Arbeitsergebnisse schriftlich** fest und unterstützen so den Projektleiter bei der Projektdokumentation. Damit der Projektleiter für das Projekt-Controlling den Gesamtfortschritt des Projekts überwachen kann, geben die Projektmitarbeiter dem Projektleiter **Auskunft über den Arbeitsfortschritt**. So können bei Fehlentwicklungen oder Problemen, die den Projektverlauf negativ beeinflussen könnten, zeitnah Gegenmaßnahmen getroffen werden.
Bei fachlichen Problemen entwickeln alle Mitarbeiter im Rahmen der Projektbesprechungen schnelle **Lösungen im Team**.
In komplexeren Projektorganigrammen können durchaus auch Zwischenebenen eingezogen werden (Teil-Projektleiter, Verantwortliche Mitarbeiter für bestimmte Projektabschnitte).

1.6.3.3 Zusammenstellung der Projektgruppe

Ein notwendiges Kriterium für das Gelingen eines Projekts ist das Funktionieren der Projektgruppe. Bei der Zusammenstellung müssen geeignete Mitarbeiter ausgewählt werden. Dabei ist zu beachten, dass in Bezug auf die Anforderungen die benötigten **fachlichen und überfachlichen Kompetenzen** in der Gruppe vertreten sind. Der Projektleiter muss sich bei der Zusammenstellung des Projektteams die Frage stellen, welche Mitarbeiter zum Team gehören müssen, damit der Projektauftrag erfüllt werden kann. Hierbei orientiert sich der Projektleiter am **Anforderungsprofil** der Teilaufgaben. Er sucht hierfür Mitarbeiter mit einem passenden **Fähigkeitsprofil** aus. Als Auswahlkriterien dienen ihm die für das Projekt benötigten Kompetenzen.

Kompetenzen der Projektgruppe

Fachkompetenz

Bei der Auswahl der Mitglieder ist darauf zu achten, dass alle benötigten **fachlichen Qualifikationen** im Projektteam vorhanden sind. Punktuell benötigtes Spezialwissen kann über eine kurzfristige Konsultation von internen Spezialisten oder externen Beratern abgedeckt werden.

Sozialkompetenz

Von zentraler Bedeutung ist die Kooperationsfähigkeit der einzelnen Mitglieder. Sie müssen imstande sein, **gemeinsam** mit anderen erfolgsorientiert **am gleichen Ziel** zu arbeiten. Jedes Mitglied muss in der Lage sein, eigene **Interessen** zugunsten des gemeinsamen Ziels **zurückzustellen**. Von der Mehrheit getroffene **Entscheidungen müssen** von den Mitarbeitern **mitgetragen werden**, auch wenn sie eine andere Meinung haben.

Individualkompetenz

Bei der Individualkompetenz spricht man auch von **personaler Kompetenz.** Unter die Individualkompetenz fallen alle Fähigkeiten und Einstellungen, die in der einzelnen Person begründet liegen. Im Zusammenhang mit (privaten oder beruflichen) Anforderungssituationen ist zunächst die **Leistungsbereitschaft** zu nennen.
Ein Projektmitarbeiter muss in der Lage sein, sich **neuen Anforderungen** zu **stellen** und **problemlösend arbeiten** können. Dies ist insofern wichtig, als dass die Mitarbeit in einem Projekt eine Verkettung vieler Problemlösungsprozesse beinhaltet. Schließlich ist ein Projekt kein „eingeübter“ betrieblicher Standardprozess.
Zudem müssen Projektmitarbeiter **selbstständig arbeiten und eigenständig Entscheidungen treffen** können. Durch dieses eigenverantwortliche Arbeiten wird der Projektleiter entlastet. Letzteres wird natürlich vom Arbeitsklima und vom Führungsstil des Projektleiters, insbesondere im Zusammenhang mit dem Umgang von Fehlern, stark beeinflusst.

Exkurs: Kreativität

Eine wichtige Aufgabe der Projektgruppe ist die Festlegung der Einzelaufgaben, die zur Erreichung des Projektziels notwendig sind. Dies erfordert ein hohes Maß an Kreativität der Teammitglieder.

Merksatz
Kreativität ist die Fähigkeit, etwas zu erschaffen beziehungsweise Denkergebnisse hervorzubringen.

Die Zusammenstellung der Einzelaufgaben eines Projekts ist ein solches Denkergebnis und somit eine Kreativaufgabe. Kreativität bildet nicht nur im künstlerischen Bereich eine wichtige Grundlage, sondern bezieht sich auch auf technische Erfindungen und wissenschaftliche Entdeckungen. Kreativität ist die Folge eines **Kreativprozesses**, der einer festen Struktur und damit einem planbaren Ablauf folgt.

Zur Förderung des Kreativitätsprozesses müssen die individuellen Fähigkeiten, Fertigkeiten und Kenntnisse genutzt werden. So kann ein Erkenntnisgewinnungsprozess einsetzen, bei dem sich die Beiträge zu einem Gesamtergebnis ergänzen. Durch eine Arbeitsgruppe lässt sich einerseits die Anzahl der Ideen steigern. Andererseits kann, durch die Verschiedenheit der Perspektiven, auch manche abwegige Idee, die nicht zum Ziel führt, schneller erkannt und verworfen werden. Hierzu können sog. **Kreativitätstechniken** den Erkenntnisprozess unterstützen und fördern.

Methode 6 – 3 – 5

Bei der Methode 6 – 3 – 5 erhalten **6 Teilnehmer** jeweils ein Blatt Papier. Dieses wird in 18 Kästchen (**3 Spalten** und 6 Zeilen) unterteilt. Jeder Teilnehmer formuliert in der ersten Zeile drei Ideen (je Spalte eine). Nach drei bis fünf Minuten (je nach Komplexität der Problemstellung) wird das Blatt im Uhrzeigersinn an das nächste Gruppenmitglied weitergereicht. Diese Person soll versuchen, die bereits genannten Ideen als Denkimpuls aufzugreifen, zu ergänzen und weiterzuentwickeln. Die „5“ ergibt sich aus dem **5-maligen Weiterreichen** des Blatts. Am Ende des Durchlaufs ergeben sich 6 Teilnehmer × 3 Ideen × 6 Zeilen = 108 Ideen.

Brainstorming

„Beim Brainstorming wird zunächst ein Thema oder eine Aufgabe schriftlich festgehalten. Nun sammelt jeder Teilnehmer bzw. jede Gruppe in einer vorgegebenen Zeit (5–15 Min. sind sinnvoll) alle Begriffe und Ideen, die spontan einfallen, und notiert diese auf einem Blatt, einer Karte, der Tafel oder einem Flipchart. Die Begriffe sollen jederzeit von allen Beteiligten gesehen werden können. Das Brainstorming arbeitet nach dem **Prinzip der freien Assoziation**, dabei gilt: Je mehr Ideen und Begriffe in der vorgegebenen Zeit gesammelt werden können, desto besser. Die Anzahl der Ideen hängt jedoch nur bedingt mit ihrer späteren Verwertbarkeit zusammen. Vielmehr ist es wichtig, **alle** Ideen zunächst zu sammeln und anschließend zu ordnen, damit sie weiterentwickelt werden können. Nicht die Qualität der Begriffe, sondern die Quantität spielt zunächst die entscheidende Rolle. Die knapp bemessene Zeit soll ermöglichen, dass quasi ein ‚Gedankensturm‘ entfacht wird, dessen Ideen schnell festgehalten werden müssen, damit sie nicht wieder verwehen. In dieser ersten unreflektierten Sammelphase ist es unzulässig, Ideen zu verwerfen, diese bereits zu ordnen oder die Ideen der anderen zu kommentieren oder zu beurteilen.“

Quelle: Beste, Johannes/Werth, Daniela/Reif, Christian/vom Hove, Nicole: Medien gestalten, 4. Auflage, Bildungsverlag EINS, Köln, 2017, S. 184

Beispiel

Brainstorming zum Thema „Unterricht“

Methoden Inhalte Tafel Unterrichtsgespräch
Gruppenarbeit Lehrervortrag Übungsphase Reflexion
Einzelarbeit Klassenarbeit Hausaufgaben Unterrichtseinstieg
Projektor Beamer Motivation Leistungsbewertung
Klassenbuch Langeweile Präsentation
Unterrichtsphasen Erarbeitung

Man kann dann in einem zweiten Schritt die Begriffe strukturieren. Das heißt, man bildet Oberbegriffe und schafft so inhaltliche Zuordnungen. Die Oberbegriffe können bereits im Brainstorming genannt sein, oder man ergänzt diese im Anschluss.

Weiterführung des Beispiels

Unterrichtsphasen	Sozialformen	Medien	......
Einstieg	Lehrervortrag	Tafel	
Erarbeitung	Einzelarbeit	Beamer	
Reflexion	Gruppenarbeit	Overhead	

Die Oberbegriffe „**Sozialformen**" und „**Medien**" wurden hier im Nachhinein gebildet.

Mind-Mapping
„Ende der 1960er-Jahre erfand der britische Gehirnforscher Tony Buzan die Mind-Mapping-Methode. Diese bietet die Möglichkeit, zuvor gesammelte Inhalte durch die Verknüpfung von Bildern und Text zu organisieren, zu ordnen und zu strukturieren.

Das Prinzip
In die Mitte, quasi als Wurzel oder Stamm, wird das Thema notiert. Vom Stamm gehen nun verschiedene Äste aus. Diese beschreiben die Unterthemen, die zum Bereich des Hauptthemas gehören. Jedem Unterast können nun weitere Verzweigungen zugeordnet werden, die das jeweilige Unterthema noch näher beschreiben. Wenn Verbindungen verschiedener Unterthemen bestehen, die einem anderen Hauptthema zugeordnet sind, können auch diese durch einen Ast kenntlich gemacht werden. Eine visuelle Strukturierung der einzelnen Gliederungsebenen durch den Einsatz von Farben ist sinnvoll und gewünscht, um den Betrachter in der Wahrnehmung zu unterstützen. Ebenso trägt das Hinzufügen von Bildern oder Skizzen zu einer stärkeren Visualisierung bei."

Quelle: Beste, Johannes/Werth, Daniela/Reif, Christian/vom Hove, Nicole: Medien gestalten, 4. Auflage, Bildungsverlag EINS, Köln, 2017, S. 187

Beispiel
Mindmap zum Thema „Planung eines Skikurses"

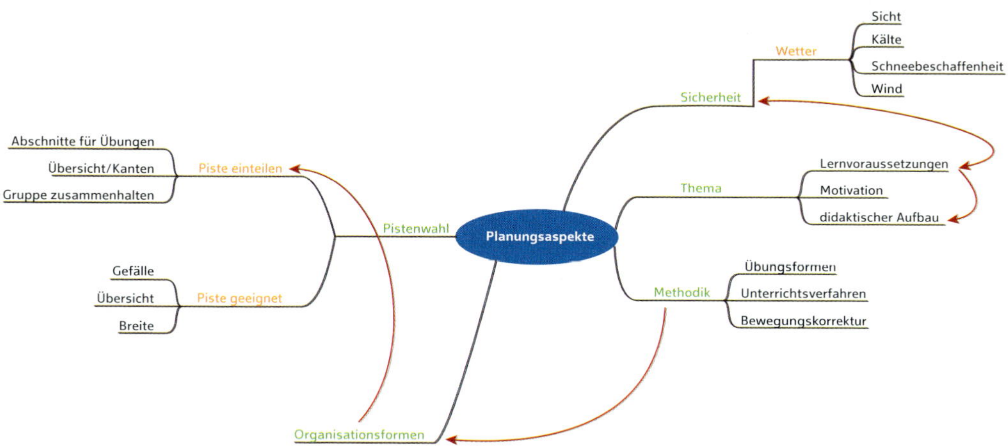

1.7 Projektstrukturplan

Der Projektstrukturplan ordnet zunächst die einzelnen **Teilaufgaben**, die im Rahmen der Projektdurchführung erledigt werden müssen, den **Hauptaufgaben** zu. Die Hauptaufgaben bilden Aufgabenfelder, die aus gleichartigen Teilaufgaben bestehen. Die Gliederung wird auf diese Weise durch den **inhaltlichen Zusammenhang** der Teilaufgaben bestimmt. Sie liefert deshalb keine Aussage über den chronologischen Ablauf, also die Reihenfolge der zu erledigenden Teilaufgaben. Bei Anwendung der Kreativmethoden Brainstorming und Mind-Mapping, in denen ja bereits die Strukturierung während der Ideensammlung stattfindet, entsteht der Projektstrukturplan quasi in einem Schritt.

Beispiel
Planung einer Klassenfahrt

Planung	Organisation	Information, Antrag	Abfahrt
Ziele festlegen	Unterkunft anfragen	Infoabend Eltern, Anmeldung	Information Abfahrtszeit und -ort
Termin, Ort festlegen	Anreise organisieren	Beantragung Schulleitung	
Planung des Wochenablaufs	Gesamtpreis kalkulieren		

1.8 Aufgabenliste

Die Aufgabenliste zeigt, in welchem **chronologischen Zusammenhang** die einzelnen Aufgaben stehen. Es müssen Vorgänger- und Nachfolgeaufgaben innerhalb des Gesamtprojekts festgelegt werden. Dem liegt zugrunde, dass bestimmte Teilaufgaben erst *nach* der Erledigung bestimmter Vorgängeraufgaben ausgeführt werden können. Die Aufgabenliste dient somit der Planung der richtigen **Reihenfolge der Aufgaben** untereinander.

Weiterführung des Beispiels

Nr.	Aufgabe	Vorgänger	Dauer in Tagen
1	Ziele festlegen		1
2	Termin und Ort festlegen	1	10
3	Unterkunft anfragen	2	20
4	Anreise organisieren	2	15
5	Gesamtpreis kalkulieren	3, 4	2

Nr.	Aufgabe	Vorgänger	Dauer in Tagen
6	Infoabend Eltern, Anmeldung	5	1
7	Planung des Wochenablaufs	6	8
8	Genehmigung Schulleitung	6	5
9	Information Abfahrtszeit und -ort	8	1

1.9 Projektkalkulation

Was die Kalkulation eines Projekts, im Gegensatz zu den betrieblichen Standardprozessen, schwierig macht, ist zunächst die vergleichsweise große Komplexität. Zum anderen weist ein Projekt, wie oben bereits dargestellt, das Merkmal auf, dass es zuvor noch nicht ausgeführt worden ist. Man hat somit häufig nur wenig Vorerfahrungen oder Kalkulationsbausteine aus bereits durchgeführten Leistungen, auf die man zurückgreifen könnte. Das erschwert die Kalkulation erheblich, weil Dauer und Umfang sowie die benötigten Ressourcen teilweise nur abgeschätzt werden können.
Bei **internen Projekten** kommt hinzu, dass der Verbrauch innerbetrieblicher Ressourcen ermittelt werden muss. Diese sind in der Regel nicht unmittelbar als Ausgabe erkennbar. Trotzdem werden ja Mitarbeiter, Betriebsmittel und Räumlichkeiten beansprucht, die, würden sie nicht in der Projektdurchführung gebunden sein, anderweitig eingesetzt werden können.
Eine gängige Methode für die innerbetriebliche Leistung ist die **Verrechnungssatzkalkulation**. Hierbei wird die Dauer der einzelnen zu erledigenden Aufgaben geschätzt und mit einem Stundensatz multipliziert. Der Stundensatz setzt sich dabei aus den Personalkosten des Mitarbeiters und Gemeinkosten des Arbeitsplatzes zusammen. Des Weiteren werden die Kosten für die benötigten Fremdleistungen ermittelt. Aus dieser Summe errechnen sich dann die Kosten des Projekts.

Beispiel
Kosten eines Arbeitsplatzes (Entgelt + Gemeinkosten): 50,00 €/Stunde (Mitarbeiter) bzw. 55,00 €/ Stunde (Projektleiter)
Anzahl der Mitarbeiter, die mit dem Projekt befasst sind: 6, davon ein Projektleiter
Geschätzte Bearbeitungsdauer inkl. Besprechungen:

- *je Mitarbeiter: 30 Stunden*
- *Projektleiter: 50 Stunden*

Kalkulation:

Mitarbeiter: 150 Personenstunden · 50,00 €/Std.	*= 7 500,00 €*
+ Projektleiter: 50 Personenstunden · 55,00 €/Std.	*= 2 250,00 €*
= Gesamtkosten des Projekts	*9 750,00 €*

Am Ende des Projekts sollte eine Nachkalkulation der Kosten durchgeführt werden. Zum einen müssen für das Controlling die real angefallenen Kosten ermittelt werden. Zum anderen können so die gewonnenen Erfahrungswerte genutzt werden. Bei einer

wiederholten Durchführung des Auftrags (der ja dann kein Projekt mehr darstellt) können so die zu kalkulierenden Kosten genauer bestimmt werden.
Hierzu müssen die Mitarbeiter die Arbeitsstunden dokumentieren, die sie für das Projekt im Einsatz waren, denn häufig sind die einzelnen Personen des Projektteams nicht mit ihrer gesamten Arbeitszeit mit dem Projekt befasst und erledigen „nebenbei" noch das Tagesgeschäft (siehe Stablinienorganisation in Kap. 1.6.3.1).

1.10 Koordination des Projektablaufs

Um die betrieblichen und externen Ressourcen (Personal, technische Kapazitäten, Fremdleistungen) planen zu können sowie den Ablauf des Projekts zu optimieren, muss nach der Erstellung der Aufgabenliste das Projektteam einen Überblick darüber erhalten,

- zu welchem Zeitpunkt ein Arbeitsschritt begonnen werden muss,
- zu welchem Zeitpunkt ein Arbeitsschritt beendet sein muss, damit ein anderer Arbeitsschritt beginnen kann,
- wo ggf. Puffer- oder Leerlaufzeiten vorhanden sind,
- wann das Projekt beendet ist.

1.10.1 Netzplan

Eine Methode zur Visualisierung dieser Informationen ist der sog. **Netzplan**. Dieser wird auf der Basis der **Aufgabenliste** erstellt.

Beispiel eines Netzplans (bezogen auf das Projekt „Planung einer Klassenfahrt")

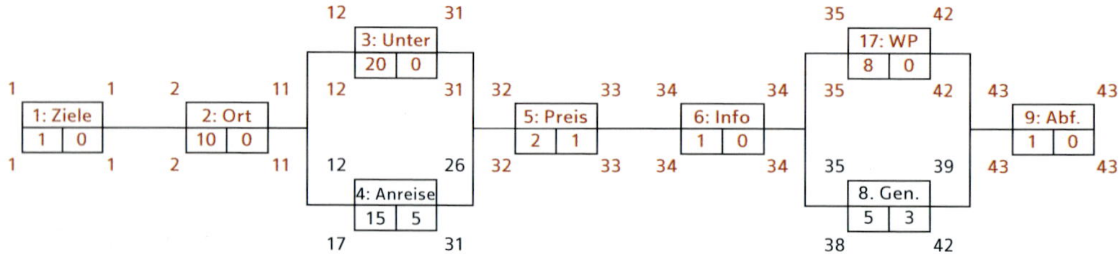

Erläuterungen zum Netzplan
Eine Aufgabe wird in einem Feld dargestellt, das verschiedene Informationen enthält:

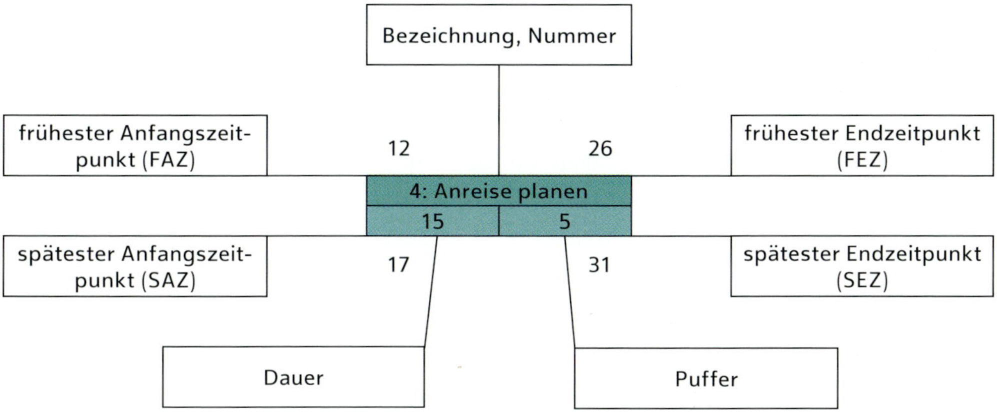

Die jeweiligen Berechnungsbeispiele basieren auf dem im Beispiel dargestellten Netzplan. Machen Sie sich deshalb die Erläuterungen immer wieder an diesem deutlich.

FAZ – Frühester Anfangszeitpunkt

Der **früheste Anfangszeitpunkt** ist der früheste Zeitpunkt, an dem die Aufgabe begonnen werden kann, gerechnet vom **Anfangszeitpunkt** des Projekts. Der Beginn der Aufgabe ist dabei abhängig von der Erledigung vorhergehender Aufgaben. Die **Dauer** bezeichnet die geschätzte Zeitspanne, innerhalb derer die jeweilige Aufgabe bearbeitet wird. Der FAZ berechnet sich wie folgt:

Formel

FAZ = FAZ der Vorgängeraufgabe + Dauer der Vorgängeraufgabe
oder
FAZ = FEZ (frühester Endzeitpunkt) der Vorgängeraufgabe + 1

Beispiel
(Der Index hinter der jeweiligen Abkürzung bezeichnet die Nummer der Aufgabe des Klassenfahrt-Beispiels.)

$FAZ_2 = FAZ_1 + Dauer_1$
$\Leftrightarrow FAZ_2 = 1 + 1$
$\Leftrightarrow FAZ_2 = 2.\ Tag$

$FAZ_2 = FEZ_1 + 1$
$\Leftrightarrow FAZ_2 = 1 + 1$
$\Leftrightarrow FAZ_2 = 2.\ Tag$

FEZ – Frühester Endzeitpunkt

Der **früheste Endzeitpunkt** ist der Zeitpunkt, an dem eine Aufgabe frühestens beendet sein kann. Der früheste Endzeitpunkt berechnet sich aus dem frühesten Anfangszeitpunkt, addiert mit der Dauer der Aufgabe. Da am Tag des FAZ bereits einen Tag an der Aufgabe gearbeitet wird, muss man die Dauer um einen Tag, also diesen Wert 1 (= 1 Tag), vermindern.

Formel

FEZ = FAZ + (Dauer – 1)

Beispiel

FEZ_3 = 12 + (20 – 1)

⇔ FEZ_3 = 31. Tag

(Die Klammern wurden hier nur zur Verdeutlichung gesetzt.)

Im fachlichen Kontext

Man findet in der Literatur auch die Variante, dass mit dem FEZ **der jeweils folgende Arbeitstag** gemeint ist, an dem dann (morgens) die Arbeit an der Folgeaufgabe beginnt. Die Fertigstellung der Vorgängeraufgabe ist dann gewissermaßen an dem Tag fällig, an dem die Nachfolgeaufgabe beginnt. Der FEZ selbst stellt in diesem Falle keinen Arbeitstag mehr dar, an dem noch an der Aufgabe gearbeitet wird. Bei dieser Variante würde man bei der Berechnung somit *nicht* die Zahl 1 von der Dauer der Aufgabe subtrahieren. Der FEZ der Vorgängeraufgabe wäre hier im Netzplan gleich dem FAZ der Nachfolgeaufgabe.

Die Notwendigkeit der FEZ-Berechnung zeigt sich insbesondere bei parallel zu bearbeitenden Aufgaben, die *beide* vor dem Arbeitsbeginn der Folgeaufgabe fertiggestellt sein müssen. Hier bestimmt die Aufgabe oder Aufgabenfolge mit dem **späteren FEZ** den FAZ der Folgeaufgabe.

Beispiel

Vor Beginn der Aufgabe 5 müssen die Aufgaben 3 und 4 erledigt werden.

FEZ_3: 31. Tag

FEZ_4: 26. Tag

FAZ_5: 32. Tag

Rückwärtsterminierung

Da das Projekt aus einer Reihe hintereinander geschalteter Aufgaben besteht, muss man für die Ermittlung der spätesten Endzeitpunkte (SEZ) und der spätesten Anfangszeitpunkte (SAZ) eine sog. **Rückwärtsterminierung** durchführen. Das bedeutet, dass man zunächst den **SEZ des Gesamtprojekts anhand der letzten Aufgabe** festlegt.
Geht man davon aus, dass die letzte Aufgabe des Projekts idealerweise am FEZ erledigt sein soll, ist der **FEZ der letzten Aufgabe gleich ihrem SEZ**, im Klassenfahrt-Beispiel der 43. Tag, denn an diesem Tag ist ja die Abreise. Auf der Basis dieses SEZ legt man dann den **spätesten Anfangszeitpunkt** (SAZ) fest, indem man vom SEZ die Dauer der letzten Aufgabe abzieht.

SAZ – Spätester Anfangszeitpunkt

Der **späteste Anfangszeitpunkt** einer Aufgabe ist der Zeitpunkt, an dem eine Aufgabe spätestens begonnen werden muss, damit sie zum SEZ fertiggestellt ist. Ein späterer Anfangszeitpunkt würde den SEZ hinauszögern und somit zu einer Verzögerung des Gesamtprojekts führen.

Formel

SAZ = SEZ der gleichen Aufgabe – (Dauer – 1)

Beispiel

Der SAZ von Aufgabe 9 berechnet sich wie folgt:

$SAZ_9 = SEZ_9 - (Dauer - 1)$

$\Leftrightarrow SAZ_9 = 43 - (1 - 1)$

$\Leftrightarrow SAZ_9 = 43.$ *Tag*

Der SAZ der jeweiligen Aufgabe zählt hier wieder als Arbeitstag mit, sodass von der Dauer die Zahl 1 (= 1 Tag) subtrahiert werden muss.

SEZ – Spätester Endzeitpunkt

Nun können die SEZ der weiteren Vorgängeraufgaben ermittelt werden. Der **späteste Endzeitpunkt** ist der Zeitpunkt, an dem eine Aufgabe spätestens beendet sein muss, damit sich der Beginn der Folgeaufgaben nicht verzögert.

Formel

SEZ = SAZ der Nachfolgeaufgabe – 1 Tag

Beispiel

$SEZ_5 = SAZ_6 - 1$

$\Leftrightarrow SEZ_5 = 34 - 1$

$\Leftrightarrow SEZ_5 = 33.$ *Tag*

Bei mehr als einer Nachfolgeaufgabe wird für die Festlegung des SEZ der Vorgängeraufgabe **der jeweils frühere** SAZ der Nachfolgeaufgaben ausgewählt.

Beispiel

SAZ_7: *35. Tag*

SAZ_8: *38. Tag*

SEZ_6: *34. Tag*

Weil die Aufgabe 7 länger dauert als die Aufgabe 8, *muss* sie am 35. Tag begonnen werden, sonst kann die Aufgabe 9 nicht zum geplanten Zeitpunkt (gemäß Netzplan der 43. Tag) beginnen. Deshalb muss der SEZ der Aufgabe 6 der 34. Tag sein.

Puffer

Der **Puffer** ist die Dauer, um den sich eine Aufgabe verzögern könnte, ohne dass sich die Gesamtdauer des Projekts verzögert. Ein Puffer ist ein Zeitpolster zwischen dem FEZ und dem SEZ, das sich dadurch ergibt, dass andere parallel zu bearbeitende Aufgaben mehr Bearbeitungszeit benötigen.

Formel

Puffer = SEZ – FEZ

Beispiel
$Puffer_4 = SEZ_4 - FEZ_4$
$Puffer_4 = 5$ Tage

Meilensteine

Für bestimmte Phasen eines Projekts werden im Netzplan sog. **Meilensteine** gesetzt. Diese Meilensteine kennzeichnen Abschnitte innerhalb eines Projekts.

Merksatz
Meilensteine sind in der Projektplanung und Überwachung Schlüsselereignisse, die zur Fortsetzung des Projektablaufs erreicht werden müssen.
Ein **Anfangsmeilenstein** kennzeichnet den Beginn einer oder mehrerer Aufgaben, die keinen Vorgänger haben.
Ein **Endmeilenstein** kennzeichnet das Ende einer oder mehrerer Aufgaben, die keinen Nachfolger haben.
Der **Binnen-Meilenstein** wird dann gesetzt, wenn mehrere Teilaufgaben beendet sein müssen, damit ein neuer Abschnitt des Projekts begonnen werden kann.

Beispiele
Ein Richtfest kennzeichnet die Beendigung mehrerer Aufgaben bei einem Hausbau. Erst nach dem Richtfest können weitere Arbeiten durchgeführt werden. Insofern ist ein Richtfest ein Meilenstein.
Der Elternabend, an dem die Eltern über die Klassenfahrt informiert werden, stellt ebenfalls einen Meilenstein dar, weil zuvor alle Informationen recherchiert werden müssen. Danach erst können die genauen Anmeldezahlen für die Beantragung der Fahrt ermittelt werden.

Kritischer Pfad

Der **kritische Pfad** verläuft durch die Aufgaben, die **keinen Puffer** haben. Eine Verzögerung dieser Aufgaben hat eine Verzögerung des gesamten Projekts zur Folge. Im Netzplanbeispiel verläuft der kritische Pfad durch die Aufgaben **1 – 2 – 3 – 5 – 6 – 7 – 9**.

Vor- und Nachteile der Netzplantechnik

Vorteile der Netzplantechnik	Nachteile der Netzplantechnik
• detaillierte Darstellung des Projektablaufs inkl. kritischem Pfad • der Zwang zum Durchdenken des Projekts und Erkennen von Abhängigkeiten • das Aufdecken von Engpässen (kritischer Pfad) und Reserven (Puffer) • regelmäßige Fortschrittskontrolle • exakte Terminplanung möglich • benötigte personelle und materielle Ressourcen können rechtzeitig beschafft werden	• abstrakte Darstellung • hohe Informationsdichte: Zusammenhänge und Details sind nicht immer sofort auf den ersten Blick erfassbar

1.10.2 Gantt-Diagramm

Eine weitere Möglichkeit der Planung und Visualisierung des zeitlichen Ablaufs eines Projekts ist das sog. **Gantt-Diagramm**. Es ist benannt nach dem Unternehmensberater Henry L. Gantt (1861–1919). Das Gantt-Diagramm wird häufig in der Industrie zur Produktionsplanung, genauer zur Planung der Maschinenbelegung, genutzt. Diese Methode eignet sich jedoch auch für die Terminierung der Einzelaufgaben eines Projekts.

Beispiel eines Gantt-Diagramms (bezogen auf das Projekt „Planung einer Klassenfahrt")

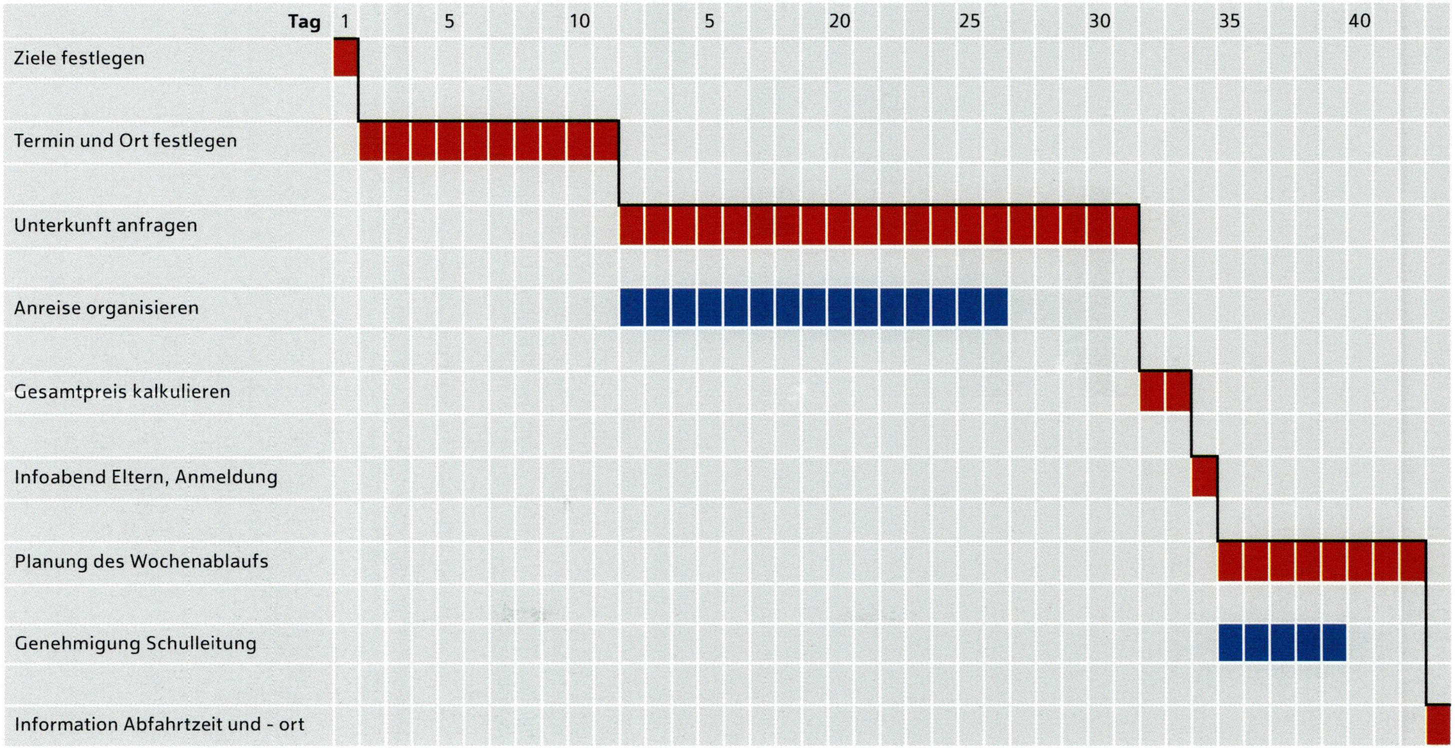

Das Gantt-Diagramm wird auf dem Raster einer Tabelle angelegt. Die Aufgaben werden in die erste Spalte der Tabelle eingetragen. In der oberen Zeile wird die Zeitachse dargestellt. Die einzelnen Aufgaben werden dann in den jeweiligen Zeilen mit einem waagerechten Balken visualisiert. Je länger der Balken ist, desto länger dauert die Aufgabe. Gleichzeitig zu bearbeitende Aktivitäten werden durch parallel verlaufende Balken dargestellt. Falls bei einer Aufgabe eine direkte Beziehung zu einer Nachfolgeaufgabe hergestellt werden soll, so kann man dies zusätzlich mit einem Pfeil verdeutlichen.

Beispiel

Die Aufgaben 3, 4 und 5, 6 werden parallel bearbeitet. Dabei folgen die Aufgabe 5 auf 3 und Aufgabe 6 auf 4. Danach beginnt erst die Aufgabe 7.

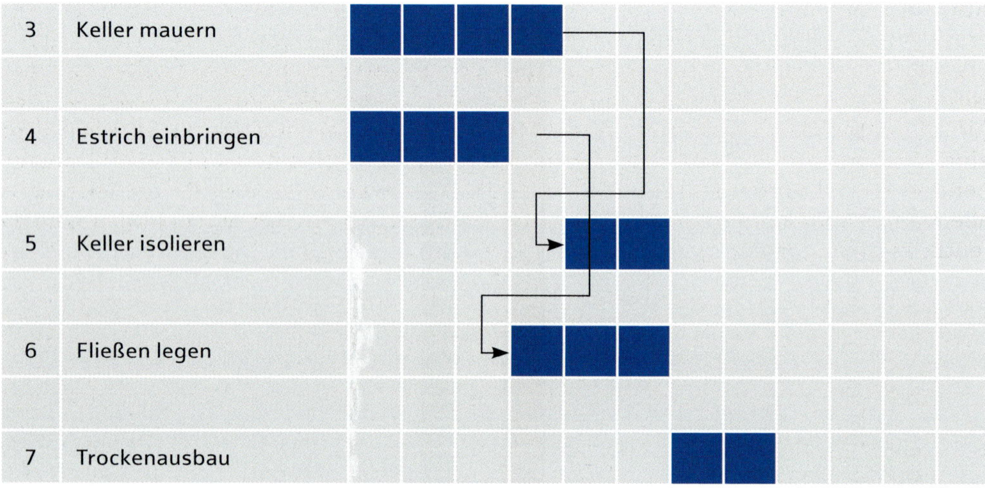

Der kritische Pfad verläuft in einem Gantt-Diagramm immer an den Aufgaben mit der längsten Bearbeitungsdauer entlang. Im Beispiel der Klassenfahrt ist der kritische Pfad mit der fett gedruckten Linie gekennzeichnet. Die Aufgaben des kritischen Pfads sind rot gekennzeichnet.

Vor- und Nachteile des Gantt-Diagramms

Vorteile des Gantt-Diagramms	Nachteile des Gantt-Diagramms
• Übersichtliche Darstellung durch Visualisierung der Bearbeitungsdauer durch Balken • Die Darstellung der Zeitachse ermöglicht eine schnelle optische Erfassung der zeitlichen Dimensionen der Aufgaben. • Der kritische Pfad wird sichtbar.	• Bei komplexen Projekten mit vielen Aufgaben bekommt die Tabelle sehr viele Zeilen. • Die Beziehung von Aufgaben (Vorgänger – Nachfolger) ist aufwändig und bei zunehmender Aufgabenzahl unübersichtlich.

2 Projekte dokumentieren

Fortsetzung der Arbeitsaufträge

7. Dokumentieren Sie fortlaufend den Projektfortschritt, indem jeder mit einer Teilaufgabe befasste Projektmitarbeiter regelmäßig über den Bearbeitungsstand einen Statusbericht anfertigt. Tauschen Sie die Statusberichte in Besprechungen aus und finden Sie gemeinsam Lösungen bei Problemen im Arbeitsfortschritt.

Während eines Projekts muss der Projektleiter jederzeit in der Lage sein, dem Auftraggeber und dem Lenkungsausschuss über den Projektfortschritt Bericht erstatten zu können. Auch die einzelnen Mitglieder des Projektteams sollten Kenntnis hierüber haben. Hierzu werden regelmäßig **Statusberichte** angefertigt. In ihnen wird der Fortschritt der einzelnen Teilaufgaben des Projekts dokumentiert. So wird für alle Beteiligten transparent gemacht, wer woran gerade arbeitet oder wie weit eine Aufgabe fortgeschritten ist. Zudem werden Fälligkeitsdaten und die noch anstehenden Aufgaben dargestellt. Die Statusberichte werden an den Projektleiter und alle weiteren Stakeholder verteilt. Sie stellen die Grundlage für regelmäßig abzuhaltende Teambesprechungen dar.

Aufbau und Inhalte eines Statusberichts[1]
Eine Vorlage finden Sie in BuchPlusWeb.

Aufgabe				
Stand der Leistungen:				
Projektfortschritt – Erledigte Teilaufgaben seit dem letztem Statusbericht:				
Soll-Daten laut Plan	**Ist-Daten am Stichtag**	**Status**	**Prognose**	**Maßnahme**
Soll-Anfangs-/ Endtermin	Ist-Anfangs-/ Endtermin	besser als Plan/ im Plan/in Verzug	Datum Fertig-stellungstermin	Zusatz-ressourcen
Soll-Aufwand (Arbeit)	Ist-Aufwand	besser als Plan/ im Plan/höher	Umfang Restaufwand/ weniger Aufwand	Vereinfachungen, Verringerung der Quantität
Soll-Kosten	Ist-Kosten	niedriger als Plan/im Plan/ höher	hohe Restkosten/hohe Einsparung	Maßnahmen zur Kostensenkung

[1] *Quelle: Vgl. Erichsen, Karin/Samberg, Ulrich/Felten, Klaus: Basiswissen Projektmanagement. Skript zur Lehrveranstaltung an der FH Kiel im WS 1999/2000, S. 38, unter: http://schillerschule.ni.lo-net2.de/schillerpower/.ws_gen/3/Organisation.pdf, zuletzt abgerufen am 26.10.2017*

3 Projekte abschließen

Fortsetzung der Arbeitsaufträge

8. *Präsentieren Sie Ihr Ergebnis einschließlich der geplanten Aktionen am Eröffnungstag. Wählen Sie zur Visualisierung geeignete Medien und Darstellungsweisen.*

9. *Evaluieren Sie das Projekt, indem Sie den Arbeitsprozess und die Zielerreichung bewerten. Formulieren Sie ggf. Optimierungsvorschläge. Erstellen Sie hierfür einen Evaluationsbogen. Entwickeln Sie im Vorfeld hierfür geeignete Kriterien und Indikatoren.*

10. *Die Geschäftsführung will für die Durchführung weiterer Neueröffnungsveranstaltungen die Kosten der Planung dokumentieren. Erstellen Sie deshalb eine Nachkalkulation für das Projekt, indem Sie Arbeitsumfang in Form der angefallenen Mitarbeiterstunden tabellarisch mit Datum festhalten. Legen Sie für die Ermittlung der Gesamtkosten einen Stundensatz von 40,00 € je Mitarbeiter zugrunde. Berücksichtigen Sie dabei auch die Fremdleistungen für Werbung und die Leistungen am Eröffnungstag. Greifen Sie für die Kalkulation auf die Inhalte aus Kapitel 1.9 Projektkalkulation zurück.*

Während der Durchführung haben die Stakeholder auf der Auftragnehmerseite Eindrücke gesammelt, Erfahrungen gemacht, Fehler erkannt und (idealerweise) korrigiert. Man hat ein Ergebnis erzielt und muss es nun an den Anforderungen messen. Im Rahmen der Projektdurchführung hat somit ein **Lernprozess** stattgefunden. Damit für weitere Aufträge und Projekte die Prozesse optimiert werden können, muss eine Projektevaluation stattfinden.

Merksatz
Die **Evaluation** oder **Evaluierung** (von lat. *valere* = gesund, stark, geeignet sein; vermögen; gelten) umfasst allgemein die Beschreibung, Analyse und Bewertung von Projekten, Prozessen oder Organisationseinheiten. Hierbei können der Verlauf und das Ergebnis einbezogen werden.

Es müssen somit das *Was* (Projektziele) und das *Wie* (Arbeitsprozesse) reflektiert und bewertet werden.

3.1 Die Sache – Evaluation des „Was"

Bei gut quantifizierbaren Kriterien fällt die Evaluation der Ziele leicht.

Beispiel
Nehmen wir unser obiges Beispiel zum **Bau eines Einfamilienhauses:**

- *Sachziel: Schlüsselfertige Erstellung eines Einfamilienhauses*
- *Kostenziel: Gesamtbudget: 520 000,00 € netto*
- *Terminziel: Einzug: 07.04.2013*

So kann man schnell prüfen, ob das Haus termingerecht, mängelfrei und mit dem vorgegebenen Budget erstellt wurde.
Bei weniger gut quantifizierbaren (durch Zahlen messbaren) Zielen muss man vor der Projektdurchführung (beobachtbare) **Indikatoren** aufstellen, um den Erfolg zu bewerten.

Beispiel
Bewertung der Zielerreichung der Klassenfahrt:

Ziele zur	Indikator: Die Schüler
Sozialkompetenz	• geben Mitschülern Hilfe auf der Piste • unterstützen sich gegenseitig im Lernprozess • kommunizieren wertschätzend untereinander
motorische Kompetenz	• bewältigen sicher mittelschwere Skipisten • führen die Ski weitgehend parallel
Individualkompetenz	• üben kontinuierlich und zielstrebig • nehmen regelmäßig am Skikurs teil

3.2 Der Weg – Evaluation des „Wie“

In Bezug auf das „Wie“ sind die Prozesse zu evaluieren. Hier werden Merkmale betrachtet wie die **Qualität der Zusammenarbeit** und das **Funktionieren der Kommunikation** innerhalb der Stakeholder des Projekts. Es wird reflektiert, ob die benötigten Kompetenzen im Projektteam vorhanden und ob die Ressourcen ausreichend waren. Es geht daher sowohl um fachliche Aspekte als auch um die Zusammenarbeit in der Projektgruppe. Da es bei der Evaluation außerdem um Controlling geht, sollte auf einem Evaluationsbogen auch direkt die Möglichkeit gegeben sein, Verbesserungsvorschläge zu machen.

Beispiel
Mögliche Fragen, die bezüglich des Prozesses zu stellen sind:

Fragen	Konkrete Situation	Verbesserungsvorschlag
Waren die Ressourcen (personell, materiell) ausreichend?		
Hat die Kommunikation im Projektteam funktioniert und wo gab es ggf. Schwachstellen oder Probleme?		
Gab es Konflikte (fachlicher/persönlicher Art) und wo lagen die Gründe hierfür?		

Fragen	Konkrete Situation	Verbesserungsvorschlag
Waren die (Teil-)Aufgaben fachlich angemessen? Gab es fachliche Überforderungen?		
War die Quantität der Arbeitspakete angemessen? War die Arbeit „gerecht“ verteilt?		
War das Arbeitsklima in den Teamsitzungen konstruktiv?		
Wurde mit Fehlern konstruktiv umgegangen oder musste man Angst haben, Fehler zu machen?		
etc.		

Man kann den Bogen auch noch um eine Spalte erweitern, in der eine Bewertung der einzelnen Aspekte erfolgt, beispielsweise mit den Zeichen + / o / –. Die Fragen können dann als Aussagen formuliert werden.

Beispiele

Aussage	Bewertung (+ / o / –)	Verbesserungsvorschlag
Das Arbeitsvolumen war gerecht verteilt.		

Aussage	Trifft zu	Trifft teilweise zu	Trifft nicht zu	Verbesserungsvorschlag
Das Arbeitsvolumen war gerecht verteilt.				

Hier gibt es keine formalen Vorschriften. Alle Alternativen sind erlaubt, solange sie die notwendigen Informationen liefern.

3.3 Abschlussbericht[1]

Nachdem alle zum Projekt gehörenden Aufgaben beendet sind, erstellt der Projektleiter den **Projektabschlussbericht.** Dieser dient hauptsächlich dazu, den Lernzuwachs durch die im Projektverlauf gesammelten Erfahrungen zu sichern, damit nachfolgende Projekte davon profitieren können. Auch eine **Nachkalkulation** muss angefertigt werden, damit für nachfolgende Projekte Erfahrungswerte für den Kostenrahmen geschaffen werden können. Es werden also alle **Ist-Kosten** des innerbetrieblichen Personaleinsatzes und der bezogenen Fremdleistungen den **Soll-Kosten** der Vorkalkulation gegenübergestellt. Die Abweichungen werden entsprechend analysiert. Des Weiteren enthält der Abschlussbericht **Angaben über die Zielerreichung**, die durchgeführte Evaluation und weitere Unterlagen, die im Prozess angefallen sind, wie

- den Projektauftrag,
- die Statusberichte,
- Anfragen, Auftragsbestätigungen und Rechnungen von Fremdleistungen und
- Ablaufplanungen (Netzplan, Gantt-Diagramm).

Das **Inhaltsverzeichnis** eines Abschlussberichts hat somit folgende **Mindest-Anforderung:**

Projektauftrag

Zielerreichung

- Sachziel
- Terminziel
- Kostenziel

Kalkulation

- Vorkalkulation
- Nachkalkulation

weitere Planungsunterlagen

- z. B.: Netzplan, Gantt-Diagramm

Statusberichte

Fremdleistungen

- Anfragen
- Auftragsbestätigungen
- Rechnungen

Evaluation

---

[1] *Quelle: Vgl. Erichsen, Karin/Samberg, Ulrich/Felten, Klaus: Basiswissen Projektmanagement. Skript zur Lehrveranstaltung an der FH Kiel im WS 1999/2000, S. 44, unter: http://schillerschule.ni.lo-net2.de/schillerpower/.ws_gen/3/Organisation.pdf, zuletzt abgerufen am 26.10.2017*

Zusammenfassung

- **Merkmale eines Projekts:**
  - Ein Projekt verfolgt ein vorgegebenes Ziel.
  - Ein Projekt ist einmalig.
  - Ein Projekt hat einen Anfangs- und Endzeitpunkt.
  - Ein Projekt ist komplex.
  - Ein Projekt unterliegt begrenzten Ressourcen.
- **Projektarten:**

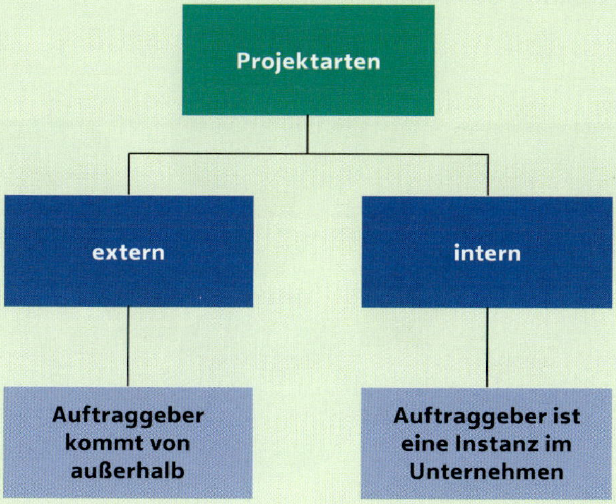

- **Projektphasen:**

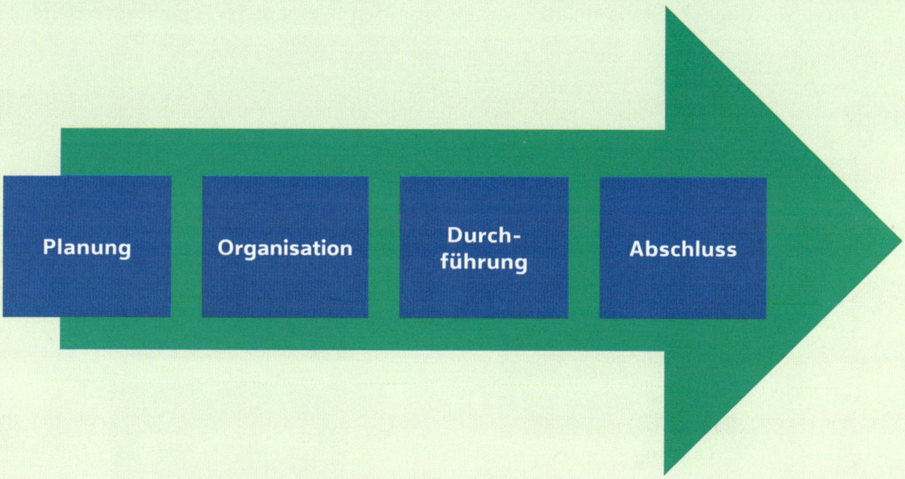

- **Festlegung der Leistungen:**

Lastenheft	– Legt die Anforderungen an das Projektergebnis fest.
Pflichtenheft	– Legt konkrete Leistungen fest, mit denen die Anforderungen erfüllt werden.

- **Zusammenstellung des Projektteams:**

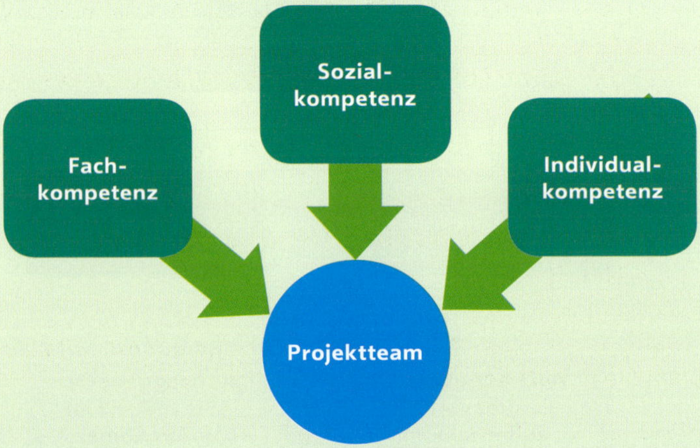

- **Projektkalkulation:**

Eigenleistung	Stundensatz · Arbeitsstunden · Anzahl der Projektmitarbeiter
Fremdleistung	+ Kosten externe Personen, externe Sach- und Dienstleistungen
Summe	= Gesamtkosten

- **Koordination der Termine und des Ressourceneinsatzes:**

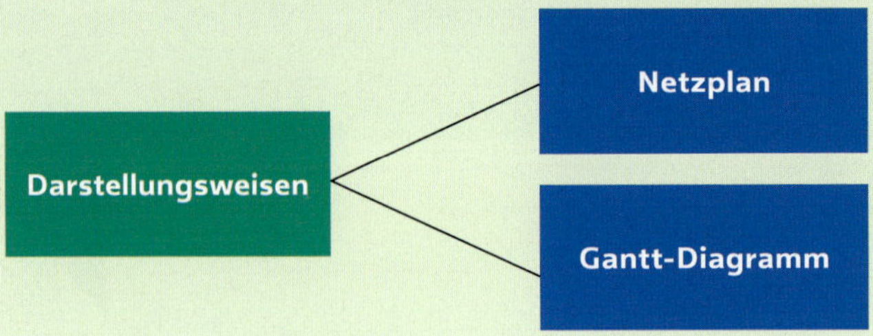

- **Evaluation:**
  Auswertung des Projekts und Erarbeitung von Verbesserungen.
  Was ——→ Wurden die Ziele erreicht?
  Wie ——→ Wie ist der Arbeitsprozess zu bewerten?

Aufgaben

1. Beschreiben Sie die Merkmale eines Projekts. Grenzen Sie dabei insbesondere ein Projekt von einem herkömmlichen Arbeitsprozess im Betrieb ab.

2. Im Rahmen der Koordination der Einzelaufgaben mithilfe des Netzplans oder eines Gantt-Diagramms wird dem kritischen Pfad besondere Aufmerksamkeit gegeben.

a) Erläutern Sie die Besonderheiten der Aufgaben, die auf dem kritischen Pfad liegen.

b) Warum ist die Analyse des kritischen Pfads bei der zeitlichen Ablaufplanung von entscheidender Bedeutung?

3. Stellen Sie auf der Basis der unten stehenden Aufgabenliste

a) ein Gantt-Diagramm,

b) einen Netzplan auf.

Heben Sie bei den Aufgaben 5 und 6 die direkten Vorgänger mit einem Pfeil hervor. Kennzeichnen Sie jeweils den kritischen Pfad.

Aufgabenliste:

Nr.	Aufgabe	Vorgänger	Dauer (Tage)
1	Musik digitalisieren und konvertieren	–	2
2	Fotos scannen	–	1
3	Texte verfassen	–	4
4	Videoaufnahmen machen	–	3
5	Texte layouten	3	2
6	Videos einfügen und konvertieren	4	3
7	Dateien komprimieren	1, 2, 5, 6	1
8	Präsentationssoftware erstellen	1, 2, 5, 6	2
9	Präsentation zusammenstellen	7, 8	2
10	Abschließende Tests durchführen	9	2

4. *Erstellen Sie mithilfe*

a) der 6-3-5-Methode,

b) des Mind-Mapping

eine Aufgabenliste zur Organisation der Abschlussfeier anlässlich des Bestehens der Abschlussprüfung für die gesamte Klasse.

5. *Erläutern Sie, warum der Projektleiter bei der Zusammenstellung eines Projektteams neben den fachlichen insbesondere auch die sozialen und personalen Kompetenzen berücksichtigen muss.*

6. *Erläutern Sie die Bedeutung eines Meilensteins.*

Bildquellenverzeichnis

Brauner, Angelika, Hohenpeißenberg: 239.2.
Bundesarbeitgeberverband der Personaldienstleister, Berlin: 4.1.
Felmy, Kai, Oberursel: 309.
fotolia.com, New York: .shock 429; Aamon 49; Arcurs, Yuri Titel, Titel, Titel; Bibanesi 285.1; blende40 436; contrastwerkstatt 96; Fiedels 119; fotogestoeber 38; Howey, Christopher 235; hunthomas 288.3; K.- P. Adler 233; Kurhan Titel; Kzenon 11, 358.1, 423; Lledó 342; M.studio 200; Mammut Vision 221; Nivelet, Michael Titel; p!xel 66 214; pico 288, 288.4; Picture-Factory 48, 81; Popcorn, Meddy Titel; pressmaster 291; psdesign1 192; Puchta, Andrzej 36; Rau, Ruediger 288.2; sebschneider 280; styleuneed 25; Tatarnikov, Stenislav Titel; Trueffelpix 329; Witt, Volker 43; worming 239.1.
Gallup GmbH, Berlin: Stand 2017 181.
Gesellschaft für Wachstumsstudien e.V., Gießen: 391.
iGZ Interessenverband Deutscher Zeitarbeitsunternehmen e. V., Münster: 4.2.
Institut der deutschen Wirtschaft Köln, Köln: 314; Seyda, Susanne/Werner, Dirk 314.
Loquenz Unternehmensberatung GmbH, Leinfelden-Echterdingen: 341.
Picture-Alliance GmbH, Frankfurt/M.: dpa-infografik 186; Kasper, Jan-Peter/Zentralbild 279.
Springer-Verlag GmbH, Heidelberg: Der Personalentwickler. Instrumente, Methoden, Strategien, Uta Rohrschneider, Michael Lorenz 337.
Statistisches Bundesamt (Destatis), Wiesbaden: 358.2, 404, 407.
stock.adobe.com, Dublin: bartsadowski 427; katwijksenieuwe 403; Raths, Alexander 1.

Sachwortverzeichnis